中国青少年教育方法

熊捍朝◎著

作家出版社

目　录

第二篇　教育孩子益智

第三篇　教育孩子健体

第四篇　教育孩子审美

第五篇　教育孩子勤劳

写在前面

在知识经济社会中，世界的竞争归根结底是人才的竞争，有了一流的教育才有一流的人才。一流的人才究竟怎么培养？家庭、学校、社会教育应当不辱神圣使命，共同肩负这一光荣而又艰巨的任务。

在家庭教育中，父母是孩子无人能够替代、责无旁贷的启蒙老师，家庭是孩子人生的第一所学校，家庭教育是孩子成长的摇篮。父母给了孩子生命，教育是从家庭开始的，家庭教育是整个教育的基础。通过家庭教育，让父母受到教育，成为一流父母，让孩子受到教育，培养一流孩子，获得父母优秀、孩子成才的双丰收。因此，家庭教育既是“根”的教育，又是“源”的教育，根深才会树大，源远才会流长。

在学校教育中，教师是传播文明的使者，是博学、善良、挚爱和智慧的化身，履行着教书育人的社会责任。学校教育是孩子学习科学、增长知识、睿智聪慧、放飞梦想的殿堂。在学校读书期间，青少年既长知识、又长身体，是世界观和道德品质逐渐成熟的时期，学校教育像阳光雨露一样，沐浴和滋润着孩子的茁壮成长，塑造着青少年的灵魂，开拓生命成长的力量，创新功著千秋的辉煌。

在社会教育中，热心社会教育的工作者和志愿者，承担着能者为师的责任，在培养青少年追寻科学兴趣和爱好的教育中，通过实践，让孩子学会处事，学会做人，展示个性，实现梦想，尽情享受知识王国所赐予的愉悦与欢乐，把自己的理想，变成现实，成为国家、民族的未来和希望。

在家庭、学校和社会教育催生的孩子自我教育中，让我们的青少年用先进思想武装自己，以学习毅力振奋自己，用感恩深情激励自己，以反思实意鞭策自己，用创新精神全新自己，把自己造就成为现代化建设人才。

教育是神圣而光荣的事业，寄托着亿万家庭对幸福美满生活的向往。培养一流人才的这副沉重的担子，历史地落在了家庭父母、学校教师和社会教育工作者的肩上，责任重大，意义深远！

《中国青少年教育方法》以家庭教育为重心、力主与学校和以社区（村）为代表的社会教育紧密结合，共同贯彻执行教育方针，建立中国特色的社会主义教育体系，让青少年茁壮成长在祖国同一片蓝天下。同时，通过热情、积极、求实的探索，形成了本书的特色：

一、本书希望全面贯彻教育方针，培养现代化建设人才。教育方针既是中华民族教育智慧的结晶，又是中华民族科教兴国的传家宝。对于它的全面理解和执行，关系着“教育是立国之本”地位的确立和作用的发挥。根据当前教育的实际情况，本书特别对德、智、体、美、劳进行了并列表述，旨在引起大家对劳动教育的足够重视，正确掌握青少年的科

学教育方法，重视孝道文化的传承与发扬、中西先进文化的交融、民主与科学为主线的教育文化的发展与创新，教育孩子树德，教育孩子益智，教育孩子健体，教育孩子审美，教育孩子勤劳，全面贯彻教育方针是每一位父母和人类灵魂工程师教育青少年成才的根本任务。

二、本书希望全民贯彻教育方针，培养现代化建设人才。在建国六十多年来的教育历程中，正因为我们的学校认真贯彻执行了教育方针，才铸就了中华教育今日的辉煌。但是，贯彻执行教育方针，不仅是学校教育的责任，而且是家庭教育和以社区（村）为代表的社会教育义不容辞的使命。今天，我们应当正视现实、遵循规律、追赶跨越、创新发展，让教育方针认真贯彻到每个家庭、每个学校和每个社区（村），落实到祖国大地的每一个角落，掀起全民兴教的热潮，把教育责任转化为科学育人的自觉行动，进一步把科教兴国、人才强国的战略决策落到实处，全面提高青少年的思想文化素质，加速复兴伟大中华的历史进程。

三、本书希望更好贯彻教育方针，培养现代化建设人才。教育孩子往往是从给孩子讲故事、打比方、说范例开始的，本书在简述解决问题方法的同时，插入一些故事或范例进行了类比说明，力求深入浅出，求真务实，解决青少年教育中应当注意解决的81个实际问题。本书既是一位老年父亲修身正己、教育子女的心得体会，又是一个老年教师教书育人、培桃育李的切身感悟。本书真诚希望能够得到老一辈父母的指点，年轻父母的支持，学校老师的帮助，有志青少年自己教育自己的认同和理解。本书以《中国青少年教育方法》命名，希望发挥抛砖引玉的作用，会同更多的有识之士研究中国教育，探索育人之道，共同迎接更多创新家庭、学校和社区（村）为代表的社会教育、更好贯彻执行教育方针、建设中国特色社会主义教育体系的力作，问世于百花齐放、百家争鸣的春天。

大千世界，有人类，就有父母，有学生，就有教师。父母不仅肩负着传宗接嗣、繁衍子孙的任务，而且担当着培育子女成才、献身人民、造福百姓的责任。教师的价值在于传播人类文明，让学生拥有知识和本领，造就出类拔萃的人才，大展时代宏图，超越前人所无法超越的境界，不断推动人类历史的发展与进步。因此，父母的责任多么重大，教师的工作多么艰巨，父母的任务多么光荣，教师的使命多么崇高！

致敬，培育子女成才的伟大父母！敬礼，传播人类文明的伟大灵魂工程师！

作　者

2012年6月　四川南江—成都—北京

第一篇　教育孩子树德

千百年来，中国文化就是以德为中心。中国传统文化的四大支柱——佛、道、儒、医都是以道德教化为其首要宗旨：佛家主张“诸恶莫作，众善奉行”，道家主张“心存善念，不修自炼”，儒家主张“仁者爱人，仁者无敌”，医家主张“救死扶伤，奉为人道”，都把道德心性放在首位。孔子说：“志于道，据于德，依于仁，游于艺。”在古人的心目中，“道”，是人生的最高准则，它教我们如何做人。“德”，是人内心的情感和信念，是一个人的修养境界。因此，闻“道”，必须修“德”，道德是人类永恒的财富。

在知识经济社会，作为传承文明、开拓创新的我们，只有根植于社会，加强个人品质的修养，才能成为道德高尚的人。只有襟怀坦荡，诚心做人，积极培养自己的良好品德，才能肩负治国理政、富民强国宏伟大业的光荣使命。教育家陶行知告诉我们：“千教万教教人求真，千学万学学做真人。”教育青少年学会做人，比拿到名牌学校文凭更重要。“人”字，是由简单的一撇一捺所构成。如果，让这个“人”字，支撑起一个幸福家庭，就要教育孩子担负起家庭成员之间的责任，让这个家庭生存、发展起来。如果，让这个“人”字支撑起一片天空，自立于社会，并且取得成功，就必须以身作则、身先示范教育孩子树立道德观念，提高思想素质，规范言语行为，具有立身处世、求真做人的品质和本领。依靠诚信、善良、礼貌和文明，做一个有爱心、负责任、心中有他人的人，就应该对父母敬重孝顺，对朋友坦诚热情，对同志实在真诚，对群众亲善关爱，在社会生活中，树直形象，挺立起来。同时，依靠思想、意志、精神和力量，做一个有理想的人，就应该明确学习和生活的目标，逐步实现自己的抱负，铸就自己的品格，夯实高屋建瓴的基础，在社会竞争中，战胜艰险，发展起来。而修炼心态、正确心念、美化性格、优良习惯、科学做人正是孩子成才、科学发展、创造福祉、辉煌未来的根本。因为，心念改变，性格跟着改变；性格改变，习惯跟着改变；习惯改变，人生跟着改变。有什么样的心态，就会有什么样的性格；有什么样的性格，就会有什么样的习惯；有什么样的习惯，就会有什么样的品行，就会有什么样的人生。因此，在教育青少年孩子树德过程中，结合实际，因材施教，启迪孩子修心、指导孩子正念、帮助孩子养性、培养孩子习惯、教导孩子做人，掌握德育的精髓：帮助青少年树立正确的人生观、价值观，确立崇高的人生目标，使他们拥有高尚的道德情操，成为遵纪守法、有责任心、有正义感、有奉献精神的人，让现代青少年德、智、体、美、劳全面发展，成为现代化建设人才。

第一章　启迪孩子修心

中国传统文化讲“正意、诚心、修身、齐家、治国、平天下”，讲“内圣外王”，讲“天人合一”。首先必须“内圣”，提高自己的“道德修养”，然后才能“外王”，为社会作出贡献，“齐家、治国、平天下”。在道德行为方面，自觉按照社会要求，自我审度、自我教育、自我锻炼、自我革新、自我完善，达到至善至美的境界，实现人和自然的和谐统一，“天人合一”，生存发展。在修养方面，“修犹切磋琢磨”，“养犹涵养熏陶”。“修”就是按照规格、比照要求，进行磨制、修整与提高，让心念臻于完美。“养”就是涵养、培育和陶冶，进行养成、充实与升华，使性格优化健美。

在现实生活中，心态就是人生的态度，影响着我们的日常判断，心态主宰成败，健康的心态是我们成功命运的指南针。我们的健康包括身体健康和心理健康两个方面，心理健康往往比身体健康更重要。因为，“健康的心理能够使我们感到生命的高贵和快乐”。一个人如果他的心理健康，即使身体残废，意志却很坚强，能够勇克时艰，战胜困难，使自己在生活和工作上获得成功，做一个对社会有用的人。相反，一个人如果心理不健康，即使他有健康的体魄，因为精神空虚，不思进取，犹如思想残废，根本不是一个健康有为的人。因此，教育孩子拥有心理健康，就必须修心，保持良好的心态。修心以正确心念，正确心念以培养性格，培养性格以良好习惯，良好习惯以更好做人。一个人只要具有健康的心理素质，在学习、工作和生活中，无论是成功，还是失败，都能正确对待，始终对生活与前途充满信心。这不仅有利于成长中的孩子，更有利于父母在教育孩子中受到教育，健康自己的人格，促进自身的发展。

当前，随着社会物质和精神文化生活的丰富和发展，孩子的心理健康成为了广大父母认真思考和探索的问题。父母与孩子一起修炼，共同获得健康的心理状态，已经广泛成为家庭教育的核心主题。

在家庭教育中，父母把自己也变成孩子，有一颗童心，抛开“父母”、“大人”等身份，接纳自己的孩子，让孩子理解你、认同你、相信你，做孩子的知心朋友，真诚与孩子一起修心养性，共同参与健心活动，在亲子互动、彼此勉励中，加强心理建设，双双赢得可贵的健康心理。

在日常生活中，父母和孩子密切相处，跟他们频繁接触，从他们的语言及行为中，了解他们的想法、喜好和内在需要，注意他们的反应和态度，体会孩子的感受。当孩子的愿望、需要得到满足时，就会产生出快乐、高兴、激动等积极的情绪，相反则会产生失望、忧愁、愤怒等消极情绪。积极情绪会提高孩子的信心和活动能力，消极的情绪会妨碍孩子的健康成长，极端消极的情绪还会使孩子的智力下降，甚至做出不理智的事情。可见，孩子的情绪是随外部世界的刺激而发生变化的。因此，父母在教育孩子时，一定要观察孩子情绪的变化，根据外部刺激可以转化孩子情绪的规律，随时调动孩子的积极情绪，抑制消极情绪，让孩子生活在快乐之中。通常，父母心平气和对待孩子，避免使用带有指挥、命令、警告、威胁、责备、谩骂、拒绝等负面意义的语气与孩子说话，让孩子亲近父母，信任父母。孩子有了疑问，等孩子把话说完，并且耐心解答，做出满意的回复，让孩子贴近父母，热爱父母。父母教育孩子，只能说服，不能压服，以免产生代沟，与孩子建立起真正意义上的朋友关系。在互相理解中，深厚亲子情缘，实行家庭民主，让孩子在完全可以信赖的父母关心和爱护中慢慢长大。其实，亲子的情缘和话题源于生活，这就需要父母通过身边事物，培养出孩子对事物的敏锐与好奇心，提高孩子的观察力，焕发出孩子热爱生活的激情，让孩子在愉悦生活中茁壮成长起来。

在孩子学习中，孩子的心理问题不容疏忽。在不少家庭中，父母对待孩子的学习，切忌存在无效的说教、烦人的唠叨、过激的言行、紧张的家庭气氛、僵持的亲子关系，使孩子心烦意乱，焦虑冲动，对孩子的心理产生不良的影响。可以理解，很多父母重视孩子学习，但是，要求过高，期望值过大，给孩子造成巨大的心理压力，形成心理误区。以致孩子萌生厌学情绪，产生学习、生活甚至工作障碍，养成不良习惯，后果十分严重。怎样解决这个问题，值得父母与孩子在共同修心中探索、思考、研究，找到教育孩子认真学习的答案。

在与人交际中，孩子的意识行为值得关注。现代健康的概念包括身体健康和心理健康。人的精神、心理素质、社会适应能力等因素决定着孩子的心理健康。而孩子与亲人、孩子与老师、孩子与同学的关系等社会交往能力又决定着孩子的社会适应能力。为了孩子，为了未来，父母究竟应该怎样培养孩子的这些能力？实践证明，应当从父母与孩子共同修心开始，齐心协力，步调一致，共同培养出孝敬、仁爱、自信、忠诚、宽容、进取和感恩心，开创孩子的美好未来。

因此，在家庭教育中，父母与青少年孩子共同修心的核心价值和重大意义，应当引起每一位家长的高度重视，它可以建立民主和谐的家庭，进一步密切亲子关系，充分发挥相互信任、彼此尊重、双边互动、康乐吉祥、科学发展的作用。

父母与孩子共同修心。在家庭教育中，这是一个核心问题，这个问题能够得到正确解决，父母和孩子的关系就会更加亲密，就会在共同进步中快乐生活每一天，就会迎来青少年的科学发展，我们的接班人就会茁壮成长在竞争激烈的知识经济时代！

一、博古通今，共同进步。当今世界，有200多个国家和地区，2500多个民族，6000多种语言。正是这些不同民族，不同肤色，不同语言，不同历史文化背景的人们，共同创造了丰富多彩的世界，就如同有了七音八调的差异，才演奏出美丽动听的音乐。在绚丽多姿的国际环境中，父母应该引领孩子，不辱使命，学会与不同文明之间的对话、交流、融合，学会处事、共事与做人，让多样性文化汇成人类文明奔流不息的长河，浩浩荡荡，奋勇向前。

中国五千年的文明发展史中，传承着不少心理教育的文化资源。在家庭教育中，父母的行为决定着孩子的一切，智慧的父母教育出智慧的孩子，鼓舞着一代又一代父母和青少年在智慧的家庭教育中：生命不息，奋斗不止。

在中华大地，流传着《孟母三迁与断织》的故事，它讲述了孟母教子的感人事迹，千百年来，广为流传。

孟轲很小的时候，父亲就去世了，他跟妈妈相依为命。最初，他们住在乡下，他家附近的小山上，有一块墓地。经常有出殡的人群路过家门口，小孟轲常和小伙伴一起学习效仿着他们，做些抬棺材、挖坑埋死人的游戏。孟母认为这样对孩子教育不利，就搬到了街上。然而，他家的附近住着几个屠户，天长日久，小孟轲竟然和小朋友一起玩起学着杀猪卖肉的玩意儿。孟母认为这样会耽误孩子前程，于是又搬了家。经过郑重的选择，他们搬到一个学校旁边住了下来。每天，小孟轲看着孩子们上学放学，听到琅琅的读书声，感到十分新奇和有趣，便又学着他们读起书来。孟母看到孩子喜欢读书，非常高兴。当时，孟母十分注意环境对孩子潜移默化的影响，的确很有见地。小孟轲上学读书了。有一天，孟轲因为贪玩，没等到放学就跑回家来。当时，孟母正在织布，也知道孟轲逃学了，十分生气，拿起织布的梭子猛摔在地，把梭子也摔断了。只见孟母叹口气说："织布要一梭一梭地穿，日积月累，才能织成一匹布；读书同织布一样，也要一天一天地学，一点一滴地积累才能取得成就。一个人学习没有毅力，半途而废，将来是不会成为有用之材的！"小孟轲听了母亲的话，返回了学校。从此，发愤读书，从不间断，进步很快。

长大之后，孟轲到孔子的家乡游学。这时，孔子已经逝世。他拜孔子之孙子思为师，终于成长为一名了不起的思想家、政治家和教育家，被后人尊称为孔子之后的"亚圣"。

父母的正确教育不仅能够焕发孩子勤奋好学的精神，而且能够坚定孩子知错能改的决心，为孩子的茁壮成长注入多么强大的动力。

*二、榜样教育，牵引灵魂。*在生活中，通过报刊、书籍、电视、网络等媒体，父母积极学习心理知识，以摘抄、剪报、心得体会、读书笔记、陪伴孩子读书、做课后作业等形式，用知识武装自己的头脑，提高自己的思想认识，扩大胸怀，开阔视野，就会增强父子之间的综合素质，建设民主的和谐家庭。尊重孩子是父母的第一天职，身先才能率人，律己才能服人。在家庭教育中，身教甚于言教，父母以榜样的力量、科学的方法，在"用心"与"无痕"上下工夫，让孩子自然感受到知识在父母身上产生的强大作用，用父母的健康心理牵引着孩子的健康灵魂。

蔡和森和蔡畅同志的妈妈——葛健豪（1865—1944）一贯支持子女勤学上进，堪称身先士卒的典范、成功育人的榜样。

蔡和森从小酷爱学习，他13岁那年，到酱园当学徒。因为看书被老板发现而挨了打，他愤然离店回家。他父亲是个商人，见蔡和森回家，扬起旱烟袋要打蔡和森。妈妈却护着儿子，劝丈夫说："这孩子不是做生意的料，硬要他去做也做不好。你自己做生意，还不是越做越倒霉，何必叫孩子也走这条路呢？"就这样，妈妈为蔡和森求得了上学的机会。蔡和森的妈妈不仅支持男孩子上学，还支持女孩子上学。她不同于其他家长，把女儿关在屋里，让女儿和男孩子一块儿玩，并且不让女儿裹脚。1913年，葛健豪的丈夫为了500块银圆的"聘礼"，承诺将年仅13岁的女儿蔡畅嫁给一个财主。葛健豪不顾丈夫的持刀威胁，毅然带着蔡和森、蔡畅和已婚丧夫的大女儿蔡庆熙到长沙一起求学。这时，葛健豪已经年近半百。湖南女子教育养习所见她年纪太大，不肯让她报名。她就上县衙门去评理，县官见了她的申诉，批了"奇志可嘉"四个字，葛健豪终被学校破格录取。1919年12月，葛健豪亲携儿子蔡和森、儿媳向警予和女儿蔡畅去法国勤工俭学。到了法国之后，蔡和森因为身体不好，一时没有找到合适的工作。葛健豪一边在蒙达尼女子学校求学，一边从事刺绣，帮助子女安排生活，使蔡和森得以专心致志地翻译马克思主义著作。在法国勤工俭学期间，他们接受了不少马克思主义理论知识。回国后，他们都参加了革命活动，从某种意义上说，蔡和森同志当时就是我们党的早期领袖之一和追求民族解放的活动家之一。后来，蔡和森同志牺牲了，但葛健豪并不知道这个消息，临终前，她要大女儿给蔡和森等弟妹写信，说："母亲已看不到你们事业的成功了，但我相信革命一定会成功。"后来，在党代会上，蔡畅被选为中共中央委员，建国后担任全国妇联主任。

一位年近半百的老人，不辞辛劳远渡重洋，伴子求学，造就出国家和民族的栋梁，是伟大的，也是光荣的，蔡和森母亲的壮举名垂千古！

父母善于了解孩子，就会发现孩子身上具有不少闪光点，父母善于低身向孩子看齐、交友、学习，就会发现蕴藏在孩子身上的潜质，正是造就时代骄子的能量。

三、举一反三，自我领悟。当前，报刊、杂志、电视、网络上经常讲到心理问题，我们作为父母可以选择有益的案例，推荐给孩子，或者当个话题和孩子一起加以评论。

杨利伟在最后的测试中就是因为心理素质极佳而最终胜出成为中国的第一名宇航员。当火箭即将点火的那一刻，很多在场的工作人员和电视机前的观众心跳都加快了，而杨利伟的心率依旧没有超过80，甚至在整个飞天过程中，他的心率依旧照常。可见，心理素质对于一个成功者是多么的重要！

在日常生活中，父母应该通过故事、谈心、游戏、旅游、参观、访问、调查、文体活动、社会实践等多种方式，教育青少年增强自我调适心理能力的锻炼，让孩子举一反三，自我领悟，正确面对学习、生活、考试、比赛，在人生的旅途中，才能临危不乱，见怪不惊，不断走向胜利，创新辉煌。

在家庭教育中，父母的榜样力量能够促进孩子的进步，父母的读书笔记可以变为孩子的日记。一个成功的父母不仅自己做笔记，总是积极鼓励孩子写日记。孩子写日记是一种自我意识觉醒的过程，也是孩子心里语言外化成口头语言和书面语言的过程，更是自我观察、自我认识、自我总结、自我反思的过程，不仅会使孩子逐渐学会认识自己，而且会使孩子学会思考。

事实说明：父母的榜样力量是无穷无尽的，孩子的艰难险阻也是可以战胜的。父母和孩子携手共进，可以实现双赢，共同达到修心、正己、立身社会谋发展的境界。因此，父母和孩子一起探讨心理问题的过程，也是父母和孩子共同学习、共同切磋、共同提高、共同进步的过程。只要父母和孩子共同努力，坚持不懈，天长日久，就可以根据实际修炼出孩子的孝敬心、仁爱心、自信心、快乐心、忠诚心、责任心、宽容心、反思心、进取心、感恩心，达到成功育人的目的。

启迪孩子修炼孝敬心。中华民族素以“文明古国、礼仪之邦”著称，“孝敬父母、尊敬师长”一直是中华民族的传统美德。孝道，就是人人必须遵守的对于父母的道德规范。孔子在《论语》中，把“孝”作为道德的根本，提到了极其重要的地位。他强调“孝”要建立在“敬心”的基础上，并且认为，孝敬父母要真心实意，赤诚敬重。如果，只有物质奉养而无精神慰藉，那与牲畜无异。他在《为政》中写道：“今之孝者，是谓能养。至于犬马，皆能有养；不敬，何以别乎?”因此，孔子要求晚辈做到：父母有事，主动“服其劳”，即要更多地参加家庭服务性劳动。他要求子女把父母的年龄随时记在心上，一则为其高寿而“喜”；二则为其年迈而“惧”，以便更多地体贴、关心、照顾父母，尽其孝道。孝敬父母是最宝贵的美德，是一切道德之母，拥有了这种美德，人生就会前程锦绣、其乐无穷。孩子天生爱父母，虽然，基因遗传让孩子拥有这种优秀的品质，然而，只有正确的后天培养和教育，才能形成孩子健康的情感与和谐的个性。因此，在家庭生活中，教育和指导孩子敬爱父母，孝敬父母，责任重大，意义深远。

一、孝道文化，传统美德。在中国历史上，在民间传说中，有许多关于孝敬父母的动人事迹和民间故事。例如，《二十四孝》讲述了古代著名二十四孝子孝顺父母的故事，展示了我国劳动人民尊老爱老敬老的传统美德。又如，“岳母刺字”，叙述了岳飞接受母亲在背上刺下“精忠报国”四个字，并用自己的行动，实践了母亲的训导。再如，“替父从军”，阐述了花木兰女扮男装，代替年迈的父亲从军，征战沙场，誉满天下……这些故事讲述了中华民族孝敬父母可歌可泣的事迹。千百年来，不少孩子把父亲当作天、把母亲当作地，大家认为，虔诚孝敬父母就是虔诚孝敬天地，同时，把父母当成家中的活佛菩萨，传承着源远流长的孝道文化。

安徽太和修行者杨黼（fǔ）听说四川高僧无际大师道行很高，便告别了父母，去四川访师求道，想要修得正果。

刚到四川，一位老和尚问他："你从哪里来，到四川干什么？"杨黼回答说："我从安徽来，想找无际大师，学习佛法大道。"和尚打量了一下修道者，缓缓地说："找大师，还不如找佛呢。"修道者忙问："请问哪里有佛？"老和尚说："你现在回家，有个披着衣服、反穿着鞋子的人来接你，那人就是佛。"修道者拜谢了和尚，开始起程回家。一路上，他十分留意着老和尚所说的那个人，可是他已快到家了，那人也没出现。修道者又气又悔，以为老和尚欺骗了他。等他回到家时，夜已很深了。他灰心丧气地抬手敲门。他的母亲知道自己的儿子回来了，急忙抓起衣服披在身上，连灯也顾不上点，就去开门，慌忙中连鞋子都穿反了。修道者看到母亲欣喜若狂的样子，不禁热泪盈眶，他立刻觉悟了。

这位修佛者是幸运的，他最终理解了"佛"的含义：家中的活佛菩萨就是父母，孝敬父母就是求神拜佛。

古往今来，人们把父母奉如神明，父母处于至高无上的地位，于情于理，实属自然。因为，父母给了我们坚强的生命、健康的体魄、奋斗的意志、学习的本领、立身社会的能力、服务大众的幸福人生，我们有什么理由，不去好好孝敬父母呢？

二、学习典范，焕发激情。在现代的青少年中，不少具有孝道品德的模范行为不仅永远为人敬佩、钦羡和赞颂，而且讴歌了中华孝道文化的源远流长、博大精深和无穷魅力。因此，学习孝道文化典范，焕发孝敬父母激情，是父母培养青少年的光荣使命。

在某地流传着一个"捡一个妈妈"的动人故事。

一位老太太住在农村，老伴去世后，变卖了家产，决定投奔住在大城市的儿子。儿子接到信后，去车站接母亲。当他远远望见母亲衣衫褴褛的样子，想到母亲的到来，会成为自己的沉重包袱，于是想：让国家去收容吧。他，就转身走了。老太太由于见不到儿子而流落街头。晚上10点多了，一位下班青年工人路过，看见老太太的酸楚现状，便上前询问。老人述说了没有见到儿子的情况，这位青年工人十分同情老人的遭遇，并请老人先到自己家去住，然后，再帮老人找儿子。老人同意了，然而，找了几天没有线索，这位青年工人提出认老人为妈妈，负责养老送终。从此，这位老人在这位青年工人家住下，并帮助他料理家务，照看孩子。这位青年工人和他的妻子十分孝敬这位"捡来的妈妈"。一次，老人生了病，家里没钱，工人的妻子卖了手表，又卖掉了自行车，医好了老人的病。这一切使老人十分感动，于是她从自己那件破棉衣里取出了自己变卖家产的钱，资助了这个小家庭。这件事在这位青年工人所在的工厂传开了，可巧老太太的儿子就在这个工厂。这段佳话传到她儿子的耳里，便去认自己的母亲。然而，她的儿子对没有从车站接回母亲的事却不能自圆其说。

最后，老太太依然做出同青年工人夫妻一起生活的选择，她的亲生儿子也从这件事情中受到了道德与良心上的谴责。

这个故事不仅赞扬了孝敬父母的高尚品行，而且也鞭挞了不孝儿子的错误行径。尊重老人、孝敬父母是中华民族自古就有的传统美德，在我们社会，孝敬文化的传承和发扬，应该是主流。

*三、父母爱孩子，孩子孝父母。*从古至今，对孩子进行传统美德教育，赞美灿烂的孝道文化，是父母义不容辞的责任。身为父母不仅要孝敬自己的父母，给孩子树立学习的榜样，而且要给孩子倾注智慧理性、科学合理、讲究分寸、恰到好处的爱，让孩子在父母爱的哺育中长大。如果，父母对孩子过分娇惯疼爱，只能让孩子无视尊长，眼无父母，情感畸形，脾气粗暴，个性乖张，感情冷漠，挑三拣四，嫌弃父母，嗔怪父母，埋怨父母，刁难父母，身在福中不知福。

一位母亲卧病在床，女儿要求为她煎药、做饭。因为，孩子没有煎过汤药，她便问妈妈怎么做，可是，妈妈犹豫再三，说："你还是去做功课吧。"这位母亲硬撑着既煎了药，还给一家人做了晚饭。但是，家长的行为却让女儿产生了这样错误的想法：妈妈病了，既能煎药，又能做饭，显然，病得并不严重。

在生活中，如果，父母不要求孩子修炼孝敬心，任其发展，还会产生叛逆言行，形成逆反性格。有些孩子把父母当用人，把棍棒和刀子对准父母……后果不堪设想。这些社会现象原本就是父母对孩子过分溺爱、娇生惯养、纵容宠爱或者管教过严、过分唠叨、打骂训斥、高压强迫所产生的恶果。因此，父母对孩子从小忽视了孝道文化的启迪与传承，结果只能是害惨了子女，也痛苦了自己。

2011年10月23日，《今日说法》播出：广西贺州市八步区贺街地税分局局长周子雄、凌小云夫妇一家四口被其妹凌小娟伙同亲戚杀害，凶手自然受到法律的严惩，但最为伤心的还是凌小云与凌小娟的母亲。妹妹凌小娟杀害二姐凌小云全家是因为二姐富裕了，发展了，原本吝啬、小气的二姐，没有照顾好大姐及妹妹，连妹夫给二姐打工的月工资1500元也不按时支付。平时，自以为是的两姐妹由争强好胜转化为嫉妒仇恨，以致爆发了2011年5月2日的灭门杀人惨案。但是，究其根本原因，还是凌母从小没有对这对如花似玉的姐妹进行孝道文化的教育，凌小云与凌小娟哪里懂得《弟子规》的告诫："兄道友、弟道恭、兄弟睦、孝在中"的道理呢？

在家庭教育中，什么样子的父母，教育出什么样子的孩子，父母爱孩子、管孩子、教孩子天经地义，孩子孝敬父母理所当然。通常，孩子的言语行为透视出父母的孝道文化和思想素质水平。作为父母只有舍去对孩子无原则的爱与过分的管教，走进孩子的心田，才能得到孩子对父母真挚的孝敬，让孩子从内心深处，感到父母生儿养女的不易，体会父母的辛苦，从而对父母产生感激、疼爱和敬重之情，以实际行动孝敬父母。孝敬自己的父母，是奠定孩子做人做事走向成功的基础。

启迪孩子修炼仁爱心。在生活中，小小的善事积累起来就是爱心，小小的恶事积累起来就是大恶。正如古人所说："勿以善小而不为，勿以恶小而为之。"培养孩子行善断恶富于同情有爱心，最有效的办法就是父母通过自己的实际行动，做出榜样，孩子才能怀揣大爱，写正一个"人"字。因为，父母的一言一行，一举一动，孩子看在眼里，记在心中，落实在生活里，并且随时在社会生活中表现出来。

一位年轻的母亲从来不愿帮助别人，对人总是评头品足，说三道四，挑剔别人毛病，左邻右舍对她很有意见。她的孩子效仿着她常常嘲弄、取笑、刁难同学，让大家很伤脑筋。可见，一位缺少仁爱善心的母亲，很难教育出有爱心、善行为的孩子来。

当今社会，独生子女居多，父母总觉得自己的孩子像个小皇帝、小公主，很难伺候。这些小皇帝、小公主往往只知道被别人所爱，不懂得爱别人，这种社会现象确实让人担忧，原因何在?

有的父母说："现在的孩子还小，人小不懂事，这是自然现象。现在，他们主要的任务是学习，其他的事可放一放。树大自然直，等他们有了孩子，体会到抚育孩子的不易，将心比心，就知道关心父母了。俗话说，养儿才报父母恩啊!"

其实，这类的认识有百害而无一利，事实上，父母对孩子的迁就、放任、溺爱或高压是造成孩子不懂得体贴、关心父母的根源。

很多家庭的孩子吃完饭，扭头就去看电视或出去玩了，父母则在那里收拾碗筷。家里有好吃的，父母总是让孩子先吃，孩子却很少请父母先品尝。孩子生了病，父母忙前忙后，悉心照料，唯恐不周。而父母生了病，孩子却很少问候，熟视无睹。一位母亲疼爱自己的女儿，每次买回水果总是挑好的给女儿吃，烂的留给自己。一天，母亲生病卧床不起，丈夫买了一袋水果给她，女儿好不容易从中挑了一个烂水果给妈妈："妈妈，这是你最爱吃的。"

孩子这些表现说明了孩子不懂得对于父母的关爱，无论什么家庭都无幸福可言。那么，怎样培养孩子的爱心，建设幸福的家庭呢?

大家知道，孩子关爱父母的情感是在父母的榜样力量作用下逐渐形成的，家庭的幸福也是从这里开始的。父母要想孩子关爱自己，孝敬自己，首先必须以身作则，率先垂范，好好孝敬自己的父母。因为，榜样力量无穷，言教重于身教，家庭的幸福确实蕴含在自己的示范行为之中!

一对夫妇带着孩子回农村老家过年，进了家门，任爸爸妈妈怎么催促孩子叫声"爷爷"、"奶奶"，可是，孩子瞪大眼睛，看看爸爸，又看看妈妈，就是不叫"爷爷、奶奶"。过后，妈妈气恼地责问孩子："刚才为什么不叫爷爷奶奶?"孩子一边擦着眼泪，一边扭过头去对爸爸说：“爸爸，刚才你叫爸、妈，妈妈怎么不叫呀？”妈妈这才想起自己还是结婚的当天叫过“爸、妈”，这些年来，总是跟在丈夫后面向两位老人点个头，就表示对于老人的尊敬和行孝，想不到今天儿子竟然模仿起自己来了。于是，妈妈亲热地对两位老人叫了声：“爸爸、妈妈”，儿子也甜甜地叫着：“爷爷、奶奶”。两位老人绽开了笑容，一家人过了一个吉祥如意的春节。

孩子效仿父母一旦拥有仁爱之心，便会热爱父母、热爱世界。为让孩子具有仁爱之心，父母不妨创造一些机会，同孩子一起交流交流思想，参加一些活动，陶冶孩子的心性，纯洁孩子的灵魂，增强亲子感情，密切亲子关系。对此，我们可以这样探索：

*一、以孝敬范例教育孩子，培育孩子仁爱素养。*让孩子知道父母给了自己的生命和幸福的人生，我们一辈子孝敬父母，也报答不完父母的生养之恩。所以，热爱父母、孝敬父母是天经地义的事情。

《二十四孝》故事告诉我们，舜是如何以孝顺而闻名天下的呢？

舜是黄帝的后裔，早年丧母，他的父亲瞽（gǔ）叟（sǒu）娶了个女子，生了个儿子叫象。瞽叟喜欢后妻和象，在人为的挑拨下，萌生了杀害舜的念头。舜不敢反抗，每当父亲要杀害自己的时候，便躲了起来，等父亲心情好了之后，再出来认错，一心孝敬父母。因此，舜20岁时就以孝顺而闻名天下。舜30岁的那年，尧向大臣们询问：“谁为合适的继承者？”大家一致推荐舜为尧的接班人。尧为了考验舜，把自己的两个女儿嫁给了他，想看看舜在家里是不是那么孝顺。舜娶了尧的女儿后，地位大大提高，但他从不以自己的身份去欺压别人，对人反而比以前更加恭谨了。而象对舜的好运由羡慕变为忌妒，于是又起了坏心。象联合了他的父亲瞽叟把舜找来，让他去修理屋顶。舜爬上了屋顶，干起活来。瞽叟等人便把梯子抽掉，放火烧房子。舜一看势头不对，梯子没了，心里十分着急。他突然想起身上还背着两个小斗笠，于是抓起斗笠从房子上跳了下来。由于斗笠起了翅膀的作用，舜居然像鸟儿一样飘到了地上，丝毫没有损伤。他一下房，就跑掉了，只剩下瞽叟几个人目瞪口呆地站在那里。瞽叟等人一次失败还不甘心，又策划了一条毒计。他们让舜打井，舜同意了。但他知道父亲他们没安好心，打到一定的时候，就在旁边挖了一条备用通道，以防不测。果然不出所料，舜刚刚打好通道，父亲等人便在上面扔石头、土块，一直把井填满才高高兴兴回去了。他们心想，就算砸不死舜，也该闷死他了。舜躲在旁边的通道里，等外面没有什么动静，再挖穿通道逃了出去……

舜的仁德让尧觉得他有资格接受天子之位，就将君主之位禅让给了他。

其实，孩子爱心的原生地就是家庭。父母教育孩子的首要任务就是培养孩子的爱心，建立亲情融融的家庭。选择适当时机，带孩子在父母工作的单位或场地，同自己上班一天，让孩子了解自己工作的辛苦，进而体谅父母，热爱父母，孝敬父母。大家经常赞同这样一句话：“一个连父母都不爱的人，怎么能爱同学、爱老师、爱同事、爱邻居、爱集体、爱人民、爱祖国呢?”孩子没有爱心，不但家庭无幸福可言，自己也不能立身处世。因此，父母以身作则引导孩子产生爱心的行为，表现出对他人的同情，当孩子做出有爱心的善施善行时，父母应当及时肯定，及时表扬，让爱心伴随孩子成长。那么，怎样教育孩子懂得关爱与孝敬?

首先，做出榜样，孝敬父母。家长对自己的父母应该关怀备至、真诚体贴、尊重孝敬，做出榜样，才能让自己的孩子懂得什么叫关爱，什么叫孝敬!

其次，懂得父母，感恩父母。让孩子体会父母的辛苦，体会父母挣钱养家糊口的不易，体会孩子需要父母的关爱，父母也同样需要孩子的孝敬。同时，要恰到好处地向孩子讲明父母一天的工作情况：什么时间上班，什么时间下班，什么时间回家做饭、洗衣、整理家务、照顾老人和孩子，甚至晚上加班……讲明：怎样关爱孩子？譬如，孩子生病，父母怎样疼爱，甚至整夜不眠，静心守护……通过感人生活细节，让孩子了解父母，懂得父母，体贴父母，关心父母。平时，教育和启发他们给父母捶捶背，倒杯水，盛碗饭，帮助爸爸妈妈洗洗衣服……同时，教育孩子料理个人生活，不让父母操心，生活上能够经常想到父母和关爱自己的亲人。

其三，不溺爱、不娇惯孩子。在生活中，真正做到不溺爱、不娇惯孩子，让他们知好歹，明是非，懂冷暖，不做翻脸不认上下左右的人，更不能做挑弄是非的人，做一个明礼义、有知识、懂礼貌、知甘苦的正人君子。

二、用仁爱范例教育孩子，培养孩子仁爱情怀。让仁爱之情拨动整个世界的心弦，情系感动，播种友善，和谐社会，美丽世界。有个故事告诉我们：

1944年冬天，饱受战争创伤的莫斯科，天空飘着鹅毛大雪，异常寒冷。两万多名德国战俘排着纵队，低垂着头，胆战心惊地从莫斯科大街依次穿过。马路两边的警戒线外，站满了围观的人群，大部分是来自城市与郊区的妇女。她们的父亲，或是丈夫，或是兄弟，或是儿子，都在德军所发动的战争中丧生。她们都是战争的直接受害者，对悍然入侵的德寇满含仇恨。她们目光忧愤，双手紧攥拳头，恨不得将这些刽子手撕成碎片。但是，苏联士兵和警察阻隔了她们，防止围观群众对战俘愤怒的袭击。

突然，一位上了年纪、穿着破烂的妇女，走出了围观人群，请求警察允许她走进警戒线，好好看看这些俘虏。警察见她满脸慈祥，没有什么恶意，便答应了她的请求。这位妇女来到俘虏的身边，从怀中掏出一个印花布包，打开，里面是一个黝黑的面包。她将这个面包塞到一个疲惫不堪、拄着双拐、艰难挪动脚步的年轻战俘的衣袋里。年轻俘虏怔怔地看着面前的妇女，顷刻之间，泪流满面，毅然扔掉双拐，跪倒在地，给这位妇女重重磕了几个响头。其他战俘受到感染，也接二连三跪了下来，拼命向周围的妇女磕头。霎时，整个愤怒气氛一下子改变了。妇女们被眼前的一幕深深感动了，纷纷从四面八方涌向俘虏，把面包、香烟等各种东西，塞给这些曾经是敌人的战俘。

战争把人变成了“敌人”，而仁爱却给“敌人”的心田播种了仁爱与和平，把敌人变成了真正的“人”。

因此，宽容敌人需要多么博大宽广的胸怀才能做到？用仁爱宽容才是化解仇恨的最好方法。将对亲人的爱，转化为对世界的爱，忍住悲痛的泪水，伸出友善的手，在这种大爱面前，就会让感动粉碎仇恨的丑陋，世界也会因此而更加美丽。

三、让孩子学会同情别人，唤醒孩子仁爱觉悟。通过电视、新闻、书报、杂志，了解祖国在发展，社会在进步，教育孩子热爱祖国，热爱社会。了解老、弱、病、残或灾区人民的生活，体会他们的困难，同情他们的疾苦，参与力所能及的救助活动，懂得用爱心同情别人，帮助别人，救援别人，教育孩子热爱人民。

2011年9月18日，由于遭受持续强降雨影响，四川南江县高桥乡三星村突发大面积山体滑坡地质灾害，1000万方土石突然垮塌，人民生命财产受到严重威胁，由于乡、村党和政府牵挂百姓、组织及时，措施得力，群众相互帮助，170多人安全转移，没有伤亡，堪称抢险救灾史上成功救援群众的范例。

几乎就在同一时间，南江县沙河镇将营村遭到了特大暴雨的袭击，灾难就要降临。镇长黄远义闻讯于第一时间赶到，组织群众赶快撤离危险地带，把损失减少到最低点。村干部李习菊牵挂乡亲、挨家挨户组织群众转移到安全地带，山体突然滑坡，灾难却夺去了李习菊公婆与丈夫的生命。共产党员李习菊先人后己、奋勇救人的事迹，在南江广为传颂。

这样的事例是唤醒孩子心怀爱心、同情他人的最好教材。父母还应教育孩子热爱人与自然，了解其他生物在构建和谐世界中的地位与作用，让孩子从小珍爱动物，珍爱植物，珍爱这个世界。

四、用家长榜样作示范，焕发孩子仁爱激情。父母的启迪决定孩子的命运，善于用道德感情清除消极情绪的教子方法，可以让孩子健康地成长起来。一位家长成功教育子女的范例，让我们从中体会到仁爱情感教育的重要，她把家庭教育提高到一个新的高度。

一位作家女士，重病长期住院，不能与女儿在一起，就将心中的千言万语浓缩成一句话，写在家庭的小黑板上同孩子交流。

女儿上幼儿园了，妈妈送给她一句话：“我有一双小小手。”鼓励她热爱劳动。当女儿获奖后，妈妈送给她的赠言是：“不求别人乱拍手，但愿他人暗点头。”提醒女儿随时保持一颗平常心。当发现女儿爱美时，妈妈送给她的祝福是：“豪华的不一定是美丽的。”同时，花10元钱买回10斤毛线头，躺在病床上艰难地把五颜六色的线头一截截接好，精心设计出富有儿童情趣的款式和图案，给孩子织了十来件衣裙。过年了，女儿要求不买新衣，建议利用家里的碎布拼制罩衣，她自己选择补花图案，全家三口人一起缝制。尽管女儿缝的针脚有半寸长，妈妈仍连声称赞："国际流行针法。"这件衣服从女儿6岁一直穿到读小学三年级，仍然舍不得丢弃。女儿上小学了。有一次，女儿因为参加社会活动多，考试不够理想，她怕妈妈伤心，自己先哭了。妈妈深情地对女儿说："如果，我只凭分数论定你的成败，那么，我就是一个糊涂的妈妈；如果，我靠你的高分来安慰自己的病体，那么，我就是一个虚荣的妈妈。"同时，赠送给女儿一句话："世间事岂能尽如人意，但求无愧我心。"女儿上小学四年级时，成绩有所下降，自信心也受到影响，她对妈妈说："妈妈，将来我只能去扫马路了。"可是，妈妈却对她这样说："将来，你考上了博士，是我的女儿；你扫马路，更是我的女儿。到那时，就让你爸爸用三轮车拉上我，把热饭热汤送上马路。只要人品好，有知识，扫马路也能扫出一个光明纯洁的世界。"

如今，黑板上的"妈妈赠言"已经积累了近200句，大部分都是这位作家女士编写的，它像病床上伸出一只温馨丰润、充满道德力量的手，永远引领着女儿做人做事，向着成功方向走去。

现在，让我们再看一个家长违反仁爱道德原则要求教育孩子，最终把孩子领上歧途的案例，从中吸取教训，引以为戒。

一位聪明活泼的小男孩，从小喜欢画画，读幼儿园大班时，他的作品获得过市级比赛第二名，后来上了县城重点小学。可是，父母忙着做生意，很少顾及他。过年时，这位小朋友给父母画了一张贺年卡，高高兴兴地说："祝爸爸妈妈春节快乐！"可没想到，爸爸只给了他一个红包，却把贺年卡搁置一边，看也没有多看一眼。孩子非常伤心，心里有什么想法也不告诉父母了。小朋友升上了三年级，有一次，因为一件小事和同学们打了一架，对方把他的钢笔折断了，这才哭诉给父母。没想到父亲对他说："你哭什么呀，人家整你，你不晓得去整人？儿子，我来教你，把他整得无话可说。"孩子按照父亲教给他的方法，把对方的课本偷偷扔到了厕所里，还看到对方同其妈妈着急的样子，觉得十分解恨和开心。这位跟着爸爸学习整人的孩子，时时以损人利己为乐，慢慢对读书失去了兴趣，学会了逃学、抽烟、喝酒、偷窃……逐渐跌落入了人生的陷阱，走上了犯罪的道路。

上述那个小女孩的教育成功，得益于妈妈的"黑板赠言"，交流了感情，沟通了心灵，教育女儿体验到积极的道德情感，战胜消极的情绪，使她一步步健康成长起来。而那个小男孩的爸爸却对自己孩子亲手做给自己的贺年卡搁置一旁，熟视无睹，既失去了对孩子进行鼓励的美好时机，又失去了自己为孩子作出示范的行为美，最终把孩子引入歧途，也毁了自己一生的希望。可见，道德感情的科学调节，决定着孩子健康成长。身为父母，必须重视。

五、*虚心聆听孩子心声，共享仁爱欢乐*。父母应该端正态度，倾听孩子的心声。当孩子与你说话时，既不能显得心不在焉，也不能表现得心很烦，更不能经常打断孩子的说话，而应注视着孩子的眼睛，聚精会神聆听欣赏孩子的话，用爱心品味其中的意义。

一个人习惯在每天上班之前，先去镇上的酒馆喝上一盅。一天，天正下着大雪，他穿好棉袄，戴上手套，告别妻子，同往常一样吹着口哨向酒馆走去。没走多远，他就觉得有人跟在后面。回头一看，竟是自己年幼的儿子。儿子学着父亲的样子，踩着父亲留在雪地上的脚印，一边走一边兴奋地喊："爸爸，你看，我正踩着您的脚印向前走。"儿子的话令爸爸心中一顿，他想：如果，我去酒馆，儿子踏着我的脚印，将来也会去酒馆的。从那以后，这位父亲再不光顾酒馆了。

因此，认真倾听孩子的话，可以让人感悟很多道理。当孩子把高兴的事告诉你时，应当微笑注视，让孩子感到你在与他分享快乐；当孩子向你诉说伤感的事时，应当皱眉注视，让孩子感到你在同情他；当孩子捧着大红花向你报告时，你应当满面笑容地注视，让孩子体会到你在对他赞美和鼓励……在现实生活中，父母应当创设与孩子接近的情境，进入孩子的"空间领域"，有时甚至必须放弃自身某些兴趣、爱好，参与到孩子喜闻乐见的活动中去，在平等、融洽、相互理解、相互尊重的气氛中，引导孩子体验仁爱道德情感，在和谐民主的家庭生活中，收获家庭教育的累累果实。

启迪孩子修炼自信心。一个人有了自信，就有了奔赴成功的动力，就有了打开成功大门的钥匙，就有了扫除成功障碍的决心，就有了提升成功、超越平常的高度，就会大展宏图，建功立业，开天辟地，创造出人间的奇迹来。

在封建专制的旧中国，孙中山充满自信，领导全国人民推翻满清政府，结束了长达两千多年的封建帝制，使中国人民开始觉醒，向往民主、共和。在黑暗的旧社会，毛泽东充满自信，领导全国人民推翻了封建主义、帝国主义和官僚资本主义三座大山，建立独立自主的新中国，使中国人民站立起来。在"文化大革命"后期，我国国民经济濒临崩溃的边缘，邓小平受命危难，充满自信，领导全国人民改革开放，通过三十多年的发展，让我们祖国富强起来，使中华民族繁荣昌盛起来。

因此，具有自信心的人，总是不畏困难，排除艰险，所向披靡，勇敢前进。即使身残，意志却坚，往往在难以想象的征程中，锐意进取，开拓创新，大步向前，成功发展。

高士其在美国读书的时候，学的是细菌学和卫生学，他希望将来救死扶伤，成为一名名副其实的白衣天使。由于他的天赋好，加上他的勤奋努力，是一名公认的优秀学生。

一天，高士其像往常一样，走进实验室。这天，他要完成老师布置的任务：在豚鼠身上，进行注射甲型脑炎病毒实验。他先给豚鼠注射了脑炎病毒，然后，观察豚鼠反应。正当他专心致志记录实验数据的时候，不知为何，他手里的试管突然炸开了，满装脑炎病毒的液体，溅到高士其的手上和身上。不出半月，他的听力越来越差，手慢慢僵硬了，脖子也动弹不得，高士其染上了脑炎。脑炎摧毁了他的运动神经，医生说他只能活五年，要他回国。高士其没有怨天尤人，充满了自信。他咬紧牙关，忘却了疼痛，克服了常人难以想象的困难，提前修完了全部功课。

回国以后，全身瘫痪的高士其，毅然拿起手中的笔，写下很多科普文章，告诉人们如何认识与防治疾病。他满怀深情地说："我要拿起笔来战斗。我要把科学知识传播给广大人民，让人们沐浴在科学的光辉中。我要把科学真理，告诉给广大人民，让人民在黑暗中奋起，砸碎邪恶的世界，迎接新世界的灿烂黎明。"高士其的身残志坚精神和科学普及文章教育着一代又一代人。

一个人只要充满了自信，就会像知心姐姐所说的那样："面对挫折，有信心才有成功；面对自己，有梦想才有作为；面对胆小，有胆量才有机会；面对非议，有胸怀才有气量；面对歧视，有志气才有出息；面对贫困，有抱负才有毅力；面对诱惑，有自制才有精神；面对理想，有追求才有希望；面对失足，有行动才有前途。"也会像萧伯纳所说的那样："有自信心的人，可以化渺小为伟大、化平庸为神奇。"那么，我们怎样教育孩子拥有自信心呢？

一、培养幼年孩子自信。孩子处在童年时代，父母应通过玩乐方式，让孩子背诵《弟子规》，初步感受充满自信、真诚做人的基本道理。小时候的孩子，在学习上遇到困难，总是把父母当作大救星，希望父母告诉他答案，父母稍有怠慢，孩子噘起小嘴还不高兴。那么，孩子在学习中为什么总是依靠父母？究其原因有二：一是孩子从小便养成了依赖父母的心理，家人对孩子的溺爱，让他们养成了不愿解决学习中问题的习惯，即使没有困难也要照例问一问父母；二是孩子在学习中遇到了困难，认为自己能力不行，既具有惰性，又不愿动脑，还缺乏自信，只想询问父母，守株待兔，坐享其成。因此，父母必须帮助孩子克服依赖，纠正这种不良习惯，在坚持中培养自信，才能让孩子茁壮成长起来。

开学第一天，古希腊大哲学家、大教育家苏格拉底教育学生别出心裁：他让学生把自己的胳膊尽量往前抬，然后尽量往后甩，并且要求每天做一百遍。十天后，他问："谁还在坚持那个甩手动作？"大约80%的学生举起了手。二十天后，他又问："谁还在坚持那个甩手动作？"大约50%的学生举起了手。三个月后，他又问学生："谁还在坚持那个甩手动作？"只有一位学生举起了手。他，就是后来成为古希腊另一位大哲学家、大思想家的柏拉图。

坚持是世界上最简单同时也是最困难的事情，因为人人都能做到，却未必人人都能长期做到，只有那种即使是一件简单事情也能坚持到底的人，才有可能有所成就。从小，在学习上，坚持培养孩子的自信，并且应该留意：

第一，坚决对孩子说"不"。孩子第一次希望得到一种东西，哪怕花了不少时间和精力，他也会认为这的确是一个很有用的方法。因此，第二次、第三次遇到了问题，他会毫不犹豫地想到爸爸妈妈。这时，就需要父母能够对孩子坚决说："不"。父母只要不因为孩子的苦苦哀求就心软，不因为孩子的冥思苦想而心疼，这种坚决的态度就能够向孩子传达一个清晰的信息："向爸爸妈妈索要答案是不可能的事。"这种处理办法既没有批评，也没有指斥，但是，父母的坚定态度已经告诉孩子自己究竟应该怎么做了。

第二，大声告诉孩子"你能行"。很多孩子有一个共同的特点，在学习中，不是真的不会，而是他们不愿去多想，总是想依赖父母。父母应该让孩子在生活中学会独立，让他们养成不依赖的习惯，自立自强起来。在学习中，当孩子不愿独立思考问题，不愿多花时间解决问题时，父母千万不要着急，不要提高自己的声调，动不动就训人。否则先激怒了自己，却没有解决根本的问题。父母的正确做法应该是：用鼓励和爱抚的目光，用坚定的语言，向孩子传达这样的信息："你能行！"帮助孩子建立自信，成长起来。

第三，及时鼓励和赞美孩子。在孩子的成长过程中，不仅需要"惊雷闪电"，更需要"阳光与和风"。当孩子能够独立解决问题时，父母千万不要吝啬对于孩子无论是精神上还是物质上的奖励。只要孩子在原有的基础上，提高一分，都应该得到应有的赞赏。这不仅会给孩子一种心灵上的满足感，而且还会给孩子一种学习上的成就感。当孩子一旦养成了不依赖爸爸妈妈的习惯后，无须任何奖励，孩子都会独立面对学习中的问题。

二、培养青少年的自信。孩子到了青少年时期，父母更要对他们注重自信心的培养。因为，自信是开启成功之门的金钥匙。坚强的自信常使那些平常人也能够成就神奇的事业，成就那些天分高、能力强、但多虑、胆小、缺乏自信心的人所不敢尝试的事业。假如，拿破仑没有自信，他的军队永远也别想翻过阿尔卑斯山。假如，蒙哥马利没有自信，他就永远不可能在第二次世界大战中打败强悍的德国纳粹兵。因此，一个人的自信心有多大，成功就有多大。一个人成功的大小，往往不会超出自己自信心的大小。

一位穷困潦倒的青年，失业很久了，他一无所长，也找不到合适的工作。

这天，他满怀希望来到巴黎，寻找父亲一位旧友。父亲的朋友问他："你数学怎么样？"青年摇摇头，表现出很难堪的样子。"历史怎么样？"青年依旧不好意思地摇了摇头。"法律呢？法律你懂不懂？"对方充满希望的口气仍然未改，青年的回答还是否定的……接连问了七八个"怎么样"、"懂不懂"之后，父亲的朋友得到同样多的否定的回答。"那你说说自己有什么优点吧。"可是这位青年依旧摇摇头说："我没有什么优点。""唉，"父亲的朋友轻轻叹了口气说，"那你把自己的地址写下来，有了差事我好通知你。"青年人只得把写好的地址交给对方。父亲的朋友一看青年人的笔迹便说："哇！你还说自己没有什么优点，你的字写得这么漂亮！""这也算优点？"父亲的朋友语重心长地说："你不应该满足于只找一份糊口的差事。既然你把字写得这么漂亮，你就能把文章写得漂亮；既然你把文章写得漂亮，就能写书；既然能写书，你就能……”顺着老人的指点，青年人的思路扩展了，一点点放大了自己的优点。

多少年后，这位“一无所长”的青年人由字到文章，写出了享誉世界的经典作品。他，就是法国家喻户晓的大作家大仲马。

古往今来，成功人生的诀窍在于发现并且不断放大自身的优点，因为只有经营自己的长处，人生才有可能无限增值。成功者之所以成功，在于他们在坚强自信中，成绩卓著，走在同一时代人的前列，才会名垂千古。古今中外，伟大者之所以伟大，在于他们在超常的自信中，功勋显赫，开创出惊天动地的伟业，才会彪炳史册。

三、以身作则培养自信。成功的条件就是自信。那么，父母怎样教育、指导、帮助青少年孩子修炼出坚强的自信心呢？

一位小男孩7岁丧母，11岁那年父亲给他找了一个继母。小男孩很排斥继母，两年没有叫过一声“妈”。父亲为此打过他，小男孩逆反心重，就是不叫一声“妈”。可是没有想到，第一次叫继母“妈”，居然是第一次也是唯一一次挨继母的打那天。

一个秋日的中午，小男孩子禁不住馋虫的诱惑，偷摘了邻院的葡萄，被主人王胡子逮住了。小男孩被吓坏了，浑身哆嗦，喘不过气来。王胡子凶巴巴地喊道：“今天，不打你，也不骂你，只要你跪在这里，直到你父母来领人为止。”听说要跪下，小男孩虽说不愿意，但为了避免挨打，只好照办。谁知这一幕，刚好被从邻居门前经过的继母撞见了。只见她一个箭步冲上前去，拎起小男孩，对着王胡子破口大骂：“你简直就是个王八蛋！”继母把孩子拖回家，拿起一把尺子，打起小男孩的屁股，一边打一边流泪：“你偷葡萄我不打你，小孩子哪有不淘气的！可是我要为你那一跪打你！都说男儿膝下有黄金，别人让你跪，你怎么就跪呢？你这么没志气，将来怎么成人、怎么成事啊？”听到继母泣不成声说这些话，小男孩突然搂住继母的臂膀哭道：“妈，我以后不再这样了。”

后来，小男孩一直十分重视自己的尊严，随着年龄的增长，自尊自爱自信自强渐渐成了他生命的主题。多少年后，已经成为北京某名校博士生导师的他，始终忘不了继母教育他的那些话。

尊严，是人最不可忽略和抛弃的东西。一个人只有时时刻刻充满自信，捍卫自己的尊严，他的信念才不会缺失，人生的阵地才不会陷落。榜样的力量是无穷的，父母的以身作则，应该以其实际行动向自己的接班人证明：

第一，了解认识相信自己，建立自信。根据自身条件和现实环境，使自己的长处得到充分发挥。例如，不论什么集会，都要鼓起勇气，争取坐到最前排。即使现在坐不到前排，也不要灰心丧气，应该坚信：将来，我一定会坐在前排。在生活中，父母应教育孩子常以坚定的信心，长自己的志气，增强自己的自信。

第二，通过修炼自己言行，建立自信。父母应教育孩子坚持：当别人和自己说话时，要正视对方的眼睛，要让对方感觉到你们是平等的，你有信心赢得他的敬重，养成主动与别人说话的习惯，增强自己的自信心。平常，面带微笑，说话、办事。可以通过提高自己走路的速度来改变自己的心情，抛别消极情绪，在捍卫自己尊严的行为举止中，轻松树立自己的自信。

第三，名人名言激励自己，建立自信。经常默读“有志者事竟成”、“失败是成功之母”、“天生我材必有用”、“只要我不自卑，谁也无法让我自卑”、“冲破黎明前的黑暗，就会迎来早晨的曙光”、“英雄多艰辛，宏才多磨难”、“困境之中埋藏着成功的种子，失败里蕴含着胜利的欢乐”、“纵然周围的人都对我持否定态度，只要我竭尽全力了，问心无愧了，我也认为自己是最优秀的。因为，真理往往掌握在像我这样的少数人手里”等励志名言，增强自己的自信。一个人有了信心，就有了心中的太阳，就有了光明和希望。

启迪孩子修炼忠诚心。诚实，是一个人的立身之本。作为父母应该留意从身边的小事做起，对青少年孩子精心培养。美国有一位心理学家为了研究母亲对人一生的影响，在全美分别选出50名成功人士和有犯罪记录的人，请他们谈谈母亲对他们的影响。其中两封来信，谈的都是同样的事：分苹果。

一封信是一个来自监狱的犯人写的：“小时候，有一天妈妈拿来大小不一的几个苹果。我非常想吃那个又红又大的苹果。不料弟弟抢先说出我要说的话。妈妈听了瞪了他一眼，并且责备他说：‘好孩子要学会把好东西让给别人，不能总想着自己。’于是，我灵机一动，急忙改口说：‘妈妈，我想要那个最小的，把大的留给弟弟吧。’妈妈听了，非常高兴，把那个又红又大的苹果奖给了我。从此，我学会了撒谎。”

另一封信则是白宫一个名人写的，他说：“小时候，妈妈拿来大小不一的几个苹果，我和弟弟都想争大的。妈妈把最大最红的苹果拿在手中，对我们说：‘这个最红最大的苹果最好吃，谁都想得到它，很好啊!让我们来做个比赛。我们把门前的草坪分成三块，你们三人一人一块，负责修剪好，谁干得又快又好，谁就有权得到这个大苹果。’我们三人比赛除草，结果，我赢了那个大苹果。我非常感谢母亲，她让我明白了一个最简单也是最重要的道理：诚实。”

一个人做到一次诚实，十分容易。如果，将诚实形成与勇敢、公平、责任等融为一体的内在品质，就十分不易了。品格胜于分数，人品不能打折，诚实也是一个人的成功之本。辽宁省首届教子有方“十佳母亲”赵文晶在一次报告中说到一件事，让我们明白了忠诚所带来的愉悦、舒心和幸福的生活，多么令人感动。

一次孩子问我们：“你们谈恋爱时谁追谁?”爱人笑而不答。赵文晶却坦然回答：“是我追你爸爸。”孩子们问：“是不是我爸爸的成绩特别好?”赵文晶说：“不是。大学三年，我几乎没有和你爸爸说过一句话。可是，到了大四，一件事情震动了我。那是一次重要的考试，大家的成绩都很理想，唯独你爸爸得了60分。他的同桌说：‘他太傻了，不抄。’就是这句话，让我爱上了你爸爸。他的成绩虽然只有60分，但是，他诚实的品格却值100分。我告诉孩子们：诚实胜于分数，人品不能打折。”

那么，怎样培养孩子的诚实品质？事实说明，应当从身边微不足道的小事做起，才能让我们的宝贝孩子得到理想的收获。

一、认真对待孩子的第一次撒谎。找到撒谎的原因，让孩子认识错误，改正缺点。当孩子第一次撒谎的时候，我们既不能不以为然，也不必如临大敌，重要的是找到孩子撒谎的原因，应用正确的方法，耐心说服教育，切忌打骂，对症下药，方获奇效。同时，让孩子真正认识到错误的危害性，从心灵上防微杜渐，制止同样事情再度发生。每一个家长都喜欢孩子汇报自己的好成绩，当我们发现孩子反馈给父母的成绩比实际得到的分数要高时，孩子撒谎了！

一次数学考试结束，一个孩子跑到妈妈的面前说：“妈妈，我得了100分。”过了几天，妈妈在整理儿子书桌的时候，从抽屉里意外发现，数学试卷上的分数却是53分。面对这样的现实，家长怎么对待？

这时的家长不必声张，一定要冷静对待，耐心等待，仔细分析，查找撒谎原因：是孩子害怕父母伤心，还是害怕父母批评？是孩子暗下决心使劲加油，等下次考得了好成绩，再告诉父母，还是家长要求太高，导致孩子说谎？奖励条件是否恰到好处？再看看孩子的反应，察其言，观其行，时机成熟了，原因找准了，解决问题的方法也就成竹在胸了。

二、让孩子承认错误真诚地道歉。孩子有了错误，父母既不能惊惶失措，也不能熟视无睹，更不能撒手不管，而应用正确的方法，让孩子正视错误，承认错误，改正错误。

一个孩子经不起同学的诱惑，想上网吧打游戏，谎称学校收补课费、上机费、电影费，在妈妈那儿得到了这笔钱。事后，妈妈知道了这件事，并没有打骂孩子，而是拿出中午带的饭盒给孩子看，里面只有米饭和黄瓜做的咸菜，并说：“妈妈是下岗工人，靠给人擦皮鞋挣钱维持生活。如果，你是为了学习和正常交友需要钱，妈妈再苦也要给，可是……”这几句话说得这个孩子流下了眼泪：“妈妈，我错了，我再不欺骗你了。”家长通过这种从心灵上感化的谈话，让孩子真诚认识到自己的错误，收到了良好的效果。

三、实话实说，办不到的事别说。在生活中，父母要坚持实话实说，不诚实的话别说，做不到的事不能人云亦云、跟着瞎说。父母的以身作则，率先垂范，准能培养出忠诚老实的孩子。

1959年7月，在庐山会议上，彭德怀元帅因为给毛泽东写了一封信，实话实说了自己对国内形势的不同看法，受到了错误批判，并且被罢了官。

不久，他就搬出了中南海，住到北京郊区的吴家花园。他在那里开荒种地，挖塘养鱼种藕。彭德怀住的地方叫挂甲屯，这儿的老乡世世代代喝土井里的水，他就把自己院子里的水接到街上，让大家喝上自来水。每遇下雨，他就戴上防雨帽，卷起裤腿，走街串户，看看大家用土坯垒起来的房子，漏不漏水，危险不危险，他总是让有危险的人家搬到自己的院子里住。谁家的孩子病了，他要去看看；谁家孩子结婚，他要去祝贺；谁家的老人去世，他要去悼念……

彭德怀一生没有子女，他把弟弟彭金华烈士的女儿彭梅魁，当作亲生女儿一样抚养。一天，彭德怀带着彭梅魁走到院墙跟前，指着墙外的一棵树问："梅魁，你看这树为什么没有叶子？"彭梅魁知道因为老乡生活困难，把树叶打下来吃了，可是又不知怎样回答才好，只好望着伯伯，不开口。走了几步，彭德怀又问："你们工厂有没有人得浮肿病？"彭梅魁说："没有。"彭梅魁没有实话实说，彭德怀领她走进自己种的茄子地里，指着茄子秧对她说："茄子不开空花，小孩不说假话。我这个老头子就像小孩子一样不说假话，我实事求是，坚持真理。梅魁啊，我希望你长大以后，不要追求名利、吹牛拍马、投机取巧。一定要老实做人，心里想着百姓，时刻想着人民的疾苦啊。"伯伯的话感动得梅魁热泪盈眶，她说："伯伯，我一定向你学习，不说假话。"

四、给我们孩子一个真实的自己。在教育孩子的过程中，父母在适当的场合要向孩子袒露真实的思想、自己的计划和打算，让孩子认识自己，了解自己，效仿父母，诚信做人。

一个单身母亲可以把自己生活的艰辛告诉孩子，让孩子既看到亲人的真诚，又感受到坦诚的勇气和力量，还能加深亲情。如果，父母冤枉了孩子，或者承诺没有及时兑现时，也要向孩子道歉，给孩子一个真实的自己，让孩子感受到父母是真诚和信赖的力量源泉，诚信做人是事业成功的保证。

五、诚实守信是走向成功的基础。有人认为，诚实耿直的人往往吃亏。可是，在日常生活中，不失不得，亏则是福。吃亏多少，得福就有多少。

当年，海尔集团创业之初，曾经出现了一批次品，有人建议以低价卖给内部职工。可是，海尔集团总裁张瑞敏却让工人把自己生产的产品一斧头一斧头地砸了，从而赢得了社会信誉。海尔品牌正是依靠这种信誉，最终走向了世界。

在家庭教育中，父母鼓励孩子说实话，不要逼迫孩子承诺办不到的事情。孩子在作保证、订计划、拟规则的时候，父母一定要适当地提醒：是不是切合孩子的实际，能不能做到。特别要认真了解孩子的烦恼、学习的不满、对家人的意见等，耐心听完孩子的心声，帮助孩子克服困难，帮助孩子解开心里的疙瘩。孩子的诉说都是对于父母信任的表现，不能让它走向反面。否则，不仅会失去孩子袒露心声的机会，而且不符实际的要求，更会造成孩子说一套，做一套，逐渐养成言不副实的坏毛病。在家庭教育中，父母只要能够培养出孩子诚信做人的品质，也就奠定了孩子将来走向胜利、迈步成功、创造辉煌的坚实基础。

启迪孩子修炼宽容心。用宽容和大度，培养孩子的同情心。同情心就是传统美德的仁爱之心和善良之心，是一种非常珍贵的感情，父母与孩子需要认真修炼，共同拥有。不少成功者均拥有非常宝贵的宽容心、大度情。

在青少年时期，曾国藩去省城考试，到达省城已经没有单人房间，只得和一个先期到达那里的书生同住一间房。

第二天早晨，几个应考的书生出外游览散心去了。曾国藩一个人留在旅店里，他把床头的桌子搬到了窗前，然后坐下来认真温习功课。那个和曾国藩一同居住的考生游览回来，看见曾国藩正在读书，就责怪曾国藩不该把桌子搬到窗前，说这样把屋子里的光线全挡住了。曾国藩听了并不生气，他把桌子重新搬到床头，然后继续看书。自从游览回来，同房的书生一直没有安静过，不是趿着鞋在房间里啪嗒啪嗒地来回走动，就是在床上打滚，故意制造出噪音，让曾国藩看不成书。可是，曾国藩并没受到多少影响，只顾认真看书，没有理会无理取闹的书生。晚上，曾国藩仍然认真地看起书来，看着看着，不知不觉念出了声。书生又有了借口，朝着曾国藩大吼："你这么大声念书，叫人家怎么睡觉！"曾国藩把书一收，上床睡觉了。考试的日子终于到来，曾国藩自信地走进了考场。试卷发了下来，曾国藩刚刚准备答题，与他同住一室的那个考生走到他的桌旁，急得汗水直流，一经了解书生忘了带笔，曾国藩毅然把自己备用的笔借给了书生。那位书生想，自己百般刁难曾国藩，没想到他并不计较，还在自己最需要帮助的时候，伸出了援手，因此，感到非常惭愧。一走出考场，便向曾国藩道了歉，并且决心改掉自己身上的坏毛病，向曾国藩学习，做一个宽宏大量的人。

后来，曾国藩于道光十八年（1838年）考中进士，入翰林院担任军机大臣、内阁学士、礼部侍郎等职，成为了湘军的创立者，清代著名的军事家。

良好的家庭教育，能够自小培养出孩子的同情心，奠定孩子日后宽容他人、学会做人、成功发展的基础。那么，孩子的同情心、宽容心，究竟怎么养成？

一、从小培养孩子同情心、大度情。孩子很小的时候，父母须要引导孩子同情、关心小朋友。在生活中，别的小孩摔了一跤，哭了起来，自己的孩子也撇撇嘴，露出痛苦的表情，甚至哭了起来，这种萌芽状态的同情心，父母应当倍加珍惜，悉心扶植，耐心栽培，潜力呵护，既不能取笑，更不能责怪。因为，富有同情心的孩子往往心地善良，性格温和，受人喜爱和拥护。缺乏同情心的孩子往往性情冷漠，易走极端，不易与人亲近，因而人际关系也不好。当小伙伴摔疼了哭了起来，如果，自己的孩子在一旁哈哈大笑，父母不要责怪孩子"幸灾乐祸"，而是需要提示孩子："上次你摔在地板上，不是很痛吗？小朋友碰疼了，多可怜啊！"孩子联想到自己的痛苦教训，不仅可以止住笑，还可以鼓励他帮扶小朋友。经过多次这样的引导，就会以实际行动点燃孩子的同情心和友爱情所迸发出的火花来。

孩子从小有了同情心，才会有宽容大度情。上了小学的孩子依然存在着"怜灵”的现象。父母须要支持孩子对花草、树木、小动物的关心和保护。他们认为小花、小草、小猫、小狗和自己一样，都是具有生命的小精灵，也是知冷热、通人情的。他们不仅对小生物表示关切，甚至喃喃咕咕说话，这是对于生命的热爱和关怀的表现，父母不仅应当告诉孩子不要攀折花草，而且应该教育孩子不要欺负小动物。让孩子的这种对动植物的仁爱之心，逐渐形成对事对物的同情心。孩子慢慢长大了，父母要教育孩子同情和关心他人。若遇老弱病残的人或父母生病，启发孩子问寒问暖，跟他们说话解闷，递水果、倒开水、拿药片……同学生病，要让孩子探望和问候，帮助同学补习功课，参与助人为乐活动。鼓励孩子怜悯弱小或病者，引发孩子的善良心，增强孩子的同情心，教育孩子学会宽容，心生同情，奠定为人处世的基础。孩子若在学校受了委屈，父母千万不能教唆：“别人对不起你，你也对不起别人。别人打你，你也长了一双手，可以打骂别人。”这样，不仅恶化了小伙伴的关系，而且更加不懂宽容大度，势必处理不好人际关系，从而毁坏了未来获得幸福的基础。在家庭生活中，不少成功者十分注重对孩子宽容心、大度情的培养。

一年夏天，李大钊从北京回家休假。他给女儿李星华和李星华的哥哥每人买了一包礼物：笔、墨、字帖。孩子们见了很高兴，立即研墨展帖，端端正正坐在八仙桌旁，各自写了起来。小星华第一次临帖写大字，左写一张，右写一张，总觉不像，气得小脸发红，含着眼泪躲到后院的风门后面。妻子发现小星华在哭，正要骂她没有出息，被李大钊制止了。他说：“女孩子的心理是很难揣摩的，你要是问她为什么哭，她是不会告诉你的，你不要逼着问她，哭的原因不是明摆在那儿吗？”妻子有些莫名其妙，只听李大钊说：“我记得一本书上说过，一个女孩子，一不小心，用小刀划破了手指，立刻把伤口包扎起来，连自己的爸爸妈妈也不让看见，直到伤口完全好了，才让人看。这是一种什么心理？这是女孩子的一种好胜心！”妻子这才恍然大悟。过了一会儿，李大钊把小星华从风门后面叫出来，笑着对她说：“你的字写得很好，有点像魏碑上的字。因为你是第一次临帖，写得不太整齐，一些地方笔画粗，一些地方笔画细；有的字个儿大，有的字个儿小。要是天天练字，一定会写好的。你看，你哥哥写的字也不整齐，可他不着急，沉得住气。只有这样，才能把字练好。”父亲的话让小星华受了很大鼓舞，她克服了不太冷静、爱急躁、太小气的缺点，积极乐观，宽容大度，毛笔字练得超过了父亲和哥哥。

在家庭教育中，当孩子出现缺点、遇到困难的时候，千万不要训斥和指责，而要宽容大度，把握心态，循循善诱，因势利导，耐心说服，科学启迪，顺乎规律，收获效果。

*二、以父母同情心焕发孩子宽容情。*父母要用自己的同情心、宽容心、潜移默化地影响青少年孩子。在家庭教育中，父母要从小教育孩子学会宽容大度，学会“换位思考”，站在对方的角度上想问题。孩子站在父母的角度上考虑问题，

就会理解父母的爱子之心；站在祖父母或外祖父母的角度上考虑问题，就会理解老人的关爱和唠叨；站在老师的角度上考虑问题，就会理解老师的艰辛和关爱；站在同学的角度上考虑问题，就会觉得那么多同学是可爱、可亲、可交的。让孩子明白“爱人者，人恒爱之，敬人者，人恒敬之”的道理。父母对于老人、同事、邻居、孤寡等人所表现出来的诚恳和友善行为，就是对孩子同情心的最好教育。缺乏同情心的父母是培养不出富有同情心的孩子的。父母宽容大度、遇事不斤斤计较，与邻里、同事和谐相处，孩子就会学着父母的样子处理好同学关系。父母可以把自己的孩子培养成性格冷漠、心胸狭窄的人，也可以把自己的孩子培养成心地善良、胸怀宽广的人，又同样可以让你的孩子宽容世界的一切，拥有世界的一切。

一位在山中茅屋修行的禅师，有一天趁着夜色到林中散步，在皎洁的月光下，他忽然领悟到人生的真谛，心情十分愉快。

在回程的路上，他遇见了光顾他的一个小偷。小偷遇见禅师，正感到惊愕的时候，禅师说：“你走老远的小路来探望我，我总不能让你空手而回呀！夜凉了，你带着这件衣服走吧。”说着就把他早已脱下的外衣披在小偷的身上。小偷不知所措，低着头溜走了。

第二天，他在阳光的沐浴下，从极深的禅室里睁开眼睛，看到他披在小偷身上的外衣被整齐地叠好，放在他的门口。

在家庭生活中，对待孩子有意、无意的过错，父母如能大度宽容、承担责任，给孩子一个反思过程、一个改过的时间，一定能够唤起孩子勇于改过自新的激情，出现家庭教育的奇迹。

三、宽容别人也是在宽容解放自己。在生活中，给别人送去温暖，就是给自己送去温暖；给别人以希望，便在自己心中升起了希望；宽容了别人，就是宽容了自己、善待了自己；爱别人，便给自己留存了爱的火焰，照亮了别人，也照亮了自己。

一天，老师问班上的学生：“你们有没有最不喜欢的人？”大家想了半天，有的默不作声，有的点了点头。老师说：“我们玩个游戏吧，把你们最不喜欢的人和最不开心的事写在小纸条上，放学后找一块小石头，然后贴在石头上。如果，它实在很过分你就找一块大点儿的石头，如果，只是小错就找一块小一点儿的石头。每天把你的收获用塑料袋装好交给老师。”大家感到非常有趣，放学后，每个同学都抢着去找石头，第二天早晨，大家都提着装着石头的沉重的袋子到学校来，还兴高采烈地谈论着……一天、两天……有的人的塑料袋子提不动了。终于有的同学大叫：“老师，好累啊，别做这样的游戏了。”老师笑笑说：“那就放下这些代表过错或包袱的石头吧，学习宽容别人的缺点，不要把它当宝贝一样记在心里，时间久了谁也受不了。”

在社会生活中，宽容让昨天的敌人消失了，宽容让种种不满磨灭了。宽容了别人也宽容了自己、解放了自己，宽容让人变得轻松、愉快，宽容是通向快乐的阶梯，宽容大度的人最潇洒！

启迪孩子修炼进取心。人生在世，应当不断反思自己，激励自己，超越自己，不断树立新目标，丰富自己，完美自己，发展自己。在思想上，需要努力不断求得新知识，思考新问题，具有新认识，拥有新能力。在事业上，需要年年都有新发展，新增长，新成就。无论是顺境或是逆境，从不满足，决不懈怠，永不气馁，更不骄傲，信心百倍，去迎接成功的人生。进取心是一种成功的美德，谁拥有了它，谁就会创造光辉灿烂的未来。

1944年4月7日，一个貌不惊人的孩子出生在一个贫民的家庭。三天之后，父亲战死在罗马尼亚，他和他的姐姐与弟弟，依靠母亲打扫清洁的微薄收入维持生活。艰难的生活使母亲欠下了不少债，债主逼上门来，母亲只有失声痛哭。贫穷的生活，让他慢慢懂得：要想摆脱贫困，必须努力读书。1950年开始上学，由于交不起学费，初中毕业，他就到一家零售店当学徒。因为贫穷，带给他的是轻蔑和被人瞧不起，他立志："我一定要从这里走出去。"从此，不断进取、不断努力，改变自己的人生。1962年，他辞去了店员之职，白天在一个建筑工地上当清洁工，晚上在夜校学习。1966年，他进入了哥廷根大学夜校学习法律，圆了自己的大学梦。毕业后，他当上了律师。通过对法律的研究，对政治产生了兴趣，并且加入了社会民主党。1969年，他担任哥廷根地区主席，1980年，当选为议员，1990年，他当选为下萨克森州总理。他开着奔驰车把母亲接到一家大饭店，为老人家庆祝80岁生日。1998年，他成为了联邦德国总理。这个人，就是施罗德。

进取心会产生一种伟大的自我激励力量，它会使我们的人生更加崇高。那么，怎样教育孩子拥有进取心呢？

一、不断树立目标，不断急流勇进。一个人有了进取心就有了成功，但是成功没有止境。成功之后，重树目标，急流勇进，努力奋斗，就会迎来更大的成功。

唐代伟大诗人李白，自幼随父迁居现今的四川江油青莲乡，自号青莲居士。他的诗雄伟豪放，想象丰富，流畅达观，脍炙人口，是中国诗歌的一座高峰。

可是，少年时期的李白一身行侠仗义的气质，不愿读书，是个有名的淘气鬼。有一天，李白觉得学习很没兴趣，便从学校里，偷偷溜了出来，来到山下的小溪旁。溪边，有一位白发老婆婆正在石头上磨一根铁棍子，当时叫铁杵。李白好奇地问："磨它干什么？"老婆婆答道："要做绣花针。"李白不相信，嗤笑着说："铁杵怎么磨成针？"老婆婆看了李白一眼，认真地对他说："只要功夫深，铁杵磨成针。"接着，老婆婆又向他讲述了功到自然成的道理。李白顿时醒悟，马上返回学校上课。从此，一改往日行为，开始发愤进取，用功读书。李白读书的范围很广，知道的知识也多。15岁时，开始学剑术。20岁时，离家远游，足迹遍及大半个中国，体验社会生活，创作了大量优秀诗篇，流芳百世。由于李白的诗文十分出众，42岁时，唐玄宗三次召他进京，让他进入翰林院，才能得到充分的展示。

后来，因为受到奸臣的谗害，性情豪放的李白拂袖而去，不屑与小人为伍。李白的政治抱负虽然没有实现，但他的治学精神和不朽诗篇，千百年来一直为后世所赞赏，最终成为了受人景仰的“诗仙”。

二、不断风雨兼程，不断克难排险。进取，是一种积极的心态。它，永不满足自己所取得的成功。无论是顺境或是逆境、晴天或是雨天，总会在含辛茹苦、风雨兼程中，艰苦奋斗，不懈努力，争取改变命运，获得新的成功。

唐代伟大诗人杜甫，出生在一个诗书世家，从小深受家学熏陶，特别爱好读书和写字，学习成绩很好。

杜甫7岁时，写过一首《凤凰诗》，一鸣惊人。9岁时，他写的大字装了一大口袋，书法有了一定的基础。他的母亲死得很早，父亲在外做官，便把他送到洛阳姑母家中寄住，着意对杜甫悉心培养。洛阳是当时的东都，很多文人聚集在这里。十四五岁的杜甫，便成了文人们会聚的常客。他不仅向这些文人学习，还博览群书，并且为自己定下了“读书破万卷，下笔如有神”的奋斗目标。杜甫20岁时，效法司马迁，开始了漫游，前后三次，共用了十余年时间，游览了祖国名山大川，开阔了视野，体察了民情，学到了很多书本上没有学到的东西，加深了对各地风土人情、天文地理的理解。他33岁时，在洛阳与比他大11岁的李白相遇，他们一见如故，结为至交。不久，结识了大诗人高适，三人同游，交流心得，不断进取，学习提高。杜甫虽然才华横溢，却不被当时的权贵所容。他为生活所迫，挖过野菜，捡过山果，砍过柴草，摆过药摊，历经了不少苦难和艰险。

但是，杜甫的诗真实而又深刻地反映了唐朝由盛转衰的过程，被誉为“诗史”。他的创作依然像他的为人一样，严肃认真，一丝不苟，达到了当年自己立誓所说“读书破万卷，下笔如有神”的境界，形成了“语不惊人死不休”的艺术特色。因此，杜甫被后人称为“诗圣”。

三、不断刻苦磨炼，不断迎难而上。成功不是人生停留的归宿，也不允许昨天的成功影响今天的工作。生活在于不断地刻苦磨炼，不断地迎难而上，不断地开拓进取，不断地创造新辉煌，不断迎接新的成功、新的胜利。

唐代伟大诗人白居易，字乐天，晚年号香山居士，今陕西渭南人。自小聪明绝顶，十分爱学习，五六岁时便学习写诗，9岁时已懂声韵。随着年龄的增长，他刻苦学习的劲头有增无减。他白天学习辞赋，晚上苦读经史，间隙之时学习诗歌，整天勤奋学习不止，努力探索不息。据说，他长时间读书和背书，口舌磨成了疮；他长时间写诗作赋，手和肘上都磨出了老茧。他读书勤奋，写诗也勤奋，创作态度严肃认真，他写出了许多脍炙人口的名篇。从诗歌数量来看，他流传下来的诗歌，近3000首之多，在唐代诗人中，首屈一指。白居易的刻苦努力，锐意进取，成为李白、杜甫之后的又一位伟大诗人，被人们誉为“诗魔”、“诗王”。

在家庭教育中，父母一旦发现孩子身上具备一种最为微细的进取心，就必须耐心扶植，悉心爱护，精心培养，让它茁壮成长起来。同时，鼓励孩子不断反思经验，树立目标，养成自我激励、始终向着更高方向前进的习惯，逐渐克服自身的不良习性，迎着胜利，走向成功。进取心不是一种天生的东西，而是通过后天的努力，在不断前进中，得到的宝贵的财富。生命之灯因热情而点燃，生命之舟因拼搏而前行。刻苦磨炼，不断努力，才能在一个阶梯攀登上另一个阶梯的长足赛中去完美自己的理想与人生。

启迪孩子修炼感恩心。地球上，有了日光、空气和水，才有了生命。世界上，自从有了生命，就有了感恩！羊有跪乳之恩，鸦有反哺之义，婴儿堕地呱呱啼哭，感谢伟大母亲十月之痛，感谢母亲的生养之恩，因此，五彩缤纷的世界，本身就是一个感恩世界。盘古开天辟地，人类的繁衍，确实有许许多多的动物和植物为了我们的生存，献出了它们的生命，我们不仅应该感恩于它们为我们的献身，而且应该感谢大自然为我们提供的生存条件。为了征服世界，战胜困难和灾害，人与人之间学会了以德感人，以理服人，和睦相处，团结奋斗，才产生了互相依存、不断发展的巨大力量。

做人要有感恩的真情。随时心胸开阔，襟怀坦荡，心境泰然，气态平和，博大宽阔，豁达大度，具有真诚执著的感恩意识和行动。我们心之所思，行之所为，不仅要感谢有恩于我们的人，而且要感谢伤害过我们的人。因为，正面激励和反面鞭策同样是鼓舞和召唤着我们不断前进的力量，最能积极提高我们的心志，学会坚毅，学会刚强，刻苦自励，忍辱负重，兼容并包，掌握真学问、真功夫、真本领，团结协作，携手共进，勤奋自励，乐观向上，创优争先，快速发展。学会感恩，我们便会在困难中升华自己，让自己变得更坚强，更成熟。一个人倘若懂得感恩，就会懂得珍惜，就容易得到幸福。感恩，孕育成功的心灵，主宰人生的福祉。只有“量大”，才会“福大”，只有“大感恩”，才会“大得益”，只有感恩他人，才能拥有他人，只有感恩世界，才能拥有世界。那么，我们怎样才能修炼出孩子的感恩心呢？

一、在孝敬父母中，学会感恩。伟大中华，五千年灿烂文明，饱含着感恩的盛情与精华，古之圣贤忠孝仁义，感天动地，二十四孝感恩父母，功著千秋。孝敬父母、感恩父母是中华民族的传统美德。不少人认为，即使天下最孝敬父母的人，也感恩不完父母对他们的生育之恩、教养之情。他们在荣华富贵、功名利禄前面，选择了孝敬父母、感恩父母，他们不愧为父母的好儿女，甚至不愧是国家、民族的栋梁之才。2007年12月6日，《北京日报》报道了一则非常感人的消息：

中国羽毛球名将黄穗，是雅典奥运会女双银牌得主和世锦赛、世界杯女子双打冠军，很可能在2008年北京奥运会获得奥运金牌。然而，其父在赛前的几个月被确诊为“肺癌晚期”，黄穗两次申请退役，回到了湖南老家陪伴父亲。尽管黄穗的父亲最大的心愿是要亲眼看到他的女儿夺得奥运冠军，但是，只要一家人天天能在一起，感恩父母就是孝女黄穗无悔的选择。黄穗孝敬父亲的行为，得到了全国青少年的广泛关注和热爱。

在社会生活中，千千万万黄穗这样的青少年不仅是继承和发扬中国孝道文化的贤孝子孙，而且是奋发努力、勇敢拼搏的社会主义建设名流，这样具有理想和奋斗目标的青年人正是我们时代的中流砥柱。

二、在付出得到中，学会感恩。世界上，最珍贵的不是权力，不是金钱，不是名誉，不是外界物质，而是一颗金子般的心。心的安宁和美好，才是真正的幸福。幸福是人生的至高追求，只有给予和付出才能得到。在生活中，只有付出了爱心，才会收获希望，感恩，是一种得到与付出。虽然，不少人的付出不能立即得到物质回报，但是，天长日久，不经意间，突然抬头，就会惊喜地发现，当年，播下的种子已经长成大树，上面有好多小鸟儿在歌唱，常常给辛勤付出的人带来舒心和欢乐，让他的心头充满无尽的幸福。在别人困难的时候，毫不犹豫地伸出救援的手，在别人迷茫无助的时候，敞开怀抱让他们依靠……在生活中，一个表情，一句问候，一个眼神，一件小事，都可以让人感动，在这些小小的付出后面，蕴藏着一片真挚的爱心和丰厚的回报。

一个夜晚，已经送了一整天报纸的小男孩霍华德·凯利饥寒交迫，为了攒学费的他，摸摸自己的衣袋里只有一角钱，只有沿街慢慢往家里走。

这时，天色越来越沉，凯利的脚步越来越慢，几乎饿晕过去的他，迫于无奈，走到一家门前，准备讨口饭吃。可当年轻女人打开房门时，他又害羞了，只是低声说要口水喝。女主人看出了他的饥饿，倒了很大一杯牛奶给他，他摇摇头说：“对不起，我只有一角钱。”女主人微笑道：“你不用付钱。自小，妈妈教育我：施以爱心，不图回报。”

多少年后，这位女主人得了重病，四处求医无效，只有转到一家著名的大医院救治。已经成为医学专家的霍华德，一眼认出了这位当年送牛奶给自己喝的恩人，不惜一切代价治好了她的病。出院时，她不敢看护士给她送的医药费通知单，因为她知道，上面的数额很可能需要耗尽她的余生来偿还。可她还是鼓起勇气打开了通知单，只见上面写着：“医药费已付：一杯牛奶。霍华德·凯利医生。”

一个人奉献出自己的仁爱，收获到的将是别人的感动和铭记，还有一颗因满足而幸福的心。付出爱，才会赢得爱。付出是收获的前提，越是不图回报地帮助别人，别人便越会记住你的恩情，并在适当的时候给你更为丰厚的回报。感恩，是一份对万物都充满无私奉献的爱心，对于仁爱，付出便是得到。教育青少年感恩，应当让他们懂得：只有从得到和付出的辩证关系之中，才能学到它的真谛。

三、在夸奖表彰中，学会感恩。当孩子做了一件好事，父母要及时夸奖，激励孩子发扬感恩精神，坚持不懈，养成习惯。孩子的每一次进步，都凝聚着家长和老师的心血。让孩子们在受到夸奖表彰的时候，提高认识，深深感悟，心怀感恩，付诸行动。

四川汶川映秀镇8岁学生林浩，在“5·12”大地震中，两次救人，受到表彰。当人们问他为什么救人时，他平静地说：“因为我是班长！如果其他同学都没有了，要你这个班长有什么用呢？”2008年六一儿童节，林浩和另外几名灾区小朋友一起，到北京参加了儿童节活动。当林浩手拿小国旗与中国体育代表团的旗手姚明一同步入北京奥运会场，场内报以热烈的掌声，亿万电视观众向他们投以敬佩的目光。林浩离开了大山，到了首都，觉得新奇，感悟特别深刻，他下定决心“我要当工程师，造震不垮的房子”来感谢祖国和人民对他的关怀！

孩子的成长是家庭、学校和社会共同努力的结果，启迪和教育孩子感谢家长、感谢学校、感谢社会的培养，是我们义不容辞的责任。

*四、在新旧对比中，学会感恩。*父母带着孩子，走访一位七八十岁的农民（或工人、居民），就可以了解到改革开放前后大家在吃、穿、住、行等方面所发生的巨大变化，焕发出孩子对社会的热爱之情，对时代的赞美之意，学会感恩。

2008年，一位退休老爷爷经常对他的孙子讲：“改革开放之初，上级给我落实了政策，我又重新走进人民教师队伍。当时，我每月的工资是41元，大米每市斤0.138元。30年过去了，现在，我每月的工资是过去的70多倍，而大米的价格只不过是过去的10多倍。现在，我们全家人都由农村走进了城市，生活有了很大的改善，我们过的日子比哪个时代都好！”

我们国家改革开放所取得的成果，是多伟大！我们为什么不去感谢我们的社会、我们的政策、我们的执政党呢？

*五、在苦难挫折中，学会感恩。*尽管在人类社会之中，不乏祸国殃民之辈、忘恩负义之徒、贪污腐化之人、吃人害人之流，但是，人类社会仍然是一个感恩的世界，社会发展仍然是一部永恒的感恩史。俗话说：“人生一世，苦尽甜来”、“要想人前富贵，必先吃苦受罪”。说明一个道理：任何苦难和挫折之后，都会拥有幸福的祝福。有人说：“上帝绝不肯把所有的好处都给一个人。给了你美貌，就不肯给你智慧；给了你金钱，就不肯给你健康；给了你天才，就一定要配搭点苦难……”当你不如意时，不必怨天尤人，更不必自暴自弃，而应该用一种感恩的心态告诉自己：坦然面对人生坎坷，欣然迎接充满希望的未来。

一个年轻人上大学就半工半读，他要用打工的钱去偿还父母为他垫付的学费和伙食开支。他虽是老板的儿子，而且就在父亲办的工厂里上班，但是，上下班同样打卡，每月月底，凭车间评定的质量和完成任务的情况来领取工资。

有一次，他因坐车晚点两分钟，那个月应得的奖金便被扣掉一半。大学毕业后，父亲不仅没有让他接管公司，反而对他更加苛刻，视如仇人。他在无法忍耐的情况下去了国外。刚开始做生意，缺少资金，父亲又不愿担保，银行不能贷款，被迫打工维持生计。好不容易攒得了一点钱，开了一家小公司。小公司生意不错，变成了大公司。但是，公司却又倒闭了。他非常难过，甚至想到自杀。但他反思了过去的一切，认真总结了经验教训，没有继续沮丧下去，咬紧牙关，挺起胸膛，重新开始。正在这十分艰难的时刻，父亲来到身边，拥抱着他，并让他接管自己的公司。父亲说：孩子，你跟几年前一样，依然没有钱，但你却有了一段宝贵的经历，这段经历对你来说是一场艰苦的考验，但它却是非常值得的。有了这段经历，你就会去珍惜它，把公司经营好，不断让它发展壮大。

后来，这位年轻人真的干成了一番大事业，他就是伯克希尔公司的总裁，被誉为“美国股神”的沃伦·巴菲特。他的父亲叫霍华德·巴菲特。

经历过人生苦难、挫折、磨炼、痛苦并非坏事，坚强意志往往在磨难中铸就。它不仅可以让人坚强，而且可以让人懂得为人处世、成功做人，热爱、珍惜自己的事业和生活，弥足珍贵，储藏生命历程中的财富。面对苦难，我们应该心怀感激，面对挫折，我们更该感谢上天给予我们的一切恩赐。

有人讲了一个故事：“有一个蛹快要化成美丽的蝴蝶了。这时的蛹上有了一道裂缝，蝴蝶在里面痛苦地挣扎着。一位天真的孩子看到蛹中蝴蝶痛苦挣扎的样子十分不忍。于是，他拿起剪刀把蛹壳剪开，帮助蝴蝶脱蛹出来。然而，由于这只蝴蝶没有经过破蛹之前必须经历的痛苦挣扎，以致出壳后身躯臃肿、翅膀干瘪，根本飞不起来，不久就死了。”蝴蝶之死带给我们很大的启示：要想有所成就，就必须能够承受足够的痛苦和挫折。这是对人的磨炼，也是一个人成长的必经过程。

德国作曲家罗伯特·舒曼说：“珍珠是不会浮到水面上的，要寻找它，必须冒着生命的危险潜到水里。”珍珠原本就是嵌入贝内的一粒沙。贝用尽全力疗伤，要到伤口愈合，治疗的工作才停止，这时在旧伤处出现的就是一颗晶莹的珍珠。因为，伤口的刺激，贝身上许多平时没有发现的潜在力量出现了，全力打造了这样一颗晶莹剔透的珍珠。

人生也是这样，苦难可以变为宝贵经验，伤痛可以变成无价珍奇，缺陷能够成为自救与救人的力量，经历过足够的痛苦和磨难的人，才会获得真正的成功。

六、在人为伤害中，学会感恩。在生活中，面对苦难和挫折，我们要教育孩子懂得：有了伤害，才会有危机感、有竞争力。有了伤害，就会使人发愤图强、革故鼎新、锐意进取。不然，就只有等着被时代潮流吞并、淹没、淘汰、摧毁与泯灭。

韩信年少的时候，很有抱负，他勤练武艺，熟读兵书，发誓长大后要当大将军，带兵征战。

韩信把所有的心思都用在练武和读书上，地不去种，也不经商，没有任何衣食来源，只有这里一顿，那里一顿，靠朋友的施舍过日子。时间一久，很多人都瞧不起他。城里有一个年轻屠夫，看韩信不顺眼，便拦住去路，对韩信说：“别看你人高马大的，拿着书，佩着剑，其实是个胆小鬼！你要真是个英雄，就一剑把我刺死；要是不敢的话，就从我的胯下爬过去！”韩信看着这个屠户好长时间，心想，我要是把他杀了，就再也没有机会开创自己的事业了，干吗跟这种人计较呢？于是，强忍心中的怒火，从他的胯下钻了过去，招来了满街人的嘲笑。从此，韩信经常到十分僻静的地方读书学习。有一次，韩信一连三天，没有吃一点东西，饿得肚皮贴上了脊梁，他晕倒在河边。一位老奶奶刚好来到河边洗衣服，看见韩信晕倒了，便轻轻摇醒了韩信。问明了情由，把韩信带回了家，让他吃了个够。韩信对老人说：“老奶奶，日后我有出息，一定会来报答你的。”只见那位老奶奶说：“我是可怜你才给你饭吃，难道是图你什么报酬吗？堂堂男子汉不能怀书佩剑老死家园，应当想着怎么出去建功立业！”洗衣老奶奶的话深深触动了韩信，他立刻吃粮投军，参加了楚汉战争，以自己的学识和才能，辅助刘邦平定了天下，建立了西汉王朝。韩信功成名就，被封为楚王。他荣归故里时，找到了当年给他饭吃的老奶奶，赐给她一千金，感谢她的搭救性命之恩。同时，找到了当年侮辱他的屠户，任命为楚中尉，并告诫诸将曰：“此壮士也。”

古往今来，这种感恩于正面教育的人确实不少，然而，对反面鞭策者的真诚感谢，在一般人来说，是不敢设想的，也是绝对做不到的。韩信既能感谢正面的激励，又能感谢反面的伤害，为后世树立了不朽的丰碑，永远值得大家学习和赞颂。

我们要学会真正的感恩：既感恩正面激励过我们的人，更感恩反面鞭策过我们的人。许多人认为，对手是眼中钉、肉中刺、心腹大患，恨不得马上除之而后快。但是，事实说明，对手却能从反面鞭策中使人快速前进，成功发展。对手反倒成为一个人的福分和造化，仇人也就变成了恩人，我们有什么理由不感谢他们呢？歌德曾说：“你所与之为敌的人就是你的一面镜子，从中可以窥探你的胸襟和气魄。”人的胸襟有多大，成就有多大，争一时，不如争千秋，你怎么知道，上天的安排是不是要让你扛起更大的责任？所以，我们要感恩伤害，因为它磨炼了你的心志；感恩欺诈，因为它增进了你的智慧；感恩中伤，因为它砥砺了你的人格；感恩鞭打，因为它激发了你的斗志；感恩挫折，因为它坚强了你的意志；感恩遗弃，因为它教导了你的独立；感恩斥责，因为它提醒了你的缺点；感恩嘲笑，因为它坚定了你的信念；感恩嫉妒，因为它肯定了你的成就。

七、在施与爱心中，学会感恩。人生的好坏往往不由自己评定，检测人生优劣的天平往往却是人民群众。人生在世，究竟给社会留下了什么，老百姓最清楚。我们必须教育孩子懂得：只有怀揣仁爱、施与爱心，才能体现出人生的最大价值。

一位女子，看到三个白胡子老头儿站在门外，这三位老人，一个叫“财富”、一个叫“成功”、一个叫“爱”，心想他们一定是饿坏了吧，便邀请他们进屋吃点东西。他们却说：“我们不能一起走进一家人的房子。你进去和丈夫商量商量，看看想要我们哪一位进屋。”这位女子回屋去和丈夫商量，丈夫说：“请

‘财富’进来，我们就充满了财富。”女子却有另外的想法，对丈夫说：“为什么不邀请‘成功’呢？”一旁的女儿听到了他们的对话，提出了建议：“邀请‘爱’进来不是更好吗？我们家便充满了爱！”丈夫和女子接受了女儿的意见，邀请“爱”进屋。可是，三位老人都走进了屋里。女子惊讶地对“财富”和“成功”说：“我只请了‘爱’，为什么你们都进屋了？”只听三位白胡老人一齐说：“如果，你只请‘财富’或‘成功’，另外两人只能留在屋外。但你邀请了‘爱’，‘爱’到哪里，我们就会跟到哪里。哪里有爱，哪里就会有财富和成功！”

爱是一粒种子，只要播种在自己的心中，用爱心去浇灌和培育，它会收获到美丽的果实：财富和成功。一个传播成功思想、快乐精神、成功种子的人，总会敞开自己的心扉，真诚地爱施他人，宽慰失意的人，安抚受伤的人，激励沮丧泄气的人，真正成为一个艰难的救助者，忧患的消融者，挫折的帮扶者。只有施与爱心才能体现出生命的最大价值，爱的巨大力量可以生成和完美我们优良的道德情操，掌握走向成功的通行证，迈步辉煌，达到创造幸福、拥有幸福的境界。因此，施爱与人，才是对赐恩于己的酬谢，才是对博爱世界的感恩。

*八、在拥有幸福中，学会感恩。*在我们的生活中，每天都会发生很多事，你用消极的眼光去看，它就是忧愁的，甚至是悲哀的。你用积极的眼光去看，它就是欣慰的，甚至是快乐的。同时，觉得自己就生活在天堂中。

有个老奶奶，她有两个儿子。下雨了，她担心大儿子的盐卖不出去了，天晴了，她又担心小儿子的伞卖不出去了。因此，整天愁眉不展，非常烦恼。她的心情自然影响到两个孩子，生意做得都不好。一天，她碰见一位聪明人，对她说：“您不如换个眼光看问题。下雨了，您就认为：‘太好了！小儿子的伞可以卖出去了！’天晴了，您就认为：‘太好了！大儿子的盐可以卖出去了！’”老奶奶真的照着去做了，每天，开开心心，快快乐乐，两个儿子的生意也红火起来……

改变了心态，就改变了世界。用爱心感恩世界，就会拥有世界赋予的幸福。人生在世，人人都想拥有幸福。幸福是什么？幸福就是珍惜自己身边所拥有的一切。孩子的成长，离不开父母教育他们用爱心去珍惜身边的幸福：拥有父母，热爱父母；拥有老师，热爱老师；拥有伙伴，热爱伙伴；拥有学校，热爱学校；拥有生活，热爱生活；拥有社会，热爱社会；拥有世界，热爱世界……我们的孩子只有感恩身边所拥有的一切，才会得到永生的幸福。

第二章　指导孩子正念

中华历史记载了多少古今圣人、道德先贤的事迹，流传千古，风范永存。他们既注重修心，又讲究正念，是为我们学习的榜样。因此，我们启迪孩子修心，必须指导孩子正念。要让孩子懂得：思考基点不一样，产生的效果也是不一样的。无论从事什么事业，第一要务就是必须指导孩子懂得区分人性的本质界限！修心正念，良好习惯。

有谁知道，麻黄是一种能治哮喘、感冒等多种疾病的良药，而冰毒则是让人走向毁灭的毒品！谁会想到麻黄竟是冰毒的前身？它们的分子结构只有微细的一点点区别，功效却有天壤之别。原来，药品和毒品的界限竟是如此的相似、相邻和相近。这种界限恰似人性的本质界限：同是化学工作者，有人从事药品开发，希望服务大众，济世救人；有人从事毒品制造，贪图敛聚钱财，危害人类社会。在生活之中，不仅仅只有冰毒和麻黄具有这种特点，所有的药都带有一定的毒性，药和毒并无明显的界限，只是用量差别：适量的药才是药，过量的药就变成了毒品。也许就因为多了一点点，救命药就变成了要命药了。这“一点点”就是药和毒的本质界限。

世界上，很多东西都是如此，截然不同的事物之间的界限，往往竟是如此相似、相邻和相近！假如，人因一念之差，让你失去了人性，从此由善良走向了邪恶，就会让你一旦失足，永远成为千古之恨啊！能够看清这种本质界限并能做出正确选择的人，才是真正的聪明人！

世界上的人有两种态度，一种人永远用潇洒的、乐观的、积极的态度看世界，就如同生活在天堂之中；一种人习惯用悲观的、痛苦的、消极的态度看世界，就如同生活在地狱之中。天堂和地狱并不是确指某一个地方，而是存在于每个人的心念之中。实际上，人的心理平衡不平衡，决定了你自己的命运。只要你乐观地积极地看世界，这个世界永远是美好的，你便真正生活在天堂之中，否则，你便不幸陷入到地狱里面。天堂和地狱，就在你的一念之差中！

修心必须正念，做人必须养性。在家庭教育中，父母应当根据实际情况，重视纠正孩子的不孝、自卑、自私、嫉妒、任性、自傲、逆反、霸道的心念，培养孩子的好性格，好品质，立身社会，处世做人。

指导孩子纠正不孝的心念。古往今来，不少孝敬父母的故事感天地、泣鬼神，流芳百世，传颂千载。他们懂得父母给了自己以生命的恩德，养育自己长大成人的艰辛，父母在孝敬孩子的心目中永远是伟大的。但是，在生活中，也不乏不孝父母的事例，刺骨穿心，永远伤痛。

元朝末年，山西曲沃有个王秀才，50多岁时，妻子给他生了个宝贝儿子，取名王进。秀才老年得子，视若掌上明珠，百般溺爱，要什么给什么，丝毫不会吝啬。王进自小得宠，十分骄横，沾染了一身恶习，性格乖张，脾气暴躁，整天吃喝玩乐，游手好闲。

一天，秀才为一家办婚事，没有带他去。王进心里极度不满，破口大骂，扬言非杀了王秀才不可。半夜，秀才回家，妻子将儿子白天的嚣张情况，悄悄告诉了秀才。秀才急中生智，取了一只葫芦，用棉衣裹好，放在被子里，看上去，像是一个人酣然入睡的样子。夜深人静，王进提刀闯进秀才卧室，朝着被头猛砍一刀，便匆忙逃走了。平时娇生惯养的王进逃到异乡，举目无亲，只有靠讨饭为生，受人欺凌。几经磨难之后，才感念父母恩重如山，痛悔杀父罪孽。立志重新做人，拜师求学，发愤读书，习文武，练骑射，成为了文武双全的有用之才。从军之后，很快官至督军。他在征战途中，路过家乡，得知双亲已经离开人世，不能赎罪补过，表达孝意，追悔莫及。面对家乡父老及部下，顿足捶胸，失声悲叹着说："我罪孽深重，大家千万不要学我呀！"王进从自己的成长过程中，得到了教训，不再溺爱自己的子女。为了教育子孙，他将自己的罪过如实地告诉了他们，并且嘱咐："我死之后，掘一口深井，把棺材用铁链吊悬在半空，天地不着。等我的罪孽消尽，铁链锈断，棺木落水，幽灵才得慰藉。"

不久，王进在征战中阵亡，他的子孙遵照他的遗嘱，掘井系棺，建墓立碑，并称之为："忤逆墓"。父母过分溺爱孩子既害了孩子，又危害到父母，"忤逆墓"的教训，永存于家长心中！

在生活中，不孝子孙产生于父母过分溺爱者不少，成长于父母过严管教者也不乏其例，这无论对于家庭或者社会都带来了无可挽回的影响。

在吉林省的吉安市，12岁的小学五年级学生孙跃坤，指使他的同学赵海乱刀杀害了自己的母亲。在赵海行凶的时候，孙跃坤就趴在20米外的沟渠旁，睁大眼睛看完了全过程。

孙跃坤11岁以前一直生活在姥姥家。他是家中唯一的男孩，姥姥自然对他特别宠爱。只要孙跃坤要的东西，姥姥没有拒绝过。孙跃坤11岁后回到自己家，命运发生了极大的变化。爸爸因为几十元钱不见了，就在熟睡的孙跃坤的大腿上掐，直到把儿子掐醒。然后，父亲又拿棍子打他，让他承认自己拿了家里的钱。愤怒的父母见他申辩，就更加使劲地打他。直到他写下了"绝不再犯"的保证书。此后，父母对儿子的要求更为严格了，他们经常用这种办法教育孩子。这种办法不仅没有发挥震慑的威力，还把孩子打得经常逃学、惹祸。

当妈妈再一次运用这种暴打方式教育孩子时，孙跃坤就和他的"好朋友"赵海共同策划了这起杀母案。

今天，因为这种管教方式不当而产生的悲剧实在太多了。一个不孝之子，不仅会对孩子自身带来危害，也会给孩子的父母与社会造成灾难。今天，年轻父母的教育方法决定着年幼孩子的未来，明天，孩子成年的态度左右着年老父母的生死。因此，运用科学教育方法，指导孩子从小纠正不孝的念想，是为家长头等重要的大事。

一、追根寻源，杜绝危害必须从家长做起。当今社会，独生子女较多。一个小孩的家庭，经济环境富足充裕。在家庭生活中，父母对孩子自幼娇生惯养，任他们吃好的，穿好的，玩好的，一切物质享受，应有尽有。父母百般宠爱，事事迁就姑息，这些天之骄子，不是成了"小公主"，便是成了"小皇帝"。父母对他们唯一的孩子，百般疼爱都嫌不够，根本舍不得他们在生活实践中去学会付出、奉献、尊重别人。随着改革开放给大家带来了实实在在的利益，经济上的富裕使不少家庭发生了翻天覆地的变化。孩子回到家里，有电视，有空调，出门有小汽车，室内清洁卫生有家政人员承包，自己吃、穿、住、行根本不用孩子操心。这时的父母非常疼爱自己的孩子，不仅不让孩子参加家务劳动，而且处处害怕孩子“吃苦”、“受累”。对于孩子的要求，尽量设法满足，从来不加限制。致使在温室里长大的孩子，产生了个人高高在上、老子天下第一的心念。一不留神，对待客人，不究小节，没有礼貌。稍不如意，对待父母，恶语刺伤，拳打脚踢。孩子变成了衣食无忧、唯我独尊、四体不勤、是非不分、不懂父母辛苦、身在福中不知福的人。父母的溺爱放纵培养出了任意专横、忤逆不孝之子。当然，社会发展，人类进步，挑战与机遇同在，父母寄希望于孩子，势之必然。但是，有些父母的期望值过高，孩子稍不如意，就没完没了地唠叨，甚至沿用着“黄荆条下出好人”的教育方式对待子女，讽刺、挖苦、体罚、打骂的教育现象时有发生，以致造成了孩子的逆反性格，培养了对父母胸怀敌意或有不孝行为的逆子。因此，溺爱、唠叨和打骂以及放弃劳动教育是铸就不孝子女的根源！

在社会生活中，一个对父母都不孝敬的人，一定是一个不尊重他人的人，更是一个不讲社会公德的人。现在，一些年轻人往往是为社会十分寒心的群体。他们在公共汽车上为了一点小事，争吵不休，给整个车厢带来了抑郁；在地铁为了一个座位，大出打手，弄得头破血流；在图书馆，旁若无人打手机，让读者看不下去书；在马路上超速飙车，撞死无辜路人，受到了法律的制裁……这些有违社会公德的主角，大多数都是青少年。在现实生活中，一些“80后”、“90后”的青年人更是唯我独尊、非常自我的一代，他们在家是吃父母、花父母、不孝父母之子，出身社会，便是吃社会、花社会、反对社会的大逆不道之人。试想，一个过分溺爱、过分唠叨、惯以打骂的父母，怎么能建立良好的亲子关系，父母与子女之间缺少了应有的友谊和感情，孩子怎么能孝敬父母呢？一个对父母都不孝敬的孩子，哪里谈得上同情他人、关心他人、热爱社会、忠于国家呢？面对这种严峻的形势，要消除孩子不孝心念，父母尤应从自身做起。

第一，构建和谐家庭，形成育人合力。在家庭生活中，即使自己官过七品，钱过亿万，身价忒高，工作忒忙，千万不要构建这样的人际关系：爷爷奶奶是“用人”，爸爸是“圣人”，妈妈是“主人”，孙子是“仙人”，从而传承不孝的家风，铸就危害千古的大错。在家庭教育中，要消除孩子对父母不孝心念和行为的最根本办法是父母以身作则，树直形象，自己首先做一个孝敬自己父母的人，让孩子学有目标，赶有方向。要让孩子孝敬你，你必须首先从孝敬自己的父母做起。孩子如影随形、无时无刻不在继承你、学习你、效法你、模仿你，加上遗传因素的作用，孩子就是你的形象和化身。今天，你以什么样的心念和行为对待自己的父母，播下什么样的种子，明天，就会在孩子对待你的心念和行为中，收获到什么样的果实。在家庭生活中，消除孩子对父母的不孝心念，最有效的办法就是父母与自己的父母、父母与自己的孩子建立良好的亲子关系。平时，多与自己的父母和孩子唱唱歌、散散步、下下棋、爬爬山，讲讲故事、做做游戏、逛逛公园，一同参加文体活动，一同出外旅游观光，交流思想，说道看法，讨论问题，解决疑难……真正走进自己父母与孩子的内心世界。在亲子活动中，共享所带来的愉悦，让父母与孩子信任你，亲近你，佩服你，敬重你。同时，掌握科学方法，尊重父母与孩子的人格，维护父母与孩子的自尊，树直父母与孩子的形象，形成一家三代共同育人的合力，肯定孩子的进步，健康孩子的成长。

第二，科学方法育人，承担自己责任。今天，父母能够承担自己的责任，充满爱心孝敬自己的父母、培育自己的孩子，明天，孩子才会承担自己的责任，无微不至孝敬自己的父母、培育自己的孩子。孩子一旦出现错误，要教育孩子自己改过，让孩子明白自己错在哪里，并且落实改正措施，要求不能重犯类似的过错。坚持用科学方法教育孩子，切忌过分溺爱、没完没了地说教以及施以暴力，避免自食逆子不孝的苦果。坚持多表扬、少批评的原则，兑现奖励，鼓励进步，鞭笞消极落后，激励创优争先。父母的奖惩合理，宽严适度，孩子就会成长在负责守信的家庭教育中。

第三，安排实践活动，强化劳动育人。无论孩子是小学生、中学生，还是大学生，在家必须安排一定的劳动，同时，通过家庭劳动，教育孩子懂得父母养育自己的艰难，焕发出感恩父母、孝敬父母的热情。每年，学校除了开设专门的劳动实践课以外，父母要安排孩子不少于两周的义务劳动和社会实践活动，让他们熟悉基层，体察民情，知冷暖，明事理，在劳动实践中树立正确的人生观和价值观，让孩子心怀感恩，孝敬父母，心中有他人，热爱老百姓。孩子高中（含职高或中专）或大学毕业后，父母应鼓励他们参军，先服兵役，或者鼓励他们做志愿者，参加西部大开发，然后就业，让他们接受组织纪律教育和艰苦劳动教育，懂得做人的责任使命，忠诚做人，热心事业，献身社会，忠于国家。

*二、榜样力量，孝敬父母必须从家长做起。*在家庭教育中，家长以身作则孝敬自己的父母，无疑在孩子心中就播下了孝敬的种子，让孩子明白父母给予生命的意义，懂得父母养育自己的艰辛，孩子就会自觉继承和发扬孝道文化，孝敬父母。

第一，负责自己父母的吃、穿、住、行以及生养死葬，并让自己的父母有充分的言论和行动的自由，让自己的父母生活得开心，成为主宰自己命运的主人。父母在世，子女应该感谢父母的生养之恩；父母死后，应当树碑立传，颂扬他们一生传承中华文化的美德。

第二，在自己兄弟姊妹之间，坚持疾相扶、难相助的原则，团结一致，互相帮助，甘苦与共，并肩前进，让自己的父母舒心、快乐、健康、长寿，让自己的子女效仿、学习、传承、赞美。

第三，教育子孙，继承前辈的精神。教育子孙立志成才，茁壮成长，立足现实，服务社会，让父母生活得放心、欢心、开心，实际就是表现自己对父母的孝心。

家长对自己的父母、兄妹、子孙的责任、态度和言行，随时都是自己孩子学习、效仿、传承的榜样，产生着巨大的教育作用，决定着孩子的今天与未来。

三、传承孝道，把握真谛必须从家长做起。现代青少年要想立身社会，建功立业，走向成功，应当从孝敬父母做起，把孝敬父母、团结弟兄、诚挚交友，培育子孙，扩大到服务百姓、奉献社会、造福人类，才是我们孝敬父母、传承和发扬孝道文化的真谛。孝道文化要求我们，通过孝敬自己的父母，热爱自己的祖国，复兴伟大的中华民族；通过团结自己的兄妹，和睦邻里、热爱群众，献身和谐社会；通过孝敬父母、培育子孙，深化“老吾老以及人之老，幼吾幼以及人之幼”的意义。在社会生活中，为官一任，必须以人为本、造福一方；富甲一方，必须献身百姓、济世为民；立身社会，必须惠及百姓、福及四海。只有这样，我们教育出来的接班人才会孝敬父母，团结兄妹，尊老爱幼，热爱百姓，服务社会，报效国家。

指导孩子纠正自卑的心念。2010年8月11日，中央电视台综合频道《今日说法》栏目以“青春劫”为题告诉我们一则令人震惊的消息：

江西萍乡农村的黎力，16岁时，以554分的成绩考上了北京科技大学信息工程学院。但因自身的心理障碍——口吃、孤独、读大学6年还有一门功课不及格，学校只给他发了一张肄业证。特别是家庭贫困，交不起学费，一日三餐填不饱肚子，造成黎力高度自卑。他感到活着是痛苦，死亡是解脱。于2009年12月9日12时，在校园银行，抢劫10万元，准备将款交给父母之后，自杀，了结一生。结果，被北京市海淀区人民法院判刑10年。

这个案例充分表明，青少年的自卑不仅是其个人的悲哀，更对家庭、学校和社会带来极大的危害。这就要求我们的家庭父母和学校老师平常多给青少年一些关心和爱护。通过思想交流，及时解决孩子的心理疙瘩，就能激发出像黎力这样的孩子抛弃自卑、找回自信的决心和力量。让使人痛心的这种悲剧“青春劫”，不再重演。那么，究竟应该怎样教育孩子纠正自卑、找回自信呢？办法很多，主要有以下几种：

一、先贤教育法，纠正自卑心念。著名教育家陶行知教育孩子的思想、方法，感人至深，受益匪浅，传为佳话，为人永远赞颂。

一次，有位男生用泥块砸同学，被校长制止，校长让孩子在放学以后到校长办公室去。放学后，男生去了校长办公室，心中惴惴不安。校长却笑了，掏出一颗糖给他，说：“这是奖赏给你的，因为你按时到达，而我却迟到了。”男生惊异地接过糖。校长又说：“我调查过了，你用泥块砸那些男生，是因为他们不守游戏规则，欺负女生；你砸他们说明你很正直善良，且有跟坏人作斗争的勇气，应该奖励你啊！”校长又掏出两块糖奖励他，男生感动极了，他流着眼泪喊道：“我错了，砸的不是敌人，而是同学……”校长满意地笑了，掏出第四块糖，说：“为你正确认识自己的错误，我再奖励你一块糖。”四块糖，胜过了体罚说教，预防了自卑，维护了自信，让受教育的孩子走向阳光的未来。

这是一个教育的经典范例。故事中的校长就是陶行知，他早年留学美国，师从杜威，回国后，不忘国事，长期奔忙于抗日救国，反对独裁统治。同时，致力于平民教育，创建学校多所，对教育有独到的见解，影响深远。

二、榜样效仿法，纠正自卑心念。伟人传记和名人青少年趣事，都是教育孩子的最好教材。他们身上也曾存在着不少弱点、缺点，他们之所以能够成为伟人、名人，就在于他们能够承认错误，勇于改过，正己修身，战胜自我，抛弃自卑，找回自信，走向胜利，成名成家。

李立三早年参加革命，后来犯了“左”倾错误。他共有六个孩子，有的出生在中国，有的出生在苏联，新中国成立初期，才陆续回到李立三的身边。

一天，李立三问孩子们：“我曾经犯过错误，你们听说过吗？”孩子们告诉他：“听说过一点。只知道什么‘立三’路线，但搞不清楚是怎么回事。”李立三说：“你们要知道啊。”随后，他便把自己犯路线错误的经过，原原本本地告诉了孩子们。李立三认为父母犯的错误应当告诉子女，让他们从中受到教育：第一，父母不隐瞒错误，不说谎，是诚实的。第二，让孩子从中吸取教训，少犯错误。他深情地说：“共产党人从来不讲个人面子，只讲人民面子。一个人犯了错误，首先要想到党和人民，不但要承认错误，还要把自己所犯错误的教训告诉大家，这才真正拥有一个共产党员的胸怀。”李立三敢于在子孙面前承认自己的过失，担当历史的责任。

李立三知错就改的精神，是家长与孩子共同学习的榜样。

我们只要能够坚持“我认错”、“我能行”，就能够像伟人、名人一样，拓展自己的潜能，充满自信，赶超先进，赢得成功。在错误面前，不少父母总是采取极力隐瞒的态度，认为孩子知道自己的错误，父母就没有了面子。其实，为了教育好孩子，在孩子们面前还讲什么面子？就算被孩子笑话，又有什么不好呢？如果，采取这样的方法，能够让孩子深刻反思、知错就改、求真务实、锐意进取，父母的那点面子算得了什么呢？

三、父母示范法，纠正自卑心念。在家庭生活中，孩子耳濡目染父母的言行，父母潜移默化的教育影响着孩子身心的发展。因此，父母是孩子的第一任老师。

一位农民家长只有小学文化程度，可是，他有两个宝贝儿子。自从儿子读小学开始，每天放学回家，便请儿子做他的老师，讲授儿子在学校所学的功课，讲完之后，便同儿子一块儿认真做起作业来。做完作业，互相批阅。有错，即刻补做作业，进行认真纠正。爸爸认真学习的示范精神，深深感动了宝贝儿子，成为他们自觉求学、勤奋努力的力量。很快，便由后进变成了先进。这种学习方式，他们由小学坚持到初中，再由初中坚持到高中。高中毕业，两个宝贝儿子分别考上了重点大学。

在家庭教育中，父母倘能随时保持乐观、自信、大胆、积极的状态，那么，父母对于孩子的教育自会起到“随风潜入夜，润物细无声”的作用。多少家庭因为父母生性乐观自信，在这样环境里长大的孩子，从不因为考试成绩的起落而患得患失，总是以优异的成绩升入一流学校。

四、发挥特长法，纠正自卑心念。在生活中，以己之短比人之长，结果越比越自卑——这就是一些缺乏自信孩子常有的思维方式。如果，以孩子自身进行纵向比较，效果就迥然不同了。

一位基础较差的同学，在成绩测试中，总是几门功课不及格。他想，其他同学成绩都比他好，不仅沉默寡言，而且吃不下饭，干什么都不顺心，自卑极了。精明的妈妈发现后，不仅不批评他，反而充满温馨地用手抚摸着孩子的头，鼓励他说：“儿子，你知道难过，说明你有上进心。这次没考好，是因为你这几门功课基础不好的缘故。你所学的功课不是还有好的吗？你先加把劲，首先提高好一些的功课，然后再攻其他几科。妈妈相信，你一定能够取得满意的成绩。”孩子在妈妈的鼓励下，通过努力，成绩差一些的功课，逐渐好了起来。

纠正孩子自卑的具体方法是：通过父母潜心的观察，发现孩子的闪光点，并给孩子提供发挥特长的机会，让孩子在同伴中取得小范围的胜利。一点小小胜利的火种，必将燃起坚强自信的燎原大火。

五、夸大其词法，纠正自卑心念。一些孩子经历太多的挫折和失败，让孩子这不敢做，那不愿做，也不会做，产生了严重的自卑心理。这就需要父母采用科学的方法，及时引领孩子，从自卑的泥潭中走出。

一位独子，从小学到中学，一直受到父亲的严格监管。

早上，背着书包上学，路上要耽误多少时间，才能到校。中午，学校放学，孩子什么时候返家，都有严格规定。孩子虽无个性张扬的机会，但却养成了唯命是从的性格，还是不辱使命，考上了大学，得到了工作。但是，由于家长管教过严，孩子缺乏了交际能力，工作单位优化组合时，他下岗了。为了生活，孩子相继从事过光盘销售工作、餐饮管理工作……但是，都失败了。他，自卑极了，居然不敢会见原本就好的女朋友，已经30多岁了，还没结婚。

这时，孩子的父亲过世，妈妈毅然挑起了育人的重担。聪明的妈妈充满信心，不急不躁，无怨无悔，每一两天，设置一个使自己孩子能够轻松实现的目标，实现计划，加倍夸奖，加倍赞美。让这个极度自卑的青年人，慢慢从小小的胜利中，看到了希望，坚强了自信，终于从自卑的阴影中走了出来，组建了自己的家庭，有了自己的事业。

在家庭教育中，一些成功的父母对待自卑孩子身上的过失、错误或缺点，视而不见，细心找出孩子身上的闪光点，有意夸大10倍、100倍、1000倍，用强调优点或功绩的办法，帮助孩子找回自信，走出自卑的阴影，成家立业，走向成功。

六、降低要求法，纠正自卑心念。孩子的自卑心理不是天生就有的，而是在后天的生活中，因为遭遇挫折，甚至失败，经常被人瞧不起，或者经常被人挑毛病，听惯了别人对自己的大量否定话语或评价，逐渐产生已不如人的心理，从而产生了自卑。这种自卑心理非常有害，即使降低要求也要及时纠正这种心理状态。

有一次，一位学生在语文考试中只得了70分，属于班里成绩最差的同学。这位同学平时回答问题总是缺乏自信，声音很小。一次课堂抽问中，他回答问题声音一直很洪亮。因此，老师在全班同学面前破例地降低了夸奖标准，表扬了他，还特别指出他的作业写得非常好。在老师的表扬下，他勤奋学习，期末语文考试竟然取得了全班第二名的好成绩。

在家庭教育中，为了消除自卑心理，父母在给孩子提出某个要求时，可以尽量降低要求，做事由小到大，先易后难，让孩子在小小的成功中，感受到成功所带来的欢乐，增强自信，抛别自卑，步入胜利的殿堂。

七、学校教导法，纠正自卑心念。在家庭教育中，如果发现孩子思想认识不对头，产生了自卑，习惯不好，成绩不好，父母应该及时联系学校班主任，请求学校教育，就会收到事半功倍的效果。

中国人民大学附中高中部班主任王金战，有一学年，遇到一个转来的新生。他经常旷课，成绩极差。

王老师对这个学生说："课程跟不上不要紧，我给你个特殊政策：每天早上你来了之后，能听懂的课就好好听，听不懂的课可以不听，而且随时可以回家自学。"高三第一次摸底考试前，这个男生不想考。为了鼓励他，王老师对他说："这次考试你肯定是倒数第一，既然如此，你还顾虑什么？"这个男生终于参加了这次考试，虽然每门功课都不及格，但他心中有了底："人家付出了多少啊！我才学了一个暑假，怎么比得上人家呢？"从此以后，他开始玩命地学习。第一次月考，他虽然仍是倒数第一，但同倒数第二的差距，一下缩小了30分。于是，王老师一个劲儿地夸奖这个男生："你们看人家这位同学，一下子差距能缩小30分，高三总共要经过八次大型考试，如果每次都能缩小30分，那就不仅仅是考大学的问题了，而是考清华、北大的问题了！就看你敢不敢挑战自己了。你站起来谈一谈，下一次你的目标是什么？"被表扬的这位男生站起来说："我下一次，肯定不考倒数第一啦！"

这名男生不仅看到了自身的潜能，而且非常振奋，学习进步得异常迅速。最终，这位男生考上了北大！

父母应经常与学校班主任联系，根据孩子的实际情况，肯定他的优点，表扬他的长处，使他看到前途，见到光明，开发出蕴藏在孩子身上的潜能，迸发出力量的火花，描绘出孩子光辉灿烂的前景。

八、赞赏夸奖法，纠正自卑心念。在家庭教育中，孩子一有进步，父母立即做出恰当的鼓励、夸奖、表扬或奖励，便能激励和鞭策心存自卑的孩子焕发出自信，走向成功。

周婷婷一岁半时，因为药物中毒，听觉能力全部丧失。她的父亲周弘也曾绝望过，悲观过。可是，他要带着女儿走上一条与命运抗争的道路。经过一次次针灸，婷婷终于恢复了一点点听力，这点听力可能只是正常孩子的几百分之一，婷婷的父母正是利用这一点听力带着孩子走上了成功之路。

婷婷会说话了，父亲就想：只要女儿将来能够养活自己，就是作为父亲的最大幸福。父亲决定把女儿当成天才来培养。他不总是盯着孩子的缺点，而是专门发掘孩子的优点，进行赞美和夸奖。有一次，婷婷做应用题，10道题只做对了一道，父亲在对的地方画了一个大钩，说："婷婷，你太了不起了！第一次做应用题就对了一道。爸爸像你这么大的时候，碰都不敢碰哎！"婷婷听了这话，自豪得不得了，越做越爱做，一次比一次对得多，升初中时，数学考了99分。婷婷的作文写不好，她的父亲认为，再不好的作文，也有一两句写得好的句子，于是就用红线标注好这样的句子，吃饭的时候，让婷婷当着大家的面朗读，大家一起为她欢呼。慢慢地，一句变两句，她越来越爱写，作文成绩很快有了提高。面对考试，父亲总是告诉女儿："你考得好，爸爸为你欢呼；你考不好，爸爸为你分担忧愁。"一次，婷婷非常难过地将考试成绩告诉了爸爸，爸爸很平静地说："太好了。"婷婷不解地问："有什么好的?"父亲说："在运动场的跑道上，有个断了一条腿的孩子在和健全的孩子赛跑，他跑在最后，别人会不会嘲笑他？不会。当他含着眼泪超过倒数第二名、再超过倒数第三名的时候，全场一起为他欢呼！你现在不是最后一名，也没有人看不起你，关键的问题是你如何看待自己！"听了爸爸一席话，婷婷又一次增强了战胜自己的信心和毅力。周婷婷就这样，成长为中国第一名少年聋人大学生。

每个孩子心灵深处最强烈的需求同成人一样，就是渴望得到赏识。赞赏可以使孩子知道自己的对与错，明辨是非，增强自信，激发出孩子的进取心和求知欲，增强迈向成功的动力。在青少年成长过程中，欣赏赞美会使孩子走向成功，讽刺挖苦往往可能毁掉孩子的一生。在现实生活中，无论别人怎么评价你和你的孩子，父母始终欣赏你的孩子，赞美你的孩子。在孩子人生的道路上，为他自豪，为他欢呼，为他鼓掌，为他加油！孩子渴望父母对自己赞美。一项调查发现，34%的小学生、30%的初中生最希望得到父母的赞赏。因此，夸奖对孩子们富有激励、鞭策和鼓舞的力量。但是，赞美的词句要真实，不宜过分夸张，尽可能求实认真、恰如其分地将感谢、喜爱之情流溢于话语之中。同时，利用躯体语言赞美孩子。在语言赞美的同时，加上动作，更容易打动孩子，效果更好。摸摸头，拍拍肩膀，拥抱孩子都会得到意想不到的收获。

在孩子的成长中，尽量发挥第三者赞美孩子的特殊作用。父母对孩子的夸奖是一种鼓励，而邻居、老师、叔伯、阿姨对孩子的赞美则是一种鞭策，对于孩子的茁壮成长，同样能够发挥积极的作用。

指导孩子纠正自私的心念。自私之心，万恶之源。贪婪、嫉妒、报复、吝啬、虚荣等病态社会心理，从根本上讲，都是自私的表现。一个自私的人，常常会给别人带来伤害，但在伤害别人的同时，也伤害着自己。

越南战争结束后，一个美国士兵打完仗回到国内，在旧金山旅馆里，他辗转反侧，夜不能寐。

午夜，他给家中的父母打了一个电话："爸爸，妈妈，我要回家了。但是，我要请你们帮一个忙，我要带一个朋友一起回来。""当然可以。"父母亲回答说，"我们见到他会很高兴的。""但是，有件事一定要告诉你们，他在那场可恶的战争中踩响了一个地雷，受了重伤，他成了残废人，少了一条腿和一只手，他已无处可去，我希望他能和我们住在一起。""我们为他感到遗憾。孩子，我们帮他另外找一个地方住下，好吗?""不，他只能和我们住在一起。""孩子，你不知道，这样会给我们造成多大的拖累，我们有我们的生活。孩子，你一个人回家吧，他会有活路的……"话没说完，儿子的电话就断了。

父母在家等呀等，未见孩子回来。一个星期后，他们接到警察局的电话，被告知他们的儿子跳楼自杀了。悲痛欲绝的父母飞到了旧金山，在太平间里，他们认出了自己的儿子。父母惊愕地发现：他们的儿子少了一条腿、一只手。

父母的自私自利，让儿子失去了对他们的信任，终使儿子消失在父母的一己之私中。一个人，无论多么优秀，一旦倚重自私，就会付出十分沉重的代价。不少人，终身事业无成，就是因为不知不觉落入了自私自利的陷阱之中。那么，孩子的自私自利是怎么产生的？通过调查，孩子的私念，往往源于父母对孩子的关爱不当、管教不力、指导偏差所致，让孩子在成长中尝到了"我为中心"的甜头，从而滋生了自私自利的念想。这种理念往往伴随孩子的一生。今天，我们教育孩子纠正这种自私心念，其方法很多，主要有三：

一、传统教育法，纠正自私心念。中国自古以来讲究"兄道友、弟道恭、兄弟睦、孝在中"，主张克服私心杂念，提倡助人为乐，把兄弟姊妹的团结和睦、诚挚友爱、互相帮助、携手发展纳入了孝道的范畴。

孔融，山东曲阜人，东汉文学家。孔融是个聪明的孩子，当他4岁的时候，看见哥哥姐姐都上学了，也要求爸爸妈妈把他送到学校去读书。一天，放学回家后，大家一拥而上抢家中厅堂上的一盘梨，爸爸妈妈让大家把梨放回盘子里，让孔融分给大家。孔融把最大的两个梨分给了爸爸妈妈，把最小的一个留给了自己，其他的分给了哥哥姐姐。爸爸问孔融：“你为什么把最小的一个分给自己呢？”孔融回答说：“老师教育我们对长辈要尊重，对兄弟姐妹要友爱，我是家中最小的，应该拿最小的梨。”爸爸听了高兴地笑了起来，他又问哥哥姐姐：“你们上学比小弟弟早得多，是不是老师没有教给你们这些道理呢？”哥哥姐姐们听了，都惭愧地低下了头。

因此，现代青少年必须把孝敬父母、团结弟兄、诚挚交友，科学培育子孙，扩大到服务百姓、奉献社会、造福人类，才能把传承和发扬孝道文化的历史责任担当起来。

二、以身作则法，纠正自私心念。当青少年中，流传着“人不为己，天诛地灭”、“宁以我负天下人，不以天下人负我”、“有权不用，过期作废”、“不吃白不吃，吃了也白吃，白吃谁不吃”等自私心理言行的时候，父母应当以身作则，晓之以理，动之以情，教育好自己的孩子。

一位教师在他50多年的教育生涯中，往往把“当官”与“发财”的机会让给了别人，他的孩子认为他“傻”，他的亲友认为他“笨”，他的同事认为他“蠢”，他既无权，又无钱，吃了不少“亏”。2009年6月，他从首都回到了故乡。一次上街，同老伴一起拾到一个价值60多万元的钱包，当天依靠公安民警物归原主。这时，他的孩子们才从他的“希望和帮助别人比自己生活得更美好才能体现出人生的真正价值和意义”一语中，感悟到：“造福百姓、惠及民生”是他们努力的方向，随时注意修心正己，反思自己，把“以人为本”的理念落实到自己的行动中，工作有了起色，得到群众的好评，受到了上级的提拔，加快了自己前进的步伐。

孩子自小立志当官，父母务必告诉孩子：“为官一任必须造福一方。”孩子自小立志挣钱，父母务必告诉孩子：“富甲一地必须济世为民。”孩子自小立志干一番事业，父母务必告诉孩子：“雷锋有句名言‘人的生命是有限的，把有限的生命投入到无限的为人民服务之中去’，方能展示人生的价值和意义。”通过父母的以身作则，言传身教，摆事实，讲道理，让孩子们从小乐于舍己利人、善于帮助他人，造福百姓，奉献社会。

三、学习英雄法，纠正自私心念。2008年5月12日，当汶川特大地震灾难降临的时候，涌现出一大批沉着镇定、临危不惧、坚强勇敢、善于救人的青少年。他们不顾自身安危，奋力抢救老师和同学，有的甚至献出了宝贵的生命。他们在灾难面前所表现出来的非凡勇气、顽强意志和可贵爱心，体现了当代青少年的优秀品质，树立了模范榜样，感动着全国人民。

当八级地震发生时，四川德阳东汽中学高一学生在惊慌中纷纷躲到了桌子的下面，胆小的女生甚至吓得哭了起来。讲台上的电脑显示屏摇摇欲坠，情况十分危险。这时，王波冷静下来，首先想到，拔掉插头，切断电源。然后，用力掰开变形被卡的门，让同学迅速撤出教室，坚持自己最后离开，把生机让给别人，把灾难留给自己。

几秒钟后，教学楼出现了严重的倾塌，部分同学被埋在废墟中。没有任何工具，王波用手顺着废墟缝隙拼命地挖，很快挖出一个仅能容身的小洞。小洞里隐隐传出求救声，王波正准备钻进去，又一次余震发生了，砖头瓦块簌簌下落。救人心切的王波来不及多想，飞快地钻入小洞，发现了一个被压住手脚的同学。他清除了压住同学的砖瓦，将那个同学拖出了废墟。王波的手掌磨肿了，手臂划伤了，鞋子被钢筋刺穿了，他毅然再次返回那个可能让生命瞬间消失的小洞，寻找着幸存者。当天，在王波的奋力救助下，一个又一个同学成功获救。试想，如果王波冒险没有成功呢？如果他牺牲了自己又没有救出任何人，这种牺牲值得吗？然而，生命的价值是不能用简单的加减计算的。王波冒险救人的目的只有一个：不抛弃，不放弃！光明与成功源于不懈坚持，黑暗与失败往往只因放弃。

在可怕的灾难中，王波舍身救人、永不言败的精神，为自己也为别人拓开了生命的宽度，丰富了生命的价值和内涵，他被中央文明办、教育部、共青团中央、全国妇联表彰为“抗震救灾英雄少年”。

一个成功者，必须消除私心杂念，克服自私自利，乐助他人，团结协作，广交朋友，爱及百姓，才能在集体、民族、国家的前进中发展和壮大自己。

指导孩子纠正嫉妒的心念。嫉妒是痛苦的制造者，它在各种心理问题中，对人的伤害最为惨重。嫉妒是心灵上害人又害己的恶性肿瘤。孩子步入青少年以后，学习成绩、行为表现、人际关系开始出现差异。这些差距的出现，难免会引发一些孩子产生嫉妒心理。如果，处理不当，就可能会引发孩子的过激行为，对孩子自己和他人都会构成伤害。

2003年1月23日凌晨，信阳市三五八一高级中学学生马娟由于嫉妒同学晶晶比她聪明、成绩比她好，因此，买来硫酸，错泼在晶晶的同床张静的脸上，致使张静严重致残，晶晶也受了轻伤。同年10月14日，马娟被法院判处死刑，剥夺政治权利终身。

可见，青少年的嫉妒心比肿瘤更可怕。那么，年轻孩子的嫉妒心又是怎样产生的呢？嫉妒是一种消极的、不健康的心理状态，它产生的原因是多方面的。从内部原因来说，是虚荣心强，心胸狭隘。从外部原因来讲，是父母经常把自己的孩子同其他孩子相比，使孩子感到其他孩子对于自己的威胁，所以产生了嫉妒心理。德国心理学家梅赫德研究发现，大部分嫉妒者都会出现一些身心疾病，诸如胃痛、背疼……佩恩告诉我们：“妒忌者对别人是烦恼，对他们自己却是折磨。”嫉妒心理所导致的一系列消极行为，往往既害己又害人。那么，父母应该怎样教育、指导、帮助孩子纠正嫉妒心念呢？平时，父母应在百忙之中，抽时间同孩子进行思想交流，掌握孩子的心理变化。如果发现孩子产生嫉妒的心念，只要能够正确教育，科学引导，采取有力措施，就能使孩子的嫉妒心理变为积极进取的心理。

一、正确教育方式，改变孩子嫉妒的心理。孩子的心理活动，取决于父母的教育方式。每个孩子成长的环境不尽相同，所遇问题、教育方式也不一样，反映在孩子身上的行为和表现自然各有差异。因此，孩子的进步不能进行横向衡量。检验孩子的进步，父母应以自己的孩子为基点，进行纵向比较，无论孩子哪方面进步了，他们期待的总是父母的认可。因此，父母只要能够根据孩子这种心理运行规律，进行裁判，就会收到意想不到的效果：消除嫉妒，求己利人。

一个笃信佛教的人，每逢初一、十五都要虔诚上庙焚香烧纸拜观音，祈求保佑平安顺利，生活幸福。

一天，这个人正准备赶去某地办事，天空忽然下起瓢泼大雨。他只好到一家住户屋檐下躲雨，口中念念有词，求菩萨让雨快快停下来。突然，发现观音从雨中走来。信神者要求菩萨带他一程，菩萨说："你在檐下，而檐下无雨；我在此处，此处有雨。我无须带你。"观音说完走了，信神者丈二和尚摸不着头脑。

过了几天，这个人因为办事顺利，到庙里焚香烧纸感谢菩萨保佑。刚跪下来，他就发现旁边竟然跪着观音菩萨，于是奇怪地问："观音菩萨您无所不能，还有什么必要来拜自己呢？"观音菩萨看了看他说："我就是要用自己的无所不能来求己利人、修心积德、广结善缘、普度众生啊。"

在家庭教育中，孩子进步了、成长了，父母就应给予鼓励和支持。对于孩子进行适当的表扬和奖励，让孩子了解自己就是一座挖掘不尽的宝库，既可以消除嫉妒，净化心性，又可以培养出自信感，激发进取心，树立求己利人的思想，进而消除嫉妒，获得受益终身的前进动力，很多困难就会迎刃而解，为自己的成功铺平道路。

二、客观评价自己，让嫉妒转化为进取心理。一些青少年孩子，由于受到年龄、阅历、知识等方面的局限，往往以偏概全，认识事物，常常带有明显主观性。在学习成绩和各种评选活动中，往往出现了嫉妒心理。这种孩子往往自我意识较强，自我期望也高，常把别人的成绩看作是对自己的威胁。孩子不甘落后的意识是好的，但是，不能失败、不能认输是不现实的。人，既要不服输，还要认输，既要赢得起，又要输得起。只有胸怀包容，让消极转化为积极，把嫉妒心转化为进取心、把不服输的意志转化为奋发图强精神，才能使自己健康地成长起来。正如培根所说："每一个埋头于自己事业的人，是没有工夫嫉妒别人的。"

1754年，华盛顿还是一名上校。在弗吉尼亚州选举议会议员时，华盛顿和佩恩因为支持不同的候选人而发生剧烈的争执。华盛顿说了一些冒犯佩恩的话，火冒三丈的佩恩想都没想便一拳把华盛顿打倒在地。恰在这时，华盛顿的部下赶来了，几个卫士上前拉住佩恩，想为自己的长官报仇。出乎意料的是，华盛顿一边抹去嘴角上的血，一边制止了部下的冲动。第二天，还请佩恩到酒馆喝酒。佩恩做好了决斗准备，但是华盛顿为他准备了美酒，并非手枪。看到佩恩的到来，华盛顿伸出了手：“佩恩先生，我真诚向你道歉，昨天确实是我不对，不过你已采取行动挽回了面子。如果，你认为到此为止的话，请跟我握握手，我们可以做个朋友。”佩恩握住了华盛顿的手，从此，成了华盛顿狂热的崇拜者。

三、正视别人的成功，变嫉妒为自强的动力。没有耕耘，就没有收获。没有付出，就没有成功。在生活中，任何人的成功都是自身努力的结果。如果，依靠诋毁别人或陷害别人来抬高自己，并不证明自己拥有能力，反而降低了自己的人格。如果，以别人的成功为目标，加倍努力，缩小差距，甚至超过追赶的目标，不但能使自己迅速成长起来，还可以向别人证明自己的力量，表现出自己自强不息的人格魅力。

我国乒乓球健将张怡宁在2004年雅典奥运会之前多次重大比赛中，败在比自己小很多的队友手中。队友的成功使她变消极为积极，清楚认识了自己，激发出奋勇拼搏的决心和力量，终于战胜了自己，光荣地站到了奥运冠军的领奖台上。

看待他人的成功，不能只看结果，重要的是看过程，学习他人的拼搏思想、意志、方法与精神。嫉妒只能给自己的身心带来痛苦的体验和消极的情绪，并且不能提高自己的水平，阻止他人的成功。只有以他人的成功变为自己学习的榜样，把他人的精神化为自己前进的动力，不断努力缩小自己与他人的差距，成功才会离自己越来越近，最终赢得胜利。

四、鼓励孩子行善，健康孩子的正常生活。父母应经常同孩子交流，及时解除孩子的烦恼和困惑，丢弃嫉妒，正常与人交往。让孩子懂得：在生活交往中，坚持心中有他人，能够得到团结友爱、互相帮助、携手合作、并肩前进的收获。

一位农夫正在田里劳作，忽然听到一个小男孩的呼救，跑过去一看，原来这个小男孩掉进粪池里去了。他二话没有说，就把小孩救了上来。第二天，一位绅士赶着一辆豪华马车前来致谢，只听农夫连连摇手：“我并没有想过要什么报酬，不过举手之劳，先生何必言谢。”说话时，农夫的小儿子从外面进来，由于家境贫寒，这个可怜的孩子根本上不起学，只能像父亲一样在地里干活度日。“这是你的孩子吗?”绅士问，“您救了我的孩子，我必须向您感谢，如果您不愿接受酬金，那就让我带走这个孩子吧，我会把他培养成一个优秀人才。”农夫同意了绅士的要求，孩子被绅士带走了。多少年后，农夫的孩子从圣玛利亚医学院毕业了，并且成为了发明盘尼西林的世界名人。又过了几年，绅士染上了肺炎，在生命垂危之际，是盘尼西林救了他的命。

世界就是这样奇妙，举手善报，会在对方最需要的时候，得到雪中送炭。如果，孩子嫉妒，父母可同学校老师密切联系，共同鼓励孩子在生活交往中，坚持利人做善事，不仅能改变自己的嫉妒性格，而且可以让自己感悟：互相感恩是一种幸福，彼此帮助是一种友情，共同发展是一种快乐。

五、改变家庭环境，优化孩子的心理生活。环境对人影响是巨大的，与什么人相处，就会受什么人影响，久而久之，我们就会朝向这个方面变化，这是一条客观规律。

一位商人在回家的路上，闻到一股香气，他顺着香气寻找，香源是一堆泥土，他便将泥土装在袋子里，捎回了家。他把泥土装在花盆里，过了几天，香气满屋，参观的人络绎不绝。一天晚上，商人久久望着这盆“仙土”，思索着一个问题：你到底是什么东西呢？“仙土”突然开口说话：“我就是泥土啊。”商人大吃一惊：“你是一种稀有的香料土？还是一种泥土状的珍宝？”“我已经说过了，我就是泥土。”花盆里的泥土重复道。“可是，你为什么这么香呢？”商人大惑不解地问道。“哦，那只是因为我跟玫瑰花是朋友，曾经在玫瑰园里和它相处过很长一段时间而已。”泥土诚实地回答着。

在生活中，努力靠近优秀者，既可以求得自我期勉，又可以把自己变成一个影响别人的优秀者。在家庭生活中，形成性格嫉妒的孩子，家庭环境应负相当的责任。父母要创设一个适宜于孩子生长的和谐环境，建设一个温馨、民主、文明、欢乐的家庭，才有助于改变孩子狭隘、嫉妒、冷漠的性格，让孩子变成积极、热情、快乐而又大方的人。

指导孩子纠正任性的心念。现在，随着社会的进步，家庭的生活条件越来越优越，不少独生子女，自然就是家庭之中的“小皇帝”、“小公主”，如果，教育不当，就会变成一个任性的孩子，脾气古怪、乖张鲁莽、自以为是、这也不对、那也不好，这对孩子的成长极为不利。

一个独生女儿，在家，她是小公主，是父母的心肝宝贝。父母事事依着她，处处娇惯她。她除了淘气、任性，还特别讲究吃穿，爱发脾气，感情冷漠，目无尊长。在家，说话像吵架，像下命令，稍不如意，就要哭闹。她，拒绝和父母一起外出，嫌父亲穿上西装不气派，嫌母亲又黑又胖不漂亮。因为，她的成绩好，父母宠爱她，常常放任自流，没把她的牢骚话当回事。一次，她的妈妈生病住院，她不但不去看，反而牢骚满腹，对爸爸说：“你整天去照顾妈妈，我的生活怎么办啊？”这一问，问得爸爸满腹辛酸！

任性孩子常以“自我为中心”，想要的东西，想做的事情，无论是否合理，父母是否反对，都必须依着他的秉性，不达到目的，决不罢休。那么，孩子的任性是怎样形成的呢？用一句话回答：是父母百依百顺逐步娇惯出来的不良习惯。在孩子成长的过程中，当孩子一出世，只要感到哪儿不舒服，就用哭的方式，要求父母换张已经湿透了的尿布……那是可以理解的。但如果只要孩子一哭，父母就抱起来边摇边唱，那么，这样反复几次以后，孩子便会被父母娇惯坏了地习惯非抱在怀里睡觉不可。随着岁月的推移，父母如果总是一味迁就孩子，对孩子有求必应，甚至无原则地护着孩子，便会让孩子产生一种“唯我独尊”的错误认识。孩子一天天在长大，他们心中私欲第一的任性病态，产生出自以为是的行为，不仅常会弄得父母痛苦不堪，也会对社会带来一定的危害。

一个城市中，有路公交车到站，上来一个10多岁的男孩儿，身后跟着一位颤颤巍巍的老大爷，手里提着一个大书包。一位乘客忙给老人让了座，可被那个男孩儿抢先坐了。那位乘客对男孩儿说："请你起来，这是给老大爷让的座。"男孩儿理直气壮地回答："他是我爷爷。"乘客对大爷说："大爷，你可不能这么惯孩子，他已经不小了。"不料，大爷气呼呼地朝着乘客发起火来："你是谁？不让座也就算了，让个座有你这样教训人的吗？"

在家庭中，一个任性孩子，经常为难父母，怎么会帮助父母分忧解愁呢？在学校里，一个任性孩子常与其他同学闹矛盾，怎么能与同学和睦相处、团结共进呢？在社会上，一个任性孩子缺乏爱心、心中有我无人，怎么能够帮助别人呢？在漫漫人生路上，孩子任性的病患心理，小时候得不到纠正，对他们的未来必将带来不少麻烦。孩子长大成人，危害更大：一是缺乏爱心，不孝顺父母，更不懂得尊老爱幼。二是目中无人，没有服从意识，不尊重自己的领导。三是不知好歹，不珍惜来之不易的幸福，甚至对美好的社会也不满意。倘若，孩子的任性发展到逆反，形成反社会性格，危害就更为严重了。那么，父母应该怎样纠正孩子的任性呢？

一、端正家长教育理念，正确父母教育方法。要纠正孩子的任性，父母应当端正教育观念，给孩子创设民主家庭氛围的同时，提供的生活条件要适度，不能无条件满足孩子的各种要求，千方百计让孩子懂得：快乐的生活需要努力才能获得。人一出世，就担负着为父母分忧、为别人解愁的责任。让孩子的任性自小就能得到有效克服，在父母阳光雨露的沐浴滋润下，健康成长起来。

列宁出生在一个知识分子家庭，列宁父亲半工半读求学，后来当上省国民教育总监，他的优秀品质深深影响着他的孩子们。

有一次，他到一所学校视察，看见有篇学生作文被老师打了大红叉，批了零分。他拿起作文一看，题目是《今天的印象》，只见上面写道："我发现视察学校的总监，对发出'P'音稍微有点不清楚……"列宁的父亲问老师这是怎么一回事。老师说，这位学生对你上次视察学校有不尊敬的地方，所以，对他的作文给了这样的评判。列宁父亲却说："这是一篇很好的作文，语法正确、连贯，没有丝毫虚构捏造，写得真实，完全符合题意。"然后，给这个学生的作文批了个"优"，并且签了自己的名字。在家庭教育中，有时大人的意见有片面性，孩子的意见正确，列宁的父亲就当面表扬孩子，承认自己的错误。列宁的家庭拥有这样一种民主气氛，培养了孩子们追求真理的精神。

列宁就是在这样的环境中成长起来的。他的哥哥亚历山大参加了革命，牺牲时才21岁；他的姐姐安娜是社会民主党第一届莫斯科委员会委员；弟弟德米特里是职业医生，因参加革命两次被捕；妹妹玛丽亚是一名职业革命家。

父母要让孩子听话，不和你对着干，就应该把孩子当成一个独立的、有思想的人，给予充分的尊重，理解孩子的感受，不能只顾表达自己的意见想法而不顾孩子的内心感受。只有这样，父母与孩子之间才能互通信息，相互理解，相互勉励，共同进步。

二、进行传统苦难教育，启迪孩子懂事明理。父母应该根据家庭的实际情况与孩子的特点，把握时机，设置特定的环境氛围，让孩子在艰苦教育中明白做人的道理：任何物质和精神上的鉴赏和享受，都是要付出代价的。

1985年农历正月初九，一位在县文教局工作的家长，带着当时还是农村户口的一个12岁的女儿和两个分别只有10岁、8岁的儿子到县城。起程时，让他们各自背着自己的十天口粮，从农村老家步行到紧靠公路的场镇，准备搭车去县城，让家长赶上正月初十单位收假上班，让孩子赶上正月十五学校报名上学。

他们站在公路旁，眼看着一辆辆从其他县城和远道场镇满载乘客的汽车从身边奔驰而过，无论他们怎么招手，汽车就是不停，根本搭不上车。他们心急如焚，心中十分懊恼。当时，客车少，乘客多，汽车从起点站出发就已载满了乘客，中途根本不会停站，短途搭车实属不易。家长根据实际情况判断，再等10天，也未必能够搭上汽车进城。因此，当天上午10时，这位父亲毅然带着孩子徒步朝着距离场镇30公里的县城走呀，走！实在走不动了，这位刚刚落实了政策的家长便以自己在农村锻炼的亲身经历鼓励孩子：克服困难，坚持就是胜利！精神疲倦了，拾来树枝，拄棍前行。脚磨破了，互相搀扶，继续向前走。距县城还有15公里左右，8岁的孩子实在走不动了，接着10岁的孩子也走不动了，两个孩子的双脚渐渐肿了起来。从艰苦中，走过来的爸爸便轮番背着他们继续向前走。从上午10点，到晚上11点半，他们整整走了十多个小时，才到达县城。次日起床，8岁的孩子和10岁的孩子脚痛难忍，都无法下地。他们虽然一拐一拐地行走达一周以上，但还是准时于正月十五报名上了学。这次刻骨铭心的步行，让这三个孩子从此懂得了一个道理：有付出，才有回报，要达到自己的目的地，必须经过艰苦的努力。此后，在他们的小学、中学读书阶段，每天早晨，家长总是带着他们练习跑步，在长跑锻炼中，加深对这种认识的理解。

现在，当年的这位12岁的女儿大学毕业后，考入政府部门工作，已经成长为一个县的县人大机关党委书记。当年的这位10岁的孩子，考上了公务员，现已担任另一个县的县委组织部副部长兼人力资源和社会保障局局长。当年的这位8岁的孩子，大学毕业后，在北京从事建筑工程工作，已经出息为高级工程师、全国优秀项目经理。现在，他们都才30多岁，相信他们还会迎来更为美好的未来。

通过父母的以身作则、言传身教，展示出生活中的艰难和成功里的辛苦，让孩子们逐渐懂得：无论是顺境还是逆境，只要坚持“生命不息、奋斗不止”的精神，就能获得走向胜利的伟大力量。

三、发挥家长表率作用，陪伴孩子终身成长。孩子是家长的代表，父母的一言一行通过孩子表现出来。孩子人格的形成，源于家庭教育的影响，始于父母言传身教的示范作用。

球王贝利，1940年10月生于巴西。贝利成为球王，完全得益于他父亲制服野性的引导。贝利8岁上学读书，学习成绩非常糟糕，顽皮儿童的把戏他全会：上课随便讲话，用口水浸湿了的纸团打人，捏痛女同学的手，在教室里打架……气得那位女老师用最严厉的办法惩罚他，可他非常任性，带有野性的恶作剧愈演愈烈，弄得老师毫无办法。

教室之外才是小贝利的乐园，他和他的小伙伴组成了九·七俱乐部，贝利担任了九·七足球队队长。贝利的父亲对待子女沉稳和蔼，教子有方。他认为带有野性的孩子们有着惊人的才能。他们善于筹集活动资金。他们骁勇善战，征击四方，很快成名，称霸一方。贝利爸爸亲自教他踢球技术，练得一身好功夫。同时指出："要想踢职业足球，必须控制自己的脾气，才能得到大家的欢迎。"还教育他说："你踢球将来也许会成为一名高手。但是，你吸烟、喝酒就没有足够的体力，影响90分钟内的踢球……"贝利听了爸爸的话，不再吸烟、喝酒，不再固执任性、我行我素，带领队员们苦苦练球、盘球、截球、挖球、顶头球、踢罚球、踢任意球……因为这样，贝利14岁那年开始了职业队员的生涯。

此后，他为巴西人捧杯作出了特殊贡献，在世界杯足球赛中，三次荣获冠军，成为了20世纪最佳球员之一。

在生活中，父母必须随时躬身自省，在自己反思中，吸取教育孩子的经验教训，规范自己的言行，调整不科学的观点和言行，对于孩子的成长，才能起到积极的影响。一个喜怒无常的任性家长，必有一个喜怒无常的任性孩子；一个拥有健康人格的家长，必有一个健康向上的孩子。父母的表率作用可以制服野性的孩子，如同阳光雨露，永远沐浴、滋润着孩子健康成长。

四、纠正孩子任性行为，家长须要科学调控。奖励和惩罚是调控孩子任性行为的有效办法，其目的是让孩子懂得什么是父母认同的，什么是父母反对的。父母对孩子的错误弄明白后，若有进步，及时奖励，肯定孩子的进步。如果任性，及时纠正，防患未然。

华盛顿是美国的奠基人，美国的第一任总统。

他从小聪明能干，好奇心强，不论对什么事情都要动脑筋想一想，好问个"为什么"。华盛顿的父亲是个种植园主，非常喜爱花草树木。一天，华盛顿看见几棵枝叶茂密的樱桃树，脑子里闪出个大问号：它们为什么长得这么好呢？他看着家里没人，便找来斧头，砍倒了这几棵树，仔细寻找促进树木生长的"宝贝"，可是，什么也没有找到。父亲回来，发现被砍倒了的樱桃树，非常生气地说："这是谁干的？真是太坏了，我要扭断他的胳膊。"听到喊声，全家都跑出来，摇头摆手表示不是自己砍的。华盛顿心想，明明是自己砍的，何必连累别人呢？他一咬嘴唇，走到父亲跟前说："爸爸，樱桃树是我砍的！"他诚实勇敢承认错误的态度，消融了父亲的怒气。

父亲了解了儿子砍树的想法与经过，然后，对全家人说："我们家的每一个人，包括我自己在内，都要学习我们的小宝贝华盛顿这种勇于认错的精神！”

父母科学教育孩子，必能收获孩子的健康成长。但须注意：在对孩子的肯定和夸奖中，要求科学适度，不能让孩子感到太容易得到。对于不接受道理的孩子，要限制其感兴趣的活动，直到行为有所改变。对于孩子提出的要求，可以让孩子充分阐述理由，不要轻易做出是非判断。孩子合理的要求，在家庭条件允许下，可以满足。如果条件不允许，必须向孩子讲明原因，教育孩子懂得不是所有需要都能满足的道理。在与孩子的交往中，要教育孩子既尊重他人人格，又尊重他人想法和意见，不同意见，学会协商，不能自以为是，不管他人。

五、统一父母教育方式，纠正任性最好方法。一个家庭对孩子的教育成功，不仅取决于父母的教育思想是否科学，更取决于父母对孩子教育方法是否统一。如果，一方溺爱纵容孩子，另一方的教育将是无效的。各方面尚不成熟的孩子，会在父母不统一的言论和行为中，走进是非分辨不清的误区。父母之间教育观点不同，容易引起教育效果的偏差，对孩子的人格发展形成障碍。所以，父母必须形成正确、统一的教育方式，配合默契，协调做法，方能消除孩子任性，提升教育效果。

苏联劳动勋章的获得者柳鲍娃夫妇有两个孩子，女孩叫卓娅，男孩叫舒拉。因为，他们从小受到了良好的家庭教育，后来，都成长为苏联卫国战争的英雄。

当年，舒拉年龄尚小，又是男孩，父母对他有点偏爱，有什么要求，遇到什么矛盾，大家总是让着他。时间一长，舒拉养成了任性的坏毛病，一旦他的要求得不到满足，就倒在地上大哭，直到他的要求得到满足为止。一天，舒拉要在午饭前吃粉羹，按理，粉羹要在饭后吃。父母没有答应他的要求，他便马上大哭大闹起来。父母认为，一再迁就，坏习惯，成自然，长大了很难改。于是夫妇俩使了个眼色，治他一治。他们俩离开了屋子，舒拉还是一个劲地哭。可是和往常不同，现在没人理他。哭了没人听，舒拉不哭了。过了一会儿，他用木片堆东西，玩起来。等到父母回来，他又要哭。父母严厉地对他说：“如果你再哭，我们就把你一个人放在这里，不和你一起住了。”舒拉见父母这次不但不迁就他，还批评了他，也就不哭了。

还有一次，舒拉在哭的时候，偷偷通过手指缝看父母对他是否同情，当他看见父亲照常看书，母亲照常批改学生作业，谁也不理他，他不哭了。几次碰壁，舒拉改变了任性的坏习惯。

孩子长大了，要纠正他的任性，更要统一父母的意见，采取有力的措施，实行科学治理，才能得到事半功倍的效果。

六、循序渐进科学教育，告别任性收获快乐。孩子的任性并非一朝一夕形成，教育必须耐心，讲究方法，循序渐进，才能达到预期的目的。在孩子的成长过程中，父母既要注意教育的理念和方式，又要讲究适度鼓励与奖惩的方法，才能使孩子逐步认识到任性的危害，体验到宽容与和谐带来的快乐，让父母对孩子通过科学的家庭教育，得到告别任性的丰硕果实。

一位家长的女儿是个故事大王，有一天，她突然不讲故事了。一经了解，女儿对爸爸说："苹苹讲故事结结巴巴的，老师还表扬了她，说她讲得好。我讲得那么好，老师还说我学老山羊的叫声不像。"家长明白了，女儿对老师产生了抵触情绪。

时值初夏，家长把女儿带到河边，草地上正好有几只洁白的山羊，在那儿吃草。老山羊临风翘首"咩咩"地叫唤，小山羊活蹦乱跳"咩咩"地应答，同样是"咩咩"地叫，声调有高、有低、有长、有短、有粗、有细，截然不同。女儿听后，红着脸对爸爸说："我把老山羊的叫声，模仿成小山羊的了。"爸爸开导女儿说："老师为了鼓励苹苹，尽管她讲故事结结巴巴，也得到表扬，让她树立自信。你讲得比苹苹好，老师向你提出更高的要求，想让你讲得更好，老师为什么不好呢？"

女儿的思想通了，第二天到学校又讲起《山羊的故事》。

孩子长大了，了解他们的所思所想，找到形成思想疙瘩的真正原因，做好他们的思想工作，尤其需要耐心、细致、周到、具体的合理引导和科学教育，帮助他们有效克服已经形成的任性毛病，让他们茁壮健康地成长起来。

七、通过严格军体训练，培养孩子进取精神。在军体活动中，父母带着孩子一起参加训练，既能让孩子认识增强团队意识、遵守比赛规则的重要性，又能让孩子养成服从组织纪律、勇往直前、努力拼搏的好习惯。

郎平出生于1960年12月16日，那时正是新中国最困难的时期，小郎平家也是食不果腹，饥饿难耐。郎平的性格既有北方父亲的豪爽奔放，又有南方母亲的恬静细腻。她，"动"起来像个勇敢顽强的男孩，"静"下来又比一般女孩文静。

郎平7岁，在北京朝阳区东光路小学读书。有一次，几个男孩要与她比赛爬树，看谁爬得高。别的女孩都不敢应战，唯有郎平不服气地看了看树高，毫不犹豫地爬上去了，令大家惊叹不已。郎平的父亲经常带着女儿到离家不远的北京工人体育馆去看比赛，尤其是排球，给郎平留下了美好而又深刻的印象。1973年4月，郎平进入北京工人体育场业余体校排球班学习。从此，排球与她结下了不解之缘。排球训练是枯燥的、乏味的、艰苦的、难耐的。这些，也曾让郎平动摇过。每当此时，父母总是对她说："你既然喜欢打排球，就不能半途而废。"父母的鼓励，让郎平坚持下来。因为她的球技日长月进，正式成为北京工人体育场业余体校的一名排球队员。1974年年初，郎平进了北京朝阳中学读书，她参加了排球队训练。同年秋季，郎平被选进北京市第二体育运动学校，成为了排球专业运动员。几经努力，技压群芳，她以最佳人选身份进入了北京队。1978年，郎平参加全国排球甲级队联赛，被袁伟民看中，进入国家队。经过刻苦磨炼，她，出色的高位拦网和落地开花的扣杀技术，让世人震惊，成为了"世界三大扣球手之一”。

20世纪80年代，郎平带领女排的姑娘们创造了中国排球五连冠，女排精神激励着每一个中国人。

因此，艰苦的军体训练能够坚强孩子的意志，提升孩子的品质：树立自信，克服任性，团结勇敢，沉着冷静，不畏艰险，燃烧激情，真诚无私，执着追求，开拓进取，创新辉煌。

八、运用新旧对比教育，强化孩子爱心感悟。父母与孩子一同走出家门，来到社会，访贫问苦，激发孩子的正义感和慈悲心，加强对孩子的爱心教育，感悟做人的道理，养成助人为乐的好品质和好德行。

一位爸爸，在家就是孩子的良师益友。一天，全家人都在吃午饭。他的儿子宝宝看见端上来的菜又是炒土豆，噘起小嘴，把筷子一扔，生气地说：“怎么每天老吃这种东西，连点肉都没有，有什么好吃？”家长一听，很不是滋味，又怕孩子赌气不吃饭影响上课，就安慰他说：“宝宝，先吃饭，星期天爸爸带你去玩。”

星期天上午，爸爸妈妈拎着篮子，领着宝宝、贝贝两个孩子来到郊外的田野里。爸爸先挖了几种野菜放在孩子的面前，告诉他们这些野菜的名字、特点，等两个孩子都认识这是什么野菜后，就激励他们说：“咱们来个比赛，看谁挖得多。”宝宝、贝贝动起手来，谁也不甘落后。在爸爸妈妈的鼓励下，快到中午的时候，挖了整整一篮子野菜。在回家的路上，爸爸表扬了两个孩子，夸他们学得快，挖得多。两个孩子得意地笑了。踏进家门，贝贝问爸爸：“中午，有什么好吃的？”爸爸说：“咱们就吃挖的野菜吧！”宝宝惊奇地说：“野菜有什么好吃的！”爸爸叹口气说：“野菜是不好吃，可爸爸小时候吃过它，我们现在虽然不吃了，可是也不能忘记它呀。想起它，就知道今天的生活多么的美好！”接着，爸爸给孩子们讲述了自己小时候没饭吃的滋味，全家几乎饿死的情形；讲红军长征路上吃野菜、啃树皮的故事；讲20世纪五六十年代，大家拿野菜救命、战胜饥饿的历史。中午，孩子们跟着爸爸妈妈也吃起野菜来。后来，爸爸妈妈又带他们去农村，听熟悉的亲戚朋友讲农村新旧对比的故事。孩子终于对爸爸说：“爸爸，我们懂了，过去我们挑食是不对的。”

现实说服最有力，爸爸妈妈没有讲孩子挑食如何不好的大道理，而是带孩子在感受生活中认识到自己挑食的错误，进而激发出孩子们热爱现实社会的感情。

因此，我们教育孩子的时候，千万不能忘记穆尼尔·纳素夫说过的一句话：“人生真正的幸福和欢乐沉浸在亲密无间的家庭关系中。”

指导孩子纠正自傲的心念。古往今来，自傲自大、脾气暴躁、自以为是、刚愎自用的人往往目中无人、心高气傲、过高估计自己的能耐，过低估计别人的力量，失去自知之明，最终难逃悲惨的命运。一个刚愎自用的人心中往往只有自己、老子天下第一、听不进别人意见、喜欢一意孤行，他们虽然功勋卓著，贡献很大，但却恃才傲物、过于自信、骄横自恃、对人粗俗、鲁莽行事、故步自封、自视清高、不能容人，最终自己毁灭了自己。

在秦末农民战争中，刘邦和项羽是两支反秦武装的领袖，他们是战友，也是盟军。

公元前260年10月，刘邦进驻陕西咸阳后，接受张良等人的劝告，与当地老百姓“约法三章”，得到了民心。同年12月，项羽经过巨鹿浴血苦战消灭秦军主力后，率军西抵函谷关，进驻鸿门。当时，项羽拥兵40万，刘邦仅有10万，双方力量相当悬殊，刘邦自然无法与项羽抗衡。被项羽称为亚父的范增看出刘邦的野心，劝项羽消灭刘邦势力。在这紧要关头，项羽的叔父项伯连夜将情况告诉他原来的好友张良，劝张良赶紧脱离刘邦，不要一起送死。张良认为“亡去不义”，反而拉着项伯一起见到沛公刘邦。刘邦不仅与项伯结成亲家，并且听从项伯建议，次日清晨赴鸿门向项羽请罪。刘邦一席话，让项羽犹豫不决，最后只得在鸿门设宴招待刘邦。在宴席上，范增好几次示意项羽攻击沛公，项羽均无反应。范增只有离席找到项庄，入席舞剑，寻找机会，刺杀刘邦。项伯心知，项庄舞剑，意在沛公，遂拔剑与项庄对舞，几次用身体保护了刘邦。此时，在外担任警戒的樊哙闯进帐来，对项羽说：“沛公入咸阳以待大王，大王今听小人之言，与沛公产生距离，臣恐天下皆疑心大王也。”说得项羽哑口无言。一会儿，刘邦借上厕所的机会，骑快马，抄小路，回到了自己的军中。项羽问：“沛公哪里去了?”张良回答说，怕将军有意责备，故不辞而别，让我代为献上玉璧，项羽接受了这一礼物。张良又将玉斗献与范增。范增愤然摔碎玉斗，起身说道：“从今往后，我们都会成为刘邦的俘虏。”不出所料，刘邦利用项羽刚愎用用、优柔寡断、多疑善变的性格特点，对他使用反间计，让他身边的忠臣良将一个个弃他而去，最终落得了“四面楚歌”、“自刎乌江”的结局。

同刘邦相比，项羽的确更具英雄特征。他勇猛善战、不畏艰险、性格直爽、恩怨分明、爱惜属下、讲究道义，有“力拔山兮气盖世”的美誉，但他的这些性格特征都被刚愎自用、心高自傲抹杀了。他没有刘邦的柔韧、冷静、果断和博大，更没有刘邦的雄才大略。楚汉之争实则性格相争之战，终以项羽的乌江自刎落幕，项羽终因目空一切、刚愎自用毁了他所开创的事业。

因此，孤高自傲危害匪浅！在家庭教育中，一旦发现孩子有了自以为是、目中无人的心念，就要及时纠正。那么，孩子为什么会产生心高气傲、老子天下第一的念想呢？孩子身上存在着任性的毛病，自小没有得到很好的纠正，势必发展为骄傲自大，不仅影响孩子自身的发展，甚至危害到家庭与社会。当然，父母心高气傲、自以为是，孩子必然心高气傲、自以为是。因此，改变孩子的骄傲自大，必须从父母自身做起。那么，怎样教育孩子纠正这种心念呢？

一、随时以史为镜，深刻认识危害严重。古往今来，不少英雄，争江山，夺社稷，出生入死，战功赫赫。终因骄傲自大，刚愎自用，脾性暴虐，自以为是，惨遭失败。历史教训沉重，我们必须认真吸取。

在魏、蜀、吴三国鼎立中，刘备的大将关羽对刘备忠心耿耿，始终不渝。他一生重义气，讲节操，过五关，斩六将，屡战屡胜，战功赫赫，智勇盖世，所向无敌，被人们尊称为关公。这却导致了他的致命弱点：狂妄自大，目中无人，自以为是，忘乎所以，不能冷静涉世，不能宽容处事。刘备在成都自封为蜀汉皇帝后，把荆襄九郡的军政大权交给了关公。可是，因为他的孤高自傲、不可一世，听不进下属的建议，不仅留下了"大意失荆州"的憾事，而且本性不改，败走麦城，把性命也丢在骄横自恃、目空一切之中。世间之事，无独有偶，关云长的结拜兄弟张飞也是战功显赫、骄傲自大，但却犯下了与关云长同样的错误，把自己性命丢在了四川阆中。

古往今来，无数像项羽、关云长、张飞一样英雄的惨痛教训向我们警钟长鸣：功高盖世尚须谦虚谨慎，家大业大亦须低调做人。否则，自己招来横祸、甚至丢掉了性命，还不知道因为什么！一个人，要想事业有成，必须认真吸取教训，克服心高气傲、刚愎自用、脾性暴虐、自以为是的毛病，谦虚谨慎，戒骄戒躁，扬长避短，胜利问前。

二、心胸决定成败，谦虚谨慎胜利之本。当前，中国加入了WTO，我们必须紧跟世界发展形势，与各种不同思想意识和文化层次的人交往，克服自身弱点，学会谦虚谨慎与人团结共事的本领，同各种不同意识形态的人和谐共处，携手共进。在生活中，心胸有多宽，事业就有多大，心胸决定成败，谦虚谨慎才是走向胜利的保证。

有人曾经问牛顿："你获得成功的秘诀是什么？"牛顿回答说："假如我有一点微小成就的话，没有其他秘诀，唯有勤奋而已。"他还说："我之所以比别人望得远些，是因为我站在巨人的肩膀上。"

宽阔的河流十分平静，学识渊博的人非常谦虚谨慎。凡是对人类发展作出巨大贡献的伟大人物，都有着谦虚谨慎的美德。"生命有限，知识无穷。"当前，身处知识经济时代的父母犹应教育现代青少年：生命不息，学习不止，拥有广博的知识与宽阔的胸怀，谦虚对人，谨慎涉世，低调做人，稳健进取，团结一切可以团结的力量，就能共同创造辉煌的事业！

三、面对今天现实，在不幸中找到幸福。在生活中，心情美好的人往往拥有幸福的家庭，培养出理想幸福的孩子。然而，心情美好的人即使家庭并不幸福，同样能够给孩子以健康幸福的家庭教育，造就推动社会进步、影响历史进程的人才。俞丽在《知名人士35条教子经》中给我们讲述了这样一个故事：

2009年1月20日，贝拉克·侯赛因·奥巴马正式宣誓就职美国历史上第一位黑人总统。然而，奥巴马的童年和家庭并不那么幸福，奥巴马的母亲给奥巴马的家庭教育却是幸福的。

奥巴马的母亲1942年出生于美国堪萨斯州，20世纪60年代初期，年仅18岁而且已有身孕3个月的她冲破社会世俗观念的束缚，在夏威夷大学与来自非洲的黑人老奥巴马结合了。然而，奥巴马刚满一岁，老奥巴马到哈佛攻读经济学博士学位去了，这一去再也没有回来。奥巴马两岁时，父母离了婚。后来，奥巴马的母亲与印尼留学生苏托洛结婚，她则带上6岁的奥巴马去了印尼，直到奥巴马10岁那年离婚。从奥巴马的出生到10岁，奥巴马都跟他的母亲生活在一起，虽然，曾经生活在不同的国度里，他的母亲却一直关爱着他，保护着他。母亲和外祖父母从来不在奥巴马面前贬低他的生父和继父，经常总是赞美他们，让奥巴马对父母的分离，没有什么不悦和恨意。他的安全感和依赖感也没有因父母离异而损害。很早，奥巴马就受到母亲这种乐观豁达、愉快光明形象的影响，让奥巴马从小学会了第一时间融入陌生的本能，养成了既热情又独立的性格。他依靠篮球作为人事交往的突破口，拥有一大帮拥护者，他的影响力就来自他的母亲。这种关系足以抵御家庭破裂所产生的负面损害，让奥巴马在温暖的母子关系和伙伴关系中游刃有余地成长起来。奥巴马两岁多后就很少见到生父，是母亲鼓励他追寻自己黑人血统的根。一个黑人生父和一个印尼继父，让他具备了良好的国际理念。当年，他母亲尽管对他万分不舍，还是同意他在夏威夷完成中学学业。他的母亲和他的外祖父母并没有要求他按照他们的意愿安排生活，也没有要求他考什么大学，只是指出念大学仅是前进道路上的第一步，给他以选择的充分自由，给他以选择的广阔天地。

奥巴马的母亲教育奥巴马懂得做人要诚恳、坦率、有主见。她的家庭教育让奥巴马关注社会核心问题，敢于表达自己的思想，敢于向权贵直言，不因为自己的肤色、地位有丝毫怯懦，因为与他人一样，同样都有社会的责任和作为公民的权利，让奥巴马从小具有自信勇敢、毫不畏惧、决不屈服的性格。她让奥巴马从小具有勇于克服困难的精神和走向胜利的决心。她的社会工作让奥巴马见识并且感受到了母亲的魄力和亲和力，从而为日后奥巴马竞选总统科学决策、积累人气奠定了坚实的基础。她为儿子富有社会责任理想、最终考入哈佛大学攻读法学博士倍感欣慰，她为儿子未来的荣耀建立了丰功伟绩。虽然，她被癌症过早夺去了生命，没有看到儿子一路走来的辉煌，但是，她的成功家教铸就了美国历史上的第一任黑人总统，她的贡献影响了整个美国乃至世界，历史永远不会忘记这位伟大的母亲。

在家庭教育中，父母的心性决定孩子的命运，创造孩子的辉煌，造就孩子的未来。父母只要拥有良好的心态，把握育人的科学方法，即使家庭并不幸福，也能教育孩子从小立志修心，纠正一切有害念想，培养出孩子良好的性格和习惯，进而造就推动一国发展、左右一国命运的将帅之才。

指导孩子纠正逆反的心念。在家庭生活中，有些孩子对于父母往往心存逆反，或当面顶撞，或恶言刺伤，或撒谎欺骗，或行为不恭，或刀刃相见……孩子的这种逆反心理既会促进不文明思想和行为的产生，又会影响他们的健康成长。

一位只有15岁的小男孩，因为杀害亲生父亲，而被送进了少年劳教所。这位小男孩从小失去了母亲，父亲因为两次婚姻的失败，经常酗酒，情绪反常，把心中的烦恼发泄到儿子的身上。父亲对儿子的严厉苛刻，导致儿子经常逃出家门，在外过夜。生活境遇的艰难、学习成绩的不好造成这位少年被学校开除，但他无处可去，只有混迹网吧。在这里，他结识了一帮所谓的“黑社会老大”，成了偷窃抢劫团伙中的一员。在他父亲的影响下，他的性格变得暴烈，行为常常冲动。在团伙老大的引导下，萌发了偷窃父亲刚刚补发的房屋拆迁款的念头。不料，在行窃中，又被父亲发现。这位从小就与父亲感情淡漠甚至痛恨父亲的少年，在被父亲扭住的那一刻，竟然毫不犹豫地把刀捅向了父亲的胸膛，导致其父倒在血泊中气绝身亡。

这位孩子由心生逆反到走上杀父犯罪道路的事实告诉我们：在家庭教育中，父母必须分析问题产生的根源，找到解决问题的方法，才能纠正孩子的逆反心理和行为。那么，孩子为什么会产生这样的逆反心念呢？仔细分析，主要表现在：

在家庭教育中，父母的教育思想发生了错误，致使孩子产生了逆反心理和反叛行为。一些父母过分溺爱，让孩子产生了自私、自傲、霸道的心性，处处以“我”为中心，稍不如意，天王老子不认，逆反的心理和行为油然而生。一些父母迫切希望孩子成才，时时叮嘱，天天唠叨，使孩子心生逆反，总是朝着父母要求相反的方向，计划自己的言行。一些父母经常把自己的主观意志强加给孩子，强迫孩子学习父母认为十分重要的知识，使孩子失去了受教育的主体地位。一些父母把自己的悲愤，经常发泄在孩子的身上，孩子感受不到父母的温暖和家庭的温馨，自然产生了逆反的心理和行为。一些父母坚持把“棒打出孝子”作为自己教育孩子的理念，事事强迫，件件硬逼，遇事没有商量和讨论的余地，久而久之，积怨增多，不服父母管教的心理活动逐渐形成。因此，家庭教育思想和方法不当，忽视了青少年的生理和心理特点，对孩子往往因为过分溺爱，过分唠叨，过分严厉，过分粗暴，以致引发了孩子逆反心理和行为。因为，父母忽视了孩子的接受能力尚且脆弱，思想教育方法往往让孩子不易理解，父母与孩子之间不仅缺乏亲子关系，而且没有亲子感情，从而加剧了孩子的逆反心理和行为，天长日久，积怨加剧，增大了对父母的痛恨或愤怒情绪，以致不择手段报复父母。既害自身，又害他人。

在家庭教育中，父母的教育方法违背科学规律，促使孩子产生逆反心理和行为。有些父母不懂孩子心理特点，无视孩子的个性发展，违背教育规律处理问题，造成孩子内心对抗，心理产生逆反。有些父母自以为是，在孩子面前认为自己绝对正确，常把自己的主观愿望强加给孩子，要求未成年的孩子达到成年人才能具备的标准。他们往往对孩子的期望值过高，无视孩子的个性发展，强迫孩子学习自认为是很重要的方方面面……以致孩子与父母的意愿背道而驰，不仅产生严重的逆反心理，甚而表现出顶撞与欺骗父母的过激言语和反抗行为。有些父母忽略了孩子的兴趣与爱好，急于让孩子达到主观意识的领地，没有休止地加码，即使周末也不松放。父母既要求孩子完成学校布置的家庭作业，又要求孩子奔波于各种辅导班之间，不让孩子参与渴望已久的休养生息与游戏活动。每逢假期，父母总是安排孩子参加各种补课学习，不让孩子有半点儿休闲，孩子不能安排原本属于自己的假期生活，这就自然给孩子造成很大的心理压力，以致孩子产生逆反心理或过激行为。

在家庭教育中，父母忽视了孩子的生理和心理特点，以致造成孩子的逆反心理和行为。孩子由儿童步入少年，进入一个身心发展不平衡、自我成熟与半成熟的矛盾阶段，心理学称为“第二反抗期”，又称为“困难期”、“危机期”。这时的孩子独立意识很强，总想做自己做主处理的事情。但又缺乏社会经验，往往做出幼稚或不合理的事。一些父母生怕孩子吃亏，生怕苦了孩子，对孩子过分溺爱，百依百顺，处处让着孩子，时间一久，这些娇惯过分的孩子便产生了一种以“我为中心”的心理。一些父母唯恐孩子上当受骗或畸形发展，经常用简单粗暴、甚至埋怨打骂的方式，阻止孩子的想法及行为，而孩子则认为自己有能力处理好自己的事情，无须父母干涉，以致发生了矛盾。在生活中，这些孩子稍不如意，就把自己的不满，发泄到父母身上，日久天长，便会养成十分有害的逆反性格。因为父母忽视孩子生理和心理的教育方式，阻碍孩子成为生活与学习的主人，不仅造成了孩子与父母思想上的逆反，而且还会随着矛盾的积累，发展到行为上的冲突。

因此，在家庭教育中，父母教育思想的错误、教育方法的不科学性、忽视孩子的生理与心理特点是孩子心生逆反的根源。在家庭生活中，孩子一旦有了逆反心念，就会变成家庭教育的羁绊，很难接受父母的教育。这些孩子从此看不到父母的伟大，也不在乎父母给了他们生命，更不珍惜父母对于他们的养育之恩，总是想着父母对于他们的不是，甚至埋怨或者怀恨父母，从而埋下了孩子同家庭与社会不和谐的种子。倘若，孩子的逆反恶习，得不到有效矫正，让其发展下去，这些孩子在家反感父母，出门反感现实社会，处处表现逆反，后果不堪设想。如果任其发展，可以形成反社会性格，甚至走上犯罪的道路。孩子的逆反心念有多大，他们后来出身社会所受的挫折就会有多深、危害就会有多大。那么，父母面对具有逆反心理的孩子，究竟应该怎么办呢？

*一、调整父母的教育观念，防范孩子逆反。*孩子是反映家庭教育的一面镜子，这面镜子随时可以映照出父母的思想与言行。在家庭教育中，父母的一言一行体现出一个家庭的教育思想，会给孩子心灵留下不可磨灭的印迹。每当孩子出现问题时，不少父母总会最先从孩子身上找原因，强调自己的孩子这也不是，那也不好，父母从不反思自己的过失，认为自己一点儿责任也没有，也不想一想自

己究竟存在着什么问题，以致孩子一味出现问题。在生活中，父母的指责和唠叨，让孩子生活在沉重的思想压力下，自然心生逆反，让父母处处“生气”。孩子出现问题，父母应当随时通过自省、自查、自纠方式，警醒自己高度重视，及时进行修补，就会掌握教育孩子的主动权。父母倘能正确对待孩子的过失，内心认为，孩子在成长过程中存在问题是难免的、自然的，也是正常的。同时，勇于承担责任，甚至反思自己的过失，帮助孩子分析出现问题的背景，找到问题产生的原因，提出解决问题的办法，消除孩子心头的疙瘩，让孩子生活在轻松愉悦的生活之中，孩子怎么会产生逆反心理？对于犯了错误的孩子，父母应当善于帮助孩子找出错误的背景和原因，决不能片面认定，以偏概全，过早给孩子下结论。而要满腔热情帮助孩子找到解决问题的方式，让孩子在改正错误中，吸取教训，受到教育。

二、营造家庭的民主氛围，防范孩子逆反。在孩子的成长过程中，家庭影响十分巨大。生长在暴力、武断、娇纵的家庭环境，孩子极易产生逆反心理状态。孩子生长在和谐、民主的家庭，极易改变孩子的逆反心理状态。因此，要教育孩子纠正逆反心念，必须营造和谐、民主的家庭氛围。平常，父母不妨与孩子聊聊天，听取孩子的观点，因势利导，寓教于乐。父母让孩子参与处理家庭的事情，既可发挥孩子的聪明才智，又可提高孩子的决策能力。孩子的个人问题，父母不宜过多干预，注意就事论事，引导孩子妥善处理。这样，不仅可以提高孩子分析、判断、解决问题的能力，而且能够防范逆反心理的产生，培养出孩子的责任意识，让孩子体会到家庭和谐、民主所带来的幸福。

三、尊重孩子的人格与想法，防范孩子逆反。家庭成员之间的相互尊重是维系亲子关系、建设和谐民主家庭的关键。孩子虽小，但人格与大人是平等的，理应受到应有的尊重。随着孩子年龄的增长，孩子的自我意识逐渐增强，独立性逐渐显现。父母不能老是认为孩子年龄小，不懂世事。无论孩子大小，每一个孩子都有独立维护自己人格的自尊心。在家庭教育中，父母带头维护孩子的自尊，保护孩子的自信，实际也是尊重父母自身的威望和形象。因此，尊重孩子的人格和想法，才能密切亲子关系、构建和谐民主的家庭。父母尊重孩子，必须从思想上接纳孩子的不足，包容孩子的缺点和错误。“金无足赤，人无完人。”成人没有一个人完美无缺，何况是成长中的孩子。在外人面前，在公众场合，父母一定要给孩子留足面子，切忌人前人后谈论孩子的不足。在家庭教育中，父母千万不要用其他孩子的长处与自己孩子的短处相比，以免在并不科学的对比中，挫伤孩子的自尊心，伤害自己的孩子。在与孩子的交流中，共同讨论孩子想法的利弊，父母应当帮助孩子在讨论中审视自己的观点，重新认识自己，在分析、判断和解决问题中，提高孩子的感悟力和自省力，让孩子尽快成长起来。“父慈子才孝，子孝父心宽。”父母以慈祥和蔼的态度、科学教育的方法，让孩子在不断进步中成长起来，达到了育人的目的，父母能不愉悦、舒心吗？

其实，尊重孩子的人格与想法，并不排除对孩子的科学惩罚。孩子有错，自小就要受到教育。惩罚有度是化解自卑、预防逆反、规范孩子言行的有效手段，有效惩罚并非让父母打几下、骂几句孩子那么简单，它需要父母掌握适度的技巧，才能避免自卑、防范逆反、维护孩子的尊严。

第一，从小教育。当孩子还是婴儿的时候，如果，他（她）在吮吸奶水时咬了妈妈的乳头，可以立即将孩子放进婴儿床，并且离开孩子一会儿，以示惩罚。如果孩子有了过分的举动，不可偏袒，不可溺爱，可用严肃的眼神盯住他（她），直到孩子明白了妈妈在嗔怪，在责备，直到孩子变得乖巧起来。

第二，保证尊严。孩子在公众面前犯了错，父母应当保全孩子的面子，保证他的人格尊严。留待回家后处理，或取消一次外出玩耍的计划，或给一次将功补过的机会……给一些必要的惩戒，达到惩前毖后的教育目的。

第三，蕴藏教育。孩子出于好奇等原因，损坏了家庭的物品，应该不失时机进行教育。比如，孩子私自拆卸了闹钟或手机，不能复原。可让孩子请钟表、手机师傅为他维修，让孩子从修理过程中，既学到维修技能，又受到自己犯了错误是要付出代价的教育。

第四，冷静处理。小孩子在公共场所闹，只要不影响别人，父母应采取冷静处理办法，随孩子闹去。如果影响别人，可把孩子抱走，把他放在一个开阔地方，让他继续闹，直到累了，就不再闹。孩子的闹，是因为精力过剩，需要释放，或是为了达到某种目的，在要挟父母。父母的冷静处理，让孩子明白：自己的闹腾没有效果，自然会放弃。孩子长大了，到了青少年时期，父母应给孩子订下家规，一切按规矩办事。孩子有了错误，父母严肃冷静的态度，可以启发他反思改过，规范言行。父母不唠叨，不打骂，只是保持沉默，孩子的心理反而会紧张起来，自然会把自己犯错的地方，重新再思考一遍。如果，父母对孩子发脾气指责一番、大骂一顿，也许可以让孩子“乖”一段时间。但是，让孩子从内心反省，有助于彻底改变他的毛病。因此，冷静处理比斥责、打骂更理智，更科学；按规矩办事，比不停唠叨、埋怨更有力，更有效。

第五，惩罚有度。当孩子犯了错误，父母在一再提示、警告他（她）不能这样，在警告失效的情况下，可以令孩子罚站或跑步……让其明白：父母说话，必须算数，不是闹着玩的。

四、肯定孩子进步与向上，防范孩子逆反。经常得到肯定、鼓励和表扬的孩子，自信心较强，学习、生活积极性较高，活动能力也不错，不仅能自觉克服自身的不足，而且能力提高得很快，更能提高健康成长的速度。其实，父母在支持孩子行为、肯定孩子进步的同时，对于孩子的正确想法与行为，还应给予积极的引导，让孩子懂得为什么这样想，为什么要这样做，这样做为什么是对的，进一步提高孩子分辨是非的能力，让孩子的整体素质提高更快。

一个优秀的家长，无论工作多忙，总会抽出时间与孩子沟通，善于发现孩子的进步与成长，哪怕看到孩子一个小小的闪光点，也会根据“孩子喜欢听表扬话”的特点，给孩子以恰到好处的肯定、鼓励和表扬。

五、适当奖励促进与鼓励，防范孩子逆反。在家庭教育中，经常能够看到孩子优点的父母，自己满意，孩子也快乐；总是盯着孩子缺点的父母，自己烦恼，孩子也焦虑。善于同孩子交流、真诚做孩子朋友的父母，更能促进孩子的进步与成长。父母对孩子的一个拥抱、一个爱抚、一句鼓励的话语、一项恰到好处的表彰和奖励，都会激发孩子上进心，让孩子尽快成长起来。

因此，父母正确的教育思想，遵循教育规律，营造民主和谐的家庭氛围，根据孩子的心理特点，实行科学的教育方法，是解决孩子逆反心理的有效途径。

指导孩子纠正霸道的心念。什么样的父母就会教育出什么样的孩子，孩子的霸道作风，主要是父母过度娇惯、过度唠叨、过度干预、过度管教、过度暴力养成的。在现代家庭中，独生子女占绝大部分，父母疼爱孩子，孩子要什么，父母便给什么，让孩子具备了独自占有欲：有东西不愿与人分享，有欢快不愿与人同乐，从而助长了狭隘、自私、贪婪的念想，久而久之，便养成了霸道的习气。有的父母溺爱小孩，生怕孩子吃亏，有意鼓励、纵容孩子不仅不将自己的东西分给别人，还抢别人的东西或打别的小朋友，这就更加强化了孩子的霸道错误思想。随着孩子的长大，到了青少年，在与人合作、处理人际关系等方面都存在着障碍，如果任其自由发展，势必向着不尊重同学、不孝敬父母、不热爱社会的方向发展，后果不堪设想。

马加爵是云南大学生化学院生物技术专业学生，他于2004年2月13日晚杀一人，2月14日晚杀一人，2月15日再杀两人后，从昆明火车站出逃。2004年3月15日被公安部列为A级通缉犯；2004年6月17日被执行死刑。

马加爵生活在一个贫困的农民家庭，在家中排行最小，除父母的疼爱外还有两位姐姐的疼爱。因为他学习出色，自小就在家中备受宠爱。他小的时候从没被人欺负，每月还欺负别人一两次。他是个不吃亏的、基本上在顺境中长大的孩子。做事任性，想怎么样就怎么样。这种家庭背景，造就了马加爵以“我”为中心的思维方式。他从不会站在别人的角度上换位思考，这种性格缺陷，是许多罪犯共有的最主要心理特征。有一次，他的父亲与母亲吵架，15岁的他在日记中记录自己对父亲的真实想法：“……我真是太气愤了，真想一刀杀了他……”只因为听见爸爸妈妈吵架，他内心偏向妈妈而对爸爸不满，就写下了这篇充满仇恨与杀气的日记。从他对父亲的态度中，不难发现导致他后来的杀害同学的心理背景。一个对父亲都不能容忍的人，能够容忍他人吗？这就是马加爵持刀杀人的罪恶根源。家庭教育铸就了马加爵任性、骄横、暴戾、霸道、反社会的性格，奠定了马加爵在家不孝父母、仇恨父母、想杀父母、在大四终于发展到杀害自己同学的思想基础。在漫长的学校生活中，对这样一个存在着严重心理疾病的青少年来说，既没有改变他的孤独、内向、逆反、不爱交流、把思想藏匿很深的性格，更没有让他拥有珍爱生命，拥有仁爱之心，感悟人生的意义以及人生价值。这不仅让他长期对自己的缺陷没有起码的认识，对人生的意义没有起码的理解，还让他失去了人性，杀人害命，最终把他送上了不归路。

其实，马加爵的作案心理令人想到仅有三月之隔的河南平舆县落网的案犯黄勇。他自己设计了一个专门用于杀人的木马床，连续杀害了十几名无辜的青少年。这两个人有一个完全相似的心理背景。这种悲剧，连续重复上演。

2010年10月20日深夜，西安音乐学院大三的学生药家鑫，驾车撞人后，眼看伤者在记他的车牌号，竟向伤者刺了8刀致其死亡，此后驾车逃逸至郭杜十字路口时再次撞伤行人，逃逸时被附近群众抓获。2011年1月11日，西安市检察院以故意杀人罪对药家鑫提起了公诉。同年4月22日在西安市中级人民法院一审宣判，药家鑫犯故意杀人罪，被判处死刑，剥夺政治权利终身，并处赔偿被害人家属经济损失45498.5元。5月20日，陕西省高级人民法院对药家鑫案二审维持一审死刑判决。2011年6月7日上午，药家鑫被执行死刑。

马加爵、黄勇与药家鑫的悲剧无疑就是溺爱浇灌出来的苦果。而过严过高的专制要求所导致的灾难，正如卢勤在《给知心妈妈》一书中所描述的那样：

浙江金华高二学生徐力在狱中接受采访说："在家里，我没有一点儿秘密，很压抑，我感到母亲处处在监视我，她经常打我，用棍子、用皮带、用扫帚，有时把扫帚都打断了，我也不还手。那天中午，吃过午饭，我见母亲开着电视机在卧室里织毛衣，我想过去看几眼电视。母亲又开始像往常一样说我：'我告诉你，考不上大学，我不会给你第二次考大学的机会。期末考不到前10名，我就打断你的腿，反正你是我生的，打死了也没关系……'我心里很委屈，很愤恨，我觉得我已经很用功了，她怎么还这么说我。我一声不吭拎起书包往外走，走到门口看到鞋柜上有一把榔头，于是我冲进卧室，就……"发生了震惊全国的"徐力杀母案"。

一位南京大学学生，爸爸妈妈都是著名的物理学家，夫妇俩一心想让这个唯一的孩子出国深造，于是从小学到大学，天天看着儿子学，逼着儿子学，不给儿子一点自由，儿子被压得喘不过气来，终于忍无可忍，就在孩子过22岁生日那天，用皮带勒死了自己的爸爸和妈妈。

一个叫夏斐的小男孩，因为考试成绩与妈妈的要求差几分，又没敢说实话，被妈妈失手打死。儿子死了，妈妈的梦想完全破灭了，在监狱里，这位年轻的妈妈自己结束了自己的生命。这件事，后来被拍成电影《失去的梦》。

因此，过分的"严管"，不是儿子把父母弄死了，就是父母把孩子打死了，同样造成了人间悲剧，这难道不应当引起我们高度重视？

从徐力——马加爵——黄勇——药家鑫等人的恶性杀人事件，不断向我们的家庭、学校和社会教育敲响警钟：我们的教育咋啦？怎么培养了这样的人？我们的教育成功吗?

在当今高度分工与合作的社会里，类似马加爵、黄勇、药家鑫等这样霸道的孩子绝对不会受到大家的欢迎，因为他们给社会带来严重危害，最终被时代抛弃了。那么，在家庭教育中，如何纠正孩子这种霸道念想呢?

一、及时制止，消除霸道行为的强劲因素。当孩子有了霸道行为，进而得逞之后，使他尝到了甜头，自然强化了他的霸道心理。有了这样的因素，孩子的霸道行为就会有增无减。因此，一旦发现孩子以强欺弱，父母必须及时制止，造成损失，必须向对方道歉或赔偿，以便及时阻止、淡化、消除那些过分逞强逞能的因素，让孩子懂得霸道行为是要遭到反对的，也是要付出代价的。

二、适当奖惩，尝尝霸道行为带来的滋味。孩子小时候喜欢与同伴一起玩，当孩子有了独霸行为时，可以让小朋友离开他，不跟他一起玩，让孩子尝受因为霸道所带来的孤独滋味。孩子长大了，一旦有了独霸行为，父母应当晓之以理，动之以情，指出危害，提出批评，敦促改正，以示惩戒。孩子犯了错误，父母在责备孩子时，需要沉着、严肃、冷静、热情，不使用偏激语言，围绕一个“理”字，说到孩子的“心”上。让孩子感到父母的亲切，让孩子感到父母是讲道理的，更让孩子明白父母教育的目的是为了自己好。通过父母教育，让孩子心服口服，有所进步。孩子有了进步，及时肯定，奖励表扬，巩固成绩。

三、客观评价，享受集体生活的团结友爱。孩子小时候，如果有了吃“独食”的行为，父母可以拿出孩子心爱的食物，让孩子扮演父母，父母扮演孩子吃“独食”，让孩子说说心里感悟，评价谁对谁错，学会换位思考，学会关心他人。孩子长大了，让孩子进入幼儿园、进入学校培养，让孩子在集体生活中，学会合作、学会分享。因为，幼儿园、小学、中学乃至大学都有培养孩子团结友爱、互助合作等行为准则，使孩子摆脱自我中心的阴影，改变霸道作风，学会与人相处。随着孩子年龄的增长，父母应根据孩子的实际情况，鼓励孩子争相参加预备役或做志愿者，到城乡、到军营、到灾区、到贫困地区、到革命老区……投身各种社会公益活动，学会与人共处、与人共事、与人合作、关心他人、爱护他人、与人并肩前进的本领。

四、警醒家长，小心极端教育酿成的灾祸。在家庭教育中，爱孩子是所有父母的专利，爱能使孩子感受家庭的温暖。然而，爱得过分就变成了溺爱，溺爱的结果是无法挽回的悔恨，凡是父母都应注意，千万不能把父母的爱变成孩子的恨，更不能酿成灭顶之灾。在家庭教育中，严格要求孩子，是教育好孩子的有效方法。但是过分的严格，过高的要求，便又走向了错误的极端。一些父母为了孩子将来的幸福，老是要求孩子读书读书再读书、作业作业再作业、补习补习再补习，孩子没有一点自主支配的空间，剥夺了孩子应有的活动自由，每遇孩子的表现达不到父母要求，便沿袭“不打不成才”的传统，轻则施以训斥、辱骂，重则赐以棍棒、拳脚、残暴……以致造成了人间不少悲剧。在家庭教育中，父母对孩子的溺爱与要求过高都是以为了教育好孩子为出发点，但因为过分，违背了教育规律，就走上了极端，甚至造成了层出不穷的恶性事故。

因此，教育孩子既不能过分溺爱，又不能过分唠叨、过分干预、过分严格、过高要求。因为，过分溺爱与过分埋怨、专制特点虽然各异，但都可能诱发孩子反叛的个性特征，从而产生人为的敌对情绪——恨自己、恨父母、恨他人、恨社会。实践证明，家庭民主，育人勤奋，科学要求，励人成长。因此，消除孩子仇恨心理的根本办法在于父母必须创建民主家庭的和谐氛围，让孩子从小感受到父母的关爱，家庭的温馨，自然能够建树孩子的自信，点燃孩子孝敬父母之情，从心灵深处消除逆反，根治叛逆。在成功的家庭教育中，家长十分重视这种“根”与“源”的教育，让孩子从小孝敬父母，从而焕发尊长爱幼之意，感悟“老吾老以及人之老，幼吾幼以及人之幼”之义，热爱自己的民族，忠于自己的国家。

五、严格教子，充分肯定，让孩子健康成长。在家庭教育中，父母应该充分认知孩子，充分肯定孩子，培养其自信，放飞其梦想，让孩子自尊自立自律自强，乐做生活的主人。古今中外，严格教子，科学要求，成功者不乏其人，有的甚至战绩赫赫，功著千秋，永远成为大家学习效仿的英雄和榜样。

在中国：

公元1129年，金兀术渡江南下，南宋抗金名将岳飞移军广德、宜兴坚持抵抗。金兀术把装备精良的15000名“铁浮图”摆在正面，“拐子马”布列两翼，要与岳飞决一死战。

岳飞知道金兀术是金兵中赫赫有名的勇将，足智多谋，极为狡猾。这一仗是个大硬仗，十分危险。面对强敌，派谁去呢？岳飞想来想去，想到了自己的儿子岳云。岳飞随即命令岳云率军出征。出发之前，岳飞厉声对岳云说：“你必须打胜仗回来，如不打胜仗，我先斩你。”有几个贴心的人劝岳飞：“这个险仗还是叫别人打吧！”岳飞满脸不悦地悦：“难道别人的命不值钱，自己儿子的命值钱？”他的决心毫不动摇。岳云满口答应，随即冲锋陷阵，英勇杀敌，他手执80斤重的双锤，率领士兵用大斧大刀，上砍金兵骑士，下砍马腿，与金兀术的主力展开了一战惊心动魄的肉搏战，终于取得了关键一仗的胜利。随后，岳飞又在三败金兀术的下一仗中，命令岳云上阵。岳云面对10多万大军，毫无惧色，率领800勇士，冲入敌阵，杀死了金兀术的女婿夏金吾，在这场激烈的战斗中，岳云受伤达百余处，盔甲被鲜血染红，战果辉煌，消灭金兵主力5000多。从此，金兵再也不敢与岳家军交战，发出了“撼山易，撼岳家军难”的感叹。

从此，岳飞严格教子的故事，在士兵和老百姓中，广为传颂，直至今天，仍然是大家学习的榜样。

在美国：

罗斯福曾经是美国总统，他没有利用权势让自己的孩子跟着自己享受，他主张孩子凭自己的本事生活。罗斯福有句名言：“在儿子面前，我不是总统，只是父亲。”

他的大儿子詹姆斯20岁时去欧洲旅行，在返家前买了一匹好马，没有路费回家，于是发电报向父亲求援。罗斯福回电说：“你和你的马游泳回来吧！”儿子没办法，只好把马卖了，作为路费回家。第二次世界大战打响后，罗斯福四个儿子都上了前线。罗斯福病故了，他们还是坚守在各自的军舰上，用这种特殊方式为父亲送行。

罗斯福认为在父母的庇护下长大的孩子不仅很难独立，而且没有多少立身社会的本领，他教子的方法值得我们效仿。

第三章　帮助孩子养性

在精神文明建设中，提高道德修养，必须重视性格的培养。因为，性格是人的特征标志，决定了人的行为取向，关系着人生的发展前途，性格决定命运。而命运又往往掌握在自己的手里，就看我们如何去安排、去塑造。只要我们下定决心、着力修身养性，不仅可以改变性格，而且可以改变习惯与命运，成功就会属于自己。在生活中，一个人的好性格就是人生坐标的上等定位仪。修身养性，是改变命运、美好前程的方向盘。在家庭教育中，结合实际，识别利弊，辩证施教，讲究科学，把自己的孩子培养成领先、负责、快乐、善思、谦逊、稳健、坚忍、交际等优良型性格的人，是父母的光荣责任。

帮助孩子养成领先型性格。一个平凡的人想要生活出不平凡的价值，就应不满足一般，不满足现状，不断反思，不断总结，告别平庸，不断进取，努力塑造理想中的自我，不断以先进思想要求自己，武装自己，超越自己，创优争先，追求卓越，创新辉煌，拥有精彩的人生。

孔子，名丘，字仲尼，春秋时期鲁国（今山东）人。他，学识渊博，多才多艺，是儒家学派的创始人，是千百年来的至圣先师。有人说他生来什么都会，是生而知之的天才，而他自己却说，自己的学问是学而知之，是通过刻苦钻研得到的。

孔子的父亲死得很早，家贫不能上学，只有通过自修求得学问。他15岁开始发愤读书，他请教过老人，也请教过孩子；他请教过当官人，也请教过老百姓。他能够虚心向别人学习，他的学问长进很快。孔子的学习兴趣很广，他从不放过任何一个学习机会，不论学什么，都是从不满足已有知识，不彻底弄明白问题不肯罢休。

有一天，他第一次参加在太庙里举行的祭祀活动，对什么都感到好奇和新鲜，因此，不停地向别人请教不懂的问题。等到祭祀结束，人们开始往外走，他还拉住人们的衣服问个不停。人们看到他对什么事都要仔仔细细地问个究竟，从不厌倦。这充分表明，孔子的求学从不感到满足，并以自己的实际行动向人们展示“超越一般，领先平庸”的先进思想。

当年，师襄子以抚琴闻名于世，想要学琴的孔子决定前去求教。师襄子教了孔子一支乐曲，却没有告诉他曲名是什么。孔子每天从清晨练到深夜，手指尖沁出了血珠，一连十天只练这支曲子，直至完全娴熟，还不满足。孔子仍然坚持不懈地练习这支曲子。过了些日子，孔子弹这支曲子时越来越投入，他的神情沉着安恬，他的眼神深邃睿智，神思随着曲子的旋律走向历史深处……他终于看到了他要追寻的人物。孔子告诉他的老师：“我看到他了。他身材修长，皮肤黝黑，他似乎在登高远望，志在统一四方。这不就是周文王吗？除了他，还有谁能作出这样的曲子啊？”师襄子听了孔子这番话，对孔子佩服得五体投地，兴奋地叫起来：“这就是《文王操》呀！”

有一次，他得到一本最难懂的《周易》，便一遍又一遍地细读。当时的书是用牛皮带子串联竹木简而成的，由于他读的遍数太多，把牛皮带子磨破了好多次，这就是成语“书编三绝”的由来。

孔子为了开阔眼界，增长知识，离家到各地游说，历时14年。他一边学习，一边宣传自己的主张，直到老年才回到自己的故乡编书和讲学。孔子一生始终坚持：生命不息，学习不止。孔子这种孜孜不倦的求学精神，使他达到了：三十自信自立起来，四十不为物象所迷惑，五十知道天体运行的规律，六十能够听得进各种不同意见，七十达到了克己复礼的最佳精神境界。在这种精神的传承、鼓励、激发和鞭策下，孔子不仅成为了古今圣贤，而且在他的三千多学生中，出现了七十二位贤人。

在生活中，拥有不满足平庸世俗、追求出色卓越的领先型性格，对于一个人的成功是多么的重要，那么，怎样培养这种性格呢？

一、归“零”意识的培养。人，只要活着，就没有终点。任何事物发展的客观规律就是波浪式前进，螺旋式上升，周期性变化。正如中国的一句古话：风水轮流转；又如经济学上讲的：资产重组。生活就是从零开始，重新再来。犹如麦穗成熟，越饱满，越低头，越弯腰，越丰实。正像大海把自己放在最低点，广博空间，敞开胸怀，吸纳百川。无论你有多么渊博的知识，还是你有多么显赫的地位，还是你有多么庞大的家产，只有心态归零，才会拥有更多成功的方法，夺取更大的胜利。

大约两千年前，罗马人把犹太人的圣城耶路撒冷摧毁了，用犁铧翻耕成平地。犹太人没有了祖国，经常被剥夺、被驱赶、被归零。历史上受到大规模的驱赶超过30次，每次都是净身出户，扫地出门。他们既要丢掉一切，又要准备逃命，还要在颠沛流离中，被迫与世界各民族进行交流、碰撞、融合，接受新的思想文化，发愤图强，开拓创新。他们在一次次财富的归零过程中，进行着文化的否定与更新，形成了世界性的眼光和强大的创新能力，完成了自我的超越与升华。在科技文化方面，从1901年至2001年，全球共有152位犹太人荣获诺贝尔奖，所占比例超过获奖者的20%；在金融商业方面，全球最富有的40个大富豪中犹太人占45%，美国财富的70%被犹太人掌握；从影响世界的能量看，马克思的主义、爱因斯坦的相对论、原子弹氢弹的发明、光速的测算、血型的发现、避孕药、弗洛伊德的性心理研究……都是犹太人归零后作出的贡献。

人生每一阶段的结束，就意味着下一阶段的开始。即使大学毕业、有了一官半职、当上亿万富翁，亦应随时具有归“零”的思想意识。因为，大学毕业、有了一官半职、当上亿万富翁，仅仅意味着艰苦奋斗、屹立社会的开始，并非天之骄子，捧上了金饭碗、就把自己装进了保险柜，不再经历寒暑冷暖的考验。大学毕业，有了一官半职，当上亿万富翁，意味着自己掌握的知识和技能，还需要不断更新，这就要求我们，顺应汹涌澎湃的时代新潮，浩浩荡荡，奔腾向前。其实，大学毕业、有了一官半职、当上亿万富翁等于“零”，人生处处皆为“零”。归零的心态就是空怀谦虚的心态，就是重新开始。今天，随着改革开放的步伐加快，新的工作、新的领域，都需要我们抱着归“零”的心态，以虚心学习、不断奋斗的态度，追寻虚怀若谷的精神，努力适应社会的要求，不断进取，不断创新，不断用先进的理念引领自己和他人迈开成功的步伐，从胜利走向胜利。

二、找寻机会，超越自身。健康孩子的生活，忘我精神是走向成功的一条捷径，只要沉迷其中，就能超越自身的束缚，在不知不觉中释放出惊人的能量来。

1858年，一位瑞典富豪迎来了他的第一个女儿，可是好景不长，不久，这个不幸的小女孩染上了一种无法解释的瘫痪症，从此，她失去了站立和走路的能力。

时光飞逝，几年之后，已经十来岁的女孩跟随家人一起乘船旅游。船长太太非常喜欢这位金发碧眼的小宝贝，于是抱着她讲起故事来。女孩子很快被故事里那只美丽无比而又无所不能的天堂鸟迷住了。“天堂鸟在哪儿？我能见到它吗?”小女孩问。“能啊，如果我们一直站在甲板上的话。”船长太太哄她说。“那你快带我去，我要看看天堂鸟。”女孩兴奋地大声喊道。无奈，船长太太只好站起来带她出去，由于忘记了女孩的腿不能走路，便像拉着正常孩子一样拉着女孩往外走。结果，奇迹出现了，由于过度渴望见到天堂鸟，孩子竟然忘我地拉着船长太太的手，慢慢地走起来。从此，她的病痊愈了。

这件事影响着小女孩的终生，长大后的女孩坚信：只要忘我地投入，什么事都能做得很好。在以后的文学创作中，她对此深信不疑。最后，她竟然成为世界上第一位荣获诺贝尔文学奖的女性——茜尔玛·拉格梦芙。

在家庭生活中，性格内向孤僻的孩子沉默寡言，对许多活动不感兴趣。父母应该创造机会，让孩子在兴趣活动中体验成功，尝试欢乐，改变平俗，寻觅奇迹。抛别冷淡的心态和冷淡的神情，消融冷漠的习惯，逐渐变离群为合群与乐群。改变孩子的性格，全新孩子的做人。

三、多行善事，良好人脉。父母应经常同孩子交流，及时解除孩子的烦恼和困惑，鼓励孩子与人交往。让孩子懂得：在生活交往中，坚持心中有他人，能够得到团结友爱、互相帮助、携手合作、并肩前进的收获。

一个漆黑的夜晚，一个远行的苦行僧来到一个荒僻的村落中。他看见一位双目失明的人挑着一盏大红灯笼，他问那位盲人："既然你什么也看不见，那你为何要挑着一盏明灯呢？""如果黑夜没有灯光的照映，那么全世界的人和我一样都是盲人。所以，我点燃了一盏灯。"僧人若有所悟："原来你是为别人照明。""不，我是为了自己。"盲人诚恳地说，"别人看见灯，就不会碰撞到我。"僧人终于明白了瞎子黑夜挑灯的意义：点亮一盏灯，既能照亮自己，也能照亮别人。假如灯是温暖，给别人送去温暖，也给自己送去温暖；假如灯是希望，升起别人的希望，也升起自己的希望；假如灯是爱，爱别人，也留存了别人爱自己的火焰。

在生活中，如果孩子性格孤僻、内向，父母可同学校老师共同鼓励孩子在生活交往中，坚持利人行善，不仅能改变自己的孤僻、内向性格，而且可以让自己感悟：团结友爱是一种幸福，彼此帮助是一种友情，共同发展是一种快乐。

四、苦读生活"无字活书"。生活，本身就是一本百科全书，凡能刻苦努力，奋发图强，用心和自己眼睛去读世间这部活书，并从这本"无字活书"里，感悟出胜败之理者，必能不甘落后，敢为人先，成大功，建大业。

在"社会大学"里，高尔基做过厨工，卖过苦力，饱尝过沙俄黑暗统治的残酷。不过，在流浪漂泊之中，他读过很多"无字活书"，学到了很多知识。在生活历练中，他获得的许多思想，在他日后的创作中，提供了无限的源泉。在苹果落地的自然现象中，牛顿善于观察分析，终于发现了万有引力定律。在"烧开水的壶盖为什么会被顶起来"的疑问中，瓦特着力研究发明了蒸汽机，推动了人类社会的进步。

在生活之中，许多伟人之所以伟大，是因为，他们往往把生活当成"无字活书"，把生活当作学习的老师，并且从那里获得先进的思想，取得知识和力量的源泉，创造了不同寻常的人间奇迹。

五、生命不息，学习不止。在家庭教育中，父母应该积极创造条件，让孩子有东西可想，有东西可学，学会用脑，善于思考，就会集中自己智慧，分析问题，解决问题。智慧源于勤学思考，刻苦成就灿烂辉煌。一个善于学习的人，总是在学习中壮大自己、发展自己，展示出他的生命活力。他的精神，不仅铸就了自己的先进与辉煌，而且影响着几代人的繁荣昌盛。

陈省身自小就有过人的天赋，他聪明、记性好、悟性高。父母和家人跟他讲的故事，他能很快记住，并能复述下来。父母见他聪明好学，便给他请来家庭教师，对他进行启蒙教育。小省身5岁就认识2000多字，能背诵几百首古诗。

父亲出国留过学，对小省身的教育很现代，十分注重培养他的兴趣和爱好。

小省身不仅在认字方面有异常好的记性，对数字也极其敏感，喜欢看计算方面的书。父亲经常出题考他，检查他的学习情况，每次考完，父亲会奖励他一本算术书。一次，小省身指着算术书对父亲说："1、2、3、4、5……这些阿拉伯数字跟先生教的一、二、三、四、五……是一样的，计算用的+、-、×、÷与汉字里的加、减、乘、除也是一样的。"他还指着书上的数学符号给父亲看："这是大括号、这是小括号。"父亲一看，高兴地问他："你怎么知道这些的？"小省身说："这是从算术书看来的，还有先生教我的，所以，我就学会了一些。"父亲立即出了一道题，考考小省身："篮子里装着苹果，拿出4个，还剩2个，问，篮子里一共有多少个苹果？"父亲的话音刚落，小省身就说："4+2=6，篮子里总共有6个苹果。我还会算乘除法呢！比如2乘以3等于6，意思就是2个3相加的和。"父亲听了很高兴，立即表扬了他。小省身7岁的时候，父亲送他到县立小学读书。可是，他上了一天学，第二天怎么也不去了。父亲很不解，小省身说："学校里的老师一整天都拿着戒尺打学生的手心，不听话的孩子还要被罚站，好可怕啊！"父亲只好把小省身留在家里读书学习。9岁那年，仅上过一天学的小省身从众多考生中脱颖而出，考上了有名的秀州中学。后来的陈省身，1926年考入南开大学数学系，1930年考入清华大学读研究生，1934年考入德国汉堡大学留学，1984年回国，他终身致力于几何学的研究，为新中国建设事业培养了很多优秀的数学人才。

在知识经济迅猛发展的今天，我们赖以生存的知识和技能时刻都在折旧，在风云变幻的人才竞争中，脚步稍微迟缓的人瞬间便被抛到队伍之后。当今社会，所有高薪者若不认真学习，无须五年就会变成低薪，再过五年或许变为赤贫。因此，活到老，学到老，生命不息，学习不止，勤于学习，勇于学习，乐于学习，善于学习，才会铸就领先型性格，得到先进的理念与百战百胜的知识法宝，适应经济社会的转型和提升，生存、发展、繁荣起来。在这个世界上，只有用知识武装起来的人才是不可战胜的。

帮助孩子养成负责型性格。一切道德行为，均可归结到一个人的责任心上来。"天下兴亡，匹夫有责"、"天下兴亡，责任在我"。一个人只要具备了责任心，养成了对人对事的负责性格，他的事业就成功了一半。

1920年，美国一个年仅11岁的男孩，在踢球时打碎了邻居家的玻璃，人家索赔12.5美元。当时，这12.5美元是一个不小的数目，可以购买125只正在下蛋的母鸡。闯了祸的男孩向父亲承认错误后，父亲让他对自己的过失负责，可他没有钱。父亲说："钱，我可以借给你，但一年后要还我。"从此，这个男孩就开始了艰苦的打工生活。半年后，他终于还给了父亲12.5美元。这个男孩就是后来成为美国总统的里根。

在现实生活中，孩子有了这样或那样的过失，有些父母通常会强调各种原因，给予谅解了事。有些父母习惯用生气、责骂来处理。但是，里根的父亲认为孩子的过失，理同大人的过失一样，应该由孩子自己负责。而且让孩子通过劳动挣回了赔偿金，使“谁犯错误谁负责”的观点，牢固树立在孩子的脑子里，最终让里根出息为美国的领袖。

在家庭教育中，父母要把孩子当成平等的家庭成员来对待，让他们懂得家庭事务，人人负有责任。大至迎宾、宴请、庆祝活动、关照老人、煮饭洗菜，小至清洁卫生、垃圾清理、什物摆放、开关门窗、晾晒衣服……都应让孩子参加进来，共同讨论最好的效果是什么样的，采用怎样的方法才能达到理想的目的？让孩子感到“家庭成败，匹夫有责”、“家庭兴衰，责任在我”，让孩子主动承担家庭事务：车棚里车子倒了，有人扶；水龙头没关紧，有人拧；屋子内外出现了脏东西，有人捡；楼道笤帚挡路，有人搁；屋子里电灯没关，有人管……尊重和信任是激励孩子成长的一种巨大的力量，孩子得到了尊重和信任，自然就会产生责任感。培养出孩子的责任感，就成功了对孩子的道德教育，让孩子名副其实做家庭的主人。

在日常生活中，往往有一些青少年在家漫不经心，动作迟缓，每天光穿衣服就得花上半个小时，尽管父母催了又催，却不见成效。为让孩子不迟到，为让一家人准时上班，父母只得包揽了学生应该做的事情：整理书包、准备衣服，帮孩子洗脸，穿衣……可孩子对父母还是一大堆意见。孩子缺乏责任心，作为父母究竟应怎样对待呢？

一、信任孩子、尊重孩子，就会产生一种责任感。从小信任孩子，尊重孩子，信任是一种力量。在倾听孩子心声的同时，根据他们的所思所想，解决思想上的困惑，开释心田里的疑问，用父母发自内心深处的爱，培养孩子勇于追求事物本质的责任感。

周海婴小时候爱提问题，鲁迅有问必答，既耐心直率，又富有感情。夏天夜里熄了电灯，一时睡不着，海婴便夹在鲁迅与许广平之间，听爸爸妈妈讲故事。高兴了，他会很公平地转来转去轮流吻着自己的父母。

一天夜里，鲁迅照例躺在床上，海婴发问了：“爸爸，人为什么会死呢？”“是老了，生病医不好。”“是不是你先死，妈妈第二，我最后呢？”“是的。”“那么，你死了，这些书怎么办呢？”“送给你好吗？要不要呢？”“这么多书，我哪能看得完呢？如果我不看怎么办呢？”“你随便送给别人好吗？”“好的。”“爸爸，如果你死了，这些衣裳怎么办呢？”“留给你大起来穿好吗？”“好的。”就这样，他们一直谈到入睡。

有一次，海婴骑马式地坐在鲁迅身上，边吃东西边谈天，一个幼稚问题提了出来：“爸爸，你是谁养出来的？”“是我爸爸妈妈养出来的。”“你的爸爸妈妈是谁养出来的？”“是爸爸妈妈的爸爸妈妈养出来的。”“爸爸妈妈的爸爸妈妈一直往前，最早的时候，人是什么时候出来的？”“这要追寻到物种起源的问题。”

鲁迅告诉孩子，是从单细胞来的。但是海婴还要问："没有单细胞的时候，所有的东西是从什么地方来的？"这问题不是几句话可以回答了的，也不是五六岁幼小心灵所能理解的。为了不使孩子失望，鲁迅告诉他："等你长大一点读书了，先生会告诉你的。"

在家庭教育中，父母应该把孩子当成家庭的主人看待，让他们懂得家里或周边的事情需要大家都来关心，每一个人都应尽到自己的责任，这样的家庭才会和谐发展、兴旺发达。例如，家庭举办宴会、开展庆祝、纪念活动，事前，可同孩子一起，进行周密策划，随即让孩子参与进来，活动始终。事后，父母与孩子共同总结，分享成功的喜悦，共担失败的尴尬，让孩子乐在其中，忧在其中。让他们感悟到：家庭的事情与自己息息相关，大家只有以主人翁的态度，切实负责，共同努力，才能达到最佳的办事效果。

二、小事做起、以小见大，滴水之中可以见太阳。在家庭生活中，父母应当重视从小事上加强对孩子的责任感培养，让孩子从小对自己、对他人切实负起责任来。

一天，著名戏剧家、书法家吴祖光的自行车铃被人偷了。偷了就偷了，反正一个车铃也值不了多少钱，他觉得无所谓。

可是，没过几天，一个新车铃安在他的自行车上。吴祖光仔细一看，车铃不是他的。他把儿子欢欢找来，一经询问，不出所料，原来是儿子欢欢偷了别人的车铃。吴祖光严厉责备了孩子。欢欢不服气，反驳说："人家能偷我的，我就不能偷别人的？反正一个对一个，不赔也不赚。"吴祖光听后，气得发抖，厉声说："不行，你得把车铃送回去。"欢欢没办法只好照办。可是夜里，吴祖光辗转反侧、彻夜难眠。他把儿子的表现梳理了一遍，觉得：一个车铃值不了多少钱，可是儿子认为别人偷他的，他也能偷别人的，这种思想太危险了。于是，吴祖光对儿子的思想和行为做了认真分析，写了一篇名为《训子篇》的文章寄给报社。

这篇文章很快发表了，欢欢看到后，十分惭愧，诚恳表示："我错了，心里非常难过，今后一定要痛改前非，不负父望。"

在家庭生活中，父母对孩子的培养应该注意从小事做起，自小培养孩子认真承担责任的习惯。在家庭劳动中，养成承担责任、做好家务的习惯。例如，每天晚上临睡前，可让孩子帮助家长检查门窗、煤气，看看是否关好；家人病了，让孩子督促病人吃药，暗示孩子护理病人，做些力所能及的工作；天快黑了，叮嘱孩子把晾在房外的衣服收进屋；快下雨了，示意孩子帮助大人把晒场上的粮食装进粮仓；每月结束，家庭要交水、电、燃气、电话费等，可让孩子排队交纳，既可让孩子了解家庭每月的花销，又可培养孩子对家庭花销负责的意识……日久天长，习以为常，让孩子对周围所发生的事情，产生一种自觉处理的责任行为，变成身体力行、团结合作、非常懂事的孩子。

在家庭教育中，当孩子上小学低年级的时候，可以让他们拿碗筷、盛饭；孩子上小学中年级的时候，每天可以负责将垃圾提下楼放进垃圾箱里；孩子上小学高年级的时候，可以负责做饭时的一个程序，踏踏实实把事办好，也可让孩子负责将自己的卧室卫生打扫好。孩子上初中、高中的时候，可以包干家庭的全部卫生，参加洗衣、做饭等家务劳动。并让孩子懂得：今天能够整理好自己的卧室，明天就能管理好一个家庭、一个集体……成为国家有用之才。父母应该注意：有安排就有检查，并对孩子有适当的评价。做得好，要表扬，差一点，不要过分指责，而要指导孩子找到原因，鼓励孩子持之以恒，认真履行自己的职责。同时，让孩子发挥主人翁的作用，参与对家庭其他成员的评价，找到责任的根源。让孩子在实践中进步，在反思中成长。长此以往，就会培养出孩子的责任心、成就感。

三、扩大孩子的责任范围，强化孩子的责任意识。在生活中，随着孩子的长大，父母给孩子逐渐增大工作负荷，增强孩子的责任意识，慢慢学会做生活的主人。

美国大企业家高尔文创建了摩托罗拉公司。高尔文很想让自己的独子鲍勃子承父业，从小就对儿子从三个方面进行培养。

第一，因材施教，充分发挥儿子的聪明才智。一次，读小学的鲍勃遇到一道数学难题，就向父亲请教。高尔文看了看题，并不太难。于是，根据题意，编了一套数学游戏，让孩子在同他的比赛中，增强学习兴趣，提高解题能力。

第二，让儿子参与企业经营活动，增长见识。高尔文外出经营时，总是带上鲍勃，让他在业务洽谈会上听老板们的发言，记下不懂的词语和专业术语，会后向父亲请教，懂得在没有硝烟的战场上经营的责任和意义。有一次，他让儿子准备一份钢铁市场发展前景的报告，这件事可真难坏了鲍勃。高尔文到图书馆帮他找来资料，并且请来了专家指导，终于让儿子根据自己对问题的理解，使用自己的语言，写成了一份报告。高尔文对儿子说："遇到大问题，可以把它划分成几个小问题，小问题解决了，大问题也就不存在了。世界上，没有解决不了的问题。"

第三，将发展企业的道路与教育孩子成长过程同步进行。鲍勃17岁时，父亲同意他到公司上班。第一天报到，他同普通员工一样，在人事室外排队等候分配工作，从不张扬自己的身份，得到大家的好评。有一次，父亲告诉他一个头疼的问题：一名出售电视机的商人以低于摩托罗拉产品20元的价格向市场抛售，他问儿子对这件事怎么看，应该采取什么对策。鲍勃听后，十分气愤地说："摩托罗拉的产品优良，售价本来就低，不能再降价出售。"高尔文听后，没有任何反应。后来，鲍勃同经销、技术人员一起经过市场调查和论证，得出的结论是：为了竞争胜利，必须调低价格出售。他对父亲说："经过调查，我发现自己原来的想法错了。"经过各种培训，鲍勃成长起来。1956年11月，高尔文正式任命鲍勃为摩托罗拉公司总经理。

在家庭教育中，父母要培养孩子的责任感，应该信任他们，理解他们，明确任务，承接担子。父母的一言一行，是孩子的模仿对象。父母加强自身修养，提高自己对家庭、对父母、对兄妹、对亲友、对子女、对乡邻、对学习、对工作、对事业、对社会的责任感，是培养孩子责任心的最好教材。指导孩子做人，贯穿始终的是父母的榜样作用。在家庭教育中，自小培养出了孩子的责任感，就是对孩子进行了成功的道德教育，就是为孩子走向胜利奠定了基础。

帮助孩子养成快乐型性格。古今中外，人才成长的经验告诉我们：心态能够把人推向成功，也能把人引向失败；能把“地狱变成天堂”，也能把“天堂变成地狱”。而那些成功者总是依赖在家庭、学校乃至社会所培养出来的开朗、爽快、欢乐、上进的心理品质，铸就自己的成功。

在家庭教育中，父母乐观，孩子开朗，父母爽快，孩子耿直，父母以征服困难、勇克艰险为乐事，孩子便会在挫折中充满自信，自强不息，不断进取，走向成功。

一个中学优秀生，想以优异的成绩，考上自己梦寐以求的大学。但是，高考成绩下来，他的高考成绩与自己报考的大学录取分数线差了整整13分。在拿着成绩单回家的路上，他一直在想：自己怎么面对家人呢？同学会怎么看自己呢？他在街上瞎逛到晚上，天都好黑好黑了，才怯生生地敲开了自己家的门。看着自己的母亲，他说：“妈妈，我努力了，但是没有成功。”看着心情沉重的孩子，妈妈说：“孩子，你要相信自己。只要你努力了，做到了问心无愧，你就是成功的。”在妈妈的帮助下，他慢慢走出了阴影，心情像妈妈那样充满了快乐与自信，在来年的高考中取得了很好的成绩，考上了理想的大学。

因此，父母教育孩子，面对挫折，充满自信，命运就像是搏击，只要坚持奋斗，就有希望获得胜利。无论何时，只要你保持乐观，坚强自信，奋勇前进，就一定会获得成功。

在学校教育中，温馨愉悦的环境氛围是造就人才的土壤。孩子的天赋、情操和性格取决于学校的培养，良好的教育像叮咚清泉，滋润着孩子的心田，像和煦阳光，沐浴着孩子的成长，直接影响着孩子一生一世的知识索取、兴家立业。而孩子良好的心态来自温馨的学校，学校才是陶冶孩子的性格、天赋和情操的温床。

李阳10多岁了，亲戚朋友还不知道李家有这样一个孩子。他一听电话响，就躲了起来。他看完了电影，因为害怕父亲让他复述内容，宁愿多年不看自己喜欢的电影。这种内向性格陪伴他读完了小学、中学、走进了大学。谁能想到今天红遍中华的英语老师李阳，当年却是一个连60分也考不到、常常需要通过补考才能过关的人？

当年，李阳读大学二年级的时候，必须参加全国英语四级考试，否则，就难以领到学位证。他只有每天早上跑到兰州大学烈士亭放开嗓门大声学英语，一声声大喊大叫，叫喊出李阳的欢快与灵感：思想集中，效果不错！接连几个星期的大喊大叫，“疯”出了李阳的坚强与信心，“狂”出了李阳的快乐与胆识。他去学校的英语角，居然能够说出像模像样的英语。许多知道底细的同学，感到十分惊奇，纷纷向他请教，他便从大喊大叫中总结出了一套“疯狂”学习英语的独特方法。

此后，无论刮风下雨，还是扬沙满天，只要一有时间，李阳就到烈士亭声嘶力竭地大喊大叫，好像真正“疯狂”了一样，他在全神贯注、实实在在学英语。不管别人怎么看，他就是我行我素，心情十分愉悦！在“疯狂”之中，他的内向性格竟然被乐观向上性格所取代。当他这样反复学习了十多本英文原著后，在四级考试中，名列第二。最令他恐惧的英语，终于给他带来了成功的喜悦。李阳“疯狂”学习英语的故事就这样走出了兰州大学，走出了甘肃，走向了全国。现在，李阳的“疯狂英语”给全国青少年送去了愉悦与欢欣、兴趣与方法，让成千上万的孩子，以轻松快乐的心态投入到精力集中的学习中来，并且取得了显著的成绩。

因此，快乐的性格赋予人们巨大的力量，燃烧出大家飞奔向前的激情。那么，在家庭教育中，孩子快乐向上的性格究竟怎么培养?

一、家长的榜样力量，影响做人品质。教育青少年需要父母以身作则，做一个乐观向上的人。用榜样的力量启迪和引导孩子正确对待困难与挫折，任何情况下都要坚定自信，振作精神，充满热情，奋发图强，享受自己在成功中的欢乐。

二、两代及时沟通，乐做知心朋友。父母应该经常抽出时间，同孩子平等地聊天与对话，哪怕每天回家用10分钟的时间，想尽一切办法，倾听一下孩子的心声，不带任何个人主张做个听众，并且投其所好，真诚地同孩子交朋友，帮助他们解决学习上的难处、生活琐事上的窘迫和心灵深处的困惑，孩子那扇心灵之门是很容易被打开的。在家庭生活中，父母要随时留意孩子的情绪变化，当孩子闷闷不乐时，无论自己有多忙，也要挤出时间，适时同孩子交谈、聊天，与孩子交流沟通，做孩子的知心朋友，鼓励孩子表达心情，找到产生消极心理因素的根源，让孩子发泄出心中的压抑，消除闷闷不乐的情绪，解决孩子的心理疙瘩，变低沉为开朗，变苦闷为快乐，变忧郁为欢欣，变焦虑为舒畅，让孩子充分体会到父母对自己的关心和爱护，知道父母不仅愿意帮助、呵护自己，而且是完全可以信赖的朋友，从而愿意把藏在心底里的话，告诉父母。父母一旦变成了孩子的朋友，不仅能够加强两代人的相互理解，而且能够消除父母和子女之间的代沟，不仅满足了孩子的情感需求，还促进孩子生理和心理的健康。要想培养出孩子健康、乐观的心态，这就要求父母注意：平等对待孩子，创造让孩子愿意同父母交流的家庭民主氛围。如果孩子认同父母，就会呈现最真实的一面，在大多数情况下，孩子是愿意把生活中的、学习中的快乐和兴奋告诉父母的，父母就可以坦诚同自己的孩子进行交流。如果孩子不认同父母，则会拒你于千里之外，任凭父母怎么“好心”，还是产生了“话不投机半句多”的结局。由于孩子本身具有两面性，父母对孩子又存在着怀疑、讥笑、训斥等毛病，孩子内心就会出现强烈的对抗，父母与孩子之间便会出现人为的代沟。

第一，父母对孩子怀疑：如果父母只要一看见或者听说别人身上的劣迹，便联系到自己的孩子身上也存在着这样或者那样的缺欠，不经深入分析和了解，胡乱唠叨，这种毫无根据的责怪，表现了父母对孩子的不相信态度，便会造成人为代沟的现实。

第二，父母对孩子讥笑：如果孩子说出一句父母并不认同的话，接着便会得到父母的嘲讽：“别异想天开了。”如果要做一件什么事，孩子只要说了：“我不会。”父母便会唠叨：“这你都不会，你是怎么上学的?”这样，父母和孩子之间的代沟也便自然形成了。

第三，父母对孩子训斥：如果，孩子表示：什么东西最好玩，父母便会认为孩子没有好好读书，没有认真学习，出语指责：“怪不得你的学习不好，整天想的是什么?”以致产生了人为造成的代沟。

事实表明，父母没有平等地对待孩子，与孩子交流出现了障碍，形成了代沟，人为地关闭了同孩子交流的渠道。因此，消除代沟，父母必须痛改这些毛病，经常与孩子交流，才能创造父母与孩子及时沟通的氛围，让父母做孩子的知心朋友，彼此获得乐观向上的心态环境。

三、学会夸奖孩子，科学培育人才。相信、鼓励、支持、引导、帮助、赞美、夸奖孩子，战胜困难，让孩子心情舒畅，乐观向上，经常感悟到成功所带来的幸福，勇于自信，敢于进取，克服困难，走向成功。

第一，教育孩子从小学会说“三句话”，勇克时艰走天下。孩子既是社会的希望，又是时代的未来。心态能够把人推向成功，也能够把人引向失败；能够相互转换“天堂与地狱”。在未来的时代里，他们不仅将会面临着激烈的竞争，而且将会遭遇着残酷的挑战。因此，培养孩子从小拥有健康、乐观、积极、向上的心态，才有助于他们正确面对生活，克服人生道路上的艰难险阻，迎接21世纪的各种考验，从胜利走向胜利！那么，怎样培养孩子拥有健康向上的心态呢?《中国少年报》的知心姐姐为让孩子更快乐、更善良、更热情，给小学生设计了经常说的三句话：第一句“太好了”，第二句“我能行”，第三句“你有困难吗？我来帮你”。这三句话设计得相当科学，激励过很多很多孩子走向了成功。

“太好了”实质上是要求父母、老师通过潜移默化的熏陶，培养孩子随时随地保持良好的心态，面带舒心的微笑，应对世界上千变万化的一切。

“我能行”实质上是鼓励孩子充满自信。自信，不是一种简单轻易的表态和张扬，而是发自内心的肯定和把握，这就要求父母让孩子在不断取得成功中孕育和培植走向成功的自信。

“你有困难吗？我来帮你”实质上是培养孩子主动关心、帮助、服务、爱护他人的品质。让孩子长大以后，为国家、民族和人民作出贡献，奠定好心理的基础。这就要求父母对孩子从小在家树立助人为乐的思想，让他们常说这句话。在热心对待同学、朋友、同事、邻居等问题上，父母应以乐于助人的行动，作为孩子效法的榜样，让他们自然而然养成习惯。

第二，学会吃苦受罪，在苦难中快乐成长起来。人的一生会经历无数的挫折与艰险、屈辱与坎坷。落入陷阱对于有些人，只不过是小小一跤，爬起来继续往前走。而对于另外一些人可能就是重重一摔，断其筋骨甚至伤及性命。同样的遭遇，为何后果各异？因为，人的心态决定自己的命运。困难与挫折是孩子成长中不可避免的，因此，对孩子从小进行吃苦受罪教育必不可少。凡能从困难与挫折中走出来的人，不仅坚定，而且勇敢，不仅得到了聪颖与智慧，而且获取了人生的欢乐，博得了成长的动力。

第三，提高接纳自我能力，造就成功心态。在家庭生活中，父母倘若经常采用民主教育的方法，经常与孩子交流。在沟通中，晓之以理，动之以情，孩子的进步能够得到父母的肯定，过失能够得到父母的宽容，褒贬适度，家庭民主化程度得到提高，亲子关系和谐健康，孩子就会充分信任父母，敢于发表自己的观点，常常提出人生各种各样的问题，渴求父母指导、帮助和教育，父母就会得到一个教育孩子的天赐良机。这样家庭教育出来的孩子，就会豪情壮志，充满自信，经受得起生活的考验。孩子即使受到别人的否定，也不轻易瞧不起自己，而是认为自己能干，并且会用一个理想中的形象代替令人沮丧的自我。在自我塑造中，这些充满自信的孩子的心目中经常阳光明媚、花团锦簇，他们十分看重自己，认知自己，接纳自己，信任自己。在前进的路上，在欢快愉悦里，满怀豪情，充满自信，不断为自己喝彩，不断身体力行证实自己的人生价值。正如林肯所说：“拥有一种积极进取的心态，胜过拥有一座金矿。”因此，拥有这种心态和性格的孩子便会步入人生美丽的风华正茂时代。

帮助孩子养成善思型性格。思考，可以改变愚昧，创造智慧；思考，可以改变贫穷，创造财富；思考，可以改变命运，创造奇迹。成功的人生，离不开理智的思考。在生活中的每一天，我们总会碰上各式各样的疑惑，只有通过思考，才能打开疑惑之门，找到希望，充满智慧，与时俱进，开拓创新。只有创新才能让我们的头脑清醒，让我们的青春永驻，让我们的事业繁花似锦。

在南北朝的齐梁时期，有一位道教思想家，同时又是医学家，名叫陶弘景。他学识渊博，受人敬仰，他隐居山林，传授弟子。他深得皇帝信任，朝中每遇大事，总是派人向他求教，大家称他为：山中宰相。

在学习上，他多思善断，长于打破沙锅问到底，遇有疑难，从不迷信古人，也不迷信书本，不亲自弄清楚，决不罢休。有一天，他读《诗经》时，看到书中记载说：蜾蠃（guǒluǒ）只有雄的。雄蜾蠃飞到菜地里，偷偷把一种名叫螟蛉（mínglíng）的幼虫叼回窝里，然后对它不停地说："像我，像我！"于是，螟蛉就变成了蜾蠃的儿子。陶弘景对此产生了质疑，他查阅了不少书籍，都有这种说法。他决定亲自看个究竟。他找到了一窝蜾蠃，发现有雄也有雌，成双成对地进进出出。窝里不但有它叼来的螟蛉，还有一条条小幼虫在吃螟蛉。过了两天，螟蛉被吃光，小肉虫变成了蛹。再过两天，蛹化成了小蜾蠃飞走了。秘密被揭穿，原来蜾蠃有自己的后代，它们把螟蛉叼进窝，是为幼虫准备食物。

从此之后，陶弘景更加认为，凡事都要观察研究，细心思索，找到"为什么"的答案，绝不能人云亦云，粗枝大叶，没有自己的主见。他用这种态度进行研究，整理了古代典籍《神农本草经》，收集了当时名医用的新药，写成《本草经注》（七卷），他创造实施的诸病通用药分类法，一直沿用了一千多年。他之所以能够取得这样辉煌的成绩，都归功于他遇事多思善断和搞清弄懂的科学精神。

思考决定成败，影响着人的一生。人的一生需要善于思考，困惑前需要积极思考，棘手时需要果断思考，分歧时需要全面思考，转折时需要认真思考，失败时需要冷静思考，成功后需要理性思考。世界上的奇迹，无一不是善于思考、追根寻源的成功者创造的。那么，我们应该怎样培养自己的孩子具有善思型性格、让思考长伴他们的人生呢？

一、勤于思考，善于思考。思考是一个连续的、不间断的思维过程。在解决问题的过程中，要不断地思考，对各个环节、各个细节都要经过充分的考虑，通过深思熟虑，避免出现偏差和错误。凡事认真思考，找到解决问题的办法。不经过思考的话不要说，不经过思考的事不要做，善于动脑思考问题，形成缜密细致思考的性格。

二、透过现象，看到本质。现象形成表面，现象背后潜藏着本质。留心每一个现象，才可以发现问题的本质。只凭现象，做出判断，落入谬误。透过现象，认真思考，看清实质，做出决策，方归正确。

三、不断反省，学会感悟。古人说："吾日三省吾身。"在生活之中，一事一反思，一日一总结，学会感悟，学会吸取经验教训，是成功者走向成功的秘籍。我们只有不断反躬自省，不断检查自己的思想和言行，找到自己的缺陷和不足，坚持对自己、他人和社会负责，才能提高自己思考的质量。凡事通过思考，用大脑对信息筛选、过滤、综合，得到结论，这样就达到了思考的目的。我们在思考的过程中要进行总结，这样的思考过程才是有价值、有意义的。

四、凡事多问，获得答案。一个问题产生的原因，往往来自很多的方面。一个问题的解决，往往隐藏着很深的答案。在解决问题的时候，如果，只满足于表面的答案，往往会限制我们思维的发展，不仅不利于问题的解决，而且还会招惹出不必要的麻烦。对任何问题都要多问几个为什么，追根究底，仔细挖掘思考的潜力，即使答案与现象不一致，也不会遭到假象的欺骗。

五、三思后行，勇攀高峰。在生活中，凡能多思善断的人每遇艰险，不仅能够化险为夷，而且能够保存有生力量，建奇功，创大业。《三国演义》讲过这样一个故事：

曹操对刘备一向存有戒心，害怕他将来会对自己不利，因而想方设法准备除掉刘备。可是，曹操又没有事实肯定这一点，他还不想轻易背上“误杀好人”的骂名。因此，决定试探刘备对自己是否具有威胁性。一天，他在府中设宴款待刘备。席间，曹操装作毫不在意地对刘备说：“当今天下配得上称为英雄的人，只有你和我两个了。至于袁绍、袁术、刘表等封疆大吏、一方诸侯，别看他们很风光，实际是不值一提的草包。”刘备立即思索、判断出了曹操的弦外之音，心中一惊，吓得把筷子都掉到了地上。恰在此时，天空响了一声雷。刘备赶忙说：“雷声把我吓了一大跳，弄得筷子都没拿住。实在让我害怕呀！”曹操本想试探刘备是否具有英雄气概，将来是否会是自己的心腹大患，想不到刘备竟是这样“懦弱无能”。从此，曹操打消了除掉刘备的念头，刘备也因此得到保全，最终成了曹操政权的最大挑战者——这就是多思善断带来的好处。

一个人善于用脑，三思而后行，就会发现，希望就在前面闪烁。倘若，遇事考虑计算得失利弊，谋划可能产生的结果，以最低的成本、最小的风险，谋取最大利益；以最快、最好的策略和方法去夺取目标的实现。以这样的“足智多谋”去结合自身、他人与社会的实际，捷足先登，奋勇向前，就能攀上人生光辉的峰巅。

帮助孩子养成谦逊型性格。自古以来，中华民族就有谦逊豁达的美德。古往今来，流传着不少礼贤下士的传说，启迪着来者；传颂着不少豁达谦让的故事，鞭策着后人。

东汉末年，天下大乱，刘备胸怀大志，想要建立一个国家，完成一统天下的大事。在隆中卧龙岗隐居着一个机智过人、神机妙算、拥有非凡军事指挥和治国才能的人，他就是诸葛亮。刘备听说后，心里一阵惊喜，他正想找一个能够出谋划策、指挥千军万马的人来辅佐自己，完成打江山的大业，于是便发生了“三顾茅庐”的故事。

第二天，刘备准备好礼物，带着义弟关羽和张飞，来到了隆中的卧龙岗诸葛亮的住处。刘备下了马，亲自去敲门。一个书童从屋里走出，告诉刘备：“先生外出访友去了，说不准什么时候才能回来。”刘备只得请小书童转告诸葛亮，自己将择日再来。

过了几天，刘备准备带着两位义弟，再次去卧龙岗，拜会诸葛亮。这时，天上阴云密布，寒风呼呼，一场暴风雪就要降临了。走到半路，寒风凛冽，大片雪花从天而降，被风吹进眼里，睁不开眼，好几次差点从马背摔下，他们三人好不容易来到卧龙岗，可是，诸葛亮又不在家，他们又扑了个空，只得悻悻而归。

几天过后，刘备领着两个义弟再次来到了卧龙岗。这次，诸葛亮正躺在屋里睡大觉，呼噜呼噜的鼾声，老远都能听得见。刘备轻轻敲了一阵门，里面除了鼾声，一点儿动静都没有。张飞和关羽早就憋了一肚子气，这下终于爆发了，捏着拳头准备往屋里冲。刘备挡住了他们俩，好言相劝了一会儿，然后，在屋外耐心地等待，直到诸葛亮醒来。诸葛亮被刘备的真诚和谦逊所感动，同意出山帮助刘备，为统一大业贡献自己的聪明才智。

历史证明，刘备的真诚与谦逊赢得了诸葛亮鞠躬尽瘁、死而后已忠诚精神的弘扬，辅佐刘备建立了蜀国，形成了魏、蜀、吴三鼎天下，为后来的国家与民族统一，奠定了基础。

宽阔的河流归于平静，学识渊博的人特别谦让豁达。凡是对人类作出巨大贡献的伟大人物，都有着谦虚谨慎、戒骄戒躁的美德。那么，作为父母应当怎样教育孩子学习他们的品格、并且具有这种谦逊型性格呢?

一、认识骄纵危害，用心培养谦逊豁达性格。具有骄傲自满性格的人，往往过高估计个人能力，失去自知之明。他们往往具有优于他人的资本，既看不准自己的长处，也看不到自己的短处，无限自我膨胀，总是抬高自己，贬低别人，把别人看得一无是处，认为自己比别人强很多。甚至固执己见，刚愎自用，唯我独尊，总是把自己的观点强加于人，即使明知别人正确时，也不愿改变自己的态度或者接受别人的观点。他们经常从自己的利益出发，以自我为中心，很少考虑、关心和顾及他人。他们对人缺少热情，似乎人人应该为他服务，结果与他人关系疏远，门庭十分冷落。事实上，少了谁，事情做得同样理想，地球照样转动得很好。所以，骄傲自大是失败的前兆。骄纵狂妄、不可一世者，历来就是成事不足、败事有余的人。

三国时期，祢（mí）衡年少才高，20多岁便名扬四方了。因此，他瞧不起那些所谓的名士权贵，并视之为酒囊饭袋，行尸走肉。

汉献帝初年，孔融上书举荐祢衡，大将军曹操想召见他。祢衡不知天高地厚，见了曹操出言不逊。曹操心中很是不快，随便给祢衡封了个击鼓小吏来羞辱他。祢衡也因此而更加记恨曹操。一次，曹操大会宾客的时候，让祢衡穿戴鼓吏衣帽击鼓助乐。可是，祢衡为了出气，竟当众裸身击鼓，以扫曹操等人雅兴。曹操对此深以为恨，但他不愿杀祢衡而脏了自己的手，便把他转手送给了荆州牧刘表。到了荆州，祢衡一如既往地恃才傲物，不久，便得罪了刘表。刘表很聪明，也不杀祢衡，而是把他打发到江夏太守黄祖那里去。祢衡在黄祖那里，依然不改本性，当众骂黄祖："死老头，你少啰唆!"黄祖一气之下，把祢衡杀了。祢衡死时只有26岁。

祢衡的杀身之祸，全因他的才气与性情所致。人有才情本是天赐良物，依据才华拥有智慧，利可及他人，福可及自身。然而，祢衡恰恰相反，恃才傲物，因情害事，不知天下大有人才，权柄重于才情。最终唐突权贵，以身涉险，被人所杀。

在生活中，社会就是消弭个性的场所。唯有收敛个性，切忌四面树敌，养成戒骄戒躁、谦逊祥和的性格者，才能得到人心，受到拥护，在人生的旅途中，扬起胜利的风帆，驶入避让狂飙骇浪的港湾。

二、学习巨人榜样，常用表率行为要求自己。一个人即使在某一方面造诣很深，也不能说完全彻底了不起，自己达到了十全十美的境界。

爱因斯坦是20世纪世界上最伟大的科学家之一，他的相对论以及他在物理学界其他方面的研究成果，留给我们的是一笔取之不尽、用之不竭的财富。

有人问爱因斯坦："您可谓是物理学界空前绝后的人才了，何必还要孜孜不倦地学习呢？何不舒舒服服地休息呢？"爱因斯坦并没有立即回答这个问题，而是找来一支笔、一张纸，在纸上画上一个大圆和一个小圆，对那位年轻人说："在目前的情况下，在物理学这个领域里，可能是我比你懂得略多一些，正如你所知的这个小圆，我所知的是这个大圆。然而，整个物理学知识是无边无际的。对于小圆，它的周长小，即与未知领域的接触面小，你所感受到的是自己的未知少；而大圆与外界接触的周长大，所以，我感到自己未知的东西确实很多，我有什么理由不去继续努力学习、研究和探索呢？"

爱因斯坦在有生之年依然坚持不断地学习和研究，活到老，学到老，为我们树立了永远学习的丰碑。

爱因斯坦的故事说明，没有一个人能有骄傲自满的资本。越是成功、贡献越大的人，越是豁达谦逊、居安思危。"生命有限、知识无穷"，任何一门学问都是无穷无尽的海洋，都是无边无际的天空……一个成功者无论何时始终保持着归零的意识、谦逊豁达的态度，面对人生。

三、学习名人风范，联系实际反思鞭策自己。在生活中，"功高不自傲，德高不自显"的伟人朱老总的故事常常是激励和鞭策青少年励志成才的最佳教材。2009年第七期《炎黄春秋》有篇文章告诉我们：

在战争年代，很长一段时期，敌众我寡，敌强我弱。当年，红军总司令朱德最早提出"敌进我退、敌驻我扰、敌疲我打、敌退我追"的十六字方针，保证了我军由小到大、由弱到强的军事力量的壮大。毛泽东军事思想核心部分的源头，是朱老总的军事实践，这是"红军之父"的美誉，归于朱老总而不是毛主席的缘由所在。在后来中央苏区的历次反围剿和长征中的军事指挥，主要也是朱老总。毛主席是总政委，他擅长的是政治工作，他是军事战略家，他不到前线指挥战斗，他不是战场指挥家。

1935年1、2月，中央红军完成了一渡、二渡赤水河的任务。3月4日，朱德提议设立前敌司令部，朱兼司令员，毛为政治委员，这时毛泽东才参与对军事行动的直接领导。3月16日，三渡赤水，3月21日，四渡赤水。

1937年4月12日，朱老总在延安中央大礼堂举行的西北青年救国会第一次代表大会开幕式上的讲话中，针对国民党的速胜论和某些人的急躁情绪，最早提出了抗日持久战的战略思想。随后，出版了他的专著《论抗日游击战争》。1938年5月，毛泽东才发表了他的著名论著《论持久战》。1937年9月，他与彭德怀副总司令，率三万两千人开赴山西太行前线，首战平型关、设伏雁门关、夜袭阳明堡，打破了日军不可战胜的神话。抗日战争发展到后期，我军拥有正规军近百万，民兵200多万。

抗战胜利，内战开始。1945年8月28日，毛泽东、周恩来赴重庆与国民党谈判。9月，中央根据朱老总提议，把原先准备派往南方的10万部队和2万干部派往东北，并陆续将20余位中央委员调往东北工作，奠定了解放全中国的胜利基础。在三大战役前，他谋划、部署了石家庄攻坚战，支持了临汾攻坚战，指导了华野濮阳整军，并条分缕析地提出了对长春实行攻坚和长围。他对这些战役的宏观指导，实则为辽沈、淮海、平津三大战役的全面铺开提供了理论依据和实践范式，同时，预示三大战役尤其是辽沈战役的具体进程，第一个指出中原战场是决战的战场，并且预示平津战役傅作义集团的命运。他决胜千里之外，运筹帷幄之中，为全面夺取人民解放战争的胜利发挥了不可磨灭的作用。

朱老总的故事说明，从我军设立总司令一职起，直到1954年10月撤销，一以贯之，他一直担任着这一崇高职务，从来没有更换过，以后也不会有，因此，他是我军永远的总司令。而总政委，则数易其人。原因在于朱老总既是造诣高深的军事指挥的行家里手，又是我军无可替代的驾驭战争的巨擘（bò）。参加过南昌起义的老将军赵镕问过朱老总："'十六字诀'不是你提出来的吗？怎么成了毛主席提出来的了？"朱老总说："只要对革命有利，谁提都一样。"朱老总对这一问题的回答与他一贯风格一样，不仅展现了一代伟人谦虚谨慎的性格，更表现了一代伟人博大宽广的胸怀，永远值得我们学习。

帮助孩子养成稳健型性格。稳健的特点是心平气和，宠辱不惊，锐敏快捷，矫健聪颖，镇定自若，稳如泰山。当困难或灾难来临的时候，具有稳健性格的人往往表现得十分理性、异常冷静。在宠辱面前，能够保持内心的安宁和静谧；在复杂多变的环境里，能够进行理智而又沉着的思考。在生活中，稳健是理性的升华，稳健是生活的需要。稳健能够让我们辨认假象，远离诱惑，告别厄运，拥有智慧。在考场上，稳健是一把打开疑难的锁匙；在赛场上，稳健是一杆指向胜利的旗帜；在力排艰险的战场上，稳健是一缕获得胜利的曙光。一个人只要得到了稳健，就得到希望，得到了收获，得到了胜利，得到了成功。

三国时期，十分稳健的诸葛亮从来不打没有准备之仗，从来不对事对物过早地妄下结论。他做任何事情、任何决定，都是经过深思熟虑，并对当时形势有一定了解，才开始行动的。他稳健的性格，使他事必躬亲，将事做得善始善终。诸葛亮的稳健让刘备十分放心他、完全信任他。刘备将军中大小事务都交给了诸葛亮，甚至在弥留时把儿子刘禅和蜀国也托付给他。诸葛亮为蜀国建立和发展乃至后来国家的统一，鞠躬尽瘁、死而后已，作出了巨大贡献。千百年来，人们把诸葛亮当作了智慧的化身。

在丰富多彩的生活中，人的一生总会遭遇到各种困难甚至挫折，拥有一种稳健性格的人，在纷繁复杂的人际交往中，游刃有余，往往不会迷失人生目标，成功地演绎着人生幸福，始终拥有无憾的人生。那么，作为父母应该怎样培养孩子具有这种性格呢?

一、良好心态，沉着面对。在生活中，宜以“宁静以致远、淡泊以明志”的心态，让烦心琐事犹如水中浮尘慢慢沉淀下来。无论何时，冷却性情，保持沉静，从容镇定，不骄不躁，洞悉时事，做出正确选择，就能够认真思考问题，仔细分析事物，想出办法，妥善处理难以解决的问题。

二、精心培养，从容应战。选择复杂自然或人际环境，在日浴、风浴、雨浴里，在复杂喧嚣的环境中，以“宠辱不惊闲看庭前花开花落、去留无意漫观天外云卷云舒”润泽自己的心胸，对任何事都要拿得起、放得下，始终保持“宠辱不惊”的自然状态，在从容应对一切挑战中，培养稳健型性格。

三、独处养生，超凡脱俗。找寻宁静的环境，独立生活，修身养性，炼就稳健型性格，让疲惫的心、受累的心，得到休养生息，解脱自己，超越自己，战胜自己。在现实生活中，凡是通过有效方法培养出稳健型性格的人，不仅具有坚不可摧、所向无敌的精神，而且具有坚忍不拔的意志和超群出众的智慧所焕发出来的力量，进而获得大家的信任和拥护，成为群众公认的领袖。

毛泽东堪称组织领导的典范，20世纪不同凡响的旷世奇才。1928年4月下旬，朱德、陈毅率领南昌起义部队和湘南农军组成的工农革命军，与毛泽东率领的湘赣边界秋收起义后组成的工农革命军在井冈山胜利会师。在红军长征的岁月里，红军遭遇到了前所未有的艰难处境，当时的毛泽东临危受命，他依靠冷静而又稳健、沉着而又镇定的思考，仔细分析了敌我形势，提出了南下贵州、绕道北上的方案，随即与朱德指挥红军取得了四渡赤水、巧渡金沙江、飞夺泸定桥、翻雪山、过草地、抢占天险腊子口、会师陕北的胜利。在延安，毛泽东镇定而又自若，沉着而又稳健，他与朱德提出了《论持久战》，通过艰苦卓绝的努力，促进了国共的合作，形成了全国抗日民族统一战线，经过8年浴血奋战，把小日本赶出了中国。在解放战争中，毛泽东在西柏坡组成了最高军事指挥机构，朱德任总司令，周恩来任总参谋长。在解放战争中，他指挥西北野战军在西北消灭和改编了50多万国民党军队。他指挥东北野战军，在辽沈战役中消灭敌人47.2万余人。他指挥中原野战军与华东野战军在淮海战役中消灭敌人55.5万余人。他指挥东北野战军与华北野战部队在平津战役中歼灭和改编了国民党军队52万余人。歼灭了国民党有生力量，打败了国民军队800多万，推翻了压在中国人民头上的三座大山——帝国主义、封建主义和官僚资本主义，建立了独立自主的新中国。

在中国现代政治史上，毛泽东和周恩来两个伟人，才华出众又风格各异，他们两人长期合作，各有特点。毛泽东大气磅礴，开天辟地；周恩来缜密严谨，滴水不漏。毛泽东于党于国，战绩显赫，功勋卓著，名留青史。周恩来为国为民，竭尽绵薄，隐忍负重，光照来者。在长期的革命斗争中，他们两人都擅长交际与组织，因而发挥了广泛交际、擅长组织的优势，团结了全国一切可以团结的力量，才缔造了我们的国家与军队，建立了新中国，奠定了今天中华复兴、盛世太平的基础。

一个人要有所作为，必须依据他的稳健性格与强大的交际能力，获得一批志同道合的同志和朋友，精诚团结，步调一致，立身社会，努力奋斗，开拓创新，实现理想。

帮助孩子养成坚忍型性格。具有这种性格的人意志坚强，毅力超群，直面艰险，坚忍不拔，做事专一，承担责任，所向披靡，奋勇向前，能进能退，能上能下，不屈不挠，永不放弃，不达到目的誓不罢休，无论从事什么事业都会成功。

1979年1月29日，在卡特总统欢迎邓小平的国宴上，邓小平说："如果对政治上东山再起的人设立奥林匹克奖的话，我有资格获得金牌。"邓小平就是这样挑战了人类的生存定律。他一生的"三落三起"，具有遇事不怒而又含怒不激，不屈侮辱而又忍辱负重的钢铁般的意志风格。邓小平一生坎坷之多，陷阱之深，逆境之险，挫折之大，是常人难以想象的。但是，邓小平如果没有对"三落"的坚忍，就没有"三起"的再上。从这个意义上说，坚忍就是胜利。

邓小平的"第一落"与"第一起"。1931年，20多岁的邓小平担任瑞金县委书记。当年的瑞金属于肃反扩大化的重灾区。邓小平一上任，就立即着手制止肃反扩大化，释放了300多位被关押的冤屈干部，这应当是邓小平政治生涯中的第一次较大规模的"拨乱反正"。此后，年轻的邓小平受到了批判，他被下放到基层"改造"、"蹲点"，被安排到宁都县七里村劳动。在所谓"路线斗争"的"大是大非"面前，他的妻子金维映也找他离了婚。邓小平不但没有怨恨批判他的人，相反，批判他的大多数人最后成了邓小平的亲密战友和团结对象。1935年1月，邓小平以中央秘书长的身份，参加遵义会议，完成平生的"第一起"。

邓小平"第二落"与"第二起"。在"文革"中，邓小平第二次被打倒，被遣送到江西南昌新建县拖拉机修配厂劳动。林彪事件后，邓小平写信给毛泽东，希望获得重新工作的机会。1972年8月,毛泽东批示说，邓小平同志"在中央苏区是挨整的,即邓、毛、谢、古四个罪人之一，是所谓毛派的头子"。是"人才难得"。毛泽东做出了邓小平"第二起"的决定，1973年3月，邓小平被恢复了国务院副总理职务。周恩来病重以后，在毛泽东支持下，邓小平主持党、国家和军队的日常工作，与"四人帮"进行针锋相对的斗争，针对"文化大革命"造成的混乱局面进行全面整顿，使"文革"中陷于瘫痪的国民经济出现了好转。1975年

1月，邓任中共中央副主席、国务院副总理、中央军委副主席和中国人民解放军总参谋长，兼党政军要职于一身。

邓小平的“第三落”与“第三起”。1976年1月，周恩来去世后，“批邓、反击右倾翻案风”愈演愈烈。4月5日，发生了震惊中外的天安门事件。“四人帮”一口咬定邓小平是天安门事件的“总后台”。邓小平第三次被打倒，实际上被禁锢了起来。邓小平的“第三起”是在“四人帮”被粉碎、“文革”结束之后的9个月。当时，社会上要求邓小平复出的呼声越来越高，叶剑英等老同志也四处做工作，争取让邓小平复出。1977年7月，中共十届三中全会恢复了邓小平原来担任的党政军领导职务。

1978年12月召开的中共十一届三中全会，开辟了中国改革开放和集中力量进行社会主义现代化建设的新时期。经过这次全会，形成了以邓小平为核心的中国共产党第二代领导集体。中共十一届三中全会以后，他坚持解放思想、实事求是，创立和发展了建设有中国特色的社会主义理论。这一理论科学地阐明社会主义本质，第一次比较系统地回答了中国这样经济文化落后的国家如何建设社会主义，如何巩固和发展社会主义的一系列基本问题。现在我们可以说，没有邓小平，就没有我们今天这样以人为本、社会和谐、盛世太平的强大中国。

一个人只要具备了坚忍型的性格，就会执著而不固执，自信而不自负，温和而不附和，忍让而不迁就，就会像邓小平那样，身上有一种自我约束的克制力，坚忍不拔的容忍力，成为一个吓不退、压不垮、打不倒的硬汉子，一个任凭风浪起、稳坐钓鱼船的人。那么，作为父母应该怎样培养孩子具有这种坚忍型性格呢?

一、在追求理想中，培养坚忍型性格。孩子自小就有对兴趣的追求，应根据这个兴趣，鼓励孩子树立追求兴趣目标，从中培养孩子的坚忍性格。例如，一个两岁孩子喜欢爬楼梯，父母应当鼓励他独立自主地一级一级地爬上去，在适当运动中，培养孩子的坚忍性格。孩子稍大时，无论赤日炎炎，还是冰天雪地，父母可以带着孩子穿着一条运动短裤和一双运动鞋，在小院内活动，因人因地制宜锻炼，不仅可以使他们身体更强壮，而且意志更坚强。孩子步入了少年，早晨，可以让他们独立自主跑步，根据年龄、体质和环境情况，在规定的时间内，鼓励他们达到适宜的标准。孩子走进青年时期，他们的步行速度应该逐渐达到：30分钟3公里以上。通过活动，明确目标，让他们在不断追求中，坚强自信，养成坚忍性格，实现自己的理想。

二、在与他人合作中，提炼坚忍型性格。每个人都有自己的思想、性格和习惯，学会与不同的思想、性格、习惯的人交往，培养坚忍，形成个性，深入群众，融入他人，善于团结，稳妥合作，扬长避短，集中智慧，实现双赢，建树大业是当代青少年立身社会的光荣任务。

三、在遭受挫折中，升华坚忍型性格。幼儿学步，一旦摔倒，需要鼓励孩子：自己从哪儿摔倒，就应从哪儿站立起来。孩子长大了，参加体育锻炼，一旦崴脚，没有伤骨，父母需要鼓励孩子：忍住疼痛，坚持走到胜利的终点。青少年一旦遭遇挫折，父母需要鼓励孩子：哭解决不了问题，生气也解决不了问题，想办法让自己站立起来，才能解决根本的问题。在生活中，父母可给孩子设置一些障碍，让孩子受点挫折，在挫折中，培养孩子的坚忍性格。父母要鼓励孩子，积极应对挫折，能在遭受挫折后正视困难，经受得起失败和挫折的考验。让孩子在失败中，陶冶情操，铸造个性，升华坚忍，积极奋起，战胜困难，完美人格，驾驭生活，走向胜利。

帮助孩子养成交际型性格。社会交际是一种艺术，也是一门学问。社会交际是人生的需要，也是立身社会不可缺少的生活常识。美国成功学家卡耐基曾说："一个人事业的成功，只有15%是由于他的专业技术，另外85%要靠人际关系和处世技巧。"他还指出："只有想办法去认识更多的人，并且使这些人成为自己的朋友，才是人生成功的关键。"所以，想要成功，就必须精心编织一张属于自己的人际关系网。而拓展人际关系，尤应从培养交际型性格入手。拓宽自己的社交圈子，既可以了解别人，认识社会，又可以捕捉更多的社会信息，增强自己的竞争实力。同时，可以让别人了解自己，然后，通过别人的反映，让更多的人认识自己，了解自己，积累人情，增强力量，壮大自己，发展自己，甚至为了一个伟大事业而贡献出自身的一切。

周恩来是一位擅长社会交际、气质好、口才好、人缘关系更好，具有极强的领导力、团结力和凝聚力的革命家、政治家和外交家。在新中国的革命和建设的各个历史时期，左右逢源，人脉畅通，功绩显赫，名垂千古。

周恩来不仅参与领导军事战线的武装斗争，而且一直是反动统治地区的地下斗争的主要领导人。在周恩来的领导下，隐蔽战线上的"龙潭三杰"李克农、钱壮飞、胡底组织了一个情报小组，李克农任组长。如果没有龙潭三杰，中国共产党的历史将被改写。他们利用自己在敌人内部的特殊岗位，在白色恐怖中为保卫党中央作出了特殊的贡献。

抗日战争时期，主持中国共产党与国民党的秘密联系工作，促进国民党与共产党重新合作，共同抗日；坚持和平解决西安事变的方针，与张学良、杨虎城一起促成了国共和解，代表中国共产党与国民党进行多次谈判，建立了民族的、民主的、社会的抗日民族统一战线、实现国共合作。周恩来还把收集国际情报的任务交给了地下党员阎宝航，利用他的合法身份，活动于国民党要人之间，广泛结交中统、军统、黄埔系、政学系头面人物，凭着他卓越的情报悟性，获取了反法西斯战争中的三份举世公认的最有价值的情报：（1）纳粹德国决定于1941年6月20日左右约一星期内开始进攻苏联的情报；（2）1941年11月下旬获取日军即将偷袭珍珠港的情报；（3）1944年夏季获取了日本关东军在东北的全部材料，包括陆海空军的部署、设防计划、要塞地址、兵种、武器、翻译人数、将领姓名等。这些情报对苏联伟大卫国战争，对日美太平洋战争，苏联出兵东北战争有极大帮助。1995年，俄罗斯总统叶利钦签署命令，授予阎宝航和他领导的情报人员阎明诗、李正文“卫国战争胜利五十周年”纪念奖章。

解放战争时期，周恩来兼任中央城市工作部长，负责蒋管区的一切工作，是“第二条战线”的主要领导人。周恩来所信任的熊向晖，奉命打入国民党高级将领胡宗南身边12年，以其超人的机智、果敢、坚韧，赢得胡宗南赏识，巧妙地送出国民党“闪击延安”、“西安军事会议”等诸多重要情报，为挫败国民党反共阴谋、巩固抗日民族统一战线、保卫延安党中央等重大事件屡建奇功。因此，被毛泽东誉为“一个人能顶几个师”的重量级人物。

新中国成立以后，在周恩来的组织领导下，我国从工业和科学技术落后状态发展到原子弹、氢弹爆炸，核潜艇下水，导弹、人造卫星上天……都是周总理亲切关怀、正确领导的结果。通过外交努力，使钱学森这位被美国人看成“抵得上五个师”的科学家回到了祖国的怀抱，实现了报效祖国的夙愿。是周总理任命钱学森为导弹研究院院长，是周总理为打破同苏联谈判的障碍，提议授予钱学森中将军衔。“文革”期间，是周总理对钱学森、邓稼先、朱光亚、王淦昌、赵九章等科学家进行了特殊的保护。中国的科学家从心灵深处拥护“人民的好周总理”！不仅仅因为周总理珍爱科学家超过珍爱他自己，更重要的是因为周总理呕心沥血致力于“两弹一星”的事业，致力于中国科学技术的发展，对中华民族的崛起，对实现国家的富强产生着无法估量的重大影响。

周恩来是举世闻名的外交家，他对新中国外交曾经作出过最杰出、最伟大的贡献。周恩来对中国外交的杰出贡献不仅影响着中国，也影响着世界。

因此，拥有社交型性格的人，无论环境多么艰险，条件多么苦涩，都能历经艰险，排除万难，开拓创新，收获胜利果实，创造人生幸福。那么，我们究竟如何培养孩子的这种性格呢？

一、在中华文化的传承中，培养交际型性格。父母应该以身作则，做好示范，传承中华文化，提高孩子的社交本能：在家，孝敬父母；出门，敬重长辈；在校，尊敬老师；在社会，热爱集体，热爱民族和国家。在家，团结兄妹；出门，尊重朋友；在校，友爱同学；在社会，热爱邻里，热爱乡亲和群众。在家，关护晚辈；出门，怜悯弱小；在校，排忧解难；在社会，扶困济贫，惠及百姓和下一代。

二、在消融过分的自尊中，培养交际型性格。过分自尊者，其实就是以自我为中心思考问题、害怕别人发现自己的不足、在心理上形成一种自我保护意识的那种唯我独尊的人。当他一旦被别人发觉缺点，就变得十分失望，甚至产生自卑心理，自我封闭起来，不愿意与别人交往。因此，教育孩子克服过分自尊，鼓励孩子与人正常交往，对于成长中的青少年来说十分必要。这就要求父母随时教育孩子在结交朋友中，不能以自我为中心，坚持换位思考，讲究说话的分寸，把握办事的尺度，学会团结一致，学习互助合作，学会与人共事，学会与人共处，培养出交际型性格。

三、在宽厚仁慈的待人中，培养交际型性格。人的高贵品质是宽容，宽容不仅是一种智慧，也是一种博大的情怀。宽容了他人，受益了自己，既是做人的大度和涵养，又是一种积极的生活态度和高尚的道德观念。它不仅体现着人性的仁爱，更体现一种智慧的技巧。宽容了别人，可以消除隔阂，减少误会，化解矛盾，避免碰撞，调节关系，让人趋向平静，从容轻松，舒适温馨，欢快自信，愉悦人生，感受到人类世界多么和谐、多么美好。

一个长于交际的人，往往能够左右逢源，交往自若，人脉畅通，办事利索，深受拥护，勇闯天下，并且易于获得人缘与事业的双丰收，创造出惊天动地的奇迹来。

第四章 培养孩子习惯

在“依法治国”、“以德治国”中，我们以道德播种习惯，用科学收获人生。习惯的力量是巨大的，它可以主宰人的一生。习惯是行为的不自觉反应，体现了我们的修养和道德水平，习惯影响人生。一个人一旦养成了一种习惯，他的一生就会不自觉地在这个轨道上运行。如果是好习惯，就获得了幸福人生的动力和泉源，就会受益终身。如果是坏习惯，就会在不知不觉中受害，就会影响人的一生。因此，对于孩子习惯的培养，应该引起每一位父母的高度重视。

当前，在家庭教育中，我们尤应通过结合青少年的实际，因势利导，分辨利弊、科学教育的方法，培养出孩子正视现实、孝忠两全、善于学习、敢为人先、文明礼貌、遵纪守法、正确花钱、吃亏是福、跨越逆境、珍惜时间、独立自主、感念荣辱、牵手合作、保护环境、保护安全、开拓创新等良好习惯，打造出现代生活的主人。

培养孩子正视现实的习惯。两千多年以前，老子就曾提出：“知人者智，自知者明。”父母教育孩子从小找准定位，正确认识自己，正确对待他人，正确对待社会，对于自己的健康成长，对将来的成功发展，事关重大，必须高度重视。

春秋战国时期，孔子创立了儒家学派，被大家称为“圣人”。继孔子之后，出了一位“亚圣”孟子。在孔子的弟子中，还有一位大名鼎鼎的人物，那就是被后人称为“复圣”的颜渊。

颜渊出身贫苦，上不起学，幸遇孔子，拜师求学，加上他的天资聪颖，勤奋好学，颜渊是七十二贤人中，孔子最为得意的门生。在读书时，颜渊把全部精力都用在了学习上，完全不在意家庭的贫困和自己的苦累，摆正了艰辛求学茁壮成长的位置，在学习中获得了很大的快乐和收获。孔子曾对人称赞颜渊说，他只有一竹筐饭、一瓢水、一间破旧的屋子，别人忍受不了这样的艰难困苦，他却能够快乐学习，他的品德真高尚啊！颜渊为了更好地向孔子学习，放弃了一切物质追求和享受，始终过着极其清贫的生活。他认为，如果不能学得像孔子那样，就是富有天下，自己也不会获得真正的快乐和收获。他内在精神世界里的真正快乐，是学识和德行的拥有。任何外在豪华物质的享受，都不能代替和占有内心这块能够产生真正愉悦和快乐的圣地。

当然，颜渊也有他的苦恼，就是他的老师孔子太卓越、太高尚、太伟大了，他觉得自己无论怎么努力，也都不能学到老师那样。他的这种唯恐学不到老师学问的忧虑心情，正是他看准自己、正确定位、尊敬师长、珍惜现实、激发求知欲望和学习志趣的力量源泉。由于颜渊具有正视和认定自己所产生出来的全心全意、勤学苦读精神，作为他努力奋斗的导向，他的学识水平与德行修养达到了相当高的程度，千百年来，一直让人们十分敬仰和崇拜。所以，后来的人们尊称他为“复圣”。

当前，教育孩子正确对待自己、正确对待他人、正确对待社会，势在必行，刻不容缓。一个人心态好，世界一切都变得十分美好。只要做到知足常乐，自得其乐，助人为乐，就会感到天更蓝，水更清，空气更清新，山川更秀美，阳光更明媚，人见人爱，大家高兴。因为，知足常乐，可以平衡心态，品高无求，是为人生最大欢畅。自得其乐，就是在倒霉的时候，天天也应当觉得是个好日子。助人为乐，可以净化心灵，升华人格，是为人生最大快事。无论父母或青少年，必须美好自己的心灵，对任何事都要拿得起，放得下，想得开，看得远。只要你乐观地积极地看世界，这个世界永远是美好的，你便真正生活在天堂的永远幸福中，否则，你便不幸陷入到地狱的永远痛苦里。因为，天堂和地狱，就在你的一念之差中！

父母只有教育孩子找准定位，摆正位置，正本清源，直面现实，才能消除他们思想意识的混淆、好坏是非的不分、身在福中不知福等缺陷，让他们迅速成长起来。那么，如何教育青少年养成这种正视现实的习惯呢？

*一、在正确认识自己中，培养孩子正视现实的习惯。*每天，在总结反思中，父母可以坚持写读书笔记和日记的示范行为，启示、引导、支持、帮助、教育孩子写日记。写日记时，先要回忆当天的经历，这不仅是孩子重新回顾自己所作所为的过程，而且也是内心反思、了解、分析、肯定自己的过程。只要坚持不懈，天长日久，所写日记达到一定数量、程度和标准，自我认识自己、他人和社会意识的能力，既会随之增强，更会随之提高。同时，还会为书面表达能力和口头表达能力的提高，打下牢固的基础。因此，教育孩子养成写日记的好习惯，是父母教育孩子养成善于总结和反思、迅速成长的好方法。“尺有所短，寸有所长。”父

母以身作则肯定自己优缺点的示范行为，可以有效地教育孩子了解自己的强势和弱项，肯定好的，认定不足，不过高标榜自己，以免产生自傲情绪，不过低估计自己，以免产生自卑心理，找准自己的位置，增强自己前进的动力。当孩子真正能够正确认识自己之后，就能设法扬己之长，避己之短，取人之长，补己之短，谦虚谨慎，充分自信，不断创新，不断发展。他们既具备一种高尚的品德，又拥有一种高深的智慧。他们有了躬身自省，就有了自知之明，就有了事业的成功。这样，无须父母的指责和管教，就可以让孩子健康愉快地成长起来。

在生活中，有人认真分析了不少名人成功的事例，终于悟出了这样一个道理：人，皆爱听奉承话，常找借口掩饰他的错误，所以本领平平常常，只能永远是人。神，爱听别人的批评，反思改过，具有能够腾云驾雾、呼风唤雨的本领，所以能够成神为仙。在现实社会中，不少功成名就者总是善于总结自己的经验教训，坚持正确，修正错误，不断创新，不断胜利，这些从反思改过到胜利成功的典范不是人间的活神仙吗？

二、在正确认识他人中，培养孩子正视现实的习惯。孩子由于受到心理发展水平的限制，存在着“我为中心”的倾向，往往只从自己的角度和经验去认识事物，不顾别人的需要、情感与感受去思考、说话和办事，以致影响团结。若要纠正这种自私自利的恶习，父母必须教育孩子自己的好处要隐藏几分，别人的短处要掩盖几分，“心有他人”，关心他人，帮助他人，热爱他人，善待他人。经常用惭愧的心看自己，用感恩心看他人，你善待了他人，就拥有了他人，你善待了世界，就拥有了世界。

在节假日活动中，每年，春节、清明、中元等节假日，家长可以带孩子拜坟、扫墓、祭祀祖先。从点滴小事中，教育孩子心中有父母，并且懂得“没有父母身从何处来，没有祖先根从何处来”的道理，从思想和行为上切实体贴、关心、热爱和感恩自己的父母与祖先，把握孝道文化的真谛，正确我们的言行，传承和发扬灿烂辉煌的中华孝道文化。

在日常生活中，父母可以利用节假日，带着孩子看望亲友或病人，扶困济贫，从疾相扶、难相助的实践中，让孩子深切体会处处体贴、怜悯、关心、帮助、热爱、善待他人的意义。让孩子懂得，对他人负责，是做人的最本质要求。当我们乘坐公交车，碰见老弱病残者，就要具有爱心，主动让座。当我们看到有困难的人，就要心生怜悯，主动帮扶。

在学校生活中，教育孩子懂得：同窗共读，值得珍惜，分享快乐，同释忧愁，朝夕相处，情同手足，呼吸与共，命运相连，相互学习，取长补短，团结协作，携手共进。

在交朋处友中，教育孩子换位思考，体会他人的需求、感受悲欢苦愁的滋味。当孩子损坏了别人的东西，父母可以责问孩子：“要是别人损坏了你的东西，你高兴吗？”当孩子中伤了别人的时候，父母可以责问孩子：“要是别人伤害了你，你心中感受到什么滋味？”让孩子设身处地想一想自己的行为，就会为自己的过错感到不安、羞愧、自责，进而弱化“我为中心”的作用，进而产生体贴他人、怜悯他人、关心他人、肯定他人、热爱他人、善待他人的感情。

在家庭教育中，父母可以通过身边的故事，鼓励孩子参加集体活动，关心和热爱集体，为集体出力做奉献，教育孩子将自己融入集体活动中，从中得到快乐、锻炼与提高，从而升华孩子自身生活的情愫和本领，并能以他人的忧而忧，因他人的乐而乐。在集体活动中，强化青少年热爱他人、正视现实的责任。

三、在正确认识社会中，培养孩子正视现实的习惯。为了教育好孩子，父母应在“读万卷书、行万里路”活动中，通过书本学习和旅游实践，熟悉中国近代史，同时结合家庭发展史，对青少年进行新旧对比教育，提高孩子的思想认识水平，正视现实，热爱社会。

解放前，在帝国主义、封建主义、官僚资本主义三座大山的压迫下，国家沦为半封建半殖民地，人民生活在水深火热之中。当年，在小农经济状态下，广大农民的生活水平很低。大家靠天吃饭，农民劳碌终年，除交公粮、地租外，有种子欠饲料，若是留下来年的生产费用，就没有足够的口粮。孤儿寡母，生活更加艰苦，没有正常收入，只得求亲靠友，解决临时困难。工人和手工业劳动者以及小职员的生活更是低下，工资收入很低，一旦遇有灾害，就得同农民一样遭受高利贷剥削，有的甚至倾家荡产，妻离子散。大家过着衣不蔽体、食不果腹、半年糠菜半年粮的生活。人民群众生活水平极低，健康素质极差，解放前，我国平均年龄仅为35岁。

1949年10月1日，在中国共产党的领导下，建立了独立、自主的新中国。通过不断努力，我们国家有了“两弹一星”，逐步掌握了尖端科学技术的主动权，迈入了世界强国之列。

1979年，我国实行了改革开放，经过30多年的努力，国家取得了举世瞩目的成就。2010年，中国农村居民人均纯收入5919元，比上年增长14.9%，扣除价格因素实际增长10.9%；中国城镇居民全年人均可支配收入19109元，增长11.3%，实际增长7.8%。这是1998年以来农村居民收入实际增速第一次超过城镇。城乡居民收入比从上年的3.33:1缩小为3.23:1。现在，我国人民生活水平得到很大提高，平均年龄达到70多岁。

同时，以自己家庭的发展，进行新旧对比，勿忘过去的苦难生活。每年9月18日，我们每一个家庭要把它定为“国耻日”，拉响心中的警报，勿忘日本帝国主义对我国的侵略，勿忘国耻，勿忘“落后就要挨打”的历史教训。每年，“五·一”、“七·一”、“八·一”、“十·一”我们应以不同形式，纪念这些节日，缅怀革命先烈的丰功伟绩，懂得“新中国让我们站起来、改革开放让我们富起来、科学发展让我们强起来”的道理。让当代青少年了解中国近代史和家庭发展的历程，自觉肩负复兴中华的历史责任。

通过读书与旅游，让生长在太平盛世的青少年，看到中华民族的发展与变化，特别是汶川大地震后的三年重建等工程，充分认识祖国的强盛与伟大，体会到今天幸福生活的来之不易，倍加珍惜身边的幸福，倍加珍惜我们的现实社会，热爱我们的祖国和人民，迎接伟大时代赐予我们的锦绣前程。

培养孩子孝忠两全的习惯。自古以来，在家庭孝敬父母，在社会忠诚国家，是为有志者追求做人的奋斗方向，因此而成为英雄者，光彩照人，他们功著千秋，流芳百世，永远活在人民的心里。

南宋时期，小时候的岳飞家里遭受水灾，一贫如洗，全家靠母亲帮人家做点零活，勉强维持生活。虽然家境贫寒，岳飞却很热爱读书写字。在母亲的教诲下，他白天上山拾柴，总是默读母亲教的书；晚上，没有油灯，就把白天捡来的枯柴点着，用来照明诵读。没有钱买纸和笔，就把路边的细沙捧回家里，在地上铺平当纸，用树枝做笔，在沙上一笔一画地练习写字，写完一遍，将沙抹平再写，反反复复从不厌倦。天长日久，习惯成为了自然。

岳飞很聪明，又很勤奋。母亲看到儿子的进步，有说不出来的高兴。她省吃俭用，把岳飞送到附近的私塾里深造。岳飞得到了学习机会，又有老师教导，他的进步更快了。可是，家里实在太穷，岳飞勉强读了三年书，就退学到一个大地主家干活儿了。从此，他就完全靠劳动之余的时间自学了。尽管农活繁重，日子艰难，但是，岳飞从不放弃学习，还坚持练武。白天劳动之余，晚上休息时间，岳飞用于读书写字；天还未亮，他就起床学练武艺。经过艰苦的努力，他的长进很大，既能文，又能武。论文，他不但能写出很好的文章和诗词，还练就了一手好字；论武，他不但精通兵书战策，而且善于骑马射箭，还创造出了一套岳家枪法。

当时，正值金人南侵，20岁的岳飞怀着抗击侵略者、收复中原大地的豪情壮志，报名参了军。离家前，母亲在他背上刺了“精忠报国”四个大字，激励他赤胆忠心、奋勇杀敌。从此，岳飞把他学到的本领用在战场上，行军布阵，攻城略地，不断取得胜利。不久，他成了这支军队的统帅，由于这支军队作战勇敢，攻无不克，战无不胜，被称为“撼山易，撼岳家军难”的队伍。后来，他被奸臣秦桧陷害致死。但是，岳飞用自己的行动实现了“精忠报国”的誓言，成为历史上杰出的民族英雄。

这个故事告诉我们，母亲是人生的第一位老师。岳飞有一位伟大的母亲，在艰难困苦之中，她悉心教子成才，让岳飞拥有了既孝敬父母、又忠诚国家的良好习惯，达到了文武全才、骁勇善战、保家卫国、战功赫赫的境界，实现了精忠报国的理想，成为了一位了不起的儿子，从而流芳千古，永垂不朽。那么，我们怎样学习岳飞的母亲培养孩子具有孝忠双全的习惯呢？根据古代少年儿童启蒙读物的叮嘱，把握孝道文化的真谛，认真培养孩子孝忠两全的习惯。

一、孝敬父母，忠诚祖国就是效忠天地。古往今来，大家认为：“没有祖先根从何处来？没有父母身从何处来？”父母就是家中的活佛菩萨，国家和民族就是伟大的天地。正如一位名人所说：“不孝父母，敬神何益；不忠国家，祭天拜地干啥？”因此，孝敬父母，就是孝敬活佛菩萨，忠诚国家和民族就是孝忠天地。我们应当谨遵《子弟规》的教导，这样对待父母：“父母呼，应勿缓；父母命，行勿懒”、“父母教，须敬听；父母责，须顺承”。有了对父母的爱，才有对百姓的情；有了对百姓的敬重，才有对民族的责任；有了对民族的热爱，才有对国家、对天地的忠诚。

孝敬父母不仅是中华民族的优良传统，而且是现实社会道德的要求，更是子女应尽的天职和义务。孝敬父母要求我们，在思想上，热爱与尊敬父母；在感情上，对父母有发自内心的爱戴和敬重之情；在行为上，虚心接受父母的忠告和教诲；在态度上，对待父母恭敬有礼；在生活上，照顾父母，在衣、食、住、行上为父母分忧解难，生活愉快，天天开心。

孝敬父母要求青少年听从父母教导和指点。现在，孩子比过去的确长大了许多，有了一定的知识，也有一定的见解力和判断是非的能力，对父母的依附性在减少，但毕竟还不成熟，在思想上、学习上与生活上还需要父母的指教，父母对未成年子女有抚养和教育的责任，青少年要主动让父母了解自己。每天，放学回家，要向父母报告当天学校的情况以及自己的表现，以便得到父母的及时帮助。现在，很多父母忙于自己的社会工作，很少了解孩子。这就需要青少年主动向父母汇报，主动争取父母的指教，那种不愿意父母了解自己，甚至向父母隐瞒自己的错误行为是不对的，也是有害的。

孝敬父母需要青少年热爱关心体贴父母。绝大多数父母不仅有繁重的社会工作，而且有繁重的家务劳动。一个有孝敬心的孩子不仅应当完成复习、作业与预习功课等学习任务，料理好自己的生活，不让父母操心，还要主动承担力所能及的家务，在劳动中，培养自己的劳动观点，提高自己的生活能力，给父母应有的精神安慰，密切同父母的关系，加深同父母的感情。父母有病，要悉心照料。父母有困难，要细心体贴。那种在家饭来张口、衣来伸手，自己能做的事不做，事事都要父母侍候、不肯侍候父母的人是不应该的、也是错误的。那种肆意任性、在家为所欲为、稍不顺心顶撞父母、对父母要态度、发脾气，实际就是对父母不孝敬的表现。当然，父母如果有了不正确的言行，应该心平气和地指出，并且进行耐心的解说和劝告。父母如果有了违法犯法的事，应该坚持原则，对父母负责，维护国家和人民的利益。

孝敬父母需要青少年尊师重道，热爱老师。中华民族向来把尊敬师长视为美德，尊敬师长是我国人民的优良传统，也是每一个学生具有的最起码的礼貌。老师向我们传授知识，让我们拥有智慧。老师教导我们纠正错误，让我们走上正确的道路。在前进中，我们的每一点进步，无不渗透着老师的心血。老师用知识与智慧武装了我们，我们就具有了不可战胜的力量。自觉尊师重道是我们的天职，我们应当热爱老师，更应当像敬重长辈一样敬重他们。

二、团结兄妹，热爱人民就是传承孝道。《弟子规》告诉我们："兄道友，弟道恭，兄弟睦，孝在中。"就是说："当哥哥姐姐要友爱弟妹，做弟妹的要恭敬兄姊，兄弟姊妹能够和睦相处，一家人和乐融融，父母自然欢喜，孝道就在其中了。"《弟子规》还告诉我们："凡是人，皆须爱，天同覆，地同载。"就是说："只要是人，就是同类，不分族群、人种、宗教信仰，皆须相亲相爱。同是天地所生万物滋长的，应该不分你我，互助合作，才能维持这个同生共荣的生命共同体。"正如孙中山所说："物种以竞争为目的，人类以互助合作为目的啊。"在现代生活中，团结同学、友好睦邻、热爱百姓是一种高尚的道德情感，体现了现代社会人与人之间的一种新型关系。热爱人民，传承孝道文化，得到群众拥护，完成宏伟事业。

在家庭教育中，要教育孩子团结兄妹，热爱他人。孝道文化要求我们做到"心中有他人"，应当有良好人际关系。苏联教育家苏霍姆林斯基指出："孩子从一开始懂事起，就应该学会关心他人，惦念他人，就应该有他为之担心的对象。"对于青少年来说，应该要求做到：团结同学，真诚友爱。同学之间的团结、和谐、真诚、友爱，可以从"一想、二问、三帮、四议"做起："一想"，就是为了关心和帮助同学学好功课，不让一个伙伴掉队，经常想一想，在自己周围，有谁在学习上有困难，需要自己的帮助。"二问"，就是问一问同学，功课复习得怎么样，有什么不懂的地方，可以一起研讨。"三帮"，就是同学遇有困难，要帮一帮，主动援助，不摆架子，不讲价钱，也不保守，热心助人，不留余地，遇有疑难，一起商量。"四议"，就是邀请同学议一议，与同学一起复习，通过讨论，加深印象，拓展思路，取长补短。以实际行动，做了好事，不图回报。

在家庭教育中，教育孩子友好睦邻，爱满生活。邻居，相邻而居，朝夕照面。互敬互爱，彼此照顾是我们的责任。对于邻居家的老人、小孩，要当作自己家里人一样关心和爱护。有人病了，要去主动问候，必要时要提供帮助。无人照看时，应陪送到医院就诊。对于老年或单身困难邻居，可以帮他们干些力所能及的活。邻居间发生纠纷，要互相谦让，不能各持己见，互不相让，应该积极调解，化解矛盾，切忌搬弄是非，火上加油。大家和睦相处，生活安定，情绪愉快，就会爱满乡邻。有的邻里从思想上互相关心，学习上互相帮助，从而使人团结进步，达到"远亲不如近邻"的境界。客人来访，热情接待，礼貌应对，起立迎送。通过对孩子加强爱的教育，使之和睦邻里，友爱他人，进而热爱天下百姓，服务人民大众。

三、教好子孙，造福百姓就是忠诚世界。古文《孟子·离娄上》告诉我们："不孝有三，无后为大。"全句原文为："不孝者三，一曰阿意曲从，陷亲不义；二曰家贫亲老，不为禄仕；三曰不娶无后，绝其祖祀。三者之中，以无后为大。”这句话的意思就是：“一味顺从父母之意，父母有错而不加以提醒，不加劝阻，使他们陷于不义，是第一不孝。家境贫寒，父母年迈，失去劳动能力，子女不想办法得到利禄，赡养父母，养家糊口，是第二不孝。儿子不娶妻生儿育女，不将孩子培养成才，没有人才接班，如同断绝后代，无人继承香火，担负起为人夫、为人妇的责任，是第三不孝，也是最大的不孝。”这其中，以不娶妻生儿育女，不教育好孩子，没有得力可靠的接班人，最是不孝。这种认定还列入了中国古代法律。倘若有人有了这种不孝的行为，是要受到被打板子甚至判刑的处罚的。可见，我们的祖先早就主张：父子平等，创建民主型家庭，减轻父母肩头重担，真正承担起兴家立业的责任，培养好自己的子女，有了优秀的接班人，方为讲究孝道。

从古至今，我们国家和民族都是十分重视孝道文化的传承和发扬的，大家深知：家庭民主，科学育人，承前启后，弘扬孝道，家庭才会振兴，民族才会发展，国家才会富强，世界才会和平，人类才会繁荣。

1912年3月的一天，一位母亲来到这个世界。她出生于一个书香门第，自幼受到诗书礼义的熏陶，她熟读甚至能够背诵《三字经》、《百家姓》、《弟子规》、《女子尺牍》、《千字文》、《增广贤文》……自小就让这些启蒙读物，陪伴她走过了人生的第一驿站。孔孟之道、三从四德等中华文化在她幼小的心田之中播下了孝道文化生命的种子。她，19岁时，出嫁到一个白手兴家的农民家庭。尽管丈夫吃粮从军，在外戎马征战，从士兵升任军官，家中渐有钱势。但她仍然在家孝敬父母、哺育子嗣、操持家务、勤于农桑。

在孝道文化的感召下，侍奉父母。当年，她经常用《弟子规》的“入则孝”要求自己，敬重父母。尽管夫家父亲早逝、母亲既不识字又不识数，但她坚持早晨向母亲问安，晚上照料母亲安眠，然后，就寝休息。母亲呼唤，立即答应；与之说话，诚恳和达；母亲吩咐，立即响应；要求做事，立即照办；母亲教诲，洗耳恭听；母亲责备，高兴接受。同时，按照春、夏、秋、冬四季气温变化，安排母亲的衣被，体恤母亲的冷暖。每次出外与回家，都要禀告母亲。当母亲生病的时候，母亲所吃的药要先尝，再让母亲用药。一旦病情加重，坚持昼夜服侍，从不随便离开。父亲虽逝，常常追思，感怀教养子女恩德、精神长存。按照礼法，祭奠态度诚恳。遵照《论语》：“生，事之以礼。死，葬之以礼，祭之以礼。”对待已经去世的父亲，如同生前一样尽孝道。

在孝道文化的感召下，团结兄妹。当年，她牢记《弟子规》“出则弟”的教导，计划自己的言行。她把丈夫寄回的现金，交给当家主事的二弟购买田产，开办铁厂，给祖先立碑，办妹妹婚事，送弟弟读书……20世纪30年代初的兵荒马乱，她和许多老百姓一样，离乡背井、流离失所。但是，她形影不离母亲和兄弟姐妹，坚持和大家有难同当，有福共享。在颠沛流离之中，除了携带家族老小辗转奔波之外，毅然变卖金银手饰，救活夫家和娘家两家老小的性命，斥资医好弟弟、妹妹的疾病……丙子、丁丑年后，回到家乡，由于战争灾祸，田园荒芜、庄稼无收、饿殍遍地、尸横遍野，她则与全家以枇杷树皮粉、神仙面、白鳝泥、根渣淀粉面和着野菜充饥……为了全家生计，火炕尚未成熟的大麦，差点熏瞎了自己的眼睛。

在孝道文化的感召下，和谐乡邻。她经常牢记“泛爱众”的至理名言，坚持这样的原则处事对人：“交朋处友，穿绸子戴礼帽的要维持，穿蓑衣戴斗笠的更要维持，什么时候都要放下架子与群众打成一片。结交朋友，千难万难，得罪朋友，一个眼神、一句话。我们随时要注意自己的言语和行动，不要轻易得罪人。人缘好，关系好，大家拥护，平安吉利，事业发展。”当年，在物资并不十分丰厚的过去，她对于乡邻亲友，坚持疾相扶，难相助，共渡难关。谁家困难，定会得到她的帮助，谁家遭灾，定会得到她的救援。因此，她热爱亲友，助人为乐，真诚待人，和睦邻里，大家赞赏，很得人缘。现在，她已逝世，但在她的故乡，还传颂着她的济世贫穷的故事。

在孝道文化的感召下，认识社会。她经常教育子女：“一个家庭，没有父母就没有子女，父母在上，子女都应孝敬父母。一个国家，没有国哪有家，国家在上，每个小家都应忠于国家。因此，孝敬父母、忠诚国家是每一个人的责任。”在改朝换代的解放后，她家仅有十亩土地。因为，丈夫服务过国民党军队，土改时，被划为地主成分。当地主阶级的田地、房屋、钱粮、耕牛、农具等五大财产被没收时，她毅然将多年积蓄的金子，也交给了人民政府。她常常将国共两党作以对比，并且教育子女：“共产党人能上能下，能文能武，官兵平等，上下一致。共产党领导，没有贪官污吏，没有奸淫沽霸，没有欺男霸女，没有买卖人口，没有官长虐待士兵，没有杀人放火，没有偷盗抢劫，还是共产党好！现在，没有小偷，没有强盗，大家日不关门，夜不闭户，放心大胆过日子。共产党清正廉洁，实事求是，军民团结，男女平等，新社会比什么时代都好。我们有什么理由不去拥护共产党、热爱新社会？”当县城有了第一条公路，当四川有了第一条铁路，当我们国家有了第一辆汽车、飞机和原子弹……她总是教育子女：“这样的奇迹，只有共产党领导才能办得到啊。今后，在任何情况下，都要以国家和民族的利益为重，听共产党的话，跟共产党走。”

在孝道文化的感召下，培育子孙。在她十分艰难的20世纪50年代初，她的父亲要她把次子领回娘家，亲自教其学医。好心乡邻也劝她把小女抱养给农村富户，为她减轻生活压力。可是，均被她婉言谢绝了：“生儿养女母亲责任。一个称职的妈妈有那能力生，就应该有那能力养，哪能因为困难，就不养育孩子？”此后，她一个人异常艰辛地把四个孩子一一带大。她经常教育子女：“一个家庭、一个民族都需要有接班人，并且要‘前人强不如后人强’，后人超过前人非读书不可。你们去念书学习吧！知识财富装在脑子里，人抢不到，火烧不到，贼偷不到，即使天灾人祸也丢失不了。”她对自己的子女订立了家规，要求子女聆听教诲，严于律己，她说："不准嫖娼，不准赌博，不准吸毒，不准酗酒，不准整人。若有违背，不得人心，哪有什么好处！"当她90岁生日时，她对子女说："今天是我的生日，也是母难之期，不准筹客办生期，应该牢记父母生养的辛苦。从今以后，大家要把自己生日这天定为'尽孝反思日'，追忆父母，反省自己，传承孝道文化的责任尽到没有？继承、发扬得怎样？孝敬父母与热爱祖国是统一的。国民党22集团军总司令孙震每逢自己生日，睡三天草窝，不忘母亲生养之苦。抗战爆发，国难当头，他卖掉了四川广汉的400亩良田，给抗日将士发军饷。今天的时代这么美好，我们有什么理由不居安思危，好好想想自己对家庭、对国家有什么贡献?"她的子女谨遵母命，身体力行，历尽风雨，看到世面，都走上了成功之路，并且形成自己的发展特色。长子依靠意志发展，次子依靠智慧发展，两个儿子自学成才，都走进了高级知识分子队伍，现在子孙发展、繁荣昌盛；大女依靠志气发展，通过读书之路将六个女儿个个培育成人，成为社会有用之才；幺女依靠勤劳发展，教育子女通过读书之路学会经商，现已成为千万富翁。她的第三代在"德孝兴家"思想的指引和鼓舞下比第二代发展得更好。

这是一个真实的故事，它说明"孝道文化"在社会基层化解矛盾、稳定社会、构建和谐、福及百姓的作用与意义。凡能掌握孝道文化核心内容的父母，只要以身作则，言传身教，因人制宜，因势利导，他的子女一旦养成孝忠两全的习惯，自然消除自身叛逆和羁绊，成为家庭发展的骄子、国家建设的良才。

在社会生活中，有了对父母的孝敬，才有对民族的热爱，才有对国家的忠诚，才有以爱国主义为核心的中华民族精神，才有民族团结、祖国统一的思想和精神，才有民族生存与发展的支撑条件——爱好和平的思想和精神，才有勤劳勇敢、锐意进取的思想和精神，才有创造美好生活的思想和精神，才有自强不息、艰苦奋斗的思想和精神，才有以上思想和精神的有机依存，相辅相成，共同服务于爱国兴邦、强国利民这一伟大的主题。因此，父母的教育既是"根"的教育，又是"源"的教育，这个"根"与"源"的精髓就是我们传承和弘扬的中华孝道文化。

培养孩子善于学习的习惯。古往今来，无论个人还是集体，只有通过学习，不断提高自己，不断完善自己，不断超越自己，才能在不断学习中，不断走进一个又一个成功的殿堂。多少成功事例，正如朱熹所说："无一事而不学，无一时而不学，无一处而不学，成功之路也。"因此，勤奋、虚心、不懈学习是成功人士的秘诀，也是走向成功的唯一选择。只有一生不间断学习，并且终身接受教育的人，才有希望在自己的创业中，不断取得辉煌的成就和胜利。

春秋时期，孔子和老子很有学问，各成一家，孔子是儒家，老子是道家。当时，儒、道两家都很兴旺。孔子早年到各国讲述三皇五帝君王之道，宣扬尧、舜、禹、汤仁政治天下。可在当时，各国处在战争混乱的年代，纷纷加强军事，增强国力，保全自己，争夺霸主。所以，孔子的王道仁政，并不适合当时时局，自然没有一个国家用他。孔子郁郁不得其志，总觉得自己尚有许多不足，准备求教久负盛名、学识渊博的老子。

这一年，孔子带着门徒借外出游说的机会去了亳州城内的道德宫。三次拜谒，才见到老子，二人攀谈起来。孔子谈了求学之切，周游之苦，老子开导他说："良贾深藏若虚，君子盛德若愚，远离骄淫之俗，亲近道德之居，则避怨矣。"孔子听了连连点头，老子又问他："你现在研究什么学问？"孔子回答："正读《周易》，过去古人也读这书呢。"老子说："古人读《周易》，有用。你现在读它何用？""我在追求仁义。""你为此追求义，像击鼓追赶亡羊，辛辛苦苦，有什么收获？"孔子听后，半天才说："我研究了二十七年，没有得到一个能行的真正道理。""是呀，光讲仁义是不行的。还必须讲'道'，有了'道'，才有'德'，用'道德'近'仁'，'仁'则近之。你如果愿意追求道德的话，我就把我研究的'道德'给你讲一下。"孔子听了十分佩服，当即虚心求教。老子从天明讲到天黑，孔子几乎听迷了。从此，他每天都去道德宫听老子讲解《道德经》。道德宫门前的那条小巷，因孔子问礼走过，后人就称这条街为问礼巷，纪念孔子向老子虚心请教、不耻下问的精神。

此后，孔子回到家乡，安下心来，教授学生，著书立说，写下了《春秋》、《论语》等不朽之作，同时，使《周易》更加完善和实用。孔子虚心求教、谦恭学习老子的思想，老子让他明白了人生的哲理。孔子深受老子的启发和影响，创立了影响中华民族发展的儒学，成就他"至圣先师"的地位，取得了名垂千古的伟业。

一个人一旦养成了良好的学习习惯，既能收获良好的学习效果，又有利于人生的工作和生活，更易于立身社会，拥有抱负，开创事业，实现理想。在生活中，善于学习的习惯可以创新人的一生，父母一定要对孩子从小负责抓起，专心细致的良好学习习惯养成了，孩子就掌握了学习科学知识、战胜艰难险阻的法宝，把自己造就为成功学习的主人。那么，怎样培养儿童勤于学习的习惯，奠定终身学习的基础呢？

首先，父母一定要充分认识对孩子专心细致的学习习惯的养成必须是在12岁之前，错过了这段关键时期，要想让孩子形成良好的习惯，就有了一定的难度。因此，对孩子的早期学习习惯的养成教育必须引起父母的高度重视。在家庭教育中，最关键是从小培养孩子的志向，志向是无穷的动力，只有远大的志向，才能在科学探索的道路上，不畏艰险，百折不回。

其次，父母要耐心细致地帮助孩子，切忌简单粗暴的批评和指责，经常，通过讲故事、举事例、摆道理使他们明白专心仔细的习惯对成功的重要性，并且懂得粗心大意、马虎草率习惯对人一生的危害性。在家庭教育中，最重要的是从小激发孩子的兴趣，只有浓厚的兴趣，才能在学习的道路上永不厌倦，勇往直前。

其三，创设一个相对安定的学习环境，不在孩子周围放置有分散注意力的家用电器等物品。例如，电视、收录机等。孩子做作业时，父母不应在孩子面前进进出出，更不应在孩子面前聊天、打扑克、搓麻将、看电视……同时，合理安排孩子的学习、休息、活动时间，以利养成孩子良好的学习习惯。在家庭教育中，父母重视孩子从小养成刻苦读书的习惯，掌握勤奋学习的方法，是提高孩子学习效率最为有效的途径。

孩子到了青少年时期，父母更要重视加强对他们的培养，让他们认识激烈竞争的社会形势，要求每一个人生命不息，学习不止，奋斗不止。只有这样，才能在善于学习中立身社会，创新辉煌。那么，应该怎样培养青少年善于学习的习惯呢？

一、在继承传统、珍惜历史中，培养孩子的好学习惯。中国传统文化源远流长，古书浩如烟海，蕴含了千百年先哲们的韬略、智慧、经验和教训。在中国五千年的文明史中，儒、道、佛家文化影响着社会的发展，传承着不少心理教育的文化资源。父母应该把握“古为今用、洋为中用、取其精华、去其糟粕”的原则，教育孩子重点学习或记忆一些有益于他们成长的名句、名段、名篇。同时，教育他们学习世界文化知识，懂得人类文化对于社会发展的影响，以利他们陶冶情操，纯洁心志，审时度势，学会做人，立身社会，健康发展。例如：我国的《论语》、《孟子》、《大学》、《中庸》、《荀子》、《老子》、《庄子》、《诗经》、《史记》、《唐诗》、《宋词》、《元曲》、《三字经》、《弟子规》、《千字文》等著作都是中华民族的文化瑰宝；《西游记》中，孙悟空的“花果山水帘洞”、“大闹天宫”、“三打白骨精”；《三国演义》中，刘备、关云长、张飞的“桃园三结义”，诸葛亮“三气周瑜”，关云长的“刮骨疗毒”，曹操的“望梅止渴”；《水浒传》中，吴用的“智取生辰纲”、武松的“景阳岗打虎”；苏联小说《钢铁是怎样炼成的》中的主人公保尔·柯察金怎样由一位普通工人成长为无产阶级战士的传奇……都是父母培养青少年孩子情操和性格的最佳文选。

二、在名言警句、激励鞭策中，培养孩子的好学习惯。学习名人名言，理解内涵，联系实际，科学指导自己的言论和行动。例如，司马迁《报任少卿书》：“人固有一死，或重于泰山，或轻于鸿毛。”《增广贤文》中形容知己的“相逢好似初相识，到老终无怨恨心”；标明时运的“运去金成铁，时来铁似金”；读书学习的“读书须用意，一字值千金”；区别贫富的“贫居闹市无人问，富在深山有远亲”；励人励己的“莫道君行早，更有早行人”；识人辨人的“画虎画皮难画骨，知人知面不知心”。成语中的“哀兵必胜”、“安邦定国”、“当仁不让”、“鸿鹄之志”……格言中的“生气是拿别人的错误来惩罚自己”，“前进路上，最大的敌人是自己”，“战胜了自己就获得了胜利”……都涉及到人的心理活动和行为表现，作为父母如果经常用它同青少年孩子交流，不仅教育了孩子，铸造了性格，同时，也陶冶了自己的情操，升华了父母和孩子的品格。

三、学习先进科学技术知识，培养孩子的学习习惯。中国加入WTO，数码革命，互联网普及，科学技术变革，学习型社会的出现，都是对青少年的机遇和挑战。时代要求父母帮助孩子，既应学习中华民族的传统美德和精神，又应学习世界的先进科学文化知识，随时学习走俏市场的实用技术与本领。在学习中，树立志向，培养兴趣，提高认识，更新思想，升华境界，养成爱科学、学知识、学本领的习惯，终身接受教育，终身学习不懈，终身奋斗不止。21世纪，终身学习是时代通行证的大背景下，父母究竟怎样帮助孩子养成善于学习的习惯呢？

第一，在学校里读书，养成学习习惯。在学校学习生活中，父母应当会同学校老师加强对孩子思想品德的指导。学好的关键，在于帮助他们确立学习目标、立定学习志向、珍惜学习时间、培养学习兴趣，排除学习困难，掌握学习方法，养成学习习惯，获得各门功课学习的好成绩，把自己出息为德、智、体、美、劳全面发展的人才。

丁肇中，1936年1月出生。丁肇中的母亲王隽英是儿童心理学教授，能够及时把握丁肇中的心理，她十分注重对孩子学习兴趣与志向理想的培养。

丁肇中7岁时，父亲便带他参观重庆的工业展览、科技博览，让他认识新机器的功能、新工具的用途。同时，给他讲科学家的故事，从法拉第到牛顿，从麦克斯伟到爱因斯坦。父母细致入微、深入浅出的启蒙教育，让丁肇中懂得了伽利略，钦佩上法拉第，爱上了爱因斯坦，喜欢上了居里夫人。家长让丁肇中树立了远大理想，把科学的种子播撒在丁肇中的内心深处，永远充满生命的活力。1946年，父亲丁观海执教于山东大学。丁肇中因为不适应学校的教育方法，学习成绩开始一直不好。丁观海反而带着孩子看电影、看京剧、打球、游泳，随其自然。在玩耍过程中，父母一点一滴启迪着孩子对学习的兴趣和对知识的悟性，让丁肇中身体特别好，精力特别充沛，求知欲开始旺盛，功课慢慢好起来。从初中到高中，很多时候，同伴们在窗外玩耍、嬉闹，丁肇中却在图书馆顽强、开心地苦读。混沌岁月一过，便迎来了快乐无穷的知识春天，成为了学校出类拔萃的学生。

中学毕业，丁肇中信心百倍地走进了台湾成功大学。1956年9月，丁肇中进入美国密歇根大学学习物理和数学，1960年获硕士学位，1962年获博士学位。1976年起，任美国麻省理工学院物理学教授。1974年8月，在高能加速器的质子碰撞实验中，他发现了一个新的粒子，即“丁粒子”。“丁粒子”是已经发现的原子核中重量最大、寿命最长的一种，轰动了沉寂十多年的高能物理学界。1976年获诺贝尔物理学奖，并被选为美国国家科学院院士，丁肇中成为了物理学界一颗璀璨明星。

科学探索之路，崎岖而又艰险，幸福而又荣耀。一个伟大的科学家，十分重视实现自己的理想，珍惜宝贵的时间，讲究科学的方法，让勤奋刻苦钻研科学的精神得到充分发扬，才铸就了他伟大事业的成功。

第二，在实践中学习，养成学习习惯。父母应该鼓励孩子通过报刊、书籍的学习，参加丰富多彩的科学技术活动，无论在课外，还是在校外，投身实践，勇于钻研，勤于动脑，长于动手，立志创新，树立刻苦自励、永不言败的坚韧不拔的奋斗精神，从中尝试运用与创新所赋予我们的无限欢乐。在实践学习中，读书学习与兴趣爱好活动不仅是高品位文明的传递载体，也是全面提升孩子德、智、体、美、劳综合素质的便捷通道。

美国大发明家爱迪生从小就是一个好奇心极强、勇于实践探索的好孩子。遇有疑惑，他不仅喜欢问个为什么，还喜欢亲自动手去试一试。有一次，他看见母鸡在孵蛋，便从家里拿了几个鸡蛋，暗自孵起蛋来，直到家里人在鸡窝里找到他。在课堂上，他也经常问些稀奇古怪的问题，老师回答不出来。因此，爱迪生不仅受到斥责，还被诬为“低能儿”，最终被人撵出了学校。此后，母亲做了爱迪生的家庭教师，母亲的教育方法让校外的爱迪生产生了浓厚的读书兴趣。通过读书，爱迪生获得了很多知识。为了实验经费，爱迪生卖过水果、蔬菜和报纸。为了实验成功，不小心点燃了火车的整个车厢，列车长扔掉了他的所有实验设备。爱迪生经过6000多次失败，最终成功制造出世界上第一盏电灯，让人类在夜晚见到光明。爱迪生在实践中，经过无数挫折和失败，把学到的知识转化为创造发明，给人类留下了大约2000项创造发明，为人类文明作出了巨大的贡献。

第三，在电脑上学习，养成学习习惯。学习电脑不仅是社会发展的需要，而且是青少年提高学习兴趣的需要。一个人能够从事自己喜欢的事，把知识学习转化为生产力，惠及民生，既是幸福的，又是幸运的，就像比尔·盖茨那样，既可以让钻研科学的兴趣装点美丽的生活，又可以为社会的发展作出贡献。

比尔·盖茨的父母早年就读于华盛顿大学，都是高才生。比尔·盖茨从小受到父母的影响，与众不同。他7岁的时候，就喜欢看一些科技类的图书。《世界百科知识》就是他童年喜爱看的书籍。一个偶然机会，比尔·盖茨发现了机房里的计算机，便对它产生了浓厚的兴趣。他想，计算机的原理是什么？它的运算速度为什么那样快？怎样使它按照我们的意图工作……为了弄清楚这些问题，比尔·盖茨深入机房刻苦钻研，完全沉浸在程序的海洋里。遇有不懂的地方，他就收集有关资料，认真阅读分析，找到答案，探索出究竟。不久，他便成为小小计算机的高手，甚至教计算机的老师，还要向他请教。此后，他创立了微软公司，推出了WS—DOS和视窗软件，将以前复杂难懂的计算机程序变成了既直观又简便的操作系统，把人类带入一个崭新的计算机时代。

四、结合国家集体个人实际，培养孩子的学习习惯。一个有作为的青少年必须学习好国家规定、学校所授的主体功课，学习好包括同国际接轨的ESL和计算机在内的两翼功课，学习好自身感兴趣的实用技术舵轮功课，以主体课程为动力，两翼课程为翅膀，舵轮课程为导向，形成自身的学习特色，进而取得德、智、体、美、劳等方面的全面发展，才能像宇航员一样，驾驶宇宙飞船遨游知识经济时代的太空。对于一个现代青少年来说，我们所要倡导的自身学习特色，必须是博学多识，一专多能。

季羡林，精通12国语言，长年任教北京大学。他25岁那年，忽然感悟到，中国文化受印度文化影响极深，于是选学梵文，一学就是半个多世纪。他不仅在语言学、文化学、历史学、佛教学、印度学、比较文学等方面造诣很深，而且研究翻译了梵文著作和德、英等国的多部经典名著。他为人敬仰，不仅因为他的学识，还因为他的品格。他说，即使在最困难的时候，也没有丢掉自己的良知。他在“文革”中，自觉肩负中国知识分子的历史重任，既偷偷翻译了印度史诗《罗摩衍那》，又完成了《牛棚杂记》一书，凝结了很多人性的思考。他的教学与研究，形成了自身的特色，为中华民族留下了宝贵的财富。当他走向辉煌的时候，却自己摘掉了自己头上的三顶桂冠：“国学大师”、“学界泰斗”、“国宝”，真可谓：繁荣至极，归于平淡。

五、坚持能者为师的原则，培养孩子的学习习惯。在生活中，向上下左右虚心地请教，学人之长，补己之短。父母以身作则，帮助青少年孩子，坚持向自己的上级、向自己的下级、向自己的左右平辈人虚心请教，学习大家的思想、作风、本领，养成凝聚智慧、集思广益、取长补短的习惯，一同前进在学无止境的阳光大道上。

一位有出息的青年，中学毕业后，当上了上山下乡知识青年。因为，他坚持向上、下、左、右的人学习，深受大家的爱戴，被选为了村党支部书记。此后，他被保送进入国家重点大学。当他背上行李，准备离开这片乡土的时候，送别群众把他送了一程又一程，实在舍不得他的离去。他也因此而备受感动，决意留在农村，与大家同甘共苦永远生活在一起。但是，大家以他的前程和老百姓利益为重，希望他能更好地深造，为国出力作贡献，毅然欢送他走上了更为重要的学习与工作岗位。他在新的岗位上，仍然坚持向上、下、左、右的人学习，口碑优良，成效卓著，政绩斐然，深受人民群众的信任和拥护，被大家誉为难得的人才、杰出的领导干部。

培养孩子敢为人先的习惯。一个人倘若养成了敢为人先的习惯，既拥有激发潜能、胸怀目标、超越自我、奔腾向前的思维，又拥有了意志坚定、不屈不挠、勇克时艰、开拓创新的精神，就能在艰苦奋斗中，胜利在今天，辉煌在明天。

华罗庚出生于江苏省金坛县一个小商人家庭。1925年初中毕业后，因家境贫寒，中途辍（chuò）学，帮助父亲料理杂货铺。他在青少年时代，没有太多的学习时间，但却养成了早起、善于利用零碎时间、善于心算的习惯。没有书本，养成了他勤于动手、勤于独立思考的品格。

1929年冬天，他得了严重的伤寒症，经过近半年的治理，病虽好了，但左腿的关节却受到严重损害，落下了终身残疾，走路要借助手杖。但是，他身残志坚，发奋攻读，刻苦自励，敢为人先，为后来的成功拓宽了道路。1930年春，他的论文在上海《科学》杂志上发表。当时在清华大学数学系任主任的熊庆来教授看到后，推荐他到清华大学数学系当图书馆助理员。华罗庚在清华大学一面工作一面学习，他用了两年的时间走完了一般人需要八年才能走完的道路。1936年，他经清华大学推荐，派往英国剑桥大学留学。他在剑桥的两年中，把全部精力用于研究数学理论中的难题，他的研究成果引起了国际数学界的注意。1938年回国，受聘为西南联合大学教授。从1939年到1941年，他在极端困难的条件下，完成了他的第一部数学经典名著《堆垒数素论》。随后，在各国被翻译出版了俄文、德文、英文、匈牙利和中文版。1946年，当时的国民政府也想搞原子弹，选派华罗庚、吴大猷、曾昭抡三位科学家赴美考察。同年9月，他和李政道、朱光亚等离开上海前往美国，先在普林斯顿高等研究所担任访问教授，后被伊利诺伊大学聘为终身教授。

1949年10月1日，新中国成立，1950年3月，华罗庚回到北京，担任清华大学数学系主任。1952年7月，数学研究所成立，他担任所长，潜心为新中国培养数学人才。王元、陆启铿、龚升、陈景润、万哲先等在他的培养下，成为了著名的数学家。华罗庚一生克服了常人难以想象的困难与阻力，艰苦奋斗，不断前进，敢为人先，勤奋成才，成为中国解析数论、典型群、矩阵几何学、自守函数论与多复变函数论等很多方面研究的创始人与开拓者，成为蜚（fēi）声中外的杰出科学家。

在生活中，一个人不能因为表现良好就万事无忧，表现良好不等于敢为人先。敢为人先在表现良好之上，敢为人先随时可以激励与鞭策你，勇克时艰，告别平庸，发挥潜能，远大目标，追求卓越，实现理想，把你的一切不断带向一个又一个完美的境界。当今社会，培养孩子的敢为人先、追求卓越的习惯，势在必行。那么，怎样培养呢？

一、以身作则，优化性格，培养习惯。金色年华，活泼好动，天真烂漫，童言无忌，结伴游玩，同寻欢欣，活泼自由，共享童乐是孩子的天性。然而，一些孩子因为父母的原因，养成了内向孤僻、胆小害怕等性格，往往阻碍着孩子的进步。因此，要进步就应当优化性格，要争先就必须良好习惯。

第一，纠正内向，敬业乐群。在生活中，有些独生子女，自小就喜欢独来独往，不喜欢与人经常交往，不关心周围的人和事，在群体生活中处处被动，存在着内向孤僻的性格。这种性格，与父母并不科学的家庭教育息息相关。

周小小的爸爸老周是个怨天尤人的高手。

上初中时，他的数学成绩很差，便气鼓鼓地埋怨数学老师教得不好，导致了他的偏科。上高中时，因为他的个子不如人高，这位小周的老爸动不动就骂学校的伙食不好，影响了他的正常发育。考大学时，因为与自己的理想大学擦肩而过，还是这位老周一直唉声叹气，到现在还在埋怨父母的遗传天分不够。毕业后做生意时，因为所选地段不佳，连连赔本的老周不时训斥老婆不贤淑：背后的女人不怎么样，前面的男人能成功吗？苦苦撑了两年的老周破产了，更是火冒三丈地指责老丈人，当初，都是因为你不肯拿出钱来入股，才导致了我今天的不幸。

在这样的环境中，老周的儿子周小小慢慢长大了。上小学时，他便继承了老周一样的脾气。第一学期末，周小小拿着全班倒数第一的成绩单，交给了老爸。老周正想破口大骂，周小小板着脸说："爸爸，你不觉得这个问题出在你的身上？是你说的，你当年成绩不好，是因为爷爷奶奶没有给你遗传的好天分。"老周一听，顿时哑口无言。老周不也主张：有什么样的爸妈，就有什么样的孩子吗？

在家庭教育中，父母应该勇于负责，找到形成内向、孤僻的原因，采取科学教育方法，解决思想上的抑郁，帮助孩子走出困惑。同时，不找借口，不为自己辩解，真正走进孩子的内心世界，切实担负父母的责任，与孩子共同寻找生活中的快乐，就能避免内向、孤僻等不良性格所带来的危害，培养出健康、活泼、可爱、欢乐的孩子，让孩子健康成长起来。同时，创造机会得到超越自身体验，健康孩子的生活。忘我精神是走向成功的一条捷径，只要沉迷其中，就能超越自身的束缚，在不知不觉中释放出惊人的能量来。

1858年，一位瑞典富豪迎来了他的第一个女儿，可是好景不长，不久，这个不幸的小女孩染上了一种无法解释的瘫痪症，从此，她失去了站立和走路的能力。

时光飞逝，几年之后，已经十来岁的女孩跟随家人一起乘船旅游。船长太太非常喜欢这位金发碧眼的小宝贝，于是抱着她讲起故事来。女孩子很快被故事里那只美丽无比而又无所不能的天堂鸟迷住了。"天堂鸟在哪儿？我能见到它吗？"小女孩问。"能啊，如果我们一直站在甲板上的话。"船长太太哄她说。"那你快带我去，我要看看天堂鸟。"女孩兴奋地大声喊道。无奈，船长太太只好站起来带她出去，由于忘记了女孩的腿不能走路，便像拉着正常孩子一样拉着女孩往外走。结果，奇迹出现了，由于过度渴望见到天堂鸟，孩子竟然忘我地拉着船长太太的手，慢慢地走起来。从此，她的病痊愈了。

这件事影响着小女孩的终生，长大后的女孩坚信：只要忘我地投入，什么事都能做得很好。在以后的文学创作中，她对此深信不疑。最后，她竟然成为世界上第一位荣获诺贝尔文学奖的女性——茜尔玛·拉格萝芙。

在家庭生活中，性格内向、孤僻的孩子沉默寡言，对许多活动不感兴趣。父母应该创设机会，让孩子在兴趣活动中体验成功，尝试欢乐，改变平俗，寻觅奇迹。抛别冷淡的心态和冷淡的神情，消融冷漠的习惯，逐渐变离群为合群与乐群。改变孩子的性格，全新孩子的做人。

第二，纠正胆小，增强生活的勇气。小孩，对外出游玩、串门、走亲友、打电话、买东西等都有浓厚的兴趣，这些看似小小的事情，恰好就是父母培养孩子行为勇气的大好机会。

一位家长带孩子逛公园的时候，让孩子买门票、租用东西，鼓励孩子大胆地跑、大胆地跳；在带孩子串门的时候，让孩子敲门、打招呼、说明来意……鼓励孩子自己串门，找小朋友玩，同小朋友在互相学习、共同进步中，培养独立自主的勇气；在带孩子走亲友的时候，让孩子明确路线、购买车票、前面带路、招呼询问、亲切慰问，敬重亲友……在家庭中，电话铃响了，让孩子接，问明谁来的电话、找谁之后，再让大人接电话；要打电话出去，让孩子代办，让孩子通过电话向对方说明：找谁，需办什么事；父母带孩子到商店买东西的时候，把钱交给孩子，让孩子自己挑选……天长日久，孩子不胆怯了，既落落大方，又坚强勇敢。

孩子身心健康的一个重要标志，就是能与别人进行正常交往。通过与人正常交往，结识朋友，懂得交往常识，优化性格与品行，培养良好的习惯。家庭应当创造条件让孩子与人多交往，健康孩子的生活。

二、帮助孩子不甘落后，敢为人先。一些人只满足过一种温饱无忧的生活，找一份稳定悠闲的工作，每天重复着同样的事情，一直到老，终生平庸无为地度过了他的人生。而那些不满足现状现有成就的人，总是以批判的态度审视自己和自己的同类，把自己和同类现有的位置与自己所期待的希望作一比较，经常激励自己，不甘平庸，不甘落后，奋发向上，敢为人先，总是站在时代的前列，总是获得沉甸甸的果实。

一位平凡的妇女，原来在一个制鞋厂工作，丈夫是电工，日子过得平平常常。但是，这位妇女不甘于这种只能解决温饱问题的生活，下班后就去做些小买卖，希望勤奋向上，改变现状。

改革开放初期，她把自己的房子卖了做本钱，卖房的价格是原来买房的5倍，她用3000元在成都八一路买了一间临街房，卖过服装和皮鞋。后来，开了“小天鹅火锅店”，生意越做越火，一天的收入相当她过去一个月的工资。但她并不满足，她把所有精力用在经营上，一注重口味，二讲究服务，成为了这条街上的“火锅皇后”。

20世纪90年代初，她在成都租下了2000平方米的房屋，开设了第一个分店。接着，相继在绵阳、双流等地开设分店，影响越来越大。1994年，她出人员、技术、品牌，与投资人景文汉在天津办起了加盟店。双方协定：回收投资前，三七分成，你七我三，收回投资后，五五平分。天津店的成功让她下定了开拓另一番新天地的决心，以平均每月一家的速度，很快在上海、北京、南宁、广州、西安、沈阳、哈尔滨等地办起了加盟店。

现在，她已把她的火锅店开到了美国西雅图等地，成为国际型企业。她的企业不仅跻身“中国私营企业500强”的行列，而且成为“中国最具前景的50家特许经营企业”。她就是一举跨入亿万富翁行列的第八、第九届全国妇联代表何永智。

三、帮助孩子挖掘潜能，不断进取。一份心理学报告表明，几乎所有的人都只发挥出其能力的15%，其余85%的力量由于自卑、不安、恐惧、意志薄弱等因素的影响，让人不能包容外界，消极对待自己，这等于给自己的能力踩了刹车。成功者之所以成功的根本原因在于他在通往成功的大道上，不畏艰险，敢为人先，运用潜意识，挖掘自身无穷无尽的潜能，创造一个又一个奇迹。

中国的刘翔在雅典奥运会上打破了黑人选手对田径短跑项目的垄断，起跑只用了0.139秒；世界心理学大师罗扎诺夫的学生一天能学会1200个外语单词；美国的乔·吉拉德严重口吃，居然能够成为全球最受欢迎的演讲大师之一；在一场车祸中，娇小的妻子在千钧一发时，竟然抬高车轮将压在下面的丈夫救起……他们都超越了人类以往认识的极限，带给我们新的奇迹，展示了人体潜能的无限力量。

四、培养孩子责任意识，坚强自信。人生在世，难免遭受挫折，甚至落入陷阱，面对艰难险阻，谁能坚强地巍然挺立，谁就是勇敢的胜利者；谁能从挫折与陷阱中走出，谁就是成功者。父母也可以根据孩子的兴趣，鼓励孩子参加体育运动，或者把孩子送到有资质、讲科学、重成效、享盛誉的学校中去培养，让孩子敢于负责，自尊自信自立自强，从失败中挺立于社会。

一个父亲把自己胆小、怯懦的儿子送到拳击学校学习拳击，他想让儿子成为世界上最坚强的男子汉。过了一段时间，父亲十分想念儿子，便去拳击学校看儿子。然而，当他走进拳击场时，他看到的一幕把他吓坏了。他看见拳击师一次又一次地把自己的儿子打倒在地，而儿子必须一次又一次地再站起来。他看见鼻青脸肿的儿子，心里难过极了。他对拳击师说："我送儿子来这里，想让他变成世界上最强大的人。但是，没有想到，在这里，他还是一次又一次被人打倒。我对他非常失望，与其这样，还不如让他跟我回家种地呢！"拳击师听完这位父亲的话，对他说："您错了，您根本没有看到你儿子倒下去又站起来的勇气和力量。打倒别人不难，难的是被别人打倒之后还能坚强地站起来，那才是真正的男子汉！"

五、帮助孩子树立目标，实现理想。目标的高度决定人生的高度。目标是人们经过深入思考后获得的一种美好愿望，它具有坚定性和稳定性，一旦形成，很难改变。目标能使人迸发出生命的潜力，使人忍受身心的折磨和痛苦，使人爆发出巨大的勇气和力量，让人不惜代价，甚至舍生忘死，达到目标。人生最大的目标是理想，理想是对未来的追求。理想是远方的灯塔，照亮人生舵轮前进的方向。理想给人以战无不胜的力量，理想又是人生的太阳。一个有远大理想的人总会敢为人先，在不断达到一个又一个奋斗的目标中，实现自己远大的理想。

有两位同是年届70岁的老太太，一个认为这个年纪已是"古来稀"了，于是开始料理后事，不久，她就告别了人世。而另一位却不在乎自己的年龄，她要做自己喜欢的事，于是制订了一个学习登山的计划，冒险攀登高山，先后登上了几座世界名山。在她95岁高龄的时候，居然登上了日本富士山，打破了登上此山的最高年龄纪录。她就是全美大名鼎鼎的胡达·克鲁斯老太太。

在家庭教育中，父母望子成龙，望女成凤，必须因人因时因地制宜，帮助孩子不甘平庸，不断进取，敢为人先，挖掘潜能，树立目标，实现理想。孩子树立目标、实现理想的成功，就是父母育才的成功。帮助孩子养成不甘落后、敢为人先的习惯，是父母教育孩子义不容辞的光荣任务，也是父母培育孩子成才的第一责任。一切成功者，无不拥有一种“天下兴亡、匹夫有责”甚至“天下兴亡，责任在我”的思想意识，深受大家的热爱和敬重。责任感是青少年安身立命的基础。

培养孩子遵纪守法的习惯。我们生活在一个美丽、幸福的世界，实际也是一个拥有规则的世界。因为，美丽、幸福需要规则、纪律去维护、去捍卫。我们不仅应该拥有强劲的生活本领，而且应该具备遵守规则的意识，养成遵纪守法的习惯。在严格的组织纪律中，造就遵纪的青少年、守法的公民、时代的先锋、人民的英雄。

1952年10月，中国人民志愿军战士邱少云所在连队接受了一项光荣而艰巨的任务，就是消灭盘踞在平康和金化之间的三九一高地的美李匪军。为了缩短冲击距离，出奇制胜、打得敌人措手不及，我军决定在发起总攻击前一天的夜里，把部队潜伏在敌人阵地的前沿。深夜，他们进入了指定位置。每个人从头到脚插上了蒿草，风一吹，人身上的草和地上的草同时摇动，看不出一点儿伪装的痕迹。

次日上午十点多钟的时候，从南方飞来几架敌机投下了燃烧弹。有一颗燃烧弹落在离邱少云两米远的草地上，飞迸的燃烧液溅到邱少云的左腿上，眨眼工夫，插在他脚上的蒿草烧着了，火苗腾腾地冒起来，此刻，邱少云和他的战友们，牢记着部队首长的嘱咐:“在任何情况下都不能暴露目标。”他们怀着对敌人的刻骨仇恨，强压着满腔怒火，等待着战斗时刻的到来。时间一分一秒地过去，邱少云始终纹丝不动地潜伏在那里。为了革命，为了胜利，他咬紧牙关，顽强地忍受着烈火烧身的剧烈疼痛把手深深地插入泥土，他没有发出一声呻吟，直到最后牺牲。

下午五点三十分，中国人民志愿军向三九一高地进攻的号角吹响了，同志们怀着满腔复仇的怒火，以排山倒海之势向敌人扑去，三九一高地上飘扬着我军胜利的红旗。邱少云同志高度的组织纪律性、坚韧顽强的革命意志、高度自我牺牲的精神，永远是我们学习的榜样。邱少云是视纪律重于生命的代表，邱少云永远活在我们心中。

纪律是胜利的保证，夺取胜利必须遵守纪律；规则是成功的保证，获得成功必须遵守规则。只有遵守纪律和规则，才能勇克艰险，打败敌人，获得伟大的胜利。生长在现代社会的青少年，置身和平环境，应当养成遵守规则和纪律的习惯，不断战胜前进路上挡道的敌人——自己，才能取得辉煌的胜利，得到更多的幸福。那么，怎样培养孩子的规则意识呢？

一、遵守规则习惯的养成，必须从小时开始。在家庭教育中，父母和孩子一起制定家庭规则，并且必须落实在培养孩子遵守规则意识上。父母是孩子最亲近的人，很多时候，孩子不仅乐意和爸爸妈妈一起制定家规，而且在爸爸妈妈的带动下，让孩子既有心理上的亲近，又有行为上的模仿，让孩子从小懂得在生活中处处有规则，处处讲规则，处处守规则，让遵守规则的意识和生活上的良好习惯，在自然而然中形成。这样，孩子在学校读书就不会出现坐不满几十分钟的厌烦，与小伙伴做游戏就不会出现被人排斥在圈外的尴尬，立身社会就不会出现不适应社会规则的困难。

二、制定家规，必须与学校和社会要求同步。父母要熟悉《小学生守则》、《中学生日常行为规范》和《高等学校学生行为准则》的基本内容，同时，要随时与学校老师交流，了解学校对学生的各个方面的要求，然后结合孩子行为习惯的实际情况，制定出家庭规则要求，一定要与学校、社会对学生的行为准则保持一致。既让家庭规则具有感情色彩，又让孩子喜于热爱遵守，既让孩子体会到规则不是外在的管束，又让孩子生活按照规则与大家和谐有序相处，进而保证孩子将来出身社会的安全与幸福。

三、教育孩子遵纪守法，是父母光荣的责任。那么，怎样才能让孩子愿意遵纪守法呢？

第一，制定规则应该获得全家人的认同，让大家在共同遵守规则中，去体会遵守规则维护大家的利益，是做人所应该达到的至高境界，更是神圣的使命。例如，在公共汽车上按规矩购票，主动给老人让座，拾金不昧等等。

第二，让孩子充分明白制定这些规则的用意。例如，不用湿手去动电器插座，因为，水导电，这样做非常危险。遵守这样的规则，是为了保障生命的安全。

第三，根据孩子遵守规则的情况，父母应多表扬，少批评，奖惩要合理，兑现要及时。在家庭教育中，父母可以有意识地让孩子体验不守规则所要付出的代价。例如，孩子因为赖床而迟到，就让他迟到一次，让他在迟到中体会到自己在受罚（如挨饿或落下功课等），在受罚中感悟到遵守规则的重要性。

第四，规则不能随意变来变去，让孩子感到不确定，摸不着头脑，难以遵守，难以执行。

第五，父母自始至终，以身作则，示范带头，以遵守规则的好习惯去感染、启迪和教育好孩子。如果，大人对遵守规则破了例，那么，对于孩子来说，失去了规则，就失去了“神圣”，就会让孩子在生活中，寻找到一个不遵守规则的理由，负面影响很大，甚至要付出相当的代价。

四、学好政治思想功课，深化遵纪守法意识。在学校生活中，小学生要学好《思想品德》，中学生要学好《思想政治》，大学生要学好《思想道德修养与法律基础》、《毛泽东思想、邓小平理论和三个代表重要思想概论》、《马克思主义哲学》、《政治经济学》等课程，强化对青少年以爱国主义为核心的思想道德教育，懂得“依法治国”、“以德治国”的意义。“法治”是强化人的外部行为，只有“德治”才能规范人的内心世界。两者互为表里，相依并存，从根本上巩固社会稳定，向前发展。如果“德治”不举，人心不稳，“法治”就会千疮百孔；如果“法治”不严，惩恶不力，“德治”就会有其形而无其实。“法治”和“德治”都是调节社会人群相互关系和行为的规范，各有独特的地位和功能，缺一不可。但是，法律带有强制性和权威性，“依法治国”避开了随意性和任意性，保证了国家社会生活有序进行和人民的合法权益。道德依靠社会舆论，依靠人民价值判断，依靠人的良知和传统体系来维系。虽然，没有法律那样的强制性，但在社会生活中，“以德治国”却是一种强大的精神力量。所以，法治是德治的提高升华，德治是法治的思想基础，二者互为表里，有机结合，相互依存，形成了“齐家、治国、平天下”的法宝。这就是“依法治国”、“以德治国”的重要意义。因此，遵循法制规则，重视道德素养，塑造健康人格，履行做人责任，是每一个青少年光荣的历史使命。

五、加强法制教育学习，推动法制建设进程。当前，全国人民正在为全面建设小康社会、构建社会主义和谐社会共同奋斗。和谐社会的目标是“民主法治、公平正义、诚信友爱、充满活力、安定有序、人与自然和谐相处”。加强对青少年的法制教育是构建和谐社会的一项十分重要的任务，它关系到社会的稳定和国家的长治久安，关系到下一代的健康成长，我们必须高度重视，坚持始终不动摇。在社会生活中，通过学法、讲法、守法、用法、普法等手段，规范青少年的法制意识和道德行为，用自己的实际行动，普及法律知识，优化道德品质，沿着法制化、德制化的轨道阔步前进，进而把我们的青少年培养成具有知识经济时代特色的现代化建设人才。

培养孩子正确花钱的习惯。在生活中，同样的钱，会花与不会花相差很多。钱花对了地方，资金就会得到最大限度的利用。齐家需要，治国更需要。教育学生学会花钱，正确理财，意义十分深远。

唐太宗时期，一天，在上朝的路上，宰相房玄龄遇到了窦德素。窦德素是监管皇宫建设的官员，宰相房玄龄向他了解了皇宫里建设工程情况。唐太宗知道此事后，非常愤怒，立即在朝堂上叫出了宰相房玄龄，教训他说：“你管好你的政务就行了，别管我宫内闲事。”宰相房玄龄被吓得跪在地上，不住地磕头求饶。大臣们为了巴结皇帝，你一言，他一语，不停地责备宰相房玄龄。魏征却站在一旁摇摇头，连声说："不明白，不明白。"皇帝问道："你有什么不明白的呢？""臣不明白陛下为何要怪罪宰相，宰相作为陛下的助手，了解宫内的建设项目是他分内的责任。如果是应该建的，他就要安排人工和经费，帮助陛下完成；如果不是应该建的，即使开工了，他也得劝陛下停下来，这才算是真正为国家正确理财花钱，忠于职守，齐家治国，以安天下啊。然而，陛下却因此怪罪他，叫臣怎么能明白呢？"魏征的责问让皇帝气得脸都涨红了，可是，魏征继续说道："宰相清楚自己履行了职责，也知道自己没有错，但却不向陛下辩白，只知道跪地求饶，难道是要变对为错吗？这就叫臣更加难以明白了。"宰相房玄龄听了，羞愧地低下了头。皇帝的脸越涨越红，再也坐不住了，猛拍龙椅，衣袖一甩，宣布退朝。

过后，皇帝消了气，仔细一想，耿直刚烈的魏征，指出了理财花钱对齐家、治国、安天下的重要关系，纠正了自己的错误，正是忠于职守的表现，不仅不怪罪魏征，反而更加赏识他了。

社会在发展，时代在前进，大家的生活越来越好。可是现在，有的父母不根据孩子的实际情况，对需要花钱的孩子不给分文，不仅给孩子造成了十分窘困的环境，而且让孩子失去了学会花钱的机会，甚至对孩子酿成一场悔恨终生的灾难。

一个小男孩跟着父母从农村来到县城，从小学升上了初中，父母高兴，他也高兴。父母从艰苦的环境生活过来，勤俭持家，珍惜分文。当他在开着小摩托的时候，总想买一辆中巴车搞客运服务。为了攒这笔钱，除了节衣缩食外，连正在读书小男孩必要的文具费也攥得很紧。一次，考试前，小男孩丢了答题用的笔，小男孩向爸爸索钱购买，爸爸就是不给，还说："开学刚买的笔，没用几天，怎么就丢了？自己设法解决。"小男孩无奈，趁人不备，偷偷拿了邻桌同学5块钱，应付了考试。后来，小男孩手头每遇紧缺现金的情况，就用这种方法"自己设法解决"遇到的问题。一次，他无意损坏了别人的"步步高"，由于对方催得紧，迫于赔偿压力的他便约了几个"哥们儿"，趁着夜黑，在四周无人的马路上，抢劫了一位少妇装有上千元的钱包，最终受到学校开除学籍的处分。

当前，有的父母对自己家的"小皇帝"、"小公主"过分溺爱，花钱没有限制，有的父母认为"只有会花钱的孩子，将来才会赚钱"，每天给孩子不少零用钱花。其实，这些都不是培养孩子的上策。生活在经济社会里的我们，孩子要面对金钱，父母必须正确教育孩子学会花钱，学会理财。

在现实生活中，一对青年夫妇从乡下来到城市，在惠民政策的扶持下，艰苦创业，开了个小饭馆，日子过得红红火火。他们有一位漂亮、可爱的小女孩，父母把她视为掌上明珠，从小百依百顺。转眼，从小学升上了初中，学习成绩中等，但打扮别致，花钱大手大脚，颇为引人注目。老师为了这事向这位小女孩的父母谈过，可是，她的妈妈说："孩子从小爱美，我们也希望把她打扮得漂漂亮亮的，这也是培养孩子的审美能力呀!”小女孩的父亲也说：“我们虽然不是太有钱，但开了个小饭店，生意还行，所以，穿得起，用得起，我们只有一个孩子，只要孩子快快乐乐我们就高兴。”转眼，小女孩升上了初三，父母开始担忧起来。这位来自农村的小女孩，总是爱和城市一些不三不四的男孩交往，甚至经常出入娱乐场所，花钱越来越大手大脚，柜台上的钱说拿就拿，数目也越来越大，学习成绩下降到了班级的最后。父母着急了，就劝说孩子控制花钱的数量。可是，小女孩以离家出走为由与父母抗争。这时，父母的饭店遇上一场洪水，把财产冲刷得一干二净。小女孩依旧我行我素，更让父母没想到的是，当父母拿回民政救灾款两万多元，想东山再起时，一不留神，小女孩竟然拿走一万多元，然后，就不知下落了……

这个故事告诉我们，人的享受欲望是没有止境的。如果，父母把孩子爱美、贪玩当作一件小事，不给予正确的引导和必要的限制，让其自由发展和泛滥，最终会不可收拾。这对年轻父母要是早听老师一句话，让孩子养成会花钱的习惯，就不会后悔了。

什么叫会花钱？会花钱就是正确理财，就是父母必须教育孩子从小树立科学的理财观念。正确的金钱观念和理财能力是21世纪孩子们必备的基本素质之一。父母应该富有成效地教育孩子从小熟悉和掌握基本的金融知识，养成勤俭节约、不乱花钱的习惯，让孩子拥有正确的理财能力，在快速发展的时代中形成独立的生活能力。教会孩子花钱，父母任重如山。那么，如何教育孩子学会花钱、学会理财呢？

一、教会孩子计划开支。在理财教育缺失的家庭，父母给多少钱，孩子花多少钱，花完再找大人要。结果是花钱越多，越不够花，越花越没有节制。因此，计划开支非常重要。计划宜在父母给孩子钱的时候提出，父母定原则，具体内容由孩子负责，父母不直接干预，但要监督、检查。通过教育孩子使用零花钱的过程，让孩子学会计划、节约和自己做出消费决定的本领，通过监督、检查，不仅能够保证资金安全，而且防止孩子乱花钱，养成把钱用在刀刃上的良好理财习惯。

二、钱计划在量力线内。无论孩子的年龄有多大，家庭经济条件如何，孩子花钱都要有节制。父母给孩子钱的数额应根据孩子的年龄及其一周内消费的预算来确定。这些支出包括孩子日常必需支付的午餐费、车费和买学习必需品的费用等开销，另行增加的一些零花钱一是用于应急使用的项目，二是培养孩子的储蓄观念。亦可在父母的带领下购买自己需用的物品，千万不能无节制地使用，养成好吃零食、挥霍浪费的坏习惯。

三、示范购物明智消费。父母带领孩子购物，示范明智消费，是教育孩子学会花钱的好办法。一位父亲为了给母亲买一个价廉物美的手机，跑了三家商场，最后用最低价买到了款式新、质量好、功能全的诺基亚名牌手机。随后，又用节省的钱给孩子买了一个向往很久、用作实验的遥控电子汽车，目的是让孩子了解在比较价格之后买东西所省下来钱的价值。在寻找物美价廉的过程中，教育孩子懂得选购商品价值的意义，把握“货买三家不上当”的购买原则，遵守“该买的东西才买、可买可不买的东西坚决不买”的理财要求，培养出孩子俭朴节约的品格。

四、模拟成人开支训练。父母的今天就是孩子们的明天，为让孩子对未来生活做好准备，对年纪大一些的孩子，可以让他们自己买日用品，为家庭买米、买菜，交水、电、燃气费……让他们了解家中的钱是怎么花的，教育孩子如何掌管家庭“财政”，为将来出身社会做好准备。

五、从小懂得理财意义。有的父母认为理财是当家过日子的事，孩子长成了大人自然就会了。其实，理财教育必须从小开始，因为，少年儿童的成长中的各种问题是与理财教育息息相关的。对于成长中的青少年来说，学会理财，不仅应让孩子懂得钱的来之不易，而且应让孩子懂得如何用钱，更重要的是通过理财教育，让孩子在接受多方面教育内容和进行多方面能力培养中，健康成长起来。在家庭教育中，父母必须重视教育孩子懂得学会花钱、学会理财的意义。特别应该注意的是，父母在鼓励和惩罚孩子的时候，千万不能单纯以钱作为衡量人的标准。

培养孩子跨越逆境的习惯。现在，我们正处在逆境时代，任何事物都是那样难以控制和变幻莫测。新的成功观念已经不是安稳地享受暂时的成功，而是如何应对社会发展中的变革和现实生活中的挑战。所以，当今社会机遇与挑战同在。新的时代对父母提出了明确要求，只有培养孩子拥有战胜任何逆境的能力，我们的青少年才能在充满艰险的路上高歌猛进，从胜利走向胜利。

一位老爸读小学的时候就是差生。上中学的时候，他毫不在意地去了被认为“打架成风”的“差生集中营”。从此，他萌发了蓬勃斗志，发奋崛起，不仅把自己出息为母校中学的校长，而且把自己培养为一个教育家。他有一个聪明活泼的女儿，可没想到，女儿刚上小学三年级便成了差生。差生老爸遇上了差生女儿，引起了这位老爸的深思：女儿自小我就注意培养她的学习习惯，如今变为了差生，这是咋啦？一场关于成功教育的较量就这样开始了。

这天晚上，这位老爸让女儿把数学试卷拿过来，指着上边的一道道试题问：“你会做吗？”他的女儿点点头：“因为马虎才得82分。”老爸说：“既然你会做，那么，我把分数如数还给你。”老爸郑重地在卷面上写了100分。那一刻，女儿惊呆了，眼睛亮闪闪的，主动拿出语文试卷给爸爸。作文的试题是《可爱的玩具》，要求写出玩具的名称、玩法和玩的效果。老爸认真地读着女儿的作文，喜上眉头，脸上露出微笑，还摇头晃脑地读出了声音。他对妻子说：“你看这开头，语言流畅，充满诗意。女儿真是个天才呀！”妻子将信将疑，女儿一脸疑惑："爸，我的作文才得20分！"老爸说："那是因为作文试题有三项要求，你只写了玩具的玩法，没有写玩具的名称与玩的效果啊。"女儿的眼睛更亮了："爸，你觉得我有写作的天分？"老爸认真地说："那当然！爸是语文特级教师，还从来没有看走过眼。"当年的差生老爸和今天的差生女儿终于聊到了一起，最后，老爸问女儿："你觉得以你的实力，在班里成绩应该排多少名？"女儿想了想说："前十名。"老爸当即和女儿拉钩："英雄所见略同！"一个多月后，女儿由倒数第十名跃入前十名。

老爸成功了，女儿成了优等生。成就感不断激发女儿的学习兴趣，加上从小养成了良好的学习习惯，她从重点初中、重点高中走来，成绩总在全校的前三名。

在生活上，老爸也十分注意培养女儿的自信心。女儿第一次煎鱼，他连说好吃；女儿第一次挑选衣服，他说好看极了；女儿第一次从学校回家，他也赞不绝口。女儿生活学习样样都好，最终考上了复旦大学录取分数最高的专业——世界经济。

上大学前，其他家长都会叮嘱孩子以学业为重，别谈恋爱。可这位老爸恰恰相反。女儿读大一时，老爸总问女儿："有没有男朋友？"女儿说："没有。"老爸鼓励女儿："谈一个嘛。谈恋爱也需要学习，没有恋爱经验，将来你怎么能找到称心如意的人与你结婚？"一句话让女儿大开眼界。后来，女儿有了男朋友，老爸又开玩笑说："最近换人了吗？"女儿笑道："爸，我可没那么花心。"老妈听说女儿谈恋爱就紧张起来，教育女儿不要上当受骗。没想到老爸却说："别人骗她？哼，她不骗别人就是好的。"一家人乐作一团，女儿没有丝毫感情压力。

上学期间，女儿知道上海哪家餐馆的菜最好吃，知道穿怎样的衣服最时尚、最漂亮。她一个人独自去西湖静静地坐一天，欣赏湖里的天光云影。老爸认定他的女儿："好玩，有个性。"还拿出两万元鼓励女儿炒股票："赔了是老爸的，赚了是你的。" 在老爸的成功教育下，女儿成为一个在生活学习上样样在行的鬼精灵。

平常，老爸总是尊重女儿的选择，让女儿做命运的主人。当年，女儿刚进入复旦大学一个月的时候，就跟父母提出退学。原因是复旦世界经济学专业录取分数最高，为了不想浪费分数才填报了这个志愿，因此，女儿想退学复读，重考清华大学。老爸诚恳地对女儿说："自己的事，自己做主。能不能读完这学期再做决定？"一个学期读下来，女儿不想退学了。但是，到了大三，女儿认为："普林斯顿大学校长在每年的开学典礼上总是对学生说，休学是你们的权利，你们可以在自己认为任何合适的时候停下来，去做想做的事，学校随时欢迎大家再回来。"老爸听了女儿的话，称赞女儿，支持女儿的选择。其实，复旦大学世界经济专业在证券金融界名声极大，只要拿到毕业证，找个年薪都是几十万的单位，易如反掌。可是，在老爸的鼓励下，女儿停了下来，看一看，到底什么是自己最喜欢的未来。

此后，女儿利用一年的时间，学了很多东西。她跟着调酒师学调酒，她到处支起相机架学照相。她到东北学滑雪，到西藏观赏高原风光，到罗布泊考察沙漠腹地，到尼泊尔陶醉珠穆朗玛的雄伟壮丽……一年之后，她重返复旦读完了大四。她求知欲空前强烈，她找到了自己最喜欢的专业——文化学。她要报考复旦大学文化学研究生。她要让老爸看看：女儿的成功就是老爸的成功。老爸就是成功教育家、上海闸北八中校长刘京海，女儿就是上海复旦大学学生刘思灏。

事实说明，学习上的差生，被父母和老师视为天才来教育，并且不断帮助他们在学习上取得成功，让他们在反复成功中，培养他们的自信心，激发他们学习的积极性，便会让他们在自尊自立自爱自强中自主成功。俗话说："失败是成功之母。"可是，成功教育认为"成功才是成功之母"。因为，跨越逆境的成功之路是可以在不断成功的赞美声中追寻到的。虽然，失败的下场痛苦，挫折的道路难走，但它不是终点而是岔道，失败与逆境之中还有两条岔道任你选择。如果，你选择了灰心丧气，那么，这条路彻底失败。如果，你选择了另一条路，失败的反面就是成功。因此，没有走不到顶的山，只有找不到路的人，充满信心，跨越逆境就会迎来胜利。那么，如何教育孩子养成跨越逆境的习惯，永远前进在成功的道路上呢？

一、夸出自信，宽松培育心境。在家庭教育中，赞美可以提高孩子的自信，夸奖能够训练孩子的胆量。父母适时适度的肯定和赞赏，一句表扬的话语，一个温馨的微笑，对孩子都是鼓舞，都是鞭策，都会增强孩子的信心，让他们大胆起来，挺直腰板，面对生活，跨越逆境，阔步前进。

二、夸出自由，给足活动空间。在生活中，孩子的成长总是会经历挫折和失败的考验，这时候急需父母给予关心和机会，让他们在不断尝试和不断探索中站立起来。在家庭教育中，父母一旦给足孩子活动空间，他们就会在自行解决困难中，自由驰骋，飞翔起来。这不仅能够和谐家庭关系，良好亲子氛围，而且可以让孩子通过自己的努力，达到既定目标。在战胜艰险的反复成功中，感悟到成功来之不易，从中获得满足感，进一步提高克服困难的勇气，增强不获成功不罢休的决心！

三、夸出自主，乐做生活主人。在家庭教育中，父母对孩子最好的礼物是赞美，既不能吝啬，也不能泛滥。吝啬了，孩子的积极性鼓动不起来，泛滥了，孩子容易产生骄傲情绪，还可能经受不了挫折的考验。父母只要坚持由衷而真实、具体而适度、不去追寻孩子那些消极往事的原则育人，就能让孩子养成跨越逆境的习惯，拥有独立自主的人格，乐做生活的主人。

四、夸出坚韧，坚持不懈奋斗。在生活中，孩子遭受挫折，走进逆境，父母对孩子的褒奖，可以点燃孩子坚韧不拔的火把，重新从失败中站立起来，体现出一种韧性，既坚毅，又理性，风吹不垮，雨打不折，更富有刚强的气质、强者的力量。

五、夸出责任，勇于成功做人。生活之中，不可能永远一帆风顺，孩子一旦落入陷阱，父母对孩子的肯定，能够启迪他们正确认识生活的责任——只有克难排险，勇敢跨越，别无其他选择。责任保证着一个人的生活成绩与质量，每一个人都肩负着自己走出陷阱、跨越逆境的使命。因此，责任与使命是生存的基础，也是成功做人的精神。

失败的疼痛使人变得更聪明，胜利凯旋门向吃亏人敞开。成功路上尽是失败者，因为，他们能够正视失败。经历了失败，让命运之鞭，把自己抽打得遍体鳞伤，永远要你记住：承受疼痛是为了告别疼痛，承认失败是为了永诀失败，为了成功，必须寻觅到通往胜利的凯旋门，而这个胜利之门却为失败者敞开。因此，父母必须教育孩子懂得："挫折是成功之父，失败是成功之母"的意义。

培养孩子珍惜时间的习惯。在勤奋学习、珍惜时间中，培养孩子的好学习惯。时间是宝贵的，对任何人都是有限的。时间又是公平的，一天24小时，对任何人也不多给一分钟，当然也不少给一分钟。时间就是生命，时间就是胜利，时间就是财富。做人，应当学会占有时间，向空间要时间，分秒必争时间，养成学习习惯，按时完成学习任务。我国古代著名诗人陶渊明曾经著诗疾呼："盛日不再来，一日不再晨。及时当勉励，岁月不等人。"宋朝爱国名将岳飞在《满江红》诗中有"莫等闲，白了少年头，空悲切"的名句，都是珍惜时间的劝学佳篇。《增广贤文》中的"一年之计在于春，一日之计在于寅，一家之计在于和，一生之计在于勤"告诉人们做人牢记：珍惜时间，抓住机遇，做好计划，把握关键，和睦相处，勤奋努力。一切有成就的人无不十分珍惜时间。从古至今，社会现实呼唤着人们的时间意识。成功者之所以成功，一个重要原因在于他们把时间看得比生命都重要。那么，怎样培养孩子具有珍惜时间的习惯呢？

一、认识惜时重要，培养惜时观念。古往今来，每遇关键时期，时间都是生存的根本、成败的关键，它关系到国家的安危和大业的兴衰。

战国时期，各诸侯国征战不休，连吃败仗的齐景公派田穰（ráng）苴（Jū）将军，与大臣庄贾领兵回击，平日，庄贾因受齐景公宠爱，专横狂妄，没有按时到达军营，为了国家的利益，田穰苴因此就将庄贾斩首了。

二、运用故事启迪，培养惜时习惯。大凡胜利者都懂得珍惜时间的重要性，不少故事赞美着他们珍惜宝贵的时间、并且落实在生活中的高尚情操。

第一，当年，法国的政治家、军事家拿破仑，一次宴请部下几位将军，并在饭后议事，可是，几位将军迟到了。约定时间一到，他便先吃起来，等将军到达，他已吃完饭了。他丝毫不理会那些将军的饥饿和窘境，诚恳地说："诸位，聚餐时间已过，现在，咱们研究事情吧。"

第二，日本首相田中角荣，与恋人约会，时间一过，即使看到了远方出现了她的身影，也不等她姗姗来迟，转身坐进汽车走了。田中角荣宁要时间、不要爱情的故事，至今传为佳话。

第三，抗日名将冯玉祥将军历来十分珍惜时间，对不遵守时间的人深恶痛绝，他曾写下了警世之联：一桌子点心，半桌子水果，哪知民间疾苦；两点钟开会，四点钟到齐，岂是革命精神。

第四，法国大作家巴尔扎克从小被认为是没有出息的孩子，可是他凭着坚忍不拔的意志和分秒必争的精神，成了一代文豪。

第五，丘吉尔前半生充满失败与挫折，曾三次落第，当他醒悟到："我什么也不知道，太可怜了，从今以后不能这样下去了。"就开始珍惜时间、勤奋学习，直到62岁时，终于以"老人"的姿态，担任了英国的首相，成了举世闻名的政治家。

随着现代生活节奏的加快，呼唤着人们的时间意识必须增强。因为，时间就是成就，时间就是金钱，时间就是财富，时间就是生命。随着世界新科技革命的到来，人们的时间观念越来越强，我们应该成为科学珍惜时间的能手，成为科学利用时间的强者，并且必须做到：

第一，运用先进科学技术，努力提高生产效益。在工作中，争时间，抢速度，保安全，保质量，努力提高单位时间的利用率和生产效率，收获最佳社会经济效益。

本世纪30年代，世界上最大的炼钢炉日产量是1000吨，50年代是2000吨，到了80年代由于电子技术的运用和筑炉技术的提高，设计出了日产量一万几千吨炼钢设备。再如设计飞机，在从前从方案到全套图纸的出现，不仅要花大量的人力物力，而且还得用上两三年的时间。80年代，借助于电子计算机，只要少量的人，可在三个月完成。这些简单的数字和事实，足以说明提高效率与争取时间的内在联系。

人生短暂，要去掌握人类几百年乃至几千年漫长过程中的某一部分知识，最大限度地理解和接受，必须珍惜时间，提高效率。

第二，善于抓住现实，善于抓住今天。我们不能把希望寄托在明天，许多远大的计划都在今天推明天、明天推后天中付诸东流。因此，要努力培养"今日功课今日做"、"今日功课今日完"、"今日事今日毕"的习惯，绝对不要把今天该完成的事情推到明天，这样，就可以成为时间的主人。

许振超，出生于1950年，初中毕业学历，1974年进青岛港工作。许振超认为"要自己教育自己"、"文凭可以没有，但知识不能没有"。他从实践中学到了真功夫、真本领，从工人迈进了技术主管的行列，并且创造了世界纪录。

他虽是工人，但是善于珍惜时间，认真学习，在青岛港从上到下都把他划到技术人员圈里。技术部技术主管刘俊泉是许振超的部下，他1986年大专毕业后，就和许振超共事。他说："从文凭上看，我比老许高，但他做了我的领导，我服气，因为他的技术领先于我。我年轻时爱打扑克、下象棋，他则把所有的时间都用来学习。他比我大11岁，学习起来比我吃力得多，但他坚持学习，超过了我。现在我觉得不学没有出路，我业余时间也在不断学习，不断进步。”青岛港几乎不用请外人帮助修理桥吊设备故障，他们有能力自己排除机器毛病。看着设备运转得十分安全，许振超说：“这是对我最好的奖赏。”青岛港与英国铁行、丹麦马士基、中国远洋公司组建合资公司时，他被聘请出任专管设备和技术员的技术部经理，手下工程师就有40多名，名正言顺地走进了技术管理人员的行列。他被誉为新时期产业工人的杰出代表，成为世界一流的“技术专家”。

一个善于学习的人不仅善于从书籍、报纸、电视、广播……中学习，还要善于从平时接触的人和事中学习，无论什么人说的话，无论什么事的经验教训，只要对我们有利，都要把它变成为自己需要学习的知识，加以重视，给予吸取，好好消化，为我所用，使之成为我们前进的力量。

第三，合理安排时间，牢牢把握时间。要正确处理劳和逸、忙和闲、学习和休息的关系，还要善于利用点滴时间，要有适当的文娱体育活动、休息和睡眠，才能消除大脑的疲劳，换得充足的精力。珍惜时间，做时间的主人。

当年，贝尔在研究电话机时，另一个叫格雷的人，也在进行这项实验，两人几乎同时获得成功。可是，贝尔到达专利局，比格雷早了两个小时，两人虽然彼此互不了解对方，但贝尔却因为领先120分钟，在事业上，获得了巨大的成功。

因此，时间是人类最宝贵的财富，谁掌握了时间，就赢得了财富，谁掌握了生命的主动权，就会收获成功的果实。当前，在最发达的国家和地区，人们工作和生活是快节奏的。人们争时间、争速度、争效率。随之出现了高速公路、高速火车、超音速飞机。现在，电脑深入到生产、工作和生活的各个领域，并且形成全国的计算机网络。这些先进设备极大地提高了人们的工作效率，加快了生活节奏。时间就是财富，效率就是生命。这一新的时间观念在人们的头脑里已经占据了十分重要的地位，发挥着十分重要的作用。所以，只有一生不间断学习、并且终身接受教育的人，才有希望在自己的创业中，不断取得辉煌的成就和胜利！

三、深化惜时意义，培养立身之本。时间是公正的天使，在它面前，老少无欺，贫富均享，人人平等。立身社会，必须珍惜时间。惜时，既是对他人又是对自己的尊重。珍惜时间的人生活紧凑，奋发有为，守法守信，以身作则，广得人缘，受人尊敬和爱戴。

第一，社交礼貌要求我们珍惜时间。我们与人约好了相聚的时间，就不能迟到。不浪费别人的时间，才是对别人的尊重。迟到了，就是失礼、失信，失去了与别人交朋处友、相互合作的机会，在交际上，也就变成了失败者。

第二，生活义务要求我们珍惜时间。在生活中，搭乘公共汽车、乘坐火车轮船、上下飞机、参加社会活动要求守时、惜时，因为，这是每个国民的基本礼仪；在工作中，上下班、交计划、写总结、调查研究、汇报工作、交货付款、领工资、取奖金要求守时、惜时，因为，这是每个职工的基本职业道德；在孩子读书时期，上学到校、上课下课、参加活动、放学回家、吃饭、睡觉、交作业、交试卷要求守时、惜时，因为，这是青少年应有的学习态度。因此，遵守与珍惜时间是我们生活的义务，必须认真履行。

第三，引领未来要求我们珍惜时间。现在，作为父母，无论你领导他人还是别人领导你，都必须遵守宝贵的作息时间。如果你是领导者，你的榜样行为必将让你的部下按时上下班、服从你的领导，就是你刷新纪录的开始。如果，你是被领导者，你的带头作用必将让你的上级对你信任不疑、支持你的工作，就是你创新局面的开始。平时，父母珍惜时间的榜样，引领着青少年成长为追时间、赶速度的创造型人才，青少年的未来，就是民族的未来。祖国的未来必将属于与时俱进、开拓创新的青少年。

培养孩子独立自主的习惯。在生活中，一个人若有独立的思想见解、独立的生活能力，不等不靠，不急不躁，不依赖于人，不受制于人，依靠自己自立自强起来，这不仅是一种精神，也是一种美德，更是一种走向胜利的习惯。一个人的奋斗过程也是追求独立自主的过程，一个人只要彻底抛弃依附别人的个性，取得生存独立、思想独立、经济独立、感情独立、意志独立、人格独立……养成独立自主的习惯，就会掌握自己的命运，做命运的主人，拥有成功人生，做掌握自己命运的主人。

邓稼先是中国核武器研制与发展的主要组织者、领导者，被称为“两弹元勋”。在原子弹、氢弹研究过程中，邓稼先领导科研人员开展了爆轰物理、流体力学、状态方程、中子输运等基础理论研究，完成了原子弹的理论方案，并参与指导核试验的爆轰模拟试验。原子弹试验成功后，邓稼先又组织力量，探索氢弹设计原理，选定技术途径。亲自领导科研人员参与了1967年中国第一颗氢弹的研制和实验工作，排除艰险，获得成功。

1959年6月，苏联政府终止了对我国原有援建协议，不仅撤走了科学专家，而且带走了技术资料，中共中央下决心自己动手，研制出原子弹、氢弹和人造卫星。邓稼先担任了原子弹的理论设计负责人后，一面部署同事们分头研究计算，自己也带头攻关。在遇到一个苏联专家留下的核爆大气压的数字时，邓稼先在周光召的帮助下以独立的思考和严谨的计算推翻了原有结论，从而解决了关系中国原子弹试验成败的关键性难题。数学家华罗庚后来称，这是“集世界数学难题之大成”的成果。

中国研制原子弹正值三年困难时期，尖端领域的科研人员虽有较高的粮食定量，却因缺乏食用油，仍然经常饥肠响如鼓。在这样艰苦的条件下，他们日夜加班，独立自主设计研制着“两弹”。邓稼先不仅在秘密科研院所里费尽心血，还经常到飞沙走石的戈壁试验场。他冒着酷暑严寒，在试验场度过了整整8年的单身汉生活，有15次在现场领导核试验，从而掌握了大量的第一手材料。在“粗估”参数的时候，邓稼先要有物理的直觉；昼夜不断地筹划计算时，邓稼先要有数学的见地；在决定方案的时候，邓稼先要有勇进的胆识和稳健的判断。对于理论是否准确，永远是一个难上加难的问题。但是，邓稼先依靠认真负责、独立自主的思想和精神，勇敢地承担了全部责任和风险，在关键性的方案上镇定自若地签了字，终于获得了原子弹、氢弹研制的成功。由于邓稼先对中国核科学事业作出了突出贡献，被称为“两弹元勋”。

一个成功者往往是一个负责性极强的人，自己勇于担负起生命的责任。他们既有松树的原则风范，又有柳树的灵活策略。他们最能抛别依赖，丢掉期待，立身自信，坚强做人。他们懂得改变命运，必须依靠自己，把自己打造成具有认真负责、独立自主性格的人，让孩子在他们的一生中，自立自强，辩证对待既对立又统一的事物，善于把握时机，摸准气候，适时适度，动静相宜，进退自如，并且做得有条有理有节。依靠自己，驾驭命运，撑起人生的天空，做命运的主人。

人生的价值是由人自己决定的。一个人只要做到自我珍视，不断充实和完善自身，不断提高自己的修养和品位，世界就会越来越认同他的这个价值。父母应该教育孩子懂得成功的要义：提高自己的创造力，提升自己的价值。一切成功，一切造就，完全决定自己认真负责、独立自主的理性性格。只有认真负责、独立自主、善于驾驭自我命运的人才是最幸福的人。古往今来，不少家长为此花费了不少心思，教育孩子独立自主，自强自立。

清代“扬州八怪”之一的郑板桥，病危时把儿子叫到床前，要吃儿子亲手做的馒头。当儿子费了九牛二虎之力把馒头做好端来时，郑板桥已经断气去世了。儿子哭跪在床边，忽然发现茶几上有张郑板桥写下的纸条：“淌自己的汗，吃自己的饭，自己的事业自己干，靠天靠人靠祖宗不算是好汉！”儿子这才明白父亲临终前要他亲手做馒头的用意。

美国大富豪洛克菲勒有一次扶自己的小孙孙爬梯子，当小孙孙爬上去，他却松开了手，结果，小孙孙从梯子上摔了下来，这时，老洛克菲勒对小孙孙说：“你看，连爷爷这样的亲人也靠不住，还得靠你自己。”

洛克菲勒为了教育自己的后代，不惜改变了爷爷在孙儿心目中的地位，这与郑板桥临终前要儿子亲手做馒头之事，虽然发生在不同的国家，不同的时间，两者却有异曲同工之妙。两者用不同方式告诫我们，必须教育孩子从小养成一种对自己负责、独立自主、自强不息、走向成功的好习惯。我们国家发展到今天，社会各方面的竞争愈来愈激烈，我们更应该具备依靠自己走向成功的精神，立身社会，生存发展。那么，怎样才能培养出孩子独立自主的习惯、让他们成为主宰自己命运的主人呢？

一、父母立身示范，培养独立自主孩子。今天，我们的一些父母为孩子想得太多太全了。有的父母在孩子学步跌倒时，不是鼓励孩子自己爬起来，而是连忙把孩子扶起来。在孩子读幼儿园时，怕完不成家庭作业被老师批评，替代孩子做作业；在孩子读小学时，全程接送，怕孩子出事；读中学时，专职陪护，怕孩子不会生活；读大学时，大把汇钱，怕孩子在同学们面前抬不起头；大学毕业后，又为其四处托人帮忙，怕孩子找不到工作；结婚成家时，还要为其筹款购屋，怕孩子没地方布置新婚洞房；有的父母害怕孩子日后过不上富足的生活，不辞劳苦，省吃俭用，为孩子置下了不菲的家产……父母的这些短视行为，实际上害了孩子。长此以往，不仅助长了孩子产生出强烈的依赖心理，而且折断了孩子自由翱翔的翅膀。这样娇惯出的孩子，不仅缺乏独立自主与坚强自信的意志，而且缺乏自尊自立与自强不息的毅力。这样培养出的孩子，不仅失去了做健康人所必须具备的主体意识与独立生活的常识和习惯，而且失去了做成功人所必须拥有的排难克险和藐视挫折的能力和精神。因此，父母在生活中无论做人或是做事，都要坚持自己动手、丰衣足食的原则，做好主宰自己命运的主人，就能培养出具有独立自主习惯的孩子。

二、要求孩子律己，养成独立自主习惯。父母自从有了孩子，就应该制订可行的计划，耐心帮助、指导、要求，严格培养孩子生活的自理能力。让孩子懂得：那些需要父母天天看着的孩子永远也搞不好学习的，那些在父母溺爱中长大的孩子永远也学不会生活的。教育孩子摆脱依赖性，积极锻炼自己的意志，独立自主掌握生活的金钥匙，既是孩子立身社会的资本，也是父母培养孩子义不容辞的责任。在生活的每一天，父母应提醒孩子记住自己应该做什么，学会对自己的事情负责。每天，要求孩子按时起床、睡觉，独立整理房间，帮助家庭打扫卫生，提走家庭垃圾，洗涤自己的衣服，做简单的饭菜，独立看书、写字、记日记、完成作业、收拾书包、准备学习用品……随着孩子的长大，父母应该组织家庭活动，让孩子负责一些具体工作，扩大视野，宽阔胸怀，发挥才能。同时，为孩子多创造一些接触社会的机会，让孩子参加一些健康的交际活动，布置社会调查作业，逐渐培养孩子的社会交往能力与独立处理问题的本领。根据实际，鼓励孩子勤于运筹，善于反思，代表家庭处理一些力所能及的事情，要求把握火候，果敢向前，说做就做，该出手时就出手，依靠自己的智慧和力量，把事情办好。在生活的大课堂里，学会自理，学会与人相处，学会与人合作，让孩子健康成长起来，在培育自信、乐观、坚强的品格中，养成独立自主的习惯。让孩子投身社会，正确择业，组建家庭，培育子嗣，走好独立自主之路，完美自己的理想与人生。

三、主宰自己命运，同做学习知识主人。父母与孩子达成共识，互相帮助，同做主宰自己命运的真正主人。父母可以通过摆事实、讲道理的谈话交流方式与孩子努力达成共识，切忌直接按自己的意志要求孩子，以免使孩子产生逆反心理与抵触情绪，让孩子从内心深处意识到形成独立自主的重要性。在培养自主自立的习惯中，父母应当认真听取孩子的意见，欢迎孩子指出自己的不足，即使是不正确的想法，也应耐心做好解释，帮助孩子明辨是非，认识正误。孩子有了进步，一定及时鼓励每一个闪光点，激发孩子不断进步，让孩子真正掌握战胜自身惰性的金钥匙。孩子出现问题，不要过多责备。放手让孩子多做一些事情，甚至用依赖的方法让孩子感到父母的生活离不开他们，自己对父母发挥了多么重要的作用，进而培养孩子拥有独立自主、自力更生的意识和习惯，正确观念，刻苦学习，掌握知识，科学发展，做掌握自己命运的主人。

培养孩子感念荣辱的习惯。羞耻心是一种以自尊心为基础的道德情感，也是一个人行为品德的内在因素。孩子有了羞耻心，才有应对错误事物的抵抗能力，才有矫正和预防不良行为的习惯与品德。所以，培养孩子的羞耻心，养成感念荣辱、自强不息的习惯，责任重大。

在抗美援朝战争中，我志愿军某部在与上级隔离的情况下，由于指挥失误，突围时两千人被俘。当时，交换战俘的谈判已经开始，敌人为了胁迫我方被俘人员做出背离祖国人民的决定，对战俘进行了非法审讯和严刑拷打，并用残酷的手段在爱国战俘身上刺字。许多志愿军战士被刺字后感到莫大的耻辱，他们忍受着极大的痛苦，互相用刮脸刀把被刺上了字的大约6厘米长、2厘米宽的肉割掉。两千名志愿军被俘人员以这种壮烈的行动表达了誓死返回祖国的决心。

今天，类似战场的考验，并非已经不复存在。长期压在中国人民头上的“三座大山”虽被推翻，但是，国际上风云变幻，竞争仍很激烈。在复杂的国际交往中，社会上还存在着正义与邪恶的斗争，在建设与保卫祖国的各条战线上，在灾害频发、艰难困苦的环境里，在社会上不正之风的面前，都有一个维护人格与国格自尊的问题，随时都会遇到能否捍卫祖国和人民利益的严重抉择。在没有硝烟的战场上是前进还是后退，在坏人面前是同流合污还是检举揭发，在不义之财的腐蚀面前是拒绝还是接受，往往一念之差，就可能丢失人格和国格的尊严，甚至落入众人的唾骂之中。

在生活中，不少胸怀大志的人具有强烈的羞耻心、责任感，他们感念荣辱，自强不息。每当受到侮辱时，仍然充满自信，自尊自爱，沉着冷静，坦然面对，把别人的反面鞭策作为自己奋发图强的动力，激励自己去战胜危难，洗雪耻辱，取得成就，走向成功。耻辱和荣誉一样，在特定的条件下，可以变成挂在胸前的军功章。

1912年，法国人维克多·格林尼亚获得了诺贝尔化学奖，但是，有谁知道他的辉煌成果却是用“耻辱”铸成的。

格林尼亚出身于有钱人家，自幼生活奢侈，不务正业，人称他是一个没有出息的“流氓”。在一次盛大的宴会上，格林尼亚意外受到一位年轻美貌姑娘的侮辱。姑娘对格林尼亚说：“请站远一点，我最讨厌你这样的花花公子挡住我的视线！”骄横的格林尼亚生平第一次遇到别人对他的蔑视、冷遇和羞辱，他怒不可遏。可是，这种令人无地自容的奇耻大辱，并没有使格林尼亚丧失理智。他像一个昏睡的人被猛击一拳后突然清醒过来一样，开始对自己的过去产生了反思、自责与悔恨。他留下了一封家信，悄悄地离开了家乡。信中写道："请不要探询我的下落，容我刻苦努力地学习。我相信将来会创造出一些成绩来的。"

不出所料，8年之后的他成为了著名的化学家，并且获得了科学家的最高荣誉——诺贝尔化学奖。

当众受辱，自然使人难以忍受。一个人蒙受羞耻，往往会有两种态度：一种是不以为耻，不愿从自己身上寻找蒙受耻辱的原因，只能永远蒙受耻辱，永远不会前进。一种是产生一种羞耻心，积极从自己身上寻找蒙受耻辱的原因，因耻增力，知辱后勇，洗雪耻辱，获得成功。因此，培养孩子的羞耻心，养成感念荣辱的习惯，任重而道远，父母应当高度重视。

一、根据生理特点，从小开始培养。了解孩子羞耻心的形成和发展过程，根据孩子的生理特点进行教育和培养。孩子在3岁左右，就开始注意别人对自己行为的评价。如果做了好事，听到别人表扬，就会感到光荣；如果做了坏事，听到别人批评，就会感到羞愧。随着孩子的长大，这种受到外界激励与鞭策所产生的感念荣辱的心性就会逐渐增强。因此，培养孩子的羞耻心，养成感念荣辱的习惯，让孩子是非分明，多做好事，少做错事，必须从孩子小时候开始。

二、通过多种活动，设置情境培养。在生活中，以讲故事、做游戏、开展活动等方法，因地制宜进行启发、诱导和教育，启迪孩子树立荣辱观，结合生活情境进行培养。每遇问题，结合具体情境，向孩子揭示有关道德行为的是非善恶，对正确行为及时表扬，对错误行为提出批评，培养孩子的荣誉感、羞耻心。同时，尊重孩子的自尊心、羞耻心。孩子犯了错误，要求家长"保密"，父母应当理解，并且需要父母给予的关爱和帮助，才不至于让孩子的这种自尊心、羞耻心逐渐淡化与泯灭，以致走向另一个极端：在极度羞辱中，变为胆小、自卑、拘谨的人。在生活事件中，让孩子识别是非，懂得对错，既能经受批评的考验，又能接受表扬的激励，拥有自尊，坚强自信，逐渐养成感念荣辱的习惯。

三、父母做出榜样，立身示范培养。教育孩子懂得父母在荣辱面前对自己、对他人负责的态度，效仿、学习并且具备父母在感念荣辱中的思想、立场与作为，对自己、对他人负责。在荣辱面前，以一种真诚执著的态度，自觉自愿、将责任留给自己，把光荣交给别人。在荣辱面前，一个勇于承担责任的人是值得信任和尊重的，因为，对事物负责的态度往往可以检验出一个人的品质。在荣辱面前，具有认真负责性格的人，往往能够在风风雨雨的事业之路上，冲锋陷阵，所向披靡，开拓自己的天地，并且力拔群雄，傲立于世，得到他人的认同，社会的肯定。

通过多种方式，让青少年孩子逐步树立社会主义荣辱观：以热爱祖国为荣，以危害祖国为耻；以服务人民为荣，以背离人民为耻；以崇尚科学为荣，以愚昧无知为耻；以辛勤劳动为荣，以好逸恶劳为耻；以团结互助为荣，以损人利己为耻；以诚实守信为荣，以见利忘义为耻；以遵纪守法为荣，以违法乱为耻；以艰苦奋斗为荣，以骄奢淫逸为耻。

培养孩子牵手合作的习惯。凡有牵手合作习惯的人，能够团结一切可以团结的力量，能够调动一切可以调动的因素，既展示自己的特色，又发挥他人的优势，集思广益，形成合力，无坚不摧，无往不胜，同谋发展，实现共赢。

从前，有两个饥饿的人得到了一位长者的恩赐：一根鱼竿和一篓鲜活硕大的鱼。

一个人要了一篓鱼，另一个人要了一根鱼竿，然后，分道扬镳了。得到鱼的人没走多远就生起篝火煮起了鱼，因为太饿，见了鱼，恨不得一下子将全篓鱼填进他的饥肠饿肚里，不久，一篓鱼被他吃了个精光，他也饿死在空空的鱼篓旁。另一个人提着鱼竿继续忍饥挨饿，一步步艰难地向海边走去。当他看到远处那片蔚蓝的大海时，他连最后一点儿力气也用完了，只有带着无尽的遗憾撒手人寰，离开了世界。

又有两个饥饿的人，他们同样得到长者恩赐的一根鱼竿和一篓鱼。他们并没有各奔东西，而是商定一同去寻找大海。他们每次只煮一条鱼吃，保持着生命的体力。经过遥远的跋涉，终于来到了海边。从此，两人开始了以捕鱼为生的日子。几年后，他们盖起了房子，有了各自的家庭、子女，有了自己建造的渔船，过上了幸福安康的生活。

这个寓言告诉我们，无论得到了“鱼”，还是“渔”，都只能得到解决一个方面的生活条件。得到恩赐的前两人，不懂这个道理，终被饿死了。任何人若要成功，就应学习后两人的牵手合作精神，在阳光的大海里捕鱼为生，共谋发展。在生活的竞赛场上，父母和孩子都必须养成团结一致、牵手合作的习惯，才能与人共处、实现双赢。

一、*追求幸福，就是舍己利人*。古往今来，道教追求“立德有福”，佛教追求“修善得福”，儒教追求“治国造福”。三教合元，恩泽他人，就是永远幸福。在生活中，大家总结经验，普遍认为：先有舍，后有得；有大舍，才有大得；勇敢付出，吃亏是福。在学习中，发奋攻读，舍得努力；亏在追赶时光，勤奋刻苦；福在成绩优异，德才兼备。在工作中，踏实工作，舍得付出；亏在吃苦耐劳，艰险跋涉；福在敢为人先，出类拔萃。在创业中，历尽艰苦，舍得付出；亏在负重前行，损己利人；福在事业发达，前程锦绣。《淮南子·人间训》讲出一个成语故事，“塞翁失马焉知非福，塞翁得马焉知非祸”：

从前，北方一个边塞老人很会养马，大家称他为塞翁。有一天，塞翁的一匹马跑到了胡人居住之地，大家劝他不要难过。他却若无其事地笑着说：“马虽丢失，说不定还是好事。”几个月过去了，这匹马不仅跑了回来，还带回了胡地一匹骏马。大家又纷纷前来道贺，可是，塞翁却皱起了眉头说：“白白得人一匹马，恐怕并非好事。”塞翁有个儿子喜欢骑马，一天出外游玩，从马上摔下，跌断了腿。大家赶来安慰，劝塞翁不要难过。可是，塞翁却淡淡地说：“今天，儿子虽然摔断了腿，说不定还是好事呢。”不久，胡人大举入侵，所有青年都应征入伍当兵。面对强敌，大多战死疆场。然而，塞翁摔断了腿的儿子却因此没有应征入伍，反倒保全了性命。这个时候，大家才感悟到塞翁话里蕴藏的智慧。

在生活中，牺牲自己，惠及他人，就能最大限度调动别人的积极性，有力地帮助和支援自己，与人团结一致、牵手合作，使你的事业蒸蒸日上。一个人有无吃亏精神，既是人生面临的一道考题，也是为人处世的一种精神境界。对于吃亏，有无精神准备，反映出一个人的道德情操。

*二、建大业者，总是吃亏在前。*在中华民族五千年历史上，凡有大仁大公之心者，总是以国家利益为重，以社稷大业为先，舍己利人，吃亏在前，让位贤能之士治理国家，与人志同道合，团结一致，牵手合作，一统天下。他们的名字彪炳史册，他们的精神千古永存。

古代，尧让天下于舜，舜让天下于禹。在中国共产党的历史上，周恩来在长征时，把军事指挥权让给了毛泽东。一、四方面军会师后，为了团结红四方面军，又把红军总政委职位让给了张国焘。“文化大革命”中，毅然把副统帅的位置让给了林彪。平时，即或是对江青也要礼让三分。但在老百姓的心目中，他永远是一位人民的好总理。在20世纪80年代，邓小平首开在位退休的先例，将让位贤能形成了国家的法规，表现了一代伟人的博大胸怀和长远眼光。这些可歌可泣的人和事，永远是中华民族的骄傲！

今天，我们培养孩子具有舍得付出、吃亏是福的习惯，学会与人共事，携手合作，永远具有深刻的现实意义，它不仅有利于孩子当前的健康成长，而且有利于孩子未来的兴旺发展。

*三、宽以待人，崭新思想境界。*宽以待人、吃亏是福是一种人生素质修养，不仅是待人的尊重，而且是耐人学习的做人方法，更是智慧聪明人终身向往的行动。对人谦让和饶恕，就是对自己的容忍和宽厚。父母应当教育孩子懂得：成功的花环背后是由许多忍让和宽恕有机组成的。舍去眼前小利，谋取长远利益，高瞻远瞩是卓越的智慧。

一个地方，发生了洪涝灾害，为了方便与外界联系，村民临时在河上架起了一座独木桥。如果同时有两个人要去相反的方向，必须有一个人先让路。

一天，张三出村赶集，恰巧李四往村里走。平素相处不好的两人走到木桥中间，互不相让，争执之中，动手打了起来，结果两人“扑通”、“扑通”都掉进了河里。好在他们两人水性好，才没有出意外。这时，一个挎着篮子的农妇刚刚跨上桥又退回去了，只见她对另一头拎着几只鸡的中年男人喊道：“对面的，你先过吧，集快散了，再晚就来不及了。”看见男人过了桥，农妇也上了桥，一边走一边说：“有句话叫‘给别人让路，就是给自己让路’、吃亏是福啊，看来没错。”

“这句话好像说给我听的。”张三、李四都这样去想，然后脸都红了。

在现实生活中，愿意吃亏的人实在太少，这不仅仅因为人性弱点让人很难拒绝摆在面前的诱惑，而且因为大多数人缺乏眼界高远的战略目光。其实，给别人让路，常常就是给自己让路。在学习和工作中，用这个道理去解决所遇到的事情，许多矛盾不都迎刃而解吗?

四、树立榜样，培养善于合作的孩子。拥有合作习惯的父母，才能有拥有合作习惯的孩子。父母今天的个性，就是孩子明天的性格。

从前，有位富翁，年事已高，决定留份遗嘱，让儿子继承他的财产。但是，他有三个儿子，遗嘱上究竟写谁的名字呢？思索良久，他决定让三个儿子出外游历一年，然后，把他们在这一年中做出的最高尚的事情告诉自己，谁能让自己满意，谁就是财产的继承者。

一年过去了，大儿子首先向他汇报：“去年9月，我认识了一位朋友，他交给我一袋金币，让我代他保管。约定时间已过，他也没有回来。经过打听，才知道他出了意外，死去了。我费尽周折，找到他的家人，把那袋金币原封不动地交给了他的家人。”

接着，老二向他禀报：“在回家的路上，我看见一个小乞丐掉进湖里，四周的人都不以为然，只有我看中这是一条无价的生命，便跳入水中，把他救了起来，还把身上的钱给了他，让他买件衣服，吃顿饱饭。”

最后，只听老三向他陈述：“去年，我刚刚离开家，便被一个小偷盯上了。一连几天，他都设法害我，有一次我差点死在他的手上。我好不容易将他甩开，才到达了目的地。在我返程的路上，途经一个悬崖边，我意外发现害我的那个人正在一棵树下睡觉，显然他还在跟踪我。我只要一抬腿，就能把他踢下悬崖。但是，我没有那么做，并且担心他自己一翻身，便会掉下悬崖，我叫醒了他。后来，那个人再没有跟踪过。唉，这件事也算不上什么有意义的事啊。”

“不!”富翁说道，“诚实、见义勇为都是一个人应有的品质。在我看来，只有以德报怨的宽容心是最高尚的。所以，我的全部财产是老三的了。”

在生活中，父母懂得如何调整自己的情绪与行为，比较包容、大气，换位思考，达到能够与别人相处与合作的目的。那么，他们所培养的孩子也会体会别人的感受，在乎别人的想法，实现与人团结友爱、互助合作的理想。父母对孩子和蔼可亲，为人宽宏大量，喜欢帮助别人，善于与他人合作。那么，他们所培养的孩子也能经常与人保持良好的沟通关系，哪里有他哪里气氛就会因此而活跃。父母有不错的人缘关系与团队支持，孩子也会变成人见人爱、受人拥护的人。父母与孩子充满热情，就会共同构筑和谐家庭和人生乐园。父母与孩子的热忱能力来自于一种内在精神特质，有热忱就有激情，就能感染四面八方，周围就会充满生机，生活就会丰富多彩，工作就会更有效率。在家，家庭就会和谐；出门，就会充满快乐。哪里有了热情洋溢的父母与孩子，哪里就会变成吉祥如意的新天地。无论父母与孩子从事的学习和工作有多么重、多么难，只要父母与孩子有热忱，有激情，就会有人缘，始终有人死心塌地地跟随你、拥护你，你就获得了伟大的力量，就能无往不胜，勇往直前，达到目标，从胜利走向胜利。

五、自尊自强，维护传统美德。尊重和维护自己的人格尊严是中华民族的传统美德。但若我们的人格受到侮辱，就须明辨是非，自立自强。倘若我们的国格受到侵犯，便应该出手时便出手了。

伟大的民主革命家孙中山，在英国教会学校读书的时候，就非常热爱自己的祖国，具有非凡的胆略和不屈不挠的民族气节。

一天，他在前面走，听到后面几个外国学生正在谈论他的穿着打扮，话语中流露出嘲笑的意思，孙中山开始没有搭理他们。可在后来，竟有一个外国学生跑上来，拉住孙中山的辫子哈哈大笑起来，嘴里还说："你是个长着长尾巴的怪物，哈哈哈！"这可激怒了孙中山，他愤怒地说："住手，我们中国人是不可欺辱的。"说完就一展拳脚，打倒了那个挑衅的外国学生，在旁边的中国学生不住地拍手叫好，达到教育目的后，孙中山就住手了。那个外国学生从地上站起来，向孙中山鞠了一躬，说："孙先生，多有得罪，我错了，我向你道歉。"

孙中山用自己的实际行动为中国学生讨回了尊严，更重要的是，他的这一行动维护了我们国家和民族的气节。后来，孙中山发扬了以国家、民族利益为重的思想和精神，组织广大民众推翻了在中国沿袭了两千多年、腐朽没落的封建帝制，推动了中国历史的进步与发展。

倘若面对邪恶势力，应当不放弃信仰，不出卖良心，忠于祖国，热爱人民。任何个人、集体乃至国家，一旦遇到危及我们国家的独立和民族的主权，均必须以国家、民族利益为重，挺身而出，义无反顾，舍生忘死，勇敢战斗，维护国家和民族的利益——这就是"舍得付出、吃亏是福、牵手合作"的底线。

在生活中，正确对待自己，正确对待他人，正确对待社会，你就会觉得我们生长的时代，天更蓝，水更清，阳光更明媚。一个人的快乐与幸福80%来自与他相处的人，20%来自自己的心灵。一个正面、积极、向上的团队就是让你产生激情与快乐的源泉。倘若每月举行一次聚会，可以同亲戚朋友中的家长与孩子一起讨论完成工作与学习任务的方法，交流实现预期目标的计划，彼此激发奋斗的激情，分享相约中的欢乐，培养家长、孩子与人合作的良好习惯。

将来的世界是一个他人的世界。随着时代的飞跃，社会化分工越来越细，家庭规模化越来越小，行行业业都有人精心安排。每一个人要生存下去，都得有他人的服务和付出。如果，一个人不学会在他人的世界里尊重他人，那么，这个人的生活将会怎么样呢？因此，牵手合作，势在必行，养成习惯，才能与人共舞，实现共赢。

培养孩子保护安全的习惯。学生时代是人生最灿烂的季节，在尽情享受豆蔻年华的快乐时，不要忘记了美好的东西是要生命去享受的。因此，没有生命便没有一切！你的生命是你自己的，但也牵动着父母、老师和亲戚、朋友的心。“保护生命，一切平安”是每一个青少年的责任。我们有什么理由不去好好把握与珍惜？我们有什么理由不去做好生命的安全保护工作？但在每天，我们国家因为交通事故、食物中毒、不幸溺水、暴力伤害等意外而死亡的孩子竟有40多人。多少亲人痛不欲生，多少希望无情破灭。一个孩子的平安，维系着几个家庭的幸福。孩子的平安需要社会、学校、家庭的保护，但关键因素还是培养孩子的安全意识，让孩子学会自己保护自己。

在5·12汶川里氏8级大地震中，有69227人死亡，17923人失踪，374643人受伤。可是，北川刘汉希望小学因为注重了建筑质量，房屋没有倒塌，483名学生，全部生还。北川陈家坝小学房屋倒塌了，但安全措施有力，720名学生，安然无恙。北川陈家坝中学的房屋虽然倒塌了，因为他们在地震前多次组织过应急演习，576名学生，死11人，绝大部分学生生还。安县与汶川大地震伤亡最为惨烈的北川县毗邻，但是，安县桑枣中学这所没被“震倒”的学校，全靠叶志平校长加固了“豆腐渣”教学楼，四年来坚持组织学生紧急疏散演习。在灾难降临时，这所学校2400多名师生在1分36秒内，全部从教室安全撤离到操场，毫发无损！

在大灾大难面前，灾区中小学表现出了临危不惧、先人后己、互助友爱、知恩感恩的精神和品德，检验了他们的安全保护与安全教育意识，涌现出许许多多优秀师生和先进集体，荣获教育部授予的“抗震救灾先进集体”和“先进个人”称号。

培养孩子学会自我保护，树立安全意识，既是社会的任务，也是学校的使命，更是家长的责任。但是，当前不少独生子女在长辈的呵护下，缺乏自我保护意识和能力，面对突如其来的意外常常惊惶失措、束手无策，极易受到伤害。不少父母对孩子忧心忡忡，不敢放手，害怕招惹意外。面对纷繁复杂的社会情况，孩子难免遇到意外的危险，单纯依靠父母保护、企盼平安是做不到的，只有培养出孩子的自我保护意识和防范意外的能力，学会自我保护，孩子才有可能一生平安。那么，怎样培养孩子具有生命第一、安全第一的意识和习惯？

一、从小培养，树立生命第一的意识。人的生命赋予我们只有一次，必须重视自我安全保护。今天，在绝大多数的家庭中，孩子无须担忧任何风险，他们既没有遭受挫折的体验，又缺乏对突发事件的判断和处理能力。树立生命第一、安全第一的意识，是自我保护能力培养的前提。根据孩子的实际情况，父母可以多讲一些同孩子年龄相仿情况的孩子遭到伤害的案例，举一些发生在孩子身边的伤害事件，分析、领悟伤害的后果，引起孩子关注和思考，让孩子建立起自我保护意识。

在生活中，父母应当教育孩子随时应有警觉，预防可能遇到的伤害。孩子是快乐的天使，不知道隐患与危险随时在伴随着自己。父母应根据生活环境、结合社会实际教育孩子知道可能遇到的伤害，告诉孩子如何应对，从小学会对生命安全的保护。例如，不遵守交通规则引发的伤害，擅动电力设施带来的伤残，饮食不卫生发生的中毒，轻信陌生人被人绑架、胁迫和拐卖的事件等等，让孩子学会观察社会现象，分析家庭、学校、社区、街道……存在的安全隐患，明确上学、放学途中以及外出的注意事项，避免意外事故发生。明确告诉年幼孩子，当自己一人在家时，陌生人敲门不能开。如果对方说他是修理工，孩子可以说没有钥匙，要打电话请邻居过来帮忙开。如果来人能叫出孩子的名字，并且说是来找父母的，即使父母不在，也可以让他在家门外等一等，对于这样的人，只要孩子不认识，就是不能开门。如果来人自称是孩子父母的同事，是父母派来接他出去玩的，应让孩子记住，只要不认识，一律不开门，以免孩子上当受骗。在家庭教育中，只要给孩子讲讲《小红帽》的故事，就会收到事半功倍的效果。外出不要随便跟陌生人走，更不要随便上陌生人的车，以免上当受骗，遭到绑架，遭受不必要的伤害。

同时，采取“六多三少”的措施，预防可能遇到的伤害。“六多”，就是多向孩子介绍一些防暴方法，多向孩子介绍犯罪分子作案的特征，多向孩子介绍自己的亲戚朋友，多领孩子认识派出所岗亭，多引导孩子走危险性少的路线，多练一练孩子在小品情境中的沉着机智与分辨能力。“三少”，少让孩子独自到偏僻的地方去，少让孩子随身携带过多金钱及贵重物品，少委托他人接送孩子，避免孩子麻痹大意。父母教育孩子应把握早发现、明道理、多疏通环节，切实做好预防伤害工作。随时同孩子多交流，了解孩子的所思所想，掌握思想动向，发现问题，及时纠正、引导，步入正常预防的思想轨道。同时，多观察孩子的行为举止，发现异常，及早指导、教育。如果发现孩子染上吸烟、喝酒、泡网等恶习，父母应该通过列举案例等多种方式讲明道理，阐明危害，让孩子明确招致恶果，造成损失，难以挽回。同时，想方设法转移孩子的注意力，切忌简单的堵截和压制，让孩子摆脱诱惑，免受身心双重伤害。

二、增长本领，掌握安全保护的技能。父母应教育孩子正确面对自然灾害和暴力伤害，掌握基本逃生和自救技能，让他们懂得安全保护知识，积极提供实践锻炼机会，是培养孩子自我保护能力的关键，是父母义不容辞的责任。

第一，在自然灾害的应对中，父母要准确传授切断电源、消防技能、火灾逃生、地震避难、紧急呼救、临时包扎、止血技术等等，把握“一看、二演、三练”的方法，教会孩子安全保护自己，避免或减轻不应有的伤害。

一看：父母应购买自护自救常识的影像资料，让孩子边看、边说、边练，通过形象直观手段，让孩子拥有自护知识的储备，有利于应对意外。

二演：父母的正确示范，会提高孩子在紧急情况下的应对能力，使伤害降到最低。通过父母演示，让孩子知道在哪些地方或使用哪些用具会发生危险，随时必须引起孩子的高度注意和警觉，以免导致意外伤害事故的发生。例如，父母教育好孩子如何开关水龙头，如何使用煤气灶，如何开关电闸，如何通过人行道，如何看汽车指示灯，如何逃避地震灾害，如何扑灭大火，如何在火灾中逃生，如何在食物中毒中自救……积极提高抗击自然灾害的能力。

三练：有了孩子的练习过程，父母的示范就能够收到良好的效果。通过孩子的亲手操作，在练习中，才能加深孩子对自我保护的重视，使孩子掌握自我保护常识，培养孩子自我保护的能力。例如，父母带着孩子使用煤气做饭，照看孩子往茶杯里掺开水；制造一些漏水、停电等小故障，让孩子去排除；带着孩子过马路，按照红绿灯指示，从斑马线上通过；与孩子玩一玩地震、火灾逃生小游戏……正确应对灾难，夺取抗击自然灾害的胜利。

第二，在暴力伤害的应对中，父母应教育孩子根据“稳、想、脱、求”四字诀，保护自身安全，避免或减轻不应有的伤害。

在自信中求“稳”：如果遇到暴力伤害时，我们要有心理准备，稳住神，不慌张，相信自己能够对付这种事情。

在危急中多“想”：如果突然被人拦截、索要钱物，或被陌生人劫持、诱骗、欲加拐卖等情况，必须沉着冷静，开动脑筋，多想办法，了解犯罪分子的情况，分析周围的环境，找到拯救自己的方法。

在周旋中“脱”身：如果被施暴者扣留，可利用呼救脱身法、周旋脱身法、恐吓脱身法、说服教育脱身法，在比较中周旋，在周旋中，“两害相权取其轻”。

在紧张中“求”救：记住有关电话号码，记住自己家庭和学校、附近派出所、治安岗亭的电话号码，在紧张危险中，向他们求救。

第三，在家庭教育中，父母要向孩子阐明：平安是幸福的源泉。如果，孩子没有生命安全的意识和自护能力，就不会有真正的平安。作为父母，该说就要说深、说细、说透、说服孩子，该放就要坚决、勇敢、果断、大胆放孩子，解放孩子思想束缚，还给孩子生存自由。在信任中，锻炼孩子的意志，提高孩子的能力，永远相信“孩子自己才是生命安全的救世主”。

三、提高警惕，培养拒绝诱惑的习惯。在生活中，每一个孩子个性的形成和发展，都与社会环境的影响息息相关。社会环境对孩子的影响是隐性的、细微的，不容易被发觉的。当孩子成绩不理想或者表现异常时，父母要善于观察孩子心理和行为上的变化，留心孩子所处的社会环境，帮助孩子拒绝不良社会诱惑，行进在健康成长的大路上。

从北京市未成年犯管教所了解到，管教所里在押的未成年服刑人员中，有70%左右的服刑人员去过网吧，因在网吧玩网络游戏或浏览色情网站而导致直接犯罪的服刑人员占30%，而在犯罪类型上则偏重于暴力犯罪，其中单亲家庭的服刑人员占25%左右。

社会的不良影响腐化着孩子的心灵，荼毒着孩子的健康。许多孩子经不起诱惑，身陷其中，不能自拔，成绩一落千丈，甚至走上歧途。父母揪心，孩子痛苦。一个孩子受到危害，影响几个家庭的幸福。那么，如何拒绝诱惑、防范社会不良影响危害我们的孩子呢？

第一，从小教诲，让孩子树立终身读书的意识。社会在发展，历史在进步。现代青少年将来立身社会，全靠自己的知识与本领。只有终身学习并且接受教育的人，才有可能立于不败之地。古人说："书能化愚。"是啊，教育孩子从小养成多读书、读好书的习惯，就可以在青少年的思想上构筑一道防范各种诱惑的"钢铁长城"，并且受益终身。

第二，从小教养，让孩子不随便接受他人恩施。一个人要立身社会既要有自信，还要有骨气。从小拒绝他人的恩施，不随便要别人的"过年钱"，不随便吃别人的"贺岁饭"。俗话说"拿人家的手软，吃人家的口软"，在现实生活中，颇有意义。有些人就是因为"拿"了别人的，或者"吃"了别人的，而落入陷阱，不能自拔。一个有志气的人常常依靠自己一双手，艰苦奋斗，努力创造，获得了成就。同时，用以防范、抵制、拒绝"为了向前看，只能向钱看；只有向钱看，才能向钱看"的"一切向'钱'看"的奇谈怪论。

第三，从小教育，让孩子养成良好的学习习惯。现代社会，不少成功者正因为能够坚持以求真务实的思想向书籍、报刊以及网络求知，以谦虚谨慎的态度向周围的人请教，以探求科学的精神向社会学习，勤于探索，善于读书。他们有正确的学习方法与制度，保障自己学有所成。他们经常自觉读书，勤奋求学。用事实批驳因为社会分配不公、体脑倒挂等原因所新生的"读书无用论"，防范、抵制、拒绝打工、经商挣大钱的社会不良倾向。不上不健康的网络，不读不健康的书刊，不参加玩物丧志的游戏，为自己的健康成长负责，成为现代化建设的有用之才。

第四，从小教导，让孩子懂得结交朋友的原则。孩子小时候，父母要教育孩子懂得谨慎交友的重要性，鼓励他们结交志趣高尚、有理想、有抱负、有才华的人做朋友，互相鼓励，共同进步。不要结交不三不四、玩物丧志的朋友，更不要结交损人利己的"伪君子"。当然，如果孩子思想行为能够经受得住考验，帮助、甚至带动落后者转化为先进，未尝不是对社会负责的表现，不过，今天这样的孩子实在太少了！

第五，家庭和谐，让孩子杜绝不良的社会交往。在现实生活中，有些家庭不和谐或父母关系破裂，孩子在家庭中得不到温暖，却从社会上的坏朋友那儿得到了"关心"，以至孩子加入了不良团伙；有些父母从小溺爱孩子，让孩子形成"我为中心"的性格，一旦家庭不能满足孩子的欲望，便到社会上寻找"刺激"，从而走进了不良社会交往的深渊；有的家庭教育不力，孩子学习成绩差，又得不到及时补救，越学越不想学，在厌学情绪的驱动下，结交了社会上的坏朋友；有的家庭对孩子关心不够，在学校里孩子因违规违纪被赶出了教室，又不敢回家，在社会上游手闲逛中，交上了坏朋友；有的家庭培养出生性软弱的孩子，孩子受到欺侮，又得不到正当保护，在自己找寻所谓的“靠山”中，开始了不良的社会交往。当前，因受不和谐家庭影响的孩子，往往存在不良的社会交往，这是他们走下坡路的重要原因。更有甚者，因受不良家庭教育的孩子，往往造成了仇恨和反叛性格，让这些年少孩子走上了犯罪的道路。

一位父亲对儿子的要求非常严格，略有过失，不打则骂，儿子在不堪忍受的情况下，把自己在家的情况告诉了在社会上浪荡的“哥儿们”，大家出主意伺机报复。一天中午，他们趁着这位父亲午睡之际，拿起绳索勒死了孩子的父亲。

这是一起悲剧，它震动了天下父母的心！在现实生活中，只有建立一个和谐的家庭，并且在这个家庭里，既有幸福的夫妻关系，又有温馨的亲子关系，更有民主和谐的家庭氛围，才能更好地消除社会不良影响对于孩子的戕害，教育好我们家庭和社会的接班人：青少年。

培养孩子开拓创新的习惯。一个人有了创新思维，才有创新活动，有了创新活动，才能产生创新成果。那么，怎样培育孩子拥有开拓创新的习惯呢？

一、在家庭教育中，培养开拓创新的习惯。家庭教育是一切教育的基础，父母是孩子的第一任老师。父母为孩子树立好正面形象，不仅可以优化孩子的心灵，而且可以培育孩子开拓创新的习惯，使之茁壮成长，健康成才。

梁启超是近代的思想家、文学家和家庭教育家。他有9个孩子，投身不同行业，个个都是栋梁之才，还有3个是中国科学院院士。

他是如何使这9个儿女全都成龙成凤呢？这自然得益于他独特的创新教子之法：一是孩子不需要按家长的理想进行改造，只需要根据孩子的特点进行引导；二是培养孩子浓厚的生活兴趣，让孩子谨记：人生的幸福源泉就是兴趣；三是教育孩子用理智战胜人生所有磨难，在创新中做生活的主人。他的长子梁思成先就读于清华大学，后留学美国宾夕法尼亚大学，并获硕士学位。梁启超不仅根据孩子的意愿鼓励出国学习建筑，还特意花费巨资安排思成到欧洲旅游，感受欧洲建筑魅力，使之在建筑领域拥有丰厚的体验和造诣。此后思成回国，亲手创办了东北大学建筑系，既成为清华大学建筑系的重要奠基人，又成为中国现代建筑学的奠基人，首届中国科学院院士。梁启超的次子梁思永，就读于清华大学，喜好考古研究。梁启超便支持他前往哈佛大学攻读考古学和人类学，让他自费参加著名考古学家李济在山西的考古发掘，投入瑞典考古学家斯文赫定在西北的考古活动，让梁思永最终成为了中国现代考古学的主要奠基人之一，首届中国科学院院士。梁启超的三子梁思忠从小喜好舞刀弄枪，梁启超不惜巨资，送他去美国弗吉尼亚陆军学校和西点军校读书，毕业回国，从军于国民革命军十九路军。梁启超的四子梁思达从小对理财表现出浓厚的兴趣，梁启超就引导他学习经济，鼓励他就读于南开大学经济系，后来成为了著名的经济学家和工商管理学家。梁启超的五子梁思礼就读于美国普渡大学，后就读于辛辛那提大学，获硕士、博士学位，成为著名科学家、中国科学院院士、国际宇航科学院院士。梁启超十分注重女性自身的气质特点，对女儿们进行引导。他送长女梁思顺就读日本女子师范学校，让思顺在文学、音乐等方面有很高的造诣。他根据次女梁思庄从小喜欢看书、娴静文雅的个性，送她到加拿大麦吉尔大学和美国哥伦比亚大学学习图书管理专业，把思庄培养成著名的图书馆学家，成为中国现代图书馆学的重要奠基人。梁启超的三女梁思懿，先就读于燕京大学学医，后送入美国南加州大学学习，成长为著名社会活动家，全国政协委员。梁启超的四女梁思宁在南开大学读书期间，投奔革命，参军抗日。他积极支持女儿的选择，成为了一名新四军的革命女战士。

梁启超引导孩子理智地走进属于自己的人生之路，他的9个子女个个都养成了开拓创新的习惯，人人都是出类拔萃的天之骄子。梁启超不愧堪称：当代父母的典范。

成功的家庭教育，安定小家庭，和谐大环境，福及全社会。古人云“身修而后家齐，家齐而后国治，国治而后天下平”的“齐家、治国、平天下”观点讲的就是这个道理。因此，父母做好优化孩子心灵的工作，稳定社会，安定国家，功在当代，利在千秋，流芳百世，名垂千古。

二、在学校教育中，拥有开拓创新的本领。学校是青少年形成良好道德观念和道德行为的关键场所，教师则是指导青少年思想行为的主导力量，更是人类灵魂工程师。

一位成功人士谈到他小时候经历的一件事，这件事影响着他的一生。当时，他在小学四年级读书，因为功课太差，父母不得不决定他留级。第二年，他只好插班重上四年级。看着曾经是同班、同座的伙伴们在五年级教室进出，在第一次班会上，他沮丧得抬不起头来。然而，新班主任在做完自我介绍后说：“现在，进行班会的第二项内容，全体起立，为插读我班的新同学鼓掌祝贺。人生的路那么长，同一年级读两次，就得到了两倍的同学与朋友。”这位成功者说，这是他此生听到的求学生涯中对“留级”最为美丽而又智慧的诠释，它让他从此以后有了另一种开拓创新的人生。

通过教师自身道德规则和行为修养的示范，赋予孩子创新生活的力量。通过一个微笑、一个眼神、一个表情、一个动作、一句话语、一段讲演……培养出孩子开拓创新的习惯，让孩子自尊自立自信自强起来，成为心灵美、行为美的主人，获得立身社会的真正本领。

三、在社会教育中，升华开拓创新的效能。通过电视、网络、报刊、杂志学习政治时事和科学知识，了解政坛风云、科技进步、凡人俗事等各种内容，懂得国内外大事与家内外小事。在改革开放的欢歌笑语中，认识社会的新变化、民族的新面貌、国家的新发展，培养孩子开拓创新的习惯，立定志向，为了国家和民族贡献自己的力量，并且取得开拓创新的效益。

2008年5月12日下午2点28分4秒，四川汶川，8级强震猝然袭来，大地颤抖，山河移位，满目疮痍，生离死别……华夏西南，国家有殇。这是新中国成立以来破坏性最强、波及范围最大的一次地震。这次地震重创约50万平方公里的中国大地!汶川地震在四川共造成69227人遇难，17923人失踪。汶川地震死亡人数总计86633人。汶川地震造成的直接经济损失8451亿元人民币。在山河破碎的四川，痛失家园的上千万群众何以为家，何以为业?

但是，决战决胜的一场场硬仗在灾区打响了。安置群众百日攻坚，仅3个多月就解决了530万户、1200万人的过渡住所问题，以最快的速度让受灾群众恢复了家庭生活。坚定坚强的力量在灾区汇集。灾区群众从废墟上站立起来，一砖一瓦建设家园。在艰苦异常的极重灾区，18个省份的援建工作者不分昼夜、不知疲倦地奋战在一线，有的战友甚至永远长眠在这里。多少鞠躬尽瘁的情怀，多少夙兴夜寐的艰辛，多少披荆斩棘的坚毅，就这样创造了人间奇迹!

三年灾后重建，让遭受重创的38个城镇，变成了魅力各具的风情城镇。异地重建的北川新县城，在永昌镇拔地而起，文化广场上的《新生》雕塑传递着坚韧和希望。震中映秀镇已建成抗震减灾建筑博物馆，国内外建筑大师在这里留下了精彩之作。茶马古道上的汶川水磨镇如诗似梦，被誉为“全球灾后重建最佳范例”，成为2011年中国四川国际文化旅游节的开幕地，中外嘉宾无不为之赞叹，为之震撼。科学重建，灾区基础设施和公共服务设施实现了跨越发展。各类建筑不仅更加精彩，功能也更加完善。震后新建的3000多所学校、1300多座医院，设计科学、设施完善、设备现代，抗震标准一般都在8级以上。灾后新建的川西林盘、川北民居，与青山绿水和谐共邻。北川吉娜羌寨、茂县牟托村、绵竹年画村，凸显浓郁的地域风貌和民族特色。村庄新布局，村落新规划，民居新设计，传统与现代的有机结合，风貌与功能的完美统一，展现出社会主义新农村的崭新景象，走出了一条现代化的乡村发展之路。都江堰到映秀的高速公路震后一年建成通车，震后开工建设的成灌高铁已投入运营，成都到兰州、成都到贵阳、成都到昆明、成都到西安铁路和川藏铁路加快建设，“蜀道难”的历史正在改变。电子信息、汽车制造、油气化工等产业在震后迅速崛起，搬迁重建的新东汽蓬勃发展，进入世界一流行列。灾区重建不仅实现了“原地起立”，而且实现了“发展起跳”。一位台湾同胞说，群众纷纷赞扬如今的灾区：“最漂亮的是民居，最安全的是学校，最现代的是医院，最满意的是百姓。”

生活，在灾后重建开拓创新中，点燃了新的希望。灾后重建不仅是物质建设的再生，更是精神建设的升华。三年以来，“地震宝宝”从呱呱坠地到蹒跚学步，迎来了他们3周岁的生日。2860多名“再生育婴儿”平安降生，新的生命给失去孩子的家庭带来新的希望。地震造成的1400多名孤儿、孤老、孤残人员，生活也有了妥善安排，他们衣食无忧，快乐生活。一些在地震中破碎的家庭重组在一起，妻子有了丈夫，孩子有了妈妈，千百个重组的新家庭开始了欢天喜地的新生活。

多难兴邦，中华民族五千多年来一次次从灾难中崛起，伟大的民族精神生生不息、绵延不绝。与抗震救灾和灾后重建相伴相生的，是四川人精神的成长和品格的再造，我们不仅重建了一个物质家园，更是重建了一个意义深远的精神家园。灾后重建的伟大胜利，是一段信念铸成的历史，是民族精神的标志。四川灾区，已经成为了我国爱国主义教育基地、社会主义核心价值体系学习教育基地、民族团结进步宣传教育基地和展示中国发展模式、发展道路勃勃生机的窗口。

三年间，四川从悲壮走向豪迈，是因为我们有一个坚强的党，有一个强大的国家，有一个伟大的民族，还有一群坚韧不拔的四川人民！汶川地震写下了中华民族灾后重建、开拓创新的发展史。

家庭依靠创新发展，国家依靠创新繁荣。创新是一个民族进步的灵魂，是我们兴旺发达、长盛不衰的动力。经济全球化是世界经济发展的客观趋势，它给我们带来了机遇，也带来了挑战，我们尤应坚定不移，不断进取，把握优势，创新育人，迎接全球化挑战，培养适应国际市场需求的现代化建设人才，全面完成时代赋予我们的光荣任务。

第五章　教导孩子做人

在家庭教育中，父母教导孩子，让他们懂得做人的基本要求，达到一定的思想认识境界，并且落实在自己的言行中。一个人只要能够在现代生活中，树立人生目标，正确自己思路，掌握成功方法，总结自己经验，把握说话艺术，娴熟办事技巧，拥有良好人脉，写正一个“人”字，就提高了自身的整体素质，体现出做人的基本价值和意义。那么，父母如何结合实际、教导青少年孩子做人呢？

教导孩子树立人生目标。人生目标就是理想。在社会生活中，能够准确给自己定位，承担起自己的责任，做一个自尊、自信、自立、自强的人，就是一个有理想的人。如果，孩子想成为一个孝顺的孩子，想营造一个幸福的家庭，想成为一个工人，想成为一个农民，想成为一个战士，想成为一个医生，想成为一个教师，想成为一个文学家，想成为一个科学家……这样的孩子就是一个有理想的人。那么，父母应该怎样教导孩子树立人生的理想呢？

一、了解孩子的特点，尊重孩子的选择。向往、兴趣和特长是来自孩子内心深处的愿望，是形成人生抱负和目标的自然基础，它需要得到父母、老师乃至自己的尊重和爱护，才能展示树立人生理想的意义。

孙中山出生在一个佃户家里，家庭十分贫寒。刚满6岁，就开始帮助父母干活，体会到了劳动的辛苦与生活的艰难。那时，他常在村里的一棵大榕树下，听一位从前是太平军的老人讲太平天国的故事。孙中山希望自己长大之后，也能像洪秀全那样跟反动势力作斗争。

1878年秋天，13岁的孙中山跟随母亲来到美国，在旅居美国的大哥帮助下，进入了檀香山意奥南尼学校读书。经过三年的系统学习，孙中山以优异的成绩毕业了。中法战争后，孙中山看到了清朝政府的腐败，产生了以资产阶级政治改造中国的想法。可是，他的建议遭到清朝政府的拒绝，认识了腐败政府给中华民族造成的灾难，便决心用武力推翻清朝的统治。他成立了兴中会，领导了几次起义，但都失败了。后来，他和黄兴等人创建了同盟会，有力地促进了全国革命运动的发展。当时，清朝政府陆续将全国铁路路权出卖给帝国主义列强，这便引起了全国人民的极大愤慨。1911年，湖北、湖南、广东、四川等省人民掀起了轰轰烈烈的保路运动，其中，以四川最为激烈。同盟会员组成保路同志军进围成都，又转战各地，攻城夺地，猛烈冲击着清朝政府在四川的统治。同年10月10日，在清朝政府全力应付四川保路运动之时，武昌起义的枪声打响了。接着，全国各省的革命者纷纷行动起来。到了11月底，全国有14个省宣告独立。孙中山被推举为临时大总统，1912年元旦宣誓就职，正式宣告中华民国诞生。1912年2月12日，清朝末代宣统皇帝（溥仪）被迫退位，从此，结束了中国长达两千多年的封建帝制。孙中山同时创立了三民主义，推动了历史的进程。由于受到了帝国主义、封建主义的强大压力，以及革命党本身的涣散软弱，孙中山被迫于1912年2月13日辞去临时大总统之职，让位给袁世凯。从此，中国历史进入了北洋政府的统治时期。为了打倒军阀，维护共和，孙中山继续为中国革命奔走。

孙中山的一生都在为民主革命事业不懈努力奋斗，并且作出了巨大的贡献，他是当之无愧的中华民族伟大革命的先行者。

在生活中，蕴藏着无穷的知识和无限的奥秘，只要我们善于认真发现孩子对未来的追求，培养孩子探索事物的兴趣，树立起切合孩子自身实际的奋斗目标，就会让孩子在人生发展的道路上，不断取得胜利。当然，符合个人实际和社会需要是指导孩子树立自己理想应该遵循的原则。不少青少年总是喜欢幻想和憧憬，往往不切合实际，好高骛远，想入非非。作为父母，一方面要保护孩子的好奇心，不能冷嘲热讽，不能挖苦打击，不能刺伤孩子的自尊心和自信心；另一方面要指导孩子正确认识自己，估量自己，激励自己，超越自己。然而，有些父母却认识不到这点的重要，总是喜欢按照自己的意志、认识、兴趣或者未竟心愿去安排孩子的一生，规划孩子的未来。这恰恰事与愿违，造成许多令人遗憾的后果。其实，父母指导孩子认识自己，可以列出孩子的长处和短处，同孩子一起认真分析研究，找到切合实际的目标和理想。父母必须量体裁衣，因材剪辑，因人制宜，因材施教，不能要求过高、过分。孩子追求成名成家固然值得肯定和鼓励，但是，大多数人面对的是平凡人生和普通职业。因此，孩子树立的目标和理想，只要能够把自己打造成为一个对家庭、对社会、对国家有用的人，就可以了。让孩子正视自己、他人和社会，是走向成功的基本条件。

二、激发理想的向往，创造实现的条件。在生活中，帮助孩子树立奋斗的目标，主要注意两个方面的教育和帮助工作。一是帮助孩子树立榜样和志向。榜样的力量是无穷的，从小就必须引起父母的重视。经常给孩子讲古今中外不畏艰难、刻苦自励、努力学习、取得成功的励志故事，使孩子从中受到教育和启发，找到模仿和学习的榜样。同时，父母要以身作则、身体力行，以对知识孜孜追求、对工作认真负责的精神为孩子树立榜样，引导孩子立定学习的志向，奋发努力，刻苦读书。二是帮助孩子制定切合实际的学习目标。在孩子循序渐进的学习过程中，单凭学习兴趣和热情是不够的，要把远大的目标细化成一些具体的、切实可行的、力所能及的小目标，每实现一个小目标，就会得到一次激励，就会增强学习的乐趣，就会帮助和推动孩子一步一步地走向成功。

1984年，在东京举办的国际马拉松邀请赛中，日本选手山田本一夺得了世界冠军，他回答记者只有一句话："凭智慧战胜对手。"两年后，意大利国际马拉松邀请赛在米兰举行，山田本一又夺得了冠军，他回答记者还是那句话："用智慧战胜对手。"十年后，这个谜底终于揭开了。山田本一在他的自传里这样写道："每次比赛之前，我都要乘车把比赛路线仔细看一遍，并把沿途比较醒目的标志画下来。比如第一个标志是银行，第二个标志是一棵大树，第三个标志是一座红房子……这样一直画到赛程的终点。比赛开始以后，我以百米冲刺的速度奋力向第一个目标冲去；等到了第一个目标以后，又以同样的速度向第二个目标冲去；40多公里的赛程，就被我分解成这么几个小目标轻轻松松地跑完了。起初，我不懂这样的道理，我把我的目标定在40公里外终点线上的那面旗帜上，结果我跑到十几公里处就疲惫不堪了，我被前面那段遥远的路程给吓倒了。"

成功故事告诉我们，"成功教育"模式的一个理念就是在长期、分步、发展的学习过程里，关键是要不断为孩子提供创造成功、感受快乐的机会。在一个一个切实可行的目标的指引下，一步一步实现细小的目标，取得细小的胜利，最终获得巨大的成功。"千里之行，始于足下。"父母要根据当前的状况和孩子的实际情况，指导他们制订可以分步实现目标的计划，并且稳妥落实。随着阶段性目标的不断实现，全面实现理想的时辰就越来越接近了。父母的教育艺术在于帮助孩子制定和实现小目标的时候，既需要根据孩子的特长和实际提出计划，又需要按照量力性原则加以鼓励，只要经过努力就能摘到果实，达到预期的目标，让孩子品尝到胜利的甘甜，感受到成功的欢乐，造就出学习制胜的主人。一个人一旦有了理想，就必须从现在起步，刻苦努力，分步实施，坚持不懈，直到胜利。

三、坚持不懈的努力，达到树立的目标。当前，一些青少年，今天看到科学家取得了辉煌的成就，就立志当一名科学家；明天看到演艺明星很风光，又想去做演员；后天可能突发奇想，觉得研究航天更不错，将来当个航天学家……这种常立志现象发生在青少年身上，并非异常。中国有句古话："无志之人常立志，有志之人立长志。"因此，父母必须教育孩子懂得：在生活中，达到目标，实现理想，道路漫长，充满艰辛。在艰难险阻中，不少人往往容易半途放弃既定的追求目标，以致遗憾终身。父母应该创造条件，让孩子根据实际，立足今天，积极行动起来。同时，以名人名家的故事，激发孩子对未来目标的追寻和向往，督促孩子坚定不移，朝着孩子自己树立的目标勇敢迈步，达到目标，实现理想。

当年，列宁的父母在教育孩子们树立崇高的理想时，帮助他们参加了当时历史条件下可能参加的社会活动，培养他们的爱国主义和国际主义情感，使他们在艰苦中珍视祖国的美丽和伟大，并且坚定意志同卑鄙、残暴、非正义行为进行积极的斗争。以致后来，在列宁的领导下，取得了十月革命的伟大胜利。

在20世纪末，我们国家表彰的钱学森、钱三强、邓稼先、朱光亚、王淦昌、赵九章等23名科学家，树立目标，战胜艰险，排除万难，取得"两弹一星"的辉煌胜利，永远鼓舞着青少年实现自己的目标和理想。

在现实生活中，父母应当随时了解和把握孩子的心态，帮助孩子实现自己的理想。孩子一旦有了进步，就应给以鼓励和肯定，不断激励和鞭策孩子矢志不移、坚持不懈，终会迎来达到目标、实现理想的那一天。

教导孩子正确自己思路。思路决定出路，出路决定前景。思路决定布局，布局决定结局。因此，要改变命运，先改变思路。思路有多远，就能走多远。思路正确，方向正确，走向成功，胜利在握。

早年，鲁迅认为中国落后是因为中国人的体格不行，被称为"东亚病夫"，于是他去日本学习医学。

一次，他在课间看电影的时候，只见日本军人挥刀砍杀中国人，而围观的中国人却一脸麻木。当时，其他的日本同学大声议论："只要看一看中国人的样子，就可以断定中国必然灭亡。"鲁迅在思想上顿时受到了很大撞击，认识上有了很大的改变，他说："我觉得学医并非一件要紧的事，凡是愚弱的国民，即使体格如何健全，如何茁壮，也只能做毫无意义的示众材料和无用的看客，病死多少是不必以为不幸的。所以，我的第一要素是在改变他们的精神，而善于改变精神的则是——我那时以为当然要推文艺，于是我想提倡文艺运动了。"

从此，鲁迅决定弃医从文，以笔为枪，去唤醒沉睡中的中国人民，中国也因此多了一位伟大的思想家和文学家。

一个人想到达成功的巅峰，只要具有一种强烈改变自己的决心，偶遇时事，产生顿悟，并且从内心深处生起那份卓越的渴望，就会在瞬间改变自己的一生。那么，如何教导孩子具有这种思路呢？

一、*思想超前，命运领先*。一个想要成功的人，必须是一个具有远见卓识的人。善于着眼明天，并且不失时机地开发自身潜能，完善自身建设，拥有正确的思路，把握奋斗的方向，适应社会的发展，就会领先命运，独占鳌头，开创前程似锦的局面。

1859年，当美国出现第一口油井时，美国的约翰·洛克菲勒就从当时的石油热潮中看到了这项风险事业的良好前景。在石油事业上，依靠他的远见卓识与过人胆略，从零起步，从无到有，迅速发展起来。他在与对手争购安德鲁斯——克拉克公司的股权中表现出了非凡的智慧和勇于冒险精神，洛克菲勒每次都比对手出价高，当对方最后出价7.2万美元时，洛克菲勒毫不迟疑地出价7.25万美元，最终战胜了对手。

19世纪80年代，洛克菲勒控制了美国90%以上的石油资源，他也没有停止自己的超强行为。人们在利马发现一个大油田，因为含碳量高，把它称之为“酸油”。当时，还没找到提炼这种“酸油”的方法，因此，一桶只卖15美分。洛克菲勒预见它具有巨大的潜在价值，坚信一定能够找到提炼它的方法，所以，执意买下这个油田。可是，他的主张遭到董事会多数人的反对，洛克菲勒的决心迫使董事会同意了他的决策。结果，不到两年时间，他们找到了提炼这种“酸油”的办法，油价由每桶15美分涨到了1美元。同时，在那里建立了当时世界上最大的炼油厂，赢利猛增到几亿美元。洛克菲勒也因此成为了美国的石油大王。

思路改变心态，心态驾驭人生。摆脱思想与物质的贫困，从破译成功者的成功思路开始。好思路是正确的方向，是光明的灯塔，让人看到希望，催人振奋。好思路带来好命运，让人迎来朝阳，拥抱光明。

二、坚定态度，勇敢行动。有人说，我们不是生活在岁月里，而是生活在行动中。“一分耕耘，一分收获”，没有耕耘的行动，哪有收获的结局？

一位名叫沃特的美国男子，看见两位老友因车祸去世，而患上了抑郁症，在没有休止的暴饮暴食后，体重迅速逼近200公斤，稍微一动，便气喘吁吁，他感到自己已经到了绝境。但他年轻英俊的照片，激励他决定开始徒步全美国的减肥之旅。他，穿越了加利福尼亚山脉，行走了新墨西哥沙漠，踏过了多少都市乡村、荒郊野外……他住价廉旅馆，他在路边野营，他曾多次遇险获救。一次，在新墨西哥州，险些被一条剧毒的眼镜蛇咬伤，幸亏他及时开枪将之打死。一路上，小的伤痛简直就是家常便饭。他就这样坚持走了一年，到达了纽约。他的体重成功减掉50多公斤，被《华盛顿邮报》、《纽约时报》等媒体誉为“美国英雄”，他的故事感动了美国：沃特成功了！沃特行走了一年，他的生活发生了巨变，因为勇敢行动，创造了人间奇迹。

在生活中，勇敢地抛弃疏懒，依靠勤奋就会创造美好的生活。在前进中，绕开好高骛远的陷阱，踏实地迈出你的每一步。在前进中，消除犹豫不决的障碍，在行动中引发行动。在前进中，克服拖延办事的毛病，用目标为你导航。在前进中，态度决定行动，力度决定速度。在前进中，实施切实可行的计划，可以达到目标，实现理想。

三、坚强自信，走向成功。在生活中，一次或几次落入挫折的陷阱，绝不意味着整个人生的失败。只要找出失败原因，从中吸取教训，依靠自己优势，虚心向人请教，不放弃，不畏怯，不后退，不言败，坚持不懈努力，坚强自信前进，走出命运的低谷，就会赢得胜利与成功。

1864年9月3日，一声震耳欲聋的巨响打破了瑞典斯德哥尔摩的寂静，短短几分钟一座工厂只剩下了残垣断壁，火场旁站着一位面无人色、浑身颤抖着的青年人。人们从瓦砾中找出了5具尸体，令人惨不忍睹。其中，4位是他得力的助手，一位是他正读大学的小弟弟，他的妈妈悲痛欲绝，他的父亲也因此引发脑溢血，从此半身瘫痪。警察局严禁他重建工厂，当地不再出租土地给他进行危险的实验。

但是，几天之后，死里逃生的他又在远离市区的一条驳船上全神贯注地进行着实验。他的持之以恒，终于发明了雷管。随着这项爆炸学上的重大突破，加快了欧洲工业化的进程。开矿山、修铁路、凿隧道、挖运河等工程，谁都离不了他所研发的雷管与炸药。他把实验室从船上搬迁到了斯德哥尔摩附近的温尔维特，正式建立了第一座硝化甘油工厂，还在德国的汉堡等地建立了炸药公司，他的雷管与炸药成了抢手货。然而，不幸的消息随之传来。在旧金山运载炸药的火车在震荡中发生爆炸，在德国一家工厂的工人因搬运硝化甘油发生碰撞引起爆炸，巴拿马一艘装载硝化甘油的轮船在大西洋的颠簸中引发爆炸……每一次爆炸都造成了极其严重的损失。人们又把他当成瘟神和灾星，他几乎被全世界的人所诅咒与唾骂。面对接踵而来的灾难和困境，他没有一蹶不振，他的无私无畏的勇气与矢志不渝的恒心激发了他心中的潜能，最终征服了炸药，吓跑了死神，赢得了巨大的成功。

他一生共获专利发明权355项，为人类作出了伟大的贡献。他，就是伟大的科学家弗来德·诺贝尔。他用自己的巨额财富创立了诺贝尔奖，被国际学术界视为一种崇高的荣誉。

“自古英雄多磨难，从来纨绔少伟男。”一个人只要不拒绝生命的雕琢，就能迸发出强大的生命力量，就能走上奋发图强的道路，成为生命的强者，铸就时代的英雄。

四、做好准备，迎接机遇。凡是成功者都会知道，机遇只会降临到有准备人的身上。只有不放过任何小事，认真做好准备工作，机会才会被你抓住、被你利用，让你从胜利走向胜利。

一位中专生，在他毕业的那年，被列为了“右派言论”的重点批判对象，并且受到退学回家的处分。他回到农村，成为了暗中监管的分子。

在农村改造中，集体干活歇气时，大家有说有笑打扑克，他却害怕别人抓辫子、打棍子，不敢参与这种活动。只有孤坐一旁，折根树枝做笔，大地做纸，练习写字，天长日久，居然练出一手仿宋字，为日后复出、调入县文教局教研室刻写钢板字、推广教学经验奠定了基础。在农村脱胎换骨改造的十多年里，他家的藏书被“文化大革命”中的红卫兵小将没收得一干二净。但是，他牢记父母的教导：“你们要知道一个道理：四川山水，千回百转，历尽艰险，汇聚夔门，默无声息，蓄势待发。一出三峡，咆哮千里，奔腾激荡，驰向海洋。四川的地理铸塑了四川人所特有的这种精神，悄然聚力，出师必胜！你们正好比‘太阳才出山、笋子才出林’，最终还是家乡的希望，但在任何时候，都要无怨无恨，成竹在胸，努力向前，不可懈怠。”因此，他从没中断过学习。平时，即或在路边拾到一张旧报纸，也要悄悄揣进衣兜，带回家去，晚上，没有煤油灯，就着松光或柴火，仔细阅读一遍又一遍。因此，党的十一届三中全会以后，对他落实了政策，安排了工作，他仍然可以适应形势，担任中、小学教学工作。

但是，读书学习没有穷尽，寻求知识没有止境。他一边工作，一边自学，拿到了大学文凭。仍然适应形势，加强自身修养，当上了中学校长。退休之后，又被成都、北京等地民办高校聘为处长、院长，参与学校中、高层管理长达十多年，并被评为“优秀院长”，学术专著获得了上级表彰和奖励。现在，他已70多岁了，仍然坚持不断学习，用实际行动践行他的人生理念：

身为人师　感恩到老　反思到老　老有所乐
行为世范　学习到老　修身到老　老有所为

一个有志气的人，总是能够直面现实，放下埋怨，珍惜时间，做好准备，抓住机遇，始于细节，随时从小事努力，并且以其顽强的意志、不屈不挠的精神顽强拼搏，从而获得属于自己的那份成功财富。

五、不断更新，创造奇迹。思想解放、观念更新任何时候都是经济发展的先声，也是一个国家、一个民族兴旺发达的动力。一个人的成功掌握在自己的手中，思想既可作为武器，摧毁自己，又可以作为利器，开创一片属于自己未来的天地。因此，思想有多宽，事业就会有多大。

1980年，一位少年，辞别安徽老家父母，来到长沙姑母家。姑母给他借来一个冰棒箱，天天让他上街卖冰棒。一天，他看见一个小男孩在垃圾桶里不停地翻检。心里一动：“我何不试试捡垃圾？”经过了解，他记住了捡垃圾的一些具体事宜，便辞别姑母，住到了长沙市郊。他早出晚归，手头开始有了积蓄。一年之后，他有了经验，也看出了门道，他将捡得的垃圾直接送进工厂，每月由几百元的收入，上升到几千元。又一年过去了，他将捡垃圾的人组织起来，50人一组，如金属组、塑料组、玻璃组等，他成了垃圾头。几年之后，他搞起了废旧自行车、轮胎翻新和铝合金加工业务。1993年，他拥有了三家工厂，资产达数百万元。随后，他着手“白色垃圾”与“黑色垃圾”的治理，建立了长沙市塑化炼油厂与综合性无害化焚烧医疗垃圾处理厂，并且从事废旧家电的回收和利用。他，成为了长沙市家喻户晓的垃圾大王。

这就是思路正确、胸怀宽广、眼光独特、远见卓识的价值。一个具有经济头脑、眼光敏锐的人，从来不会绳头苟利，而是放眼长远，努力把小事做好，把好事做强。他们依靠远见和气魄，开拓创新，走向辉煌。

教导孩子掌握成功方法。方法决定效果，好方法决定好结局。方法左右习惯，习惯成就梦想。改变命运，从借鉴成功者成功的方法开始。好方法是胜利的捷径，让人事半功倍。我们既需要良好的态度和精神、刻苦勤奋，又需要掌握科学的方法，开拓创新。

美国前总统罗斯福在参加总统竞选时，竞选办公室为他制作了一本宣传册。就在分发的前两天，其中一张图片出现了版权问题，这张图片归某家照相馆所有，更换已经来不及了，分发下去，将需要付出一笔巨大的版权费用。按照惯例，可以出价买下这张照片的版权。可是，竞选办公室没有这么做。他们通知该相馆：总统竞选办公室将在制作的宣传册中放一幅罗斯福总统的照片，贵相馆的一幅照片也在竞选之列。由于有好几家相馆的照片都在候选名单中，所以竞选办公室决定拍卖这次遴选机会，出价最高的相馆将会得到天赐之福。如果贵馆有兴趣的话，可以在收信后两天内将投标寄出，否则将丧失竞价机会。很快，竞选办公室就收到了这家相馆的竞标和支票。由于找准了合适的办法，让本来应向对方付费的问题，完全改变了它的性质。

当前，一个只会埋头苦干、不问绩效的老黄牛时代已经过去了，创造出良好的业绩，单靠敬业是不够的，关键必须适应“业绩至上，方法至上”的时代要求，找到创造业绩的科学方法，才能得到快速发展，因此，方法比敬业更重要。很多时候，事业的发展取决于勇敢、勤奋、坚持，一个好方法可以让你事半功倍，提高品位。我们更需要正确的方法，方法比勤奋更重要。科学方法是解决问题的法宝，方法对了，一切问题就会迎刃而解。那么，如何教导孩子掌握良好的方法？

一、发现问题，解决问题。古往今来，成功者之所以成功，几乎都是善于思考、善于观察、善于发现并且提出问题、解决问题的人。四千多年前我们的祖先黄帝发现了“磁石”可以指南的现象，便设计了“指南车”，并且用于战争；哥白尼发现“地心说”的谬误，提出了“日心学”的假设；马克思发现了“资本剩余价值”，提出了“科学社会主义”的构想……有了问题的发现，才能得到关注和认识，才有了解决问题的可能。

一天，语音学教授贝尔在家修理电器的时候，偶尔发现一种现象：当电流接通或截断时，螺旋线圈会发出噪音。他想，是否能以电传送语言甚至发明电话呢？他的这一想法一经提出，便遭到许多人的讥笑，说他不懂电学，才突发奇思怪想。贝尔的确不懂电学，但他没有放弃，千里迢迢前往华盛顿，向美国著名物理学家、电学专家约瑟夫·亨利请教。亨利充分肯定了他的想法，并且鼓励贝尔学习电学知识。贝尔深受鼓舞，便辞去了教授职务，从零开始，刻苦学习电学知识，全心全意投入了发明电话的试验中。两年以后，贝尔发明了世界上第一部电话，成为了“电话之父”。

一个人要想真正获得成功，必须具备捕捉问题的能力，发现问题才有可能解决问题，发现问题是第一步，也是重要的一步。发现问题，是创造奇迹的开始。发现问题体现出个人水平，找到方法、解决问题则是综合能力的反映。

二、条条道路，通向成功。当我们的学习、工作或生活中出现问题的时候，换一种思路，换一种方法，事情就会豁然开朗，就会“山穷水尽疑无路，柳暗花明又一村”。

一个物理学家、一个工程学家与一个画家比赛，看谁的智商高。主考官把他们领到塔下，给了他们每人一只气压表，要他们依靠气压表测出塔的高度。原则是：只要达到目的，什么方法都可以，但创造性最强的为胜。那位物理学家登上塔顶，探出身来，看着手表的秒针，轻轻松松让气压表自由落下，准确记录了气压表落地所需的时间，再根据自由落体公式，算出了塔的高度。那位工程学家在塔底测了大气压，登上塔顶又测了一次气压，得到塔顶与塔底气压的差值，再根据每升高12米气压下降1毫米汞柱的公式，计算出塔的高度。最后，轮到那位画家了，他发挥想象力，将气压表送给了看守宝塔的人——作为交换条件，让守塔人到储藏间把塔的设计图找出来，很快得到了塔的精确高度。比赛结果，自然是画家取得了胜利。

大凡成功的人，都懂得“条条道路通北京”、“条条江河归大海”的道理，往往抛开旧式传统的思维方式，顺应时代潮流，积极转换思路，大胆开拓思维创新之路，从而掌握成功的方法，顺利步入胜利的凯旋门。

三、变通方法，化解矛盾。一个卓越的人，必定是一个善于运用变通方法解决问题的人。他们的正面思考，负面设想，全面周到，天衣无缝，无懈可击，让人欣慰。他们的思维形式与解决问题的方法往往能够变干戈为玉帛，化艰险为平坦，十分受人赏识，受人赞美。

1975年，周恩来总理在医院会见泰国总理克立先生，当他们道别时，克立总理说：“可以问最后一个问题吗？”“请。”克立含笑注视着周总理的前胸：“这次访问贵国，我发现了一个小小的变化，人们都几乎不戴毛主席像章了。1971年，我来北京时，每个人都戴着像章。”“这是您的问题？”“不，”克立的笑容有些神秘，“问题是关于阁下您的。‘文化大革命’开始时，人们都戴着毛主席像章，而您只戴‘为人民服务’的纪念章，即使是1971年‘革命’最热烈的时候您也如此。然而现在，人们不戴像章的时候，您为什么还戴？您又为什么把‘为人民服务’的纪念章换成了毛主席像章？”周总理说：“克立先生对中国的像章很感兴趣。我知道您想要我这枚像章，送您了。”

其实，克立总理想要知道周恩来总理对中国政局变化的明确反应，这是一个非常敏感的政治问题。他以周恩来胸前佩戴像章变化为理由，从侧面向周恩来诱导询问。周恩来弄清了他的意图之后，避开问题的实质，故意把克立的意思理解为他想得到自己的这枚像章，并且慷慨相送。周恩来的变通处理艺术，让哭笑不得的克立除了接受这份意外礼物之外，不能再说什么了。周恩来以自己的智慧在外交上得到了又一次胜利。因此，形圆内方，辩证涉世，是非有度，变通化解，是解决问题不可少的好方法。

四、寻找借口，意味失败。任何一个社会似乎都存在着两种人：成功者和失败者。20%的人掌握着社会80%的财富。什么原因让少数人比多数人更有智慧和力量？因为，多数人都在找借口，少数人却敢于承担自己的责任。20%的人和80%的区别在于：一种是不找借口只找方法的人，另一种是不找方法只找借口的人。而前一种人往往是成功者，后一种人往往是失败者。成功的人之所以成功，是因为敢于担当社会责任，遇事总是积极想办法，解决问题，走向成功。平庸的人之所以平庸，是因为不敢担当社会责任，遇事总是寻找借口，欺骗自己。因此，借口是失败的温床。

一天，一个天线公司的总裁来到营销部，让员工们对天线的销售工作各抒己见，畅所欲言。营销部长叹息说：“人家的天线三天两头在电视上打广告，我们的天线没有知名度，我看库存的天线真够呛啊。”部里其他人员随声附和。总裁扫视了大伙儿一圈后，目光驻留在一位刚进公司不久的大学生身上。那位大学生告诉总裁：“我的家乡有十几家各类天线生产企业，唯有001天线在全国知名度最高，品牌最响，其余的天线小企业都有自己的品牌，有两家小企业甚至把大幅广告做到了001集团对面的墙上，敢与知名品牌竞争。我们公司的天线今不如昔，原因很多，但总结起来或许就是我们的销售策略和市场定位不对。”营销部长却说：“现在全国都在搞有线电视，天线滞销是大环境造成的。公司在甘肃那边还有5000套库存，你有本事推销出去，我的位置让你坐。”这位大学生回答道：“现在，全国都在搞西部开发建设，我就不信质优价廉的产品连人家小天线厂也不如，偌大的甘肃难道连5000套天线也推销不出去？”几天之后，这位大学生深入到甘肃，经过十分细致的调查，在电视上安装天线容易遭雷击的主要原因是，天线放大器的集成电路板上少装了一个电感应元件，以致在雷电多发地区，往往因此而导致线毁机亡。因此，直接影响到天线的销售。于是，他马上采取了改进措施，很快使库存5000套天线销售一空。这位大学生回到公司自然当上了营销部部长，他的新生活从此开始了。

许多杰出的人都富有开拓创新的精神，只为成功找方法，不为问题找借口。没有了任何借口，没有了不负责任的开脱，正是手捧鲜花走向胜利的成功者。

五、抓住关键，找准答案。在生活中，无论学习、工作与生活，都需要我们讲究方法，只有抓住了问题的关键，切中问题的要害，才会取得事半功倍的成效。

一家核电厂出现了严重的技术问题，时刻威胁着核电厂的生产运行。核电厂的工程师竭尽最大努力，也找不出症结所在。只有求助一位顶尖级核电厂建设与工程技术专家。这位专家穿上工作服、带上写字板，开始了他的工作。在两天的时间里，他四处寻查，并在控制室里查看了数百个仪表、仪器，记好笔记，进行计算。离开之前，他从衣兜里掏出笔，在其中一个仪表上画了一个大大的“×”。他解释说：“这就是问题所在。你们把连接这个仪表的设备修理、更换好，问题就解决了。”专家走后，工程师拆开了那个装置，发现里面确实存在着问题。他们排除了故障，电厂完全恢复了原来的发电能力。一周之后，电厂厂长收到专家寄来的一张1万美元的“服务报酬”账单。电厂厂长感到专家工作收费太高，便给专家写了这样的回信：“我们已经收到您的账单，能否请你将收费明细逐项分列出来？”过了几天，电厂厂长收到专家寄来的一份新清单，上面写道：“在仪表上画‘×’：1美元，查找在哪一个仪表上画‘×’：9999美元。”

在学习、工作与生活中，一个人只要能够重点思考，抓住关键与实质，从重点问题突破，找到准确的答案，掌握成功的方法，既能解决问题，又能获得成功，从而产生意想不到的社会经济效益。

教导孩子总结经验教训。经验决定成败，教训向往胜利。经验影响观念，观念带来财富。成就人生，从吸取前辈成败的经验教训开始。好经验是成功的保证，让人心想事成，财源滚滚；好经验成就好人生，让人吉祥如意，步步高升。世界上本无完美事物，人生终究无法永恒。追求完美永远只能是我们的理想，却不可能奢望达到至高无上的境界。人非圣贤，孰能无过？在生活中，总结经验和吸取教训不仅成为了人们前进的力量，而且是成功做人必不可少的条件。在社会生活中，凡能不断自我反省者，就可以立身社会，驰骋天下，上下交融，左右逢源，建功立业，常常立于不败之地。

1965年，当前国民党代总统李宗仁先生回到祖国后，毛泽东在接见他时，对他说：“你知道我是靠什么吃饭吗？”当李宗仁感到为难、无以应答时，毛泽东回答了他自己提出的问题：“总结经验，吸取教训。”毛泽东依靠自己的反思精神，获得了夺取全国胜利的三大法宝：党的领导、人民军队、统一战线，打败了国民党800万军队，推翻了压在中国人民头上的三座大山：帝国主义、封建主义和官僚资本主义，建立了独立自主的新中国。

凡能善于反思、长于找到成功与失败的原因、并且积极采取措施扬长避短的人，始终坚持不辱“天下兴亡、匹夫有责”、“天下兴亡、责任在我”的使命，必然就是前进的胜利者、事业的成功者。反思总结，不仅要求我们要有自我反省的真情，而且要求我们要有自我批评的实意。一个依靠反思精神取得成功的人，常能检查自己，正视自己的优劣：我到底有多少力量？该干什么事？能干什么事？为什么失败了或者成功了？经验有哪些？教训是什么？这就为以后获得胜利的行动打下了基础，为通向成功铺设了道路。学会做人，必须学会好与人处事与共事，科学处理人与人之间的矛盾和分歧。切记：前进路上的敌人往往就是自己！同时，必须信守三条处理原则：

一、遵循前人教诲，拥有反思意识。牢记“好说己长便是短，自知己短便是长”的古训，坚持“人贵有自知之明”自我检查，找准自己的位置。以免过高，形成自大；防止过低，避免自卑。勇于负责，敢于自罚，谨慎做人，既不自恃骄傲，又不灰心丧气，树立高尚的品德，拥有高深的智慧。

隋朝名臣皇甫绩，3岁时，父亲因病逝世，他便随母来到外祖父韦孝宽家里，开始读书。

有段时期，皇甫绩和表哥们迷上了下棋，常因下棋而逃课，老师把这件事告诉了韦孝宽。韦孝宽非常生气，便打了每个孙子20鞭子。轮到皇甫绩，韦孝宽看着外孙子瘦弱的样子，举起鞭子的手不由得放下了。表哥们的屁股被打红了，一个个痛得直叫唤。皇甫绩站在一旁，非常愧疚。事后，为了让自己能够记住这次教训，皇甫绩坚持让表哥们动手打自己20下。表哥们看他认真的样子，知道他不是开玩笑，都很感动，但谁也下不了手。皇甫绩就自己扒下裤子主动趴到长凳上，央求表哥们：“我从小缺少父亲管教，是外公将我养大的。如今，我辜负了外公的希望，没有刻苦读书，我将来该如何来报答外公？我求你们，一定要狠狠地打，越重越好，让我永远记得才好！”韦孝宽听孙子们讲述这件事时，感动得老泪纵横。

皇甫绩小小年纪就拥有自律反思、谨慎做人的意识，懂得严以律己、宽以待人的道理，最终成为一个非常有作为的人，千百年来一直为大家所景仰、所崇拜、所赞颂。

二、坚持自我检查，养成反思习惯。学习，旨在运用。反思，意在进步。一个成功的家长以身作则在坚持自己写读书笔记的同时，积极鼓励孩子写日记，运用有效方式总结当日经验，吸取每天教训，反思缺陷，弥补不足，充满自信，走向成功。

第一，书写读书笔记，反思工作促学习。父母写读书笔记，理论联系实际，用以指导自己做好本职工作。学生写读书笔记，学以致用，用以指导自己完成本身学业。不少成功者不仅是反思总结的能手，而且是理论联系实际的楷模。

明代伟大医药家李时珍，出身医药世家，爷爷和父亲都是著名医生。在家庭影响下，他从小就喜欢医学。

儿童时期的李时珍就随父上山采药，回家之后还帮忙加工药材。李时珍从小天资聪颖，14岁就考中了秀才。20岁就独立为人看病。在行医中，他发觉当时的药书竟然把防葵与狼毒、黄精与勾吻混淆一起，因而误伤了不少百姓性命。他立下壮志，好好整理本草医书，纠正错误，补充新知识、新经验，造福人民大众。他熟读了800多种古代医书、药书，写了好几柜读书笔记，行程几万里到很多地方去考察，向有经验的人学习。他亲自下过煤窑，深入过炼铅炼汞的工人中去了解中毒现象和他们的职业病，收集到成千上万个单方，运用于临床，运用于实践。为了取得第一手资料，有时竟然冒着生命危险吞服一些药性剧烈的药物，在自己身上做实验。为了体验曼陀罗的麻醉作用，他服了这种药，结果精神恍惚，失去了知觉，险些丢了性命。他以自己生命为代价，换来给大家治病的良方。

李时珍勤奋努力学习、联系实际钻研，花费了近30年的心血，读万卷书，行万里路，写了上千万字的读书笔记，最后才写成了一部被外国人称为东方医学巨典的《本草纲目》和指导医生行医的《濒湖脉学》和《奇经八脉考》等具有实用价值的医书。李时珍用自己的实践行动，纠正医学曾经有过的错误，为父母和孩子展示了榜样的力量是没有穷尽的。

第二，书写日记，培养反思习惯。让孩子写日记，每天写出学习生活中的所见所闻，总结经验教训，提高思想认识。父母要爱护孩子人格，尊重孩子隐私，不窃看孩子的日记，让他们自觉健全完美自己，好好学习，天天向上。

一位家长因为自己的孩子都考上了重点大学，自己也便成为了家教明星。他在数百名的家长报告会上介绍自己怎样了解孩子，他说："作为一个负责任的家长，必须了解自己的孩子，特别是读高中的孩子，我的方法是鼓励孩子写日记。我对孩子说，你应该经常和自己对话，把心里话写在日记里。为了激励孩子把他们的真实情况写进日记里，我专门给每人准备一个箱子，买一把新锁，让他们把自己的日记锁了起来。我买新锁的时候，给自己也偷偷配了一把钥匙，他们的一言一行全在我的掌控之中。"这位家教明星的孩子考上重点大学纯属幸运，不诚实的家长怎么能够教育出诚实的孩子呢？不尊重他人的人怎么能够培养出尊重他人的孩子呢？

孩子写日记是一种自我意识觉醒的过程，也是孩子心里语言外化成口头语言和书面语言的过程，更是自我观察、自我认识的过程，不仅会使孩子逐渐学会认识自己，而且会使孩子学会思考。如果，一篇日记100～200字，一年可以写3万～5万字，天长日久，受益匪浅。

第三，每天反思，端正言行。每天夜里，父母引导孩子躺到床上的时候，不妨回顾自己当日的所作所为，对自己做一次深层次的解剖，出言有什么不对，行为有哪些不雅，心术有何不正？学习有哪些长进，存在什么不足，应该怎样弥补？肯定正确，鞭笞不足，找出措施，端正言行，久而久之，受益无穷。

一位家长告诫他的儿子："做人，一定要懂反思，会总结，知对错，善改过，明事理，识好歹，担担子，负责任，勇于开拓自己的新天地，才算得上一个堂堂正正的大丈夫。"此后，他的儿子便坚持在每天的反思总结中修炼自己、提高自己、完美自己，他从一个农村夜校识字班教师起步，最终出息为一位名副其实的大学教师。

在生活中，一个人倘能每日坚持一个小反思、进行一个小检查、改掉一个小毛病、实现一个小目标，便会在反思中茁壮成长起来。

三、坚持客观公正，直面社会现实。今日国家，空前强大；今日中华，繁荣昌盛；今天社会，盛世太平；今天生活，众盼千年，我们有什么理由不去好好珍惜和热爱呢？

在20世纪80年代，一位国民党的老兵在辞别这个世界前，告诉他的子女："孙中山领导我们结束了封建帝制，他所缔造的国民党结束了军阀割据，统一了中国。抗日战争时期，国共合作，国民党负责正面战场，共产党挺进敌后斗争，齐心协力把小日本赶出了中国。此后，蒋介石起飞了台湾经济，进入亚洲'四小龙'。但是，毛泽东领导全国人民建立了独立自主的新中国，我们国家拥有了火箭、原子弹、氢弹、人造卫星……使我们国家真正强大起来的是中国共产党。这是历史事实，不容置疑。其实，国共两党都是炎黄子孙，应该团结一致，携手共进，统一祖国，复兴中华！"20多年过去了，他的老伴在21世纪初辞世之前告诉她的子孙："做人，应该讲良心，明事理，知好歹，懂冷暖。现在，共产党让老百姓有饭吃、有衣穿、有房子住，达到小康水平，让我们民富国强，乐享太平。这个社会值得热爱，我们再活200岁也舍不得离开这个时代啊！"

做人，在任何情况之下，必须坚持客观公正、心底无私的原则，对人对事，对待环境，对待社会。今天的中国人民是团结友爱、勤劳勇敢的人民，今天的中国社会是千载难逢、盛世太平的社会，我们应该倍加珍惜，忠诚热爱。当然，在生活中，与你相处的人，不一定让你如意，但他和你一样一定会在不断前进中，完美自己。我们的环境与社会也有不尽如人意的地方。但是，中华民族好比一棵参天大树，树大根深，繁茂昌盛。即或有那么一些枯枝烂叶，在阳光沐浴和雨露滋润下，这些朽木烂叶都会自动退出生活的舞台。然而，大树依然枝繁叶茂，甚至还会繁衍为一望无际的大森林，永远屹立在人类世界的东方。

在生活中，通过总结经验教训，让我们正确对待自己，正确对待他人，正确对待社会。同时，以静心面对顺境，宁静致远，高瞻远瞩，虚怀若谷，谦虚谨慎，自我反省，持续发展。以善心安于逆境，无论遇到什么样的挫折，碰到什么样的灾难，千万不要怨天尤人、放弃努力，而要充分自尊自立自信自强，用自己的智慧，在绝望中找到希望，即使身临多么难以忍受的屈辱，仍然宽容大度、沉着冷静、忍辱负重、蓄势待发，一旦到了需要出力作贡献的关键时刻，无私无畏、挺身而出，舍生忘死、勇往直前，真正具备成功做人做事所特有的性格、气质和精神，形成社会公认的做人做事特色，就会创造无往而不胜的奇迹。因此，正面激励和反面鞭策，能够使人变被动为主动，不仅能够增强我们的智慧，而且能够增强我们的力量，使我们永远从胜利走向胜利！我们相信，凡是居心叵测、损人利己、危害社会的人，必然失去成就事业的群众基础，最终得到的只能是害人终害己的下场！唯有既能接受得起成功的检测、又能经历得起失败考验的人，才能心底无私、光明磊落，提升人生的价值，展示生命的风华，实现人生的跨越，到达理想的境界，从胜利走向胜利。

教导孩子掌握说话艺术。说话是一门艺术。人世之间，只有振奋人心、使人愉悦的讲话，才会获得人们的信赖与拥护。让人纵然置身千难万险，也会不惜牺牲、不惜代价，为了完成宏伟的事业而献身。因此，会讲话，得天下。你的语言边界就是你的世界边界，你的语言能走多远，你的世界就有多宽广。

战国时期，张仪用极富感染力、号召力和战斗力的语言，说服了秦昭王破袭六国合纵，下定决心，兼并天下，统一了中国。

他向秦王献策说："我听说，天下诸侯——赵与北方的燕、南方的魏，联结楚，拉拢齐，纠合韩，结成了合纵的局面，将要西来与秦国对抗，我认为是不自量力。世界有三种导致灭亡的情况，而山东六国都具备了，大概指的就是他们的合纵吧。我听人说，'混乱的国家去进攻安定的国家，就会灭亡；邪恶的国家去进攻正义的国家，就会灭亡；倒行逆施的国家去进攻顺天应人的国家，就会灭亡。'现在，六国的财物不足，粮仓空虚，他们即使出动全部的士民，扩大军队到几十万、上百万，临战之时，前面有敌人雪亮的刀剑，后面是斩伐逃兵的斧锧，可是，士卒仍然纷纷后退，不肯死战，不是他们的百姓不能死战，而是六国的君主不能使百姓死战。该奖赏的不奖赏，该处罚的不处罚，赏罚不能兑现，因此，百姓不肯拼死作战。现在，秦国颁发号令，施行赏罚，有功无功都视业绩而定，没有偏私。秦人虽说从小生活在父母的怀抱之中，生来是不曾见过敌寇的。但是，一旦听说打仗，便跺脚脱衣，踊跃参战，冒着敌人的刀剑，踏过地上的火炭，决心拼死，勇往直前的人到处都是。决心拼死与贪生怕死是不相同的，秦国士民能够做到决心拼死，是因为秦国提倡骁勇善战。因此，一人可以战胜十人，十人可以战胜百人，百人可以战胜千人，千人可以战胜万人，有一万人就可以战胜天下诸侯了。现在，秦国的土地，方圆数千里，威名远扬的军队数百万，再加上秦国号令、赏罚严明，地理形势有利，天下各国谁也比不上。凭借这些有利条件，对付天下诸侯是很容易的。由此可知，只要秦军出战，没有不获胜的，进攻没有不能攻下的，抵挡敌人没有不被打败的。按理说，一战就可以开拓国土几千里，可以建立很大的功劳。可是眼下，军队疲惫，百姓困苦，积蓄用尽，土地荒芜，粮仓空空，周围的诸侯不肯臣服，霸王的名声没有成就，这没有别的原因，只因为谋臣没有尽忠的缘故。我听说，'诚惶诚恐，小心戒惧，就能一天比一天谨慎。'只要做到谨慎选择达到目的的途径，就能够统一天下。怎么知道是这样呢？从前，纣做天子，统帅天下百万将士，向左饮水于淇谷，向右饮水于洹河，淇谷的水喝光了，洹河的水也不流了，用这样多的军队与周武王对抗。周武王率领穿着白色盔甲的三千将士，只经过一天的战斗，就攻陷了纣的国都，活捉了纣本人，占据了他的土地，获得了他的人民，天下的人没有谁为纣哀伤。当年，智伯统帅智、韩、魏三家的军队，到晋阳去攻打赵襄子，挖开晋水淹晋阳，历经三年，晋阳将要陷落了。赵襄子派遣张孟谈暗中出城，策动韩、魏毁弃与智伯的盟约，得到两家军队的认同与配合，去攻打智伯的军队，捉住了智伯本人，成就了襄子的功业。我冒犯死罪的危险，向您进献方略可以一举拆散诸侯的合纵，攻下赵国，灭亡韩国，使楚、魏称臣，使齐、燕亲近，让您成就霸王之业，让四邻诸侯都来朝拜秦国。假如大王听了我的主张，诸侯的合纵不能拆散，赵国不能攻下，韩国不能灭亡，楚、魏不来称臣，齐、燕不来亲近，你的霸王之业不能成就，四邻的诸侯不来朝拜，大王就砍下我的头在全国示众，把我看作替大王谋划而不尽忠的人吧!”

张仪的慷慨陈词，潇洒利落，理由充分，逻辑严谨，秦王因此而被说动，为中华的一统天下拉开了序幕。

这个故事告诉我们，会说话，得人心；会阐述，得好评；会表达，得赞美，能攻心；会讲话，成大事，得天下。因此，正确掌握说话常识、尺度与分寸，对于一个人的成长多么的重要。那么，如何教导孩子掌握说话艺术呢?

*一、学会平常说话，力求最佳表达效果。*学习说话，要求讲述流利、语调适中、具有自己的风格，掌握说话的常识，以期达到语言交流的最佳效果。

丘吉尔早年不善语言表达，自从决心立志成才后，便经常对着镜子练习演讲：一字一词，一言一语，要求吐音清晰，快慢适度，突出风格；一个表情，一个手势，要求表现得体，讲究气质，恰到好处……通过自己刻苦讲练，丘吉尔不仅成为了一位十分具有号召力、凝聚力、团结力的演说家，花甲之年还当上了英国首相。

一个事业有成的人，一定善于表达、长于说话，以情动人，以理服人，团结绝大多数同行者，越过艰险，奔向成功，兴高采烈地走上欢庆胜利的领奖台。那么，怎样提高孩子的说话水平呢?

第一，注意口齿清晰：语言流利，文雅大方。与人交谈，注意发音准确，吐字清晰。同时，控制说话的速度，快慢必须适度，既不能结结巴巴，又不能磕磕绊绊，以免影响语言流畅。开口说话，应该富含语言魅力，修辞必须美妙，说话尤须中听，忌用口头禅与不文明语言。

第二，注意语气平和：语调恰当，音量适中。与人交流，注意语言、语调、语气的艺术运用。语言是思想、立场、观点的展现，尤应正确、中肯、标准。语调是语音高低的配置。声音过大，令人厌烦，声音过小，难以听清。音量大小根据场景而定，均以清晰听到你的讲话为原则。口气讲究中听，语气应当适度。自我介绍时，多用平缓的陈述语气，不宜使用感叹语或祈使句。打招呼问候时，宜用上语调，加重语气并带适当拖音，以便引起对方的注意。

第三，注意语言风格：含蓄机智，幽默风趣。与人沟通，适当适时插入幽默的语言，可使谈话增加轻松愉快的气氛，既展现自己优越的气质，又显露自己从容的风度。若遇难以回答的问题，机智幽默的语言自会展示自己的聪明智慧，不仅能够化险为夷，而且能够给人良好的印象。

第四，注意语言效果：听者反应，及时调整。与人谈话，应该随时留意对方的反应。如果，听者心不在焉，表示对自己的表述缺乏兴趣，你得设法转移话题，让对方振奋起来。如果对方皱眉、摆头，可能你的语言存在不当，应当更正不妥之处，让你的述说得到对方的认同。如果对方侧耳倾听，说明你的音量过小使对方难以听清，必须增加你的音量及力度，让对方听得清清楚楚、明明白白。因此，与人谈话，根据对方反应，适时调整自己的语言、语调、语气、音量、修辞与内容，态度鲜明，以理服人，落落大方，不卑不亢，就能取得良好的语言交流效果。

第五，注意面部表情：面带微笑，和颜悦色。与人交谈，精力集中，目光有神，眉欢眼笑，张弛有度，营造愉悦气氛，提高语言交流的成功比例。

二、掌握说话尺度，准确表达交流思想。教导孩子调节好交谈的气氛，把握好说话的尺度，掌握同长辈、平辈、小字辈的说话方法，优化说话的效果，传承语言表达艺术，并且有所建树。

当年，邓小平和英国女王及其丈夫爱丁堡公爵会谈前的寒暄是富有启发意义的。邓小平说："见到你很高兴，请接受一位中国老人对你的欢迎与敬意。这几天北京的天气很好，这也是对贵宾的欢迎。当然，北京的天气比较干燥，要是能'借'一点伦敦的雾就更好了，我小时候就听说伦敦有雾。在巴黎时，听说登上巴黎铁塔，就可以望见伦敦的雾。我曾经登上两次，可是很遗憾，天气都不好，没能看见伦敦的雾。"爱丁堡公爵说："伦敦的雾是工业革命的产物，现在没有了。"邓小平风趣地说："那么，'借'你们的雾就更困难了。"爱丁堡公爵说："可以借一点雨给你们，雨比雾好。你们可以借点阳光给我们。"

这种寒暄，双方说得高雅得体。邓小平的话说明英国贵宾的到来，不仅占有中英友好的人和，而且占有天气很好的天时，同时，述及在法国的经历以及对伦敦的了解。爱丁堡公爵流露出对英国环境治理成效显著的自豪。通过借雨、借阳光，表达了互通有无的意向。双方的这种寒暄对谈判气氛的营造起到了意想不到的作用。这种调节说话温度的技巧，父母应当教育青少年孩子认真掌握，无论现在或将来在同长辈、平辈、晚辈的交流中，都能提高语言表达的效果。

第一，掌握同长辈的说话方法，端正立身社会的方向。今天，青少年在家庭和学校要经常同父母、长辈和老师相处，明天，出身社会，要同上级、尊长与德高望重的名人交往。从现在起，父母应该以身作则，用孝敬父母的实际行动，告诉青少年：随时要以崇尚敬爱的态度，对长辈使用虚心诚恳的语言，让长辈感同身受到你对他们的尊敬，使他们了解你、认可你、支持你、培育你。同时，应该学会用谦恭温暖的语言，定期向父母和老师汇报自己的思想、学习和生活情况，虚心听取长辈的意见，正确自己的奋斗方向。并且深刻领悟，将来投身社会，定期向上级或工作前辈汇报自己的工作情况，以便得到认识、赏识和起用。无论现在与将来，都必须学会善于使用准确的语言，总结自己已经取得的成绩、存在的困难、需要的支持，怎么坚持与改进，才能得到更大的进步。

第二，掌握同平辈的说话方法，创新立身社会的艺术。今天，现代青少年在家庭和学校要同兄弟姐妹、同学共处，明天，出身社会要同同事与朋友共事。从现在起，父母要以身作则，用和谐兄妹、亲友、同事和邻里的实际行动，告诉青少年：随时要以真诚友爱的态度，谦和温馨的语言，学会与人团结，学会与人合作，学会与人共事。通过宽容理解的交流，让他们感受到你对他们的尊重，进而团结一致，互相理解，互相帮助，互相支持，共同前进。

第三，掌握同小字辈的说话方法，增强立身社会的力量。今天，青少年在家庭和学校成长，父母应该以身作则，用关爱孩子的实际行动，告诉青少年：从小掌握语言艺术，学会关心比自己年龄还小的小字辈或弱势群体，让他们感受到你对他们的热爱。将来，出身社会，善待、关爱弱小，把爱洒向社会、洒向世界。

三、掌握说话艺术，出言吐语攻心服人。父母应该从小教育孩子，无论对什么人，都需要把握说话艺术，用恰如其分的表达方式，准确使用语言，把话说好，用语言攻心、征服对方。

第一，因人攻心，智慧取人的收益。说话讲究攻心，说人才能说动。让人心动，才能把人说动。因此，一切从“心”开始，这是智慧取人的秘籍。

在蜀汉时期，文学家李密担任过尚书郎的官职。蜀汉灭亡之后，他便居家不出。可是，晋武帝知道他的才干，便下诏命他进朝为太子洗马，但他拒绝了。对此，晋武帝大怒。在这种情况下，李密写了一封信给晋武帝，用书面语言表达了自己的心声：

“……我想圣明的晋朝是以孝来治理天下的，凡是年老之人，都得到了朝廷的怜恤和照顾，何况我祖孙孤零困苦的情况特别严重。我年轻的时候在蜀汉朝做官，任职尚书郎，本来就希望仕途显达，并不矜持名声节操。现在，我是败亡之国的低贱俘虏，身份卑微的人，受到过分提拔，宠幸的委命，已经非常优厚，哪里还敢迟疑徘徊，有更高的渴求呢？只因为我祖母刘氏如西山落日，已经是气息短促，生命不长。我如没有祖母的抚育，就难有今日。祖母如失去了我的奉养，也就无法多度余日。祖孙二人相依为命，因此，我实在不能抛开祖母离家远行。微臣李密今年44岁，祖母刘氏今年96岁。这样，我为陛下尽忠效力的日子还长，而报答祖母养育之恩的日子短呀！因此，我以这种乌鸦反哺的私衷，乞求陛下准允我为祖母养老送终。恳请陛下怜恤我的一片愚诚，概允我微小的志愿，使祖母刘氏可以侥幸保其晚年，我活着也将以生命奉献陛下，死后也要结草图报。臣内心怀着难以承受的惶恐，特作此书，奏闻圣上。”这就是流传百世的《陈情表》。

李密将心比心，以情说理，在柔声细语中述说自己的处境。晋武帝深为感动，心头的怒火也自然平息了，他还赐给李密奴婢二人，并令郡县供养李密祖母。

这就是攻心的威力，说服他人的核心在于征服他人内心，使对方在情感上产生强烈的共鸣，借以达到语言艺术的最高境界。

第二，培养自信，拥有胆量和口才。当众说话，坚强自信，听者同你一样，都是从阳光雨露均等时空中走来的人，说与听，公正平等，一样重要。只要你对所讲内容信心十足，利用呼吸换气时断句，音量适当，语调平稳，速度不缓不急，避免"嗯"、"啊"等语病，谈吐流畅而有条理，你的讲话就可能成功。如果，心跳加速，手心冒汗，嘴唇干涩，两腿发软，肌肉抽搐，呼吸急促，声音发颤，胸闷恶心……无论你感到多么紧张，永远不要告诉你的观众。面对紧张，不要退缩，坚持下去，永不放弃。利用紧张，培养自信，沉着冷静，练出胆量。

英国戏剧家萧伯纳才华杰出，幽默演讲著称于世，知识渊博，思想深邃。但他年轻时，胆子很小，羞于见人。初到伦敦，上朋友家，也不敢按门铃。第一次公开演讲，得到的是讥笑与喝倒彩。但他没有逃避，而且化自卑为动力，化弱点为优势，鼓足勇气，面对挑战。在许多社团辩论中，据理力争。每星期找机会公开演讲，在教堂、在市场、在码头、在公园，无论面对寥寥无几或是成千上万的听众，他都慷慨陈词，训练自己。终于，萧伯纳成为了一名世界级的演说家。

胆量是练出来的，要想拥有好口才，就要充满自信，不懈努力，不失时机，抓住机遇，锻炼自己的胆量，取得真正的成功。

第三，嘴上带尺，讲究分寸的表达。大千世界，没有完人，茫茫人海，优劣并存。人前人后，忌讳说三道四。口开神气散，舌动生是非。交际场合，勿揭人之短处。说话之时，看准对方，愿听多说，否则保持沉默。同时，把握时机，抓住关键，开口说话，要讲效果。多说未必能干，少说未必痴愚。说话方式，须多讲究，适当表述，效果更佳。过分自夸，显示自己的浅薄；责备他人，更是掩饰自己的过错。因此，出言吐语，对人讲话，嘴上带尺，讲究方法：不说套话，不说大话，不说空话，不说假话，才能让我们的语言准确发挥作用。

一次招待会上，国务院原副总理吴仪遇到一个很棘手的问题，有记者问："请问，你为何至今还是独身一人？"吴仪的回答大出众人意料，她既不回避，也不闪烁其词，她说："我不信奉独身主义。之所以单身，和年轻时的思想片面有关。一是受文学作品的影响，心里有一个标准的男子汉形象，而这种人现实生活中没有；二是总觉得应先立业后成家，而这个业又总觉得没有立起来。然后，在山沟里一躲就是20年，接触范围有限，等走出山沟，年龄也大了，工作又忙，就算了吧。"

一席坦诚率直的话让人感到吃惊，也让人深受感动。正是这种坦诚直率的大实话才使她拉近了同大家的距离，也正是这种才智过人、反应机敏、无懈可击的谈吐技巧成为了外交谈判中首屈一指的中国女性。

第四，得体赞美，讨人喜欢的描述。渴望别人的赞美是人的本性。男人爱面子，好虚荣，多表现在追逐功名、展示能力、显示个人，展现潇洒和能人的形象方面；女人同样爱面子，好虚荣，但却表现在对容貌、衣着的刻意追求或者身边伴个白马王子以示魅力。因此，赞美男女，见什么人，说什么话，给他最想要的赞美。因为，与众不同的赞美最为中听，恰如其分的一句恭维，有时胜过十句赞美。在生活中，背后赞美，往往比当面赞美更让人觉得可信，能够有效调节和谐的人际关系。

著名导演张艺谋对人很随和，做导演极富个性。他对他的同班同学陈凯歌有这样的评价："凯歌是个出色的导演，我跟凯歌的特点在于都保持自己的个性。这个个性你可以不喜欢、不欣赏，但凯歌从不妥协，他保持他的个性。中国这样的导演很少。不能因为凯歌的作品没有得奖就说这说那的，我觉得这是一种短视。"

在生活中，多在第三者面前赞美人，是与人融洽关系的最好办法。当对方从第三者的口中得知你对他的赞美，对你感谢之心就会油然而生。在背后说人好话，是赞扬别人、尊重自己的处事策略。

第五，学会拒绝，让人轻松的艺术。在生活中，面对非分要求，一定要学会说"不"，加以拒绝。拒绝之中，有理有节，不卑不亢，既表述了观点，又取得了最佳效果。

甘罗的爷爷是秦朝的宰相。一天，甘罗看见爷爷在后花园里走来走去，不停地唉声叹气。甘罗问爷爷："爷爷，你碰见什么难事了？"爷爷说："唉，孩子呀，大王不知听了谁的教唆，硬要吃公鸡下的蛋，命令满朝文武想法去找，要是三天找不到，大家都得受罚。"甘罗听后，气呼呼地说："秦王太不讲理了。"他把眼睛一眨，想了个主意，对爷爷说："爷爷别急，我有办法，明天我替你上朝好了。"第二天早上，甘罗不慌不忙走进宫殿，向秦王施礼。秦王很不高兴，说："小娃娃到这里捣什么乱！你爷爷呢？"甘罗说："大王，我爷爷今天来不了啦，他正在家里生孩子呢，托我替他上朝来了。"秦王听了哈哈大笑："你这孩子，怎么胡言乱语！男人家哪能生孩子呢？"甘罗说："既然大王知道男人不能生孩子，那公鸡怎么能下蛋呢？"

一个人立身社会，在他人无理的要求面前，掌握技巧，学会拒绝。或从对方口中，找到拒绝的理由；或装聋作哑，搞定对方；或找个替身，代为拒绝；或贬低自我，让对方知难而退；或在拖延中，解决问题；或抬出"后台老板"，表示异议；拒绝领导，既不让他难堪，也不让自己难堪，又不失去他人对你的信任，通过语言交流，以理服人，智慧取人。

第六，化解矛盾，以理服人的作用。在生活中，难免发生各种各样的矛盾，矛盾激化就会引起纷争。面对情绪激愤的吵架者，一定要讲究方法调解，才能有效平息纠纷。在同对方交流中，一般采用顺着对方的话锋说话、不好回答的话可以岔开说、找准台阶说好难说的话、话不投机及时转弯等方法，活跃交流的气氛，增强自己的表达能力。

1957年9月，毛泽东来到上海，邀见新民晚报社社长赵超构（林放）。赵超构正因当时的政治风浪而惶惶不安。可是，毛泽东一见赵超构，就对旁边的人说："宋高宗的哥哥来了！"毛泽东由"赵超构"联想到宋高宗"赵构"。他出人意料之外的一句话，不仅使听者为之一愣，而且能够自圆其说，诙谐幽默，既让会场爆发出热烈的掌声，又让赵超构解除了思想负担，还让人们露出了会心的微笑。

毛泽东一句犀利幽默的话语，使沉闷变为活跃，使尴尬化为欢畅，使紧张变为舒缓，使忧虑化为笑靥，让语言表达艺术达到了至善至美的境界。

第七，指出弱点，促进后退的诀窍。在说辩之中，抓住对方要害，由小到大，由此及彼，由隐到显，在荒谬的结论中，证明对方的错误不堪一击。这种顺言逆意的说辩谋略，展示了引申归谬的逻辑。

有一次，国民党政府的一个地方官僚禁止男女同学、男女同泳，闹得满城风雨。鲁迅先生幽默地说："同学同泳，皮肉偶尔相碰，有碍男女大防。不过禁止以后，男女还是一同生活在天地中间，一同呼吸着天地之间的空气。空气从这个男人的鼻孔呼出来，被那个女人的鼻孔吸进去，又被那个女人的鼻孔呼出来，被另一个男人的鼻子吸进去。淆乱乾坤，实在比皮肉相碰还要坏。要彻底划清界限，不如再下一道命令，规定男女老幼，诸色人等一律戴上防毒面具，既禁空气流通，又防抛头露面。这样，每个人都是……喏！喏！"鲁迅先生一面说一面站起来，模拟戴着防毒面具走路的样子。当时，逗得大家前俯后仰，事后又引起大家深深的思索。

鲁迅先生的讲话与他的文章一样犀利、讽刺与幽默，既揭示了矛盾，又把大家的思想引导到事物内蕴的深度。他的尖锐批判封建文化手法，最经典的便是笑斥"男女大防"。

第八，面对伤害，化险为夷的妙招。在紧张时刻，可以用玩笑做掩护，调节周围的气氛。面对特别责难，让你受到伤害，不能息事宁人，有效反击，才能抑制出言不逊。

孔融10岁那年，有一次到李膺（yīng）家做客，当时，在场的都是社会名流。在同宾客的交流中，孔融对答如流，得到大家的称赞。但有一位叫陈韪（Wěi）的大夫却不以为然，讥讽地说："小时候聪明，长大了未必也聪明。"孔融立即回答道："我想先生在小时候一定很聪明吧？"

这种采用以其人之"法"还治其人之身的形式，以问作答，把对方射过来的"炮弹"，又原样送了回去，让自己摆脱尴尬，化险为夷。

第九，谈吐不凡，机敏发挥的方法。人的一生应该坚持学习，一是学习书本知识，二是学习实践技能。与人说话，掌握技巧，就能妙语连珠，借题发挥，有理有据，说得自然，听得轻松，产生机敏发挥、谈吐不凡的语言效果。

1969年，美国驻波兰大使斯托塞尔受上司之命，急于想同中国驻外使节接触，在公开场合表明美国同中国再次会谈感兴趣。当时，中美双方相互敌视、积怨甚深，中国使节对斯托塞尔这种出格的做法惊诧万分。几年之后，周恩来在北京对基辛格提起这件事，幽默地说："你如果要让我们的外交官得心脏病，就在外交场合找他们接触，建议举行认真的会谈就是了。"

这种引申发挥、出人意料、委婉曲折、谈吐不凡的出言吐语，既维护了国家尊严，又创造了双方的舒缓、宽松交谈的氛围，堪称幽默交谈的典范。

第十，引经据典，分清是非的艺术。引经据典，论据充分，机敏发挥，旗帜鲜明的表达方式，常能增加对方难以辩驳的力度，使人是非分明，无话可说，起到以理服人的作用。

1938年春，国民政府军事委员会实行改组后，建立了军事委员会政治部。陈诚为部长，周恩来为副部长，郭沫若为第三厅厅长。李宗仁将军指挥的台儿庄战役取得胜利后，三厅为进一步激发全国人民的抗战精神，立即编印了一本《抗战将军李宗仁》，进行宣传。可是，由于国民党内部派系斗争的原因，陈诚命令不准散发，并且发了训令："近查三厅所印各种文件中，每有'人民'、'祖国'、'岗位'等字样，此等文字殊不妥帖。'人民'应一律改为'国民'，'祖国'改为'国家'，'岗位'改用'职分'。以后凡有对外文件，须经呈部核准之后再行印发。"郭沫若为使这本宣传抗战、鼓舞士气的小册子顺利同广大读者见面，便向陈诚等人提出质问："查中山先生生前文章已屡见'人民'与'祖国'等字样，是否亦应一律改用'国民'与'国家'?"这让一向标榜自己是中山先生"信徒"的陈诚等人，被责问得哑口无言，那个"训令"之中的责难也便不攻自破了。

人们崇尚经典，那是因为经典语言，常被后人视为明辨是非的指导；经典人物，常被后人当作学习的楷模；经典故事，能给后人留下受益无穷的读本。因此，运用经典，无论是语言还是行为就都有了以理服人的依据。

第十一，不能不说，不能直说的艺术。在现实生活中，每遇这种情况，可以旁敲侧击，寓音于弦外，不失为巧妙明智之举。

三国时期，曹操宠爱儿子曹植，常想废了太子曹丕，立曹植为太子。当他就这件事征求大臣贾诩（yì）的意见时，贾诩难以直言，便装作思考问题的样子。曹操问贾诩："爱卿为何沉默不语?"贾诩摆了摆手，说："请陛下稍等，我正在想一件事呢。"曹操问："爱卿所想何事?"贾诩回答："我正在想当年袁绍、刘表废长立幼招致灾祸的事。"曹操一听，顿时明白了贾诩的言外之意，哈哈大笑起来，暗责自己糊涂，从此再不提废丕立植之事了。

我们在很多时候，有些话不能不说，可又不能直说，这时，采用这种说话艺术最为重要，效果最好，立身社会的人必须把握。

第十二，切中要害，强力说服的分量。说话有的放矢，一针见血，能够快速高效解决问题。不少听过邓小平谈话的人虽有不同的感受，但有一条是共同的，那就是：他的谈话具有“小平特色”——言简意赅，切中要害，没有大话、空话和套话。

淮海战役后，中原野战军在河南商丘召开高级干部会议，决定把中原野战军更名为第二野战军，同时，成立各兵团。会议闭幕前一天，时任桐柏军区政治委员、桐柏区党委书记兼十纵政治委员的刘志坚，被通知到邓小平的办公室。邓小平对他说：“你不要回桐柏军区了。到四兵团去，和陈赓搭伙，他做司令员兼政委，你做副政委兼主任。你做政治工作是没有问题的。”刘志坚刚说了两句怕自己不能胜任的话，邓小平截住话头，说：“不要说了，没有什么问题就这样吧。”刘志坚只好举手敬礼，告辞了。整个谈话没有超过5分钟。

1975年，刘志坚被任命为军事科学院政治委员，邓小平找他谈话。当刘志坚赶到小平之家时，张爱萍正在那里，接受军委决定当好科技人员的后勤部长。同张爱萍谈完话，邓小平就把目光转向刘志坚：“你去昆明。第一条，首先要把军队工作搞好。”他见刘志坚满脸悦色，接着说：“第二条，军队不能搞资产阶级派性。”当时，昆明军区内部派性相当严重，刘志坚深知小平的话有的放矢，因此，继续聆听小平的指示：“第三条，军队要同地方派性彻底脱钩。”刘志坚深知这三条的重要性，便坚毅地点点头。“还有什么问题吗？”邓小平见他们没有说什么，接着说：“那就这样吧。”

这种开门见山、要领清晰、准确无误的说话特点，展示了一代伟人一字千钧、雷厉风行、运筹帷幄、决胜千里的力度。

在生活中，说话能力体现一个人的内涵与素质。一句话可以让人跳，一句话可以让人笑，说话是办事的前提，会说话，就会办事，也就距离成功做人不太遥远了。说话的目的是希望别人认同你的观点，赞成你的意见，因此，不能信口雌黄，乱说一气。一个成熟的青少年，总是先熟悉说话环境，给自己找准“定位”，通过思考，形成凝聚人心的理由，然后，口讲指画，出奇制胜。当然，说话的技巧很多，需要父母教导孩子好好把握。然而，眼睛是心灵的窗口，语言是思想的展示。在与人交谈时，我们的眼睛一定要看着别人的眼睛，认真听别人把话说完，再发表自己的见解。同时，鼓励、指导、帮助孩子积极参加各种形式的演唱、演讲、朗诵、辩论、报告与讲故事等比赛活动，训练口才，培养能力，提高孩子的综合素质与能力水平。

教导孩子娴熟办事技巧。事情大小，有轻有重，办事好坏与成败，涉及个人、他人切身利益，甚至影响国家、民族的发展。因此，办事必须注重气质、完美形象，把握分量、把事办好，掌握火候、理智行事，把握分寸、合理涉世，创新思路、出奇制胜，防患未然、辨人读心，刚柔相济、变通处事，低调做人、强势做事。

公元1206年，成吉思汗建立蒙古政权。为了一统天下，成吉思汗发动了大规模的扩张战争。打天下容易治天下难，成吉思汗决定选招贤能之人治理天下。他得知丘处机博古通今，才能超群，很想招为国师。成吉思汗两次遣使召见丘处机，可是，丘处机隐居山林，深居简出，避而不见。成吉思汗求贤若渴，不肯放弃，于公元1219年第三次派遣贴身侍臣刘仲禄携带手诏，坐轻骑素车，去请丘处机出山，演绎了自三国以来又一个帝王躬迎良臣、礼贤下士的故事。成吉思汗的诚挚恭请，终于打动了丘处机。公元1220年，丘处机率徒18人，跋山涉水，历尽千辛万苦，到达印度河上游成吉思汗行宫。成吉思汗因此大悦，特别设宴款待丘处机一行。丘处机向成吉思汗进言："若要统一天下就要敬天爱民，若要长生体健，就要清心寡欲。"成吉思汗十分赞赏，还令左右记录下来，教育几个儿子，并赐予丘处机虎符和玺书。在行宫中，成吉思汗对丘处机尊礼备至，不唤其姓名，只称呼"神仙"，并命丘处机统管天下僧道，豁免道士赋税差役。他们虽为君臣，但无纲常之礼，诚挚相见，肝胆相照，被后人传为佳话。

成吉思汗三请丘处机的故事告诉我们：君会办事，以贤治国，一统天下，建立了历史上疆土最大的国家。臣会办事，获有"一言止杀"之功，拯救万民，名垂青史，千古不朽。在纷繁复杂的社会生活中，现代青少年立身社会，必须学会交际，学会与人共处、与人共事的技能，才能团结不同生长地区、不同思想意识、不同文化背景的人，迎接新一轮技术革命所带来的机遇和挑战。那么，我们如何教导孩子掌握办事的技巧，将来立身社会呢？

一、讲究气质，完美形象。在生活中，出门办事，渴望成功，我们需要别人打动自己，更需要自己打动别人。然而，形象一出现，让人第一眼，就可以判断，是接纳还是否定？因此，形象是成功办事的第一要素。形象产生魅力，魅力展现智慧。世界上，成功的巨人们无一不重视自身建设，完美办事的形象，提高办事的成效。

在我国政坛上，有一位内塑气质、外设形象的人，处处表现东方文化的博大精深、完美无缺，他的着装朴素大方，他的言行文明得体，他出现在哪里，哪里就体现出中华民族伟大的人格魅力，无论是处理国内纷繁复杂的事务，还是应对国际变幻莫测的风云，他都集中了中国人超凡脱俗、独特深邃的智慧，他就是大家爱戴的人民好总理周恩来。

在古今中外的一切交际活动中，人们都很重视自己外表形象的建设。办事之前，修饰好仪表与形象，初次接触，恰当规范自己的得体言行，就能取得对方的第一良好印象，把握成功的主动权。其实，形象不只是外表，而是内在的精神气质与个人修养在外部的形态的表现。一个人的形象往往左右着职业生涯发展的前景，甚至直接影响人生的发展。好形象带来好机遇，美好的机遇造就美好的人生。那么，如何教导孩子拥有办事的好形象呢？

第一，讲究着装，树立形象。在十分讲究外表美的当今社会，着装艺术可以给人好感，也反映出一个人的修养、气质与情操，往往能够让并不了解你的人，懂得你的出身、档次、性格与内心世界，在不可少有的交际活动中，达到事半功倍的办事效率。但是，过分渲染，超常打扮，片面追求时尚，穿出奇装异服，以至失去平衡，俗不可耐，弄美为丑，让人产生反感，非但达不到办事的目的，还可能招来意外之灾，应当引起我们高度重视。因此，讲究着装，须要适度，“浓淡相宜”，合理打扮，才能让人感觉你的为人端庄、生活严谨，既显示个性，又展现修养，树直你真正的交际形象。

第二，外出办事，礼貌为先。着装和表情都是对自己与他人的尊重，整理表情比整理行装更重要。展露真心的笑容，才会获得别人真心的喜欢。当你被快乐、感激、幸福包围着时，流露出来的笑容是自然的、温馨的、和谐的；当你心中有体贴、关心、爱护等感情时，眼睛就会让人产生心悦诚服的激动。以美好的心境表现出来的笑容，铸就出来的就是一张最为动人的“快乐脸”，更能增强礼貌办事的效果。一个有教养的人经常面带微笑，他们懂得：微笑是友好的代名词，是无言的示好。微笑，能化解人与人之间的陌生和猜忌，能将彼此的心紧紧拥抱。微笑是人类的花朵——它芬芳动人，和美宜人，散发着无穷的魅力，展示生动，示意美好，永不凋谢，化解伤痛，弥合分歧，愉悦精神，装点生活，亮丽世界。微笑是生命的绿洲——它亲切自然，意味深长，打破沉闷，拉近距离，启迪人自立，激励人自信，让脆弱变为坚强，让沮丧变为欢心，创造和谐办事的氛围，提高成功办事的比例。真心的笑容是最美丽的，也是无价的。在交朋处友中，与人办事，微笑点头，互道：“你好！”求人帮助，语气恳切。提出请求，无须低声下气，不必卑躬屈膝，也不能居高临下或态度傲慢。无论与人办什么事，均须“请”字当头。切记：对方轻松愉快、场合适宜，才是你与人办事最佳选择的时间和地点。绝对不能强人所难，给脸色与人看，更不能脾气暴躁、满脸怒色、剑拔弩张、咄咄逼人。谨遵“己所不欲、勿施于人”的教诲，不为难别人，也别为难自己。礼貌办事，修整表情，塑造美好的面部形象，才是得到成功办事的上策。

第三，举止得体，美好形象。在现实生活中，有些人仪表堂堂、漂亮异常，一举手，一投足，便表现出自己的粗俗，以致招惹人更多的厌恶。人们根本不愿与之接触，更不用说，为他办什么事了。在社会交往活动中，要想给对方留下美好而又深刻的印象，外在的美固然重要，而高雅的谈吐、得体的举止等内在涵养的表现，则会更令人所喜爱。养成良好的坐、站、行姿态，举止端庄，落落大方，风度翩翩，潇洒迷人，出言吐语，文明礼貌，说凝人心，笑系真情，一言一行，魅力无穷，交际办事，定会水到渠成。

当今社会，在五彩缤纷的国际大舞台上，人们十分重视气质形象的建设，常常把它当作攀登经济政治舞台不可少有的筹码、手段与条件，并且屡获成功。

二、把握分量，把事办好。事情分大小、轻重、缓急，既涉及个人及自身利益，又涉及他人及整体利益。在取舍两难之间，掂量事情的轻重分量，尽量采取舍小取大、弃轻取重、舍轻取急的原则，把事办好。这样，虽然丢掉了小小利益，但却可能换得大利或大义。

战国后期，赵国蔺相如通过完璧归赵、渑池会后，一跃而为赵国承相。可是，廉颇多有战功，威震诸侯，早为赵国上卿。蔺相如的后来居上，使廉颇非常恼火。他想，我乃赵国将军，身经百战，出生入死，有攻城野战、建国立业之大功。而蔺相如仅凭三寸不烂之舌之摆弄，竟然位居我上，实在令人难以接受。他气愤地说："我见相如，必辱之。"此后，每逢上朝，蔺相如为了避免与廉颇争先后，总是称病不往。有一次，蔺相如与门客一起外出，老远望见廉颇迎面而来，连忙让手下人回转车子躲避开。门客见状，对蔺相如说："我们跟随先生，不过是敬仰你的高风亮节。现在，你与廉将军地位相同，而你看见他却像老鼠见猫一样地害怕，就是一般人这样做也太丢身份了，何况丞相你呢？连我们跟着先生也觉得丢人！"蔺相如问："你们嫌我胆小。你们说，廉将军和秦王相比哪个厉害？"门客答道："秦王厉害。"蔺相如说："既是秦王厉害，我在他的朝廷上呵斥他本人，侮辱他的大臣，我连秦王都不怕，却还单单害怕廉将军吗？"蔺相如接着说："我想强大的秦国不敢发兵攻打赵国，是因为我和廉将军在位。如果我们两人争执起来，势必不能并存。我之所以这样做，是把国家利益放在前面，把个人的事放在后头啊！"门客们恍然大悟。廉颇闻之，深感内疚，于是负荆请罪，与蔺相如结为"刎颈之交"，演出一幕千古流芳的"将相和"。

在处事之中，一个人只要能够把握处理事情的分寸，不仅有利于个人自身，对于他人、集体乃至国家也是幸莫大焉。

三、把握火候，理智做事。事情的大小、轻重、难易和缓急是客观存在的规律，处理事情必须遵守。有的事情发生之后，必须马上处理，越快越好。否则，预期目标难以达到，财产损失愈益严重，生命安全受到损失，无法挽回。有的事情发生之后，可以暂时从缓处理，以免火上加油，让事态发展更为严重。等待的目的是让人恢复理智，再行处理，就可能大事化小、小事化了，合情合理处理问题。因此，掌握火候，办好事情，至关重要。

大家熟悉历史故事"将相和"。如果蔺相如在廉颇正气势汹汹之时，去找他解释、理论，即使蔺相如和颜悦色，平心静气，可能廉颇一句话也听不进去。这样，不但不利于解决矛盾，反而极有可能引起新的冲突，使事态更加严重，对彼此更为不利。所以，"将相和"又是准确把握火候、成功办事的典型范例。

一个善于办事的高手均以分清主次之法统筹时间，把时间用在最能产生"生产力"的地方。准确把握火候，把事办好，能够获得科学办事的效益。

四、把握分寸，合理涉世。一个人处理事情，必须权衡利弊。该办的，一定办。不该办的，坚决不办。不能违法、违情、违理，使自己或别人遭受名誉、经济或地位上的损害。这样办理事情，就可以进退自如、游刃有余了。

光武帝时期，他的女儿湖阳公主新寡，光武帝和她一块儿议论朝廷大臣，暗暗观察公主的心意。公主说：“宋弘的风度、容貌、品德、天才，大臣们谁都比不上……”光武帝说：“我正要筹划办这件事呢。”过不多久，宋弘就被光武帝召见。光武帝让湖阳公主坐在屏风后面，就对宋弘说：“谚语云：‘显贵换知交，发财易新妻’，这是人之常情吧？”宋弘说“古语说：‘贫贱之交不可忘，糟糠之妻不下堂’，共患难的妻子是不应该被赶出家门的。”光武帝转头对屏风后面的公主说：“事情不顺利啊。”显然，这件事属于不该办的事，臣子宋弘有妻有室，湖阳公主属于“第三者插足”。虽然，当时，不属于违法，但却有悖情理。宋弘顶住了权势的诱惑，不为不道德的世俗观念所动，这种不攀龙附凤、清正无邪的高尚品格，堪称一代楷模。

当有人违背人格信念而托你办事时，你也不应贪图一时之利，不负责任地附和他、纵容他、答应他，一定要慎重考虑可能引起的后果。当你认定对方的要求将会对人对己造成伤害时，该拒绝的，坚决拒绝。不然，违心办事，代价沉重。在现实生活中，也不乏重财轻命的人。他们具有“哄死人不偿命”的欺骗与说谎本领，虽有一时得利的侥幸，却无可持续发展的命运。

五、创新思路，出奇制胜。求人办事，重在智取。若遇名人，创新思路，把握机遇，转弯调节，才能达到预先的目的。

前总理朱镕基视察中央电视台的前一天，中央电视台的有关领导告诉节目主持人敬一丹：“明天总理来视察的时候，你要想办法得到朱总理的题词。”敬一丹听了既感到欣喜，又多少感到为难。第二天，朱总理在中宣部长丁关根的陪同下，来到中央电视台。他走进《焦点访谈》节目组演播室，在场的所有人都起立、鼓掌，气氛一下子热烈起来。朱总理跟大家相互问好之后，坐到了主持人常坐的位置上，大家争先恐后地与总理交谈起来。大家越说越高兴，气氛越来越活跃、和谐。敬一丹抓住了一个稍纵即逝的时机，走到朱总理的面前说：“总理，今天在你身边的二十多个人只是《焦点访谈》节目组的十分之一。”总理听了这话说：“你们这么多人啊！”敬一丹接着说：“是的。他们大多数都在外地为采访而奔波，非常辛苦。他们也非常想到这里来，想跟你进行直接的交流。但他们以工作为重，今天没能到这里来。你能不能给他们留几句话？”敬一丹说得非常诚恳，也非常婉转，然后，把纸和笔恭恭敬敬递到朱总理的面前。总理接过纸笔，欣然下笔，写下：“舆论监督、群众喉舌、政府镜鉴、改革尖兵”十六个字。总理写完，全场响起一片掌声，热烈的气氛进入高潮。

请求别人办事，特别是请求名人办事，在不能直言相求的情况下，可以更新思路，采用迂回曲折的方式，转换角度提出请求，视角不同，结果各异。转换了天地，就会出奇制胜，既不会让人产生唐突的感觉，又能收获恰到好处的办事效果。

六、防患未然，辨人读心。一个人的言辞能透露一个人的内心世界，一个人的行为举止能折射一个人的道德品质。要成功办事，必先识别人，才会得到成功、走向胜利。《伊索寓言》中一则故事，说明了认人不清的危害：

山鹰与狐狸结为好友，为了友谊它们住到了一起。鹰在一棵高树上筑巢繁衍后代，狐狸在树下灌木丛挖洞生儿育女。就这样，它们一起过了很长一段时间。一天，狐狸外出觅食，鹰也正好断了食，便飞入灌木丛叼走了小狐狸，同雏鹰一起饱餐一顿。狐狸回来后，发现山鹰偷吃了它的儿女，非常悲痛。可是它是走兽，只能在地上跑，不能追逐会飞的山鹰，只能望洋兴叹，可望而不可即，饮恨终生啊。

在生活中，最糟糕的事情莫过于认错了人，把事办坏。正如俗话所说："画虎画皮难画骨，知人知面不知心"，这体现了识人之难。然而办事识人，应该具有敏锐的观察力与良好的判断力，透过对方的形象与气质等外表反映，让你看到对方骨子里隐藏着的个性、品质与实在思想，才能拿定主意，采取措施，把事办好。慧眼识人，辛勤历练，学问很深，方法也多，但有三点，青少年走向社会必须随时警惕：一是对方谈吐是否可靠，是否蕴含诚信？二是自己的"核心机密"必须牢牢把握，万勿随意透露，口动神气散，舌动惹是非，任何信口开河，疏忽轻信，对于自己均是残忍。三是要善于识别那些貌似善良的凶恶，貌似关怀的虚伪，貌似热忱的冷漠，貌似坦诚的做作……在人际交往中，防患未然，辨人读心，郑重开口，冷静面对，镇定自若，进退有度，谨慎识人，稳妥办事，以免成终身悔恨。

在社会交际活动中，信誉是个人的品牌，也是个人的无形资产。事实证明，面善心恶的人，终会被人识破，没有什么好下场。然而，面恶心善的人，很难得到人缘，常在挫折之中找寻成功。只有面善心善、拥有智慧的人，很得大家认同，常常一诺千金，喜得人缘，心想事成，吉祥如意。一个人赢得信赖，就赢得了高大形象，就获得了成功办事的第一步。一个青少年，如能守时、守约、守信，对自己和他人负责，不仅会得到良好的口碑，更会让父母信任你，老师器重你，同学赏识你，大家信赖你，让你自己形象高大起来，迅速成长为社会的有用之才。

七、刚柔相济，变通处世。我们遵循"既有松树的原则性、又有柳树的灵活性"的方法办事，实际要求：该刚则刚，该柔则柔，"刚柔相济"；该进则进，该退则退，"进退自如"，全面完成办事的任务和使命。

一块大石从山崖突然落在一个冬水田里，溅起了高高的水花后，依然矗立在这块大田的中央。可以设想，这块大石如果落在同样硬度的石山上，自然就会以刚克刚，落得粉身碎骨、两败俱伤的结局。然而现在，以柔克刚，即使大石也会轻松巍然、成功矗立世间。

在涉世对人中，刚是一种威仪，一种自信，一种力量，一种不可侵犯的气概。人若有刚，则能自立，亦能自强，便能独立不惧，坚忍不拔，成就一番事业。因此，刚是使人站立起来的动力。柔是一种收敛，一种亲和，一种温馨，一种魅力。人不可无柔，无柔则不和谐，人不亲和便会陷于孤立，自我封闭，四面楚歌，拒人千里之外。因此，柔能克刚，柔是使人站立长久的合力。当然，"刚柔相济"，"进退自如"，就会攻无不克，战无不胜啊。

八、低调为人，强势做事。低是高的铺垫，高是低的目标。低调是外"抑"内"扬"的处世哲学，低调做人是一种积极主动的进取态度。低调为人，不仅可以保护自己，融入群众，与大家和谐相处，还可以蓄势待发，悄然前行，在不显山不露水中成就事业。强势做事，十年一剑，锋从砺出，求真务实，稳中求胜，锐意进取，所向无敌，在不声不响中欢庆胜利。低调做人，谦虚谨慎，养精蓄锐，藏锋哲学；强势做事，秣兵厉马，出奇制胜，亮剑精神。低调良策，强势举措，两相结合，合力强劲，屈伸有度，审时度势，追求卓越，出奇制胜，建功立业。

一天，张良在镇东石桥上遇到一位白发苍苍、胡须硕长、手持拐杖、身穿褐色衣服的老人。老人的鞋子掉到了桥下，便对张良说："小子，把鞋给我拾起来！"张良心里直犯嘀咕，凭什么给你拾鞋呢？但见他是个长者，心里产生一种崇敬之情，便到桥下把鞋子捡了上来。只听老人又说："把鞋替我穿上。"张良心里虽有不悦，但又一想，好意在先啊，鞋都捡上来了，还是给他穿上吧，张良边想边把鞋子穿在老人的脚上。可是，老人一抬腿，又把鞋子掉在了桥下，并且要求张良给他捡上来，再穿上。张良捺着性子，给老人拾鞋，穿鞋，一连往返了三次。张良的恭敬从命、处处礼让，得到老人首肯："孺子可教也。"之后，又经过几番考验，这位老人终于将自己毕生心血注释的《太公兵法》送给了张良。张良得到这本书后，日夜诵悉研究，终于成为满腹韬略、智谋超群、运筹帷幄之中、决胜千里之外的军事家、政治家，誉满千秋的汉代开国名臣。

在办事过程中，我们要学会低调做人，这就需要不喧闹，不矫揉，不造作，既不故作呻吟，假意惺惺，也不卷进是非，招人嫌嫉，即使你满腹才华，能力比别人强，也要学会谦虚，学会藏锋。我们还要学会强势做事，这就要求不吭声、不张扬、不推托，既要胸有成竹，踏踏实实，也要厚积薄发，默然出击。即使倒下，也要成为一座山、一道岭。因此，"大智若愚，大巧似拙，大音希声，大象无形"乃成功者的哲学。低调为人、强势做事无论在政治、经济、军事、文化、教育等各条战线上，都具有深邃的智慧，拥有巨大的应用价值，此为成功者之诀窍也！

教导孩子拥有良好人脉。古今中外，一切建大功立大业的伟大人物的成功，莫不依赖他的团队、朋友而取得了胜利。美国成功学大师卡耐基研究多年，得出结论："一个人成功的因素，15%可以归因于他的专业知识，85%却要归因于人际关系。”美国石油大王洛克菲勒在总结自己的成功经验时，表示：“与太阳下所有的能力相比，我更关注与人交往的能力。”正是洛克菲勒这种卓越的人脉沟通能力成就了他辉煌的事业。每一个人都希望将成功作为自己追求的人生目标。一个人的喜怒哀乐与他的人际关系息息相关，一个人的成长、发展、成功都是在人际交往的互相合作中完成的。虽然，每个人的才能和力量都是有限的，单靠自己，不少事情往往难以做到。但是，学会了与人合作，不仅是生存的前提，还是快乐的源泉。

一个大善人死后见到了上帝，便向上帝请教让他好奇了一辈子的问题：天堂与地狱有什么区别。上帝便让天使带他参观天堂与地狱，让他自己感受天堂与地狱的差异。

天使带他来到地狱，只见房中摆了一个很大的餐桌，上面放满了色香味俱全的美味佳肴和十几把几尺长的大勺子。“这是地狱?”大善人有点迷惑，地狱里的生活怎么这样好呢?“不要着急，慢慢看。”天使微笑着提醒他。正说着，进餐时间到了。只见地狱里的人一个接一个地走进房间开始吃饭，可是勺子实在是太长了，尽管他们每个人都非常努力，却依然无法把勺子里的饭送到自己的口中，所以，这些人全部饿得骨瘦如柴、有气无力的。

看了地狱，天使又带着大善人来到了天堂。但是，没想到天堂竟然摆着同地狱一样的美味佳肴，而且还是那样的大勺子。“这，你是不是弄错了?”大善人非常惊讶。“不，你看看他们。”天使微笑着指着吃饭的人们。原来，由于勺子长，天堂的人们都在相互给对面的人喂饭。这样，不但谁都能吃饱，还亲密和谐如同一人。现在，他们每人的脸上都挂着满意的微笑，吃得非常愉快。大善人一下子明白了：看来，生活在天堂还是地狱，只看你愿不愿意跟人合作啊。

在生活中，跟人合作，实现双赢，是获得人脉的基础。人脉决定权脉，决定钱脉，决定命脉。每一个伟大人物都是依靠他们所拥有的伟大人脉，取得伟大成就的。谁拥有良好的人脉，谁就赢得了成功与胜利的保证。而良好人脉的拥有，必须从孝敬父母开始。我们孝敬父母、传承和发扬孝道文化的真谛，是把孝敬父母、团结弟兄、培育子孙，落实到诚挚交友，和谐上、下、左、右关系，尊老爱幼、服务百姓、忠诚祖国，奉献社会、造福人类。现代青少年要想立身社会，建功立业，走向成功，全心全意传承孝道文化，把握孝道文化的精髓，才能培植良好人脉的根基。那么，如何教导孩子拥有良好的人脉呢?

一、良好人脉，应当从和谐长辈关系中播种。孝道文化启迪我们，通过孝敬父母，以“老吾老以及人之老”的要求，尊敬每一个长辈。在家庭孝敬父母，在学校热爱师长，在公共场所尊敬老人。立身社会，崇敬前辈，置身单位，尊重领导。在团结友爱中，健康人脉，用自己的真心和他人建立一种相互交流与提携的关系，将彼此的智慧形成互惠共赢的人脉策略，共同走上成功之路。以自己的模范行为，忠诚祖国，献身中华。

1979年，一无背景、二无后台的一位女性以优异的成绩从普林斯顿大学毕业。她加入了从事零售行业的鲁明岱百货公司，成为一名管理培训员，决心在工作中构建人脉网络。在这里，她认识了公司首位副总裁万斯。她用心来交流，用真诚来互动，很快取得信任，让这位自信、机智、讲话清晰有力、进取心强的女中豪杰万斯心甘情愿地当上自己职业的领路人。在万斯的帮助下，她很快升迁。在20世纪80年代，她已成为销售规划经理、内务部副总裁。后来，她开始兼任雅芳公司的顾问工作。在这里，她的卓越才华和超绝聚集人脉策略的能力，获得雅芳CEO普雷斯的认可，并且与之结为好友。1999年11月，在经济高速膨胀时期，雅芳股票下滑，销售量下降。普雷斯力荐她继任CEO接手雅芳。20个月内，她从广告、加工、包装、销售等各个环节对雅芳进行了大检修，使雅芳焕然一新。同时，使雅芳原来的销售队伍重现活力。她沿用老员工、广植人脉的策略，集中了大家的智慧，得到大家的支持与赞扬，不仅壮大发展了雅芳，而且让她创造了“全球最成功的华裔女性的成功经验”。2002年，《时代》杂志评选出全球最具影响力的25位商界领袖，她就是唯一入选的华人女性钟彬娴。

竞赛场上，争夺激烈。人脉策略，成功关键。一个人只要营造好自己的人脉网络，选择好帮助自己进步的关键人物，就能给自己创造更多的成功机遇，让自己走上平直宽广的成才道路。

二、良好人脉，应当从和谐平辈关系中耕耘。孝道文化启迪我们，现在，通过团结兄妹，热爱同学，友好邻里。将来，尊重同事，诚交朋友，团结一切可以团结的力量，凝成合力，建功立业，服务百姓，建设国家。

第一，思想解放，广集人脉资源。俗话说：“心有多大，舞台就有多大。”在社会发展的今天，生活告诉我们：“有多少朋友就意味着有多少机会”、“人脉有多大，你的发展与创造的空间就有多大”。凡是能够广交朋友、善交朋友的创业者，都会在意想不到的时候，得到朋友的支持与援助。因此，亲戚、朋友、同学、同事、同乡乃至急待认识的陌生人与对你存在敌意的人都是成功路上可以促进事业发展的人脉资源。只要我们怀揣世界，思想宽容，克服自傲，消除孤僻，礼贤下士，化敌为友，和谐友邻，广聚人脉，就可以采摘到丰收中的累累硕果。

一天，老罗斯福应邀参加一场宴会。席间，大部分客人老罗斯福都不认识，有些人甚至已经先入为主地对他表示出敌意。只见他微微一笑，便来到筵席主持人路斯瓦特博士的身边，以聊天悠闲的姿态请博士介绍了每个客人的情况和他们的特点。15分钟后，他自然得体地走到那些客人中间，跟他们寒暄起来。聊的是对方感兴趣的话题和对方最得意的事情。例如，曾经做过的事业，最喜欢的运动等等。结果，让很多人对老罗斯福的看法大大改观。“他简直就是一个‘交际天才！’”路斯瓦特博士赞叹道，“在了解了每一个客人的情况后，他居然立刻组织出与这些人谈话的材料，并能从陌生到熟悉，甚至化敌为友。”老罗斯福正是靠这种交友策略，才使自己的人际脉络不断拓展扩大，进而为以后成功竞选美国总统准备了充分而又必要的条件。

一个人成功的绝大部分因素，是他有能力把陌生人或怀有敌意的人变成同志和朋友，他能够把自己和对方融合在一起，由此得到更多的信息、更多的机遇、更多的方法与更多的成功。因此，掌握了交友的策略，就掌握了成功的事业。

第二，储蓄人情，拓宽成功之路。天下之大，人事之繁，有了人情，便有了生存、发财、升官之路，人情越大，路子越宽。在这个世界上，只要有了能够使你成才、成器或成事的路子，你便活得滋润，活得潇洒，活得风光。

钱钟书先生困居上海写《围城》的时候，也曾窘迫过一些时光。他辞去了保姆之后，由夫人杨绛操持家务，整日“卷袖围裙为口忙”。那时，钱钟书的学术文稿没人买，试图以写小说挣钱养家糊口。这时，导演黄佐临排演了杨绛的四幕喜剧《称心如意》和五幕喜剧《弄假成真》，并及时支付了稿酬，才使钱家渡过了难关。时隔多年，导演黄佐临之女黄蜀芹，带着老爸的亲笔信，得到钱钟书先生的亲允，开拍电视连续剧《围城》。黄佐临40年前的义助，得到钱钟书40年后的报还，让自己的女儿走上成功之路。因此，没有40年前的人情，就没有40年后的路子。

在生活中，每一个人的心中都有一个银行，都设有一本感情账户。谁重视感情因素，不断储蓄人情，谁就能够得到别人的信任与帮助，提高自己的成功汇率，获得丰实厚重的人脉资本。

第三，关系紧密，延伸人脉力量。人与人的能力有高低、大小之分。每一个人的潜能无限，一旦人脉延伸，有机结合，形成合力，无限发挥，就会提高能力，出现奇迹。

《射雕英雄传》中的郭靖呆头呆脑，比起耍心计、耍阴谋的杨康差远了。但是，郭靖的师父既有擅长内功心法的马钰道长，又有武功盖世的洪老帮主，还有童心未泯的周伯通，身边更有聪明过人的红粉知己黄蓉。他决心立身江湖，闯出一条成功的路径。因此，用心苦学，潜心钻研，运用人际关系，延伸人脉力量，兼收并蓄，集众家之长于一身，最终成为了一代大侠。

人生中最大的财富是人脉。它可以让你开启每一道智慧的大门，走上生存、发展、繁荣的道路，成功自己，惠及他人、奉献社会、造福人类。

三、良好人脉，应当从和谐晚辈关系中收获。孝道文化启迪我们，通过父母教育子孙、老师教育学生，让青少年感悟“幼无幼以及人之幼”的真正价值和意义，热爱他人的子孙就像热爱自己的子孙一样，世世代代重视对家庭、国家和民族未来接班人的培养。让祖国未来的接班人涉足社会，广建人脉，广交善缘，广结友缘，紧密团结，强大合力，为民献身，为国争光，永远收获“科教兴国、人才强国”伟大战略的硕果。

从前，一位老人辛苦一生，积蓄起了丰厚的家产。本来，他打算离世之前把财产平均分给三个儿子。可没想到，自己刚一病倒，三个儿子便争起家产来，闹得全家不和不说，邻居还趁机抢占他家的一些土地。老人很伤心，临终之前，决定给儿子上最后一课。他把三个儿子叫到床前，拿出一把筷子，给每人分了一根，说："你们折断它。"三个儿子各自轻轻一折，便把那根筷子折断了。老人把剩下的筷子绑在一起，递给老大说："你再折。"老大使出吃奶的力气也没折断。老二、老三也同样折不断那把筷子。老人说："你们兄弟三人，每人都好像一根筷子。彼此分离，势孤力薄，很容易受到别人的欺侮。如果绑在一起，团结一致，什么力量也奈何不了你们。"老人看到三个儿子恍然大悟的表情，放心地闭上了眼睛。后来，三兄弟紧密地绑在了一起，战胜了取闹的挑衅者，用父亲的遗产培养子孙，为国家和民族作出了应有的贡献。

一个家庭、一个集体如同一个堡垒，堡垒最容易从内部攻破。如果离心离德，发生内讧，这个家庭或集体极易走向衰败。因此，团结就是力量，一致就生智慧。只要大家一心，步调一致，就能无坚不摧，所向披靡，战无不胜，攻无不克。作为父母与老师应当教育孩子，拥有良好的家庭、集体与社会的人脉，将来出身社会，才能实现这样的目标：做人一生，以人为本；立身社会，心系百姓；为官一任，造福一方；富甲一地，济世为民；良好人脉，福及子孙。

教导孩子写正"人"字。无论成就什么事业，都应当写正一个"人"字。而写正"人"字，应当明确做人的价值定位，不是定在官位的大小和财产的多少上，而是定在道德修养的高低上和以德为首的全面发展上，定在人的整体素质的提高和升华的水平上。

钱学森赴美求学，他认为，美国只是他人生的一个驿站，遥远的祖国才是他的家。在美国，无论是麦卡锡主义的威逼恫吓，还是金钱地位的利诱蛊惑；无论是身陷牢狱遭受迫害，还是遭受到监控失去自由，都没有动摇钱学森归国的坚定决心。

钱学森回国后，深受毛泽东、周恩来等中央领导同志的信任，并被赋予开创火箭、导弹事业的历史重任。他团结带领科技人员艰苦奋斗，实现了导弹武器研制试验一系列重大突破。他把爱国之志化为报国之行，以报国之行兑现了"一切献给祖国"的诺言。

钱学森根据党中央、国务院、中央军委的战略部署和决策要求，组建了我国第一个火箭、导弹研究院，指导设计并成功发射了我国第一枚液体探空火箭，参与组织了我国第一枚近程地地导弹发射试验，组织指挥了我国第一枚改进后的中近程地地导弹飞行试验，协助实施了我国首次导弹与原子弹"两弹结合"试验，参与组织了第一颗人造地球卫星的发射任务……

钱学森始终用先进的人才理念思考我国人才发展问题，他认为科技帅才是国家人才方阵的旗帜，引领国家科技进步的先导。他科学预见军队将成为知识密集型部门，较早地提出要培养一批博士军长和博士师长。这些极富见地的人才思想，已经进入党、国家和军队人才发展战略之中。

在70余年的科技人生中，钱学森横跨专业学科多达数十个，在自然科学、社会科学、思维科学等方面都卓有建树；他潜心研究的工程控制论、系统工程理论，在世界科技领域树立了备受瞩目的“中国高度”；他坚持正确的研究方向，提出“马克思主义哲学是智慧的源泉，全部科学、理论都应坚持以此为指导”的思想，用创新理论指导创新实践。

钱学森一生淡泊功名利禄。他有名不图名，先后请辞院士等头衔达30多个；他有功不傲功，一贯反对别人称他为“导弹之父”、“航天之父”，总是把成就归于党、归于集体；他姓钱不爱钱，把自己一生获得的数百万元巨额奖金，全部捐献出来，用于沙漠环境的治理。他用实际行动诠释了人民科学家忧民、爱民、富民的真挚情感和价值追求。

国家崛起既是经济的崛起，也是精神的升华。钱学森精神是民族精神与时代精神的高度统一，是科学精神与人文精神的高度统一，是“两弹一星”精神和载人航天精神的生动体现。

一个有作为的人，特别讲究写正一个“人”字，学会做人！然而做人，必须拥有先进的思想、学习的毅力、感恩的真情、反思的实意、创新的力量，才能创造我们有价值、有意义的人生。那么，我们应该怎样教育青少年写正“人”字呢？

一、写正“人”字，应当拥有先进的思想。做人必须具备先进的思想，树立正确的奋斗方向，并且为了实现自己的奋斗目标，生命不息，学习不止，奋斗不止。

钱伟长是在战火纷飞的年代里长大的，那时，外国列强肆意侵略中国，在中国的土地上胡作非为。这令钱伟长很气愤，在他小小年纪的心里就埋下了救国救民的种子。钱伟长高中毕业，来到上海参加高考。考试结束，他和几个同学到外滩公园去玩，走到大门口，只见公园门口竖着一块牌子，上面写着：“华人与狗不得入内。”大家非常气愤，攥紧了拳头，暗暗下定决心，要为救中国而努力学习。从此，钱伟长走上了“弃文学理”、科学救国的道路。

钱伟长先进的爱国思想，引领着他十八九岁考入清华大学，此后留学海外，在他二三十岁就奠定了自己日后在国际应用数学、力学地位的基础，并且显露超群出众的才智。钱伟长先进的爱国思想，鼓舞着他无私无畏，历尽艰辛，风雨兼程，走向胜利。钱伟长先进的爱国思想，激励着他创造了上海工业大学以及后来的上海大学的跨越式发展，把一个建校历史不长、办学基础薄弱的地方大学建成为拥有现代化校园、整体实力跻身国内先进行列、国家“211工程”重点建设的综合性大学。

钱伟长的先进爱国思想把他铸就成为一位大科学家、大教育家。他不仅在科学创造上硕果累累，而且在培育人才上收获丰厚。他把“自强不息”作为校训，他主张：拆除学校与社会之间的墙，拆除学科专业之间的墙，拆除教学与科研之间的墙，拆除教与学之间的墙，从而形成了钱伟长的先进教育思想："我们培养的学生首先应该是一个全面的人，是一个爱国者，一个辩证唯物主义者，一个有文化艺术修养、道德品质高尚、心灵美好的人；其次，才是一个拥有学科、专业知识的人，一个未来的工程师、专门家。"现在，钱伟长的先进教育思想成为了我们的精神财富，这个财富已经融入了上海大学的办学实践之中，成为学校鲜明的特色和文化传统，成为凝聚上海大学一代又一代人的精神。

一个人的潜能是无限的，只要科学开发，坚持以科学发展思想作指导，确立了正确的目标，既具有超前的意识，又拥有战略的眼光，用先进的思维方法，紧密联系实际，指导我们的言论和行动，思想上拥有先知先觉的本能，理念上先人一筹，行动上先走一步，自律上反思总结、不甘落后、进取拼搏、敢为人先，发扬一不怕苦、二不怕死的精神，迎难而上，勇敢承担起自己的责任和使命，就能高举时代赋予我们科学发展的先进旗帜，紧跟祖国心脏跳动的节拍，遵循时代脉搏运行的规律，追寻目标，讲求时效，昂首挺胸，阔步向前，取得成功！

*二、写正"人"字，应当拥有学习的毅力。*做人必须具备学习的毅力，掌握正确的学习方法。古往今来，中华文明博大精深、源远流长，中华民族重视学习、讲究学问而著称于世。古今中外，多少尊贵圣人、贤达名士，均以"书山有路勤为径、学海无涯苦作舟"的学习精神，获得了成功。

林巧稚成长的年代，中国封建社会习俗还依然存在，女孩子不仅不能上学，而且还不能抛头露面。好在父母思想开放，小小巧稚终于有了同哥哥一起上学的机会。她知道这机会来之不易，所以，读书十分用功，倍加珍惜。

林巧稚读书的学校，男孩子多，女孩子少，男生总认为女生笨，考不了高分。但小巧稚却认为，女孩子并不比男孩子差，我一定要考上第一名，让他们看看女孩子也是挺厉害的。她上课时集中精力认真听讲，仔细记笔记，下课后，又向老师请教，解难质疑，回家后及时整理笔记，抽时做大量的练习题。她用自己的实际行动，让自己名列前茅。这当然引起很多男生的不服气。有一次，一个男生大肆宣扬："林巧稚总能考高分吗？我要和她比赛，看谁能在期末考试中拿第一名！"小巧稚也不示弱："比就比，谁怕谁呢？"从那以后，小巧稚的学习更加刻苦了，别人做一道题，她做十道题；别人用一种解题方法，她就能够想出更多更好的解题方法；别人学习一小时，她就学习更长的时间。她不仅注重学习方法和学习习惯，而且制订了详细的学习计划，还留出时间锻炼身体。她认为，好学生既要成绩好，又要身体好。小巧稚的学习与运动相结合的方法，使她进步很快。运动让她放松心情，精力更加旺盛，学习起来，轻松愉快，兴趣越来越浓。经过一个学期的努力，小巧稚在期末又拿到了第一名，她用自己的实际行动证明了女生的学习能力不比男生差。那个向小巧稚挑战的男孩子向她竖起大拇指说："林巧稚，不简单，向你学习。"小巧稚微笑着说："这还得谢谢你，要不是你，我还考不到第一名呢！论学习，还得先学习你勇于与人比赛的精神啊！”小巧稚正是以这种谦虚谨慎、认真仔细的学习态度和科学合理的学习方法，总是保持着第一名。

自那以后，她始终依靠持之以恒的学习决心，顽强拼搏的学习毅力，不断用科学知识武装着自己。长大后，林巧稚在医学领域取得了辉煌的成就，成为我国著名的医学家，也是我国妇产学科的开拓者。

在生活中，做人需要求学，求学旨在做人。这种求学与做人的融通合一，要求我们终身接受教育，一辈子努力学习。先天条件不能决定一个人的成败，只有后天的努力才能成就一个人的人生。他们在终身接受教育中，坚持理论结合实际，刻苦自励，潜心攻读，与时俱进，学有所成，最终走向了胜利。

三、写正“人”字，应当拥有感恩的真情。地球上有了日光、空气和水，才有了生命，地球上，自从有了生命，就有了感恩！五彩缤纷的世界，本身就是一个感恩世界。做人要有感恩的真情，感谢正反两面的启迪和教育，正面激励和反面鞭策同样是鼓舞和召唤着我们不断前进的力量。

王淦昌出生在一个农民的家庭，他的父亲以行医为业，母亲操持家务，生活得十分幸福。小淦昌聪明伶俐，又爱学习，父亲决定将他培养成一个有学问的人，将来光宗耀祖，报效国家。父亲手把手教小淦昌识字读书，告诉他做人的道理。不久，父亲病逝，小淦昌不仅失去了一位疼爱他的父亲，而且失去了一位启蒙老师。好在大哥继承了父亲的遗愿，亲手教小淦昌读书识字。因为，母亲和大哥顶住了巨大的生活压力，将小淦昌送去私塾念书。后来，母亲因为劳累过度，无法医治，与世长辞。那时，小淦昌不满13岁。父母双亡，让小淦昌心里非常难过，这时，他想起父母对他的希望，突然醒悟过来：“虽然，爸爸妈妈人死不能复生，但我的成长却可再现他们的精神，只有好好学习才能对得起他们啊！”他决心以实际行动，报答爸爸妈妈的养育和希望，勤奋学习，感恩父母，报效国家。当年，孤苦不幸的童年生活磨炼了小淦昌坚强不屈的个性，也培养了他自立自强的能力，让小淦昌十分珍惜来之不易的学习机会，凭借自己勤奋刻苦的学习精神和端正踏实的学习态度，使他的学习成绩总是名列前茅。1925年考上清华大学物理系，1930年赴德国柏林大学留学，新中国成立后，致力于物理学研究，成为我国实验原子核物理奠基人，被称为中国的“核弹先驱”。

在我们的生活中，随时应当心胸开阔，襟怀坦荡，心境泰然，气态平和，博大宽阔，豁达大度，具有真诚执著的感恩意识和行动。我们心之所思，行之所为，不仅要感谢有恩于我们的人，而且要感谢伤害过我们的人！祖国培养了我们，人民哺育了我们，前辈提拔了我们，父母呵护了我们，师长教导了我们，夫妻体贴了我们，兄弟姐妹关照了我们，子孙孝敬了我们，朋友帮助了我们，学生启迪了我们，邻里支持了我们，我们怎能不感恩于他们的正面激励？我们还要感谢那些伤害过我们的人，因为曾经有过的伤痛，磨炼了我们的心志，使我们学会了坚强。我们还要感谢那些欺骗过我们的人，因为，他增长了我们的见识，懂得诚信做人的重要；我们还要感谢那些遗弃过我们的人，因为，他教导我们必须自立自强，艰苦奋斗，慎思守志，重新做人；我们还要感谢那些背叛过我们的人，因为，他告诫过我们真情的可爱，诚挚的可贵，珍惜友谊，携手共进；我们还要感谢那些谴责过我们的人，因为，他启迪了我们的智慧，使我们学会了检讨和反省，在前进中少走弯路，少犯错误，意志坚定，勇往直前；我们还要感谢那些毁谤过我们的人，因为，他们升华了我们的人格，开阔了我们的视野，让我们认准方向走自己的路，让别人去评说吧！我们还要感谢那些绊倒我们的人，因为他强化了我们的能力，焕发了我们生活的激情，坚定信心，站立起来，挺胸昂首，阔步前进；我们还要感谢那些鞭打过我们的人，因为，他消除了我们自身的业障，使我们更加明白了呵护和体贴的重要，使我们更加懂得了人与人之间平等相处、互相尊重、和谐共事的珍贵，提高了我们人生的价值，深化了做人的真正意义！学会了从正反两面感恩，无论身处怎样的逆境，都能坚持：玉碎，不毁其白；竹焚，不毁其节；人美，不毁其德。在绝望中，寻找希望，人生终将辉煌！即使面临多么难以忍受的屈辱，仍然宽容大度、慈悲为怀，沉着冷静、默默无闻、成竹在胸、蓄势待发，一旦到了需要出力作贡献的关键时刻，便责任在己、义无反顾、无私无畏、挺身而出、舍生忘死、勇往直前，真正具备中国人所特有的性格和气质。因此，正面激励和反面鞭策，能够使人变被动为主动，不仅增强了我们的智慧，而且增强了我们的力量，使我们永远从胜利走向胜利！

*四、写正“人”字，必须拥有反思的实意。*古人说：“君子博学而日三省，则智明而行无过。”大千世界，绚丽多姿。茫茫人海，蕴藏无知。人非圣贤，孰能无过？人生在世，贵在反思。知错即改，是为君子。悔过自新，不分性别。忏悔错误，不分老小。纠正不是，永无止境。修正自我，没有极限。生命不息，改过不止。健全人格，世代责任。

唐朝时期，小时候的陈子昂，生性顽劣，整天和一帮纨绔子弟混在一起，捣毁农户的鸡舍，毁坏农民的庄稼，是一个人见人怕的淘气包。一次，他们闲来无事，便想出了在路上挖陷阱的主意，害得从这里过路的一个老农摔了一跤。幸亏他的父亲及时赶到，要不然他还会闹出更大的乱子。一天，陈子昂在路上遇到一个蓬头垢面的乞丐，觉得他很可怜，便问道：“你好手好脚的，为什么要过乞丐的生活呢？”乞丐听了鼻子一酸，向陈子昂哭诉起来：“我小时候，家里特别富有，衣食无忧。自从我爹死后，由于我什么也不会做，逐渐花光了家里的钱财，渐渐就落到了现在这个地步。”陈子昂听了，羞愧难当，觉得自己再这样混日子，长大后也会跟这个乞丐一样。从此，他和那些纨绔子弟断绝了来往，在家用功学习，刻苦读书，最终成为一位著名的大诗人和文学家。

在生活中，一切成功的人们往往习惯迎着晨风想一想：今天我该干些啥？对着夕阳问一问：一天收获有多少？他们总是通过不断反思、不断总结，找出经验、吸取教训、取得成功、取得胜利的。因此，成功做人必须具备反思的实意，通过真诚反思，趋利避害，才能战胜前进路上的敌人。而在前进路上，自己往往就是阻碍前进的敌人，战胜自己就是成功做人必不可少的条件。凡能善于反思、长于找到成功与失败的原因、并且积极采取措施扬长避短的人，始终坚持不辱“天下兴亡、匹夫有责”、“天下兴亡、责任在我”的使命，即使遭遇艰险，也会处变不惊、临危不乱，就是一往无前的胜利者、事业发展的优异者。所以，真诚地反思，可以告诫成功者如何应对胜利，可以鼓励失败者如何找回自信，不断向新一轮挑战发布宣言：

谁能够在胜利时清醒，在欢乐时谨慎，在激流中振奋，在艰难中崛起，在挫折中前进，在失败中飞腾，谁就是一个顶天立地的英雄！

五、写正“人”字，必须拥有创新的精神。做人必须具备创新的毅力，依靠创新发展与繁荣。随时拥有“铁肩担道义、责任重如山”的气魄，让自己具有创新的力量，掌握科学，联系实际，把握成才成功的科学方法，勇于开拓，敢于创新，有所发明，有所发现，造福一方，济世为民。生命的光彩不在于长命百岁，而在于生活得十分充实；生命的美丽不在于享受荣华富贵，而在于找到人生的荣誉感、责任感和使命感，全心全意去提高生活的质量和创造人生的价值。在现代世界文明交流融合与冲突的洪流中，在一个充满创新、崇尚创新、依靠创新的社会里，我们必须冲破自身传统中落后因素的束缚，释放生机勃发的智慧和力量、吸取融合人类文明中的有益成果，才能为创造中华民族新辉煌的世纪，为中华民族发展史续写新的篇章，贡献自己的力量。因此，创新是我们国家、民族和个人进步的灵魂，飞升的火箭，航天的飞船，是我们国家和民族以及个人兴旺发达、万古常青、生命活力的象征。

在世界上，电灯没有问世之前，每到夜晚，人们只得靠蜡烛或煤油灯照明。它们发出的光芒，只要吹来一阵风，就会熄灭，四周依旧黑成一团。有什么好办法能够驱逐黑暗，带来稳定而又长久的光明呢？爱迪生陷入了沉思。

当时，无数科学家为此绞尽脑汁，都没有什么好办法。爱迪生决定在照明领域中创新，制造出光线柔和、价格低廉、经久耐用、安全方便的家用电灯。根据他的设想，把一小截耐热的炭丝装进玻璃泡里，当电流把它烧到白热化时，由热而发光。可是，等到一通电，炭丝马上就断裂了。爱迪生拿起断成两段的炭丝恍然大悟：“这个灯泡里面也许存在着空气，空气中的氧帮助炭丝燃烧，所以炭丝断掉了。”于是爱迪生用抽气机把玻璃泡里的空气抽尽。一通电，灯没有马上熄灭，过了8分钟，还是熄灭了。实验证明，保持真空状态是发明电灯的成功条件。那么，灯丝应当选择什么样的耐热材料呢？他先后找了1600种耐热金属材料和6000多种植物纤维做实验，都没有成功。爱迪生不顾冷嘲热讽：“即使一万次不成功，我也知道了一万次不成功的原因。”一个寒冷的冬天，爱迪生在炉火旁烤火，他脖子上的棉围巾耷拉下来，在炭火上燃烧出一个火花。他扯了棉纱，在炉火上烤了一会儿，棉纱变成了焦黑的炭。他小心地把这根炭丝装进真空的灯泡里，接通了电源，灯泡发出了金色的光芒，电灯连续亮了45个小时，这是人类第一盏具有广泛使用价值的电灯。而那一天，1879年10月21日，被后人定为电灯发明日。后来，爱迪生又对灯丝作了改进，最终替换为今天仍在使用的钨丝。

正是因为爱迪生拥有不同寻常的创新精神，才展示出了他在创造发明中的先知先觉和超人智慧。他一生共有2000多项发明，获得发明专利1328项，平均每15天就有一种新发明，诸如留声机、白炽电灯、电影和唱片等发明，都深刻地改变了人类生活。爱迪生是举世闻名的伟大发明家，被人们誉为“发明大王”。

古往今来，卓越的追求，勇敢的创新，所形成的这些精神是中华民族诸多优秀品质的精华，也是全人类共有美好精神的基本构成。开拓揭示前程，创新美好未来，科学发展才是硬道理。一个人只要能够把握机遇不断进取，适应时代拓展创造，就会稳操新世纪的舵轮，驶向光辉灿烂的明天。一个人只要能够在开拓创新中，把有形的资产财富不断转化为无形的精神财富，并且科学地传承给我们的子孙，让他们在新时代的创造和发明中不断推动着社会历史的进步，就会拥有当代人宏伟壮丽的人生。

事实证明，大千世界，七彩斑斓，无比美丽。我们生活的世界既是一个追赶先进、跨越发展的世界，又是一个探索未知、发奋学习的世界，还是一个感恩世界、拥有世界的世界，更是一个不断总结、不断反思的世界，尤其是一个与时俱进、创新未来的世界。因此，要在这样一个世界里不断取得胜利，不断获得成功，就必须做一个生命不息、奋斗不止、学习不止、感恩不止、反思不止、创新不止的人。这样，才算尽到责任，写正一个“人”字。这样的人，是用知识武装起来的，是不可战胜的。

综上所述，培养孩子具有什么样的心性，养成什么样的性格、习惯、做什么样的人都需要父母与老师根据孩子的实际情况，精心设计实施方案，并且逐一落实。倘若违背实事求是的原则，主观臆断，即使科学家也会陷入错误的泥潭。

当年，著名的科学家达尔文，到非洲考察，看见一个部落存在着人吃人的不文明现象，他就从当地带走了一个十分聪明的小孩，在英国经过18年的精心培养，把他造就成为一个很有出息的人，让他回到非洲，改变那种人吃人的不文明习俗。一年以后，当达尔文再次来到非洲时，却怎么也找不到这个青年人了。后来一了解，这个年轻有为的青年人，已经被这个不文明的人群吃掉了。

由此可见，只有坚持一切从实际出发的人，才有可能当好孩子人生的设计师，而父母最了解自己的孩子，老师最了解自己的学生，对于孩子任何性格与习惯的养成、任何人生奋斗目标的树立，均须根据孩子的兴趣和爱好，在民主和谐的亲子关系中，结合实际，论证利弊，扬长避短，科学教育，才能造就出适应社会发展、推动历史进步的现代化建设人才。

第二篇　教育孩子益智

人类是一种拥有灵魂与情感的生命，是充满灵性的高级智能型生命，是具备认知、思维、判断、记忆、想象、忍耐与审美等能力的生命。我们的智育就是要让孩子超越世俗虚幻的认识，达到把握真理的能力，体现生命的价值与意义。在教育青少年益智过程中，启迪孩子智慧、开发孩子智力、检阅孩子才智，重视孝道文化的传承与发扬、中西先进文化的交融、民主与科学为主线的教育文化的发展与创新，突现智育的核心：不是简单灌输知识，而是给人点燃心智的火焰，开发与启蒙青少年孩子的内在潜质，塑造他们的灵魂，让他们主动积极追求新知，进而培养出睿智聪明、德才兼备的现代化建设人才。

第一章　启迪孩子智慧

知识经济时代充满激烈竞争，处处面临机遇与挑战，这就要求青少年拥有聪明才智，博学多识。因此，父母就必须教育孩子，主动、积极、热情地接受学校教师传授系统的现代化科学基础知识和技能，培养严谨的科学态度，提高科学文化水平，奠定比较全面的知识基础。同时，积极开发青少年智力，提高创造性思维能力，让孩子明确学习目的，懂得为谁学习，感悟读书意义，刻苦努力，勇于探索，多方面发展孩子的兴趣和才能，做学习的真正主人。

启迪孩子懂得为谁学习。在中国文化中，就“德”与“文”的关系可以断言，没有文化作传承，德就不知为何物，没有德的芳馨，就没有“文章千古事”。教育孩子通过了解自己的特长、兴趣、性格，以德为先，科学树立自己正确的人生观、价值观，同时了解社会的需求，刻苦学习科学文化，明确自身的发展方向，并以坚韧的意志，和谐的心态，建设最好的自己，就会攀上人生高峰创辉煌。

袁隆平，高中毕业，考什么大学，学什么专业，成为了全家人议论的焦点。他父亲希望他通过上大学升官发财，光宗耀祖。母亲却很尊重孩子的选择，她了解袁隆平在中学阶段就对花草、果木和大自然的蓬勃生机以及春华秋实的自然规律，产生了极大的兴趣。经过全家人的民主协商，最后让袁隆平自己做主，报考了重庆西南农学院农学系，他，高高兴兴跨入了“农门”。1960年，一场罕见的天灾人祸，带来了粮食饥荒。一个个蜡黄脸色的水肿病患者，逝于饥饿……七尺男儿袁隆平也经历了饥饿痛苦的折磨，目睹了残酷现实对人们的摧残，他辗转反侧不能安睡。他决心努力发挥自己的聪明才智，用掌握了的专业知识，培育出亩产超过800斤、1000斤、2000斤的水稻新品种，让粮食大幅度增产，用农业科学技术战胜饥饿，造福百姓，报效祖国。1960年7月，他在早稻常规品种试验田里，发现了一株与众不同的水稻植株。第二年春天，他把这棵变异植株的种子播种到试验田里，结果证明，上年发现的稻株，是一株“天然杂交稻”。1973年10月，袁隆平发表了题为《利用野败选育三系的进展》的论文，正式宣告我国籼型杂交水稻“三系”配套成功。2001年2月19日，中央授予袁隆平2000年度国家最高科学技术奖，奖金500万元，表彰他的贡献。现在，我国的杂交水稻优良品种已占全国水稻种植面积的50%，平均增产20%。从推广种植杂交水稻以来，累计增产稻谷3500亿公斤，产生了巨大的经济和社会效益。袁隆平也因此被称为“我国杂交水稻之父”。

我国南方的袁隆平所培育的“杂交水稻”、北方的李振声所培育的“杂交小麦”、山东的李登海所培育的“杂交玉米”，创造了良种培育的奇迹，他们向全世界宣告：中国人的粮食问题，是世界性的大问题。但是中国人依靠正确的政策、科技和经济的发展，能够自己养活自己！中国人粮食生产的智慧，解决了人类赖以生存的吃饭问题。这些奇迹的创造主要得益于他们的父母和学校老师对青少年的向往、兴趣、爱好、特长的注意、重视、尊重和选择。

李振声，1931年2月出生在山东淄博农村，家境贫寒。父亲早逝，母亲一人带着四个孩子，艰难度日。他在哥哥的帮助下读到高二，因为贫困即将辍学时，侥幸考上了山东农学院。

他勤奋读书。给他们上小麦育种课的是燕京大学的系主任沈寿铨教授，从小麦的进化、分类、育种的理论与技术，深入浅出，讲得很有吸引力。给他们上遗传课的是余松烈教授，讲课生动，深受同学欢迎。两位老师的讲课使李振声对小麦品种产生了浓厚的兴趣和爱好。当时，学校农场繁殖的优良品种，被他引回家中，增产增收。乡亲们前来换种，使他认识到科学技术对提高粮食产量所产生的重要作用。老师的教诲与实践中的感悟，焕发他将来也要争取从事小麦育种研究的决心与力量。

1951年大学毕业时，他被分到中科院工作。他随导师、土壤学家冯兆林从事种植牧草改良土壤的研究，曾经收集、种植800多种牧草，对牧草研究有一定功底。1956年，他被调到陕西杨陵中国科学院西北农业生物研究所工作。这时，西北小麦条锈病大流行，造成减产20%～30%。他想，两千多年来，小麦经常有人培育，为什么体弱多病？野草没人管理，为什么长势茁壮？倘若通过小麦与天然牧草的杂交来培育一种抗病性强的小麦品种多好啊！他提出了通过远缘杂交，将草的抗病基因转移给小麦，选育出持久性抗病小麦品种。这个设想得到了当时的权威植物学家闻洪汉和植物病理学家李振岐的支持。从此，李振声开展了小麦与偃麦草远缘杂交与染色体工程育种研究，一干就是50多年。这些年来，他培育的持久抗病性、高产、稳产、优质等品质的小偃6号在大面积推广中获得成功。从1978年到1998年20年间，我国水稻总产增加627亿公斤，小麦总产增加694亿公斤，小麦产量超过了水稻。李振声也因此被誉为“我国小麦杂交之父”。

因此，父母尊重孩子的向往、兴趣、爱好、特长和选择，学校老师的教书育人、知识传授，能够焕发孩子热爱、学习科学的信心与激情，是指导孩子树立人生目标的标杆和尺码，是决定孩子将来学习什么专业、从事什么职业的基础，是牵动孩子读书灵魂、决定孩子未来前程的大事，每一位家长和学校老师应当高度重视。智慧源于知识，能力在于读书。父母和学校老师教育孩子明确学习的目的，更能焕发孩子的青春活力，关系到青少年一生一世的健康成长，关系到国家与民族的前景。那么，如何教育孩子明确学习的目的和意义、懂得为谁学习呢？

一、教育孩子懂得，美好人生需要自我实现。一个人要求生存、谋发展，自小就必须逐渐认识社会，了解社会需求，结合自身实际，设计人生目标，不断提高自己的思想文化素质，才能立身社会，实现美好人生。

竺可桢从小就是一个聪明伶俐的孩子，他性格开朗，记性和悟性都很好，认识不少字，还会背诵《三字经》、《百家姓》。

他的父亲懂得如何教育孩子，让竺可桢从小上学读书，学习文化知识，懂得做人的道理。在父亲的影响下，小可桢品行端正，做事认真，学习一丝不苟，为后来立身社会、实现自我奠定了基础。一天，老师告诉学生们说：“周敦颐的《爱莲说》是借莲花来比喻自己的品行高尚，不被世俗所污染。”小可桢为了弄懂“予独爱莲之出淤泥而不染，濯清涟而不妖……”的含义，去镇子上的莲花塘看见采集者从池塘里挖出的莲藕，终于明白：莲花虽然生长在污泥，但是，它开出的花是美丽的，长出的莲藕是洁白的。这就好比人不被脏东西污染、心灵非常美好一样。父亲与老师教导他“做人要品行高洁”的话影响了他的一生，他懂得了一个人的品行关系着他的学业与事业的成功与失败，要成功必先学会做人。

因此，竺可桢1910年赴美留学，后入哈佛大学攻读气象学，1918年学成回国，在高校任教，1927年筹建南京气象研究所，1936年任浙江大学校长。无论学业与事业均获丰收，被称为“品格和学问的伟人”，是为我国伟大的气象学和地理学的奠基人。

一个人只要用科学知识武装自己，用求实自律精神要求自己，自尊自立自信自强，不断创新，就能达到至善至美的境界，自我实现美好的人生。

二、教育孩子懂得，人生目标需要自我设计。大千世界，每个人都有独特的个性和才能，同样也有成千上万的职业。在生活中，我们要不断追求新的目标，就必须有崇高的理想。我们要生存、要发展，就必须走一条切实可行的职业道路，才能向着理想的目的地前进。正如公式所示：

人生目标＝崇高理想＋职业道路。

在生活中，要完成自己的学业计划、实现人生目标必须从童年开始，接受学校教育，积累科学知识，升华道德品行，提高聪明才智，立身社会，谋生创业，实现自己的理想。

茅以升生活在秦淮河边，那里多水、多桥，到处的石砌小桥连接着两岸的千家万户。每年端午节，秦淮河上都会有龙舟比赛，从四面八方赶来观看的人特别多。

1909年端午节，有座“文德桥”因为年久失修，被许多前来观看龙舟比赛的人压垮，淹死了不少人。这让茅以升见到了中国桥梁建筑的落后，从小立志修建世界上最长、最大、最坚固的大桥，造福百姓，并且为实现这一目标付出了艰辛的努力。

1911年，茅以升考入唐山工业学校读书，1916年赴美国康奈尔大学深造，1919年学成回国，一直致力于我国桥梁建设事业，被誉为“中国桥梁之父”。

一个成功者总是根据实际，驾驶自己的小帆板，从一个职业航标驶向另一个职业航标的激烈比赛中，乘风破浪，勇往直前，到达理想的目标，美好自己的人生。

*三、教育孩子懂得，开发天赋需要自我挖掘。*在青少年时代，我们自己究竟应该做些什么呢？其实，开发自己的天赋就是我们青少年应尽的责任。

杨振宁读小学的时候，国文基础好，数学成绩遥遥领先，唯独是个左撇子，动手能力差。一天上手工课，他用泥捏的公鸡被同学嘲笑为“藕”。放学回家，父亲见他闷闷不乐，问明了情况，对他说：“你不知道吧，人的大脑分左、右两半球，也就是左脑和右脑。它们各有分工，左脑管抽象思维，右脑管形象思维。人的左脑控制右手，右脑控制左手，反过来，双手对大脑也有反作用，只有双手灵敏，大脑才真正称得上聪明。所以，你要克服困难，学会运用自己的大脑和双手。”从此以后，杨振宁无论是吃饭、玩耍或是写作业，他都强制用右手。日复一日，杨振宁的右手终于与左手一样灵活了，他再也不害怕在手工课上被同学嘲笑了。杨振宁的不服输精神，使他毕业于西南联合大学，先后获得美国芝加哥大学、普林斯顿大学博士学位，在统计力学、粒子力学和凝聚态物理学等领域进行了创造性的研究，取得了许多杰出成就，成为了著名的美籍华裔物理学家。1956年，获得了诺贝尔奖。

一个人的潜能没有限量，只要你认真开发，不仅能够弥补你思想上的缺陷，而且还能纠正你生活上的遗憾。美国学者加德纳长期研究，发现人的智力不是简单一种，而是多元的。他归结下述八种智能成果，轰动了全世界，成为教育革命理论的基础。

加德纳告诉我们：“学校教育的宗旨，应该是开发多种智能并帮助学生发现适合其智能特点的职业和业余爱好。我们相信，得到这种帮助的人在事业上将会更投入、更具竞争力，因此，将会以一种更具建设性的方式服务于社会。”加德纳的理论对于我们制定人生目标尤为重要，让我们根据自己的实际情况，量体裁衣，完美自己的人生。因为，一个人的成功，就是尽可能地开发天赋，挖掘潜能，发挥自己。

加德纳将人的潜在智能列表告诉人们：

智能名称	含　　义	典　型　人　群
言语：语言智能	包括用语词思维，用语言表达及洞察复杂内涵能力。	作家、诗人、记者、演讲家、新闻广播员、律师、网络编辑、广告策划……
逻辑：数理智能	是指计算、量化、思考命题和假设及进行复杂的数学运算能力。	数学家、会计师、工程师、计算机程序员、信贷员、统计学家、股票经纪人……
视觉：空间智能	图像的区分、认识、设计、大脑想象、空间推理等能力。	航海家、飞行员、雕刻家、画家、建筑师、漫画家、家居设计师、装饰设计师、摄影师、城市规划师……
身体：运动智能	人们操作物体和精确调整自己身体动作的能力。	运动家、舞蹈家、外科医生和手工艺者、体育教练、按摩师、替身演员。
音乐智能	该智能在对音调、旋律、节奏和音色具有敏感性的人身上表现显著。	作曲家、指挥家、音乐家、音乐评论家、乐器制造者、对音乐敏感的听众……
人际交往智能	能够有效地理解他人，并具有效地与他人交往的能力。	教师、社会工作者、演员、政治家、行政人员、心理学家、社会活动家、人类学家、推销员……
自知自省智能	能更好地认识自己，并以此规划与指导自己生活的能力。	演员、导演、个人教练、诗人、心理学家、社会工作者、神学家、心理学家、哲学家……
自然观察智能	观察自然界中的各种形态、对物体进行识别和分类以及认识自然系统和人造系统的能力。	考古学家、兽医、渔业工作者、园艺师、农民、生物学家、生态学家、园艺设计家……

加德纳的《智能名称》表向我们说明：

第一，人人都有上述智能，还有自己的优势智能。

第二，弱势智能也可以培养，但仅能让你达到普通水准。用心培养优势智能，可以达到辉煌的境界。因此，教育就是要确保每个人最大限度地发挥优势智能的特长，创新人生的辉煌。

第三，在知识爆炸的时代，没有人能做达·芬奇式的通才。每一个人必须自己选择范围和重点，选择自己的发展之路，与时俱进，开创未来。

在社会生活中，有人说，我读书为了当“官”。有人说，我读书为了赚“钱”。可是，孟子说：“五百年必有王者兴，其间必有名世者。”释迦死后五百年耶稣诞生，耶稣死后五百年穆罕默德出世，他们传承着一种信仰，影响人类生存发展几千年。可是，为“官”的秦皇汉武、唐宗宋祖，一生传下多少圣旨，现有还有多少人在执行？赚“钱”的朱陶公，拥有家产田园和金银财宝不计其数，现在还有多少金山银山？然而，千百年来，为百姓谋福祉的无穷精神力量一直受到人们的崇尚青睐、顶礼膜拜，甚至奉为神灵！

公元前256—前251年，秦昭襄王末年，战国时期的水利家李冰任蜀郡守，他十分忠于自己的职守，决心办件惠及百姓、流芳千古的实事。

李冰和他的儿子二郎沿着岷江两岸进行实地考察，了解水情、地势等情况，制订了治理岷江的规划方案。决定在四川灌县（今都江堰市）岷江出山口处主持兴建中国早期的灌溉工程都江堰。为了使岷江的水能够东流，首先把玉垒山凿开了20米宽的“宝瓶口”。被分开的玉垒山的末端，状如大石堆，称作“离堆”。在江心修筑分水堰的过程中，李冰父子让竹工编成长三丈、宽二尺的大竹笼，装满鹅卵石，然后一个一个地沉入江底，筑成了分水大堤。大堤前端开头犹如鱼头，取名“鱼嘴”。它迎向岷江上游，把汹涌而来的江水分成东西两股。西股的叫外江，是岷江的正流。每遇洪水，汹涌澎湃的激流，自然翻过江埝，从这里泄洪。东股的叫内江，是灌溉渠系的总干渠，渠首就是宝瓶口，流经宝瓶口再分成许多大小沟渠河道，组成一个纵横交错的扇形水网，灌溉着成都平原的千里农田。分水堰两侧垒砌大卵石护堤，内江一侧的叫内金刚堤，外江一侧叫外金刚堤，也称“金堤”。分水堰建成以后，内江灌溉的成都平原就很少有水旱灾害了，从而使成都平原富庶起来。

老百姓为了纪念李冰父子的治水伟业，在都江堰渠首修建了二王庙。每年清明时节，当地的居民在二王庙举行祭祀活动和岁修完工后的开水典礼。李冰父子也便成为都江堰灌区老百姓心目中所崇拜的天神。

这就更加坚定了我们树立“做人一生，以人为本；立身社会，心系百姓；为官一任，造福一方；富甲一地，济世为民；心系他人，福及子孙”人生奋斗目标的正确性：身为读书人，常怀“天下兴亡、匹夫有责”或者“天下兴亡、责任在我”的精神，指导自己的学习、生活与工作。将来，还怕没人支持你、拥护你、赞美你、崇拜你？

因此，根据我们的自身特点，开发自己的天赋、设计人生目标、实现美好人生，才是我们每一个现代青少年读书的真正目的和崇高向往。这就需要我们尽到自己的责任，完成自己的使命：孝敬父母，认真读书，勤奋刻苦，立志成才，心贴时代，服务人民，奉献社会，效忠国家。

帮助孩子感悟读书意义。学习科学文化知识是提高整个民族素质的需要。今天，孩子在学校读书，必须读懂书中意义，并且养成读书习惯。这是社会的要求，也是青少年自身的需要，更是青少年的责任。

苏步青自小聪明伶俐，活泼好动，对一切都充满了好奇，他多么渴望上学读书啊。可是，家里很穷，读不起书。农忙时节，父母到田间干活，苏步青只有帮着家里放牛喂猪，割草挖地。

有一天，他像往常一样，把牛牵到草地吃草，扔下筐子和镰刀，就向学校跑去。他趴在窗户上，听老师讲解《三国演义》，他的心一阵窃喜：这可是他向别人借来看过的书啊！他听得入了迷，仿佛自己也坐在教室里听先生讲课。这时候，讲课先生走过来问道：“孩子，你在这儿干什么？”苏步青说：“我在听您讲课呢。”“那我问你，我刚才讲的什么内容？”先生说。苏步青抬起头来：“《三国演义》中的三顾茅庐呢！”先生一听高兴起来：“你是哪家的孩子，为什么不上学呢？赶紧回去跟你父母说说，让他们送你到学堂读书。”可是这时，苏步青放的牛却跑了，到太阳落山才找到。父亲见苏步青回来晚了，问明了原因，没有责怪他。第二天，父母卖掉了家里的粮食，把年仅9岁的苏步青送到了学校插班读书。苏步青的想上学、爱读书的精神激励着他仔细感悟读书意义，勤奋刻苦，出国深造，毕业于日本东京帝国大学。

他1931年回国，一生从事微积分几何学和计算学的研究，为我国培养出大批优秀人才，被誉为“东方第一几何学家”。

一个求知欲强的人，只要得到了读书的机会，找到读书的好方法，养成了读书的好习惯，寻觅到读书之乐，感悟出读书的意义，就能学有所用，学有所成。那么，父母如何培养孩子掌握这种读书方法、培养这种学习习惯、找到读书的乐趣呢？

一、培养读书兴趣，明白书本的意义。一个成功读书的青少年，大都采用了科学的读书方法，掌握了巧妙的读书艺术，通过今天的学校读书，培养读书的兴趣，让自己懂得书本的意义，把自己领入其乐无穷的知识王国，造就出学习出众的人。

费米出生于意大利一个平民之家，父亲是个铁路职工，母亲是位小学教师。费米和哥哥从小喜欢读书，可是家里没有那么多书，怎么办呢？他们俩就想办法找书。离家两英里外有个著名的百花广场，是个大露天市场，每逢星期三开市。市场上有各种各样的好东西，有活蹦乱跳的鲜鱼，有五颜六色的鲜花，有千奇百怪的艺术品，当然也有不少旧书摊。每逢开市，费米和哥哥兴高采烈来到这里，细心寻找着心爱的数学和物理书籍。他们跟卖主讨价还价，一直磨到价钱便宜时才买下，然后满载而归，在家认真读起书来。

又是一个星期三，费米和哥哥来到广场。14岁的费米从一个书摊搜寻到另一个书摊，都没有发现自己如意的书，使他有些失望。但他仍然毫不气馁（něi），坚持一个书摊一个书摊地搜寻，不遗漏任何一本书。当费米逛到最后一个书摊，两本厚厚的旧书像磁石般地吸引住了他。因为磨损，封面模糊不清。但是扉页上的书名《物理数学基础》让他欣喜若狂。经过一番讨价还价，费米用几个星期节省的钱买下了书。

回到家里，他便如饥似渴地读了起来。读书让他明白了行星的运动原理，懂得了海洋潮汐循环的原因……尽管这两本书是用难懂的拉丁文写成，也没有难住费米。这两本书，在常人眼里是破烂不堪的垃圾，但在费米的眼里却是无价之宝。它们是费米得到的第一本物理学著作，它们为他打开了一扇科学大门，让他看到了一个奇妙无穷的世界。1942年，在费米的领导下，设计和生产第一座核反应堆的成功运行，费米也因此被誉为“中子物理学之父”。

书本蕴藏珍宝，兴趣铸就成功。一个对读书十分感兴趣的人，一定会通过勤奋努力，找到打开知识宝库的金钥匙，获得智慧的宝藏。

二、养成读书习惯，体会阅读的意义。习惯是行为的不自觉反映，体现了我们的修养和道德水平。一个人养成了读书习惯，感悟了读书意义，就为自己立身社会做好了充分的准备。否则，有一天你所遭遇的灾难就是因为缺乏一小点常识，产生一小点疏忽所造成的。

国王理查三世面对里奇蒙德伯爵享利带领迎面扑来的军队，就要拼死一战，决定由谁统治英国。战斗进行的早上，理查派了一名马夫准备好自己最喜欢的一匹战马。马夫找到铁匠说："你快点给它钉上马掌，国王将骑着它打头阵。"铁匠说："你得等等，我前天给国王全军的马都钉了马掌，现在让我找点铁片来。""我等不及了。国王的敌人正向前推进，我们必须在战场上迎击敌人，你有什么就用什么吧！"铁匠找来四个马掌，用钉子钉了三个马掌，没有钉子钉第四个马掌了，铁匠说："我得砸两颗钉子，钉好这只马掌。"可是马夫说："我听见军号了，你能不能凑合？"铁匠为难了："我能把马掌钉上，但不那么结实。"马夫叫嚷起来："好吧，就这样，要不国王要怪罪我了！"两军交锋，刀光剑影。理查王冲锋陷阵，奋勇冲杀，越战越勇。突然，一只马掌掉了，战马与理查王跌翻在地，变为了俘虏。从那时起，人们就说：少了一个铁钉，丢了一只马掌，少了一只马掌，丢了一匹战马。少了一匹战马，败了一场战役，败了一场战役，失了一个国家。

失败者之所以失败，就是决战前没有做好充分准备。一个立身社会的成功者，一定已经做好用知识武装自己的准备，养成了良好的学习习惯，他的一生始终在自觉学习的轨道上运行。只有培养出孩子良好的学习习惯，感悟读书的意义，懂得"用知识武装起来的人是不可战胜的"道理，才能打造出名副其实的学习主人。

第一，专心致志。有人告诉我们，当你专心致志的时候，世界上就没有什么办不到的事情了。有人还告诉我们，太阳光怎样才能点燃一根火柴？答案很简单，用凸透镜把所有的光聚集在一点上就行了。一个人怎样才能创造奇迹？答案很简单，把所有的精力都投入到自己的目标中去就行了。读书也是一样，必须专心致志。只要养成了这样的习惯，还能体会不到阅读的意义、读不好书？

第二，充满信心。信心是支撑生命的元素，是完成一切伟大事业不可缺少的动力。有了读书信心，什么学习奇迹都能创造出来。没有读书信心，再伟大的学习奇迹也将被慢慢侵蚀，直到泯灭。因此，有了读书的信心，就会拥有读书的成果。

第三，坚持不懈。在前进的路上，无论是晴天，还是雨日，无论是酷暑，还是严冬，永远坚持，永不绝望，就会在不断走完下一里路程中，得到成功，获得胜利。读书也是一样，只要坚定不移，快慢适度，不断攀升，就会在追寻自己的目标中登上高峰做巨人。

三、把握自己心态，追寻求知的意义。一个人能否成功关键在于他的心态。在这个世界上没有任何人能够改变你，只有你才能改变自己；也没有任何人能够打败你，也只有你才能战胜自己。无论你自身的学习条件多么恶劣，环境多么艰危，只要你运用黄金定律PMA，并将它与其他成功定律结合，就能创造学习的奇迹。

第二次世界大战期间，一个名叫维克托·弗兰克尔的心理医生被关押在德国纳粹的集中营里，每当遭受到非人的折磨时，他就想象自己正在战后的讲坛上讲课，内容就是关于集中营里的心理学。这样一来，他所受的一切苦难煎熬，全成为心理学的研究课题。弗兰克尔就是用这种办法，使自己超越困苦的境地，顽强地活了下来，成为这个集中营里仅有的一位幸存者。弗兰克尔认为：人所拥有的任何东西，都可以被剥夺，唯独人性最后的自由——也就是在任何境遇中，选择生活态度和方式的自由——不能被剥夺。弗兰克尔说："在任何特定的环境中，人们还有一种最后的自由，就是选择自己的态度。"弗兰克尔的经历表明：在成功征途上，有许多客观条件自己可能无法选择，但最终能否有利于获得成功，这往往取决于你如何把握所处的客观条件。因此，在攀登科学高峰中，只要我们正确了读书学习的态度，就能获得读书学习的快乐与宝藏。

成功者之所以成功，往往运用黄金定律PMA支配自己的人生。他们拥有积极奋发、进取、乐观的心态，常以积极向上、和谐快乐的性格正确处理人生遇到的各种困难、矛盾和问题。他们是愉快的，也是幸福的。读书也是一样，能够左右自己的学习态度，就能够掌握自己的学习命运。凡是读书学习的主人，便是享有学习乐趣与幸福的成功者，只有他们才能在知识王国中，追寻到无穷的知识、无尽的兴趣和快乐。

四、联系生活实际，读懂生活的意义。每个家长都望子成龙，望女成凤，希望通过读书获得知识的力量，让他们过上幸福生活。但是，实施起来并不那么容易。原因在于孩子不理解父母的生活多么不易，不懂得父母建设一个物质意义的"家"：住房价值几何？也不了解家庭每月的米、面、油、盐、酱、醋、茶、水、电、天然气……究竟需要多少开销？当然不知道"幸福花开不易、成功需要努力"的实际意义。然而生活就是一本书，需要我们读懂它的意义。

每当一位孩子贪玩不想上进的时候，我们总是听到他的父母这样教育孩子："你好好读书吧。你只有考上了大学才有可能找到一份好的工作，才有可能过上幸福的生活。"但是，孩子依然我行我素，照常贪玩。高中毕业了，他学会了开车，成了家，有了孩子。一家人依赖他那微薄的收入，勉强能够维持家庭生活，一直租赁着他人的房屋寄人篱下。这时，他的弟弟大学毕业了，不仅有了一份好工作，而且娶了一位好妻子，他们共同努力奋斗，很快有了存款，决定帮哥哥一把。2009年，弟弟和他的父亲为哥哥支出首付款10万元，以哥哥嫂嫂的名义买了一套按揭房。面积100平方米，每平方米2350元，贷款由哥哥嫂嫂在20年内付清。这样，一下子调动了夫妻俩共同创造财富的积极性，两人每天起早贪黑，忙碌奔波，不仅用自己辛勤的劳动还付着债务，而且重视起培养子女来，希望他的孩子像大学毕业的弟弟那样通过读书长智慧。这时，他们才又想起父母当年的教诲："你好好读书吧。你只有考上了大学才有可能找到一份好的工作，才能有可能过上幸福的生活。"在这句看似简单还有一点"土气"的话里，真还蕴含着社会人生基本真理。

在家庭教育中，父母要指导孩子联系家庭实际，参与家庭理财，细算家庭每月的收入和支出，懂得家长艰难，父母辛苦，才能理解"读书需要勤奋、读书能长智慧"的实际意义，产生"天道酬勤"的读书力量。

五、理解父母苦心，感悟读书的意义。父母要求孩子读书，既非中国传统的"注重功名"，又非科举考试的"落后保守"，更不一定是想让孩子出人头地去为自己争面子、夺光彩。这只能表明，父母对于孩子爱的执着与真诚。他们无非是想让孩子一辈子平平安安、快快乐乐，过上舒心幸福的好日子。

在拿破仑被暴民攻击得东躲西藏的时候，有一个人始终和他在一起，呵护着他；在他远征意大利成为民族英雄的时候，这个人不愿跟他一道去接受群众的欢庆；在他孤身一人从埃及回到巴黎无依无靠的时候，只有这个人站在家门口等他回来；等他发动政变，掌握大权直到登基称帝的时候，这个人不愿住进皇宫，也不愿享受荣华富贵，而是住在郊外过着清贫的生活，把他赠与的财宝全部保藏起来，不花一文，只是默默地祝愿："但愿这一切能够长久。"当他兵败滑铁卢，被流放到圣赫勒那岛的时候，又只有这个人站了出来，为他争取更好的待遇，四处奔走，给各国君主写信，花尽了他赠与的所有财宝。这个人是谁呢？这个人就是拿破仑的母亲。

在母亲的心中，只是希望自己的子女平平安安、快快乐乐，享受一个普通人的幸福，并不一定热望自己的子女成为名垂千古的英雄。子女的伟大与光荣，能让母亲享受什么！古往今来，能够与拿破仑并驾齐驱的人屈指可数，但是，天下母亲对于孩子无私的爱都与拿破仑的母亲没有两样。当年，拿破仑的母亲祝福她的儿子"但愿这一切能够长久"与今天父母对子女唠叨的"好好读书吧。只有升上大学才有可能找到好工作，才有可能过上幸福的生活"意义一样，既简单纯朴，又富有远见。因此，在学习中，只有读懂了父母的心，读懂了学校的课本，读懂了社会生活这本书，读懂了国家和民族对青少年的希望，才称得上真正的读书。

指导孩子做学习的主人。古今中外，多少圣贤名士，获得了成功。他们总是坚持"读书破万卷、下笔如有神"，从书本中得到了力量源泉；他们总是坚持以"能者为师、虚心请教"的原则，向上下左右的人求知，学人之长，补己之短，从而得到了前进的力量；他们总是坚持向社会学习，紧跟时代，适应潮流，从而获得了丰硕的成果。

在现代社会，不少成功者正因为能够坚持以求真务实的思想向书籍、报刊以及网络求知，以谦虚谨慎的态度向周围的人请教，以探求科学的精神向社会学习，勤于探索，善于读书，有了充沛的勇气和十足的劲头，并且能够终身接受教育，坚持理论联系实际，全心全意，无私无畏，以苦为乐，以苦为荣，学有所思，学有所悟，学有所成，与时俱进，最终走向了成功。

在信息时代，知识的发展日新月异，一个不善于学习的人，必将被时代所淘汰、被社会所抛弃。因此，让孩子的学习富有成效，是每一个父母的共同心愿。那么，教育孩子认真学习、做学习上的主人，父母究竟应该做些什么？应该怎样去做呢？

一、树立孩子学习上进心，培养用功读书的主人。上进心，是孩子学习的精神动力。上进心，既是孩子的学习兴趣，又是孩子的奋斗目标。兴趣和爱好是孩子的良师益友，是孩子的强大学习动力。父母帮助孩子寻觅兴趣，首要条件就是了解孩子，认真分析孩子的兴趣点之所在，积极培养其爱好，并且铸就特长，然后鼓励孩子朝着将来发展的方向前进。因此，培养孩子学习兴趣和帮助孩子树立奋斗目标是父母对孩子终身负责的首要任务。

兴趣是最好的老师，在家庭中培养孩子学习的兴趣，主要体现在父母与孩子思想感情的交流之中。在日常生活中，孩子的兴趣很多，只要父母善于引导，就能取得意想不到的效果。

在南北朝时代，祖冲之的父亲祖朔之是位小官员，他望子成龙心切，祖冲之不到9岁便逼着他背《论语》，希望他长大当官。可因为祖冲之不能如愿，只有经常挨打，父亲还骂他是“笨蛋”。

一次，父亲把儿子打得号啕大哭时，祖朔之的父亲祖昌来了，问明了情况，便对祖朔之说：“孩子是打不聪明的，只会越打越笨。”祖昌严厉地对祖朔之说：“经常打孩子，不仅不能起到很好的教育作用，而且还会使孩子变得粗野！”祖朔之说：“他不读经书，这样下去有什么出息！”祖昌批评道：“经书读得多就有出息，读得少就没出息？我看不一定吧。有人满肚子经书，却什么事也不会做！”祖朔之为难地说：“他不读经书怎么办？”祖昌说：“他读经书笨，说不定干别的事灵巧呢！做大人的，要细心观察孩子的兴趣，加以诱导。”祖朔之觉得父亲的话有道理，就让儿子跟父亲祖昌到他负责的建筑工地开开眼界，长长知识。祖冲之来到工地与农村孩子玩了一段时间，知识丰富多了。他问祖昌：“爷爷，为什么每月十五的月亮一定会圆呢？”爷爷解释说：“月亮运行有它的规律，所以有缺有圆。”祖冲之觉得很有趣。从此，经常缠着爷爷问个不停。爷爷对他说：“孩子，看来你对经书不感兴趣，对天文却很用心钻研。好啊，我们家里天文历书很多，我找几本给你看看，不懂就问我。”这时，祖朔之也改变了对儿子的看法，每天教他看天文书。有时，祖孙三代一起研究天文知识。这样，祖冲之学习天文历法的兴趣越来越大。

一天，祖昌带着孙子去拜访一位很有天文成就的官员何承之。何承之问祖冲之：“小兄弟，天文这东西研究起来很辛苦，既不能靠它升官，又不能靠它发财，你为什么还要钻它呢？”祖冲之说：“我不求升官发财，只想弄清天地的秘密。”何承之笑道：“小兄弟，有出息。”从此，十多岁的祖冲之经常找何承之研究天文历法，最终创制了中国历法史上著名的新历——《大明历》。同时，推算出圆周率的值介于3.1415926与3.1415927之间，比欧洲早一千多年，祖冲之终于成为一名杰出的天文学家、数学家和机械制造家。

在生活中，我们往往看到一些父母常常指责孩子：这也不行，那也不对！看到孩子的作业，总是指责为：“你真笨，竟然写成这个样！”看到孩子的成绩，总爱横向比较：“你真蠢，确实比别人差远了。”岂知，父母在孩子的心目中是非常有权威的裁判者，来自父母对他们的肯定与否定，对于他们的成长都是至关重要的。天才的孩子是父母夸奖出来的，愚蠢的孩子是父母溺爱、唠叨、斥责或者打骂出来的。如果孩子总是遭受父母的否定，既得不到阳光沐浴万物般的赞扬，又得不到雨露滋润禾苗般的夸奖，这种粗野的教育行为不仅大大刺伤了孩子的自尊心，而且深深打击了他们的自信心，无疑会让他们的心灵遭受到极大的伤害，把他们的天才和智慧扼杀在年岁稚嫩的摇篮里！因此，父母用科学的教育方法，才能培养孩子的兴趣和爱好。

第一，关注孩子的提问，培养孩子的兴趣。如果孩子提问经常涉及自然知识方面的问题，那么说明孩子倾向于探索自然科学，可以引导孩子从事科技方面的学习。如果孩子提问经常追问故事情节的发展，那么说明孩子具有逻辑思维发展的表现，拥有语言创造方面的潜力，可以引导孩子从事写作活动。通过父母的引导，激发孩子的求知欲望，培养孩子的兴趣和爱好，得到家庭教育的成果。

李四光小时候就聪明好学，记性很好。到了四五岁，已经认识两千多个汉字，还会背古诗。年幼的李四光不仅爱动脑筋，而且动手能力很强。随着年龄的增长，李四光更加勤奋好学，成绩越来越好，养成了爱思考问题的习惯。

一天，李四光和几个小伙伴在学堂后的草地上玩耍，发现不远处“躺”着一块奇形怪状的大石头，他们跑过去一看，只见草地被大石头砸出了一个大坑，石头却跑到坑的外面。这块石头究竟来自哪里，竟然长成这般模样？他们去问老师，老师没有说明白。李四光回家去问父亲，父亲也没说清楚。李四光想：父亲和老师都是读书很多的人，他们都不知道大石头的来头，谁还知道呢？于是，他暗自下定决心：我一定要多读书，刻苦学习，总有一天，我要弄清楚大石头的来历。长大后，李四光留学英国伯明翰大学，学习采矿业，后又转学地质学。他终于弄明白了，小时候发现的那块大石头，原来是古代地壳变化所留下的遗迹，这块大石头也许就是被冰川冲来的。

小时候的一次发现，让李四光走上了地质研究的道路。李四光凭着这种肯思考、爱学习、肯提问、爱钻研的精神，赢得了他在地质学界的地位，成为我国著名的地质学家，被周恩来总理誉为：中国科技界的“一面旗帜”。

第二，关注孩子的活动，培养孩子的爱好。作为父母，只要细心观察、留意孩子的一举一动，听听孩子们的心声，就不难找到培养孩子兴趣和爱好的方法，得到家庭教育的好收成。

一位孩子经常在放学路上与人打架斗殴，在学校成绩也不好。回到家里，母亲对他不打则骂，根本解决不了什么问题。

一天，这位妈妈参加了社区举办的家长培训会后，猛然醒悟，决心改变自己原来对孩子的教育方法。她悉心听到了孩子这样的心声："我也知道，爸爸妈妈打我骂我，都是为我好。可是，你们心目中的'好孩子'、'好学生'不就是让我变成一台'学习机器'吗？你们总说，我们比你们幸福多了，可是'幸福'是不是等于无忧无虑加上永远做不完的作业呢？想到这里，我突然觉得很'恐惧'，我真的不想长大了。"妈妈感到孩子说得对。她当着孩子的面扔掉了棍棒，以朋友的姿态接近儿子。经常抽时间同自己的儿子一起读书、画画、下棋、散步、郊游、逛商店、进展览馆、上少年宫……取得孩子的信任。在亲子互动活动中，她发现孩子的兴趣和爱好：看故事书和玩橡皮泥。

从此，这位母亲根据儿子的兴趣爱好，制订了计划，着手积极培养起来。在她的耐心教育下，不久，她的宝贝儿子在学校品行和学习取得了惊人的成绩，被评为全市优秀少先队员，还获得了"少年爱迪生"等荣誉称号。

第三，在生活中，孩子的兴趣与爱好往往需要父母从多方面培养。那么，应该从哪些方面着手培养孩子的兴趣和爱好呢?

（一）顺应孩子天性，尊重孩子选择。随着孩子年龄的增长，他们对自己的了解越来越多，并且开始真正知道自己喜欢什么，不喜欢什么，能做什么，不能做什么。这时的孩子多么希望自己的选择得到父母的认同和支持，从而获得自信心和自尊心，更好地施展自己的才华。

机械设计师程刚小时候喜欢看汽车，时常想这些车轮子是怎么转动的？在家里有台缝纫机，程刚不仅常看妈妈怎样使用它，而且在妈妈的指导下学会使用这台机器。妈妈一边教他，一边对他说："你在学习上下些工夫，就知道这台机器究竟是怎么一回事了。"从此，程刚学习非常努力，把兴趣变成发奋的动力，最终成为了机械设计师。程刚的妈妈文化程度虽然不高，但她适时发现了孩子的兴趣，并且加以恰当的引导，把孩子的兴趣转化为孩子走向知识殿堂的精神动力，表现了一位平凡母亲的伟大。

（二）承认孩子差别，结合特点培养。孩子之间是有差别的。别的孩子喜欢的事，我们的孩子不一定喜欢。别的孩子能学的，我们的孩子不一定能学。父母应该承认这个差别，结合孩子的自身特点，培养孩子的兴趣和爱好。

最近，一位细心妈妈发现一个秘密：自己的女儿菲菲每天回家就坐到书桌前，不是看书就是写作业。而邻居的小男孩方方，一回到家，不是被朋友唤出去踢足球，就是听音乐，看电视。但是，每次考试，自己家的菲菲总是赶不上方方，为什么呢？她百思不得其解。从此，她便用上了心思，偷偷观察起菲菲和方方来。她发现，菲菲写作业的时候，戴着耳机，一边听音乐，一边吃东西，过一会儿还到客厅看电视，本来半小时的作业，她一个小时也做不完。而邻居家的方方呢，只要钻到小书房，就排除杂念，聚精会神，不到一小时，不但做完了当天的作业，还预习了明天要学的功课。然后，抱起心爱的小足球去找自己的朋友玩去了。这位母亲恍然大悟，原来症结就在这里！从此，她开始监督起菲菲来，做作业不准听音乐，不准吃东西，更不准看电视。在这位细心妈妈的督促指导下，菲菲的学习效率有了显著提高，成绩也突飞猛进，与方方不相上下。

（三）捕捉难得契机，培养兴趣爱好。在生活中，有很多孩子都喜欢看电视，并且着了迷，不少父母想了很多办法，也无法消除孩子对电视的痴迷状态。可是，有一位家长却做到了：

有一次，妈妈看见自己的孩子聚精会神地在看电视剧《西游记》，她突然想到这是一个培养孩子读书兴趣的天赐良机。此后，每逢播放《西游记》时，妈妈和爸爸无论干什么事都会立即停下来，陪着孩子观看《西游记》。看过之后，妈妈和爸爸故意讨论所看的内容，并且有意谈到电视剧中没有的内容。因为，孩子还没有看过这本小说，对于不熟悉的内容就发问。他这一问，让妈妈暗自高兴："怎么，你不知道？"爸爸也说："你连这都不知道？""这不是书上第××回里的吗？"父母一边说，一边望着孩子，只见孩子的脸憋得通红，一转身跑进了书房……这样的事经历了几次，父母发现孩子渐渐对电视不像以前那样痴迷，他的注意力已经慢慢转向了书本。每天，电视剧《西游记》还没看完，孩子就先看起小说来。《西游记》看完后，妈妈又买来其他的书让孩子看。后来，根据孩子的要求，妈妈又买来一些古今中外的名著让孩子阅读。看完以后，同爸爸妈妈一起讨论书中的内容。天长日久，就培养出孩子读书的兴趣和爱好，养成了良好的读书习惯。

这个把一个爱看电视的孩子、转变成一个爱看书的少年的故事，说明教育引导孩子健康成长，只要注意了方法的选择，恰到好处利用孩子的好奇心理和爱提问又爱面子的特点，因势利导，耐心教育，就会取得教育孩子的新成就。

二、培养孩子学习的毅力，造就刻苦学习的主人。在学习上培养一种好的习惯、好的品格，除了要有崇高的学习目的、浓厚的学习兴趣外，还必须要有顽强的学习毅力。这种学习毅力是多方面的，培养也不是很容易的，但是必须培养，才能造就出刻苦学习的主人。其实，毅力是在困难中表现，并在困难中形成的。培养孩子具有持之以恒、坚持不懈的毅力，父母必须注意：

第一，教育孩子热爱现实社会，培养学习毅力。社会上确实有孩子看不惯的现象，父母应该告诉他们，正确对待社会。今天，我们生活的幸福美满，确实来之不易。平常，指导他们多读一些历史书籍，特别要熟悉一些近代史料，通过纵向对比，热爱今天的社会。同时，指导他们走进基层，了解民情，知冷暖，明事理，志愿服务，扶困济贫，增强热爱人民群众的感情。然而，在社会发展过程中，不可避免会出现一些问题，只要用正常心态去对待它，能够克服对社会认识的近视性，就可以根据自己的实际，长远目光，树立远大目标。

第二，教育孩子虚心向人请教，培养学习毅力。懂得孔子对我们“三人行必有我师焉”的教导，弘扬谦虚谨慎、不耻下问的精神，虚心向人请教，终身向上、下、左、右的人学习。同时，教育孩子珍惜向他人学习的有利条件，效法他人勤于思考、刻苦学习与解决困难的能力。通过对他人的学习中，变被动、等待为主动，积极培养出虚心请教、知难而进、战胜困难的勇气。在战胜学习困难中，体现出志气，磨炼出毅力，弘扬勤奋刻苦、持之以恒、善于学习的精神，让孩子真正成为把握自己命运的主人。

第三，教育孩子树立良好学风，培养学习毅力。培养孩子心理和言行上的自制力，在心理上，克服怯懦，坚定自信，战胜自身心理障碍，勇敢追求自我，实现自我。在言行举止习惯的培养上，严格要求自己，注意遵守各项规章制度，养成上课集中精力听讲，把老师传授的知识消化在课堂里的好习惯，树立认真预习未学功课、自觉独立完成作业、积极复习已学功课的好学风。当然，父母的科学教育方法，也是教育孩子刻苦学习、努力拼搏、顽强学习、持之以恒的必不可少的手段。

（一）故事熏陶法。父母应该根据孩子爱听故事的特点，经常讲一些古今中外的名人在学习上努力拼搏、克服困难的故事，让孩子从中受到熏陶和感染，从而培养出顽强学习的毅力。

莫泊桑5岁时，母亲每晚为他讲一个故事，但都没有结尾，然后，母亲同他一起为这个故事编一个结尾。这样做，为莫泊桑后来成为一代文豪奠定了基础。

（二）榜样示范法。父母的榜样所产生的力量是没有穷尽的，以身作则的父母一定能够培养出说话、做事认真负责的孩子。

一位父亲为了完成工厂下达的生产任务，刻苦钻研，技术革新，经过多次试验，终于成功。这不仅提高了生产能力，而且被评为了先进生产工作者。父亲利用切身体会，现身说法，把自己的事情，讲给孩子听，便会起到激励孩子要像爸爸那样，勇敢追求，不怕困难，不把事情办好，决不罢休！

（三）竞争比赛法。有时为了要孩子完成某项学习任务，父母可经常与孩子开展比赛，使竞赛转化为孩子学习的动力，以此激励孩子把任务完成得更好。

暑假刚刚开始，一位妈妈带着儿子到书店买了两本《中国科学家的故事》，他们人手一册，规定一周之内读完，相互提问，考考对方。同时，谈谈最感兴趣的地方和写得好的地方，各写一篇读后感，让爸爸评论出“优秀”与“一般”。这样，使竞争转化为孩子学习的动力，鼓励他把学习任务完成得更好。

（四）诱导鼓励法。倘若孩子做作业遇到了难题，父母提示孩子一边审题，一边根据家长围绕解题的提问，思考解答方案，最终写出结果，就能达到理想的效果。如此，多次反复，就能培养出孩子勤奋刻苦、勇于拼搏的学习毅力。

一次，一位少年朋友遇上一道难以解答的数学题，始终演算不出正确答案，准备打退堂鼓了。爸爸走了过来，拍拍他的肩头，一边鼓励他重新阅读这道应用题，仔细琢磨题意，弄懂题解意图；一边启发诱导，联系已经学习过的知识，深入钻研，终于找到了计算方法，找出了它的正确答案。

（五）精神激将法。如果孩子遇到不愿意做的事情，父母不妨采用激将法，激发起孩子做事的兴趣与热情，体会到获得成功的欢乐。

一位孩子不愿扫地，可是，妈妈对他却说："这么好做的一件事，可惜我们的孩子做不了。"有自尊心的这位孩子不服气，一边对父母说："请你们看看我究竟能不能行！"一边拿起扫帚把地扫得干干净净的，这便达到了理想的效果。

三、重视后进孩子的学习，培养把握命运的主人。怎样对待差生？这是个很现实的问题，无论家庭和学校都必须高度重视。好与差、是与非、对与错，既对立，又统一，它们互相依存，互相转化。差生一旦从梦中惊醒，就会把握命运，成为无人可以企及与媲美的主人。

华罗庚读初中时，一度功课不好，有时数学还考不及格。时在金坛中学任教的华罗庚的数学老师，我国著名教育家、翻译家王维克发现华罗庚虽然贪玩，但思维敏捷，数学习题往往改了又改，解题方法十分独特别致。一次，金坛中学的老师感叹学校"差生"多，没有"人才"时，王维克道："不见得吧，依我看，华罗庚同学就是一个！""华罗庚？"一位老师笑道，"你看看他那两个像蟹爬的字吧，他能算个'人才'吗？"王维克有些激动地说："当然，他成为大书法家的希望很小，可他在数学上的才能你怎么能从他的字上看出来呢？要知道金子被埋在沙里的时候，粗看起来和沙子并没有什么两样，我们当教书匠的一双眼睛，最需要有沙里淘金的本领，否则就会埋没人才啊！"

事实表明，千里马常有，而伯乐不常有。华罗庚这样出类拔萃的人才，当年也是"差生"，不是因为被王维克、熊庆来这样慧眼识人的老师才挖掘出来的伟大数学家吗？因此，我们孩子的父母、我们学校的老师，千万要重视对于已被称作"差生孩子"与"差生学子"的造就和培养，说不定你身边的"差生"，就是你要悉心培养的华罗庚式的伟大人物！

第二章　开发孩子智力

智力是人的一种心理品质，智力是各种认识能力的总和：观察力、认识力、注意力、记忆力、想象力、思维力、判断力、创造力都是决定智力的重要因素。智力是人认识理解各种客观事物并且运用知识、经验等解决问题的能力。没有一定的智力，就难以掌握较多的知识。没有注意力、观察力，就无法认识事物，掌握知识；没有记忆力，知识就无法巩固、积储、保存；没有认识力、思维力，就无法辨析事物，掌握事物的发展规律；没有判断力、想象力、创造力，就无法创新、发展……所以，智力是掌握知识的必要条件。提高智力，才会提高掌握知识的速度、深度、广度，才会举一反三，触类旁通，增强知识的理解力。在教育过程中，教育孩子学好每门功课，帮助孩子掌握学习方法，做好差生转化进步工作，结交电脑、电视好伙伴，掌握赞美与批评孩子的技巧等等都是开发孩子智力的科学方法。

教育孩子学好每门功课。学校开设各门功课之间，都有紧密的联系。倘若疏忽，出现罄缺，现在影响其他功课的学习，将来影响肩负工作的全面推动。这就要求父母会同学校老师教育青少年学好每门功课，不能只从个人一时兴趣出发计划学习，不能只凭自己一时冲动想学什么才学什么，以致忽略对于其他功课的学习，造成偏科，影响孩子一生的科学发展。一个有出息的人总是在学校学好各门功课、全面发展的基础上，掌握专业知识，深入钻研，有所建树、有所造诣的。同时，通过业余爱好，陶冶自己的情操，既学习得出色，又工作得开心，更生活得愉快。

一位女科学家自小受到父母的教育、关怀和影响，学习成绩非常优秀。她从小学至高中期间，坚持学好各门功课全面发展，具有深厚的学习功底。大学学习期间，她选择了生物专业学习，并且获得了医学和理学双博士学位，事业发展如日中天。

2005年，她成为上海交通大学医学院的特聘研究员，从事发育生物学和干细胞研究；2006年，在国际上首次成功地建立了人源性干细胞在山羊体内长期存活的嵌合体模型，这一成果被评为“中国基础研究十大新闻”之一；2007年，她作为首席科学家主持了《国家重大科学研究计划》“干细胞表面分子特征与功能研究”项目；2009年，她和中科院动物研究所研究员周琪合作，在世界上首次成功地用诱导性多能干细胞（iPS细胞）“制造”出具有繁殖能力的小鼠“小小”，证明了iPS具有真正的全能性，被美国《时代》周刊评为2009年世界医学十大突破之一，并入选了2009年中国十大基础研究和中国十大科技进步展。

其实，她在父母的教育下，4岁半学习钢琴，5岁登台演出。1984年，上海首届外国流行歌曲大赛上，她一举夺得独唱第一名。1995年和1996年，分别两次获得中央电视台MTV大奖赛的特别荣誉奖等奖项。她还在上海和华盛顿举办过多场个人演唱会。

她坚持：“科学与艺术皆是我一生的追求，两者同样不可或缺。”她说：“我出国的第一天就是希望能早日学成回国，但回国的前提是必须‘学有所成’。”1988年，她到美国留学，在圣地亚哥大学生物学专业学习，四年的课程用三年时间就修完了。随后，她考取了美国著名的宾夕法尼亚大学，成为该校第一位获得医学和理学双博士学位的中国留学生。她牢记导师教导，要求自己的学生：“学科学首先是学做人。”同时，明确指出，医学生必须将科研与临床结合起来，将理论与实践结合起来，明白自己的定位，寻找与自己相匹配的目标，勇于并且不断地尝试；学会与社会接触，把握机遇之前一定先要付出努力。

她就是身为研究员、博士生导师、国家重大科学研究计划项目首席科学家曾凡一。她现任上海交大医学院发育生物学研究室主任，上海交通大学医学遗传研究所副所长。荣获第十届中国青年科技奖、第六届中国青年女科学家奖以及第六届“上海市巾帼创新奖”。

因此，父母和学校老师关心、帮助、指导、教育孩子学好各门功课，就可把孩子培养成为德、智、体、美、劳全面发展、深受社会欢迎的人。“中外历史上，许多杰出人才，尽管从事的职业不同，但他们往往有一个共同的特点，就是集科学、文学、艺术、哲学于一身，表现出全面的良好素质。究其原因，科学、文学、艺术、哲学的结合使他们想象力更丰富，视野更广阔，善于抓住事物的本质和掌握事物的规律，因而获得广泛的成就。”那么，如何才能让孩子学好每门功课、奠定全面发展的基础呢？

一、教育孩子学好政治。在小学学好《思想品德》课，在中学学好《思想政治》课，在大学学好马克思主义理论课和品想品德课，例如，《毛泽东思想、邓小平理论和三个代表重要思想》、《思想道德修养与法律基础》等思想政治教育课程。政治课是一门让孩子学习道德知识、培养道德情感、学习法制常识、指导道德行为的学科，它作为青少年德育的主渠道和主阵地，担负着培养孩子道德观念、指导孩子道德行为的最根本任务。因此，让孩子重视政治课学习，有益于孩子明确方向，努力奋斗，健康成长，立身社会，走向成功。

第一，培养学习兴趣，树立远大理想。有兴趣，才会有动力，善于运用崇高的理想与学习目的来激发孩子学习政治课的兴趣，既是责任，又是使命。在学习中，让孩子立定志向，树立理想，生命不息，奋斗不止。

第二，掌握背诵方法，蓄藏知识力量。思想品德课的基本概念、原理与方法，是做人应该掌握的常识，必须背诵，以利运用到孩子今后的生活与学习中。然而，背诵必须建立在充分理解、熟悉的基础上，不能囫囵吞枣；同时，找出新旧联系，边读边记；依据个人特点，选择最佳时段背诵。间隔时间不能太久，随时抽时循环反复背诵，强化熟悉程度。储备知识就是储备力量，学习、背记的目的贵在运用，只要坚持不懈，立身社会自然就会得心应手、运用自如。

第三，培养思考能力，驾驭学习灵魂。一个人不会动脑，不会思考，不会察觉问题，只能做知识的奴隶，知识再多，仍然毫无意义。因此，教育孩子，刻苦学习，善于动脑，分析事物，发现问题，找到问题，寻求本质，至关重要。然而，知识学习重在理解，而理解必须通过思考才能实现，因此，思考的泉源是问题。学习之中，不要轻易放过任何问题，有了问题，不要急于问人，通过自己的独立思考，就能找到解决问题的方法，获得解决问题的正确答案。思考是学习的灵魂，谁能驾驭它，谁就成为了索取知识的主人。

第四，让孩子多读书，用于生活实践。知识就是力量，多一份知识就多一份力量。教育孩子多读有益的书，从知识的海洋里获取力量，并且联系实际，用于学习、生活与工作。让孩子懂得，用知识武装起来的人是不可战胜的。

第五，关心时事政治，了解天下大事。通过电视、报纸、书刊、健康网络……陶冶情操，加强修养，把握方向，励志前行，心系百姓，忠诚国家。

二、教育孩子学好语文。语文是学好一切功课的基础，又是出言吐语、交流思想、待人接物、处事做人、把握生活的工具，更是创造孩子美满未来、成功事业的重要组成部分。然而，学好语文，必须培养孩子学习语文的兴趣和爱好。

第一，明确学习语文的意义。语文课是一门综合训练课，其中，既包括字、词、句、篇的知识，又涵盖语法、逻辑、修辞、作文、文学等方面的科学。一个人的修养水平与语文水平息息相关，有机联系，不可分开与割裂。一个人的谈吐举止，不仅反映出他的思想水平，更表现出他的语文水平。因此，指导、教育孩子学好语文，事关孩子未来的前途和命运。这就要求我们教育孩子在生活中仔细观察，把握点点滴滴的细节，才能学好语文这门功课。同时明确“将来立身社会、首先把话说好、才能把事办好”的意义。

第二，父母说话要准确清楚。在家庭教育中，父母是孩子的第一任老师，父母出言吐语的发音，既要求准确，又要求清楚。同时要求文明用语、礼貌遣词造句、准确表达健康的思想。让孩子从小学有榜样，赶有目标，正确使用语言工具，表达自己的思想感情，把话说好。

第三，奠定孩子的认字基础。汉语拼音、汉字笔画笔顺、偏旁部首和独体字是孩子认字的四个基础。它的奠定，既有助于培养孩子的读写能力，又有助于培养孩子初步的自学能力。而这两个能力的培养，既有利于激发孩子学习语文和其他学科的兴趣，又有利于发展孩子的智能：观察力、记忆力、分析力和比较、综合、概括等思维能力。因此，这应该引起父母和学校老师的高度重视，千方百计为孩子奠定好识字基础。

第四，掌握工具，会查字典。父母和学校老师帮助孩子学好语文，必须教孩子学会查字典。正确掌握拼音查字法与部首笔画查字法，准确读音，了解字义，识别词语。每遇生字或不理解的词，就可让孩子通过独立自主查字典的方法加以解决。因此，掌握了工具书——字典的使用方法，就等于请到一位好教师随时站在孩子身边做指导。当然，父母应该给孩子配备《新华字典》或《小学生字典》或《现代汉语词典》，它可以帮助孩子学好语文知识。

第五，鼓励孩子说好普通话。教育孩子说话，首先要说完整话，准确表达孩子的思想感情。父母和学校老师可让孩子朗诵课文或课外书籍，还可以让孩子练习“绕口令”之类的口语项目。同时，要学会说普通话，以便增强孩子口头语言的能力，培养孩子的理解力和表达能力，以利孩子掌握规范语言和书面语言，提高孩子的阅读能力和写作能力。父母和学校老师应当讲普通话，并用普通话与孩子对话。即使孩子讲得不好，也不能责怪孩子，羞辱孩子。而要坚持多肯定，多赞扬，激发孩子讲普通话的兴趣。

第六，在交往中，学用语言。在生活中，老是沉浸在单调环境中的孩子，他们的语言发展总会受到极为不利的影响，这就须要父母和学校老师创设有利的学习生活环境，让孩子和其他小朋友多交往，只要见得多，听得多，孩子就会有话可说了。随着孩子年龄的增长，鼓励孩子积极参加故事会、演唱会和演讲比赛，把自己喜欢的词语、名言名句运用其中。通过交往与活动，丰富孩子的语言，娴熟语言的使用技巧，提高语言的表达能力。

第七，养成科学记忆的习惯。根据孩子的实际情况，父母和学校老师要教会孩子掌握联想记忆、形象记忆、归类记忆、协调记忆、列表记忆等科学方法，背诵应该背诵的课文及名言警句，鼓励自己不断前进。记忆背诵，明确任务，安排得当，按照顺序，抓住重点，难度适中，数量适宜，把握时间，严格要求。只要适合孩子，就会产生良好的效果。

第八，多读多写多用多动手。父母和学校老师要鼓励孩子多读课内课外的书籍，多用已经学习过的字词造句，联句成文。小学生通过一、二年级学习，已经掌握有一定数量的字词。自小学二年级下学期开始，要让孩子养成写日记的习惯，有话则长，无话则短，自己动手，速见成效。通过日记可以了解很多方面的问题，同时，根据实际情况，予以指导，发扬长处，纠正不足，提高书面表达能力。随着孩子年龄的增长，父母更应当尊重孩子，保护孩子的隐私。但是，鼓励孩子养成终身写日记的习惯，自会让他通过写日记而受益终身。

第九，说话要懂得修辞语法。在生活中，无论口头语言，还是书面语言，均要通顺表达。没有语病，应该懂得语法。把话说好，应该讲究修辞。因此，父母和学校老师帮助孩子学好语法与修辞，自会增强孩子遣词造句、使用文字的能力。

第十，掌握文章写作的方法。父母和学校老师要指导孩子掌握记叙文、论说文、散文、应用文和诗歌的写作方法，切实提高书面表达能力，达到就读学校对学生要求驾驭语言能力标准。

在教育过程中，父母和学校老师应当鼓励孩子深入基层，学习群众语言。人民群众才是使用语言、创造语言的大师，经常深入群众，向周围的人学习，就可以学到很多知识，有所感悟，有所创新，提高自己学习语文、驾驭语言的水平。

三、教育孩子学好数学。数学是锻炼孩子数字运算能力和逻辑思维的一门学问。在孩子学习数学的时候，如果父母和学校老师能够使用巧妙的方法把数字变得生动起来，将有利于孩子思维潜力的发掘和提高，从而提高学用数学能力。

第一，重视学习数学的意义。数学是一门自然科学，也是其他自然科学甚至是社会科学的基础。在数学学习中，掌握了一定的数学知识与技能，具有一定的数学能力，就会形成孩子一定的个性与心理特点，孩子的数学能力决定着孩子的聪明程度。因此，要提高孩子的认知水平，开发孩子的聪明潜质，就必须培养孩子学习数学的兴趣，对孩子进行科学的数学训练。

第二，激发学习数学的兴趣。兴趣是求知欲望的开端，是获取知识的秘诀，是成功学习的基础。平时，只要想方设法培养出孩子勤思考、多质疑、好动手、重归纳、联系实际、注意运用的良好习惯，就能激发孩子学习数学的兴趣，造就才思敏捷、聪明睿智的孩子。

第三，提升数学语言理解力。数学中的符号、公式、方程式、图表及文字都需要通过阅读才能理解。这不仅需要孩子具有一定的阅读能力来理解文字，更需要具有特殊的阅读能力来理解数学中的“数与符号”。所以，孩子的语文成绩好，但数学成绩未必好。对于存在数学语言理解困难的孩子，必须千方百计提高他们对于“数与符号”的理解能力，跨越理解上的误区，实施针对性的补救，步入成绩优良的目的地。

第四，定理证明与课本研读。定理的证明蕴含着千百年来优秀的思想，学习数学必须明确每个定理是怎么证明的，每个推论是怎么推导的。只要把握住了定理的来龙去脉，就把握住了提高数学学习能力的灵魂，对于学好数学具有至关重要的意义。

例如，三角函数中的积化和差、和差化积，那么多，那么复杂，一不小心把cos记成sin，或者把负号记成正号，就全错了。但是，你如果把推理过程弄明白了，不仅可以增强记忆，而且可以在记不清楚的时候，快速把它推算出来。

因此，学好数学定理经典，必须忠实研读数学课本。既要知其然，又要知其所以然。只有真正理解它，才能大胆运用它。同时，可以收获：对定理公式的记忆和应用，这是最直接的有效方法；获得优秀的数、理、化学等思想，对解题很有帮助；锻炼思想素质，可以受益终身。

第五，教导孩子独立完成作业。父母和学校老师应当要求孩子按质、按量、按时完成每一天的课堂作业和家庭作业。书写力求工整、规范，作业必须认真，做题要精细，速度要快捷，数量适度，效率要高，不能让孩子沉湎于题海战术里。

第六，反思总结经验与教训。教导孩子做题之后，一定要“反思”。想一想本题所用的基础知识、数学思想方法是什么，是否还有别的解法，本题的分析方法和解题方法，在解其他问题时，是否也用到过，把它们联系起来，就能获得更多的经验。

第七，重视获取知识的过程。在孩子的学习过程中，教导孩子考究这个概念是怎样概括的，那个公式又是如何推导的，既使孩子知道“是什么”，又使孩子知道“为什么”，培养孩子的分析能力与解决问题的能力。

第八，体验生活中的数学知识。在生活中，数学无处不在，到处都有数学。

父母同孩子一同发现与感受生活中的数学，对孩子学习数学很有好处。

孩子小时候，庆祝奶奶过生日，随便抓起一把水果糖，父母同孩子一起猜猜是几颗，比一比，谁猜得准。这时，孩子就会用数字表达自己的思想，他就具备了数感，奠定了今后学习数学的基础。孩子渐渐长大，父母要引导他们猜数学谜语，玩数学游戏，从数学活动中，体验数学带来的欢乐，提高他们学习数学的兴趣。孩子进入了青少年时期，父母应当会同学校老师鼓励他们参加数学比赛活动，从生活中体验数学知识所发挥的作用。在科技教育活动中，让孩子了解数学知识在尖端科技领域中的广泛运用，进一步培养孩子学习数学知识的兴趣和能力。

四、教育孩子学好英语。学习英语必须讲究方式与方法。父母和学校老师要教育孩子找到适合自己的学习方式与方法，并且长期坚持下去，就会让孩子感受到学习英语的乐趣，积极调动孩子学习英语的积极性与主动性，英语成绩便会自然好起来。

第一，明确学习英语的意义。一个成功者要立足祖国，走向世界，除了学习好本民族的语言外，还必须学习好其他民族的语言，掌握本国或其他几国的语言，才能不负众望，不辱使命，担当起历史赋予自己的责任，完成国家和民族交给自己的任务，改革开放，走向世界。当然，青少年时期是学语言的最佳时期。孩子对一种新的语言学习，听觉灵敏，反应快捷，富有好奇心，心理障碍少，敢大胆开口，喜欢讲话、唱歌，善于模仿，长于效法，乐于参加活动，不怕困难，态度自然，学习外语，具有浓厚兴趣。但也因为年龄特点，有时无法长期集中精力，在学习过程中，也易产生疲劳。因此，父母和学校老师要激发孩子学习英语的兴趣，抓住最佳教育时机，千方百计，帮助孩子学好英语。

第二，教孩子学习英语单词。英语单词应从孩子身边的人和物开始教认。例如，我、爸爸、妈妈、爷爷、奶奶、哥哥、姐姐、弟弟、妹妹等人称口语；还可以从孩子周围的事物教起，例如，动物、植物、花草、物品等等；然后，把英语的学习内容扩展到数量、形状、地域、人际关系等其他方面。

第三，督促孩子预习与复习。父母和学校老师要督促复习当天所学内容，提前预习下一堂课的学习任务，是孩子肩负的责任，这对孩子巩固学习英语知识的意义重大。

第四，要求孩子勤于说英语。孩子初学英话，既感到新奇，又觉得有兴趣，有很高的积极性。父母和学校老师如果因势利导，及时表扬孩子讲英语，定会收到意想不到的效果。比如孩子每天回到家中，可以了解孩子在学校学的什么内容，让孩子练习一下。同时，鼓励学习英语口语ESL，无论父母能否听懂，孩子说得好与不好，父母千万不能说“真难听”之类的泄气话，而要表现出极大的热情，多讲一些“讲得真好”、“我们的孩子可以出国了”等鼓励的话，天长日久，孩子在家庭英语天地里培养出浓厚的兴趣，自会收获意想不到的效果。

第五，教孩子精读英语课文。要求把课文中的每一个单词的用法、每一个语法知识点都弄清楚，再做相应的练习题，最后，把它背熟。这是学习英语的核心，也是基础。没有通过精读课文掌握生词、词组、语法，所有的阅读归结于零。因此，精读英语课文，是父母和学校老师要求孩子学好英语的主要任务。

第六，培养孩子勤奋听录音。听、读、写是学好语言课程的基础。初学英语的孩子每天的听、读时间不得少于10～15分钟。一方面有意识地边看图边听、边读，或者先看图，再听录音，然后，指着图说出相应的录音内容；另一方面无意识地听，可以让孩子在洗脸、刷牙、玩耍等过程中听，随其自然，捕捉他所熟悉的信息。

江西省2000年英语状元易盈婷，通过这种办法，由初中至高中，听说读写没有任何问题，提高了英语成绩，以全省第二名成绩考入北京大学经济学院。

中国人民大学经济学博士李晓鹏高考时不考听力，但考研时一定要考听力，而且难度很大，他把上次考研的试题拿来听，一点都不懂。为了提高听力，他买了一本外研社的《英语中级听力》以及配套的12盘磁带来练习。同时，以汪道隆先生的方法，每篇文章反复听，尽量把每个单词都听懂，还把一些材料听写下来。每天两小时，一个单元需要一周的时间。开始做，速度很慢，但是坚定信心，长抓不懈。一月之后，听了四个单元，再做考研听力题，一听就懂。直到考研前，听了18个单元，对付考研，完全没有什么问题了。

第七，定期看英语电视节目。电视之中，有的频道会定期播放少儿英语节目，父母与学校老师可以引导孩子定期观看，并且谈谈观感，可让孩子说说，你在这期节目里学到了什么，掌握了哪些单词、句子、歌曲……父母最好同孩子一起学，还可相互比一比，激发孩子学习的积极性。

第八，讲英语国家风土人情。父母可以购买一些这方面的书籍，同孩子一起阅读。如果孩子不感兴趣，父母可以自己先读，选择合适的时候，向孩子介绍。例如，我们吃饭用碗、筷，西方人吃饭用刀、叉，我们的主食是米饭、面条、粥……西方人的主食是汉堡包、果汁、牛奶……同孩子散步时，可以向他们介绍西方国家的历史、地理、矿藏、物产、城市、交通常识、风土人情、气候特点等等。这样，就会让孩子学习英语时，消除陌生感，增强亲切度。

第九，阅读简易的英文读物。父母应给孩子订阅1～2份适合青少年的英语刊物，养成经常阅读英语的习惯。浅显易懂的英语读物，是孩子吸收新鲜语言的途径。其中，生词较少，不用花很大精力查字典，孩子朗读的注意力只要集中在内容和文字的表达上，就可以读得多、读得快、消化快、吸收得也快。因此，父母给孩子所选的简易读物应该符合孩子年龄、喜闻乐见、能够打动孩子的心灵，就会得到孩子学习英语的收获。当然，随着孩子年龄的增长，积累了一定的英语知识，父母与学校老师就必须让孩子遣词造句，熟悉语法，学习写作了。随着青少年的成长，英语知识的积累由少到多，习练作文，势在必行。父母与学校老师应当鼓励孩子写英文作文，只要多读多写多练，定会功到自然成。

第十，帮孩子坚定学习信心。不同的孩子有不同的资质，有不同的特点。父母与学校老师根据孩子的身体状况、性格特点、学习实际，提出对孩子学习英语的期望，制定符合孩子身心发展的目标，坚定学习英语的信心，让孩子学得轻松，成绩优秀。

当前，经济全球化是世界发展的必然趋势，中国加入WTO，标志着我国社会、经济运行将全面融入国际社会，这必将给我国的经济社会发展带来无限的生机和活力。今天，我们面向现代化、面向世界、面向未来培养全面发展的高素质人才，明天，我们的现代青少年就要跨出国门，走向世界。因此，父母应会同学校老师教育孩子既要学习好本国的语言，又要学习好外国语言，方才不负时代赋予每一位青少年的光荣责任和崇高使命。

*五、教育孩子学好物理。*教育孩子学习物理，着重培养孩子学习物理的兴趣，让其全神贯注，勤奋努力，克服困难，以创造性思维，遨游知识的海洋，获取知识的宝藏。在培养孩子学习物理的过程中，让孩子不仅要掌握物理学的概念和规律，更应重视科学的态度和方法。只有掌握了科学的思维方法，才能提高推理能力、分析能力、综合能力以及把复杂问题变为简单问题的能力，灵活运用所学知识去解决学习物理学所存在的问题，服务我们的学习、工作与生活。

第一，明确学习物理学的意义。物理学是一门基础科学，它研究的是物质运动的基本规律。不同的运动形式具有不同的运动规律，因而要用不同的研究方法去解读不同的物理现象。由于物理学研究的规律具有很大的基本性与普遍性，所以它的基本概念和基本定律是自然科学的很多领域和工程技术的基础。由于物理学知识构成了物质世界的完整图像，所以它也是科学的世界观和方法论赖以建立的基础。

物理学是理论和实验紧密结合的科学，物理学中很多重大的发现、重要原理的提出和发展都体现了实验与理论的辩证关系：实验是理论的基础，理论的正确与否要接受实验检验，而理论对实验又有重要的指导作用，两者的结合推动物理学向前发展。通过物理教学培养学生正确的世界观，是物理学科本身的特点，也是物理教学的一大优势。因此，要充分发挥这一优势，提高自觉性，把对青少年世界观的培养融会到教学中去。

物理学与数学、天文学、化学和生物学之间有密切的联系，它们之间相互作用，促进了物理学及其他学科的飞速发展。一般说来，物理学与生产技术的关系存在两种基本模式：

（一）由于生产实践的需要而创建了技术，它推动了现代技术革命的飞速发展。18世纪至19世纪蒸汽机等热机技术，然后提高到理论上来，建立了热力学，再反馈到技术中去，促进了技术的进一步发展。

（二）先在实验室中揭示基本规律，建立比较完整的理论，然后再在生产中发展成为一种全新的技术。19世纪电磁学的发展，提供了第二种模式的范例。在法拉第发现电磁感应和麦克斯韦确立了电磁场方程组的基础上，产生了今日的发电机、电动机、电报、电视、雷达，创建了现代电力工程与无线电技术。正如美籍华裔物理学家李政道所说：“没有昨日的基础科学就没有今日的技术革命。”

物理学作为严格的自然学科，一直在科学技术的发展中发挥着极其重要的领军作用，物理学是现代技术革命的先导，也是自然科学的带头学科。通过物理学教学，培养孩子学习物理学的兴趣，意义重大而又深远。

第二，培养学习的兴趣。父母和学校老师要教导孩子勤观察、爱思考，善于发现问题，多问几个为什么，激发自己对物理知识的渴求。同时，指导孩子多动手，多做小实验，多制作小玩具……理论联系实际，不仅能够让孩子产生对物理原理的追求，而且能够增强学习物理知识的毅力，更能够增强应用物理知识解决问题的兴趣。通过学习物理学，培养学习的兴趣，提高质疑精神和提出科学问题的能力。爱因斯坦在《论教育》中说：“发展独立思考和独立判断的一般能力，应当始终放在首位，而不应当把获得专业知识放在首位。”独立思考和独立判断的一般能力，首先表现在怀疑和批判的精神。科学史上大量事例表明，不囿于传统理论和观念，不迷信权威和书本，是科学创造的思想前提。

在爱因斯坦之前，洛仑兹和彭加勒已经走到相对论的大门口，只是由于未能摆脱绝对时空观的束缚，才没有最终迈入相对论的门槛。正是由于爱因斯坦抛开了“绝对运动”和“静止以太”的观念，并深刻地审察了“同时性”概念的物理学根据，才创建了狭义相对论，引起了人类时空观的巨大变革。

同样，1956年，当精确的实验结果把“τ－θ疑难”尖锐地摆到物理学家们面前时，正是杨振宁和李政道敏锐地审察了从未被人怀疑的宇称守恒定律的适用范围，大胆提出了弱相互作用中宇称不守恒的假说，从而导致了物理学理论的一个突破性进展。

物理学中几乎每一个重大发现都表明，创造性思维活动起始于对困难或问题的认识，是围绕着解决问题展开的；批判的头脑、质疑的精神，是打开未知科学大门的钥匙。在物理教学中，为了培养学生提出科学问题的能力，仅仅像通常所做的那样从内容衔接上提出问题是远远不够的，必须从真实的物理学认识发展的历史进程中，展示物理学探索过程中问题背景的演化，阐明重大物理学问题产生的历史条件及其所导致的深远后果。同时，用物理学史上的精彩事例，培养学生独立思考的能力，提高善于提出科学问题的灵性和聪慧，使他们的思想始终沉浸在充满好奇与无限兴趣之中，永远不以闭塞怀疑的目光正视物理世界。

第三，重视例题练习题。课本上的例题既有针对性，又有典型性。看完例题，再找相似的练习题做，不断扩展，不断加深理解，不断把所有扩展与理解相组合，就可以消化那一节的大部分内容。这样，长期坚持，就能有效提高孩子学习物理的理解能力、思维敏捷度和解题的本领。通过学习物理，重视例题练习题的演算，学习物理大师的科学方法，并对孩子进行科学思维的训练。比如：

学习“自由落体运动”时，了解伽利略用归谬法驳斥亚里士多德“重的物体比轻的物体落得快”。通过学习物理学，揭开自然界之谜和人类艰难的探索历程，学习物理大师们的科学探索精神，从身临其境的参与感中，获得求真务实科学思维的升华。

同时，懂得物理学是理论和实验紧密结合的科学。物理学中很多重大的发现，重要原理的提出和发展，体现了实验与理论的有机结合，不断推动着物理学向前发展。通过物理教学，让学生学会动脑，学会动手，勤于思考，勇于实践，在理论联系实际中，探求解决实际问题的方法。

第四，归纳已学的知识。指导孩子重视学习物理学的概念、方法，牢记推导出来的每一个定律与公式。随时复习消化，巩固知识。同时按照章节，根据自己对知识点之间的联系，列出一个提要，把有关系的知识点归纳到一起，最后形成一个自制物理学习结构提纲，供自己复习巩固之用。例如：

电学包括什么呢？包括电的基本知识、电路、电功、电热关系、电磁关系（其实，还有化学里的电的化学效应）。然后细想，电路包括什么呢？这要求我们学会画线路图，主要了解电流、电压、电阻。这三个概念是什么关系呢？就是欧姆定律了：电阻等于电压除以电流。然后，弄清它们在串联、并联电路当中的各种关系。串联的时候，电压相加，电流不变；并联的时候，电压不变，电流相加。至于电阻与串联、并联的关系，又可以从欧姆定律推出来。这就是整个电路的相关知识体系了。再比如电热，它的核心就是电功率。电功率等于电压乘以电流。把这个搞清楚了，其他的就是这个关系的变化而已。电功又有三种效应：磁效应、热效应和化学效应。这三个部分的知识又可以依次往下梳理归纳……

这样，搞清楚了电学的知识点之间的关系，就把握了知识体系，再来学习物理知识就会清楚明了许多。对于跨知识点的习题，尤应尽快明白它检测的是哪些知识点，这些知识点的链接点往往就是解题的关键。一本书学完，仍可按照这个办法总结，便会摘下扎实学习、喜获丰收的果实。

第五，提供生活的体验。在家庭生活中，父母指导孩子到厨房做些家务，烧水、做饭在学热学时，就用得着；开关电灯、换个坏了的电灯泡，帮助爷爷插暖电热毯，帮助奶奶打开洗衣机，在学电学时，就有了用场……因此，体验生活，就可以理论联系实际，激发学习兴趣，收到良好的学习效果。此外，多与别人学习交流，学人之长，补己之短，是向别人学习的好方法。在学习物理学时，如果有几个好朋友独立做完题后，进行交流，就会得到一题多解的效果。通过学习物理学，结合实验实习和生活中的现象，培养孩子的观察和分析问题能力。

其实，物理学是一门以实验为基础的科学，观察和实验既是研究物理学的基本方法，也是学习物理学的基本方法，物理学史描述了许多科学家善于从不被人注意的一些平常现象中细心地观察与思考的事例。

伦琴一生在物理学领域中进行过大量实验研究工作，一次实验中，他偶然发现包有黑纸的底片被曝光，但他从没放过这一个细小的现象。正是他这种观察能力、分析能力使他发现X射线从而获得诺贝尔奖。其实，在伦琴发现X射线之前，1800年哥尔茨坦曾发现过这种现象；1887年克鲁克斯曾发现过未知射线使他的底片变黑，他却以为是底片质量问题……

因此，在了解物理学史知识过程中，可以认识到注意观察和认真进行实验是学好物理学的关键。在今后的学习与工作中，只要有目的地观察，亲自动手实验，逐步养成勤于观察、勤于思考的习惯，自会受益无穷。

六、教育孩子学好化学。化学是以实验为依据的理论和应用相结合的科学。父母和学校老师教育孩子学好化学，既应当让孩子对化学产生浓厚的兴趣，又应当让孩子掌握正确学习化学的方法。

第一，认识学习化学意义。化学是自然科学的重要组成部分，它侧重于研究物质的组成、结构、性能关系以及物质转化的规律和调控手段。化学课程以提高孩子的科学素养为主旨，激发孩子学习化学的兴趣，帮助孩子了解科学探究的基本过程和方法，培养孩子的科学探究能力。

第二，掌握化学学习用语。“化学用语”是学习化学必须掌握的工具，课堂学习、化学习题计算、化学实验、化学记录都离不开它。学习化学必须把握“三关”：元素符号、分子式、化学方程式，切实记好这些“化学用语”，不可马虎，不可苟且。

第三，掌握记忆基本规律。工具性的知识和基本规律的结论必须反复记忆，力求达到娴熟的地步。元素的符号，物理的性质：颜色、状态、溶解性能等，元素的化学性质：核电荷数、元素周期律、酸碱盐的互相转化等，都必须有牢固的记忆。但是，记忆必须建立在理解的基础之上，通过归纳记忆、歌诀记忆、实验记忆等方法，使概念之间沟通联系，形成概念体系，从而加深记忆。当然，通过其他活动，也可以增强记忆力。例如，对于化学初学者，也可以通过玩化学牌，了解元素的原子价，认识、记忆分子结构的组合规律。

第四，在练习中把握规律。在化学学习中，应当通过经常性的练习来达到消化知识和提高能力的目的。但是，练习，要适时、适量、恰到好处；答题，要采用书面答题、口头答题和实验操作等多种形式；题型，要包括选择、填空、推断、证明、鉴别、计算等多种类别；作用，要充分发挥每一题功能，举一反三，触类旁通，巩固知识，训练思维，培养能力，提高学习水平。有的题目可以一题多解，旨在开拓解题思路，提高解题灵活性；有的题目可以多题一解，意为突出解法本质，得出解法规律。

第五，在反思中纠正错误。做题的目的是培养能力，也是寻找孩子学习不足和克服自身弱点的有效途径。学好化学，要教育孩子专门设置“化学纠错本”，把平时出现的错题，做好修正，记录下来。记录时，不要简单写个答案了事，应该阐明出错的原因及正确的解题思路。同时，经常翻阅复习，就可杜绝类似错误再生。

第六，了解化学物质性质。化学研究的对象是物质，物质的组成和结构决定了物质的性质，而物质性质又制约了物质的存在方式、制法与用途。因此，在学习元素化合物性质时，应抓住其结构来了解物质性质。例如：

学习氧气时，须要思考：氧气是由许多氧分子组成的，而一个氧分子又是由两个氧原子组成的，氧原子最外层是6个易得电子，所以氧气的化学性质比较活泼，许多物质在常温点燃或加热时均能与氧气发生化学变化且放出大量的热。

在学习了许多物质之后，要善于将相关物质构建成知识网络，使知识条理化、系统化，以便牢固掌握已学的知识。

第七，视野在课堂外扩大。教育孩子归纳知识内容，必须拓展知识视野，提高解题技巧和方法，这就需要引导孩子阅读同步的质量高、导向性和实用性强的课外读物，提高学习的质量。

第八，学习化学重视实验。在化学学习中，必须教育孩子重视化学实验。因为化学实验不但能够培养孩子观察、思维、动手等能力，还能加深孩子对相关知识的认识和理解。孩子做实验时，要多问几个为什么，思考如何做，为什么要这样做，还可以怎样做。这样，不仅能给孩子以启示，激发他们的兴趣，调动他们学习的积极性，而且还可使抽象要领具体化，从而加深孩子对概念的理解和记忆。当然，孩子还必须严格遵守实验的操作规程，保证安全第一。

七、教育孩子学好历史。历史是人类创造的，是世界各民族人民智慧的结晶。历史课是义务教育阶段的必修课，让孩子学好历史课，既可以对孩子进行爱国主义教育，又可以利用历史中的人物和事件，对孩子进行人格熏陶和精神激励，从而达到“学史使人明智”的目的。

第一，学习历史，意义重大。随着社会的迅速发展和竞争的日趋激烈，历史学的功能更广泛、更深刻、更直接影响着我们的生活，知识单一型人才越来越没有市场，知识集密型人才越来越受到社会的欢迎。而通过学习、研究和借鉴历史，能够培养人的历史意识、历史思维和历史方法，增加人们对历史的认同感，进而提高个人乃至整个民族的文化修养和素质。

第二，学习历史，别闹笑话。学好历史，博古通今。熟悉历史的父母，才能教育孩子学好历史，成为名副其实的好父母。

一位小学生在历史课堂上打瞌睡，这节课上的是《火烧圆明园》，为了提醒这个孩子，老师走到他的身旁，用手轻轻拍醒了他，并问：“圆明园是谁烧的?”只见他睡梦惺忪、慌慌忙忙地回答：“不是我烧的!”惹得同班同学哄堂大笑。次日家访，老师提起这件事：“在课堂上，我问你家孩子，他居然说不是他烧的!”这时，孩子的妈妈急忙辩解：“我家孩子一向老实，他说不是他烧的，就一定不是他烧的!”孩子的爸爸是当地的企业家，站了起来，满脸不高兴地说：“烧就烧了，多少钱赔就是了。”

在生活中，这样的父母确实存在。不学无术的父母，怎么能够不闹笑话，怎么能够继承历史、传承文明、教育好自己的孩子呢？

第三，学习历史，要有兴趣。父母与学校老师可以通过讲历史故事，激发孩子学习历史的兴趣。孩子对历史有了兴趣，才会主动去学历史。有了兴趣，才会主动复习、预习，记住要点，才会很好去理解领悟历史现象背后所蕴含着的历史规律，得心应手地分析历史问题。

第四，纵横比较，熟悉历史。教育孩子将某一国家或某一地区的历史事件从古至今进行纵向比较；同时，对某一国家或某一地区的历史事件与同时期其他国家或其他地区的历史事件做横向比较。让孩子在比较过程中，找寻共同点，明确异同点。同时，仔细思考：在一个历史事件的之前之后都发生了什么事，它们之间有没有什么内在联系，能够说明什么历史道理。通过认真思考，形成一个便于学习与理解的历史结构，学好历史，借鉴历史，用好历史。

第五，归纳总结，读懂历史。教育孩子善于学习、归纳、总结历史，谦虚谨慎，读懂历史，认真做到：传承文明，推陈出新，古为今用，洋为中用，取其精华，去其糟粕，奉献社会，振兴中华。

八、教育孩子学好地理。地理学科兼有人文学科和自然学科的性质，它要求孩子在学习时，要有较强的文字分析整合能力，要具备较强的数字处理能力。因此，父母与学校老师在教育孩子学习地理时，要找到适合孩子的有效方法，不要急功近利，持之以恒，才会卓有成效。

第一，学习地理，意义重大。一个人如果“上知天文、下知地理、无所不知、无所不晓”，就说明这个人学识渊博，很有学问。我国古代政治家诸葛亮说过：“为将者，上不知天文，下不知地理，是为庸才。”可见，丰富的地理知识是人们有知识、有学问的标志。当今社会，地理知识在经济建设和社会生活等方面发挥着越来越大的作用。在家庭教育中，父母从小培养孩子对地理学习的兴趣，加强对地理学科的学习，才能为孩子以后的立身社会描绘人生美丽的蓝图。

第二，重视观察，提出问题。父母带着孩子旅游，每到一地，可同孩子一道，观察当地环境，熟悉这里的地形地貌，有什么特征，联系历史，了解风土人情与习俗，通过资源特产，分析该地区在经济建设上的地位和作用……边细看，边思考，深入了解当地群众的生产与生活，可以从中发现问题，提出质疑，引起联想，增长见识。父母与学校老师也可以引导孩子通过报刊、图片及电视节目获得地理信息，锻炼孩子的聪明才智。

第三，教导孩子，做好练习。当孩子掌握了一定知识之后，一定要指导孩子做好练习题。只有通过做题，才会知道孩子自己哪方面的知识还没有学好，须要进一步提高。

第四，学会阅读，使用地图。地图是学习地理必不可少的工具，孩子学习地理要做到看书与看地图相结合，在地图上，逐一查找、落实、熟记地理知识。平时，要多看图、填图、绘图，认真做到“图不离手”，把地图印在脑子里，能够在地图上再现学过的地理知识。地理学习的核心是地图的阅读和使用。

第五，收集信息，联系实际。在信息社会里，生活中处处蕴含着信息。引导孩子从报刊杂志、电视新闻、媒体网络中储存有价值的地理信息，不断补充与丰富地理知识。同时，让孩子学会阅读地理教科书，掌握重点，化解难点，消融疑点，运用课本插图、练习题、地图册去理解教材，掌握地理知识，理论联系实际，时刻准备为祖国经济建设服务。

九、教育孩子学好生物。生物学是一门知识性和实践性很强的学科。教育孩子掌握基本概念和基础理论，着重培养孩子的观察、实验、分析、运用能力，既要让孩子注意学科内容的横向比较和纵向深入，又要让孩子学会生物知识在人类生活中的实际运用。

第一，学习生物，明确意义。生物学是21世纪最有发展前景的学科之一，生物作为自然科学领域的带头学科，将会有极大的发展空间。在新世纪，人类社会面临的人口、粮食、资源、环境和健康问题日趋突出，而要解决这些问题，在很大程度上，还有赖于生物科学的进步。教育孩子学好生物，以便将来立身社会，生存发展。

第二，正确观点，放眼整体。理论联系实际，是学习、研究生物学的有效方法。教育孩子一旦明确了学习生物学的意义，具备了正确的生物学观点，把理论与实际结合起来，就可以迅速、准确地学习到生物学知识。学习生物学理论，应该放眼整个生物体系，并且通过实例来深化、拓展，使自己对整个生物理论的掌握更加完善，运用起来更加正确无误、得心应手。

第三，学习知识，掌握要点。生物学要思考的对象是细胞、组织、各种有机物和无机物以及它们之间奇特的逻辑关系。孩子只有记住了这些名词、术语之后，才有可能掌握生物学的逻辑规律。因此，学习生物，必须在理解的基础上掌握它的要点，加强记忆，学到知识和本领。

第四，学习理论，联系实际。教育孩子联系实际学习生物，既有利于扎实掌握生物学理论知识，也有利于提高孩子解决问题的能力。生物学的理论知识与自然、生产、生活都有极为密切的关系，比如动物的个体发育、人的成长轨迹等等。只要我们刻意联系实际，就可以运用所学生物学知识服务和开创我们有意义的新生活。

第五，重视观察，认真实验。生物学是一门实验性很强的学科，没有观察和实验，生物学就不可能取得成就。教育孩子学会观察，观察既要有目的，又要按照程序。程序的具体操作应该是：从整体到部分，先表面后内部，先前面后背面，先上面后下面，从部分到整体。认真实验，不仅要注意实验操作，还要掌握实验步骤，更要注重实验结果的分析和说明。

十、教育孩子不能偏科。偏科是孩子中普遍存在的现象，偏科的孩子有些功课学得好，有些功课有差距，这证明孩子不仅不笨，而且聪明。只要找到孩子偏科的原因，有了解决偏科的办法，就可以纠正孩子偏科的现象，使孩子学习好包括音乐、体育、美术等课程在内的每一门功课，并且得到教学大纲所要求的优异成绩，让孩子在学校教育中得到全面发展。

吴文俊小时候的数学成绩很差，父亲总是很着急。原来，家里藏书很多，吴文俊总是喜欢读《史记》、《资治通鉴》等文科的书，逐渐放弃了对数学的学习。

小学读书时，吴文俊的国文成绩优秀，数学还能勉强及格。可是，升上了初中，一次几何考试，一个刺眼的“0”分，使吴文俊心里难过极了。回到家里，父亲了解了情况，对他说：“现在抓还来得及，你把学国文的劲头放到数学上试试，肯定会有收获的。”从此以后，他给自己制订了详细的学习计划，每天看几小时的书，做不少的数学题，不会的就去请教老师和同学。吃饭的时候，也抱着数学书看不丢手，筷子拿在手里，不见他动一下。晚上做题到深夜，不做完既定的题目不睡觉。天长日久，他的数学成绩渐渐好了起来，他心里感到无比的高兴：只要功夫深，铁棒磨成绣花针。他吸取了得零分的耻辱教训，终于纠正了偏科，同时以各科优异的成绩毕业于上海交通大学。

1946年，吴文俊赴法国留学，1951年回国，一直致力于数学研究工作，在世界数学界形成了“吴学派”，20世纪70年代，创立了用计算机证明几何定理的“吴方法”，成为一位名副其实的数学大师。

孩子有了偏科，只要下决心纠正，学好各门功课，就会获得学习上的丰收，得到德、智、体、美、劳全面发展。那么，如何让孩子学习不偏科呢？

第一，找到原因，纠正偏科。偏科，是指孩子在学习过程中重视某些学科的学习，不重视或者放弃某些学科学习，以致有些功课好，有些功课不好，便让孩子偏了科。究其原因，偏科，与兴趣爱好有关。当然，学校老师的教学方法生动形象，孩子学起来觉得有意思，对这门课程，越学越想学。相反，学校老师讲得平淡无奇，孩子觉得听起来就没劲，学起来就没意思，就可能采取应付态度。因而，导致了偏科。同时，偏科还与心理因素有关。最初，孩子没有“弱科”。因为，偶尔的一次考试，没有如愿，成绩不够理想，便对这门课畏惧起来。结果，越害怕就越失败。时间一长，导致偏科。其实，十个指头有长有短，偏科也是正常的。告诉孩子，偏科虽属正常，但要重视。因为，偏科不利于孩子的全面发展，还会影响考试成绩。所以，父母和学校老师要帮助孩子找到偏科原因，有针对性地进行正确引导和纠正。

第二，正视偏科，发挥特长。一个人有擅长的地方，也有不擅长的地方。如能取长补短，发挥特长，优势互补，重视偏科，采取积极主动的态度，一定会纠正偏科现象。

第三，树立信心，超越自己。出现了偏科，要沉着冷静，不可太着急，教育孩子不要自卑，让孩子运用积极心理暗示法，在面对学习成绩差的科目的时候，要积极暗示鼓励自己："加油，我能行。"不与人横向比较，只与己纵向权衡，把自己当成下次超越的对象就行了。

第四，培养兴趣，变劣为优。对于孩子偏弱的学科，父母与学校老师应当向孩子经常讲该学科在生活上的应用的事例、成功者对该学科的探索精神、应用成果和相关的人文趣事以及推动社会进步所发挥的作用等，进而培养孩子对所偏学科的学习兴趣，自觉消除对偏弱学科的厌恶感和抵触情绪，焕发出积极学习偏弱学科的热情。

第五，调整时间，循序渐进。对于偏弱学科的学习，在时间安排上，宜从短到长，短时学习偏弱学科，产生了兴趣，再延长学习时间，就能变枯燥无味为兴致勃勃。在习题的安排上，先易后难，循序渐进，既能增加成就感，又能增加对偏弱学科学习的自信心。

当然，学校有责任推进素质教育，深化课程和教学改革，创新教学观念、教学内容、教学方法，为学生创造充分自由的发展空间，注重维护学生的尊严和人格，尊重学生的意愿和选择，激发学生的学习兴趣和好奇心，着力提高学生的学习能力、实践能力、创新能力，培养全面发展的优秀人才和杰出人才。

帮助孩子掌握学习方法。孩子学好功课的关键，贵在掌握良好的学习方法，这对于良好学习习惯的养成十分重要。在家庭教育中，父母对于孩子学习的各个环节从方法上给予指导，切实提高学习效率，当好孩子学习的引路人，直接发挥着学习改变命运的作用。

江南的五六月是多雨的梅雨季节。

这一天，童第周和他的小伙伴们在教室前面玩耍，发现屋檐下的石板上有一排小坑，不在屋檐滴水的地方却都是完好的。这究竟是怎么一回事呢？他怎么也想不明白，就跑去问父亲："为什么屋檐下的石板上有很多小坑呢？是不是人凿的呀？"父亲笑着告诉他："那些小坑是因为长时间下雨，屋檐上的水滴到石板上形成的。"童第周惊叹道："水滴的力量有那么大吗？"父亲又说："有个成语叫'水滴石穿'说的就是这个道理。其实，许多事情都是这样的。比如读书，要日积月累，知识才能增多，学问才能做大。一个字一个字地认，一本书一本书地读，一天一天、一年一年地读下去，你的知识就会越来越丰富，基本功也才会越来越扎实。"

从此，童第周记住了"滴水穿石"的道理，加倍努力，认真学习。他毕业于复旦大学生物系，1930年赴比利时留学，1933年学成回国，致力于生物研究和教育工作，育出"童鱼"，被誉为"世界克隆先驱"，成为了我国著名的生物学家。

一个有志的青少年具备了"滴水穿石"的学习精神，同时，具备了科学的学习方法，他就一定能够在学习上获得成功。那么，如何让孩子掌握良好的学习方法呢？

只要父母能够当好孩子学习的引路人，通过课前预习、课堂听讲、认真作业、课后复习、归纳整理、勤奋读书、知识运用、劳逸结合等方法，帮助孩子从小养成良好的学习习惯，认真学习文化科学知识，就能提高孩子的自学能力，取得丰硕的学习成果。

一、良好习惯，从课前预习中开始。学校教材，既有一定难度，又有一定深度，仅靠课堂学习是不够的。父母必须了解孩子在校的课程表，督促孩子按照学校授课安排进行预习。通过预习，让孩子带着问题听课，充分调动孩子的学习积极性，提高他们学习的兴趣。让孩子从思想上认识到：预习不代表确切的预料，但是它会帮你看到事情的全局。因此，养成良好学习习惯，真正学到知识和本领，还必须从预习开始。因为，成功永远属于事先有充分准备的人。

二、学好知识本领，聚精会神课堂听讲。在课堂教学中，优秀教师是用心灵教书，而不是照本宣科，通过科学的教学手段，挖掘学生的潜能，激发学生听课的兴趣，真正抓住学生课堂听课的灵魂，让学生全面、准确、牢固地掌握课堂知识，领悟到科学知识带给青少年的趣味、力量与精神，用科学知识武装学生。

在课堂学习中，优秀的学生是集中精力听讲，认真做到：眼到、耳到、口到、手到、心到。眼到，就是要求眼睛看着老师、看着黑板，聚精会神听课。耳到，就是要求仔细聆听，不走神。口到，就是要求勇于回答老师提问，不与同桌同学说话。手到，就是要求一边听讲，一边做笔记，一边用笔把书中的重点勾列出来，以便复习背诵时掌握重点。心到，就是要求孩子，把老师传授的东西弄懂、弄明白，记在心里。通过上课，加深对教材的理解，准确系统掌握本学科知识结构，当堂消化老师传授的知识，用老师武装自己的科学知识，服务社会，造福百姓。

三、消化书本知识，要求认真完成作业。孩子放学回家，父母必须教育孩子当日事，当日毕，认真完成作业，吃透新教材，掌握新知识，提高新水平。同时，适应考试要求，开阔思路，学活知识，举一反三，触类旁通，联系实际，学以致用。

父母必须教育孩子，从小养成写作业的习惯。通过自觉认真完成作业，消除疑点，释融难点，牢记重点，掌握已学知识。同时，记住戴尔·卡耐基有句名言："只有运用过的东西才能记得牢。"孩子小时候的作业，父母应该留意辅导、检查，让孩子养成认真、独立写作业的习惯。假如，孩子某次作业没有做好，错误较多，应该看看哪些题错了，出现错误是因为孩子马虎不认真，还是课堂没听懂。如果不懂，是因为学校老师讲解时，孩子没听清楚，还是做作业前没有复习。这样，从不同角度、不同因素进行细致分析，就会找到问题的根源，也就有了解决问题的办法。孩子长大了，平时学习，应该把学习的重点放到基础知识的理解和整理上，该背的要背，该记的要记。名篇名段，需要背诵，使用时信手拈来。公式、定理需要牢记，熟练运用。随时保证充足的做题量及应有的做题效率，做完作业题还要及时对照答案。父母必须告诫孩子做题原则：先求精，再求多；先求慢，再求快；先求质量，再求数量。做题方式：注重理解，把握知识联系，深入思考推理，找到解题答案。拿到一套题，就应按照题量，拿出闹钟，要求自己在规定的时间内做完，一道也不能含糊。中途，不喝水、不吃东西、不上厕所，不翻别的书，完全跟考场规定一样。到了规定时间，马上停笔，对照答案，给自己评分，注意及时分析总结，及时找到自己的坐标。这样，可以检测、训练、培养出自己的真实水平。对于某些经典题目，可以适当完整地背下来。将来走进考场，一见这样的考题，如何解题，胸有成竹，答案就在脑中。因此，成功者之所以成功，不仅能够按时按质接量完成指令、号召，更因为精明能干、勤奋主动、自觉踏实、一板一眼、做好习题。在读书期间，要求孩子认真做作业，正是出自于这样的目的，安排好书面的训练。

四、巩固已学知识，坚持课后认真复习。课后复习，是巩固已学知识的关键，更是秣马厉兵的战前准备，父母帮助孩子复习好功课，是天经地义的事情。各章节、各单元学习后，父母要帮助孩子找出书中的“主干”和“枝叶”，全书学习后，应指导学生自己动手，按章节目录汇集成复习提纲，并且寻找到“内在”的联系，突出重点，找出难点，明晰疑点，掌握知识。鼓励孩子适应各种要求，参加知识竞赛。在竞赛中，复习、巩固已学知识。从某种意义上说，善于复习的人也是善于总结的人。“种豆得豆，种瓜得瓜”，生活总是不会亏负锲而不舍、反复努力的有心人的。

五、归纳全书体系，强化记忆理解含义。通过课后复习，把书上的知识归纳整理成体系。只有成体系的东西才记得牢固。整理知识，明确体系，不仅有利于记忆，而且有利于理解知识含义，有利于解答练习题。在知识学习过程中，重庆市高考状元李晓鹏博士向我们介绍了三种归纳整理方法：

第一，目录归纳法。目录是全书的大纲，看完目录就浏览了全书的内容。它编写规范，只要对目录认真加以分析和思索，再联系章、节、小节、黑体字，就可以理出知识体系，掌握知识的基础。它是归纳整理知识的最简捷的方法。其好处有三：一是可以通过记忆容量相对较小的纲而将课本上的知识系统地记住；二是通过标题和目录的归纳、总结，可以了解课本先讲什么，后讲什么，学到分析问题的方法；三是增强信心。人的记忆力总是有限的，相对地说，记得越少越容易记忆，记住了一个纲，心中就有了底，就有了信心。

第二，体系归纳法。一些看起来很普通的问答题、分析题、解答题……没有什么特别之处，但仔细观察，就会发现它的解题思路或参考答案是在帮助你寻找一个知识体系。比如“试述中国古代中央集权的君主专制的发展历程”。实际就是让你找到这样一个体系：战国时期商鞅变法实行郡县制是中央集权的开始——秦统一中国是中央集权的正式确立——汉“罢黜百家，独尊儒术”是中央集权的进一步完善——隋唐是中央集权发展的鼎盛时期——宋元时期则是中央集权的进一步加强——明清是走向极端并开始没落。

这样的题不仅文科有，理科也有。理科主要是那些跨知识点的综合性解答题。它可以从光学一直考到电学，也可以把牛顿力学三定律串起来考。这样考，不仅可以让你掌握某几个知识点，还可以让你把不同知识点之间的联系搞清楚，让你学得更好。

第三，自我归纳法。以上两法是小方法、小技巧，自己动手才是大方法、大技巧。在归纳整理过程中，要真正系统梳理全书体系，就必须以目录为框架，自己用笔记本把每章、每节的体系列出来。比如《中国历史》第一册东汉部分的目录只有几句话：第15课东汉统治，小标题：王莽改制、光武中兴、外戚和宦官专权、党锢（gù）之祸、黄巾起义。通过自我归纳把它变为：

第15课东汉统治

王莽改制：A.公元8年，改国号为新。B.绿林、赤眉起义。昆阳之战。

光武中兴：公元25年，刘秀定都洛阳。

外戚和宦官专权：A.外戚梁冀。B.宦官“五侯”。

党锢之祸：A.太学士3万多人。B.名士范滂。

黄巾起义：A.公元184年，张角，太平道。B.苍天已死，黄天当立；岁在甲子，天下大吉。

这样，就比单纯地看目录和看小标题清楚多了，而且是经过自己动手，思路在脑子里认真过滤了一遍，印象必然深刻得多。

六、掌握科学方法，刻苦攻读改造命运。古人说：“书山有路勤为径，学海无涯苦作舟。”在学校学习中，现代青少年读书必须注意勤奋刻苦读书学习，谁把握了刻苦自励、勤奋读书的制控权，谁就把握了知识引领、改造命运的主动权。因此，父母应该教育孩子根据掌握科学的读书方法，学好各门功课，争取获得优异的成绩，打牢立身社会的基础。重庆市高考状元李晓鹏博士向我们介绍了学校读书三遍法：

第一，“以本为本，以纲为纲。”今天的孩子在学校读书，应当“以本为本”，就是以课本为本，“以纲为纲”，就是以考试大纲为纲。其实，学习提高的前提就是把课本读懂吃透。无论考试形式和考题怎么变化，最终以不变应万变，真正把课本知识弄透彻，万变不离其宗，考试离不开课本的知识范畴。因此，“以本为本”，课本是我们学习的根基。“以纲为纲”，就是按照考试大纲要求复习要求掌握的内容，以便集中精力复习功课，迎接考试。

第二，推广“读书三遍法”，提高读书效益。第一遍，整体浏览，争取明白全书概要；第二遍，细致理解，知识的重点与难点；第三遍，重新梳理，综合背诵记忆知识掌握点。一本书，通过“整体浏览——重点理解——综合记忆”三遍理下来，这本书才算基本“看过”了。因此，读书学习，掌握三法：预习的时候重在全面了解，学习的时候重在把握重点难点，复习的时候重在运用和记忆。

第三，注意精读与泛读。我们要把基础知识打牢，就必须精读；要适应考试灵活多变的命题形式，就需要适当地泛读。在两者关系中，先微观后宏观，先难后易，精读为主，是核心。但无论精读或泛读，只要花费了时间，就得对自己认真负责，读出自己的水平来。背书，如果使用这种先整体浏览、后重点突破的方式，同样能够体现出循序渐进、有所侧重的阅读思想，效果也很明显。

第四，勤奋学习，贵在归纳：已学知识，通过整理，写成提纲，形成体系，既能加深理解，又能牢固记忆，不仅有利于牢固掌握知识，而且有益于参考应试答题。

第五，勤于做题，强化演练：平时，把学习重点放到基础知识的理解和整理上，初三、高三冲刺阶段，大量练题，既保证做题数量，又保证做题效率。但是，不能搞题海战术。

第六，勤于背诵，强化记忆。对于公式、定理甚至错题解答方法、演算过程、正确答案均须记牢。经典习题，框架明了，条理清晰，更要背记。

第七，处理好课本、听课与参考资料之间的关系。课本是核心内容，参考资料是辅导材料；听课是主要学习途径，参考资料是课外补充。课本、听课不能用参考资料来代替。家长应当会同学校老师减轻学生课业负担和学习压力，让孩子有更多时间去思考，去锻炼，去提高自己的能力与水平，促进身心健康、全面发展。

第八，多读课外书籍，提高学习兴趣，培养人生良好理想。家长应安排孩子去选择课外书籍，去了解社会，去接触书本上没有的知识，扩大知识领域，锻炼与提高全方位思维能力。

七、接受实践检验，学活知识贵在运用。每次参加考试、考核、试验实习或社会实践后，要求孩子写出一篇总结。一是阐明成功原因，说明具体做法；二是找出失败原因，确认失败的表现；三是自己的感受，今后的打算。让孩子明确成功的经验，告别失利的教训。在经验运用和实践的检阅中，提高自己的学习水平。

八、注意劳逸结合，永葆学习不竭动力。在学习中，必须注意，小孩子学习时间不宜过长，超过时间极限读书，危害孩子健康。随着孩子一天天长大，父母应当根据孩子的年龄实际，让其学习到一定的时间后，适当地活动活动，比如做做眼保健操等，劳逸结合，使孩子大脑得到休息，然后继续学习，才能让孩子学习精力集中。孩子做完作业，要求养成仔细检查的习惯，不允许单纯为了赶进度，不顾细节，出现差错。例如，写了错别字，看错了运算符号，少做了习题……

因此，通过课前预习、上课听讲、认真作业、课后复习、归纳整理、勤奋读书、知识运用、劳逸结合八个方面培养孩子的自学能力，提高知识水平，养成良好的学习习惯。通过学法指导，解决学生“怎样学”的问题，变“要我学”为“我要学”、“我能学”、“能学好”的现实，进一步形成与升华优良学风，为取得读书学习的成果提供坚强的保障。

做好差生转化进步工作。孩子在学习过程中的表现，决定着他们学习成绩的好坏。或者说，孩子在学习中的主体性地位决定了他们迥然不同的学习效果。学习主动性强的孩子是为学习的主人，自己掌握着学习的航向；而被动学习的孩子却随波逐流，没有方向，找不到适合于自身的学习之道。但是，孩子的学习成绩不是一成不变的。好成绩，在一定的环境里能够变差；差成绩，在特定的条件下可以向好的方面转化。作为父母应当会同学校老师正确对待差生，只要找到了成绩差的原因，得到了除弊趋利的办法，就会牵引孩子的灵魂，走进优秀学生的行列。因此，做好差生的转化工作，意义特别重大。

丘吉尔上学了，他的学习成绩出乎意料地差。他虽不愿意静下来啃那些枯燥无味的拉丁语和自然科学公式与定理，可在学习本民族语言和历史，却有着特殊的兴趣，并且表现了超强的能力。后来，他勉强挤进专门培养英国贵族和有钱人家子弟的哈罗公学。可在这所学校里，他的成绩是江山依旧，被排为学习最差的学生之列。好在这所公学对英语写作比较重视，他才勉强学完了该校课程。因为成绩差，丘吉尔曾多次被学校老师警告。可是，他的父母却认为他的智力优良，英语写作和演讲能力很突出，考试分数并不说明什么问题，如果，他的所学与他的特长相符，一切都会好起来的。他的父母丢掉贵族家庭的包袱，把他送进了桑赫斯特军校当了一名骑兵士官生。这是一所极其普通的士官学校，有身份人家的孩子是不会上这样的学校的。在这个上流社会子弟们瞧不起的地方，出身于上流社会的丘吉尔如鱼得水。军校毕业时，丘吉尔在班上名列前茅。使坦诚、直率甚至天真的丘吉尔，成为了一个富有传奇色彩的政治家，跨入英国首相的宝座。

“只有那些在思想品德和学习方面都达不到教育培养目标和该生年级段所提出的基本要求的学生，才是差生。”用这个标准去衡量，很多孩子都只能是相对的差生。他们的潜能一旦得到科学的开发，前景无可限量。

当年，爱迪生是差生，可是，被他的母亲引导、教育为世界上最伟大的发明家之一。当年，爱因斯坦是差生，然而，在他的努力和父母的教导下，用自己的聪明才智创造了相对论，为世界的科学发展作出了巨大贡献，成为20世纪最伟大的科学家。当年，华罗庚是差生，可是，在他老师的栽培下，成为了伟大的数学家。当年，郭沫若是差生，然而，经过他自己的努力，成为了甲古文专家、书法家、文学家和社会活动家。

差生的产生，是孩子个体在社会化进程中发展不和谐的反映。引领、指导、促进每一个孩子健康和谐的发展，既是家庭教育的任务，又是学校的责任，更是父母和学校老师的光荣使命。

2001年，四川巴中中学招了一个“榜外生”班，外语教师杨栋材担任班主任。三年后，各项中考成绩名列年级第一，成为全年级唯一一个市级优秀班集体，班里两名学生分别获全国英语知识竞赛一、二等奖，昔日的“差生班”，成了“状元班”。

结合实际，因材施教。杨老师有一个厚厚的线装笔记本，本子上记载着他所教过的学生的基本情况，不仅有文字说明，还有曲线图。每一名学生每次考试都有标注，并将每一次成绩变化画成曲线图，可以直观地看到每一名学生的成绩变化。杨老师教英语有听、读、查、说、析、总六步导学法。比如一个单词，学生先听老师发音，然后自己尝试着跟老师读，随后查找单词的意思，接着开始造句，学着运用，然后进一步理解，分析它在不同场合里的不同用法。最后，对学习这个词的过程进行回顾与总结。经过这样的训练，既能运用自如，又能一个单词不到一分钟就记住了。他认为，对于初一的学生应主抓学习态度，养成学习习惯，初二要找到一套适合自己的学习方法，有了良好的学习态度和方法，初三的学习成绩就自然好了。

结合实际，因材管理。杨老师对调皮学生和问题学生的管理自有一套方法。对待调皮学生，要求每节下课后，用1～2分钟快速把上节课所做的事情写在一个本子上，然后在自己认为做得对的事情后面画上钩，在自己认为错了的地方打上叉，每天晚上这些本子交到杨老师处签字，放学后，带回家让家长签字。慢慢地，这些学生的钩越来越多，打叉的地方越来越少，不知不觉中，学生进步了。2003年，他班上有学生偷偷溜出校门上网，杨老师连续两个月与学生一同去食堂吃饭，晚上一起住学生寝室，老师的认真细致，以身作则，刹住了“上网风”。这些同学的学习与休息规律了，学习成绩自然就好了。

丰富多彩的课外活动，促进学生全面发展。例如，举办“人生与理想”、“中学生违法与犯罪”、“关爱家人”、“诚信做人”、“告别陋习”等主题班会、辩论会，经常开展演讲比赛、学习经验交流。利用节假日举办“告别童年走向青春”、“集体过十四岁生日”等晚会，让学生自己组织，自己管理，发挥才能，展示个性。

2010年，学校招收600多名新生，有400多名家长要求把孩子送到杨老师班上就读。家长都说：“孩子只要进了杨老师的班，就有一只脚跨入大学的门槛了。”

差生的命运往往掌握在父母和学校老师的手里，只要父母会同学校老师遵循教育规律培养孩子，全力帮助孩子进步，甩掉“差生”包袱，就会创造人间奇迹。那么，我们究竟应该如何做好转化差生工作呢？

一、摆正心态，给差生一片蓝天。差生，是一个令天下父母揪心痛苦的字眼。可是，一般人往往以考试成绩作为衡量学生优劣的标准，然而，这样被认为差生的人，又未必就是差生。对那些孩子成绩不好的父母来说，学科分数不能代表孩子的一切，更不能以考分决定孩子的终身。应该认识到孩子学业上的停顿只是一种暂时现象，坚信他们现在的蓄势待发，必定会有虎跃龙腾的未来。这就要求父母以爱心、耐心、细心、信心、恒心、平常心理性地看待孩子的成绩，以辩证的远见坚信成绩差的孩子可以转化，以科学的教子方法促使孩子的成绩化差为优，给差生孩子一片蓝天，让他们茁壮健康地成长在盛世太平的社会里。

二、找出症结，孩子成绩为啥差。在生活中，大多数孩子智商基本平等，当然，并不否认一些孩子确实存在着学习困难，但是，以此给孩子贴上“学习障碍”的标签，实属教育进程中的悲哀！其实，孩子成绩差并非自身智力因素，往往因为，孩子存在学习、生活和心理上的羁绊：家庭环境的优劣，影响着孩子成绩的好坏；孩子求知欲较差，学习成绩当然不好；孩子的学习基础不扎实，所以学习成绩较差；孩子的学习方法不当，以致学习成绩不良；孩子的心里存在消极情绪，学习成绩自然不好；孩子的学习习惯不好，学习成绩当然下降；学校老师传授知识的方法，提升不了孩子的学习兴趣；不良的社会因素，随时“腐蚀”着我们的孩子……当然，以偏概全、挑剔毛病的家庭教育方法，也是造成孩子变为差生的重要原因。因此，了解孩子学习症结的过程，也是父母反省家庭教育的过程。父母和孩子只要相互了解，相互沟通，互相克服自身的不是，就会共同进步在互相理解、互相信任的亲子关系中。

三、改变差生，从家长改过开始。家庭是人生第一课堂，父母是孩子第一任教师。父母期望孩子同样都是望子成龙，望女成凤。可是，有的父母培育出英才，有的父母培养了差生。家庭教育是一门科学，也是一门艺术，“运用之妙，存乎于心”。家庭教育成功的父母，大都教子有方，掌握了巧妙的教学艺术；唯有那些失误的父母，教子无能，更无艺术可言。因此，改变差生，必须从父母改变对孩子的态度与教育孩子的方法开始：尊重孩子，做孩子的知己；根据孩子实际，因材施教；转变对策，提升学习兴趣；热爱孩子，为每一点进步加油；避免盲目，远离不管、告别乱管和包办代替型的教子误区，帮助孩子摆脱成绩差的包袱，让孩子充满激情，学会学习，走出差生行列，迈上学业成功之路。

四、爱学乐学，开发自学的潜能。学习的原动力，就是对知识的渴求：爱学。孩子只有养成爱学的习惯，才会拥有乐学的行为。大多数差生的共同特点，就是缺乏学习的原动力。因此，总是漫无目的地在低分的“泥沼”中跋涉。父母的责任就是根据实事求是的原则，因人制宜，因材施教，帮助他们找到学习的原动力：只要点燃理想的火炬，就会开掘学习动力之源；只要以兴趣为师，就会用兴趣激发学习的主动性；只要通过质疑问事，就会用好奇心激发孩子的求知欲；只要抓住闪光点，就会催发孩子求知上进的热情；只要及时肯定进步，就会用真诚增强孩子的自信心；只要传承孝道文化，讲究尊师重道，回报父母，回报师长，就会用感恩之心引发孩子独立自主学习的激情，为中华的崛起而读书，服务社会，忠于国家。父母只要集中力量，千方百计，形成孩子稳定的求知心理，就会让孩子享受到动脑与智慧的乐趣，感受到付出与回报的平衡，感觉到知识的作用，领悟到学习的真谛。

五、目标领航，克服困难迎挑战。目标是孩子行动的指南，也是父母帮助孩子克服学习困难的依据。每一位差生的父母都应做孩子的智囊，帮助自己的孩子树立合适的目标，确立奋斗方向，制订行动计划和实施方案，有计划地帮助孩子掌握学习规律。“不积细流，无以成江河。”父母辅导孩子须从基础开始，逐步帮助孩子坚强自信，迎接挑战，克服学习中的各种困难，到达一个又一个小小目的地，取得一个又一个小小的胜利，最后实现大成功的梦想。

六、创新观念，掌握学习主动权。在学习过程中，成绩优秀的孩子往往有适合自己的学习方式和方法，他们的计划周密，行动有力，他们把学习当成一种轻松而又惬意的事，学习成绩很好，自然是学习的主人。对于成绩差的孩子来说，学习是一种沉重的负担，他们跟不上学习的节奏，无法找到轻松的学习感觉，他们在学海中身陷困境，怎么也无法突破学习中的障碍，学习成绩很差，自然就是学习的奴隶。因此，父母必须帮助孩子把握学习的主动权，就是唤醒孩子的自我意识，让孩子把学习当作自己的事；激发学习主动性，鞭策孩子摆脱依赖心理；指导孩子做时间的主人，安排好自己的学习时间；引导孩子制订合理的计划，正确自己的行动路线；少说多做，培养孩子当机立断、立即行动的作风；采用适合自己的学习方式，走上迅速提高的“快车道”；引导孩子掌握自主学习的正确方法，变“要我学”为“我要学”，让孩子学会主动学习，主动探索学习规律，形成适合自己学习的风格，切实提高自己的学习能力。对孩子学习中存在的薄弱环节，采取积极的行动，集中全力而突破，形成学习的良性循环，便让孩子掌握住了学习的主动权，孩子也便从学习奴隶变成了学习主人。

七、舒心愉悦，落后转化为先进。一个人要具有良好的适应能力，必须要有轻松愉快的心境和积极向上的性格。培养孩子欢畅健康的心境，需要父母信任孩子：你努力，你能行！坦诚相待，亲子交流；家教民主，表扬赏识；减少责备，消融叛逆；抛弃自卑，找回自信；点燃希望，放飞心灵。帮助孩子克服压力，变压力为动力，视挫折为挑战，让孩子带着坚强的信念遨游知识的王国，置身舒畅愉悦的心境，就会变后进为先进。

八、良好习惯，为成功奠定基础。习惯决定成绩，左右命运，良好习惯受益终身。学习习惯在不知不觉中形成，也可以在有意识的追求中养成。对于差生的父母还肩负着培养孩子良好学习习惯的任务，紧抓激发、赏识、协助的培养韬略，培养孩子敢于提问、善于提问、多做读书笔记、整理错题、珍惜时间、改过自省、全力学习、严以律己、提高效率的好习惯，引导孩子完成学习计划，实现学习目标，走上成功之路。

九、点滴抓起，解决偏科的问题。滴水可以穿石，绳锯可以断木，点滴知识能够汇聚知识海洋。孩子学习能力的提升，离不开对点滴知识的吸取。父母对于成绩差的孩子须要花大力气，解决偏科；培养兴趣，拥有动力；加强训练，掌握技能；理解教材，提高成绩；学会阅读，开发能力；扎实苦学，强化记忆；积极辅导，优美作文；解题技巧，掌握方法。只要持之以恒，不言烦，别道累，坚持不懈，就会抛弃落后，达到理想的境界。

十、专心听讲，提高课堂的效益。课堂是孩子接受知识的主渠道，也是最为有效的学习阵地。父母教育孩子做好课前准备，上课集中精力，专心听讲，不分心，不走神，抓住每个知识环节，做好课堂笔记，全神贯注，融会贯通，把握重点、难点、疑点，鼓励孩子课堂参与的积极性，勇于质疑，敢于提问，善于答疑，及时运用已学知识，做好课堂练习，上好每一节课，向45分钟要效益。在课堂上，老师的课堂艺术须调动学生学习的积极性，学生的求知的欲望须激发老师讲述的热情，师生共同创建的雅俗共赏的课堂风格，唤醒青少年为复兴中华而读书的课魂。

十一、重视家教，辅导孩子做作业。家庭作业能够拓宽孩子的知识面，巩固、强化、深化、活化新学知识。父母应给孩子一个安心做作业的环境，配备固定桌椅，提供适合学习的房间；一家人最好有共同的学习时间，孩子学习保持安静。让孩子掌握正确方法，先看书，后做作业。注意审题，理解内涵；态度认真，推理严谨。不分心，不马虎，不拖沓，独立完成作业，增强独立思考与自信。鼓励孩子多做课外习题，处理好课本知识与课外题的关系、基础题与难题的关系、“详”与“略”的关系、分散学习与归纳总结的关系，增强知识的深度和广度，不迷失在题海之中。同时注意，科学作息，劳逸结合，家庭教育出成果。

十二、学习策略，高效预习和复习。“预习——上课——复习——作业”是每个孩子在学习过程中不断重复的程序。预习与复习在提高孩子学习成绩过程中发挥着非常重要的作用。

预习，就是课前的独立自学，做好上新课的准备，促使孩子主动探索，主动学习，增强自信，排除困难，节省学习时间，突出知识重点，提高听课效果与写预习笔记水平，增强自学能力。同时，明确预习任务，做好学期、章节、单元和课前预习，初步了解教材基本内容和编排思路，查补旧知识，扫除学习新知识的“拦路虎”，理出疑难，抓住要点，作出标注。确定新教材中的重点和关键。遵循基本程序和方法，有章可循，进行预习。语文预习重在基础知识和阅读，数学预习重在基本概念和公式的理解，外语预习重在阅读和语感等。当然，预习还是为了让孩子上好课，集中精力，专心听讲。在课堂上，加深对教材的理解，准确系统掌握本学科知识结构，由点到面，由小到大，全面掌握，当堂消化学校老师传授的知识。

复习，就是课后，根据“忆——读——理——练”这个思路，进行复习。回忆、整理、概括、总结、消化和理解已学知识，开发学习潜能，为新一轮学习奠定基础。因此，及时复习，养成习惯，温故知新，记忆知识。通过复习，梳理知识，让知识系统化、条理化，可以全面、完整、记忆、掌握知识，提高水平。复习功课，先回忆，后看书，才能增强复习效果。复习安排须要合理，以个人钻研为主，相互讨论为辅，除背诵、抄写之外，还可采用自我提问、举例说明、比较分析、材料对照、绘制图表、编写提纲、做练习题等多种形式。复习各科，一般可采用三段复习法：第一段，全部学科的总复习；第二段，全力突破成绩不佳的科目；第三段，各科重点复习。当然，看参考书，也可以适当拓宽知识面。复习还是为了孩子能够独立完成作业，养成认真做作业的习惯。通过孩子自觉认真完成作业，克服自身粗心、马虎、不认真的毛病，消除疑点，释融难点，牢记重点，掌握已学知识。天长日久，必见成效。

预习和复习可以正确选用参考书，它可以帮助孩子更好地掌握知识。为孩子挑选一本合适的参考书，就等于请了一位合适的辅导老师。

十三、核心竞争，提升考试的能力。现在，许多孩子都是家中宠儿，不少孩子个性任性、唯我独尊。但在现代社会中，处处充满竞争。一个人如果不具备竞争意识和竞争能力，将来很难在社会上立足。而竞争意识和能力的培养，必须通过家庭和学校进行。在家庭教育中，父母要营造良好的家庭环境，鼓励孩子相信自己，帮助孩子客观地看待自己，培养孩子的创造思维，发展孩子的个性特长。在学校教育中，要树立“考试的意义在于竞争”的意识。其实，考试的作用，除了检验学习效果、发现教学问题外，更重要的作用是促使学生进行全面的复习。考前复习，当然就是孩子学习过程中核心力的竞争。考前4—5周是最后强化复习阶段，父母应该帮助孩子制订一个短期复习计划，组织利用好系统的复习材料，进行有重点又全面的复习。告诉孩子，注重考前的强化记忆；采用模拟考试，训练孩子考前技能，对孩子所学知识做较全面的检验，坚定孩子考试信心，提升考试能力；同时，保证充足睡眠，帮助孩子摆脱学习的疲劳；保持良好的心态，战胜考前的紧张和忧虑；沉着冷静，引导孩子学会克服考试怯场的毛病；让孩子运用好应试策略，发挥最佳水平。灵活运用答题技巧，保证做题质量。克服粗心大意，减少不必要的失分；细心检查答题试卷，追求完美，再行交卷；通过考试，督促孩子从考试中反省学习。父母只要注重锻炼孩子的应试能力，采用科学有效的方法训练孩子，孩子就会不断在一点一滴的知识积累中进步。

十四、帮助孩子，聘请家教上网校。孩子学习的好坏决定着孩子的未来与全家的希望，一步也不能落下。许多父母把家教和网校作为辅导孩子学习的得力助手，这对于许多学习成绩很差的孩子的学习起到有效的辅导与促进作用。

因为，聘请家教，缩小了孩子的学习差距，可以及时补上欠缺的知识，可以有针对性地单独授课，可以增强差生的兴趣和信心。但是，今天请家教，是为了明天“摆脱”家教。孩子应该明白，家教老师应该清楚，两者都应知道自己所要完成的任务。父母所聘的家庭教师应该适合孩子，能够提升孩子的学习兴趣，让孩子自愿接受知识传授，享受家教带来的学习乐趣。但应注意，好的家教对于孩子雪中送炭，不称职的家教会使原本就差的孩子雪上加霜。如何趋利避害，择优而教，主动权掌握在父母手中。

当前，网络教学能够让优质教育资源与大家共享，已经成为孩子们的第二课堂。它的方式灵活，学习效率高，提高成绩快。但它也是一柄双刃剑，孩子上网校，父母要辅导。对于差生来讲，父母任何时候都不要忘记自己是孩子的监护人，要对孩子建立一定的监督机制，防止孩子利用上网校时间，听网络音乐、聊天、打游戏等。父母应当增强对网校的了解，保持和网校联系，让孩子的学习与网校授课同步，引导孩子高效利用网络，促进孩子进步。

十五、抵制诱惑，让孩子健康成长。社会的高速发展为孩子提供了优越的学习条件和成长空间。但是，随之而来的黄色文化、网络游戏、性罪错、不良交往等许多不良因素也在潜移默化地影响着孩子的学习和生活。在孩子通往成功的道路上，存在着险恶的岔道，有的通往堕落，有的通往罪恶，孩子一旦误入歧途，且沉迷其中，无法自拔，就会葬送美好前程。这种可悲结局每位父母都不愿看到。因此，抵制诱惑，让孩子健康成长，应当引起父母的高度重视。

第一，电视是孩子成长中遇到的第一个传媒诱惑，适当看电视对孩子的成长是有益的，但当孩子看电视时间特别长，语言能力、阅读能力和注意力的发展，明显比其他孩子差。因此，父母应以身作则，让孩子定时定点看电视，利用电视教育孩子。

第二，电子游戏多玩必丧志，从某种意义上说，电子游戏可谓孩子学习和思想上的蛀虫，一旦孩子沉溺其中，也许就是踏上歧路的开始。因此，父母可以尝试着与孩子一起玩，然后，对孩子进行引导；尊重孩子爱玩的权利，但要帮助孩子处理“玩”与“学”的关系，充分利用电子优势，变弊为利，鼓励他们：学得好，玩得好，才是好孩子。

第三，电脑网络陷阱危险，父母别让孩子越陷越深。如果父母确实具备网络知识，一开始就应指导孩子如何正确上网。同时，把网络世界存在的危险和自己的担忧事先告诉孩子，和孩子一起制定上网规则，那么，很多隐患就可以被消除在萌芽中。

第四，追星，由于青少年对偶像过分迷恋，以致投入了太多的精力，造成精神涣散，学习分心，给孩子的成长带来了负面影响。因此，青少年对偶像的盲目崇拜，父母应该给予正确引导，多做理性的研究，通过以身作则、潜移默化的作用，把他们引导到对科学和远大理想的追求上来。

第五，早恋，在现代社会中，已经不是什么特殊现象和令人惊讶的问题了。但是，他却让父母十分棘手。为了孩子的健康成长，父母要重视孩子的青春期性教育，重视对孩子进行早恋问题的教育。只要同他们讲清道理，他们是能够理解接受的，也是能够正确对待早恋问题的。

第六，不良社会交往，应该引起父母的高度重视。对于不正当的交往，要及时加以干预，并应积极采取措施，谨防他们滑入黑暗的深渊。

第七，当前，毒品已经危害到一些地区的青少年，父母教育孩子懂得毒品的危害性，从而远离毒品。杜绝毒品泛滥，这应该引起大家的高度重视。

第八，抵制“黄流”，净化孩子的心灵。“黄流”泛滥，受害最深的往往是成长中的青少年，他们在黄色文化的浸染下，心灵被玷污，学业被荒废，有的甚至自毁前程……父母应该从小为孩子筑起道德防线：从小培育孩子的兴趣爱好，让孩子通过正规渠道获得科学的性知识，培养孩子高尚的爱情观、价值观、人生观。

让电视电脑成为好伙伴。在科学技术高度发达的今天，电视、电脑已经走进千家万户，电子技术渗透到世界的各个角落。怎样指导孩子正确观看电视与电脑上网，把电视和电脑变为帮助孩子学做人、爱科学、求知识、增健康、促成长的好伙伴，是父母教育孩子的重要任务之一。倘若孩子毫无节制地迷恋电视和网吧，形成电视与电脑上网成瘾，不仅直接影响孩子的思想意识、价值观念、精神状态，而且危害到孩子的身心健康、益智成长、茁壮成才。

在国外：

据北欧一些国家调查，从美国引进的一些比较开放的节目，导致这些国家的少男少女的性行为发生期提前了好几岁，少女怀孕与少女妈妈的现象也屡见不鲜。

在国内：

一个15岁少年，玩电脑游戏将近5年的历史，每次一玩就是几十个小时不吃不睡。学校读书无兴趣，上课打瞌睡，成绩非常糟糕。由于长期盯着电脑屏幕，他的视力急剧下降，出现了轻微的白内障症状，一双眼睛暗淡无光。他的腿部关节都已僵化，一走路咔咔地响，他的肩膀和手指都在不停地颤抖。跟同龄人相比，他的面部表情呆滞，脸色苍白。由于长期不按时吃饭，得了严重的肠胃炎，身体消瘦，体重只有几十斤。这样的孩子整日萎靡不振，精神状态不佳，失去了15岁少年的风貌与年华。可是，这个孩子当初迷恋上电脑游戏，却是因为经常与爸爸在网上联机打游戏的缘故。后来，父亲发现儿子依赖上了网游，下决心不玩了，可是，孩子上网玩游戏，已经成了习惯，怎么也戒不掉了。

今据调查，当前，父母在业余休息时间，有三分之二的人看电视，父母看电视的习惯给我们今天的生活造就了“电视儿童”。每天，有些孩子醒来就要看电视，吃饭时也要看电视。日子一久，养成癖好，实难改变。据说，有几乎一半以上的父母在玩电脑游戏至深夜，节假日甚至会通宵。有的是夫妻俩一块玩，有的是同孩子玩，有的干脆上网吧和其他人玩，这样的父母培养出什么样的孩子，也就可想而知了。孩子就生活在父母的行为之中，孩子就像父母的影子，如影随形，是父母的翻版。父母上网成瘾，孩子上网也便成为了习惯。因此，无论父母做什么都要考虑到对孩子的影响，父母对孩子是影响终身的。那么，怎样培养孩子具有克服看电视、上网成瘾的习惯？

一、认识电视利弊，安排孩子观看电视。通过看电视，了解国内外大事，开发孩子智力，增强记忆力，提高学习兴趣和能力。但是，父母看电视成癖，不仅会占用大量时间，使你没有更多的时间陪伴孩子，与孩子有直接的情感交流，更重要的是危害了孩子的健康，让孩子养成了不利于自己成长的坏习惯。

一位孩子在几个月大的时候，妈妈就抱着他看电视，习惯于电视声音和色彩的孩子在一岁左右就强烈要求看电视。每天一醒来，他就要求妈妈抱着他去看电视。吃饭的时候，如果不开电视，他就拒绝张嘴吃饭。孩子三岁时，该进幼儿园了，老师顺便一检查，孩子的眼睛斜视了，这时，才让妈妈后悔不已。

在家庭生活中，孩子看电视成瘾，因为内容参差不齐，有些部分往往因为并不健康的内容侵扰，引起孩子行为上的异常变化，影响孩子的健康成长。合理安排孩子看电视，必须从父母做起。父母必须限定自己看电视的时间，并且不得影响孩子的学习与休息。规定每个孩子看电视每天不超过一个小时，尤其不能连续看一小时，以免对孩子的视力造成损害。通过电视，看中国，观世界。父母应当教会孩子看电视，了解世界政治经济文化的风云变幻，焕发孩子们建设祖国的激情。电视既能丰富孩子的知识面，又能拓展孩子的视野，也能对孩子的学习和健康产生负面影响。但是，我们只要教育方法得当，让孩子养成正确观看电视的习惯，电视就会变成青少年学习科学知识的好朋友。

一些孩子按照父母安排，放学回家做完作业，晚上6:00多收看《大风车》，6:30吃完晚饭，帮助父母清洗刷完餐具，7:00收看《新闻联播》，了解国内外大事。随后，陪父母到楼下散步半小时。回家之后，复习当天功课，预习明天新课。周末，定时收看《少儿频道》、《教育频道》、《科技频道》的知识性节目。由于有计划地看电视，安排时间妥当，选择节目合理，不仅拓宽了孩子视野，而且丰富了课外知识，还学到了书本上学不到的东西，把从电视上获得的知识，应用于学习之中，既提高了学习成绩，又武装了自己的头脑。

在生活中，父母对于孩子看电视，一般有两种态度，一是放纵，二是限制。对孩子放纵自流，让孩子过度看电视，不仅造成了视力下降，而且越看电视越不想学习，以致学习成绩一落千丈。对孩子限制的父母，根本不让孩子看电视，由一个极端走向了另一个极端。那么，怎样才能培养出孩子良好的看电视习惯呢？

第一，正确观点，共同选定节目栏目。身为父母应适当、合理安排孩子看电视，让孩子从看电视中学到书本之外的科学知识。根据《电视报》的时间安排，父母和孩子一起选择合适的电视节目：例如，《新闻联播》、《大风车》、《东方时空》、《焦点访谈》、《今日说法》、《人与自然》、《动物世界》、《探索与发现》、《科技博览》……共同观看，共同学习，共同讨论，共同交流，共同提高。

第二，父母孩子，共同拟定观看时间。选择合适的时间段，让孩子观看电视节目，从节目内容中，获得知识营养是父母的责任。根据栏目播出时间，结合孩子学习时间，拟订观看计划，进行合理安排。在具体操作中，根据实际情况，可以让孩子在结束作业后，看电视；也可以让孩子先看电视，再完成作业。在计划执行中，既可让孩子完成分内应该做好的作业，又可在不影响孩子的学习情况下，从电视节目的首播或重播中，学到丰富的课外知识。

第三，培养孩子，正确观看电视习惯。父母在陪同孩子看电视时，要经常提醒督促孩子，养成良好的看电视习惯。要求孩子切实做到：注意坐姿，不能躺在沙发上看电视；看电视，眼睛距电视需在2米以上，不能距离太近；看电视，不能一边吃饭，一边观看。看电视，要遵照计划安排进行，不能唯我独尊，看霸王电视。看电视，可以根据内容同孩子进行交谈，启迪教育孩子收获到知识的果实。看完电视，教育孩子做一些必要的活动，动静相宜，张弛有度，劳逸结合，健康成长。同时，利用写日记、做作文的机会，把观看电视的所思所想所感所悟，写到自己的日记、作文中。

第四，晓以利害，培养孩子广泛兴趣。对于痴迷电视的孩子，父母可以通过讲故事和看图片等多种手段，让孩子知道过度看电视所有坏处的同时，明白除了看电视，还有很多有意义的事情可以做，如看书、画画、骑车、打球、种植花草、栽种树木、搞小制作……不仅可以培养孩子广泛的兴趣和爱好，而且有益于孩子的茁壮成长。

第五，执行计划，从中享受观看快乐。一个优秀的计划，应有一个优秀的执行过程，才有一个优秀的结果。在家庭教育中，父母教育孩子自己安排一周计划，从周一到周日原则上不重复，尽量丰富多彩。父母对安排好的地方，要进行表扬与鼓励，对不妥当的地方要提出建议，及时修改。每天，父母应在孩子的活动表上，做好行为的记录，当孩子执行出色时，给予奖励。让孩子在执行计划中，感受到成功所带来的快乐。在看电视活动中，父母引导与教育孩子，通过电视节目，看国内大事，见证国家发展；听百姓心声，聚焦民生热点；说世界风云，纵览天下大事；看中国，观世界。

二、解读网络困惑，科学指导孩子上网。21世纪是一个网络时代，五彩缤纷的网络世界可以帮助孩子了解世界、学习知识、开阔视野。但是，网络本身就是一把双刃剑，会利用则会带来便捷，产生效益，相反，则会捎来危险，带来危害。特别是一些营业性质电子游戏和赌博性质的老虎机不可忽视，谨防它们伤害了青少年的前程。

据新华社1996年8月9日报道：辽宁阜新市某重点中学5名应届高中毕业生（均已通过高考并且分别达到大中专生录取线），因迷恋游戏中带有赌博性质的老虎机，输钱后抵制不住诱惑，铤而走险，5人结伙拦路抢劫，被公安机关侦破，并逮捕。未进大学，先进班房。这5名学生组成的抢劫团伙，在出租车和社会公共场所作案22起，抢劫人民币1万余元，所得赃款均被老虎机“吃”掉了。

那么，我们怎样教育青少年认识、抵制网络危害，指导孩子健康文明、规范安全、科学合理、恰到好处上网、玩游戏呢？

首先，我们要了解电子游戏机是高科技产品，特别是这些年来推出的电脑游戏，以其高清晰画面、激动人心的故事情节、震撼感强烈的声音，迅速侵入了广大青少年的心灵世界。孩子对它特别感兴趣，要求玩电脑，父母应当尝试着同孩子一起玩，然后，才能对孩子进行指导。

其次，网络对青少年的危害主要构成网络成瘾。网络成瘾分为三类：一是网络性成瘾，主要是下载与观看色情作品；二是网络关系成瘾，主要通过网上聊天，所形成的网友关系，比现实的亲友、家庭关系更重；三是网络游戏成瘾，把大量的时间、精力和钱财花在游戏中，并从中获得成就感。

一位妈妈在家为了不让女儿干扰自己，当孩子5岁时就教会她上网玩游戏。此后，孩子越玩越上瘾，居然发展到在QQ上与网友聊天，这个小女孩9岁时就在网上交了一个“男朋友”。结果，当那个热恋已久的男网友挚意要到北京看她时，这个小女孩无奈之下才把实情告诉了妈妈，最后，只得由妈妈出面帮她了结了这桩啼笑皆非的“恋情”。

因此，父母应该学会分年龄、分阶段、有选择地让孩子接触网络。对于电脑游戏，应该尽量推迟，不能过早地让低龄儿童接触，这对孩子的身心健康毫无好处。即使让读小学、上中学乃至进大学的孩子接触网络游戏，也要有所节制，时间不能过长。同时，应该有所选择，对于那些充满诱惑、色情、暴力内容又容易让人上瘾的网络游戏，坚决不让孩子接触。因人因地因事制宜，身体力行，遵规守纪，管理好孩子上网，是父母、学校和社会义不容辞的责任。父母的正确做法：

（一）控制孩子的上网时间。可以在网上设立“限时报警”服务，到时自动下网关机。上网时间每天不超过2小时，连续操作1小时后，应提醒孩子休息15分钟。

（二）加密锁定不良网站，父母可先打开IE浏览器的工具栏，在下拉菜单点击INTERNET选项，然后在“安全”选项中设置受限站点或设置防止登录的关键词（诸如，“色情”、“性”、“裸体”等）；电脑加密锁定后，孩子若无意登录那些不良网站，电脑就会自动剔除。若父母对电脑操作不太熟练可向专业人士咨询。

其三，利用休闲的时间，拓宽家庭交流空间。现代社会中，随着科学技术的发展，可以用来娱乐的东西越来越多，我们与家人亲密的空间也越来越小，如何让这些东西不再侵占我们与家人和孩子亲情交流的空间，权力实际掌握在父母的手中。父母利用孩子休闲的时间，多与孩子促膝交谈，对孩子的心灵多加关注。通过开心畅谈、认真倾诉，排疑解难，让父母拥有教育孩子的主动性，让孩子拥有快乐健康的心理，彼此了解，互相帮助，扬长避短，共同进步。

三、通过上网学习，感受科学技术威力。父母应当根据养孩子的实际情况，教育孩子熟悉计算机上网，进一步认识科学技术革命所产生的巨大能量，点燃孩子们学习科学知识的热情。在信息化时代，青少年必须掌握计算机基础知识，让电脑成为孩子们学习科学知识的好伙伴。

一位孩子的爸爸是个中学物理教师。受爸爸的影响，这位孩子自读小学五年级开始就对电脑充满了兴趣。每天放学回家做完了作业后，就在网上漫游，或者查找他学习中的资料，或者下载他喜欢的动画图片，偶尔也打打网络游戏。爸爸很尊重孩子的爱好，经常给孩子一些指导，告诉孩子怎样预防“黑客”，怎么清除网上垃圾，还向孩子提供一些网址，满足孩子查资料、下载图片的需要。为了孩子健康成长，爸爸与孩子达成了一项协定，规定孩子上小学时每天上网累计不得超过1小时，上中学时每天上网累计不得超过1.5小时，如果坚持做到了，周末可以在原来允许的基础上奖励上网时间：小学1小时、中学1.5小时。上网2小时，休息15分钟，同时做眼保健操。上网时，要遵守网络安全规则，如果发现有违法网站或网页，向爸爸提出或向相关网站举报，可获得物质奖励。孩子上网不关书房的门，爸爸和妈妈也不随意走进孩子的书房，得敲门经过孩子的同意后才能进入。家庭对于孩子的信任，让孩子十分乐意接受了协定，并且产生了严格遵守规则与学好电脑的动力。爸爸妈妈高兴地看到，孩子因为奋发努力，不仅顺利地升上了重点初中、高中，后来还考上了重点大学。孩子学习电脑并没有因上网而影响学习，反而对学习更有兴趣了。孩子告诉爸爸妈妈，因为他上网查到了丰富的资料，在课堂上能够讲出很多同学都不知道的知识，老师夸奖他是个善于学习的好孩子。他还把美丽的图片与同学们分享，很多同学都喜欢跟他交朋友，一起讨论他们的学习与生活问题。信息时代的青少年时期，真是充满了愉悦与欢乐。

这个成功家教的案例，向我们介绍了五个要点：（1）孩子很喜欢上网。（2）爸爸对孩子上网表示理解。（3）爸爸对孩子上网给予了支持和建议。（4）爸爸和孩子之间互相信任，制定了协议。（5）孩子严格遵守协定，并获得了收获。那么，我们如何让电脑成为孩子好伙伴呢？

第一，尊重孩子的兴趣、爱好和选择。呵护孩子的兴趣，并将它引向深入，朝着好的方向发展，能够帮助孩子尽快地进步。如果，孩子放学回家做完作业，喜欢在网上漫游，偶尔打打游戏……父母应该尊重孩子的爱好，给予必要的指导，告诉他怎么查找资料，怎么下载动画图片，并且适当提出一些网址，满足孩子的需要。父母这样做，不仅在心理上能够拉近同孩子的距离，加深了两代人的感情，而且会让父母和孩子分享孩子的喜好，做事坦荡，亲密无间。

第二，给予及时指导，保证上网的安全。父母要特别告诉孩子，上网的利弊关系，明确怎样预防黑客，怎样清除网上垃圾，发现违法网站或网页，应及时向父母提出或向相关网站举报，并可获得物质奖励。这种防患未然的做法，既能抵制不良信息对孩子的干扰，又能让父母赢得孩子的信任，孩子按照父母的要求进行操作，上网不仅强化了法律观念，而且让安全也有了保障。

第三，制定家庭规则，约束上网行为。尊重孩子的兴趣和选择，支持孩子上网，实际是一种“放”；按照家庭规则，约束孩子的行为，实际是一种“收”。两者结合，倘能融合父母的智慧，必然产生良好的效果。家庭规则不妨明确要求：“为了保护孩子的视力和身心，每天上网不能超过1小时，如果做到了自律，周末可以奖励上网1～2小时。上网时打开房门，即使父母也不能随意走进书房。需要入室，必须先敲门，征得孩子同意，才能进入。”让孩子打开房门上网，是对孩子的约束，让其认识不能去看不该看的网页；敲门得到允许后才能入室，则是父母对孩子的尊重，不因为打开门孩子的自由空间就被剥夺，孩子是主人翁的地位一点没有改变。

第四，掌握电脑技术，迎接技术革命。信息网络化是一个时代的潮流，大家必须抓住网络时代给我们带来的机遇，迎接挑战，学习、掌握、创新网络的核心技术，提高网络技术在全世界的影响力和竞争力。无论你是从事什么专业的有志青年，都可以通过远程教育，扎实基础，深入钻研，实现你掌握电脑技术、迎接技术革命的理想。利用网络求知，与网络结交朋友。父母既要帮助孩子正视网络给未成年人所带来的负面影响，又要化弊为利，与网络结交为学习上的朋友。规范上网，可以开阔孩子的视野，丰富孩子的知识，把孩子陶冶成为一个博学多识的人。学习钻研网络，武装自己靠知识。让孩子从小懂得，一个人出身社会之前，学好一门专业技术、熟悉一种外国语言、掌握一门电脑技术，并且在此基础上，不断努力学习，不断用科学知识武装自己，你就如同龙腾江海、虎啸山川，八面威风，势不可当。

第五，深化网络认识，接受时代检阅。网络的兴起是一场无声的技术革命，对人类社会各个领域已经产生了革命性的影响。国家主权的维护首当其冲，国家政治安全是最为重要的国防任务。人们不会忘记，进入20世纪末期，西方采取信息干预方法，促成了苏联解体和东欧剧变。所以，网络时代的政治安全就成为一个主权国家对外防范政治干预、政治压力、政治颠覆，对内防范敌对势力破坏的头等大事。因此，维护国家主权和领土完整，掌握网络技术的主动权和制胜权，接受时代的检阅，就成为了我们现代青少年的光荣责任。

四、理解玩的天性，尊重孩子爱玩的权利。但要帮助孩子处理好“玩”与“学”的关系。如今，孩子的玩法与我们过去的玩法不一样，但父母应该有责任、有能力帮助他们学会玩，掌握度。同时，教育孩子懂得：学得好，玩得好，才是好孩子。聪明来自玩，玩就是学。玩，就是动手动脑有意义的游戏以及文化体育活动，让孩子游览名胜，参加团队活动，慰问老师，访贫问苦，考察社会等等都可以称玩。会玩，就是善于在玩的活动中学到东西，通过学习，既会动脑，又会动手，发展智力，培养能力，使孩子变得更加高尚和聪明。

五、用好高新科技，提高知识竞争水平。在生活中，父母应当教育孩子掌握有益学习的高新科技产品，比如遥控机器人、遥控飞机、遥控船母、遥控坦克、步步高等。让孩子体会高新科技在知识学习中的作用，培养孩子们学习与掌握高新科技的兴趣和自信。在信息化时代，不少高新科技产品能够帮助、指导孩子们认识、理解、记忆科学技术知识的含义。父母应当教育孩子认识有益学习高新产品的构造、性质、特点与功能，明确高新产品的操作方法，发挥新产品的作用，提高孩子学习科学技术的兴趣与效益，强化青少年立身未来社会的知识竞争水平。

掌握赞美批评孩子技巧。在现实生活中，家庭是孩子的第一所学校、父母是孩子的第一任老师，父母要为孩子树立值得效仿学习的榜样，孩子就是父母的影子与化身。父母教育孩子，正如古语所说："其身正，不令而行；其身不正，虽令不从。"在家庭教育中，教育孩子宜多表扬、少批评，有宽有严，宽严结合。属于品德问题、原则问题，屡教不改，可以严格要求；如果不属于品德问题，只是因为缺乏经验和能力而出现的过失，就要宽容对待。只要能够做到宽严相济，宽严适度，就会收获理想的育人效益。

一次吃晚饭，女儿把一盘鱼端到自己的面前说："这是我的，你们不能吃。"妈妈批评她，她不肯听，妈妈就把她的饭碗拿走不让吃，哪知她竟与妈妈对着干，吃起电饭煲里的饭来。在这种情况下，妈妈当然要对她管教了。妈妈一面"请"她去卫生间面壁思过，一面叫她爸爸10分钟后进去做她的思想工作，分工合作，各尽其责。等待事情过去了之后，妈妈又为女儿准备了丰盛的饭菜，并把她拉在怀中安慰了一番，让她明白妈妈的严厉，是因为她这件事确实做得不对，并非妈妈不爱她。从那以后，女儿再没有犯过类似的错误，有时还主动把她爱吃的东西留给爸爸妈妈。让爸爸妈妈欣慰的是，他们的威信是建立在相互信任的基础上。

教育孩子应该当宽则宽，当严则严，宽严相济，宽严适度。只有这样，教育孩子益智，学好功课，提高成绩，才会大有长进；要求孩子做人，德才兼备，全面发展，才会取得成功。在生活中，一味地批评孩子会导致父母与孩子关系恶劣，造成孩子自卑、反感、叛逆，后果不堪设想；而恰到好处的赞美则是父母与孩子交流的调和剂与兴奋剂，会使孩子变得自信、积极、热情、振奋，逐渐迈向成功之路。那么，如何正确掌握批评与赞美自己孩子的方法呢？

一、学会同孩子交流，密切亲子关系。在家庭生活中，孩子的健康成长，并不能单纯依靠丰富的物质生活来保障，更多需要父母的关爱，需要亲情的慰勉。孩子进入了青春期或者毕业阶段，他们的真实想法与内心渴望，父母应当详细了解，并且要求及时有效地进行心理指导，做好思想政治工作。这就需要父母多陪陪孩子，与孩子进行必要的沟通与交流，不仅能够融洽亲子关系，而且可以互相鼓励，共同进步在各自的学习与工作中。

通过平等交流，了解孩子的内心世界。只有平等，才能让孩子的个性得到发展。无论父母多么忙碌，时间多么宝贵，一定要把同孩子一起交流的计划，列入生活的日程。小到一起散步，大到一起旅游，借以加强父母同孩子的感情联络，密切亲子关系。亲子对话的题材，大都来自生活，父母可以带领孩子观察身边的各种事物，并且发表自己的感慨。例如，周围环境的一花、一草、一木，街上行人的穿着、形象、言谈、举止，路上汽车的颜色、造型、品牌，百货橱窗的装潢设计、奇珍异品的摆放艺术……都可以成为谈话的素材。

通过平等交流，当了解到孩子需要帮助的时候，父母应该鼓励他去想办法，克服困难，寻求解决问题的答案，不能为他代劳，甚至包办代替。

通过平等交流，当孩子提出问题的时候，父母要了解孩子的真正含义，针对孩子的需要给以回答。例如，孩子问："妈妈，今天双休日，要不要上公园?"这句话的真正含义可能是："妈妈，我想跟你一起上公园。"如果妈妈知道孩子的真正用意，也有带孩子去公园的意向，便可以说："是的。要不要一起去?"孩子就会产生满足感，心情特别快乐。随着孩子的长大，他们逐渐不希望父母控制他们的生活，父母应当给他们一些活动的空间。孩子要求独立外出，可以规定什么时候出门，什么时候回家，交代外出的注意事项，确保孩子的安全。

通过平等交流，了解到孩子受了环境的影响，心中有了委屈，父母应该适时给以亲情的慰藉，呵护孩子的自尊心，加深亲子的感情。一个优秀的家长无论自己多么忙碌，一周至少同孩子交流一次、陪孩子玩耍一次，借以融洽和强化亲子关系，让孩子更加成熟、更加懂事、快速成长起来。

今天，父母以什么心和什么态度对待孩子，明天，孩子将会以什么心和什么态度对待他的父母。今天，父母牵着孩子散步、平等交谈，在亲子活动中，帮助孩子找寻兴趣和特长，让孩子尽快成长起来，诠释"爱子莫若父母"的内涵。明天，孩子便会搀着他的父母散步、活动、平等交谈，在孝道文化中，帮助父母找寻精神物质慰藉，让父母长寿健康，愉悦舒心，体现"子孝父母心宽"的深刻意义。

二、学会听孩子谈话，了解内心感受。孩子是人类最真诚的群体，父母要与孩子为友，认真去发现孩子的诚实，倾听他们的诚挚的语言。通过倾听，发现孩子真诚与爱的情感，使父母获得走近孩子并与之交流以及让孩子走上成功之路的法宝。

通过倾听，尊重孩子，父母不仅关心他们的吃住、冷暖，更应关心他们感兴趣的事，同孩子一起风雨同舟，甘苦与共，形影相随，成为知己。

通过倾听，父母应以关怀的笑容、信任的眼神、理解的心态耐心倾听孩子把话说完，对他们的说话表现出极大热忱，以平和、商量的口气与孩子交流，就能创造更多与孩子交流的机会，从而了解孩子的内心感受和对问题的看法。让孩子感受到他们对父母的重要，把自己的内心世界展示给父母，将亲子关系推向相互信任的高尚境界。

三、表扬孩子讲艺术，塑造健康人格。在家庭教育中，表扬是父母教育孩子经常使用的手段，让孩子养成他们所期望的良好生活与学习习惯。父母表扬孩子要讲究艺术，恰如其分的表扬能促进孩子进步，使用不当往往适得其反。孩子的行为和每一个进步父母要进行表扬，科学合理的表扬可以塑造孩子的健康人格，甚至改变孩子的一生。

第一，父母表扬孩子，要讲究方式。父母表扬孩子，需要事实具体，让孩子明白自己好在哪些地方，才便于孩子找准努力的方向。比如，孩子看完书之后，自己把书房收拾得干干净净、整整齐齐。家长不妨说："你自己把书房收拾得这么整洁，我真高兴。"这比"你真聪明"、"你真不错"一类的泛泛表扬效果好得多。这样，既会让孩子明白自己为什么受表扬，又不易养成自以为是、听不得批评的坏习惯。父母表扬孩子，应该严格限于孩子的进步和优点，将孩子引向重视能力、态度和创新意识等多方面。父母不能根据个人喜好来评判孩子的表现，否则，很可能让孩子将来变成看父母脸色行事的"小滑头"。父母表扬孩子，既要看结果，更要看过程。假若因为"好心"办"坏事"，就宜表扬他的"好心"，再帮他分析造成"坏事"的原因，并且明确整改方法和方向，就会收到较好效果。同时，应该及时、公开，奖励结合表扬孩子，在表扬中提出新的希望，激励孩子实现新的目标，勤于学习，勇于奋斗。

第二，父母表扬孩子，多发现优点。作为父母，应该肯定自己的孩子，用全面发展的眼光看待孩子。在孩子的学习、生活、劳动、交往、性格、动手能力、文明礼貌、卫生习惯、文体才能、兴趣爱好中，多发现他们的优点，并且采取有力措施巩固和发展这些极为珍贵的潜质，既能纠正孩子身上那些坏的习气，又能培养出孩子赖以生活的特长来。同时，多用发展眼光看待孩子，多拿孩子的今天与昨天纵向比较，切忌用自己的孩子与别人的孩子横向去权衡。平时，哪怕发现孩子微小的进步，也应及时肯定，恰当赞扬。

第三，父母表扬孩子，多欣赏孩子。孩子是年轻父母爱情的结晶，也是父母的影子与化身。父母只有欣赏自己的孩子，别人才能热爱你的孩子。因此，学会欣赏你的孩子，对孩子进行积极的心理暗示，有助于提高孩子的自信。有自信心的孩子更能养成良好的学习和生活习惯，提高学习成绩和生活能力。将来，自会立身社会，有所作为。

四、批评孩子讲方法，鼓励自新做人。人非圣贤，孰能无过。每个孩子都免不了要犯这样或那样的错误，而孩子正是在不断犯错误与纠正错误中成长起来的。孩子犯了错误，须要及时指正和批评，让孩子及时认识和改正错误，从错误中吸取教训，不再犯错，鼓励孩子自新做人。

第一，批评孩子，放下棍棒爱孩子。孩子犯了错误，有了过失，父母可以让孩子承担由此而产生的责任，从中吸取教训。父母可以惩罚孩子，但不能采用暴力手段。随着孩子年龄的增长，孩子的自尊心越来越强，父母打孩子，就会严重损害孩子的自尊心，让孩子失去走向成功的动力；父母打孩子，会使孩子慑于父母高压，口服心不服，养成见风使舵、看人脸色行事的性格；父母动辄打骂孩子，给孩子作了攻击性的示范，养成孩子暴躁性格，与他人相处，一旦不尽如人意，就会产生攻击性的行为。父母打孩子，给孩子带来的不仅是皮肉之苦，更多的是心灵的创伤和行为的扭曲。在生活中，我们坚决反对打孩子。孩子犯了错误，有了过失，即使到了非打不可的地步，父母确实没有其他办法，既不能自控，又决意打人。我们只有向父母提出忠告，打孩子一定要掌握好一个尺度：下手要轻，不着要害，讲明原因，惩罚及时，顾及脸面，坚持适度，打完爱抚，反思教训。

（一）下手要轻。有时，对于孩子已经到了不打不成行的地步，也只能奉劝父母还是象征性地打打为好，不可用力真打，让孩子知道自己要为所犯错误承担责任就行了。

（二）不着要害。孩子处于长身体的时候，除了下手要轻之外，切不可触及孩子脆弱的部位，不可给孩子带来有悖终身的危害。

（三）讲明原因。打，只能制止错误的连续出现，打的本身不能带来正确行为。因此，惩罚孩子时，要告诉孩子，为什么打他，怎么改正。通过惩罚，让孩子明白自己错在哪里、造成的危害以及正确的做法，孩子才不会再犯错误。

（四）惩罚及时。孩子有了不良行为，必须进行及时惩罚。如果间隔时间过长，或者几件事相加受罚，孩子不明白受罚的道理，反而失去了惩罚孩子的意义。

（五）顾及脸面。孩子有自己的脸面，也有自己的自尊心。孩子在小伙伴面前，是不甘落后的。一旦别人知道自己挨打了，稍大一点的孩子便会觉得遭受了奇耻大辱，丢失了面子。因此，打孩子别让外人知道。

（六）坚持适度。体罚孩子，讲究适度。孩子经常挨打，就会习惯于挨打，逐渐满不在乎起来，只能给孩子造成各种不良的心态，形成难以纠正的心理偏差，让孩子更加不好教育。

（七）打完爱抚。孩子受到惩罚改过后，父母要在语言与行为上肯定孩子，别让孩子老是受到冷落或歧视，只要改正了坏习惯，仍然是个好孩子。父母要让孩子明白：打他是为了他好。

（八）反思教训。在家庭教育中，父母只有认真总结经验、吸取教训，选准能够征服孩子的惩戒方式，才能达到惩前毖后、治病救人的目的。

在家庭教育中，打孩子只能说明父母教育孩子的方式已经到了山穷水尽的地步，也是没有办法的办法。这种惩罚只能在孩子年少时期适量进行，让孩子懂得自己犯了错误，有了过失，是要受到处罚的。随着孩子的长大，但愿父母在家庭教育中越来越重视民主家庭的建设，掌握科学教育孩子的方法，让孩子听话，不再发生打骂孩子的现象。

第二，批评孩子，讲究方法与技巧。在家庭教育中，如果批评不当，可能引起孩子的反感和抵触，达不到预期的教育目的。不少孩子犯错误，并非与父母抗衡，亦非调皮捣蛋，而是不懂规矩与规则，孩子犯错误的过程就是一个认识规矩与规则的过程。因此，当孩子犯了错误，父母首先要了解他们是否知道这些家庭与社会的规矩与规则，然后做出决定，是否批评、处罚孩子。孩子犯了错误，父母要进行正面积极的疏导，用简明、扼要的话语指出他的错误所在，并且告诉他，只要改正错误，仍然是个好孩子，正面引导孩子向积极方向发展。当然，孩子犯了错误，批评要及时，选择地方要没有他人在场，个别进行批评教育，批评的声音越小，孩子越能听得进去。批评之后，还要鼓励一下，给予一些阳光，避免抵触，达到良好的教育效果。批评和责备不能随心所欲，也不能唠唠叨叨说个不停，而要讲究批评的技巧与艺术。

第三，批评孩子，切勿对人揭短处。每一个孩子都是一个活生生的生命个体，不仅需要被爱，也需要被人呵护，渴求得到别人的尊重和理解。孩子越大自尊心越强，父母当众批评孩子，不仅会损伤孩子的自尊心，而且会使孩子产生敌对情绪。孩子有了缺点，切忌当众揭短，一定要在没有外人的情况下，善意提出批评，指出改进方向。千万不要把自身与环境带给父母的不如意，发泄到孩子的身上。不要说孩子这不好，那不行，让孩子永远泄气，鼓不足力气，振作不起来，站立不起来。同时注意，清晨批评孩子，会使孩子一天心情不好，影响学习或工作；吃饭时批评孩子，影响食欲，不利于孩子身体健康；睡觉前批评孩子，影响睡眠，不利于孩子身体发育。因此，批评孩子，一定要选择合适的时间和地点，达到教育孩子的最佳效果。

五、家庭教育须共识，思想行动一致。在家庭教育中，无论是父亲，还是母亲，或是祖辈，对孩子的教育态度要保持统一，既有利于树立家长的威信，又有益于教育好孩子。

第一，教育目标一致。目标可以导航，能够引领父母团结一致奔向理想的目标。当然，教育自己孩子的目标必须符合孩子的能力与特点，既客观，又切合实际，有利孩子的成长。

第二，父母沟通及时。父母教育孩子意见的统一，是孩子走向成功的保障。教育原则问题，父母要随时沟通。只有教育思想保持统一，才能得到教育孩子行动的统一。比如，孩子读什么学校、报什么兴趣班、选什么专业学习等等。

第三，父母互相支持。父母教育孩子的意见不统一时，不要当着孩子的面表现出来。如果其中一方已经表明了态度并且说出了处理办法，另一方最好的办法是表示支持或者表示沉默，千万不要在孩子面前表现出父母的意见不一致。即使双方认识有差距，不妨事后互相交流，统一思想后，对问题再做处理。这样，孩子既不会感到委屈，又会从内心深处加剧对父母尊敬与信服的激情，心悦诚服地接受父母教育。

第四，批评不能过激。父母批评与表扬孩子应该把握尺度，不能过偏过甚过激，只须要孩子既不因此而产生自卑的情绪，又不因此而拥有骄傲的心态，孩子就会茁壮健康成长起来。

第五，重视祖辈意见。祖辈对孩子的关心和爱护是人之常情，可以理解。但孩子到爷爷奶奶的家前，父母要做好孩子的工作，不让孩子从那里得到与父母作对的动力。祖辈更应教育孩子听爸爸妈妈的话，孝敬孩子的爸爸妈妈，传承和弘扬孝道文化。

在现实生活中，孩子有了过错，受到了批评或惩罚后，父母应该教育与鼓励孩子：错误是形成正确的重要条件。过去已成梦幻，未来尚为梦想，把握现在最重要。从现在起步，后来一定居上。

因此，遵循教育规律，运用科学的教育方法，培养学生优良的道德行为，提高学生的知识水平，增强学生的综合素质。“教育成效不应只看学生是否能准确填写标准答案，更要看学生的学习能力、实践能力、创新能力，看他们是否掌握了发现问题、解决问题的关键能力，看他们是否具备了高度的责任感。”

第三章　检阅孩子才智

在学校教育中，平时、期中、每学期、每学年都要对学生进行教学检阅，教育孩子在考场中接受严肃的教学考试，发挥聪明才智，写好自己的书面或实践答卷。通过教学检阅手段，优化教师“教”的方法、学生“学”的技巧，全面提高教学质量。学生高中毕业，须要接受升学考试，帮助孩子填写好志愿，选择好学习专业，悉心培养孩子的才德，升华他们的聪明才智，全面完成智育任务，指导孩子实现就业梦想。

教育孩子迎接教学考试。古往今来，有教就有考，有考就有学，考试与教育并存。考试是教育的重要环节，也是一种教育检测。学校考试，既是对教师“教”的检验，又是对学生“学”的测评，实际是对教学质量与水平的检阅。学校考试，旨在总结教学的经验与教训，找到打开知识宝库的金钥匙，提高学生的知识水平，增强孩子的能力，用知识把学生武装起来。在未来的人生中，让孩子适应千变万化的社会考试，成为真正意义上的社会主人。

一个女孩刚刚出世，因为爸爸十分重男轻女，坚持把她扔掉，或者把她送给别人抚养。但是，妈妈坚决反对这样做，决心把这个小女孩抚养成人，以致小女孩的爸爸妈妈离婚了。小女孩的妈妈很爱她，她也很爱妈妈。只要小女孩做什么事能让妈妈高兴，她就尽全力做好。小女孩自小发现，只要每次考试考好了，妈妈就会很高兴。所以，她一直努力学习，每次期末考试都考班上第一名。通过她自己的努力，高考让她有机会进入中国最好的生物系——北大生物系。毕业之后，她选择了出国留学这条艰苦的道路，在考托福、考CRE中取得了成功，考上了美国芝加哥大学。芝加哥大学以每年6.4万美金（约52万人民币）全额奖学金录取她为分子生物方向的博士研究生。5年以后，就可以在上海为她妈妈买一套80平米的新房（以按揭首付算）。她在考试中经历了比常人更多的努力，获得了比常人更多的幸福。她，就是浙江理科状元陆文。

考试可以传承孝道文化，锻炼人的意志，培养人的能力，改变人的命运，让人向着更加辉煌的人生境界飞跃。而孩子的应试能力既是竞争能力的一种表现形式，更是现代人生存的基本素质。考试成绩是个人素质与能力的体现，作为父母与孩子应当高度重视，不得疏忽和懈怠。那么，如何培养孩子正确认识考试、端正考试态度、接受庄严的教学检阅呢?

一、正确考试认识，树立孩子在乎成绩的意识。科学、正确的考试方法，不仅具有教育功能，而且具有管理功能和发展效益。学生考试不仅展现了学生学习质量，而且反映了学校的教育行为，更折射出学校的办学指导思想。但是，一些孩子既不愿考试，又不怕考试，考好考坏一个样，谁也拿我没办法。因为，这些孩子已经不把学习当成主要任务来完成了，这不能不是父母和学校老师的遗憾。造成孩子考试成绩低又满不在乎的原因很多，从调查中得知，其主要原因是对考试分数缺乏正确的认识：有的学生考试总是得低分数，对提高学习成绩失去了应有的信心；有的学生对某些学科已经失去了兴趣，考试只是应付，根本没有认真；有的学生没有养成认真学习的习惯，考试马马虎虎，得不到高分，随随便便，满不在乎；有的学生对某位老师讲课，不感兴趣，听课走神，考试重视程度自然不够……因此，在低分数的学生中，对成绩满不在乎的人数占约三分之一。这类学生介于优生与差生之间，只要经过刻苦努力，依然可以赶上优秀学生。如果长期忽视，便增加了差生队伍的比例。对于这样的学生，是拉一拉还是推一推，则是反映父母和学校教师教育思想和教育艺术水平的分水岭。对待这样的孩子，如何帮助他们克服不在乎学习成绩的错误想法，从低迷的困境中走出，进而转化为优秀学生，应当是父母和学校教师义不容辞的责任。那么，怎样帮助他们呢?

第一，教育孩子正确对待考试分数，端正考试态度。当前，我国中小学以考试分数作为评定学生成绩的主要标准。但是，考试是一把双刃剑。在考试检阅中，一方面有它相对的合理性，主要表明了孩子们在“智育”笔试答卷上的能力和水平。应试教育能够考出孩子们追求知识的积极性和对考试的重视程度，既能让一部分同学正确对待考试，又能让一部分同学视“考”如命，努力追求。这些孩子十分在乎考试，他们希望通过考试看到自身的价值，看到父母辛辛苦苦供自己上学的成就，看到老师呕心沥血、勤奋劳动的结果，以感恩的态度读书，学业有成，立身社会，服务民族，报效国家。但是，考试也能让一部分孩子厌学弃学，满不在乎，消极对待，甚至放弃考试。面对学校考试的强大压力与孩子思想上的误差，有些孩子干脆寻找理由为自己辩解："考试能够成才，不考照样成才；考好能够成才，考不好照样成才。许多成功者不都这样吗?"是的，当今社会，成才路多，真可谓"条条道路通北京"。但是，无论你走什么样的成才道路，都必须先有艰苦卓绝的付出，然后，才能成功。因为，有耕耘，才有收获。何况，现代化建设需要用科学知识武装起来的人才去实现，一个缺少科学知识的人怎么能够接受考试检阅、立身于社会、建设国家呢？在这种情况下，父母和学校老师首先要深明"教育不是灌满一桶水，而是点燃一团生命的火焰"的意义，以教育孩子发掘自己内在的能量为使命，用科学的态度对待考试，然后才能对孩子进行卓有成效的学习教育和考试教育，让孩子认识到考试成绩不仅代表一个人对这门学科知识掌握的程度，而且表明一个人对这门学科的求学的态度，自己掌握知识的多少，往往决定自己对未来社会贡献的大小。通过晓之以理、动之以情的交流与沟通，便能大大激发孩子勤奋学习、刻苦攻读的积极性。在学习与考试教育中，只要父母能够会同学校老师帮助孩子学好各门功课，并对孩子各门功课每次考试成绩进行认真分析、总结，既找出成功的经验，又找出失败的教训，明确好与不好的原因，恰当赞美与批评，就能鼓励孩子端正学习态度和考试态度，为孩子争取得到良好的学习成绩充满信心，刻苦努力，乐观进取，把握成功。

第二，帮助孩子找到自己的优势学科，发扬孩子所长。每次考试结束，父母、学校老师要和孩子一起分析各科成绩，找到优势所在以及擅长的学科，仔细分析为何产生这种优势，让孩子充分看到自己的长处，并且扬其所长，集中优势，充满信心，提高考试兴趣，取得学习进步。

第三，帮助孩子找到自己丢分的原因，避孩子所短。通过考试卷面分析，孩子丢分原因有三：一是粗心马虎，二是没有记住，三是没有理解。因此，应该掌握的知识没有牢牢把握在孩子的记忆里。对照孩子的试卷，找到孩子丢分的类别和归属，然后，有针对性地进行指导和纠正，避其所短，不让孩子下次考试出现类似毛病。

第四，帮助孩子拟制考试的具体方案，提高学业成绩。父母与学校老师应该结合孩子的特点，一个学科一个学科地进行具体分析，然后采取措施一个学科一个学科地具体落实。从所学知识、应具能力、学习态度、应达目标等方面进行具体指导，孩子的成绩就有望提高。

第五，帮助孩子树立自信心，在快乐中提高考试成绩。当父母发现自己的孩子对学习成绩满不在乎时，切忌一味训斥，更别丧失信心。应该千方百计让孩子看到自己的进步，利用大的求知环境激励孩子立志发奋，努力读书。明确"有志者、事竟成"的双层含义：父母有志，挖掘孩子的潜力；孩子立志，后来居上，进而获得家庭教育在学业引导上的成功。

因此，要想孩子从不良情绪中解脱，就必须教育孩子正确对待考试分数。父母与学校老师能够用科学的方法指导孩子科学用脑，就会让孩子产生学习兴趣，提高学习成绩。

二、正确对待考试，教育孩子纠正惧考的念想。在考试中，孩子往往表现出烦躁、焦虑、恐惧、害怕的消极情绪，它严重影响孩子在考试时发挥真实的水平。尽管孩子学习成绩很好，由于考试时存在患得患失和焦惧害怕的心理，以致发挥失常，功亏一篑。这对孩子以后的学习乃至身心健康都会有影响，父母必须高度重视。那么，如何消除考试焦惧害怕综合征呢?

第一，期望过高，适得其反。父母对孩子考试期望过高，不仅会增加心理压力，而且会事与愿违，起到反作用。在孩子考试前，父母千万别有这样的叮嘱："这些年，父母的心血就花在你身上，你要考不好，对得起我们吗"、"你一定要考上那所重点中的重点学校"……这些话增加了孩子的精神压力，往往产生了焦虑害怕情绪，考试怎么能发挥出水平呢？考试原本就是检查教师"教"得如何，学生"学"得怎样，考试成绩并不代表孩子的未来，也不是孩子了不起的命根子，只是孩子在这一读书阶段学业练习的小结。

第二，减轻压力，稳定情绪。考试前夕，父母应与孩子聊些同考试无关的话题，帮助孩子减轻压力，心态平和，情绪稳定，才能让孩子的中枢神经处于良好的工作状态，充分调动孩子的思维力、想象力，记忆力、观察力、意志力、操作力，写好试卷，交好答案。

第三，心理放松，消除焦惧。父母应对孩子经常进行自我心理放松训练，消除躯体焦虑恐惧和大脑疲劳，摒除杂念，快乐学习，学会放松，找回自信，消除焦虑与恐惧，舒心迎考。在学习紧张的时候和临考之前，除了选用看电视、走路和做其他有益于身心的活动外，最好选择一个十分安静的环境，利用深呼吸缓解法，放松孩子心头的焦虑和恐惧的压力。具体做法是：保持坐姿，身体往后靠，上身挺直，松开束腰皮带或衣物，将双掌轻轻放在肚脐上，要求五指并拢，掌心向内。先用鼻孔慢慢吸足一口气，数四个节拍，然后，慢慢吐气，也用四个节拍，每次做5～10分钟即可。可以闭上眼睛做，边做深呼吸边想美好的事情，效果相当不错。当然，集中精力，做一次"八段锦"更好。

三、坚定自信自强，让孩子从考试失败中挺立。每一个父母都期望自己的孩子成绩优秀、才智过人，这种期望是一种积极的、健康的、向上的心理状态，是对孩子负责的表现。可是，拔尖人才毕竟是少数。不少的孩子成绩并不理想，考试屡屡失败。面对这样的现实，父母究竟如何帮助孩子从考试失败中站立起来呢?

第一，父母教育孩子时刻不能忘记发挥孩子本身的聪明才智。即使孩子的考试经历了失败，父母的主要任务是帮助孩子尽快走出因为考试所带来的心理阴影，缓解紧张气氛，解脱心理压力，切忌任何埋怨和责怪，让恶劣情绪得到发泄，让沉重情绪平静下来，让孩子尽快回复快乐的学生生活。在积极的激励和鞭策中，通过父母恰到好处的安慰、鼓励和赞美，不仅锻炼了孩子的意志，而且增强了抗衡挫折的勇气和能力，更能以积极向上的态度面对人生。

第二，深入孩子的内心世界，全面了解和认识自己的孩子。对孩子的考试失败，父母不仅要调节好自己的心态，更要随时调整好子女的“天平”，加减砝码，保持平衡。运用科学的方法，充分开发孩子的潜能，有针对性地引导孩子向着成功方向发展。

第三，时刻牢记成功教育孩子，必须培养孩子健康的心理素质。让孩子学会辩证地对待问题，正确合理地认识和参与考试。学会客观地评价自己，认真总结成功和失败的原因。肯定优势，找出不足，根据实际，调整目标。展开思路，千方百计，提高孩子的自我调控能力，面对现实，承认现实，正视现实，永远保持积极进取的精神状态。

第四，根据学习任务和学科特点，父母要帮助孩子调整学习和考试的方法。积极掌握学习要领，把握考试的艺术，使孩子的学习不断进步，成绩逐渐提升。

第五，父母对孩子要求过严，期望过高，过于看重考试分数和学业成绩。这不仅违背教育规律，而且还会激化矛盾，甚至酿成人间悲剧。父母要求过严，追求完美，难免苛刻，加重荷载，孩子难以承受，何谈愉快读书？父母惯于惩罚成绩差的孩子，如果失手，弄出人命者亦不乏其例。因此，父母必须首先端正自己对于考试的思想认识，才能教育孩子正确对待考试。

一位同学，平时各门功课都在90分以上。可是，这学期期中考试，她的数学只得了87分。因为孩子的三分之差，她挨了妈妈一顿揍，整条胳膊被打肿了，手背肿得像馒头，连握写字的笔都吃力，她怎么能够愉快读书、高兴学习呢？

父母期望过高，既会导致孩子心理紧张、敏感、内心焦惧，又会增加孩子心理压力、负担，影响健康，最终窒息孩子的自信，伤害孩子本来充满灵性的稚嫩心灵，过于严重还会导致家庭的悲剧。

1999年7月12日，一位名叫秋子的高二女生在家里服用了大量的安眠药后，打开液化气开关，自杀身亡。她在留给父母的遗书上说：“我会考中两门不及格，这对我打击太大了，我对不起你们……”

时至今日，家长的“严管”，期望值过高，学业的重负，心灵的惶恐，造成孩子的自杀，爆发冲突、造成悲剧势所必然。张文质在《父母改变孩子改变》一书中问道：

“你担心过孩子自杀吗？在中国，平均每天就有560人自杀，每2.5分钟就有一人自杀，每年自杀身亡者达到20余万人，占全世界的三分之一。而其中，15岁到34岁的青壮年比例最高，中学生想到自杀的占23%，有自残行为的也超过20%，同时自杀行为还有不断往低龄蔓延的趋势。”

因此，父母只有具备了正确的要求和期望，才能正确看待孩子学业的现状与考试的失败。同时，以信任、夸奖、表扬、赞美方式，教育孩子学习，激励孩子前进，让他们形成一个健康良好的心理状态，不断增强孩子的自信自强，才能使他们的潜能得到最大程度的发挥，得到考试的胜利。

四、注重平时训练，全面迎接国家考试的检阅。教育学生考试，本领过硬，征战得力，全靠平时训练。因此，平时演习决定考试的命运。

第一，重视考前训练，全面迎接国家考试的检阅。考前，父母应该会同学校老师帮助孩子保持良好的精神状态，就为孩子完成一切学习活动创造了基本条件。愉悦孩子身心、保持竞技状态、做好考前复习和生活安排，就会提高孩子的复习效率，取得优异的考试成绩。

（一）精神准备。临考之前，父母、学校老师与孩子进行认真的交谈，帮助孩子从实际出发确定期望值；学会情绪调控，愉快应试，保持良好的心态，战胜考前的紧张与焦虑。临考前三周，开始调整作息时间，坚持晚上9:30睡觉，早上6:00起床，保证孩子充足的睡眠，摆脱学习疲劳，让孩子以旺盛的精力迎接考试。

（二）考前复习。“考试的意义在于复习。”考试除了检验学习效果、发现教学问题外，更重要的作用是促使学生进行全面的复习，牢固掌握已学知识。考前4～5周是最后复习阶段，无论是学期考试，还是毕业、升学考试，都必须强化复习。通常，父母或学校老师要根据孩子的实际情况，制订一个考前复习计划。明确重点，分清主次。复习科目、内容与时间安排科学、合理，避免出现厚此薄彼的现象。文理科宜交替安排，需要强化记忆的内容宜安排在早晨和晚上，在孩子每天的生物节率“快活期”，安排重点复习的内容，在孩子情绪与精力的“低谷期”，安排次要复习内容或娱乐与休息，确保复习计划的全面落实。同时，指导孩子在以前系统总结的基础上进一步整理归纳，突出基础知识与基本技能，有重点，又全面，形成适合自己复习的体系，让学习知识高度“浓缩”，以便孩子复习记忆。在考前复习中，利用模拟考试进行考前热身，感受考试氛围；利用摸拟考试试题熟悉题型，做到心中有数；通过模拟考试试卷分析，总结经验，吸取教训，振奋信心，决战考场。

（三）生活准备。考试期间，父母应该根据孩子的体质状况，合理安排饮食，保证孩子以健康的姿态进入考场，接受教学检阅。

第二，沉着镇静答题，考出自己的水平。考场之上，一试锋芒。考生必须全面浏览试题，以便统筹考试全局，稳操胜券。

（一）看清考题，明确要求。若见第一卷为选择试题，要求将答卷写在试题纸上，采用机器阅卷；第二卷须按卷面要求答题，答案写在试卷上，答题须要遵循要求，特别小心。题号与编号需要完全对应，不能错位。根据“先易后难”的原则，合理安排答题时间，掌握每题解答速度，不可超过时间，完不成的，暂时搁置，最后解答。

（二）认真阅读，明确要求。根据考题要求和须知，解答试题，以免出现悔之不及的错误。

（三）认真审题，稳重答题。审题多读几遍，尽量做到稳一点、慢一点、准一点，避免盲目性和随意性，明确针对性和目的性，弄懂题意，正确解答。

（四）沉着冷静，答出水平。注意不同题型的解答策略，切实提高解题水平。若遇选择、填空、简答等小型题，联系基础知识和基本技能，运用熟练技巧，立即写出答案，不能丢失1分。若逢应用题、论述题、分析题、作文等大型题，至少审题两遍，抓住关键词，稍加思索，形成解题框架，写出重点要害，环环紧扣，步步深入，言简易赅，写好答卷；切忌思路不清，想什么写什么。计算题、问答题以及论述题，要根据解题说明，抓住本质，切中要害，通常，只需在试卷空白处80%～90%的地方写上答案就可以了，并非越多越好。

（五）检查试卷，防止粗心：试题答完，仔细检查。检查答案是否正确和内容是否完善，可以改变顺序或者颠倒推演，从不同角度确认：内容要求正确，概念不能混淆，关系不能颠倒，关键词句不能有错别字，更不能写反了意思，标点符号要求正确，句子必须通顺。检查是否有漏做题，从大型题到小型题，从正面到反面，仔细核查各种题型，特别注意检查试卷背面和折叠部分的试题。检查答卷，坚持“先易后难”的原则进行，答题步骤注意完整、规范，抓住主要矛盾，提高检查效率。考卷检查完毕，仍有充裕时间，可以从头至尾仔细再查，直到万无一失才交卷，千万不要与人比赛交卷第一。

第三，总结经验教训，获得成功本领。反思总结，旨在提高，推广经验，吸取教训，切实提高学校教师的教学水平、学生学习水平和考试的管理水平，增强考试检阅的成果。

在考试检阅中，父母和学校老师应该要求孩子认真听好考试讲评课，帮助孩子搞好试卷分析，抓好孩子考试后的改错练习，做好考试的全面总结，发扬长处，补充不足，有了反思，才有成功。考试成绩是个人素质与能力的体现，学习能力本身就是最重要的素质，但它需要正确的方法和良好的心态。一个人只要拥有了这些素质、方法和心态，就会获得取之不尽、用之不竭的财富，不断取得成功。

在考试管理上，一些人总是喜欢对学校、教师与学生以考试成绩排名次、定等级，总是习惯对学生“以一考定终身”，长期如是坚持，实际就是以“考分为先”代替了“德育第一”，确实挤掉了学校教育的神圣使命。以致不少优秀人才被拒之大学校门之外，从而产生了钱学森之问：“为什么我们的学校总是培养不出杰出人才？”现在，我们的学生因为成天为了迎接考试，学习任务很重很重，身体素质在沉重学习负荷的影响下，实在令人忐忑不安，异常担忧。

一位省重点小学校长在汇报会上说：“看见老师们每天早6点到校督促学生读书，下午7点还在教室里辅导，我的心都碎了，看见老师们都要为自己的工作轨迹留下印记备查而辛劳，我感到迷茫。2010年，我校六年级毕业334人，近视179人，占53.5%，集会不到20分钟，就有学生陆续摔倒。我很困惑，如何才能让素质教育不空谈？”一位省重点中学校校长在汇报会上说：“在一次十分温馨的环境中，我们举行了一次学生集会，我讲了2小时话，就有20多个学生晕倒，今天学生的身体素质确实令人担忧！”

关心孩子的健康成长，不仅是父母的大事，也是学校的大事，更是社会的大事，没有今天青少年的健康成长，哪有明天中华民族的民富国强？因此，有人把教育上存在的问题归咎于“教育考试”的过错，甚至涌动出一种“取消考试制度”的思潮。但是，前事不忘，后事之师，历史经验教训，必须认真吸取。从古至今，有教就有考，考试制度本身何罪之有？十年“文化大革命”的“推荐”全面代替过“高校通过考试录取招生”，它给国家与民族留下的伤痛，至今还在人们的心中滴血！所以，考试制度绝对不能取消！但在当前，教育的现实状况呼唤着我们重视孝道文化的传承、中西文化的交融、民主与科学为主线的教育文化发扬与创新，结合中国社会的实际锐意改革，引领未来。我们相信，随着教育体制改革的深入推进，中华民族的阳光教育工程一定会合民心，得民意，受到老百姓的拥护。

五、坚持诚信参考，在人生未来考场战绩辉煌。人生处处是考场，良好的起步始于教学检阅。然而每年，学生参加中考、高考，绝大部分人能够遵章守纪，履行考规，讲道德，讲诚信，积极参考，认真答题，考出质量，考出水平。但违纪舞弊者不乏其人。虽然，受到过严肃处理，但却作案不断，屡禁不止，一些地方甚至出现有集体舞弊案件发生，以致形成复杂而又严峻的局面，造成极为恶劣的社会影响。因此，考试须要立定法规，加强管理，坚持凡考必严，依据有关法规治考，提高考试质量和水平。那么，今天对待孩子的考试作弊，父母究竟应该怎么办呢？

第一，查明原因，实事求是。孩子作弊，切勿一边训斥，一边责问，以免恐惧，不讲实话。如果孩子看到别人成绩好，心生羡慕，因为虚荣心强而作弊，父母和学校老师就应教育孩子刻苦读书，努力学习，自然就会取得好成绩。如果孩子看见别人作弊，没有被学校老师发觉，自己不作弊吃了亏，因为侥幸心理而作弊，父母和学校老师就应教育孩子踏实学习，慎防侥幸，争取下次考出好成绩。如果孩子为了获得父母许诺的物质利益而作弊，父母就应承认过失，讲明家庭教育的失误，以父母的示范行为，教育孩子改正错误。如果孩子害怕这次成绩没有以前成绩好而作弊，父母和学校老师就要给孩子减轻学习压力，轻松愉快，发愤努力，取得实实在在的好成绩。如果因为个别学校或老师以考分争名次，而教唆孩子集体作弊，就应积极举报，请求上级根除这块有悖教育使命的“毒瘤”。在考试教育中，父母和学校老师应该教育孩子忠诚老实做人，人前人后一个样。在考场上，不仅要考出优秀的学习成绩，而且要考出做人的优秀品质。因此，正确对待考试分数、维护孩子自身利益，必须从父母和学校老师做起。这样，孩子就会在认真负责的家庭教育和学校教育中，茁壮成长起来。

第二，遵规守纪，养成习惯。根据孩子的实际情况，父母和学校老师鼓励孩子明确一个力所能及的考试行动目标，让孩子充满自信、努力学习，遵规守纪，敢于胜利。孩子今天在学校养成自觉诚信、遵守规则的考试习惯，明天就会在无处不有的社会考场中成功在握、创新辉煌。

第三，培养品格，诚信做人。通过考试，检验一个人所学科学知识的多少，检阅一个人道德品质的好坏。而考试作弊，却是一种欺骗行为，既欺骗了老师与同学，又欺骗了父母、老师和自己，后果十分严重。考试作弊，人人厌恶，个个谴责，大家鄙弃。老师和同学疏远你，也许就因为你在考试中有过一次作弊。一次作弊，可以在你人生的历程中留下抹不去的污点，也可能为你今后的学习、生活和工作设置了障碍。因此，考场要求，诚实考试，坚持始终，养成习惯，把诚信内化为自觉行动，是孩子诚实守信做人的根本。

其实，教育离不开考试，有考试才叫做办学。考试制度是教育制度的心脏，每一个考生都应真诚地维护。今天，我们在考场迎接教学的检阅；明天，走向社会将会迎接生活考试的测验。因此，教育考试是社会诚信体系的基础的柱石，是关系社会政治稳定的大事，是关系党风、政风、社会风气的大事，抓好考风，人人有责。学校、家长、社会积极行动起来，就会树立严肃、认真、规范、诚信的考风，深化考试育人的意义。今天，学校考试环境得到根本性的改善，明天，社会诚信氛围就会得到根本性的加强，和谐社会的建成就会得到根本性的保障。

选好专业实现就业梦想。孩子高中毕业，通过升学考试，需要进入大学读书，完成自己的学业。父母应当帮助孩子选好专业，指导孩子就业，让其大学毕业步入社会，从事理想的工作。

一、选准专业，进对校门。大学专业没有好坏之分。选择专业，关键要看孩子喜欢什么专业，适合学什么专业。父母帮助孩子选择专业，千万不要根据自己的主观臆想，让孩子勉强依附自己的愿望，选错学习专业，入错读书校门。否则，给孩子嘴里塞进了苦果，也伤透了自己的心。

一位大学生快毕业时，身边的同学大多找到了工作，可他至今也没找到工作。究其原因，当他读高中的时候，数学成绩很好，而对物理、化学却怎么也不想学。他爸爸"高瞻远瞩"，为他选择了自动控制专业，理由是读这个专业将来好就业。孩子只好按照父亲的意愿，报读了这个专业。大学学习的四年里，孩子感到无线电基础理论学习起来并不轻松。先是电工、电子技术学起来头痛，往后，学那些电路基础、模拟电路更让他心烦，图纸上那些密密麻麻的元器件，他一看就头大。一晃四年过去了，专业没学好，能力也不行，工作没找到。孩子痛苦，家长难过，这能怨谁呢？孩子毕业后怎么办，是搞专业还是改行，孩子的核心竞争力究竟在哪里？孩子感到前景迷茫。而父亲只知道埋怨儿子读书不努力，却不知道正是他自己给儿子播下了一粒难以在社会上生根、发芽的种子！

这是一个极其严重的问题，涉世生活，就业无奈，十分现实地摆在了家长和孩子的面前。那么，父母应该怎样遵循规律帮助孩子树立专业学习目标呢？

其实，高考应试考的是孩子，报读大学填写志愿考的是父母，通过填报志愿，检验父母是否当好了孩子选择专业的参谋。孩子高考的应试过程在考场中完成，父母填写志愿的应试则须经过对孩子漫长的培养才能写出满意答案。孩子读小学就已处于职业的蓄势期，这时广泛涉足各个领域，极易发现孩子的特长和智能；孩子读中学就已处在职业的待发期，这时发现孩子兴趣，就可选好大致发展的方向，有的放矢填报大学志愿，就已奠定了基础；孩子读大学应该在专业上用心钻研，逐渐一专多能，一旦毕业，就可融入时代潮流，汹涌澎湃，奔腾向前了。那么，如何帮助孩子选择专业呢？

第一，及早准备，沉着应对。当前，中学生忙得不亦乐乎，父母忙得不可开交，似乎无暇顾及专业的选择。往往到孩子高考结束要填报志愿时，才发现眼前的专业琳琅满目，无所适从。要在十天、半月很短的时间之内，选择孩子日后数十年生活要从事的职业，既是对孩子的检阅，又是对父母的考试。要在这场特殊的检阅和考试中，获得及格成绩，父母与孩子必须及早备考，沉着应对。千万不能因为一时疏忽，落入进退维谷的境地。孩子尚在九年义务教育期间，父母在鼓励他们学好各门功课、全面发展的同时，就要发现孩子的兴趣、爱好和特长。孩子进入高中（特别是高三），父母就应通过各种途径了解报考大学概况、师资力量、专业设置、培养目标、就业方向、课程设置、使用教材、招生政策、招生计划和近几年的录取分数线以及招生简章等情况，全面熟悉招生形势，然后，根据孩子的实际情况，给孩子准确定位，提出孩子选择专业的建议，激励孩子树立奋斗目标，把专业的选择变为孩子努力学习的动力，并且留有足够的回旋空间，让孩子确定选择专业的志愿。那么，当前中国大学设有哪些专业呢？

类　型	专　　业
语言、文化类	文学类、语言类、哲学类、外语类、历史学、考古学、文物学。
艺术类	音乐学、美术学、广告学、艺术设计。
社会、经济类	经济学、国际贸易与经济、金融学、社会学、法学、新闻学。
医药、卫生类	各类医学、护理学、药学、体育学类。
教育、心理类	教育学、学前教育学、教育技术学、心理学。
生物学类	生物科学、农学、园艺、林学、动物科学。
理学基础类	数学、物理学、化学、理论力学、应用力学、统计学。
自然科学类	天文学、地质学、地理科学、大气科学、地矿学、水利水电工程。
电子通信类	微电子学、光信息科学与技术、电气工程及自动化。
建筑土木类	环境科学、建筑学、城市规划、土木工程、测绘工程、环境工程。
管理类	管理科学、工商管理、市场营销、会计学、财务管理、人力资源管理、旅游管理、行政管理。

上述专业，没有高下，各具特色，因此而学，出类拔萃者不乏其例：语言文化类的鲁迅、艺术类的张艺谋、社会经济类的费孝通、医药卫生类的钟南山、生物学类的袁隆平、管理类的刘云山，教育、心理类的陶行知、钱伟长，理学原理类的爱因斯坦、钱学森、钱三强、邓稼先、朱光亚，自然科学的竺可桢，电子、计算机类的比尔·盖茨，建筑土木类的贝聿铭等人都是各类专业学业成功者的杰出代表。所以，我们只要根据自己所长填报专业，刻苦努力，就会大有作为。

第二，锁定目标，主动进击。高考前后，父母只要将本省、市招生形势和孩子的兴趣、爱好、学业成绩以及报考学校专业录取情况有机结合，就可以帮助孩子锁定目标，选择学校，填报专业，保证自己决策的科学性，就能使理想变为现实。

（一）根据孩子的兴趣、爱好和学习情况，读什么专业，父母同孩子成竹在胸，已有共同意向。通过填报志愿，选择专业，培养孩子适应社会、应对变化、把握机会、解决问题的能力。

（二）孩子高考结束，父母同孩子交流，以模拟考试为参考，兼顾平时的学习成绩，分析参考的情况，综合评估高考成绩，提出填报志愿的预案，确定报考学校的档次。高考成绩一公布，确定自己在高考中的排名，认识自己的实力，找准自己的定位。

（三）关注最近三年，本省、市高校录取人数，招生规模，根据自己的定位确定报考学校与专业类别，适应招生形势，填报志愿。

（四）查询所选高校最近三年一、二志愿的录取情况，关注一、二志愿报考该校分别录取的人数，一志愿与二志愿录取的分差等。了解所选高校近三年的录取人数，分析变化趋势，掌握所选学校平均录取分数，所选学校的最低和最高录取分数，所选专业的最低和最高录取分数。了解所选学校的办学情况：性质属于“公办”或是“民办”，了解师资、学位、专业名次等综合实力以及相关专业的限报条件。

（五）做好学校联络工作，了解最新动向。尤其加强与孩子班主任、任课教师的联系，帮助孩子确定专业定位。

一位同学，高中时成绩原本一般，但对数学特别感兴趣，觉得学习高中数学不过瘾，就去自学大学数学教材。一次，在奥林匹克数学竞赛中获了奖，一举成为了校园骄子。在精神力量的鼓舞下，其他功课的成绩也跟了上去。他充满自信，参加了高考。高考上了录取线，他便按照自己的兴趣，报读了理想大学数学专业。朝夕梦想，如期实现。他在重点大学数学系学得有滋有味，现在又到美国留学去了。

第三，知己知彼，调整专业。全国一项针对“当代大学生对所学专业满意度”的调查表明：42.1%的大学生对自己所学的专业不满意，以致出现了不少大学毕业生职业迷茫的憾事，于私于公都不利。因此，选择专业，父母既必须让孩子对现在的自己负责，又必须对未来的自己负责。知己知彼，百战不殆。根据实际，调整专业，狠下决心，狭路相逢勇者胜。

黑龙江省宁安市的15岁少年倪世明，2004年考取中国科技大学少年班，但发现该班只有数学、物理、计算机三个专业，没有他最喜爱的化学专业，便毅然退学。他觉得学习少年班的专业，多年后，中国只会多出一个平平凡凡的大学教师，而不会多出一个化学专家。他回到母校复读，平静地对待旁人的猜疑与误解，坚定地把2006年的高考目标锁定在北京大学化学系和吉林大学化学系，并且取得了成功。

*二、孩子就业，既是孩子的梦想，又是家庭的希望，更是社会对父母与孩子的重要检阅。*父母应该根据孩子的兴趣，尊重孩子的意见，指导孩子独立自主逐步实现自己多年就有的就业愿望，让孩子依靠自己的本领，立身社会，勤奋努力，开创自己的事业，实现自己的梦想。

法国的著名作家大仲马的儿子小仲马，也是一个非常喜欢写作的人。在他刚刚开始起步的时候，稿件总是被退回来。大仲马希望小仲马在稿件后面写明他们的父子关系，以期得到照顾。可是，小仲马一口否定："不，我不想坐在你的肩膀上摘苹果，我要靠我自己。"一次又一次地退稿，反而激发了小仲马的创作热情，他终于在挫折中获得了成功——他的《茶花女》以绝妙的构思和精彩的文笔震撼了一位资历深厚的编辑。当这位编辑看到寄稿人与大仲马丝毫不差的地址，而产生了疑问，便亲自前来寻访时，才发现这部伟大作品的作者就是大名鼎鼎的大仲马的儿子。老编辑奇怪地对小仲马说："你为什么在稿件上不署真实姓名，而要用这个人人陌生的笔名呢？"小仲马微笑地回答："我只想拥有真实的高度。"老编辑对小仲马的做法发出了由衷的感叹。最终证明，小仲马一点也不比父亲差。

生活处处是考场，件件事情要答案。父母应该履行自己的责任，不少父母坚持"扶上马、送一程"的原则，指导孩子清醒地认识：只有依靠自己的真本事艰苦创业的人，才有可能写好社会考试的答卷，才有可能赢得社会永远的尊重，才有可能获得生活永存的力量。

第一，周密思考，做好就业教育工作。孩子的就业教育必须贯穿于家庭教育的整个过程，克服短期行为，树立全程意识。孩子就业导向始于入学读书第一天，父母帮助孩子策划好学生的生活，根据孩子的爱好与兴趣，进行职业导航设计，让孩子了解专业培养目标和就业方向，明确提高自身素质，就是提高核心竞争力的重要意义。同时，分阶段、分学年建立提高就业素质的教育目标，进行就业准备。对于孩子的就业教育，要落实到孩子学习的全过程，先行一步，早走一步，步步主动，让孩子以足量的就业知识、综合素质和全优能力，在市场就业竞争的激烈战斗中，获得全胜。

（一）领到毕业文凭，就领到了就业的介绍信。正规学校的毕业文凭是通过考试获得的，文凭能够证明你的逻辑思维能力，持之以恒毅力和生活办事能力。考试能力是一个现代人生存的基本素质的证明，也是应聘就业的介绍，学历越高，录取的可能性越大。

（二）获得等级证书，就获得了就业的证明信。鼓励孩子得到计算机和普通话资格证书，英语达到了等级资格水平，拿到一定数量的国家职业资格证书。

（三）具备应试能力，就得到了就业的许可证。鼓励孩子领到了所学专业文凭，还要通过刻苦努力，获得自考或远程教育的专科或本科毕业证书，这些双学历的取得，进一步证明，平时的厉兵秣马，正如猛虎添翼，一定会增强孩子的就业竞争实力。

一家外资企业招聘一位业务经理，有两个人去应聘，一个是工商专业本科生，一个是地质专业博士，两个人接受了一切应聘资料和证件的审验，回答了主考提出的问题，顺利地通过了面试。照理说，那个工商专业本科生专业对口，应该录用他。可是，那个地质专业博士被录用了。公司老板说：“这两个人都通过了面试，实际上，那个本科生给我的感觉还要好些。但是，我选择了博士生。一个人能通过层层考试读完博士，至少说明他有三点过人之处：第一，他有着严密的逻辑思维能力。任何一个成熟学科，都有着极为严谨而又庞大的逻辑体系，要想把地质学学通，通过各种考试，论文答辩，逻辑思维显然不同凡响。第二，他能有效地安排自己的时间，要考到博士，需要读大量的书籍，背大量的材料，做大量的题，写大量的论文，一个办事拖沓、生活没有规律的人是不可能做到的。第三，他有很好的自制力，能够排除多种干扰，办事能够持之以恒。一个人只要具备了这三点优势，学习工作所要用的知识，不会有任何困难。显然博士给我的信息量更大，也更可靠。所以，我选择了博士。”

第二，一专多能，实行通才教育培养。通过学习，让孩子掌握市场急需的专业核心知识，形成系统的能力结构，具备第一岗位所需要的专业任职能力。同时，各专业根据市场热点需求，学习与国际接轨的ESL和各专业都必须掌握的计算机基础，强化其所任职位的专业功能，提高其综合素质水平。同时，掌握岗位职业选项技术，增强其选择和转换岗位的适应能力。孩子是就业的主体，应该坚持“自主择业、双向选择”的原则落实工作。父母应该根据“一专多能、通才培育”的原则，积极抓好孩子的就业辅导，实行“缺什么，补什么”的原则，进行技能训练，让孩子多听知识讲座，平衡求职心态，支持孩子进入应聘就业培训班，鼓励孩子做好全方位的准备，顺利通过招聘关隘，拓宽就业门路。就业之后，坚持不懈努力学习，不断建设自身，紧跟时代步伐，适应社会要求，满怀信心，走向成功。

一个研究生和一个大专生因为具有了“一专多能”的条件，计算机基础、ESL都不错，一起接受了面试检验，各方面都合格，因此，同时被招聘进某公司做运输管理工作。他们俩深知工作来之不易，两个人对工作都很敬业与负责。也许，他们心里都明白：这个职位其实只需要一个人，之所以让他们俩都留下，目的为了“择优而取”。不过，敬业归敬业，那个研究生的压力并不大，他想，自己好歹是个研究生，无论怎么说，也比一个专科生强，就算凭学历，自己显然有优势。他不求有功，但求无过，每天按部就班，认认真真完成经理交办的各项任务。他认为，只要试用期间不出什么差错，就毫无疑问地会赢了这场比赛。而那个专科生的心思却不一样，他是“不但求无过，而且求有功”，所以，每天都去做一些分外工作。比如，分析同一地区各大客户订货量的变化，记录运输途中的滞期现象，搜集周边城市的路况信息、近期天气预报情况等等，并把这些资料及时送给经理参阅，以便经理更好地调配车辆。就因为这些资料，经理最近一段时间的工作相当顺利。三个月的试用期过去了，满有把握的研究生落选了，大专生成功转正了

第三，成功就业，工作岗位大显身手。应聘就业，讲究气质、注重形象、讲好普通话，更在乎结合实际、正确定位、换位思考、双方达成共识，才有可能旗开得胜、马到成功。同时，把就业指导与职业生涯结合起来，让孩子了解市场经济条件下的就业选择方式，熟悉社会现有的职业岗位，帮助孩子树立自主多元就业的意识，拿出从底层起步的勇气，坚定从基线快跑的决心，增强改变命运的愿望，创新建功立业的能力。

一位留美的计算机软件博士没有想到，他回国之后竟然四处碰壁，没有找到工作。这么好的专业，这么高的学历，这么棒的外语，怎么就找不到一份满意的工作呢？他确实没有想出什么好办法，只好把他的学历证明收了起来，声称自己是一个高中毕业后在某民办计算机培训班培训了两年的小人物。非常意外，他很快就找到了一份对口的工作：基础程序录入员。这份工作与他实际水平并不相符。但是，他相信：是金子总会有机会发光的。果然不久，公司老总就注意到了这位能够纠正程序错误的“小人物”，觉得他的水平不止干基层工作，所以提拔了他一次。再后来，老总发现他依然游刃有余于新的职位，于是又提拔了他一次。这时候，他的工作难度已经跟硕士生基本齐平了。不久之后，老总发现他干起工作来竟然还是绰绰有余，便心存怀疑地找他谈话。这位博士这才不好意思地亮明自己的身份：美国某名牌大学的计算机软件学博士。老总这才恍然大悟，立即拍板：请你以技术入股，负责咱们公司的对外交流软件这个部门，您的股权为16%。

因此，与其让人由期望到失望，不如让人由无所谓到存在希望。适时亮出底牌，才能既不让人感觉难以与自己合作，又不至于让自己因为对方过高的期望而背负重担。这样，不仅拓宽了你的就业空间，而且让你充分发挥了自己的才干。

三、到祖国最需要的地方去展示价值。当前，不少大学生学校毕业之后，去

街道，上工厂，下农村，走基层，到军营，参加西部贫困地区的开发，信心百倍，满腔热情，凭着自己所学知识，开拓自己的事业，并且取得了显著的贡献，展示了当代大学生的形象、品质、能力与风采，实在令人欢欣鼓舞。这不仅是这些大学生个人的喜事，更是我们国家、我们民族的希望与自豪。

第三篇　教育孩子健体

古代相传，彭祖活了800岁，老子活了200岁，后汉的葛越活了280岁，唐朝的慧昭法师活了290岁，西藏的李中云活了252岁，名医孙思邈活了141岁，张天师活了211岁……他们健康长寿的养生经验是最可宝贵的。直至今天，仍然指导着中华民族提高健康水平。其实，一个人的健康长寿养生往往从孩提时代就开始了。

孩子是国家的希望、民族的未来，在教育青少年的过程中，父母必须掌握健康教育的原理和方法，教育孩子从小重视身体的保健与锻炼。一个人拥有了强健的身体，才会拥有创造物质与精神财富的资本，才会拥有走向成功的一切。父母必须告诉青少年掌握强身健体要素，养成良好的生活习惯，以人为本，珍爱生命，保护人身安全，才会让自己茁壮成长起来。在教育孩子健体活动中，把握强身要素、培养健康习惯、确保安全第一、深化生命意义。重视孝道文化的传承与发扬、中西先进文化的交融、民主与科学为主线的教育文化的发展与创新，突出体育的中心：培养体魄健康、坚毅勇敢、吃苦耐劳、团结协作的精神，让青少年成为博学多才、文韬武略的现代化建设人才。

第一章　把握强身要素

在生活中，舒畅的心情、良好的环境、正确的保养、有益的饮食、不懈的锻炼是身强体壮的五大要素，它比什么都重要，它比什么都宝贵，我们有什么理由不去好好地把握？因为，在一切无量中，身体第一，生命第一。无量的土地田园，无量的金银珠宝，无量的家产财富，无量的锦绣江山，无量的大千世界，没有身体，没有生命，谁去拥有，谁去享受？

让孩子拥有愉快心情。在生活中，健康需要心情愉快，舒畅的心情是健康的首要因素。不少成功者正因为有了欢畅的心情，才有了强健的身体，才有了成功的资本，才有了成功的事业。

钱三强原名钱秉穷。上中学的时候，他在班里年龄最小，个头也最小。可是，他的脑袋特别聪明，学习也好，还是个体育健将、跑步能手。一次，学校举行4×100米跑步接力赛，要求每个班都要参加比赛。老师挑了三个跑步快的男生，正为差一名选手左右为难时，神情愉悦的小秉穷自告奋勇参加比赛，大家也一致推荐他担当重任。比赛那天终于到来了，参加比赛的四组运动员在跑道上亮相，小秉穷就是个小不点，其他班的同学人高马大，看上去都很厉害。可是，小秉穷非常兴奋、充满自信：个头小，阻力小，出脚快，速度快。

比赛开始了，运动员你追我赶非常热闹！“加油！”“加油！”拉拉队的喊声此起彼伏，一浪高过一浪。小秉穷被安排在最后、最关键的一棒！就在他接过接力棒的那一刹那，就像脱了缰绳的马儿一样，向终点跑去。还没等大家反应过来，他就已经冲过了终点线，夺得了第一名。大家觉得他身强、手强、力强，同桌就给他起了个外号叫“三强”。小秉穷的父亲觉得这个名字可以解释为德、智、体三方面样样都强，就干脆把钱秉穷改名为“钱三强”。后来，钱三强毕业于清华大学，留学法国，1948年回国，一生致力于中国核武器的发展，培养了一大批从事原子核科学研究的人才，为国家的富强、中华民族的复兴作出了巨大的贡献。

在生活中，舒畅的心情要求我们随时随地胸境开阔，性情温和，乐观旷达，心情愉快。那么，如何让孩子拥有舒畅情怀与愉快心情呢？

一、肯定你的孩子，相信你的孩子。在家庭教育中，每遇孩子做事或考试遭受挫折的时候，作为父母应该肯定孩子的能力，相信孩子一定会有成功的希望和光明的前途，千万不能怀疑、责备、贬斥你的孩子。父母肯定孩子，多一些赞扬，少一些批评，就会产生一种力量，驱散孩子心头的阴霾，让孩子找回自信，怀着充满希望的欢快心，从跌倒之中站立起来。父母相信孩子，既能够获得孩子的信任，又会让孩子手捧一份父母所期望的回报。孩子在父母心目中的形象，极大地影响着孩子的健康。

一个孩子很贪玩，放学回家，总是尽情地玩耍，玩得满头大汗，才做作业，作业马虎，经常出错，成绩一直很差。爸爸为此十分生气，几乎天天批评他，数落他，可是对他不起任何作用，孩子照常贪玩。恰好在外地教书的姑妈回来，看见孩子和小朋友玩得很好，趁他回家喝水的工夫，边替他擦汗边对他说：“你跟小伙伴们玩得不错，很团结，还知道让着别人，真是个好孩子。你能不能先和小伙伴一块儿做完作业再玩？做完作业再玩，无挂无牵，不是玩得更开心吗？”孩子十分懂事地点了点头。从此，这孩子一放学，总是先做作业，然后再去玩，学习成绩也慢慢好起来。

只有宽严适度、褒贬得当的教育方式，肯定你的孩子，相信你的孩子，才能培育出聪明、伶俐、活泼、欢快的孩子。

二、采用民主家教，培养孩子自信。许多成功者身上，总是充满了自信。在自信心的驱动下，敢于对自己提出更高的要求，并在失败的时候看到希望，最终获得成功。自信心对一个人的发展所起的作用是无法估量的。父母希望孩子成绩好，让他们在健康快乐中，度过自己的青少年时期，最根本的办法就是在培养孩子自信心上下工夫。

有个小女孩长得很丑，既缺乏自信，又不爱打扮，情绪低沉，做事不求上进。为了改变她的心理状态，她的学校老师，让大家每天对她说："你真漂亮"、"你真能干"、"今天表现不错"等赞扬话语。经过一段时间的努力，人们惊奇地发现，小女孩的邋遢不见了，不仅爱打扮，做事也积极，更爱表现自己，充满自信的她比以前漂亮了许多、快乐了许多。

培养孩子自信心的最根本办法是做民主的父母，对孩子采用民主式的教养方式。而民主教养方式的核心内容又必须是尊重孩子、理解孩子、关心孩子与赞美孩子，让孩子充满快乐。

三、亲子感情交流，理解融化叛逆。在家庭教育中，当孩子成绩不好或者遇到挫折的时候，也是他最孤独、最脆弱、最需要被人理解的时候，父母与孩子进行感情交流，相互沟通，让他们知道，孩子的喜怒哀乐，就是父母的喜怒哀乐。孩子回到家里，应当让孩子感到家庭的温馨，父母切忌抱怨责备，在快乐中，防范孩子的偏执，消融孩子的叛逆，促进孩子的进步。

一个孩子放学回到家里，父母提醒他别忘了做作业。孩子放下书包，洗手吃饭，刚端起饭碗，父母又催促他快些吃完饭去做作业。孩子放下碗筷，想观赏一下鱼缸里的小金鱼，再去做作业，马上遭到父母的指责。这时，原本想做作业的孩子大声抗议："我偏不做！"亲子关系出现了裂痕，这能怨谁呢？

教育孩子，父母应该讲究科学，学会沟通，走进孩子的内心世界，选择恰当时机，采用合适的方法，指出存在问题，可以让孩子反思过去，展望未来，轻松愉快，有益于孩子的健康成长。

四、积极评价孩子，尊重孩子个性。一个人对自己的评价符合实际情况，自己对自己充满信心，自己对自己采取肯定的态度，这就是自信。自信的人在行动中勇于探索，富于开拓与独创精神，拥有了自信就拥有了成功。一个人对自己的评价超出了实际水平，过高地肯定自己，自以为是，盲目自信，这就叫自负。自负的人在行动中自以为无所不能，横冲直撞，盲目蛮干，只要不发展到否定他人的地步，不做出违背道德的事，碰的钉子多了，绝大多数的人，还是能够吸取教训的。一个人对自己的评价低于自己的实际水平，对自己持否定态度，自以为一无是处，这就是自卑。自卑的人在行动中往往瞻前顾后，犹豫不决，畏首畏尾，惧怕一切行动，使自己常常体验难以排解的沮丧和苦恼。父母教育孩子，切忌不尊重孩子的个性，将自己的孩子与他人的孩子做假横向比较，从而重创了孩子的自信心，造成家庭教育的失败。

一对表姐妹，经常在一起玩。学校放暑了，表姐和表妹一同从学校回来，来到了大姨妈家。大姨妈问起表姐的成绩，表姐掏出刚从学校领到的成绩单，各科成绩都是A。姨妈让自己的女儿拿出成绩单，不见上面有一个A，有些科目是B，还有C呢！大姨妈对着自己的女儿直嚷："你表姐的成绩为什么这么好？你的成绩为什么这么差？就因为你太笨、太懒，又不努力，才有了你给我们家庭带来的耻辱！"孩子需要得到理解的时候，不但得不到妈妈的安慰，而且下不了台，女儿只有含着眼泪回到了自己的房间。从此，妈妈给孩子播下了失败的种子，她给予孩子的不仅仅是加倍的自卑，还有更大的耻辱。

在家庭教育中，父母的责任在于培养孩子的自信，克服孩子的自负，消除孩子的自卑，让孩子真正快乐起来，在欢欣鼓舞中，度过属于青少年自己的愉快生活。

五、保持旺盛精力，注意孩子健康。古往今来，不少成功者自幼非常注意保持自己有充足旺盛的精力从事学习与工作，以致一路攀登上一级又一级成功的阶梯，喜摘一个又一个成功的硕果，老而不衰，永葆年轻人常有的气质、形象和成就。

清代诗人袁枚“幼有异禀，年十二为县学生”，他便十分注重自身的修养，既具有善行宽容的美德，又养成了潇洒豪放的性格，平时生活起居有节，张弛有度，“不以物喜，不以己悲”，“坦然自运”，善于调节自己的心情，始终保持稳定乐观的情绪。因此，不仅精力旺盛，而且健康长寿。年届八十，作诗不停，写字不辍，兴来举足登山，甚至旅游苏杭，精神比年轻人还美，劲头比年轻人还强。正如当时著名学者蒋夔为他八十寿辰写的祝寿词所云：“八十精神胜少年，登山足健踏云烟。”

可见，心情愉悦，劳逸结合，才能保证旺盛的学习精力。合理安排学习与休息，让青少年孩子科学用脑，完成自己的使命。脑是人类高级神经活动中枢，是思维器官，用脑必须讲究科学。这样，才能使人精力旺盛，用充足的时间和精力来做好自己想做的事情。

当前，不少父母“望子成龙、望女成凤”心切，让大部分小学生每天早上七点出门，下午五六点钟才回家，晚上做作业，复习功课一直到晚上九、十点钟。周末，还要参加各种辅导班学习，使孩子每天的“工作量”不亚于成人。以致孩子大脑长期过于兴奋，使脑细胞功能发生改变，不仅影响孩子的学习力、注意力，对学习失去兴趣、对上学产生恐惧情绪，而且使孩子大脑处于过度疲劳状态，上课就犯困，听讲就睡觉，出现了成人才有的疲劳综合征。其实，孩子的学习生活应当快乐愉悦，有张有弛，只有学会学习、同时学会休息的人，既注重劳逸结合，又懂得科学用脑，才有利于孩子自身的健康成长。在家庭生活中，父母应当根据孩子的实际情况，至少留意下述几个方面的问题，永葆孩子的青春活力：

第一，学习负担合理，保持旺盛精力。根据孩子的年龄、生理、身体、兴趣等特点，父母必须掌握尺度，科学计划，防范极端，合理安排孩子的学习生活，尽享孩童时期应有的欢乐。孩子的学习时间过长，负担过重，大脑兴奋过度，就会产生抑制，新的信息不能接受，原有信息也会被冲淡，不仅造成孩子注意力难以集中，反应迟钝，记忆下降，学习成绩不好，而且会造成神经衰弱、头痛等疾病，身体素质下降，最终造成难以弥补的损失。因此，让孩子具有旺盛的精力，学习负担必须合理。

第二，保证充分休息，保持旺盛精力。休息好，学习才好，劳逸结合，效率才高。父母应该保证孩子每天应有9～10小时的睡眠时间，才有利于孩子健康成长。孩子的大脑皮层一般会在晚上10点以后开始分泌生长激素，孩子每天晚上九点以前必须睡觉，次日凌晨6点半左右起床。每天午睡应该养成习惯，大脑经过一个上午的学习思考，休息时间不可缺少。当然，大脑休息，不等于床上睡觉。运动、游戏、做家务劳动都是大脑休息的好方法。运动不仅能增加大脑的氧气，而且能改善大脑的血液循环，既能消除大脑的疲劳，又有利于大脑功能的发挥。因此，让孩子具有旺盛的精力，必须保证孩子休息。父母要教育孩子用脑必须在抓紧时间、集中精力的同时，一定要注意休息，科学结合学习与休息，才能提高成功的效率。

第三，科学饮食营养，保持旺盛精力。在生活中，合理的饮食、丰富的营养和有益的运动，能够促进大脑发育，有利孩子健康。父母不应随意给孩子吃补品，而要充分利用日常食物中丰富的营养成分，滋补孩子的大脑。例如，鱼类尤其是深海的鱼类含有丰富的脂肪酸。核桃、杏仁、花生等坚果类含有大量的铁、锌等微量元素。瓜果蔬菜中含有丰富的维生素，是补充大脑不可缺少的元素。葱蒜不仅营养丰富，而且能促使人的消化液分泌增加，帮助消化，提高食欲，还具有杀菌、消炎的作用，常吃葱蒜，可以降血脂、降血糖、降血压，还有补脑功效。如果在睡前喝一杯牛奶，不仅能帮助睡眠，而且能保证大脑的营养。因此，让孩子具有旺盛的精力，必须科学饮食营养。

每一位父母都会“望子成龙”、“望女成凤”，但要实现这个愿望，必须让孩子心态愉悦、精力旺盛，劳逸结合，张弛有度，孩子置身学习才会学业有成，从事工作才会功成名就，在自己的创业中，才会位及顶峰创辉煌。因此，孩子有了健康快乐的青少年生活，才会拥有健康快乐的青少年时代！

良好孩子的人际环境。在生活中，身体健康需要良好的生活环境，良好的生活环境可以形成良好的心理环境，开创良好的人际环境，让人舒心愉快、得到幸福。因此，良好的生活环境是健康的重要保证。一个人的生活环境可以改变自己的一生。生活在良好的环境之下的人，可能形成良好的心理环境，造就良好的品格，平步青云，扶摇直上，实现自己的理想。生活在恶劣环境中，可能染上难以预料的劣迹。但也有不少人在逆境中开拓出良好的心理环境，形成优秀的品质，进而具备了坚强的意志和不屈不挠的奋斗精神，生命不息，奋斗不止，走向胜利，走向成功。

毛泽东在湖南长沙读书的时候，为了锻炼自己的意志和身体，吹风的时候，他常在大风中进行“风浴”，下雨的时候，他常在大雨中进行“雨浴”，出太阳的时候，他常在太阳下进行“日光浴”，为他后来领导艰苦卓绝的革命斗争，练就了强健的体魄。为了锻炼自己的镇定自若、抗击干扰的能力，经常选择长沙最热闹的地方看书，可谓“闹中取静”。后来，在长期的戎马生涯中，无论走到哪里，条件多么艰苦，他都能够坐下来，专心致志地处理“革命大事”，决战千里之外，运筹帷幄之中。

千百年来，优良的心理环境造就出无数优秀的英模。“孟母三迁”，培育出名传千古的圣贤；“岳母刺字”，铸就出功盖万世的英雄。中华历史上多少育人典范，指引着一代又一代人茁壮成长为民族精英、国家栋梁。当今社会，青少年的成长需要一个和谐的家庭氛围，拥有良好的心理环境和良好的人际环境。而建立良好的人际环境，又必须积极修身养性，直面人生，愉快精神，美好情操，高尚品德，以创设良好的心理环境。在家应当处理好父子、母子、夫妻、子女、邻里、亲朋等关系，学会处理好上、下、左、右关系的技巧，建设良好的心理环境与人际环境，为其后来立身社会、健康发展营造理想的环境氛围。那么，怎么样教育孩子拥有良好心态、处理好人际关系、营造我们所追求的环境氛围呢?

一、运用心理手段调节，开创良好人际环境。在人际关系交往中，人与人交往的过程就是彼此认知、感情交流、互相影响的过程。这个过程，往往又是相互影响、双向作用的过程。彼此设身处地，感同身受，互谅互让，善解人意，才能有效营造人际交往的氛围。只有充分发挥心理因素的作用，才能有效调节与改善人际关系。

美国的希尔顿旅馆以微笑服务著称于世，董事长康纳·希尔顿要求下属以“微笑”服务顾客，战胜了1930年空前的萧条时期，跨入了经营的黄金时代，希尔顿的资产从5000美元发展到数十亿美元，终于发展成为显赫全世界的旅馆业。可见，微笑这一使人感到亲切、温馨的表情，可以拨动对方的心弦，有效地缩短交往双方的距离，创造良好的心理氛围。

微笑是一张醒目的名片，它向并不了解你的人介绍了你的诚挚与可靠，让对方向你伸出了友谊的手；微笑是一盏明灯，它能照亮对方暗淡的心灵，驱散心头的迷茫，朝你迈开坚定的脚步姗姗走来。在调节人际关系中，我们的青少年若因微笑而精神焕发，并能充分发挥语言的沟通作用，便能获得彼此的正确感知和理解。当然，送人玫瑰，手遗余香，给人以微笑，显示心地的善良，说话讲究语速，语言表述动听，加上恰如其分的手势，得体的形态，礼节性的动作……自会得到别人善意的回报，催动彼此间的那份春意融融的交情与友谊，促进交往双方相互认识和理解，既能够良好我们自身的心理环境，又能让我们获得良好的人际环境。

二、运用道德方式解决，开创良好人际环境。道德是调整人与人之间、人与社会之间的相互关系的行为原则和规范。它是在人们的社会实践中产生的，通过人们的内心信念，社会舆论和传统习惯来约束人们的行为，从而有效地调节人们相互间的关系。

一个品貌端庄、工作积极、人缘关系好的女青年先进工作者，年近三十开始初恋，经不住小伙子的甜言蜜语，海誓山盟，终至未婚同居。岂料小伙子道德败坏，惯于玩弄女性，又将她遗弃。她一气之下，用镪水毁容进行报复，触犯法律，身陷囹圄，这就是未能正确运用道德调节而导致矛盾激化，又采取了错误手段而招致的恶果。

在生活中，道德调节的范围相当广泛，无处不生，无处不有，涉世不深的青少年尤其需要正确对待。譬如：

当自己在宿舍里一头钻进数学王国，正在演算习题、即将获得答案的时候，一位同学带着外语录音机突然闯入，彼此思想立刻摩擦出矛盾的火花。但应想到，两者都属奋进，无可指责，自己不妨依靠"谦和"、"礼让"等道德手段忍一忍，让一让，便会获得风平浪静、海阔天空的局面。

父母不妨教育青少年以坚定、正确的道德信念，克制自己，牺牲一点自我利益，给人以方便，进而和谐自身的心理氛围，开创良好的人际环境。

三、运用政治手段调节，开创良好人际环境。全心全意为人民服务，调节各种错综复杂的人际关系，是人民政府的基本职责。"请求政府做主"，体现了老百姓的意愿以及我国社会主义制度的优越。

抗日战争时期，民主根据地刘家峧村的青年队长、杀敌英雄小二黑，与本村俊美聪慧的姑娘小芹相爱。但因违背了封建迷信思想严重的父母亲的意志，遭到了各自家长的强烈反对。其时，担任村干部的流氓恶棍金旺，亦凭借手中职权，调戏小芹未成，便罗列罪名，对小二黑和小芹进行残酷迫害，使这对恋人的爱情几乎夭折。后由抗日民主区政府区长出面支持，经过一番斗争，惩办了流氓恶棍金旺，教育了封建愚昧的落后群众，小二黑的父亲二诸葛和小芹的母亲三仙姑也才表示支持儿女的婚事。至此，这对追求婚姻自主、向往美好生活的情侣，终于结为夫妻。

在处理人际关系中，当我们单纯依靠双方努力难以排除障碍的时候，遇到双方意见相持不下，而依靠心理、道德等手段难以调节的时候，不妨请求各级党政领导，通过政治力量、影响、手段和方式帮助我们加以调节，是为最佳选择。通过政治手段良好人际关系，青少年必须懂得，并在急需的时候恰当运用。

四、运用法律方式解决，开创良好人际环境。法律体现国家意志，人人必须遵守。超越法律界限的人和事，必须依法追究责任。在生活中，凡是人际关系中涉及违法行为的，就应该诉诸司法机关，由司法机关依法进行法律调节。

一男青年忠厚老实，但婚姻多蹇，经人介绍，认识一风度翩翩颇有姿色的女售货员，相处中热情主动，两人很快定了终身。在女方的暗示下，小伙子对姑娘所求必应，几个星期内就给她买了几千元钱的衣物。然而正当小伙子陶醉在甜蜜忙碌操办婚礼的时候，姑娘忽然以"没有共同语言"为由，和他断绝了关系。小伙子情知受骗，强压怒火向女方索要衣物，谁知女方矢口否认接受过他的东西，姑娘家庭反诬小伙子对姑娘有不轨行为，并对他进行威胁。女方这种诈骗行为是违法的，小伙子本应诉诸法律能够获得胜诉，使问题得以合理解决。但他缺乏法律常识和法律观念，采取了错误的解决办法。一天晚上，他约请了几个朋友，埋伏在姑娘下班回家必经之处。当姑娘出现时，几个人一拥而上，把姑娘的衣服当场剥下，只剩内衣内裤，引得路人围观，造成很坏的影响。事后，姑娘到公安部门报了案。经调查核实，对姑娘的诈骗行为进行了处理，对小伙子采用暴力掠夺的违法行为，给予了劳动教养的处罚。可见，本来有理的事，由于擅自采取了不正当的解决手段，结果自己反倒触犯了法律。

因此，父母应当教育孩子学习法律、遵纪守法，维护法律尊严。作为青少年应当在学法、讲法、守法、用法、普法中，强化法制意识，以法律为准绳，对待与处理周围的人和事。

五、运用经济手段调节，开创良好人际环境。物质经济关系是一切社会关系的重要基础。人们在社会生活中，经常会遇到人与人之间、人与社会之间的种种矛盾，而其中最根本的往往就是经济利益的矛盾，这种矛盾是普遍存在的，经常发生的。譬如，兄弟分家，夫妻争执，遗产分配，合同的订立和执行，劳动的计酬和奖惩，交通事故的处理等等，无不直接或间接地表现为“人们之间的物的关系和物之间的社会关系”，这种关系涉及一定阶级利益、团体利益、个人利益，往往用政策、法令的形式加以规定，予以保障。

2011年7月5日，中央电视台的《今日说法》栏目报道了一个故事：四川双流的一个小山村里，居住着佘仕友和他的女儿佘燕，父女俩相依为命。佘燕在小学读书成绩很好，受到大家的赞扬。可是，小小佘燕患上了血癌，无钱医治，只得回到家里听候命运的安排。这件事让《成都晚报》记者梁艳得知后，就把佘燕送进了成都市白血病医院进行救治。同时，发布了有关对佘燕救助的报道，立即收到海内外捐款72万元。成都市红十字会、成都晚报、医院和佘仕友几家商定，在医院财务室设立佘燕专门账户，公开了收支，还签订了协议。但是，终因佘燕反复感染，病情无法控制，小小佘燕于2005年8月，离开了这个世界。除去佘燕的医疗费，佘燕账户还剩50多万元。佘仕友没动这笔钱，医院把这笔钱用到了11个白血病孩子的身上，治愈了10个患儿。今天，这10个患儿中，有的已经上了大学。这个感人的经济调节协议，体现了中国法制进程的步伐多么坚定有力，展示了中国慈善事业的发展多么令人欢欣鼓舞。

在人际矛盾与纠纷中，各种关系往往要通过政治的、法律的手段加以调节，但在调节过程中，也往往离不开经济手段。亲友的往来、同志的激励、父子的关怀、兄妹的支援、个人的救助、善施、善舍、公益事业的捐赠等等，也往往采用经济调节手段，来加强交往的力度。

六、运用礼仪方式调节，开创良好人际环境。我国素有“礼仪之邦”之称，注重礼仪是我国人民的优良传统。在创建社会主义精神文明的今天，我们更应该讲究礼仪，高度重视并充分发挥礼仪在调节人际关系、改进社会风气中的作用。

1917年1月4日，一辆四轮马车驶进北京大学的校门，徐徐穿过校园内的马路。这时，早有两排工友恭恭敬敬地站在两侧，向刚刚被任命为北大校长的传奇人物蔡元培鞠躬致敬。只见蔡元培走下马车，摘下自己的礼帽，向这些校园里的工友们鞠躬回礼，在场的人都惊呆了，这在北京大学是从来未有的事情。北大是一所等级森严的官办大学，校长享受内阁大臣的待遇，从来就不把这些工友放在眼里。像蔡元培这样地位显赫的人向身份卑微的工友行礼，在当时的北大乃至全国都是罕见的现象。北大的校长由此细节开始，树立了一面如何做人的旗帜。

礼仪是以对别人的尊重为基础，是衡量一个人道德水平高低，是有无修身教养的重要标志。今天，教育青少年以谦虚恭敬的态度、文明礼貌的语言、优美得体的举止等主要礼仪的表现形式调节人际关系，事关重大，意义深远。

七、运用艺术手段调节，开创良好人际环境。优秀的艺术具体反映社会生活，表现思想感情社会意识形态，不仅可以净化心灵，陶冶情操，而且可以焕发人们内心的道德信念和战斗激情，产生团结人民、打击敌人的作用。

1789年，法国轰轰烈烈的资产阶级大革命遭到国内外封建势力的疯狂反对。奥地利和普鲁士组成联军入侵法国，公开进行干涉。战争之初，法国接连失败。这时，一支500人的义勇军一路高唱着《马赛曲》从法国南部城市马赛来到巴黎。“公民们，拿起武器！公民们，投入战斗！前进，万众一心，把敌人消灭干净！”这铿锵有力、激动人心的歌声，很快传遍了法国，在法国人民中产生了极大的凝聚力和号召力，在歌声的感染和鼓舞下，法国人民同仇敌忾（kài），奋起杀敌，终于打退了敌人，挽救了革命。

艺术创作与鉴赏活动，能够辅翼道德，使之在人际关系的调节中发挥更大作用。唱歌、跳舞、吟诗、画画、书法、写作等艺术活动是一种感情传递，可以使人们产生感情上的交流与共鸣，沟通人们的心灵，使人们产生彼此相通的感受、情绪和愿望，从而缩短彼此间的距离，乃至引为同道，结为知己。甚至产生激情，共同战斗，出生入死，夺取胜利。

八、运用思想工作调节，开创良好人际环境。思想工作不仅可以帮助人们提高思想觉悟，增进品德修养，形成正确的世界观与人生观，而且可以使人与人之间在认识上取得一致，感情上产生共鸣，行动上达成协调，从而有效地调节与改善人际关系。

无产阶级革命家王若飞同志被捕入狱后，敌人为了监视他，先是从犯人中挑选了一个身患梅毒的落后农民与他同住一个囚室，不料这个农民很快接受了王若飞同志的宣传教育，见人就讲共产党的好处。敌人赶紧又换来一个因爱情纠纷而杀人的回族青年，岂料不到半年，这个“少爷”出身的青年竟然接受了王若飞同志所讲的很多革命道理。敌人又急忙换了一个在旧军队中当过排长曾多次抢劫杀人的犯人，满以为这个蛮横、粗野的人会随时与王若飞同志发生冲突，想不到他在王若飞同志的帮助和教育下，发生了很大的变化，出狱之后，还组织了一支抗日游击队。最后，敌人又换了一个对汉人误解与隔阂很深的蒙族青年，结果，这个青年却在王若飞同志的帮助和教育下成了共产党员。王若飞同志之所以能使这些“桀骜不驯”、“冥顽不灵”的人最终接受革命教育，说明只要我们在思想工作中能够坚持实事求是，有的放矢，做到晓之以理，动之以情，就会使人际关系由严重对立，疑忌丛生，冷漠隔阂，变为亲切、融洽、信任和尊重，既改善和调节了人际关系，又大义凛然，卓有成效地宣传了革命道理。

在思想工作中，只要坚持实事求是，有的放矢，做到晓之以理，动之以情，充分论理，以理服人，就会卓有成效地消除认识上的隔阂，缩短感情上的距离，在调节与改善人际关系中发挥重要的作用。人际关系的建立与发展是有规律可循的，行之有效的调节方法是多种多样的。只要父母教育孩子认真去研究它，积极去把握它，恰当地运用它，人际关系是完全能够融洽一致起来的，人际矛盾与冲突是完全可以合情合理地予以解决的。当然，自然环境——气候环境、住房环境、交通环境、文化环境……无一不影响着青少年的思想、学习、生活以及精神状态，身体健康。因此，我们还必须重视自然环境的建设。

在生活中，父母只要教育孩子注重心理环境、人际环境、自然环境的建设，既会让孩子拥有天时之喜，又会让孩子拥有地利之优，更会让孩子拥有人和之美。在这样美好的环境中，今天打造出欢歌笑语、身强力壮的青少年，明日铸就出事业有成、长命百岁的高寿老人！

爱护保健孩子的五官。在生活中，健康须要保健知识，科学的保健知识是维护身体健康的重要屏障。孩子正值青少年时期，父母应该呵护孩子健康，着重教育他们特别注意五官卫生。眼、口、舌、耳、鼻是为五官，是孩子的重要生理器官，青少年时期的孩子必须养成爱护五官的良好习惯，同时，必须注意体内卫生，才能健体强身，茁壮成长。

一位盲眼妇女，失去视觉近半个世纪之久。她说：“我有一只眼睛，却又布满了伤痕，只能奋力通过眼睛左边的一小部分看东西。念书的时候，我得把书本举到眼前，并且把眼珠挤到左边去。”她不愿接受别人同情，也不愿被视为与众不同。小时候，她与小伙伴“跳房”，尽管看不清地上画的线，仍然等到大家回家之后，才趴在地上，记住线的位置。下次玩要的时候，她居然成为了“跳房专家”。她喜欢看书，每次都把大字书举到靠近眼睫毛的地方才看得见。但是，她得了两个学位：一个是明尼苏达大学的文学学士学位，一个是哥伦比亚大学的文学硕士学位。她出任奥噶斯塔那学院新闻与文学系教授13年。1943年已经52岁的她，接受“美友医院”一次成功的手术，她的视力比以前提高了几十倍。她把手伸进水槽，欣赏起肥皂泡沫的光彩。她透过窗户看到：“燕子张着灰黑色的翅膀，掠过大雪纷飞的雪地。”她说出了心中的感激：“亲爱的上帝，我们的苍天之父，我感谢你，我感谢你……”她就是鲍希尔德。

美国盲眼妇女鲍希尔德只因为她看到了肥皂泡沫中的彩虹与飞翔在雪地里的燕子，就产生了感恩上帝、赞美上帝之情。然而，我们这些享受着正常恩赐的正常人，一直都生活在鲍希尔德羡慕的美妙仙境里，我们有什么理由不去保护好包括“五官”在内的各个生理器官、热爱生育我们、养育我们的伟大父母以及自然环境与社会环境呢?

一、正常用眼习惯，保护眼睛视力。根据全国学生体质健康数据表明，我国小学生近视率为22.78%，初中生为55.22%，高中生为70.34%，我国学生近视率排名世界第二。同时，还有其他眼疾困扰着孩子们。在生活中，许多孩子没有注意用眼卫生，父母又单纯追求学习成绩，忽视了孩子良好用眼习惯的养成，这是造成近视和眼疾的主要原因。教育孩子保护眼睛，父母的责任是：

第一，纠正读书写字姿势，预防眼睛近视。孩子学习，平常读书、写字姿势不端正，书本摆放歪斜，用眼距离过近，时间过长，天长日久，变成了近视或斜视眼。

第二，纠正走路坐车看书，维护视力正常。无论是在行驶的汽车上看书，还是边走路边看书，让不断晃动的信号，传入大脑中枢，会使大脑中枢处于紧张状态，从而引起紧张性头痛、头晕、视力疲劳模糊、看书字迹不清，出现复视串行，眼睛胀痛。长期下去，不仅会形成近视，而且会出现记忆力下降和学习效率不高。

第三，纠正光线不足看书，保护孩子视力。在光线不足的地方学习，需要把书本拿得很近，就会加大眼睛的调节活动，从而形成近视。从生理角度来说，书本平面与视线成直角时，在视网膜上所形成的物像最清楚。因此，呈水平的桌面上放着书本，孩子只有向前低头，才能使自己的视线与书本表面成直角，这样长期下去，会使眼部充血，产生疲劳，形成近视。

第四，纠正偏爱甜食习惯，预防视力降低。偏爱甜食不仅容易破坏牙齿形成龋齿，而且会极大地危害自己的眼睛。因为，人体内的糖类代谢需要维生素B起辅助作用。如果过量摄入糖分，就会造成维生素B的不足，直接影响视神经功能。如果过量摄入糖分，还会导致体内钙质减少。缺钙会使眼球巩膜弹力降低，眼球变长，形成近视。

第五，父母要重视孩子用眼卫生，注意预防保护工作。不仅要让孩子有一个良好的学习环境，而且要教育孩子有一个良好的看书、写字习惯，保护好自己的视力，让孩子有一双明亮健康的大眼睛。父母必须切实做到：

（一）布置适当的房间，让孩子有一个良好的学习环境。桌椅高矮必须合适，且要紧靠窗户。光源应在左前方，光线必须充足，阳光不能直射。

（二）注意孩子的读书、写字姿势，要求做到：眼物一尺，胸桌一拳，执笔一寸。学习一小时后要休息片刻，放眼远望，欣赏远方景物。

（三）不能躺在床上看书，不能一边走路一边看书，不能在行驶的车上看书，不能在强光或弱光下看书、写字。不能“开夜车”，长时间看书学习，使眼睛慢慢近视。

（四）不能玩“掌上手机”，不能长时期看电视、不能玩计算机游戏，以免损伤眼睛。

（五）看完电视，用完电脑，用清水洗洗手，到户外望望蓝天，看看绿色树叶，缓解电辐射对眼睛的刺激，清除眼睛疲劳。

（六）每天睡觉前坚持同孩子一起做眼保健操，矫正近视，保护视力。

（七）使用视力检查表，定期检查孩子视力，做好记录，视力下降，找出原因，及时矫正。

（八）孩子视力一旦出现问题，须到专门眼科就诊，假性近视可以治愈。确实近视，遵医配镜。戴上眼镜，不能随意摘掉，因为，时戴时不戴会增加睫状肌的调节负担。

二、注意口腔卫生，保护牙舌健康。口腔健康直接影响孩子身体的发育，在有足够营养的同时，父母必须教育孩子改正影响牙齿健康的四大“恶习”，刷牙注意“三净”，养成良好习惯，才能保护好牙、舌健康。

第一，纠正吮指的恶习。每个孩子小时候大概有过吮指的习惯，如果到了五六岁还没有得到纠正，就会造成牙齿明显错合的畸形。如果因为吮指把拇指放在正处于萌发状态的上下前牙之间，不仅会阻挡前牙的正常生出，而且会造成上下牙齿的不正常接触。

第二，纠正乱舔舌头的恶习。孩子在换牙期间，最容易出现用舌头去舔松动的牙齿或新长出的恒牙，舌头常放在上下牙之间，会形成牙齿的局部开合，牙齿之间出现缝隙。

第三，纠正咬嘴唇的恶习。这种习惯常在6岁之后的孩子中出现。如果经常咬上嘴唇可能出现上下牙反合，下颌向前突出。如果经常咬下嘴唇，就会造成前牙突出，下颌后缩，上嘴唇不但会变得厚而短，呈张开状态，而且牙齿也会外露。

第四，纠正偏侧咀嚼的恶习。孩子在乳牙发展的后期容易发生偏侧咀嚼习惯，致使乳牙脱落，一侧牙齿正常咀嚼功能受到影响，只能一边咀嚼吃饭。时间一长，不仅会造成不常咀嚼的一侧堆积牙石和牙垢，出现龋齿和其他疾病，而且会造成孩子面部左右发育不对称。

第五，刷牙“三净”：一是刷完牙后，口腔要漱净；二是牙刷毛孔根部杂物要涮净；三是牙刷上的余水要甩净。毛刷朝上放于口杯，放在固定地点。牙刷隔几天消毒一次，一两月更换一次。孩子刷牙选用儿童牙膏，不能使用成人牙膏，以免不利保健。一位孩子指着自己的缺牙对我说：“每天想吃糖，不吃心发慌，满嘴缺牙巴，一疼泪汪汪。”它启迪我们教育孩子懂得嗜糖的危害，自觉保护牙齿健康。家长不妨编辑一些顺口溜，让孩子懂得保护牙齿及其他生理器官的意义。

三、注意耳朵卫生，保护耳朵健康。耳朵像眼睛一样，是人体与外界保持联系的重要门户，父母应该教育孩子注意保护。

第一，应当尽量避免挖耳。如果，不熟悉耳朵的解剖结构，不明确耳内组织，用力不当，容易刺破鼓膜，导致中耳腔内感染，严重者造成鼓膜穿孔，致使耳聋。

第二，孩子患了化脓性中耳炎，耳内常有脓液流出，应该去医院及时就诊，迅速控制病情发展。如果病情严重，导致鼓膜穿孔，应该及时做鼓膜修复手术。否则，反复感染，就会使中耳腔内起传递声音作用的听小骨受到严重的腐蚀和破坏，造成无法挽回的后果。

第三，孩子耳朵患了小毛病，父母在不了解药物性能的情况下，不要盲目要求医生打针用药，不要以为打针比用药好。盲目打针用药，后果不堪设想。

四、注意鼻子卫生，保护鼻子健康。鼻子是呼吸道的门户，鼻腔内的纤毛和黏膜有阻止病菌和灰尘侵入的作用。因此，教育孩子养成爱护鼻子的良好习惯，是父母的责任。

第一，不要乱抠鼻孔。如果这样做，容易把手上病菌带入鼻腔，损伤娇嫩的黏膜，引起鼻窦炎。

第二，不要随便用冷水冲洗鼻孔。如果这样做，容易把灰尘和病菌带入鼻腔，不仅会刺激鼻腔出血，而且会引发中耳炎和副鼻窦炎等疾病。

第三，注意保持室内空气清洁。卧室门窗经常打开，保持清新空气流通。采用经常拖洗地板和夏天洒水于地板等方法，调节空气湿度，保证鼻腔卫生。

第四，孩子自己患病期间或是传染病流行期间，必须戴上口罩，以免发生传染病。因感冒鼻腔黏膜肿胀发炎，出现鼻塞。不要用力擤鼻子，以免使感染分泌物扩散，产生鼻窦炎、中耳炎和咽炎等症状。

第五，多吃蔬菜，多吃水果，多喝水，保证维生素的摄入，以免流鼻血。如果因创伤引起流鼻血要赶紧医治。治疗过敏性鼻炎，贵在预防，着重弄清过敏源是什么。如对皮毛或尘螨过敏，应把地毯、羽绒被、羽绒枕头等撤掉。要用吸尘器清洁环境，不用笤帚扫地。如对化学气体过敏，居家装潢尽量使用绿色环保材料。如因感冒诱发过敏性鼻炎，必须增强体质，预防感冒，确保健康。如因孩子本属过敏性体质，应看对什么东西过敏，做到防患未然。

五、注意体内卫生，保护身体健康。坚持不吸烟，不喝酒，不饮生水，不吃零食，不食霉烂食物，注意体内卫生，科学安排生活，保护身体健康。

生命，是父母给的，一个孝敬父母的青少年一定会珍爱生命，告别不良的生活习惯，经常留意体内卫生，保护自己的身体健康。青少年时期，应为自己今后的健康长寿奠定良好的基础。

让孩子学会科学餐饮。俗话说:“国以民为本,民以食为天。”从远古的时候起,人们就非常重视合理饮食。随着社会的发展,人们生活水平的提高,大家更加清楚地认识到:在生活中,身体健康必须讲究饮食,科学的饮食是健康的动力。因此,教育孩子合理饮食,强身健体,是父母的责任。

医学家孙思邈十分注重养生保健,他的养生十要主张:养神,保精,养形,调气,慎言,节食,节制房事,反对世俗,服食药饵,严守禁忌是其一生养生的经验总结。其中的饮食占了相当的比重。可见,饮食是强身健体的力量源泉,我们必须高度重视。孙思邈由于医术高超,养生得法,获得了长寿健康。他生于公元541年,卒于公元682年,享年141岁。一生经历了北周、隋、唐三个朝代11位帝王。

21世纪是人们更加追求健康的时代,吃的概念和方式发生了极大的变化。随着人们生活水准的提高,吃出来的问题越来越多了。现在,大家吃的都是精米白面、鸡鸭鱼肉,喝的是各种含糖饮料,这种低膳食纤维、高脂肪的饮食结构必将导致高血脂、肥胖、动脉硬化、高血压、冠心病、糖尿病等发病率的直线上升。专家指出现在大约50%的癌症与饮食因素有关,三分之一的癌症都是自己吃出来的疾病。因此,在人们注重营养、科学饮食、吃出健康的同时,更应该纠正不科学的饮食习惯,避免“文明病”的产生,确保孩子们的健康成长。

一、纠正嗜好零食、轻视正餐的习惯。孩子的生理发育快,身体需要营养,食欲需要增强,需要食物饱肚,但却带来了嘴馋爱吃零食的习惯。每天,人体内的消化液分泌数量相对恒定,倘若不断吃零食,就会刺激消化液大量分泌,到了一日三餐正常消化食物时,消化液又不够用了。一日三餐正常进食,肠胃蠕动很有规律,食物进入胃后约5分钟,蠕动即行开始,每分钟约3～4次,帮助消化食物。倘若随便吃零食,肠胃正常的蠕动规律就被打乱,多吃零食不仅影响食欲,而且还有饱的感觉,到了正常用餐时间,反而没有胃口。因此,多吃零食的结果,不仅会酿成消化不良的毛病,还会诱发胃功能紊乱、胃炎,导致许多疾病发生。在某种意义上,贪吃零食和受到辐射一样会让人易患癌症。这是因为,人体的遗传物质——DNA的合成与修复需要叶酸、维生素B_{12}、维生素B_6、维生素C、维生素E等营养素。如果这些营养素不足,会导致DNA损伤无法修复,其后果与辐射带来的伤害非常相似,所以,多吃零食容易患癌症。现在,随着工作节奏的加快和食品的丰富,生活中极易发生维生素缺乏。特别是大部分零食、饮料与方便面所含维生素本来就少,这对于消耗维生素量很大的脑力劳动者来说,更有诱发癌症的可能。在这种情况下,父母应该控制孩子吃零食,纠正动不动就买饮料、吃方便面的习惯,按时就正餐,加强维生素的摄入与补充。同时,教育孩子按时作息,养成良好的生活习惯。要求孩子早睡早起,保证充足的睡眠时间。早起应在离家上学前一小时,起床后先喝一杯凉开水,让肠胃开始蠕动,做好进餐准备。喝水后半小时进食早餐，以高蛋白、高热量的食物为主。除牛奶、鸡蛋外，还应吃些淀粉类食品（如面包、蛋糕、面条等），一方面提供热量，一方面保证牛奶、鸡蛋等高蛋白的吸收。切忌孩子睡懒觉，不按时起床，匆忙吃早餐或不吃早餐就上学，在学校上第二节课时，肚子就饿了，于是就买零食充饥，时间一长，养成坏习惯，既难纠正，又易患病，还影响健康。这时，父母除有意示范外，还应让孩子懂得：小食品存在色素添加剂、防腐剂、保质期及卫生质量等问题，吃多了有害身体，容易招惹疾病。冷饮刺激肠胃，多吃了影响健康。食品甜度过大、营养过剩，食用后容易上火，身体发胖、畸形发展，轻则影响美观，重则危害寿命。如果多吃这些食品，肠胃消化时需要大量血液，不仅会影响大脑供血供氧，而且会影响学习注意力，更会造成大脑反应迟钝、思维不再敏捷、学习质量下降、形成不良的后果。因此，父母要经常启迪、教育、检查、监督孩子积极认识嘴馋好吃零食就是自己的弱点，必须增强自制力，抗拒诱惑力，磨炼自己的品质。

二、纠正过量晚餐、损害健康的习惯。当前，“早夕马虎、中餐应付、晚餐丰富”是不少家庭一日三餐安排的规律。可是，在晚上全家团聚的欢乐中，因为菜肴美食丰足，孩子的胃口大开，晚餐摄取的蛋白质和脂肪大大超过了标准，从而忽视了晚餐的进食原则，不仅增加了胃肠的负担，而且延长了胃的排空时间，食物滞留胃中发酵，往往会引起恶心和呕吐等病症。同时，由于大量血液用于消化食物，大脑供血相对减少，使孩子不仅疲倦欲睡，而且思维迟钝，还会过度肥胖，既影响孩子学习，又影响孩子健康，更不利于孩子成长。因此，孩子的晚餐不能吃得过多过饱，蛋白质和脂肪的摄入量不能超过全天总热量的30%，晚餐进食原则应以清淡的淀粉类食物为主。

父母应当特别教育孩子：暴饮暴食是一种不良的生活习惯。岁末年初，宴请、聚餐的机会增多，因此，暴饮暴食成为一种常见的“节日综合征”。暴饮暴食是一种不良的饮食习惯，它会给人的健康带来很多危害，重症者还可致人非命。现代人常吃的高脂肪高蛋白的食物，消化起来更加困难，多余的“营养物质”堆积在体内，其后果就是肥胖和一系列富贵病。医学家洪昭光告诉过我们：“无数科学研究证实，肥胖会带来包括心血管疾病、高血压、糖尿病、脂肪肝、动脉硬化、胆囊炎等，再加上由此带来的并发症，可能达到上百种，非常可怕。”

三、纠正择食偏食、导致生病的习惯。现在，不少孩子择食偏食形成了习惯，有的只吃细粮，不吃粗粮；有的爱吃肉，不爱吃蔬菜；有的喜欢饮料，不喝白开水；有的喜甜食，不爱吃饭；有的爱吃油炸食品，不愿吃正宗饭菜，既危害了发育，又影响了健康，还难以纠正。父母应该晓之以理，动之以情，讲明择食偏食对身体发育的不利影响。例如，古代人以粗粮食品为主，很少人患有“富贵病”。现在，人们生活水平提高了，不少疾病都是自己吃出来的。饮食中的色素、防腐剂和甜味剂，常常影响孩子正常吃饭，还可能引起脾气急躁、任性、情绪不稳定、睡眠不安、多动的"小儿嗜糖性精神烦躁症"。有些人自小就爱吃大油大肉，长期如此，他们往往患有难以医治的高血压、高血脂、高血糖等疾病。一些富贵病、老年病如今已经"传染"给年轻人，就连孩子也可能出现"三高"。根据国家卫生部统计，目前高血压、糖尿病等慢性疾病所造成的死亡人数，已占总死亡人数的70%，这与人们膳食结构的改变有着直接或间接的联系。现在，"吃"已成为生活方式相关性疾病的第一诱因。因此，身为父母，结合说理，变换食谱，引发兴趣，循序渐进，就可以良好孩子的饮食习惯，收到理想的效果。例如，对不爱吃蔬菜的孩子，父母和老人配合一致，有意做些色香味俱全的菜肴，就可引发孩子的食欲，让孩子逐渐改变择食偏食的习惯，正常进餐，多吃粗粮，多吃蔬菜与水果，丰富营养，健强体魄。

四、纠正空腹喝奶、危害发育的习惯。空腹喝牛奶，不仅不利于营养物质的消化吸收，而且容易导致腹泻。其实，饮用单一的牛奶不能满足早餐的营养要求，一瓶220毫升的牛奶，水分占87%，固体物质占13%，热量约为660千焦，占早餐所需热量的1/3左右，所需蛋白质占早餐所需的1/2左右。因此，喝牛奶前，要先吃些诸如馒头、面包或稀饭之类的淀粉类食品，吃一个鸡蛋，然后再喝牛奶。牛奶在胃中与其他食物混合，延长了它在胃肠中的停留时间，营养也吸收得比较充分，既有利于孩子的发育，又有利于孩子的成长。

五、纠正不良进食、食为负担的习惯。在生活中，不少的孩子吃饭慢，为了让孩子吃得好、吃得快，父母常常采用一些迎合孩子需求的进食方式，让他们吃饭。例如，让孩子边玩边吃饭，边听故事边吃饭，边看电视边吃饭，边劝孩子边喂饭……这些并不科学的吃饭方式，既助长了孩子的不专心进食的习惯，又影响了他们对食物的消化吸收，还易让食物呛入气管，引起咳嗽或窒息……在父母的过分关心和娇惯中，总是认为孩子这也不行，那也不好，总是害怕孩子不会吃、吃不好，以致在孩子就餐时，竭尽全力对付孩子，无形中给孩子造成一种压力，天长日久，便让孩子把吃饭当成一种负担，这就给孩子进食带来了不良的影响。因此，只有让孩子与父母围桌而坐，让孩子轻松愉快自己动手取食，才最有利于孩子的健康成长。此外，还应该讲究孩子吃饭喝汤方式，体瘦孩子宜先吃饭后喝汤，以便增加体重；体胖孩子需要减肥，宜先喝汤后吃饭，以便减轻体重；切忌把汤泡在饭里，囫囵进食，让食物在嘴里没有充分咀嚼，唾液分泌亦不充分，既影响消化，又易患上肠胃病。

在生活中，孩子的模仿性很强，总是以父母的生活习惯作为尺码，测评自己的正误。父母良好的生活习惯，可以培养出子女的良好生活作风。父母的以身作则可以教育孩子掌握膳食知识和技巧，尽量做到合理饮食，均衡营养，达到身心健康，既利国又利民利己，还有利于青少年的培养。

父母同孩子一起锻炼。坚持锻炼，身体才会健康，经常锻炼是强身健体的基石。身体健康是保障学习、工作与生活的最高智慧，父母坚持同孩子一起锻炼，既能强化亲子关系，又能获得父母与孩子的健康。

一位小学生有三大爱好：看电视、玩电子游戏、吃点心。10岁那年，体重达到75公斤，这可急坏了他的爸爸和妈妈。父母一商量，通过体育锻炼来减肥。每天早晨，妈妈起床后，就叫孩子同她一起跑步。开始几天，妈妈叫他几次才起床，跑不了几步，就喘不过气来，许多时候居然停了下来，不想跑了。可是，在妈妈的耐心引导和鼓励下，孩子渐渐习惯了。一个月后，他的体重减轻了，“三大爱好”的毛病随着身体锻炼也慢慢改掉了。在长期的共同锻炼中，孩子慢慢感悟出一个道理：我的生命是父母给的，不保持身体健康算得上孝敬他们吗？

当前，随着社会的发展，只要一出家门，去什么地方可以坐车，费不了多少劲就到了目的地。一些孩子几百米的路也不愿走了，即使走一点儿路，就喘大气，觉得很累。每天应有的体育活动往往被父母忽视，同孩子一起锻炼的父母为数不多。那么，父母应该怎样同孩子一起锻炼身体呢？

一、根据爱好，选择项目。根据孩子的性别、体质、特点和爱好，共同选择好合适的运动项目，一起锻炼，是父母的责任。青少年正处于生长发育的阶段，孩子的体质、性别、兴趣、爱好各异，根据特点，尊重意愿，择优遴选项目，不仅需要，而且必要。其实，教给了孩子方法，就点燃了希望火炬。现代青少年学习压力大，往往使他们处于焦虑与紧张的状态中，父母除了引导他们树立远大理想、激发学习动力、教会学习方法、不断提高学习成绩外，还可以用下述方法，消除心理紧张与焦虑，使他们欢欣愉悦起来。

第一，运气松弛法。先使劲用力吸气，使拳头肌肉紧绷，约10秒钟，然后出气，慢慢放松，体会到肌肉的完全松弛状态。再换四肢、背肌、腹肌、胸肌与其他部位肌肉，通过呼吸，由紧张到放松，减缓孩子内心的紧张与焦虑。

第二，专注呼吸法。教孩子找个舒适的位置坐下，缓慢进行深呼吸。注意力集中：吸入空中真气，吐出体内污浊之气，两三分钟见效。如果父母陪孩子习练八段锦、太极拳、太极剑、太极扇……效果更好。

第三，运动锻炼法。每天早晚，鼓励孩子参加体操、武术、慢跑、散步、下棋、广播操、韵律操、田径、游泳、球类等运动，都是适宜青少年参加的活动。活动项目，一经选定，长期坚持，必有收益。

二、锻炼身体，注意保健：一是购置一些小设备和小器械（如球、跳绳、游泳衣等），以利孩子锻炼。二是遵循规律，恰当锻炼，不急躁冒进，产生负面影响。三是懂得体育卫生，维护孩子健康。夏天防中暑，冬天防感冒；饥饿或刚吃完饭不能锻炼；运动后满头大汗，不能站在风口处吹风；运动后不要急于洗澡与喝水；运动时岔了气，要做深呼吸。四是注意保护孩子的兴趣，克服注意力不集中、身体稚嫩容易疲劳、引起厌烦现象。五是合理安排锻炼时间，早上和下午各

0.5小时。家庭应该会同学校把每天“坚持阳光锻炼一小时”落到实处，同时做好指导，不能过于激烈，以免引发疲劳，克服孩子年龄小、自制力差的弱点，合理运动，健康体魄。

三、全面锻炼，均衡发展。我们锻炼的目的就是通过科学安排各项活动，使身体各部位、各器官的机能，得到全面系统的发展，舒筋活络，增强体质。而每个运动项目对体质的影响都是不同的，例如，田径和体操练习，主要锻炼神经、肌肉、耐力练习，且侧重心肺功能的加强。因此，从孩子锻炼的基本目的出发，应进行全面的锻炼，以促使身体在力量、速度、灵敏、耐力、柔韧、弹性以及各器官、系统的功能上得到全面、均衡的发展。

四、循序渐进，讲究科学。锻炼应当循序渐进，讲究科学。比如跑步，要求我们在速度、距离方面合理增加运动量，给孩子一个逐渐适应的过程。安排的体育锻炼项目也应这样，要求由简到繁、由弱到强，才不致让孩子产生消极畏难的情绪。任何违背科学规律的体育锻炼，如果只讲“拔苗助长”，不讲循序渐进，最终只能产生“欲速则不达”的副作用，不是让孩子造成过度疲劳，就是让孩子造成运动损伤。

在体育锻炼中，准备活动和整理活动，不可忽视。体育锻炼前，我们做包括扩胸、慢跑、深呼吸等运动在内的准备活动，可使人体从相对安静状态逐渐过渡到运动状态，使植物神经系统和心、肺、肌肉、韧带等器官系统逐渐兴奋起来，以便适应剧烈运动的需要，减少意外情况的发生。同理，人的肌体要从运动状态恢复到平静状态，也需要一个过程。体育锻炼后，我们必须通过包括体操、慢跑和行走等整理活动才能使呼吸、血液循环、心脏跳动恢复到平时的状态。放松紧张的肌肉和神经，避免突然停止活动而带来意外，必须引起父母与孩子的高度重视。父母和孩子持之以恒、坚持不懈进行体育锻炼的过程，既是锻炼自己意志和毅力的过程，也是展示体育锻炼效果的过程。拥有了健康的身体，就拥有了健康的一切。因此，锻炼身体，贵在坚持，长期锻炼，持之以恒。

五、父母带头，良好形象。青少年的坐、立、行、睡姿势，既在影响孩子今天的正常生长发育，又在形成未来的魅力与气质。今天的青少年正处在生长发育时期，他们的骨骼组织中，钙质等固体无机盐含量较少，有机物含量较多，可塑性较大。因此，必须从小养成站、行、坐、睡的正确姿势，才会促进孩子正常的生长发育。不然，一旦养成了不良姿势，时间一久，就会使脊柱畸形，不仅影响体态健美，而且还会妨碍内脏器官功能的发育，减弱脊柱弹性，给自己往后的学习、生活和工作造成不良的影响。那么，正确的站、行、坐、卧姿势怎么养成？我国古代“站如松、行如风、坐如钟、睡如弓”的骨骼保健格言，确有道理。父母应当带头示范，让孩子从小树立良好的形象。

第一，直立要求，“站如松”。要求我们站立时昂首挺胸，微微收腹，两眼平视前方，不耸肩，不驼背，两臂自然下垂，像松树一样端正站直、巍然屹立。因此，斜倚物体、含胸、弓背、耸肩等不良习惯，应该及时纠正，才能保证脊柱的正常发育，保持孩子挺直的形体。

第二，落座要求，“坐如钟”。要求我们落座时不歪头，直胸挺腹，双肩不耸、稍微向后舒张，臀部稳落凳子正中或稍后，大腿呈水平归并，两脚自然平放，像千斤大钟一样健强端坐，泰然安稳。而对伏案蜷缩、两脚悬空、过分斜伸、跷着二郎腿看电视、听音乐，弓背听讲，斜身写字……这些不良现象必须及时纠正，才能保证孩子血流通畅，呼吸自如，形体健康成长。

第三，走路要求，“行如风”。要求我们行走时，精神饱满，朝气蓬勃，昂首挺胸，举止规范，步履稳健，气质典雅。同时，保持躯干正直和平衡，两臂自然摆动，摆动幅度井然有序，膝关节和脚尖始终正对前进方向，每步跨出距离大体相等，保持适当速度。行如流风，轻松自如，姿态优美，舒畅和谐。因此，行走时的耸肩驼背、左扭右歪、举足内斜外撇形成内外“八字脚”等现象，应该得到及时纠正，才有利于各个器官的发育。步行走路要坚持不懈，随着青少年年龄的增长，每天至少锻炼30分钟，行程速度达到3公里。

第四，睡觉要求，“卧如弓”。要求我们入睡时双腿自然弯曲向右侧卧如弓。这不仅有利全身肌肉松弛，而且有利于消除疲劳，还可以帮助胃中食物向十二指肠方向推进。因为，仰卧，两手会不自觉放在胸部上，影响心、肺的正常活动，会引起噩梦。俯卧，直接压迫胸部，妨碍正常呼吸和心脏跳动。蒙头睡觉，很不卫生。被窝里的氧气越来越少，二氧化碳越来越多，醒来往往头昏脑涨，疲乏无力，胸闷恶心。无论天有多冷，都不能蒙起头来睡觉。睡觉时，枕头不能垫得过高，以免影响颈椎和脊柱变形，形成驼背。因此，父母必须注意纠正孩子的睡姿，养成孩子正确的睡觉习惯。

第五，形象要求，“气质佳”。要求我们谨言慎行、注重表情、重视着装、展现气质、注意仪容、讲究体态、遵循要求：面必净、发必理、衣必整、纽必结、头容正、肩容平、胸容宽、背容直，颜宜和、色宜静、形宜庄，勿气傲、勿粗暴、勿怠惰，把内在的心灵美与外在的仪表美相统一，形成自己的人格魅力。

一个成功者在开创自己的事业中，往往十分注重自己的身体形象建设。在现实生活中，一个人的身体形象建设，不仅外化在出言吐语、行为举止上，更内化在思想道德、品格情操中，并且应该落实在日常生活里。

父母同孩子一起锻炼，一举多得，其乐无穷。一是尽享人间欢乐。父母和孩子一起锻炼，是一天中最为快乐的时光，是天伦之乐；二是身教胜于言教。父母和孩子一起锻炼，一起蹦跳玩耍，无须说教，也能激发孩子的锻炼兴趣；三是防病健体强身。父母和孩子一起锻炼，能够防治父母和孩子的疾病，和悦身心，愉快精神，强身健体，利国利民利家；四是密切亲子关系。父母和孩子一起锻炼，今天，父母帮扶孩子积极锻炼身体，明日，孩子搀扶父母快乐度过晚年，孩子孝敬，快乐舒心；五是建设和谐家庭。父母同孩子一同锻炼，增强了彼此的信任和理解，奠定了建立民主和谐家庭的基础。当然今天，父母同孩子一起锻炼的意义，还没有引起一些父母的足够重视。今天的难以做到，明日收获什么？有耕耘才有收获啊，孩子的爸爸妈妈！

第二章　培养健康习惯

在人的一生中，人的思维方法、生活态度、行为模式都要受到习惯的影响。一个人只要认识和理解习惯对自己所产生的重大意义，并且驾驭习惯的养成，就能改变生活方式，主宰自己的命运。在生活中，我们的青少年孩子应当培养良好的生活习惯，防范过早恋爱，就会拥有健康思想，强壮体魄，学业有成，事业发展。

培养良好生活习惯。培养良好的生活习惯，保持孩子的旺盛精力，让孩子强身健体，终身受益。良好的生活习惯是孩子健康快乐的生活保证，它往往反映出孩子的思想品质，又常常代表着孩子的道德形象，是孩子一生挖掘不尽的幸福宝藏。良好的生活习惯对人生的生活质量、成就事业有着很大的影响，它不仅是孩子健康快乐生活的保证，而且是孩子一生享用不尽的财富。因此，习惯的力量是巨大的，它可以主宰整个人生的命运。

20世纪60年代，苏联发射了第一艘载人宇宙飞船，驾驶飞船的宇航员叫加加林。当时，择定第一个上太空的人选时，还有这么一个插曲：几十个宇航员去参观他们将要乘坐的飞船，进舱的时候，只有加加林脱掉了自己穿的鞋。他觉得："这么贵重的船舱，怎么能穿着鞋进去呢？"就是加加林这样一个动作，让主设计师非常感动。主设计师想："只有把这艘飞船交给一个如此爱惜它的人，才能让人放心啊。"在他的推荐下，加加林成为了人类第一个飞上太空的宇航员。所以，有人开玩笑说："成功从脱鞋开始！"实际上，就是从良好的生活习惯开始。

在生活中，良好的生活习惯对生活质量、成就事业都有很大的影响。那么，良好的生活习惯包括哪些方面内容？孩子应该具有的良好生活习惯包括：健康饮食、卫生习惯、劳动习惯、运动习惯、守时守纪习惯、诚实守信习惯、文明礼貌习惯等等。每一项习惯由一些具体的生活习惯构成，例如，卫生习惯包括洗脸刷牙的习惯、定期洗澡的习惯、勤剪指甲的习惯等等。那么，父母应该怎样培养孩子具有良好的生活习惯？

有人说："家庭是习惯的学校，父母是习惯的教师。"如果父母不吃早饭、身体肥胖、不控制体重，孩子更容易成为肥胖儿童；如果父母爱打麻将、晚睡、晚起，孩子也一定不喜欢早睡早起；如果父母爱看电视或玩电脑游戏，孩子也会成为“电视孩子”或“网络成瘾者”；如果父母不爱运动，从来没有检查身体的习惯，孩子也会成为不爱运动、不爱护自己身体的人；如果父母吸烟、酗酒，也会让孩子养成吸烟、酗酒的恶习……因此，为了孩子的健康成长，这就要求父母以身作则，率先垂范，做出榜样，以自己的好习惯作为示范，才能培养出孩子的好习惯。同时，根据孩子的实际情况，父母一定要同孩子坐下来一起商量，尊重孩子的选择意愿和权利，共同确定培养目标。

一、用父母实现目标的榜样，培养孩子树立目标的习惯。在生活中，父母具有奋斗目标，孩子就会不断追寻新的方向，不断努力，不断达到人生新的高度。

李嘉诚是商界名人，香港杰出的世纪企业家。他的勤奋努力、艰苦创业，把自己的事业发展成为多元化的企业王国。

李嘉诚在家庭教育上也是成功的。他认为，教育孩子学会做人，勤奋努力，诚实守信，不贪图小利，多为别人着想，比给他们金山银山强百倍。每次出门，总是亲自带着两个孩子李泽钜、李泽楷坐电车、坐巴士，很少坐私家车。让孩子从小在上学放学的路上，接触不同职业、不同阶层的人，体会平凡而又普通人的真实生活。他带两个孩子海上游泳之后，把带着的文言文，一句一句读给孩子听，一个字一个字做好解释，通过国学大课，让孩子记住传统做人的准则，让孩子明确诚信做人的重要，为立身社会奠定基础。李嘉诚自幼窘困，小学没有毕业就辍学了，他十分懂得学习的重要。有一次，李嘉诚看见一个小女孩在路边报摊边卖报、边读书，便带着两个孩子路过这里，学习小女孩艰苦学习的态度。每天晚上，他不辞辛苦，自学外语，拓宽自己的知识面。两个孩子在父亲的耳濡目染下，自觉勤奋起来。李嘉诚要求孩子做一个善良的人，必须从点滴做起。有一次，他门前的一棵树被台风刮倒了，两个菲律宾工人在风雨中锯树，他对两个儿子说：“他们背井离乡从菲律宾来到香港工作，多么辛苦，快去帮帮他们吧。”两个儿子便穿好衣服走进了风雨中……李嘉诚为让儿子独立生活，把15岁的李泽钜、13岁的李泽楷送往美国求学，同时学会做饭，学会烧菜，学会打工，学会理财，并且懂得拿钱资助别人就是资助自己的道理，让两个孩子自立自强起来。

从20世纪70年代至今，李嘉诚捐出28个亿，资助香港和内地的教育事业、兴建医院和老人院。他是亿万富翁却很朴素，还戴着只仅28美元的手表。他的以身作则、实现目标的榜样力量，培养了孩子树立目标的习惯，他的两个儿子茁壮健康成长起来。

在家庭教育中，父母告诉孩子确定自己的奋斗目标、养成这些习惯有什么好处。然后，问他：你需不需要具有这些习惯？让孩子提出方案，既策略，又平等，还民主，易于接受。例如，培养说话算数的习惯，按时起床的习惯，爱好运动的习惯……孩子自己决定，父母既不限制、也不责成，让孩子在轻松中接受教育。要求孩子做到的事，父母一定要首先做到，孩子就会效仿父母，实现自己养成有良好习惯的目标。

二、以父母早睡早起的示范，培养孩子早睡早起的习惯。在生活中，父母拥有早睡早起的榜样力量，孩子就会让自己拥有早睡早起的毅力。对于孩子来说，在他缺乏判断力的时候，父母所选择的就是他要选择的。倘若父母早上贪恋被窝、绵懒起床，让孩子一旦学成拖拉磨蹭时间的习惯，就会危害孩子的一生。因为，任何拖拉磨蹭时间的习惯实际就是一种浪费时间的行为。如果父母从小不教育子女认真克服这种毛病，孩子长大成人是要付出沉重代价的。

1814年6月17日，拿破仑在击败普鲁士军队以后，错误地让军队休息一天，6月18日才开始进攻固守在滑铁卢的英国军队，结果给足英军构筑工事的时间，从而导致6月18日滑铁卢的惨败。试想，拿破仑抓住战机，马不停蹄地进攻英军，那么，欧洲的历史将会重写，拿破仑统治的法国将更加强大。

当今社会竞争异常激烈，“时间就是生命，时间就是财富，时间就是胜利”是我们千折百回、历经磨难生活体验的结晶。作为现代青少年的我们，条件优越，无忧无虑，每天不更应该珍惜从早上起床开始的分分秒秒吗？

晚睡的父母常使孩子养成晚睡的习惯，这是一条规律。晚睡不但影响父母的健康，更影响孩子的健康。睡眠不好的孩子，人体生长激素不能在晚上正常分泌，影响到孩子身体的发育。孩子身体免疫力大大下降，白天精神不振，体力不支，无法集中精力学习。研究表明，现代都市里的人癌症高发，同普遍存在的晚睡习惯有一定关系。因此，父母必须同孩子一样，拟定一个共同遵守的作息时间，与孩子共同上床睡觉。孩子入睡后，不准再打开电视和电脑，以免干扰孩子睡觉。培养孩子早睡早起的习惯，一定要从婴儿开始，对于低龄儿童，父母一定陪他入睡，在孩子的身边哼哼催眠曲或讲讲故事，时间一长，孩子就会形成这种早睡的意识。清晨，父母一定要在规定的时间准时早起。如果孩子起床后，发现他的父母正在厨房为他准备早餐，那种气氛肯定比孩子早起后，发现他的父母还在睡懒觉好得多。用父母的早睡早起的榜样力量，培养孩子早睡早起的习惯。

三、用父母重视饮食的榜样，培养孩子科学饮食的习惯。在生活中，父母注重饮食保健，孩子就会讲究科学饮食，注意爱护自己的身体，就拥有了搞好学习与工作的基础。当前，一些父母不吃早餐，养成了孩子不吃早餐的习惯，以致孩子在午餐时饥不择食，吃下过多的热量，造成体内脂肪蓄积，形成了肥胖。事实表明，不吃早餐的孩子发生肥胖的危险是每天食用早餐孩子的1.7倍。在肥胖人群中，具有不吃早饭习惯人的确不少。新加坡科学家发现，长期不吃早餐可以使孩子大脑萎缩，即使后来恢复了健康饮食，营养充足，孩子的脑萎缩也不会恢复。

一位男孩年仅18岁，可是体重达到了460斤，虽然通过减肥，体重仍有260多斤，心脏不堪重负，在他20多岁时，居然患上了心脏病，医生诊断他已经时日无多了，只有移植一颗健康的心脏才能挽救他的生命。通过了解得知，每天早上，父母不吃早饭，他也养成了这种习惯。他小时候特别喜欢吃高油高脂高糖的食物，父母疼爱儿子，处处满足。他在五六岁时，体重就达100多斤，后来，喜欢上了“洋快餐”和各种饮料，以致肥胖过度，最终成为今天在死亡线上苦苦等待命运裁决的人。

目前，中国的肥胖儿童已经超过1200万，全世界1.55亿超重肥胖儿童中，每13个儿童中就有一个是中国儿童。孩子是父母的宝贝，家庭的希望，祖国的未来。让孩子身心健康，首先必须更新父母的健康观念，一日三餐，按时吃饭，多吃糙米粗粮、蔬菜瓜果，少吃油腻、生冷、硬剩饭菜，合理配餐，注重饮食，树直榜样，强劲力量，培养出孩子正确用餐的良好习惯，从学科学、用科学中，获得健康。

*四、以父母远离烟酒的示范，培养孩子远离烟酒的习惯。*在生活中，父母远离烟酒，孩子就会远离烟酒。调查表明，经常吸烟的人患肺癌的可能性较不吸烟的人大70倍。肺癌患者的90%以及各种癌症的1／3是吸烟引起的，75%的慢性支气管炎患者和25%的心脏病患者是由于吸烟所致。吸烟不仅可以诱发各种疾病，还可以影响未成年人生殖器官的正常发育，这无疑影响到未来的家庭生活。吸烟不仅使脑力、体力两个方面的健康受到损害，而且危及他人的健康。烟草中所含的大量尼古丁，随着吸烟者喷出的烟雾散入空气中，不吸烟的人吸入这些空气，就会发生慢性中毒。美国科学家一项发现表明，与吸烟者生活在一起的非吸烟者，患白血病的机会比不与吸烟者共处的人高7倍。如此令人揪心的数字和事实，让人想起那些嗜烟如命的父母给自己的家庭和孩子带来了多么大的灾难。当然，酗酒的父母同样可以给孩子身体健康造成难以挽回的伤害。

著名导演谢晋，一生酷爱饮酒，酒量过人。他的59岁长子因患肝癌去世，另外，两个智障儿中的阿三，最让他疼爱，可亦不幸离开人间。谢晋才华横溢、人品出众，一生拍了无数精彩的电影，却万万没有想到他的家庭和孩子一再出现悲剧，这其中也同谢晋一生过量饮酒有着直接的关系。

家长的成功怎能弥补孩子的失败？父母吸烟、酗酒的恶习会使孩子形成非常不好的习惯，既影响到孩子的身心健康，又影响到孩子行为的正确选择，从而让孩子养成吸烟、酗酒的恶习。如果你在孩子诞生前染上了这样的习惯，你必须在成为父母之后改掉这些不好的行为习惯，以戒烟少酒的榜样力量，培养孩子远离烟酒的良好习惯。

*五、用父母远离毒品的榜样，培养孩子远离毒品的习惯。*在生活中，父母远离毒品，孩子就会远离毒品，珍爱生命，热爱生活。在青少年中，进行远离毒品、珍爱生命的教育，是广大父母义不容辞的责任。毒品危害着人民的健康和社会安宁，使人类面临新的灾难性威胁，已经成为严重的国际公害，引起全世界的关注。当前，国家禁毒委员会公布的数字显示，在我国吸毒人员中，青少年已占74%，其中16岁以下的超过1万人。因此，缉毒形势不能等闲视之。

一位家长不幸染上毒瘾，妻子苦口婆心劝他没用，一气之下自己也开始吸毒。从此，欢乐之家落入了地狱。孩子流干了眼泪，夺过父亲准备享用的针剂毒品，插进自己的静脉之中……一家三口最终服毒自杀死亡。

可见，父母尤应以身作则，做好表率，抵制毒品，拒绝毒品，远离毒品，参与禁毒，珍爱家庭，珍爱生命，对家人、对孩子必须负责，不能毁掉家庭，更不能毁掉家人和孩子。那么，如何对孩子进行远离毒品、珍爱生命的教育呢?

第一，了解毒品，充分认识毒品的危害。吸毒，意味着性病、艾滋病在中国的传播。吸毒，加剧了海外黑社会对我国的渗透，并为境内滋生黑社会提供了酵母一样的土壤与条件。一个家庭如果有一个人染上了毒瘾，这个家庭就注定了家破人亡的命运。一个社会如果毒品泛滥成灾，得不到遏制，社会风气将会严重毒化，扰乱社会治安。长此以往，整个国民精神素质就会受到灾难性的影响……作为父母要充分认识毒品的危害，从小对孩子加强远离毒品、珍爱生命的教育，通过这方面的书刊、电视节目、图片展览，让孩子从小认识到毒品的危害。

第二，抓住关键，加强青春期孩子的教育。孩子进入了青春期后，他们渴望独立，跃跃欲试，既想冒险，又想探索，对一切事物充满了好奇。调查表明，许多青少年的第一口毒品都是“为了满足好奇心，想试一试”，结果吸毒成瘾。这段时期的青少年不仅具有自以为是的自负性格，而且具有强烈的反叛意识。因此，在孩子的青春期，既要加强对他们远离毒品、珍爱生命的教育，又要讲究教育的方式与方法，抓住关键，以免误入歧途。

第三，审慎交友，警惕义气背后危害。当前，青少年具有团伙吸毒的特点，往往是一个吸毒者带出一伙吸毒者。当前，许多青少年走上吸毒道路的“第一口”，都是“哥儿们”、“好朋友”给的或被引诱而抽上的。因此，从小要教育孩子审慎交友，鼓励他们结交有理想、有抱负、有才华、志趣高尚的人做朋友，不要结交不三不四的酒肉朋友，更不要结交害人害己的“瘾君子”。从警方了解，云南曾发现几起犯罪分子利用五六岁的小孩偷带与传递毒品的案件。父母应从小教育孩子学会拒绝陌生人的搭讪、诱骗，不接受陌生人的礼物，不吃陌生人给的食物、水果、香烟，不去毒品犯罪较为猖獗的地方滞留，以免为坏人利用。

第四，高度警惕，切莫误入吸毒之门。当前，社会上一些腰缠万贯的暴发户，“大款”、“大腕”、“明星”追求享乐，有人甚至把嫖娼、赌博、吸毒视为财富的标志，以吸毒显示自己的“超群出众”，把吸毒当作高消费的时髦之举。有些非法出版的色情书刊和影视片中，大肆渲染吸毒“刺激”，不仅严重污染了社会风气，而且毒化了青少年的心灵，把青少年引入地狱之门。当前，甚至出现了网上吸毒。最近公安机关侦破的一起涉毒大案，这个案子不但涉毒人员多、范围广，而且这些涉毒人员还把现实中的吸毒过程搬进了虚拟空间。因此，父母从小须要对孩子进行道德和人生价值的教育，提高青少年认识与区分真善美与假恶丑的能力。

第五，直面挫折，警惕堕入地狱之门。在生活中，一些青少年面对挫折，心情焦虑，精神紧张。苦闷之中，试图以“毒”解愁，结果，一吸上瘾，落入地狱。事实说明，一人吸毒，祸及全家，危害社会。因此，父母从小应对孩子进行挫折教育，以免孩子在飘飘欲仙的“品尝”中毁了自己。

在激烈竞争中，每当孩子消沉与空虚的时候，极易造成厌倦、吸烟、喝酒、吸毒、暴力行动或侵犯别人，父母对孩子不仅须要应有的警觉，而且必须充满希望，帮助孩子重树目标，振奋精神，找回自信，刻苦自励，努力向上，勇敢挑战，乐观进取，看到希望，走向成功。

在现实生活中，每遇双休日，我们身边的父母不是在电视前就是在电脑前度过，还有一些父母热衷于带着孩子奔走于各种兴趣班之间，不管孩子是否有兴趣，只要花了钱，父母的心便踏实了。还有不少父母忙于打工，把孩子交给年迈体弱的爷爷奶奶，自己远走高飞，根本不照顾孩子……因而使我们的不少孩子既缺乏运动观念，又缺乏运动习惯，更缺乏运动朝气，不仅精神状态不尽如人意，身体健康状况也屡屡出现问题。在这种情况下，父母一定要以身作则，用积极的态度和行为去带动自己的孩子，即使外出打工也必须履行自己的责任，把孩子带在身边，精心培养。平时，父母可以带孩子们散步、郊游、打太极拳、逛公园；带男孩子打篮球、排球、羽毛球、乒乓球、踢足球；带女孩子去爬山、游泳、玩柔力球、做健身操；让孩子们在身心愉悦、欢歌笑语中，锻炼身体，健美身材。利用双休天、节假日，带着孩子出去走走，访访山，探探水，到名胜古迹去游一游，去大森林里待一待，上江、河、湖、海边站一站，那里的新鲜空气和宜人景色，会让你和你的孩子心旷神怡，身体健康。爱运动的父母通常有一颗上进的心，会让孩子长志气，有力量，从小具有宽广的胸怀和强烈的进取心。爱运动的父母会收获很多好朋友，这些朋友是孩子的老师，也是孩子的朋友，能让孩子得到他们的指点和帮助。爱运动的父母既会带领孩子锻炼，又能指导孩子检查、保养身体，珍爱自己的生命，带给孩子的是一段充满活力、激情和诗意的生活，会让孩子一辈子生活得很积极，很潇洒，很快乐，很健康。榜样的力量是无穷的，爱运动、会生活的父母才能培养出爱运动、会生活的孩子。

教育孩子防范早恋。在生活中，有志气、有理想的人在长身体、长知识的学习阶段总是以学习为重、以事业为重、以民族利益为重，把自己的精力集中用于思想意志的陶冶和学习成绩的提高以及身体素质的升华上，等到学业和事业的基础牢固奠定之后，才考虑在志同道合的同学和朋友中去寻找自己的终身伴侣。

钱三强，生于1913年。父亲钱玄同是中国近代著名的语言文字学家。钱三强的妻子何泽慧是著名核物理学家、中国科学院院士。钱三强是中国发展核武器的组织协调者和总设计师，中国“两弹一星”元勋。他与妻子何泽慧一起被西方称为“中国的居里夫妇”。

早年，在清华大学读书时，钱三强与何泽慧被物理系的同学称为“郎才女貌、天生一对”，可是，他们并没有沉醉于儿女情长之中，而是把主要精力集中用在了学习上。毕业后，何泽慧1936年赴德国留学，钱三强则被物理学家、北平物理研究所所长严济慈选中，1937年考到法国巴黎大学居里实验室学习研究。

二战爆发后，德国与外界的交流被禁止，他们一直无法取得联系，直到1943年，德国与法国之间才可以通信。何泽慧给7年未见的钱三强写了一封信，当时由于战争信不能封口，只限25个法文单词。信的大意是:钱三强是否还在巴黎?如可能，代她向家中的父母写信报平安。从此，钱三强同何泽慧通过简短信件，开始了爱情交往，结下美好姻缘。

1945年，欧洲的战事已近尾声，国内抗战胜利的曙光在望，钱三强这时才对自己的爱情长跑发起了冲刺，他向心仪已久的老同学发出一份简约至极的求婚信:“经长期通信，向你提出求婚。如同意，我将等你一同回国，请回信。”何泽慧以同样简练风格答复:“感谢你的爱情。我将对你永远忠诚。等我们见面后一同回国。”

1946年春天，何泽慧离开德国海德堡威廉皇家学院核物理研究所，来到了钱三强在巴黎的寓所，她随身只带一只小箱子，并与钱三强成婚。已经在德国做过两年核物理研究的何泽慧顺利进入了巴黎大学居里实验室从事科学研究，他们在居里实验室对原子核裂变做深入的研究。经过实验分析，1947年年初，他们正式发表论文，证实了铀核三分裂、四分裂现象的存在。这一项二战后新的重要科研成果公布后，在国际科学界引起了巨大轰动。

当时，巴黎大学居里实验室，由我们所熟知的居里夫人的长女伊莱娜和她的丈夫弗莱德里克·约里奥主持，故在当时西方报道中，称赞这对金童玉女为“中国的居里夫妇”。钱三强与何泽慧是夫妇、是同事、又是朋友、还是同学，他们共同在法国工作至1948年返回中国。

一个事业有成者，在长身体、长知识的学习期间，总会妥善处理学习与爱情的关系。在学校中，防范“早恋”，在工作中，学好本领，能够立身社会的时候，才选择志同道合的伴侣组建家庭，最终让事业与爱情获得双丰收。那么，怎样培养孩子具有防范早恋的习惯呢?

*一、培养孩子兴趣爱好，人虽小而志高远。*健康的兴趣爱好可以使孩子在繁忙的学习之余得到精神调剂。一个痴迷于小科技小发明、或醉心于书画艺术与体育竞技的孩子，对黄色读物不太感兴趣。它可以满足孩子发现自我、肯定自我的心理需求，不至于使孩子为填补心灵空虚而误食黄毒。预防早恋，抵抗“黄流”，需要父母从小培养孩子健康的兴趣与爱好开始。同时，教育孩子集中精力，潜心读书，涉身知识的海洋，获得快乐的宝藏，就会达到“志正则众邪不生，心静则众事不躁”的境界。

*二、认识早恋的严重危害，防患未然靠决心。*在家庭教育中，父母应对孩子

加强思想教育。同孩子交朋友，促膝谈心，交流感情，让孩子懂得：青少年时期是集中精力、努力学习、追求知识、发展能力的最佳季节，必须坚定意志，下定决心，好好把握，珍惜机遇。父母对孩子的简单、粗暴的指责和惩罚一般不起作用，往往事与愿违，效果也不好。青少年一旦落入早恋陷阱，不仅影响学业长进，更有碍身体健康，危害极大，损失难以弥补，追悔莫及啊。

三、科学进行“性”教育，茁壮健康快成长。一个人发展成健全、强劲并且具有生命力、创造力的个体，与“性”有着非常密切的关系。所以，性教育应该从出生开始，就应贯穿在人的一生。因为，性教育不仅包括解剖和生殖器方面的知识，也不仅限于青春期的教育，而应同时包括有关两性间正确关系的教育。一般情况下，父母不愿或不敢进行性教育的原因，实际是本身缺乏相关知识，害怕说错或被孩子问倒，以致不知该教什么和何时开始教。但是，对“性”过分关心的儿童，进入青春期后，出现“性”问题却比一般的孩子要多得多。这种对“性”产生敏感的现象，出现在孩子的身上，实际也是社会不良风气的表现。因此，对孩子进行性教育刻不容缓。父母在正确对待孩子性早熟、异性交往、把握性教育规则的同时，应该特别注意：父母要树立行为榜样。言传身教，检点行为，做好楷模，树直样板，以身作则，示范终身。在孩子的哺乳期，年轻父母做爱，妈妈的乳头不能塞入孩子的小嘴，让孩子吮吸这时的奶水。孩子长大了，父母做爱，更不能让孩子察觉。平常，不该看的影视不看，不该上的网不能上，切断一切性诱因，以父母的道德力量规范孩子的高尚品行。

第一，正确对待孩子的性早熟。当前，改革开放，社会发展，饮食结构改善，生活水平提高，使孩子性发育提前。据有关部门统计，我国青少年性成熟已经提前到12～14岁，这是正常现象。但是，现在不少女孩子8岁以前、男孩子9岁以前就出现了第二性征发育，被认为是性早熟，这是不正常的。这意味着性早熟的青少年往往心理压力加大，压抑自闭，交往困难，人际关系紧张，孤独和忧虑如影随形，常常相伴。有些孩子甚至有过性的行为，这不仅使之思维能力下降，而且使其注意力难以集中，还出现了厌学情绪等现象，有的还会产生暴力倾向。因此，对于性早熟的孩子，需要进行病理检查，看内分泌是否紊乱，脑垂体调节方面是否出现疾病。父母应该帮助孩子从心理上做好准备，以防出现越轨行为。这时，家庭、学校和社会都应该担负起对他们进行性教育的责任，帮助青春期的孩子解除性愚昧、性罪恶等种种性困惑，教育孩子一定要珍惜青春，热爱生活，正确理解爱情和幸福，学会理智控制自己的情感，不要因此影响自己的发展。发现孩子“性早熟”，千万不要惊慌，不要害怕，父母必须正确面对，恰当处理，并且做到：

（一）查出病因，及时治疗。“性早熟”病因很多，除遗传因素之外，与空气污染、生活环境、交友往来、家庭装潢、灯光照射、滥服补品和含激素的食品药品很有关系，平常必须留意，仔细分析，正确判断。

（二）把握心理，具体指导。作为家长特别是母亲，对于女孩从月经初期开始，就应把握孩子心理，进行具体指导，注意月经期间、乳房发育和外生殖器的卫生和保护，防止疾病发生。

（三）掌握特点，进行性教育。早熟孩子不良意识强、自控能力差，教育他们防止性冲动，学会自尊自重自立自爱，防止性引诱。青少年最易染上的手淫习惯，手淫是指手或其他物品刺激自己的生殖器，男性出现射精，女性出现性高潮。女孩子手淫，易患阴道炎、盆腔炎、宫颈炎、子宫内膜炎、月经不调、白带增多、痛经经闭、性冷淡、不育等症，因为缺乏卫生常识，不讲卫生的习惯甚至招来陪伴终身的妇科疾病，将来无疑影响到生育或健康长寿。男孩子手淫，虽然产生了快感，会使生殖器不规则充血扩张，荷尔蒙分泌功能及精液消耗过多，摧残肾脏功能，造成阳痿、早泄、死精、无精和阴茎短小，严重者终身不育，以后真正成家过日子，直接影响到夫妻性生活的和谐，将来进入中老年，还会影响小便的利索排泄，甚至患上不利长寿健康的多种疾病。因此，通过性教育让孩子了解生理卫生知识，懂得危害，防患未然，把精力用于长身体、学知识方面上来。

第二，正确对待孩子同异性交往。有的父母发现孩子同异性交往，有的气急败坏、惊慌失措，有的过于溺爱、默然视之，有的暗中支持、提供方便，因而对待孩子态度所出现的误区大致有三：

误区之一，粗暴干涉型。有的父母发现自己孩子有了异性朋友，便气冲斗牛、暴跳如雷，采取盯梢追尾、跟踪、控制上学放学时间、偷看孩子日记、偷拆孩子信件等不正当办法，千方百计抓住证据，控制孩子行动，轻则斥责、重则打骂。这种粗暴干预、棍棒教育的做法，往往使孩子产生逆反心理，使矛盾激化，对孩子的错误做法往往增强催化的作用，给孩子的心灵留下了终生难以愈合的创伤。

误区之二，放任自流型。有的父母发现自己孩子有了异性朋友，过于溺爱，十分迁就，不愿意同自己的孩子过不去，担心孩子出走、自杀……便视而不见，不闻不问，默然应允，放任自流。

误区之三，提供方便型。有的父母发现自己孩子有了异性朋友，认为没有什么不好，因此纵容支持，提供方便，致使孩子胆大妄为，行为越轨，给未成年的孩子的身心造成极大伤害。

那么，父母同孩子谈论异性交往和性问题时，究竟应该遵循怎样的原则，才能达到良好的效果？

（一）通情达理，理解孩子的心理，尊重孩子的人格，保护孩子的隐私权，爱护孩子的荣誉，促进孩子健康成长。

（二）利用影视节目、广告、书刊等各种机会与孩子谈性问题，通过自然交流，提出观点和看法、要求和原则，消除孩子的神秘感。

（三）坦诚交谈，理解沟通，引导孩子掌握正确的人生原则，避免父母与孩子之间不应出现的代沟，减少冲突，消除孩子的性心理障碍。

（四）造成孩子“性问题”原因复杂，父母应该让孩子看到不能正确性问题所带来的危害。孩子存在“性问题”，父母一定要寓教于乐，给予足够的机会，让孩子改正错误，并用宽容和耐心等待孩子的觉悟，只要知错就改，就仍然是父母的好孩子。

（五）对孩子的性教育，应该着重人格教育，加强科学知识的传播和性卫生知识的宣传，适时进行性行为规范的指导，不能进行“道德批判”，更不能造成“因性负罪”，让孩子背上沉重的“性包袱”，永远站立不起来。

第三，把握性教育规则。在生活细节中确立健康观念，让孩子在科学有效的爱和性教育的规则中成长起来。

（一）通过电视、电影、报刊、杂志、书籍……找出跟性有关的问题，对孩子实行“机会教育”，注重一针见血，切忌长篇大论。说话讲究尺度，办事把握分寸：切莫正式谈性，郑重其事谈性，否则注定失败。只有科学进行指导，才会取得成功。

（二）在讨论性和爱的时候，父母是爱和被爱的典范。父母双方在一起对子女进行性教育是最好的安排，只要父母对性有正确的认识，母亲可以给儿子谈，父亲可以同女儿谈。因此，性教育不一定在同一性别间进行。

（三）在对孩子进行性教育时，如果父母给孩子开出一张禁忌行为的要求，孩子反倒会产生“那么有趣味的事情，我为何不可试一试”的想法。因此，性和爱的教育应该强调“能做什么”，而不是“不能做什么”。

（四）在对孩子的性教育中，如果父母意见不一致，就很难让孩子受到良好的教育。因为，孩子往往是最善于利用父母不同意见的“专家”，他们最有办法为想做的事情在父亲或者母亲那里得到支持。因此，在对孩子性和爱的教育中，最大的危险是父母在性思想和性道德方面发生了分歧。

（五）整理一次房间，不能使房间永远保持清洁。对孩子进行一次性和爱的教育，不能指望一劳永逸。因为，性、爱教育是终生拥有的教育。因此，父母对孩子进行性教育，应该既细致又耐心，充满爱心，持之以恒，坚持不懈，才能收获理想的效益。

第四，培养孩子高尚的爱情观。进入了青春期的孩子已经对异性有爱的萌动。这个时间，父母应该引导孩子多读一些描写高尚爱情的文学作品。比如《马克思与燕妮》、《简爱》、《罗密欧与朱丽叶》等。当性需求升华为人类美妙情感的时候，人就不会被性的本能所驱使，就会蔑视和厌恶那种类似动物本能的色情描写，更瞧不起类似动物本能的低级行为。我们相信青少年具有对崇高希望和理想的追求，他们是能够正确对待性爱的萌动的。如果孩子们从正常渠道获得科学的性知识，他们对性就不会产生神秘感，就不会对色情读物、光盘、录像等黄色垃圾产生太大的兴趣；如果孩子们在他们需要的时候，得到来自父母关于处理两性关系的指导，他们就不会被欲望所驱使，盲目闯破道德的篱笆；如果孩子具有对高尚、美好爱情的憧憬，就会理智克制来自本能的低级生理需求，鄙弃低俗的谈情说爱，让自己的精神得到升华。

第五，父母对孩子购买或借阅读物、手机、光盘以及录像带要给予正确指导，抵制淫秽信息。电脑上要安装禁止访问色情网站的软件和过滤并禁堵“性”、“色情”、“黄色”的软件。截住源头，防止黄毒污染孩子的心理，牵引孩子的灵魂，走向崇高的人生境界。

第三章　确保安全第一　深化生命意义

人的生命只有一次，人的生命是无价之宝。我们热爱生命，爱护生命，让生命之花尽情绽放。生命是珍贵的，也是美丽的，拥有了健康的生命就拥有了一切。但是，生命第一，必须以安全第一做保障。在家，家庭必须安全，在外，国家必须稳定，才能让生命活得更有价值、更有意义，这是千百年来每一位有志者的追求与向往，不少青少年为了实现这个崇高理想而奋斗终身。

确保安全第一，深化生命意义。生命第一，安全第一，是强身健体、康乐长寿的前提，也是人生最神圣、最洁净的追求。但是，没有国运的昌隆、没有民族的安全，家庭的生存与发展、个人的生命与安全，哪有保障？当前，不少大学生把国家和民族的利益放在高于一切的地位，响应祖国的号召投笔从戎，报名参军，站在保卫国家的最前哨，为青少年树立了榜样，凸显出当代大学生当兵的青春最美丽，展示出生命第一、安全第一的价值和意义。

2003年，陈伟城考入太原理工大学化学工程与技术专业，同年12月参军入伍，在成都军区驻渝某通信团有线连服役；2005年9月，他考入解放军理工大学通信工程专业，2009年1月加入中国共产党，成为重庆通信学院“合训分流”学员。

当年，“陈伟城要去当兵”的消息曾经轰动了太原理工大学。同学们对他这个决定大为不解：“放着重点大学不上，去当兵，脑子没进水吧！”陈伟城毅然坚持了自己的选择，来到驻渝某通信团，成了连队唯一的一名大学生士兵。尽管他在思想上做好了准备，但身体素质却跟不上趟儿，多次在训练场上闹笑话。一次，连队组织攀爬电线杆课目训练，他爬了不到半米就滑了下来，使出浑身解数都没有成功。陈伟城彷徨了：“自己真的不适合当兵吗？”不甘失败的他虚心向战友讨“高招”，请求班长为他“开小灶”，每天坚持100米匍匐前进、100米鸭子步、100米蛙跳、100个俯卧撑训练……三个月下来，陈伟城成为连队军事训练尖子，当年就被评为优秀士兵。

2005年，陈伟城以优异成绩如愿走进了向往已久的军校。在学习上，他更是个“拼命三郎”。2008年7月，他放弃暑假与家人团聚的机会，报名参加了“TI杯全国大学生电子设计竞赛”。指导教员问他编程基础怎样，他如实回答自己对编程并不了解，但相信努力就会成功。教员被他的执着打动，教他从最简单的程序入手。最后陈伟城通过努力，获得了江苏省赛区二等奖。

2009年7月，他刚跨入重庆通信学院的大门，就报名参加了全国大学生数学建模竞赛。在有“火炉”之称的山城重庆，陈伟城和队友们一头扎进为期两个月的迎赛培训中。房间里热得像个蒸笼，每次测试完程序，他们都像蒸了回桑拿。10月捷报再传，他捧回了全国一等奖，学院为他记三等功一次。

陈伟城入伍以来，获得训练尖子、优秀士兵、优秀学员，5次受嘉奖，一次荣立三等功，2009年获得全国大学生数学建模竞赛一等奖，现已成为一名副连职军官，被大家称为身边的“许三多”。

一个有志青年只要把国家和民族利益放在生命安全第一位，就会从平凡中做出不平凡的事迹。那么，我们的家庭、学校和以社区（村）为代表的社会教育如何培养青少年生命第一、安全第一的意识，展示生命与安全第一的价值和意义呢？

一、加强国防建设教育，维护国家主权，深化生命安全第一的意义。国防教育是关系到国家生死存亡的社会工程，是国防建设的重要措施，是增强民族凝聚力的重要途径，是建设和巩固国防的基础，提高全民素质的重要地位。国防教育的根本目的在于增强全民的国防意识和国防精神，青少年是即将走向社会的建设者和捍卫者。国家的统一，民族的团结，社会的稳定、进步和发展，都需要他们努力奋斗。因此，家庭、学校和社区（村）必须对他们进行国防教育，增强国防意识，才能使他们自觉维护国家主权，深化生命安全的意义，成为未来社会的合格建设者和保卫者。

第一，在家庭教育中，父母教育孩子认识国防教育的重要意义。在生活中，家长应该通过各种不同的方式，告诉青少年“没有国，哪有家？有了国的大家，才有百姓小康之家！”让孩子热爱民族，热爱国家，进而认识“国无防不立、民无兵不安”的意义，认识国防是国家安全、民族兴亡、社会发展的根本保证。中国加入WTO，我们的青少年更必须学习贯彻好《国防教育法》、《兵役法》，充分认识国防的地位和作用，以高度的民族责任感和忧患意识，切实增强国防观念，自觉接受国防教育，积极承担国防义务和责任，积极关心和支持国防建设，为实现国家长治久安、人民安居乐业作出自己的贡献。

第二，在学校教育中，对青少年积极开展国防教育的活动。国防教育活动形式多样，内容十分丰富。根据自身优势，结合自身实际，联合社会有关部门特别是军队，将国防教育办得富有声色，并且深化其意义。

（一）组织学生入学军训。军训是青少年学生迈入高中、大学的第一课。它既是初步接受军事训练，加强组织纪律性，向人民解放军学习的好机会，又是一次集中政治训练，通过丰富多彩以学军为主的寓教于乐活动，提高学生的思想政治觉悟，激发爱国热情，增强国防观念和安全意识，具备对中国特色社会主义事业的责任感，开创高中、大学生活的“开门红”。

（二）开展国防教育讲座。透彻了解用先进思想政治和先进科学技术装备起来的人民解放军是无坚不摧、不可战胜的力量，坚定对经济全球化竞争中的决胜信念。

（三）设置国防教育课程。创造条件，编写学校国防教育教材，将学校国防教育的内容和形式规范化、具体化、科学化，掌握国防知识，增强国防观念。

（四）积极投身国防教育。采用“走出去”的办法，扩大眼界，强化责任意识。根据本地实际，组织学生参观访问国防教育基地，走近国防，认识国防。让大家感受到国防建设与自己息息相关，进而认识自己对国家和民族的前途和命运负有不可推卸的责任，增强“天下兴亡、匹夫有责”、“天下兴亡、责任在我”的爱国激情和责任意识。同时，采用“请进来”的办法，加强对青少年的革命传统教育。让孩子自小学开始，每学期，听一次老红军、老游击队员、抗战将士、老干部、解放战争英雄、老教师、老知识分子、抗洪、抗震救灾英雄模范来校报告他们的英雄事迹，让学生切身感受国家的繁荣富强与人民军队之间的密切关系，焕发青少年爱国热情，积极投身国防教育。

（五）通过多种教育活动，进行爱国主义教育。根据学校实际，每学年，组织一次访贫问苦活动，对青少年进行一次艰苦朴素教育；组织一次尊老爱幼活动，对青少年进行一次奉献爱心教育；组织一次社会调查，对青少年进行一次新旧对比教育；以中心乡、镇学校为单位，进行一次军训活动，对青少年进行一次组织纪律教育；举行演讲比赛、或举行文艺汇演、或开展书法绘画比赛、或开展科技展览、或举办运动会、或组织社会实践活动，突出爱国主义教育主题，评选优秀，表彰先进。

第三，在社区（村）教育中，应对青少年做好国防教育的宣传、组织教育工作，会同有关部门对复、退军人做好就业安置工作，组织社会力量慰问烈、军属，积极开展拥军优属活动。

同时，在家庭、学校和社区（村）教育活动中，通过节日纪念、军民联欢等活动，对孩子进行爱国主义教育。每年9月18日，每一个家庭、学校和社区（村）都要居安思危，对青少年进行爱国主义教育活动。每年的这一天，是我们心中永远不能忘记的“国耻日”。我们在思想上要拉响警报，勿忘日本帝国主义对我国的侵略，勿忘“落后就要挨打”的历史教训，勿忘国耻，应当雪耻。每年，利用“五·一”、“七·一”、“八·一”“十·一”、“元旦”到部队基地做慰问演出或联欢活动，开展拥军活动。同时，组织学生到军属、烈属和战斗英雄家庭开展问寒问暖或义务劳动，培养学生义务服役、拥军优属，热爱国防、建设国防的热情，激发青少年的爱国主义精神。

二、加强网络信息教育，确保民族安全，深化生命安全第一的意义。维护国家主权，确保国家安全。我们必须教育青少年懂得：网络时代具有网络化、信息化、教学化、虚拟化等特征。网络的兴起是一场无声的革命，它必将使人类社会各个领域产生革命性的影响，国家主权的维护，首当其冲，国家的政治安全是最为重要的国防任务。

第一，强化家庭的网络管理。在家庭教育中，父母应加强“网络道德”教育，规范上网行为，养成良好上网习惯。指导和教育学生正确上网、安全上网、科学上网、高尚上网、上高尚网。改变不良习惯，消除负面影响，形成良好风尚。主动开辟、利用和占领网络信息阵地，迎接网络时代对我们的挑战。

第二，强化学校的网络管理。在学校教育中，我们必须教育青少年懂得：网络时代，一些发达国家积极利用网络技术，把信息霸权、信息干涉作为推行强权政治、干预地区冲突、干涉其他国家内政的重要手段。人们不会忘记，进入20世纪末期，西方采用信息干涉的方法，促成了苏联解体和东欧剧变。信息干涉成为和平时期各种规模冲突中运用得最广泛的干涉手段，信息霸权成为发展中国家主权和安全面临的最现实的威胁之一。网络时代的政治安全就成为一个主权国家对外防范政治干预、政治压力、政治颠覆，对内防范敌对势力破坏的头等大事。确保国家政治制度的安全稳定和意识形态的指导地位，维护国家主权和领土完整，增强国际地位的提高，就成为每一个主权国家的光荣责任。当前的网络教育发展已经成为全球性的大趋势，许多国家的政府都把发展网络教育作为重要的战略决策，制订专门的计划，并组织实施。现在，已经有100多个国家积极开展网络教育，几乎所有发达国家和发展中国家的政府都制定了相应政策，使网络教育手段在小学、中学乃至大学中得以利用。在一些企业里还出现了虚拟大学，这可能是21世纪世界一流企业的一个重要标志。中国的网络教育正处在起步阶段，根据教育部高教司的数据：中国网络教育1998年起步时全国仅有学生2931人，1999年达到3.2万人，2003年已经达到230万人，发展速度非常之快，表明中国网络教育的规模在不断扩大。国家很重视发展网络教育，将其作为解决中国教育资源短缺、构建中国终身教育体系的有效途径。

历史上每一次重大科学技术革命都带来了教育的巨大变革，这些变革使人们对教育在整个社会活动中的地位和作用的认识更加明确和深刻。20世纪末的信息革命将网络的触角向社会各个层面和角落延伸时，我们就可以预见，未来的教育将发生革命性的变革。随着新技术、新媒体的发展，网络教育还将有更大的发展。面对新的机遇和挑战，我们的青少年必将肩负着优化网络管理、发展网络教育的神圣使命。

（一）网络时代，我们应积极努力学习，抢占网络阵地制高点，把握网络信息的主动权。信息网络化是一个时代的潮流，大家必须面对现实，更必须置身参与，抓住网络时代给我们带来的机遇，迎接挑战，正视考验，注重应用，力求发展，夺取教育信息化的胜利，为21世纪中国网络建设和社会主义政治文明建设朝着健康方向前进而努力！同时，以信息教育为突破口，大兴学习网络、掌握网络和创新网络之风，利用互联网扩充本国信息资源，充分展示我们国家、我们民族的优秀文化遗产以及我国社会主义建设伟大成就，增强民族自尊心和自豪感，提高民族文化在全世界的影响力、竞争力。

（二）积极加强校园网络建设，强化教育教学方式。正确对待互联网，反对黄色文化的侵蚀，消除西方价值观的传播。同时，发挥网络“千里眼”和“顺风耳”的追踪作用。通过网络信息了解学生的思想、心理、学习、生活状况，做出科学分析，进行援助，进行教育，实施科学管理。同时，实施课程整合，提高师生信息素养。让信息技术不仅是认知和学习的工具，而且成为整合知识、整合课程、整合教师、整合学生、整合家长、整合社会的纽带。通过知识整合，丰富科学知识的储存量。通过课程、教师、学生的整合，扩大师生的知识视野，增强教师教学能力，提高学生学习质量。通过学校、家长和社会整合，形成学校、家庭、社会三结合的网络信息管理体系，提高网络信息管理的整体水平。

（三）积极培养发展网络安全技术高科技人才，左右网络信息的制胜权。学校一定要创造条件，强化英语教学和数学教学，积极创造条件，构建产学研一体化教学体系。通过国家考试教育和实用职业技术教育，培养国家、民族急需的高科技人才，下决心打破发达国家所推行的网络信息高科技垄断。例如，课程设置应采用市场主流的应用技术，教学实行多模式多元化，理论课教学与上机实习交叉，突出实践教学，通过实际项目的分组演练，在培养解决问题能力的同时，进行团队合作训练。增加软件测试、质量保证、软件工程等内容，系统学习软件工程管理的概念，培养规范的软件开发习惯。通过这样实际的人才培养，其意义在于使中国网络信息系统所需要的硬件和软件产品能够独立研制，拥有知识产权的主导产品，把被动变为主动，把竞争决胜命运掌握在自己的手中。

当前，我们要完成新时代所赋予的网络信息教学管理任务和使命，就必须要使教育手段现代化，教师队伍管理现代化，学科专业建设现代化，加强信息化教育基础设施的建设，形成现代化多媒体远程网络，建立终身学习的体系，把握当今社会信息化的主要特征，加快“虚拟学校”、“网上学校”建设，多渠道培养网络技术高级应用人才，让网络为我们提供新闻、书刊、文献、文化、体育、计算机程序、天气预报、证券投资、商品交易等信息，为人类生活增添无穷的方便和快乐，为我们迎来全新的世界。

第三，强化社区（村）的网络管理。在社区（村）教育中，应该积极协同文化执法部门加强对网吧的管理力度，为青少年的成长创建一片网络净土。

三、加强法制道德教育，构建和谐社会，深化生命安全第一的意义。青少年是祖国的花朵，是新世纪社会主义现代化建设的未来。但在当前，青少年犯罪现象有逐渐增加的趋势，并呈现出低龄化和犯罪手段成人化的倾向，必须引起全社会的关注。分析青少年犯罪的主要原因，从主体因素上看，一是青少年自我控制能力脆弱，道德修养不足；二是不知法，不懂法，头脑简单，解决问题的方法偏激粗暴；三是生活散漫，贪图享受。从客观因素上看，一是家庭教育出现误区；二是学校教育存在失当；三是社会文化氛围的消极方面误导；四是法制教育相对滞后，缺乏社会救济措施；五是受到社会经济负面效应的影响。因此，组织青少年学习法律知识，势在必行，刻不容缓。所以，提高青少年的法律素质，尤其是对在校学生进行法制教育，显得十分重要。“加强法制重要的是要进行教育，根本问题是教育人，法制教育要从娃娃抓起，小学、中学都要进行这个教育。”邓小平同志的讲话体现了对青少年进行法制道德教育的重要意义。

第一，家庭的法制道德教育。在家庭教育中，家长应该以身作则，同青少年一起在树德的过程中，启迪孩子修心，指导孩子正念，帮助孩子养性，培养孩子习惯，教导孩子做人，掌握德育的精髓：帮助青少年树立正确的人生观、价值观，确立崇高的人生目标，使孩子有高尚的道德情操，成为遵纪守法、有责任心、有正义感、有奉献精神的人。让现代青少年德、智、体、美、劳全面发展，成为现代化建设的人才。

第二，学校的法制道德教育。在学校教育中，加强法制教育是新时期思想政治教育的一项重要艰巨的任务。“依法治国”、“以德治国”的根本意义，在于加强对青少年的法制和道德教育，用社会主义法律法规基础知识来教育年轻后代，使他们从小就受到严格的训练和守法的教育，懂得和善于履行社会主义公民的权利和义务，确立遵纪守法的观念，强化规范道德行为的要求，养成自觉遵守法律法规的行为习惯。因此，在学校对青少年通过学法、讲法、守法、用法、普法等教育手段，就能够培养出促进社会发展与国际接轨的现代化建设人才。

（一）学法：从《教育法》、《义务教育法》到《未成年人保护法》、《预防未成年人犯罪法》等法律法规的颁布，充分体现国家非常重视青少年的教育工作，并且有法必学，有法必依，为青少年的健康成长创造了良好的法制环境。在学校教育中，加强马克思主义理论课和思想品德课教学，按照教学大纲，对不同年级的青少年进行不同要求的教育。树立护法意识，规范违法行为。同时，通过各种形式让青少年学法、知法、懂得法律法规，引导和帮助青少年懂得什么是守法，什么是违法，了解是非界限，把握具体行为和要求，明确有关的权利和义务，熟悉法律之中有关的后果规定，模范遵守法律法规。

（二）讲法：在学校教育中，对青少年的法制道德教育要以课堂教育教学活动为法制道德教育的主渠道。保证教学有大纲、学习有教材、任课有教师、课时有保障。制订法制教学计划，聘请司法、法院、检察、公安等部门工作人员，担任法制讲座教员或法制辅导员，定期进行法制道德教育。针对青少年易发违法犯罪问题，编印适合中、小学青少年法制教育的宣传讲稿，组织讲师团或法律援助工作人员深入中小学校巡回宣讲，重点围绕《未成年人保护法》和《预防未成年人犯罪法》，全面开展保障未成年人健康成长的专题宣传活动。通过学习和宣传，让教师、学生、家长和社会教育有关人士知晓、熟悉教育法律法规，共同依照教育法规行使权利，维护权益，做好青少年法制道德教育工作。

（三）守法：在学校教育中，根据“教育者必先接受教育”和“先当学生、后当先生”的原则，育人先师要带头学法，加强法制观念，自觉履行法定义务，用法律法规约束自己，努力使法制道德教育贴近学生生活，密切学生思想实际，言传身教，润物无声，教育无痕。严格按照法律法规，制定和执行学校管理制度，进一步提高学校管理水平，深化“以德治校”、“依法育人”的意义。在青少年法制道德教育中，坚持学校与社会有机结合，定期邀请政法干警到学校举行法制辅导，主动争取执法机关的配合，对侵犯学生权益、扰乱学校正常教学秩序的人和事进行及时查处。同时，大力向社会广泛宣传，争取人民群众对法制道德教育的广泛支持。

（四）用法：在学校教育中，学校校长和老师要成为学法、用法的典范，要求学生做到的，教育者必须首先做到。同时，以身作则，为人师表，学为人师，身为世范，使学法、用法成为师生内在的迫切要求和自觉行动。通过拟定包括评教、评学、座谈会、经验交流、监督检查等制度加强青少年法制教育的管理。严格遵守教育法律法规，建立健全违纪违法责任追究制度，坚持依法管理、依法治校，把依法管理、依法治校作为学校常规管理的突破口，及时把学生不良行为和违法行为消灭在萌芽状态。依靠法律法规保障学校教育目标的实施，自觉接受社会监督，用教育法律法规与制度规范师生员工的思想行为，用法律法规与制度保证学校教育教学质量的提高，强化“依法治教”、“以德治教”的作用。

（五）普法：在普法教育中，学校应创造条件举办模拟法庭，把“守法”和“遵法”结合起来，针对学生的公共道德、环境意识、行为习惯、遵规守纪等方面表现出的不良道德行为，结合社会生活中的典型案例，组织学生参观法制教育展览、观看法制教育影视、参观爱国教育基地、组织法制知识讲座和法制知识大奖赛、强化整治学校周边环境等活动，力求良好效果。

通过举办文艺演出、征文演讲比赛、知识竞赛、模拟法庭等青少年喜闻乐见的教育活动，提高孩子法律知识水平，强化法律观念。通过组织撰写读后感和编辑《法制小报》，定期召开法制主题班会，举行升国旗仪式和重大节日庆祝及重要法规颁布周年纪念活动，组织旁听司法公审大会等，以生动、直观、形象的活动形式，使青少年从中接受潜移默化的法律熏陶。

通过法律知识比赛、制作电脑小报、编排多媒体案例模拟、法制主题讨论班会等情景交融形式，以案说法，以例释法，深入浅出阐述基本法律意识和做人做事的基本道理，用生动直观的案例和强烈的气势，感染和影响学生的思想和言行。

通过法制道德教育，在全社会逐步做到有法可依，有法必依，执法必严，违法必究，形成一个全民学法、知法、懂法、执法、遵纪守法的新局面。

在学校教育中，“以德治校”、“依法育人”是时代对教育的要求，现实和未来必须具备法律法规意识，通过学法、讲法、守法、用法、普法手段规范师生的法制意识和道德行为，用自己的实际行动，普及法律知识，优化道德品质，让学校沿着法治化、德治化的轨道，阔步前进，进而培养出具有知识经济时代特色的现代化建设人才。

第三，社区（村）的法制道德教育。在社区（村）教育中，协同文化执法部门加强对文化场所的管理，加大扫黄的打击力度，为青少年的健康成长营造良好的社会氛围。

实践证明，一个人接受国防建设教育、网络安全教育与法制道德教育，坚持以德为先，陶冶情操，规范言行，遵纪守法，不仅是热爱自己的生命、重视自己安全的行为，而且是珍惜他人生命、尊重他人安全的举措。如果人人如是，大家生活在其乐融融的和谐社会之中，更能体会到人世之间生命第一、安全第一中的最大幸福。

因此，家庭、学校与社会要重视对青少年的国防建设教育、网络安全教育与法制道德教育，以其实际行动，让国家强大昌盛、民族长治久安，深刻体现我们珍爱生命第一、安全第一的真正意义。同时，由政府带头，组织相关职能部门，加大对学校周边环境的整治，强化社会管理工作，净化校园环境，抓好青少年法制道德教育工作。现在，国民素质的提高，社会经济文化的发展，法制道德教育的推进，都寄希望于广大的青少年。青少年是民族的未来，教育是立国之本。随着青少年法制道德教育的深入开展，全社会行动起来，与时俱进，开拓创新，团结一致、齐心协力必将托起复兴中华的红太阳。

第四篇　教育孩子审美

生活是美丽的，凡有生活的地方，就有美丽的宝藏。一个人只要善于发现与开发，就会认知、感悟、实践、创造，到达心灵美、语言美、行为美、环境美、生活美的境界，在生活中，享受优美带给我们无穷无尽的欢乐。在教育青少年孩子审美过程中，讲究心灵美、讲究语言美、讲究行为美、讲究环境美、追求生活美，重视孝道文化的传承、中西文化的交融、民主与科学为主线的教育文化的发展与创新，把握美育的重心：陶冶人的情操，提高审美情趣，激发青少年对真善美的追求和美好未来的向往，培养出德、智、体、美、劳全面发展的现代化建设人才。

第一章　讲究心灵美

心灵美亦称“精神美”、“内心美”、“灵魂美”，人的精神世界美。中国古代将心灵美称作“仁”、“诚”、“内秀”、“性善”等。孔子提出“里仁为美”，墨子认为“务善则美”，孟子认为“充实善信”是美德之人，只有友善的、诚实的、有学问的人，心灵才是美的。古希腊柏拉图说“心灵的优美与身体的优美谐和一致”是“最美的境界”。我们认为，心灵美是人的精神世界美。它包括思想意识、道德情操、精神意志、智慧才能的美。它集中体现了社会文明对人的要求，是行为美、语言美、仪表美的内在依据，并通过具体的感性形态被人们所感知、所认同、所赞美。在中国社会主义精神文明建设中，心灵美就是“五讲四美三热爱”中的“四美”活动之一。“五讲”，就是讲文明、讲礼貌、讲卫生、讲秩序、讲道德；“四美”，就是语言美、心灵美、行为美、环境美。“三热爱”，就是热爱祖国、热爱社会主义、热爱共产党。今天，作为时代接班人的青少年应当修身正己优美心灵，防范腐朽文化侵蚀，铭于心，溢于言，成于行。

启迪孩子修身正己优美心灵。心灵美是真、善、美的统一，知、意、情的统一。它集中体现了社会文明对人的思想、感情、意志的要求。心灵美是人的本质力量的集中体现，是人类长期社会实践的产物，在教育、学习、磨炼以及同假、恶、丑的斗争中形成和发展。心灵美又是人的教养、涵养、气度（仪表与态度）等的综合因素的表现。一个人有教养便承受了人生的考验，继之奠定了他的人生观。教养好，涵养也好，气度亦佳，这就是人们追求心灵美的重要原因。

中国农村改革第一村安徽省凤阳县小岗村党支部原第一书记沈浩，为安徽省财政厅派驻小岗村的干部，在小岗村村民中享有很高的声誉。

2004年到小岗村工作以来一直为小岗村的发展兢兢业业，先后为村里修了公路、为散居的26户村民集中盖了住宅楼并在村里成立了“大包干”纪念馆。沈浩处处为村里谋规划、办实事，大年三十还泡在村里，几年来一直租住在村民家中。2006年年底，沈浩在小岗村任职三年届满，村民强烈要求把沈浩留下来，20多年前集体按下手印的故事再次在小岗村发生。村民派了10个代表，按下手印到安徽省委组织部、财政厅要求沈浩留在小岗村，再带领他们干三年。办工业、兴商贸、科学种田，以市场经济的头脑发展种植、养殖和高效农业……六年来，沈浩带领着小岗村做了太多的事。农家乐生态游促进小岗村振兴发展，“大包干”纪念馆每年接待各地游客万余人次……2006年，小岗村跻身2005年度“全国十大名村”。2007年年初，小岗村被授予安徽省乡村旅游示范点称号，一个美丽、和谐、富裕、文明的社会主义新小岗重新向世人展示着它独有的魅力。

2009年11月6日，沈浩在小岗村去世，年仅46岁。六年时间，沈浩放弃回城工作的机会，没能尽孝90多岁的老母，还把本可以在省城享受优质教育资源的女儿送到了萧县老家就读，节假日他很少回家，就连过年他也和小岗人一起度过，他将刚刚来时全村人均收入只有2000元提高到6600元，村容村貌发生巨大变化。应小岗村村民强烈请求，沈浩同志亲属同意将沈浩同志的骨灰安葬在小岗村公墓。

一个人有高贵的品德、广博的知识、善良的心肠、纯洁的灵魂、为人处世有道、坦诚的胸怀、真实的爱心、纯正的节操就可称他有心灵美。沈浩的心灵美集中体现了他对父母的虔诚孝敬升华为对祖国、对人民、对社会的无限忠诚，表现了社会文明对人的思想、感情、意志的要求，他是舍“小家”顾“大家”的典范，是将“小孝”变“大孝”的楷模，他把困难留给自己，把幸福献给他人，他爱小岗村，为国为民，他既是时代的先锋，又是大家学习的榜样，堪称心灵美的英雄。那么，如何教育孩子修身正己优美心灵呢？

*一、心灵美的人，爱国爱民。*从1840年以来的历史证明，“我们伟大的祖国经历了刻骨铭心的磨难，我们伟大的民族进行了感天动地的奋斗，我们的人民创造了彪炳史册的伟业”。一个心灵美的人，无论他的经历多么曲折，他的生活多么艰难，他所遭受的打击多么沉重，他所遭受的创伤多么难以愈合，他的心里始终热爱自己的祖国、热爱各族的人民、热爱现实的社会。

一位很有才华的知识分子，他在上大学时被错划为右派分子，蒙冤二十余载，历尽坎坷。但他在逆境中从不悲观失望，坚持刻苦攻读，一心报效国家。1981年，他赴瑞典进修第一年就发表了专著，两年完成了规定五年才能获得的博士学位，取得了瑞典皇家工学院能源研究高级成员的荣誉称号。权威人士推荐他到国外大学任教授，年薪3万美元，但他婉言谢绝了。他在国外发表的每一部专著都在扉页上写上“中国（China）”。他说：“无论在困难时刻，还是成名以后，我对祖国的爱始终不变。”他在一封信中倾吐了对祖国的无限深情：“遥望东方，那里有我魂梦萦绕的祖国和故乡，那里有能让我施展能力不负一生的壮丽事业，那里有对我关心备至、志同道合的朋友和同志，那里有生死与共、相亲相爱的妻子与亲人，那里是充满阳光、希望和爱情的地方。”“纵然斯德哥尔摩风光绮丽，艳美非凡，但这非我愿久留之地。遥望祖国，想那早春二月，春漫江南，东湖夹岸，鸟语花香，清风徐来，水波不兴，萋萋芳草，巍巍青山，祖国山河，恋思神往。亲人思我，朝朝夕夕，我念祖国，海角天涯，云天迢隔，难诉衷肠。”他怀着对祖国深挚的爱和高度的民族自尊与自信心回到了祖国。他就是武汉水利电力学院刘晨晖教授。

在家庭教育中，父母应以充分的事实说明，青少年是祖国的未来，民族的希望。青少年“一定要深刻了解近代以来中国人民和中华民族不懈奋斗的光荣历史和伟大历程，永远热爱我们伟大的祖国，永远热爱我们伟大的人民，永远热爱我们伟大的中华民族，坚定理想信念，增长知识本领，锤炼品德意志，矢志奋斗拼搏，在人生的广阔舞台上，充分发挥聪明才智，尽情展现人生价值，让青春在为人民建功立业中焕发出绚丽光彩”。

二、心灵美的人，尊重人格。人格，是一个人包括品德、气质、行为方式等全部特质的总和。一个人的品德、行为符合社会道德规范，就被认为有高尚人格，享有美好的名誉。反之，被人视为人格低下，以至名声扫地。人格和名誉是一个人尊严的象征，是立身处世之本。因此，心灵美的人，总是十分尊重自己的人格。

北齐高洋推翻了东魏，建立了北齐政权后，大肆镇压原来的元姓贵族。原属元氏势力的元景安迫于强暴，便请求改姓高，他的堂兄元景皓坚决反对说：“岂有弃本宗，逐他姓？大丈夫宁为玉碎，不为瓦全。”元景安将这话报告给了高洋，元景皓因此招来杀身之祸，元景安因改姓受到了重用。

后来，这个典故得到引申，用来比喻宁为正义而献身，也不能屈从丑恶势力而苟且偷生。从古至今，这一典故成为了我国民族气节的象征。在中国历史上，许多杰出的人物为了维护自己人格的完美与尊严，做到“富贵不能淫、贫贱不能移、威武不能屈”，甚至于“杀身成仁、舍生取义”，视人格高于生命。屈原、岳飞、文天祥、谭嗣同等等，都以其崇高的人格而流芳百世。古往今来，大家一致认为：维护人格尊严，在任何时候，不背叛祖国和人民利益；维护人格尊严，在丑恶势力面前，不放弃信仰，不出卖良心；维护人格尊严，在金钱和物质利诱面前，能否保持高尚的品德。现代青少年应该从中领悟到，世界上还有比金钱、享受更宝贵的东西，这就是体现生命价值的人格，它是大地之子的最大幸福和荣誉，必须得到尊重和珍惜。今天，在改革开放的大政方略的指引下，开创了对外开放、对内搞活的经济条件，我们青少年尊重自己的人格，爱护自己的名誉，更具有特别的现实意义。

三、*心灵美的人，珍爱生命*。人最宝贵的是生命，因为，它属于我们只有一次。一个人从母体呱呱坠地，到长大成人，这中间需要父母、亲人付出大量的心血与操劳。父母给了我们生命，亲人给了我们呵护，一个心灵美的人往往认识到父母培育我们的伟大，亲人关爱我们的光荣，用实际行动孝敬我们的父母、感谢我们的亲人。在我们成长的过程中，学校、老师对我们进行了辛勤的培育与教诲，社会给我们提供了难以估量的物质文明和精神食粮。学校是知识的殿堂，老师是学习的榜样，社会是祥和美好的大家庭，美好环境是我们幸福成长不可缺少的土壤。因此，我们感谢国家与社会的培养之恩，为国家和社会承担一定的责任是我们的义务。自己的生命不仅属于自己，更属于人民。珍爱生命，不仅是对自己的负责，也是对他人的负责，更是对国家与社会尽心、尽责、尽义务。每逢关键时刻，一个心灵美的人心里总是想着他人，而不是自己。珍爱他人的生命比珍爱自己的生命更重要，关键时刻，把生的机会留给他人是自己既崇高又神圣的使命。

2008年5月12日，四川汶川发生强烈地震时，东方汽轮机厂东汽中学教导处主任、四川省特级教师谭千秋正在给学生上课。地震发生时，他迅速组织同学们向楼下疏散。当他得知有几个同学还没有离开，立即返回教室。危急时刻他奋不顾身扑了上去，用双臂将4名高二一班的学生紧紧地掩护在身下，而4名学生在他的保护下成功获救。5月13日晚上，当人们从废墟中将他的遗体扒出来时，他的双臂还是张开的，趴在讲台上。他舍己救人的事迹，传遍神州大地。他被追授全国抗震救灾优秀共产党员、抗震救灾英雄等荣誉称号，并被评为2008年感动中国人物。

青少年是人类的未来，祖国的希望。青少年时期是一个人生命历程中最为美好而又不可多得的年华，也是智力发展的最佳时期，更是人生观、世界观逐步形成的重要时期。珍爱生命，就是不辜负美好的年华，更是不辜负国家和人民的殷切期待。珍爱生命必须养成健康的生活方式，不仅要身体健康，而且要精神健康，更要求社交方面的健康，只有这样，才能养成健康的生活习惯和生活方式，适应生活，驾驭生活。

一位著名表演艺术家68岁高龄时，仍然成功地塑造了穆桂英的形象。他舞步轻盈，武功娴熟，扮相漂亮，令前来观看演出的外宾钦慕不已。外宾问起他的艺术青春秘诀，他强调："精神愉快，心气平和，饮食有节，寒暖当心，起居以时，劳逸均匀。"他就是珍爱生命、重视健康、集心灵形象优美于一身、享誉海内外的表演艺术家梅兰芳大师。

预防腐朽文化侵蚀孩子心灵。课外书刊、影像、歌曲等文化元素，都是青少年不可缺少的精神食粮，孩子阅读书刊、看影像、唱歌都是天经地义的事情。但是，当我们发现孩子在看黄色的书刊、影像或唱黄色歌曲时，父母常有两种做法，一是气急败坏，二是放任自流，无非就是在情感大于理智的前提下，采取过于简单粗暴的解决问题方式，这是有悖于科学解决问题的。所以，父母应该剔除感情用事，冷静思考，沉着应对孩子迷恋黄色书刊、影像与歌曲的行为。

某市一名高二男生，曾经担任过学生会主席和团委委员，一个偶然机会，接触到两本黄色“手抄本”，开始他曾思索过是否看，但因过高估计了自己，又出于好奇，就大胆地翻看了，从此入了迷。一年内先后猥亵、侮辱了七八名女生，后被送到工读学校，他悔恨万分，痛心地说：“黄色书刊就像毒蛇，咬人后毒素侵入肌体，使我险些送了性命。”北京一名女中学生沉痛控诉：“黄色书刊使我一步步走向堕落，失去了少女的贞洁。”

青少年孩子已经步入性发育阶段，对异性产生了兴趣，想方设法了解性知识，是由人类本性所决定的。当前，我们处在经济转型的改革开放时期，腐朽文化的侵袭对青少年的侵袭与危害，也是十分自然的。如果，父母熟视无睹，放任自流，是错误的。如果，气急败坏，严加禁止，激发孩子更加投入，衍变成为通过歪门邪道，了解到一些经过歪曲了的性知识，更是父母的罪过。那么，我们应该如何预防腐朽文化侵蚀孩子的心灵？

一、*在思想认识上，父母应该正视腐朽文化的危害*。当孩子接触到“黄流”，父母对孩子应有公正的看法。首先认为孩子了解这方面知识的行为是正常的，然后和孩子共同探讨孩子想看这类东西的原因，在家庭民主的氛围中，共同找寻远离腐朽文化的办法。在共同探索的过程中，父母和孩子始终是平等的主体，相互之间是协商，而不是强制。父母坚持理解作为基础，帮助孩子拒绝不健康的书刊、影像和歌曲。通过亲子之间的交流和沟通，就会架起父母与孩子心连着心的一座融洽、和谐、亲密的桥梁，让孩子更能够接受父母的批评与建议，教育就会富有成效。在具体问题对待上，父母、老师和学校要教育孩子充分认识它们的危害，远离代表腐朽文化的一切制品。正因为宣传色情和暴力的影视、书刊、网络等不健康制品的泛滥成灾，给世界各个国家都造成了严重的社会问题。因此，现代青少年必须远离腐朽文化的危害与侵蚀。

20世纪80年代，在美国的一个一般观众，一年里，从电视节目中可以看到9000个暗示或间接表现性行为的镜头；一般高中生，到毕业时观看到的谋杀案竟达18000起。公开宣传色情与暴力，造成了严重的社会后果。那时，美国有100万十多岁的女孩子怀孕，私生子女超过50%，甚至多达70%。许多社会工作者一致认为这是受到电视、摇滚音乐、录像与电影影响所造成的。在社会舆论的谴责下，里根总统曾在共和党的一次政治会议上气愤地说：“我不认为我们的开国祖先们想要创建一个将宣扬色情的权利置于父母家长权利之上，让暴力和邪毒有恃无恐地攫取我们儿童的国家。”

青少年阶段的孩子正处在独立和依赖、自觉性与盲目性错综交织的矛盾时期，虽然已经参加学校集体和社会活动，但是，情感还不成熟，意志尚不坚定，行为还较幼稚，最容易误入歧途。

某市，一些社会上的流氓阿飞经常在校门口拦截女生，邀请跳舞。有8名女生因为不谙世事，以此为荣，贸然和这些人经常出入舞厅，养成生活放荡的习惯而中途辍学，随后离家出走。竟然，遭到了坏人奸淫，处境十分悲惨。

这种情况应该引起父母、学校与社会的高度重视。孩子处于青少年时期，急需我们用科学的方法教育孩子不涉足妨碍身心健康的娱乐场所，不进营业性舞厅、酒吧和音乐茶座，以免接触混迹其中的不良分子，预防上当受骗。

在这个世界上，美，激励着我们求真，美，引领着我们向善。然而，并非所有的人都能发现和享受生活中的真善美，尤其是年纪尚小的孩子！譬如，有的孩子常买零食和高档玩具，大把大把地花钱，从不心疼，却舍不得为自己买一本好书，净化心灵，增加知识。有的孩子崇敬助人为乐的人，但在公共场所却不愿意为年长者让座，更别说帮助有困难的人。有的孩子钦佩人民英雄，却害怕纪律的约束和艰苦的训练。有的孩子是非观念淡薄，对社会上不良现象缺乏正确认识，对各种诱惑更没有防范能力，自以为是，我行我素，误入歧途，自食苦果。

一位天真活泼的小女孩，生在一个幸福的家庭。她刚上小学时，是一个品学兼优的好学生。可是，到了六年级，原来朴素大方、天真烂漫的她，头上烫了个“凤凰窝”，脸上抹上了“摩登妆”，眉毛染成了“黑月牙”，嘴唇涂上了“樱桃红”……她买昂贵的化妆品，往往是偷妈妈的钱，后来被爸爸发现，被毒打了一顿。她在深深记恨着自己父亲的同时，离经叛道，自作主张，开始走上社会结交了一伙讲究“义气”的“朋友”。可是，她万万没有想到，这些“朋友”竟是一群地下扒窃团伙。她便陷入这个“泥潭”，不能自拔，每天必须完成“老大”下达给自己的偷盗“任务”，否则就要受到难以承受的“处罚”。从此，越陷越深，以致上演了一场花季孩子的悲剧。一个天真活泼、品学兼优的小学生就此走上了盗窃集团的犯罪歧途，不仅扭曲了美好的心灵，失去了纯真的童年，而且远离了家庭的亲情，堕落成为一个少年犯。

青少年时期是人生的黄金时代，对人生和世界充满了绚丽的憧憬，在心目中编织着诗情画意、美好梦幻般的前景。一个成长中的孩子，希望漂亮一些，美丽一点，是可以理解的。但是，到底什么是美？他们还处于朦胧混沌之中，作为父母特别应当及时告诉孩子“人最美的是心灵”。同时，应该敏于观察孩子细微的变化，重视孩子的早期美育，帮助孩子提高审美和鉴赏能力。如果，孩子一味追求时尚、流行，忘记了做人的本分，丧失了理想和道德，就很容易走上奢侈腐化的道路，被社会上的坏人所利用，堕落成人民的罪人。父母教育孩子既不能一概以智力因素衡量孩子的“好”与“坏”，又必须注意自己教育孩子的方式方法。

父母的溺爱、唠叨和打骂只能增加其逆反心理，极易造成悲剧的发生。父母只有随时关心孩子、爱护孩子、悉心欣赏孩子、精心培育孩子、耐心教育孩子，才能使教育达到理想的效果。

二、在教育方法上，父母对孩子应变“阻”为“疏”。课外书刊、影视、录像、网络、歌曲都是现代青少年不可缺少的精神食粮。父母、老师和学校应该十分关心他们的精神生活需求，用优质的文艺作品充实他们的精神境界，启迪他们对美好事物的追求，培养高尚情操，绝不允许淫秽、龌龊的坏书、影片、电视、录像、幻灯、网络、照片、图画、报刊、手抄本、歌曲损害他们的健康。

一位妈妈发现自己的儿子接触到黄色文化的书刊、影像和歌曲，她十分沉着冷静，便亲切地对儿子说：“现在，你已经到了应该了解这方面知识的时候了，可是，这种东西不适合你看，我拿几本书、几个光盘、几首歌曲给你看看，不明白的地方，我可以再讲给你听听。”当儿子缓过神来，看到妈妈如此诚恳的态度，便坦然和妈妈交流，在和谐的气氛中，不仅受到了教育，而且得到了知识，开始了健康的文化生活。

这种以书换书、以光盘换光盘、以歌曲换歌曲的疏导方式，不仅能够满足孩子的好奇心，而且可以对孩子进行科学的教育，不仅会收到事半功倍的效果，而且培养孩子接触健康文化的兴趣。

三、在艺术欣赏上，父母榜样力量给孩子无尽快乐。父母的艺术特长魅力潜移默化地感染着孩子的广泛兴趣和爱好，使青少年精神生活更加充实，并且由此进入更高的、更美的艺术境界。例如，跳舞和唱歌一样，都是青少年喜爱的文化娱乐。舞蹈是以有序的动作来表现人类思想感情的一种艺术，也是呈现人体美的视觉艺术，给人以美感和快感。但是，我们一定清醒地认识：任何一种艺术形式，如果不赋予健康的内容，也会失去它应有的功能，甚至产生相反的作用。

一位4岁小女孩同邻居家的儿子玩，居然教邻居儿子趴在她身上，做性爱的模仿动作，并模仿声音。儿子的妈妈大惊失色，找个机会问这个小女孩的妈妈，只见小女孩的妈妈不在意地说：“噢，可能是从录像上学的。”原来她和丈夫看色情录像，并不回避孩子，让孩子站在旁边看。他们认为孩子小，什么都不懂，看了没事。其实，童年时期的任何经历都能留在幼小孩子的头脑中，这样污秽的镜头，给一个只有4岁的小女孩留下的将是永远的伤害，影响着孩子一生的身心健康。

因此，什么样的父母必然教出什么样的孩子。“望子成龙、望女成凤”的父母要教育好自己的孩子，就必须以其榜样力量，启迪孩子，影响孩子，教育孩子。在生活中，父母身体力行与孩子一起参加唱歌、跳舞、书法、绘画、书法、乐器、摄影、棋艺等多种丰富多彩的文化娱乐活动，极尽美的艺术享受和乐趣，能够让孩子在艺术生活中快乐地成长起来。同时，父母与孩子一道读健康书，读正版书，看健康影视，唱红色歌曲，长期坚持，坚定不移，就会产生潜移默化的作用，克服孩子思想方法上的片面性、主观性，避免因好奇心强而招致的腐朽文化的毒害。在艺术欣赏上，让孩子在远离腐朽文化的活动中，找寻到没有穷尽的学习与生活快乐。

第二章　讲究语言美

语言美是心灵美的直接体现，不同时代、不同民族的人，具有不同的文化素养、思想情感、道德品质和语言表现力，其语言美亦有不同的表现形态。语言美是交际的必要手段，直接影响语言交际的效率和人际关系的协调。在中国社会主义精神文明建设中，人际交往中的言辞美，是社会美之一，也是心灵美在言语上的表现，它包括交谈的内容与方式等。在青少年教育中，文明修身、准确用语、谈吐高雅、心秀语美、告别粗鲁、讲究文明至关重要，它关系着孩子们立身社会、树直形象、生存发展、开创未来的前途和命运。

指导孩子文明修身优美语言。语言美是心灵美在言语上的表现，人际交往中的言辞美，是社会美的一个重要方面。优美的语言可以晓之以理，动之以情，曲径通幽，用好难说的词，说好难听的话，让人解开心中难以解开的疙瘩，达到净化心灵、至善至美的境界。

全国刚刚解放，废除资本家的一些陈规陋习，颇费力气。一天，上海市长陈毅来到一家纺织厂里，他笑着说："老板，我冒昧来访，欢迎不?"这位老板正在为一件事发愁，便发起牢骚来："陈市长，今天工会又来要我废除'抄身制'。工人下班有抄身婆搜身还经常丢纱呢。如果取消了抄身制度，纱厂不被人偷光才怪呢。"陈毅品了口茶，不紧不慢地说："要说办工厂、买机器，我要拜你为师。因为，我只当过工人，没有经营过工厂嘛！要说管理工人，你要向我学习哩！我参加了革命，就一直宣传组织群众，在这方面我可以给你当参谋，还带'长'呢！你倒是要我这个参谋还是不要?"老板连声说："要，要，请你快说。""我在法国当过工人。那个工厂大得很，老板也比你厉害得多。厂子四周筑起高墙，拉上电网，还雇了一帮带枪的警察，对每个下班工人从头搜到脚，那么过细的劲儿，身上连一根针也藏不住。但结果呢？原料、零件还是大量丢失，为什么呢？老板把工人当成了会说话的工具，劳动很重，工资很少，工人实在无法养家糊口，工厂赚了钱对工人毫无好处，他们为什么不拿呢？现在不同了，工人翻身当了主人，他们懂得：生产经营搞得好，新中国才能富强起来，工人才能改善待遇。你们虽是私营企业，但也是新民主主义经济的一个组成部分，一样可以有利于国、有利于民。所以，以我之见，你应该在纺织业带头，用我的办法试试看，废除抄身制，关心工人的利益，待工人如朋友、如兄弟，有困难多与他们商量着办。我相信眼前的困难会克服的。”老板听了连连点头：“想想是有些道理。”第二天，这个老板就主动找工会研究，决定废除抄身制。

陈毅同志一番话，使资本家把潜心维护的“抄身制”取消了。所以，准确使用语言，是办好事情的关键。那么，我们如何教育孩子重视使用准确、优美的语言表达自己的感情呢？

一、语言美，要求我们心灵美。语言美是心灵美的外在表现，语言美的灵魂是心秀语美。一个人有了心灵美，才会有优美动听的心灵语。因此，语言美，须要从心灵美做起。而心灵美又必须切实提高道德修养、语言修养和文化修养。只有道德修养得到提高，文化修养和语言修养得到加强，谈吐才会文雅得体，出言吐语才会拨动闻者的心弦，与对方产生共鸣，让语言使用产生应有的效果。所以，我们只要明确了语言美的基本要求：语言的准确、鲜明、生动以及和气、文雅、谦逊、有礼貌，并且勤于修炼，就会达到至善至美、净化心灵、优美语言的境界。

二、语言美，要求我们会说话。语言美是一个人精神文明和心灵美的重要标志，同时也是一个人社会适应性的表现。我们应当注意：从小培养孩子的语言美，文明说话，礼貌用语，逐渐奠定他们立身社会的基础。

首先，教育孩子处处注意使用文明礼貌用语。在家庭教育中，注意引导孩子对父母、老师和其他长辈，称呼“您”；需要别人帮助时，要用商量的口气“请”；当孩子妨碍了别人或给人添了麻烦时，应主动说：“请原谅”、“对不起”；当别人向孩子道谢或致歉时，要回答“不用谢”、“没关系”；孩子离开家门或回到家时都要向父母和长辈打招呼，如“妈妈再见！”“爸爸我回来了”。父母还可通过具体事例启发孩子的认识，例如，家里来了客人，要告诉孩子对来访者热情问好，注意听人家的问话，回答客人的问题，口气谦和，语言文明。这好像润物无声、春风化雨，很容易使孩子养成文明礼貌的使用语言。

其次，家庭成员要以身作则，相互间也要使用文明用语。父母对长辈要称呼“您”，应避免说“你爸爸”、“你妈妈”，如果在父母的称呼前边加个“咱”字，让人听起来更觉得亲切和蔼了。父母不要拿孩子寻开心，如妈妈教孩子说：“臭爸爸。”爸爸教孩子说：“坏妈妈。”甚至有的父母在孩子面前打情骂俏，说下流话引以为乐，这都会给孩子的身心带来污染和损害。父母对待孩子也要像朋友般的尊重和爱护，孩子出现不正确的意愿，也不要用粗俗低级的语言训斥和讽刺，而应用幽默的语言耐心开导。长辈有了不足之处，也要让孩子直言不讳地提出，并尽可能得到尊重和采纳。在一个家庭中，只要做到了两代人、三代人互相信任，互相尊重，既是家人更是朋友，这种融洽、温暖的家庭气氛，会使少年儿童渐渐体会到人与人之间的正常关系，也就逐渐学会并且做到语言美。

其三，随着孩子的长大，必须教育孩子会说话。对于青少年孩子要进行善于言辞的培养，让语言达到准确、鲜明、生动的境界。这就需要多学习，多探索，换位思考，加深体会，尝试着去做多方面的人，探索出说话艺术的奥秘。如果你是“她”，你说的话她会是什么样的感觉；如果你是“他”，你说的话，他会是什么样的感觉。多观察，闻者能够接受什么样的话和她（他）的性格有非常大的关系。言谈，作为一门艺术，也是个人礼仪的一个重要组成部分。礼貌，态度要诚恳、亲切，声音大小要适宜，语调要平和沉稳，尊重他人……初次见面为“久仰”，很久不见为“久违”，请人批评为“指教”，麻烦别人称“打扰”，求给方便为“借光”，托人办事为“拜托”等等。只要努力养成使用敬语的习惯，就能得到语言美的收获。

三、*语言美，要求我们懂语法*。作为父母与学校老师，我们要特别注重培养学生口头与书面语言美，懂得汉语语法和结构规律，能够划清句子成分，说话要求把话说通顺，写文章要求把文章写流畅，进而追寻语言的艺术美与语言的技巧美。

四、*语言美，要求语言艺术美*。记叙，要讲究人物的形象、内心、说话、行动与环境的描写与叙述；议论，要求语言准确、鲜明、生动。语言使用注重形象化、个性化，创造美的意境，构成语言艺术表现力、感染力、艺术性，形成创作个性、艺术风格。

五、*语言美，要求语言技巧美*。修辞技巧是一种积极修辞的语言现象。它把抽象的变为具体的，往往可以造成超乎寻常的文字，超乎寻常的文法以至超乎异常的逻辑新形式，使文辞呈现出一种动人的魅力，同时还有着启迪构思、结构文章等多方面的作用。所以，在语言表达中，注意恰当地运用修辞技巧，就可以收到更加形象、感人、绘声绘色的艺术效果。例如，丰子恺凭着丰富的想象力，构成了这样一个比喻：“人格中的真善美就是鼎的三个足。有了这三个足，鼎才能傲然屹立。”这个比喻利用“人格”与“鼎”的相似性联系，将人生在世首先要做到求真、求善、求美的道理深刻地揭示出来，耐人寻味。通常，掌握修辞技巧，通过比喻、借代、夸张、对比、映衬、婉曲、象征、排比、对偶、设问、反问……展示语言使用的技巧美。

六、*语言美，要求使用普通话*。普通话是规范性的语言，作为现代青少年，课堂内外、公共场所都要说普通话，为祖国语言的统一和纯洁作出贡献，使用与推广普通话是自己的光荣责任。

七、*语言美，要求讲究语气美*。与人交流，语气应该亲切温和。同样的语言，由于语调、音量不同，产生的效果往往不同。礼貌用语，既要做到“敬”与“诚”，又要做到“亲”与“轻”。对人说话，不能大声嚷叫，咄咄逼人。一定讲究，语气温和，语调平稳，才能表达对人友好与尊重的态度。

八、*语言美，要求说话态度美*。同人谈话，就是互相交心，谈真实思想，说真实情况。不要装腔作势，不必胡乱赞美；不要忽东忽西，不必强人所难；不能百无禁忌，不必触及痛处；互相尊重，礼貌为先。有理不在声高，贵在理直而又气和。

教育孩子告别粗鲁讲究文明。在现实生活中，有什么样的父母，就会有什么样的孩子。父母文明，孩子文明。父母说话粗鲁，举止不文明，孩子说话必然粗鲁，举止也决不文明。

一位妈妈带着自己16岁的孩子来到“爱改变一切”训练营听课，下课以后，大家都去餐厅就餐，而她的儿子偏偏从门口的超市买了啤酒回来喝。因为，参加训练的许多孩子都在这儿吃饭，我们的老师觉得他这个未成年孩子喝酒影响不好，便上前劝阻他不要喝酒。没想到这孩子破口大骂，说酒是自己掏钱买的，怎么就不能喝了？这个16岁孩子的行为惹恼了旁边很多跟他一般儿大的来听课的孩子，不少孩子要上来揍他，可在这时，他妈妈又哭又闹，说大家伙一起来欺侮他们母子俩。因为母子俩触犯了众怒，惹恼了大家，处处受到冷遇。休息的时候，孩子们都去打篮球，而那个16岁的男孩只有坐在一旁发呆。妈妈也感到十分尴尬，最后，只好退出了训练营。

这个故事让人十分遗憾的是，一个也许能够改变孩子命运的学习机会就这样失去了，父母的行为决定孩子的一生！在生活中，对于经常说脏话、爱骂人的孩子，父母既不能认为没什么、不要紧、充耳不闻、懒得去管，也不能气急败坏、暴跳如雷、严厉惩罚、强化管制。放任自流不可取，管过了头也行不通。父母助长孩子滋生了不文明的言语和行为，更是错上加错。那么，父母应该如何修身正己、教育孩子、告别粗鲁、讲究文明呢?

一、树立榜样，教育孩子。一个人的思想、文化、素养、情操、志趣、好恶等等，一般都会通过语言表现出来。语言受世界观、道德与文化的制约。语言有文明与粗野、美丑之分。文明规范的语言，反映了现代青少年应有的风貌，粗鲁庸俗不文明的语言暴露了内心的浅薄。文明礼貌折射着人的道德风采，展示着人的综合素质。一个人的文明礼貌不是天生就有的，也不是完全自发形成的，而是在生活里的人际交往中，自觉修炼、不断学习、不断积累、不断提高、不断升华而成的。父母是孩子接触最多的人，父母的一言一行，无时无刻不在影响着孩子。若要孩子礼貌待人，父母必须以身作则，做好表率。父母必须努力提高自己的道德修养，不说粗话，不说脏话，在家形成一个讲文明、讲礼貌、语言美、行为美的良好环境。互相帮助，共同监督，预防语言污染。文明言行，礼貌待人，良好环境氛围。以父母讲究文明礼貌榜样的力量，纠正孩子不文明言行举止坏习惯。

一个女孩儿生下来，非常漂亮，特别乖巧，人见人爱。可因为她的爸爸妈妈经常闹别扭，过于情绪化，一天不吵几次，日子真就没法过下去了。在爸爸妈妈的影响下，孩子的脾气变坏了。孩子不满一岁，一有要求，往往不是通过正常方式达到目的，一定是又哭又闹，不哭上一个小时结束不了，半天才让人弄明白她想干什么。孩子刚满3岁，她的要求只要有一点没有得到满足，马上摔东西，嘴里不干净，有时还骂人。迫于无奈，她一哭，她爸爸就是一巴掌，打过了，孩子的脾气更显得暴躁，弄得父母受不了。现在孩子都这样，长大一点，该怎么办呢？爸爸妈妈越想越害怕。

这个小孩由一个生下来人见人爱的婴儿，到每天大哭大闹让人心烦的幼儿，她的变化确实令人惋惜。如果，真像俗话所说："三岁看老"那样的话，那么，这个孩子长大成人，她的身上一定摆脱不了她父母的影子。父母的过于情绪化，带给孩子的就是处处充满情绪化的后果，为她今后立身社会与人相处，设置了多么大的障碍。因此，纠正孩子说脏话不文明的坏习惯，应从父母树立讲究文明礼貌的榜样开始，只要父母下定决心，调适自己的身心，很快就会矫正孩子身上的不文明习惯。

二、自爱自尊，敬重他人。平时，孩子说粗话、闹无礼，往往使双方都受到伤害。既不自爱，也不自尊，既降低了自己的人格，破坏了自己在他人心目中的地位，又伤害了对方的感情，危及到对方的自尊。那些最受尊敬的人正是最尊敬别人的人，那些不懂得尊重别人的人，也不会受到别人真正的尊重。

一位妈妈在售票窗口工作，结识了很多朋友，生性活泼的她既喜欢唱歌、又喜欢跳舞，工作之余，常跟有特长艺术的朋友在一起寻欢取乐。平常，她还经常带着小女儿到朋友家里去玩。那时，她年轻活泼，经常跟她一起唱歌跳舞的朋友搂搂抱抱，非常亲热。真让她没有想到，这些场面，她的小女儿看在眼里记在心头。女儿上初中了，就开始同男生约会，有时，还带一大群学生回家玩。妈妈发现女儿跟男生的交往中，举止轻浮，行为随便，便很不放心地叮嘱女儿，要注意跟男生保持距离，可是，女儿竟然说："这有什么，我小的时候，看你和别的叔叔不是也很亲热吗？"这位妈妈年轻时候的不检点行为还不只对女儿产生不良的影响，她对丈夫不尊重的行为，也让女儿对父亲播下了不尊重的种子。女儿经常说，自己将来找老公也要找父亲这样的男人。因为，他老实，听女人的话，被女人欺负。原因在于这位妈妈经常与父亲吵吵闹闹，每次，占了上风才罢休。父亲收入没有妈妈高，爱好没有妈妈多，处处被妈妈奚落，样样被妈妈挤对，时间一久，连女儿也瞧不起他了。

这位妻子对丈夫的不尊重，造成了女儿对父母夫妻关系的误解。在这个十多岁的女儿看来，妻子就该逞强，就能吵架，否则女人就吃亏了。有什么样的父母就会有什么样的孩子，父母的个性和行为直接影响孩子的成长过程。文明礼貌实际上就是满足人的自尊心的一种手段，这种手段应该在科学的家庭教育中让孩子拥有。作为父母，教育孩子尊重别人，讲究文明，待人以礼，既是尊重别人，更是尊重自己。如果现在，我们的孩子从小学会了尊重别人，就是学会了尊重自己。一生可以避免多少骂人和打架的现象发生，可以减少多少不必要的争吵和纠纷，多少被激化了的矛盾和隔阂，可以迎刃而解、彻底消除。人际环境和谐，既有益于孩子的健康成长，更有益于孩子社会事业的成功与发展。

三、用语文明，礼貌待人。教育孩子文明用语、礼貌待人，是做人做事的基本常识，其重要性人人都懂，都很清楚文明礼貌对孩子一生的重要影响。但在生活中，由于父母缺乏具体的训练和指导，孩子还是无从做起。因此，从细微处入手，从点滴中开始，言传身教，反复实践，长期坚持，必有效果。例如，平时的礼貌用语有：请、您、谢谢、对不起、没关系、别客气、您早、您好、再见等等。对老人、长辈或向说话对方表示尊敬，要称呼“您”；或根据对方的身份与自己的关系，直接道出称谓，如伯父、伯母、叔父、婶母、舅父、舅母、姨父母、姑父母，以及叔叔、阿姨等；请求别人帮助时，要用商量的口吻说声：“请……”；当别人感谢你时，要说声：“别客气”；见面时的礼貌用语：“您好！”感谢时的礼貌用语：“谢谢你！”“辛苦您了。”向别人道歉时的礼貌用语：“对不起。”“请原谅！”对别人感到歉意时的礼貌用语：“没关系。”“别在意。”早上或在路上遇到朋友与熟人，要主动打招呼：“您早”或“您好”；分手时的礼貌用语：“再见！”……同时，要教育孩子懂得最起码的礼节，如见面时要打招呼、握手、问好，对待别人要热情、爽朗、诚恳，说话要轻声、和气、谦逊……好习惯不是天生的，主要靠平时的教育和训练，日积月累，逐步养成。如果我们的每一位父母既能管好自己，又能管好孩子，并能持之以恒、长期坚持，我们的孩子一定会成长为讲文明、懂礼貌、有教养、受尊敬的人。

长沙市中山路百货公司商店梳妆柜台的青年营业员王红，不仅是一个劳动模范，还是一位语言大师。只要你往柜台边一站，就会听到王红亲切地问：“您是想买点什么？”“请您等一下，一会儿就给您拿。”对待路过柜台参观的顾客，王红也主动打招呼：“欢迎您看一看。”有一次一位妇女来到王红的柜台前，态度生硬，挑三拣四，王红始终使用优美的语言、彬彬有礼的态度对待她，终于使她买了头油，满意而去。

今天的青少年无论在家庭中、学校里，还是在将来的工作岗位上，都是集体的一员。每天，都要和父母、老师、同学、同志、朋友相处，在社会交际中，须同更多的陌生人结识、相处。我们每一个人倘能使自己的言谈、举止彬彬有礼，待人态度和蔼、谦逊、诚恳，我们的社会将是一个和谐团结、亲密无间的大家庭。

第三章　讲究行为美

在社会生活中，一个行为美的人，他的言谈、举止与行为处处表现出他的心灵美。一个人的行为美，就是他的所作所为而表现出来的社会形象美。这种行为美，是高尚的道德品质的外在表现，是文明礼貌的重要标志。因此，教育孩子健康修身，优美行为，不去赶时尚、追名牌，是为父母的责任。

2006年7月，南江县原纪委书记王瑛累倒在抗旱第一线，经查身患肝癌晚期；此后两年，她顽强地与病魔作斗争，始终把维护人民群众的利益放在至高无上的位置。“5·12”汶川特大地震发生的第二天，正在重庆化疗的王瑛不顾医生劝阻，连夜赶回重灾县南江，投身抗震救灾工作中。她没日没夜地拖着重病的身体，下乡查看灾情，访民疾苦，监督救灾资金和物资的发放，查办违法、违纪案件。2007年1月被中央纪委、人事部、监察部表彰为“全国纪检监察系统先进工作者标兵”。2008年11月27日，在前往重庆治病的途中，王瑛带着对未竟事业的牵挂和遗憾，永远闭上了双眼。如今，王瑛已成为永驻人心的时代先锋，大巴山人把她称为“永远的巴山红叶”。

当今，伟大的社会、伟大的时代要求每一个青少年健康修身、优美行为，不赶时尚，不追名牌，拥有远大的理想，树立公而忘私、济世为民的人生观，用以指导自己的行为，使自己的言语行为规范和美，闻者舒心，见者欢欣，既有利于团结，又有利于交往，更有利于进步。

要求孩子健康修身优美行为。在这个世界上，无论是东方人或者是西方人，都把文明礼貌习惯的养成，看得十分重要。行为美，是一种文明、健康、美好因素融合在外表言行上的有意识、有表现的能动活动美。在我们的社会，优美的行为鼓舞人心，催人奋进，随时发生在我们的身边。

1936年6月，斯诺刚刚进入陕北抗日根据地，虽然碰见了两个红小鬼，由于疏忽了礼节上的称谓，连水也没喝上。后来，在李克农的提示下，斯诺称红小鬼为：“同志。”人际关系一下子融洽起来。可见，良好的人际关系，不仅建立在互相尊重的关系上，而且还需要建立在礼仪的调节上。

今天，我们的青少年应该拥有这种优美的行为，时刻准备投身于知识经济时代建设洪流，想他人之所想，急他人之所急，解他人之危难，发挥自己之所长，贡献自己的力量。那么，如何教育孩子健康修身、优美行为呢？

一、行为美，要求从小养成习惯。在家庭教育中，父母教育孩子的核心就是讲究礼貌行为，养成文明的习惯。培养孩子良好的习惯，青少年阶段是最关键的时期，道德习惯、生活习惯、学习习惯、劳动习惯……一旦养成就会受益终生。

2011年10月22日晚，中央电视台《新闻联播》公布一条消息：在江西南昌，一位小女孩被压在一辆小轿车下，路过这里的十几名农民工挺身而出，即刻徒手抬起一吨多重的汽车。从女孩出事到被救出，仅仅用了3分钟的时间。这3分钟里，有人在抬车，有人帮助女孩，有人替她捡手机……3分钟改变了女孩的命运，这个小女孩名叫巩梦露。这场事故中，热爱与关心他人的示范行为发挥了非常关键的救援作用。

文明礼貌、优美行为的习惯又必须从家庭文明礼仪入手，作为父母对于孩子的言谈举止，应该做耐心、细致、文明、礼貌的指导，并且需要提出具体的要求，坚决做到：

第一，早晨按时起床，随即叠好被褥，整理好房间，穿衣整洁得体，洗脸刷牙讲究卫生，料理好自己的生活。平时，学会做家庭的主人，主动承担家务，减轻父母负担，不让父母操心。

第二，早上出门、晚上归家，要有礼貌地与家人道别、问候。

第三，按时自觉学习，按时安排休息，自觉遵守作息时间，不要家长督促。

第四，主动关心父母，家人生病要关心和照顾。

第五，家人有了过失，应有礼貌地提醒、劝告。

第六，一旦有了过失，虚心接受批评教育，不逆反，不任性，不顶嘴，知错就改，勇于承担自己的责任，不找寻理由为自己辩解，养成反思改过的习惯。

第七，尊重、礼让长辈，常以敬重心聆听长辈教诲，自觉悟出其中道理。

第八，吃饭时，请家人先入座，注意形象，离开饭桌与父母打招呼。

第九，打电话、接电话有礼貌。

第十，在家做游戏，不影响父母和邻居的工作与休息。

第十一，客人来访以礼相迎，热情接待，父母和客人谈话不随便插嘴，客人走时以礼相送。

第十二，同伴来家，热情接待，并向家人介绍，学习或活动不影响家人和邻居。

第十三，尊重邻居，邻居有困难，主动帮助。

第十四，在社区玩耍，要注意时间和场合，不影响正在学习和工作的人，与同伴玩耍，不吵不闹，互相谦让。

第十五，出门做客，选择恰当时间，注意敲门或按门铃，得到允许后再进门。见面问候，说话有分寸。不随便动别人的东西，走时以礼告别。

*二、行为美，要求我们心有他人。*在生活中，经常坚持同大家和睦相处，平等待人，一旦急需，情系他人，无私无畏，挺身而出，力排艰险，奋勇当先，鞠躬尽瘁，死而后已。

2009年10月24日下午，长江大学文理学院40多名大学生在宝塔湾河段游玩时发现两名少年落水，手挽着手组成“人梯”下水救人。最终，两名少年得救，而陈及时、何东旭、方招3名大学生，因水流湍急被冲入江中，不幸牺牲，献出了年轻的生命。荆州市民康祖武激动地说：“几年前，长江大学就出过在水中救人不留名的英雄赵传宇，现在又涌现出一个救人的大学生英雄群体，这是古城荆州的骄傲。”长江大学管理学院大三学子黎天宇说，27年前，张华为救淘粪老农献出生命，现在“90后”学弟们结梯救人的壮举更让我们肃然起敬。“他们的英勇行为说明我们90后的大学生具有责任感，能够担负社会重任。舍己救人、尊重生命一定会成为我们当代大学生的自觉行动。”

在现代社会生活中，教育青少年坚持心有他人的行为，应该建立在刻苦好学、联系实际的基础上，表现在“学而不厌，诲人不倦”的学习态度中，具有勤勤恳恳、任劳任怨、克己奉公、一不怕苦、二不怕死的精神，为了他人的幸福、为了时代的建设，不怕牺牲自己的一切。

*三、行为美，要求我们团结友爱。*团结友爱，就是要关心他人，助人为乐；相互协助，相互支持；助人为乐，尊老爱幼；主持正义，见义勇为。同时，热心帮助老弱病残、生活困难以及急需救援的人，树立济世为民、造福一方的新风尚。在家庭教育中，父母教育子女文明修身，讲究礼貌，孩子长大成人，处事待人就会晓之以理，动之以情，以文明礼貌树立形象，用文明礼貌征服他人，团结他人，构建和谐，争创一流。

2008年5月12日14时28分，一场罕见的特大地震顷刻之间摧毁了汶川映秀镇。在大雨和黑暗中，余震不断，漩口中学初三（五）班学生马健，用自己的善良和勇敢的行为给困境中的同学撑起了生命的蓝天。地震发生时，他所在的班级尚有6名同学未能从教室中撤出。他放不下朝夕相处的兄弟姐妹，冒着余震与四伏危机，悄悄回到学校，钻进废墟，磨破双手救人。四五个小时过去了，双手血肉模糊的马健救出了第一个同学——向孝廉。接着，他借着打火机的光亮，又找到两位被水泥板压住的同学，并给他们找来水，鼓励他们坚持下去，等待救援队的到来。同时，守护着伤势很重的向孝廉，他用爱与希望为虚弱与困难的同学点亮了希望。

在现代社会生活中，教育青少年团结友爱，拥有一种崇高的道德情感，是孩子健康成长的需要，是人际交往的真正美，体现在疾相扶、难相助、欢乐与共、患难相随的日常生活之中。

*四、行为美，要求我们遵纪守法。*一切社会活动和社会生活，都必须有它的“规矩”可循，这个规矩就是纪律。教育青少年遵章守纪保证学习、生活与工作的有序进行，让行为美给我们带来愉快与安全、进步与发展。在有意义的生活中，领袖与士兵一样，谁也不能例外。

列宁进克里姆林宫时，卫兵洛班诺夫不认识他，一定要他按规定出示证件。与列宁一起来的那名随行者想上前说出列宁身份，让卫兵立即予以放行，被列宁制止了。列宁掏出了证件，卫兵从证件上知道眼前这人就是列宁时，他脸红了，连声说 “对不起”；列宁亲切地对他说：“你做得很对，任何人都要坚守制度，执行纪律。”

在现代社会生活中，教育青少年遵纪守法，认真学习法律知识，树立法制观念，自觉遵章守纪，遵守社会公德与职业道德，用实际行动维护正常的学习、生活、工作和社会秩序，可以促进孩子的健康成长，加快社会发展的进程。

*五、行为美，要求我们礼貌对人。*礼貌是人与人之间保持正常交往关系的一种行为规范，是人们对亲人、熟人或陌生人表达情感和尊重的行为方式。没有礼

貌，人类社会就会互相摩擦，产生混乱，甚至无法维持起码的公共秩序和安定团结。因此，生活在文明社会，必须对人礼貌。

国家名誉主席宋庆龄和蔼可亲、礼貌待人的优良作风是有口皆碑的。她的警卫战士回忆说：宋主席在院内散步遇到战士，总要主动问好；她行动不便，每当上车时，战士给她放个小矮凳，她总要说“谢谢”；她与战士在走廊相遇了，总要相互问好；在进办公室时，她坚持让战士走前面，自己跟随在后。革命领袖居高位而不特殊，处处以礼待人，表现了社会主义社会的人际关系，使广大人民与领袖关系更加亲密。

在现代社会生活中，礼貌是文明行为的重要内容，是人际交往相互友好尊重的桥梁。礼貌保持了人与人之间的感情与尊重，礼貌减少了摩擦，维护了秩序，保持了安定团结。以文明修身，以礼貌待人，既是对自己的尊重，也是对社会文明建设的贡献。

*六、行为美，要求我们气质优美。*心灵美是潜于内心深处的美，那是不能用化妆来表现的。但是，一个人的行为美，还必须注意气质美：讲究表情、重视着装、展现形象，把内在的心灵美与外界的形象美相统一，形成表现人格魅力的气质美。

当年，天津南开中学校长张伯苓先生十分强调行为规范与人格教育。他的办学思想之一是：“德育为万事之本。”他从校容、校规到学生的生活纪律、仪容、体态都有明显的要求。南开中学门厅的大镜上赫然刻有箴言：“面必净、发必理、衣必整、纽必结、头容正、肩容平、胸容宽、背容直。”“气象：勿傲、勿暴、勿怠；颜色：宜和、宜静、宜庄。”正值青少年时期的周恩来读书时就将上述箴言作为座右铭，严格要求自己，为他以后形成完美的人格打下了基础。此后，经过几十年革命实践的磨炼，周恩来总理的行为美始终把内在的心灵美与外在的仪表美相统一，形成了他伟大的人格魅力。在仪表上，不论穿新衣、旧衣，还是布衣、毛料衣，总是那样整洁庄重、精神饱满、美观大方，体现了他朴素而又伟大的人格，有革命家的胸怀，有领袖的气质，有对人民鞠躬尽瘁的品格，为中华民族树立了体现完美形象的典范。

因此，行为美，要求我们从小养成习惯，做到心有他人、团结友爱、遵纪守法、礼貌待人、气质优美；行为美，要求我们做一个有益于人民、有益于社会、有益于国家和民族的人。

教育孩子不赶时尚不追名牌。爱美是人的本性，修饰打扮是应该的，保持面貌的整洁是很重要的，叫人看了就产生好感，彼此便有所沟通。爱美之心人皆有之，正值成长中的青少年出现追求美、爱漂亮的想法是正常的。他们的着装应该活泼、自然、有朝气，符合青少年的身份，在面料、颜色、款式上应该适合学习和运动，体现青少年的身份特点。但在当前，青少年中却存在着追求时尚和品牌的风气，影响着审美能力的培养，危害匪浅，究其原因何在?

一位刚入学的女大学生，妈妈十分疼爱她。妈妈认为，现在物质条件好了，别人有的咱要有，别人没有的咱也要有，太平盛世让孩子享享福有什么不好？因此，不仅给女儿买了时尚品牌衣服，还将所有的衣服都编上号，哪天穿哪件，写得很清楚。一天，天气骤然变冷，这个宝贝女儿依然按照妈妈的编号穿了件薄衣服，结果感冒了。她很不满意，打电话质问妈妈：“为什么让我今天穿这件?”妈妈抱歉地说：“实在对不起，我不知今天天气会变冷。”

通过这个事例，让我们找到了青少年存在着赶时尚、追名牌的根源，主要责任还在父母的身上。那么，究竟怎么克服？如何解决？都是值得大家关心的问题。

*一、孩子追求时尚名牌的责任在家长。*在穿戴上，青少年盲目追求，互相攀比，以高享受、高消费为标准，以讲名牌、讲高档论贵贱，处处以追时尚、赶时髦、求时尚为荣确实过头了。孩子有了这样的想法和行为，不必一味责怪孩子。酿成原因有三：一是因受社会媒体铺天盖地的宣传影响，以致诱导孩子，放弃勤俭节约，专讲高档消费。二是一些父母想把孩子当招牌，认为孩子的穿着等于自己的脸面，一味追高档，赶时尚，铸造了孩子的虚荣。三是一些家长认为“新三年，旧三年，缝缝补补又三年”的勤俭节约传统和作风已经过时，现在，大家赶上了好时代，给孩子买高档，置名牌，是家庭和社会的需求。岂知，这对孩子的培养，确实带来了灾难，使本来纯朴可爱的人生毁于一旦。

一位年龄19的漂亮姑娘，考上了大学。因为，家庭对她的娇惯和纵容，使她从小就具有一种爱虚荣、图享受的性格。进入大一不久，在一次校外活动中，认识了一位衣冠楚楚的“帅哥”。几经交往，这位“帅哥”给她买来了一套价钱十分昂贵的时尚名牌服装，让她欣喜不已。后来，经不住这位“帅哥”的甜言蜜语和物质上的诱惑，她把自己的贞操给了“帅哥”。半年以后，经过医生检查，她受孕了。奇怪的是“帅哥”的电话打不通了，人也找不着了，姑娘家庭自小给她培育的虚荣心让她受骗了。

其实，美，首先是心灵美，即人的内心世界美，这是根本的美。一个人如果缺少了内在美，即使穿着华丽、浓妆艳抹，仪表堂堂，也不会让人产生真正的美感。在生活中，只有高尚的道德情操、良好的文化素养与高雅的气质仪表相统一，才能体现出一个人真正的美。

*二、教育孩子懂得什么是美全在家长。*美，贵在自然。但美不等于奇异怪诞，也绝非高档名牌，更不是时髦时尚，只有适宜的、合体的、自然的，才是最好的、最美的。青少年正处在花季，本身就是一种纯真自然的美，根本不需要用名牌来包装，用华贵和时髦来弥补。只要穿着得体大方，加上腹内的经纶、文明的举止、优雅的风度、俊美的气质，就会拥有自信的心态，就能得到别人的尊重和夸奖。一个有真才实学、品德高尚的人，即使穿着最廉价的衣服也会令人敬

重、羡慕和赞美的。

著名影星索菲亚·罗兰在少女选美比赛中，穿着母亲用窗帘缝制的礼服和用油漆漆成的皮鞋，最终以无与伦比的气质和大方得体的举止言行赢得了“海的女儿”的称号。

青少年正处在身心发展的重要阶段，对自身美的追求逐渐强烈，这是正常现象。但是，所追求的完美，一定是各方面的协调与和谐，既有包括心灵美与仪表美的完美与统一，又有包括着装打扮与身份、年龄、身材、性格的协调与和谐。

三、取得追求时尚品牌的成效在家长。在生活中，孩子往往不顾家庭经济条件，向父母要高档名牌的穿着，怎么解决这一问题，常常成为父母十分关注的事情。经过思考，其法有三：

第一，拒绝孩子的过分要求，强调青少年着装的科学合理性。有的父母十分心疼和溺爱孩子，生怕孩子受到委屈，对不起孩子。有的父母经济条件并不宽裕，为让孩子高兴，只要孩子提出要求，也就有求必应。天长日久，孩子的欲望越来越高，胃口越来越大，甚至使父母难以应对和招架，成为难以解决的问题。因此，无论父母多么富有，对于孩子的过分要求，都应坚决拒绝，决不迁就。

美国的少年儿童，无论家庭多么富有，12岁左右就会去打零工：剪草、送报纸、做小保姆之类的活儿，挣零花钱。

日本人全家出外旅行，无论多么小的孩子，都要背个小背包，自己的东西自己背。他们认为，除了阳光和空气是大自然的赐予，其他都要通过劳动获得。

在家庭教育中，父母要明确告诉孩子，人世之间的一切享受，都必须通过自己的劳动，用双手去创造。在社会生活中，由于社会分工的原因，职业不同穿着也不一样。例如，直接从事重体力劳动的工人多穿粗厚结实宽松的工作服，不仅耐磨损，而且便于干活；医生穿着白大褂，显得干净高雅，会给病人以平和、亲切的感觉，增强战胜疾病的信心；人民警察和法院工作人员穿上各显特色的服装，既显得威风凛凛，又展示司法者的尊严等等。青少年的着装应该讲究科学，既要反映出自己健康活泼、朝气蓬勃的特点，又要有利于身心发育，方便学习与活动。许多学校设计的校服，布料、颜色、款式基本合乎青少年身份，体现了青少年的特点，应该提倡。但是，不少青少年身体发育尚未成熟，着装应该讲究科学，穿衣不能束缚限制身体发育。男生到了青春期，不应穿紧身裤衩束缚生殖器的生长，以免造成阴茎的畸形生长。女生到了青春期，不应对乳房的逐渐膨满现象感到羞涩，不应采取束胸的办法限制乳房的发育，以致造成乳房缺陷和疾病，更不应缩胸驼背，影响女性健康发育和形体美。

第二，培养孩子的节俭意识，培养勤俭为荣奢侈为耻的习惯。数千年来，中华民族素以“俭以养德”、“成由勤俭败由奢”为生活中的座右铭，一向坚持“勤俭节约为荣、挥霍奢华为耻”的优良传统美德。当前，孩子追求的名牌、高档东西的本身，实际上已经背离了中华民族优秀的传统品质。何况流行的、时尚的东西都受到时空的限制，今天如果跟着流行走，大把大把地花钱，明天又有新时尚、新时髦的东西出现，又将迎来更大的消费，最终造成极大的浪费，这与我们所倡导的勤俭持家、勤俭建国的思想和作风有着多么大的反差。其实，勤俭节约是每一个人不可缺少的美德，它就反映在生活中的一件一件的小事里。钱，需要一分一分地挣，不能随便挥霍浪费。很多富豪生活俭朴，教子严格，要求孩子过节俭生活，做勤劳俭朴的人。

美国石油大王洛克菲勒家规规定："孩子不能向大人伸手要钱。"要求子女"富而有志"，从小经受贫穷的锻炼，养成吃苦耐劳的精神。

世界首富瑞士，人均年收入几万美元，生活水准世界第一。但人们从不大手大脚花钱，而以节俭闻名于世，瑞士生产世界名表，但瑞士人往往戴着普通手表甚至塑料手表。

想一想，看一看，比一比，发达国家的亿万富翁对子女的要求尚且如此，我们究竟应该怎样去做呢?

第三，树立正确的审美观念，让青少年修身正己找到真正美。当前，不少孩子心目中的美、酷、帅，就是穿着名牌和高档，这显然是孩子在审美的情感上出了偏差和错误。父母应当带孩子出门，多走走、多听听、多看看，多接触外界事物，多想想普通老百姓在劳动生活中关于美的故事，多了解外国家长从小教育孩子学会生存、承担责任的范例，启发孩子通过自己劳动创造美好生活的重要性，对孩子进行美的教育，培养孩子的审美能力。

1992年，有位中国上海犹太后裔拉沙，带着三个孩子回到以色列定居。拉沙没有特长，生活十分艰难，只好摆一个小摊，做春卷卖。从早到晚，异常辛苦。三个孩子放学回来，总是袖手旁观等候妈妈抽空给自己供应饭菜。天长日久，邻居看不下去了，对拉沙一番训斥："你这个妈妈怎么这样养育孩子？你的这些孩子怎么这样等吃等喝不干活？我们犹太人的孩子从小就得学会生存，就得承担家庭责任……"拉沙感到震惊，体验到不同国家截然不同的价值观念，中国式母亲的行为和观念，受到了挑战！最终，她与孩子"回归"到犹太传统：孩子参加做春卷计工资，孩子带春卷到学校去卖算销售额，在全家人的共同努力下，拉沙的春卷小摊很快发展到一家餐厅，孩子全靠自己挣学费上了大学。

在家庭教育中，明确告诉孩子：一个人的美不仅仅体现在外表上，更重要的是要有心灵的美。打扮时髦，讲究名牌，并不是青少年真正的美。天道酬勤，自食其力，朴素自然，大方得体，精神饱满，活泼健康才是青少年真正的美。在生活中，讲文明、懂礼貌是美，尊老爱幼、扶贫济困是美，刻苦学习、发奋读书是美，拾金不昧、助人为乐是美，学会生存、承担责任是美，舍生忘死、勇敢救人是美，大爱无疆、奉献社会是美……一个人能够做到心灵美、语言美、行为美、仪表美才算是高雅的、自然的、真正的美!

第四章 讲究环境美

环境，是人类赖以生存和发展的各种自然条件与社会因素的总和，它包括自然环境和社会环境两种形态。环境美，是人类遵循美的规律所展开的创造性活动的结果，受特定时期社会物质条件和文化发展状况的左右。环境美，主要是指自然环境和社会环境美。自然环境与社会环境有着密切的联系，不同的自然环境状况，反映着不同的社会文明程度。环境美，包括山川草木、气候风物等自然环境的美和社会风俗习惯以及人与人的关系等社会环境的美。环境美，就是人们生活、学习、工作的具体环境场所的美。环境美，既体现在个人家庭、学习、工作环境的布置于美化之中，又体现在社会活动环境构建于美化之上，如公共场所的卫生、整洁、绿化，街道、村舍的布局，建筑、园林设计的优美布局等等。环境美，要求我们有环境保护意识，和谐同自然与社会的关系。环境美，要求青少年科学修身，优美环境，创建良好的成长环境，并且在优美的环境中生存、发展起来。

帮助孩子科学修身优美环境。在社会主义精神文明建设的过程中，要教育青少年健康成长，拥有环保意识，既要创造一个安静、舒适、优美的家庭环境，又要创造一个和谐、美好的校园环境，更要创造一个稳定、幸福的社会环境。同时，要教育青少年保护好生态环境、自然环境、资源环境，并且科学修身，养成习惯，参与到环境保护的全民工程中，积极投身环境文明建设，优美我们的家园，振兴我们的民族，强盛我们的国家。

时传祥14岁从家乡逃难来到北京，迫于生计背起粪桶当了一名生活在最底层的淘粪工，饱受剥削压迫，受尽了凌辱。解放后，他感到了尊重与平等，提出“宁愿脏一人，换来万家净”的口号，竭尽全力带领环卫工人为市民服务。他被评为劳动模范，在1959年全国群英会上受到国家主席刘少奇的接见。“文化大革命”中，时传祥同党和国家领导人以及全国人民一样受到了严峻的考验。他被遣送回山东老家，放下了他热爱的事业，但他深明大义，教育子女接过他无法继续背下去的粪桶，走进千家万户，为人民服务。

要有收获，就必须先有耕耘。在生活中，正因为有了千百万像时传祥那样的普通劳动者对社会的无私奉献，才为我们创设了优美的生活环境，使我们学习舒心、工作愉快、生活开心！因此，教育孩子了解和认识环境卫生保护工作的意义与作用，事关我们的学习、生活与工作质量，科学修身，优美环境，是家庭父母与学校老师义不容辞的责任，也是每个青少年的光荣使命。那么，如何教育孩子参与环境文明建设、培养孩子保护环境呢？

一、环境美，要求养成优美家庭环境的习惯。优美环境，需要从家庭开始。父母要从小教育孩子养成保护环境的习惯，建设自身的学习环境、生活环境和个人卫生环境。环境美对于青少年的具体要求，就是保持学习、生活与个人卫生环境的优美、整洁、宁静，以自己的实际行动，积极投身家庭、学校和社会环境保护事业，积极投身于绿色环保事业中去。

第一，环境美，要求我们养成绿色行为习惯。绿色环保，关系着千家万户，联系到国计民生，影响着人类生存与发展。家庭是组成社会的细胞，每个家庭的环保工作做好了，会直接影响到社会。父母带着孩子了解身边的环境，培养孩子的环保意识，是义不容辞的责任。

（一）人人尽责，讲究卫生。“卫生”二字，顾名思义，就是保卫生命。讲究卫生，就是珍爱生命、爱护健康的行为，也是尊重科学、维护社会公德的表现。讲究卫生，就是注重个人健康卫生，并且养成习惯。例如，定期洗脸刷牙、修剪指甲、沐浴洗澡、换洗衣物、打扫房间、定时作息、定时劳动、定时运动等。讲究卫生，就是要求个人衣着、家庭、工作场地和公共场所的环境和条件都要合乎卫生要求。同时，注意城乡卫生建设，防止疾病的蔓延和传播，保证人民的身体健康。

（二）个个参与，讲究整洁。整齐清洁，就是要使我们的生活环境达到整齐美观、井然有序、空气清新、卫生清净的要求。要让人享有一种舒适、洁净、愉悦、优美的感觉。要搞好个人、家庭和工作场地、公共场所的卫生，做到“卫生、整洁、绿化”，不随地吐痰，不乱扔果皮、纸屑，不破坏树木、花草。同时注意，废品的回收与利用。平时，可将洗脸水、洗澡水、洗衣水适当收集，用来涮洗墩布和冲马桶。同时，收集可以回收的垃圾，既可美化环境，又可废物再用，还可创收，一举三得，意义深远。

（三）大家关心，环境变化。通过电视等现代化手段，我们在关注身边环境的同时，还要积极关注我国乃至世界的环境问题。例如，什么地方的环境遭到了破坏，破坏程度如何，原因是什么，采取了什么措施等等。全家一起观看电视，了解、讨论有关的节目和报道，既有助于家庭环保意识的提高，又可以调动孩子参与的积极性。其实，父母和孩子始终在互相学习、互相教育、互相影响中共同提高。孩子成长起来，父母也就光彩起来，家庭也就发展起来。

第二，环境美，要求我们选择绿色食物用品。不用或少用人工合成添加剂的食品和熏制、腌制的各类食品；拒买施用了生长素、催熟素而超过了正常形状的水果、蔬菜、熟食和没有检疫标志的肉食品以及野生动物食品。

第三，环境美，要求我们选择绿色生活用品。家庭照明，选用节能灯；家庭洗涤，选用无磷洗涤品；选购衣服，甲醛含量不能超标；选用电池，不含汞、镉的环保电池；选用家电，噪音必须控制在国家标准之内。

二、优美环境，要求养成优美校园的习惯。校园环境是青少年学习、生活的主要场所，它反映了一所学校的精神风貌，也是衡量文明程度的一个航标。优美、整洁、宁静的校园环境，使人赏心悦目，心旷神怡，有益于青少年的学习与健康。因此，我们必须重视校园环境建设，保持教室、校园环境优美，爱护公共财物，使学校整齐清洁、规范得体，让青少年的学校生活秩序井然、舒心愉悦。

第一，优美校园环境最基本的要求就是整齐清洁。而校园的优美与整洁，最需要卫生管理与遵章守纪做保障。建立清洁卫生责任区和轮流值日制度，势在必然。在学校清洁卫生管理中，各班都要承包责任地段，轮流值日，轮流清扫，辛勤劳动，保持整洁。每天，教室要自觉、主动、积极、认真打扫，定期进行大扫除，做到窗明几净，桌椅横平竖直，地面无痰迹，地上无弃物。校园内各项器材设施要摆放整齐，多加爱护。自行车存放在指定地点，不能乱停乱放。垃圾入池，防止漫出池外，影响校园的整洁和美观。

第二，教育孩子积极参加美化、绿化校园的劳动。在校园，爱护花草树木，不踏草、采花、折木，重视绿化、美化校园，使校园环境生机盎然，增强美感、保护和改善环境、增进身心健康，给学校生活带来无穷的乐趣。同时，教育孩子积极参加美化、绿化家园的活动。在家园，在庭院、街道、村屯以及一切能够进行种植的地方多栽花草树木，搞好园林绿化，提高绿化覆盖率。城乡均要建设花坛、公园、街心花园、草坪等绿化带。广泛开展爱国卫生运动，积极参加植树造林和种植花草的活动，用勤劳和智慧创造优美的环境，建设自然与科技同步发展的家园。

第三，优美环境，要求养成爱护公物的习惯。热爱学校、热爱社会往往是从珍惜公物开始的，教育孩子热爱公物是父母和学校老师的责任。在学校生活中，要养成爱护学校公共财物的习惯。校园美需要宁静，也需要生机，该安静的时候安静，该活泼的时候活泼。在教室、教学搂、实验室、教师办公室、图书馆走路脚步要轻，谈话声音要低。但在操场上或课外活动时间，则应龙腾虎跃，欢歌笑语。在社会生活中，更要爱护公共场所的一切设施，文明修身，礼貌待物。

在学校生活中，图书馆、阅览室是师生公用的自学场所，保持这里的安静是有文化教养、尊重知识、尊重他人的行为。上图书馆，应依次序鱼贯而入，借书、走路、入座声音要轻，以免影响他人。看书，不能窃窃私语，大声喧哗，更不能接、打手机。

在学校生活中，美丽的校园、明亮的教室、各种仪器设备、体育器材等各种公物都是人民血汗劳动的成果，是国家、人民为了培养一代新人健康成长，给青少年创造的良好的学习、锻炼和生活的物质条件。教育孩子爱护校舍和各种公物，要求孩子养成不在黑板、墙壁、布告栏等处涂抹乱画、借阅书刊要求按时归还、损坏东西要有赔偿的习惯。

在学校生活中，创造和保持优美的校园环境有助于形成学生对集体的荣誉感和自豪感，形成重知识、爱科学、讲文明的心理氛围，陶冶良好的情操。父母和学校老师教育孩子参加应有的绿化、美化、净化校园劳动，遵守清洁卫生管理制度，重视教室的布置……既能培养孩子的劳动观点，又可养成孩子保护环境的习惯。

三、教育孩子，重视生态文明建设。在生活中，树立“生态是最宝贵财富”的意识，是建设生态文明的前提。父母应该明确建设生态文明的意义，以身作则，言传身教，以自己的实际行动，带动孩子积极参加生态文明建设。

一位家长，做得很好，值得我们借鉴：周末，父亲带着孩子四处走访，统计附近地区尚有多少冒烟的烟囱，冒出的烟是什么颜色，有没有气味，有没有粉尘，周围有没有居民。每次回来，父子俩都写观察日记，最后由儿子完成一份调查报告。

当前，国家十分重视生态文明建设，作为现代青少年应当积极参加力所能及的生态文明建设活动，学会与动、植物和谐共处，建设美丽的家园。每年，在公历3月12日植树节，志愿参加义务植树活动，认识建设生态文明的伟大意义。每年，在农历四月初八民间放生日，教育孩子放生，感悟热爱生命、珍惜生命的深远意义。

四、教育孩子，重视保护自然环境。随着现代科技的日新月异，人们生活水平的不断提高，大家享受着新科技带来的种种欢乐。但在当前，无穷无尽的环境污染不仅威胁着经济、社会的发展与进步，试图毁灭人类几千年赖以生存的大自然！因此，生活要求我们树立“环境是最稀缺资源”的意识，落实“建设生态文明，环境保护优先”的决策。

历史上，洞庭湖面积曾广达6000平方公里。但多年来，由于片面强调粮食生产，洞庭湖区大规模围湖造田，加上大量泥沙淤积，造成洞庭湖面积不断缩小。近年来，该地区逐步退耕还湖，尤其是1998年以来，政府投资70亿元，进行综合治理，洞庭湖面积扩大了1／5，湖区生态环境得到了改善，除传统养殖业外，同时发展养殖业与加工业等，湖区居民收入明显提高。

我们要呼吸到清新鲜美的空气，喝到清冽可口的纯净水，吃到没有污染的食物，就必须拥有环境保护意识，积极保护自然环境。国家加大力度保护自然环境，不让大自然的一切美好都消失在城市巨大的烟囱里，弥漫在车水马龙的汽车尾气里。作为现代青少年应当热爱祖国的一山一水、一花一木，在全民保护环境中，勇于献身，创优争先，让我们的家园天更蓝，水更清，生活环境更优美。

五、教育孩子，重视提倡低碳生活。我们应教育青少年要懂得：低碳生活是指生活作息时所消耗的能源的减少，从而减低碳消耗，尤其是二氧化碳的减少，我们应积极提倡“低碳生活”，从节电、节油、节气，从一点一滴的小事做起。低碳生活就是更低能量、更低消耗的生活方式，它能还原淳朴的人与自然的交流。低碳生活是一种非常环保、文明的生活方式。在生活中，节水、节电、节油、节气，可以帮助我们将低碳生活变为现实。节省能源，从细微中开始。一滴水、一度电、一升气都是我们的宝贵资源，我们理当倍加珍惜与爱护，开源节流，勤俭节约。

第一，教育孩子，节约电力资源。电给我们带来的好处实在太多了，吃、穿、住、行，上天入地，哪一样也离不开电。电是众多能源中，最有用的一种，电能可以转化成其他各种能量。对于用电设备来说，电就是力量源泉。试想，这个世界上如果没有了电，城市将陷入黑暗，机器将停止轰鸣，马达将停止运转，电影电视也随之消失……给人类带来的危难不堪设想！节省用电，珍惜能源，不仅可以满足更多人用电的需要，还可以减少二氧化碳的排放，对保护生态环境意义重大。作为现代青少年，应该懂得用电常识，切实做到“安全用电，离开断电，厉行节省，预防灾害”。节省与保护电能，是我们保护环境义不容辞的责任和义务。

2010年3月27日20:00，重庆用电峰值603万千瓦，20:30，随着重庆朝天门广场、洪崖洞、重庆大剧院、滨江路和希尔顿酒店等在内的地标灯饰熄灭，重庆正式进入“地球一小时”，用电量出现下降，重庆用电峰值降到590万千瓦；20:45，重庆市电力公司调度室的数据显示，进入“地球一小时”活动后，重庆用电峰值下降10万千瓦，重庆用电峰值降到580万千瓦。重庆市电力公司的数据显示，重庆市节约的电量相当于133个家庭一年的用电量。“熄灯只是举手之劳，每个人都能做到。”全球如果有一亿家庭关灯一个小时，就会减少55万吨二氧化碳的排放。“地球一小时”虽然只有60分钟，但是，这个活动的意义在于鼓励公众和社会各界提高对气候变化问题的关注，希望大家意识到保护地球其实就像关灯那么简单，关掉电灯的同时，也就点亮了人们的希望！

当然，节省用电的意义，却更因为，我们国家对全世界公开承诺减排指标，决定到2020年温室气体排放比2005年下降40%～45%。低碳时代已经如约而至，正在改变着我们的生活。“低碳”就在我们身边。夏天，我们在家用空调时，不要长时间开着，用了几个小时后，就关掉，再开电风扇。这样就能省50%的电；在冰箱内放食物时，食物的量以占容积的80%为宜，用塑料盒盛水制冰后放入冷藏室，这样能延长停机时间、减少开机时间，更节电；用微波炉加工食品时，最好在食品上加层无毒塑料膜或盖上盖子，这样被加工食品水分不易蒸发，食品味道好又省电；开车时尽量避免突然变速，选择合适挡位，避免低挡跑高速，少开空调，定期更换机油，轮胎气压要适当。短时间不用电脑时，启用“睡眠”模式，能耗可下降到50%以下；关掉不用的程序和音箱、打印机等外围设备；少让硬盘、软盘、光盘同时工作；适当降低显示器的亮度。此外，将普通灯泡换成节能灯，尽量步行、骑自行车或乘公交车出行，随手拔下电器插头……这些看似不经意的小事，都是在为“减碳”作贡献。

第二，教育孩子，节约水资源。水是生命之源，水是人类生存的基础。人体中的水分占有很大的比例，未断奶的婴儿约占80%，少年儿童约占75%，成年人约占70%，老年人约占60%。在生活中，人离不开水。为了解决贫困地区的人畜饮水问题，每年，国家派出了不少力量，付出了不少代价。

北京军区给水工程团在前团长李国安领导期间，驰骋内蒙古北部高原、8000里边防线和河北张家口等地，打井500多眼，解决了10万军民吃水、用水难的问题，被草原各族群众亲切地称为“草原水神”。这支部队常年开春出发，立冬凯旋。近20年来，北京军区给水团官兵转战北疆，打井1000多眼，为解决战区野战给水和当地群众饮水难问题作出了突出贡献。

2010年春，部队接到赴滇打井抗旱的命令。与北方地区相比，这里地质构造差异大，大型打井设备难以运达，挑战异常严峻：云南省石林县板桥镇龙潭村小官庄属于严重的贫水区。团长苏锁龙带领官兵发出铿锵誓言：再苦再难，也要啃下这块“硬骨头”！10支钻井分队在各个任务点全部开钻，其中两支分队在到达的当天夜里启动钻机，创造了当日卸载、当日开进和当日开钻的最快速度。极其复杂的地质结构，工作遇到很大困难，昼夜只能钻进3米。官兵们吃在工地，住在帐篷，人员三班倒，钻机24小时连续运转。钻透424米后，终于掘出喷涌的甘泉。村民们欢呼雀跃：“解放军创造了神话！”数据诠释“忠诚”，抗旱打井120天，成功打井105眼，几乎平均一天打出一口井；421名官兵从进入作业区到最后撤离，没有休息过一天，超额完成任务。

2011年春，部队又接到赴山东和河北抗旱的任务。48小时后，部队就从驻地挥师灾区。给水团政委黎勇所说：“变的是任务，不变的是对党的绝对忠诚，以及牢记紧紧地和人民站在一起，全心全意为人民服务这一宗旨，是给水团无往不胜的最好诠释。”

“吃水不忘开井人，时刻想念解放军。”这是贫困地区孩子们的心声，作为现代青少年当以自己实际行动节约用水，既展示出自身品德的高尚，又表现出对灾区人民情感上的共鸣与支援。有了条件，志愿为贫困地区百姓作些贡献，就更有意义了。

第三，节省资源，从小事做起。父母应该以身作则，用自己的行动告诉我们的青少年：应该从节电、节水、节碳、节油、节气这些小事做起，低碳生活是我们要建立的绿色生活方式，只要我们去行动，就可以接近低碳生活，达到低碳生活的标准。“总之，低碳生活，既是保护环境，也是拯救自己。”只要我们勤动手动脑，就可以实现“低碳”。

一般家庭都有很多废弃的盒子，如肥皂盒、牙膏盒、奶盒等，如果稍加裁剪，就可废物利用，比如制作成储物盒，可以在里面放茶叶包、化妆品之类的物品；还可以利用方便面盒、罐头瓶、酸奶瓶制作一盏漂亮的台灯；喝过的茶叶渣，晒干做一个茶叶枕头，既舒适还能改善睡眠；纸张的双面使用，节约用纸；不用一次性的筷子和一次性的饭盒；不用一次性的塑料袋；减少粮食的浪费；随手关灯，随手关好水龙头。使用手帕，少用纸巾；抛弃随手丢垃圾、随地吐痰、乱扔纸屑及果壳的习惯；上公园，将没喝完的饮料瓶、食品包装袋投入垃圾箱……环境保护涉及每个人的切身利益,也需要每个人积极参与。我们的自觉参与是环境保护与可持续发展的重要条件。我们在环境意识提高的基础上，必然产生保护、改善和建设环境的使命感和责任心。

在生活中，需要提高我们参与环境保护工作的主动性和积极性，我们应时时处处自觉地参与环境保护的各种活动。并有强烈的环保意识和忧患意识，学会防治结合解决环境污染问题，变废为宝，再生资源。并且利用资源，找到经济发展与环境保护两者和谐发展的平衡点，从而使人与自然和谐相处。

绿色明亮了我们的眼睛，让我们看清了绿色的生命，让我们把绿色放在心中，并去实现绿色时尚、绿色生活！我们的地球需要我们共同来爱护，让我们从身边的小事做起，珍惜资源，降低能耗，让我们的生活更加绚丽，更加美好。

读懂孩子共创良好成长环境。环境美不仅直接涉及到孩子良好性格的形成，而且直接影响到孩子一生的成长。因此，父母必须了解孩子，读懂孩子，下决心同孩子一起，共同创建美丽的生活环境，在育人环境中，沐浴阳光雨露，促进孩子的健康成长。

贝聿铭出生于大户人家、书香门第，他的父母十分重视对他的培养。出生的第二年就随父母从广州来到香港。父亲工作忙，母亲教他读书识字、学英语、学艺术，还带他锻炼身体。母亲的艺术修养很高，贝聿铭深受影响，对绘画很感兴趣，从小显示出很高的艺术天赋。不幸的是，9岁那年，母亲因病辞世，贝聿铭陷入了无限悲痛之中，对学习逐渐失去了兴趣。父亲无法照顾他，只好把他送到苏州老家去。

苏州的贝家是个名声显赫的大家族，祖上出了很多人物，贝聿铭的祖父就是一位远近闻名的书法家。苏州有很多美不胜收的园林，贝聿铭生活于其中，自然受到了潜移默化的影响。他经常到那些园林中去玩，对那些巧夺天工的建筑物充满了好奇，常常缠着祖父给他讲建筑物的来历。祖父特别喜欢赏石，对石头很有研究，他经常告诉贝聿铭各种石头的名字、来历及功能。有时候，爷孙俩一起讨论石头的造型，分析它像什么，美在何处。天长日久，贝聿铭渐渐熟悉了苏州的环境，爱上了这个地方，也更加陶醉艺术了。在苏州的童年生活，成为了贝聿铭后来从事建筑设计创作的重要灵感源泉。

10岁那年，父亲调到上海工作，贝聿铭也来到了上海。在贝聿铭的眼中，上海和苏州是完全不一样的，很现代化，这里有汽车、洋房、洋人。不过，最吸引他注意的是那些“高得不能再高”的大楼了。那时，上海要建当时最高的大楼——国际饭店大楼，足足有26层。贝聿铭很兴奋，决定每周都去看看，他想知道这么高的大楼是怎么拔地而起的。父亲也很支持他的想法，带着贝聿铭每周都去国际饭店大楼工地看一看。只见大楼越来越高，越来越有气势了。他感到无比地惊奇，他目睹了大楼拔地而起的全过程，觉得真是不可思议。他看着节节攀升的大楼，暗暗下定决心，长大后一定要当一名建筑师，要盖比这幢大楼更高的大楼，让人们围着它欣赏与赞美。

从苏州到上海，贝聿铭渐渐长大，也逐渐坚定了他当一名建筑师的理想。1935年赴美留学，毕业于麻省理工学院建筑系，主持设计了众多的世界级建筑物，作品遍布世界，代表作有香港中银大厦、北京香山饭店等。

这是一起环境育人的典型事例。贝聿铭自小喜爱艺术，母亲、祖父和父亲是他最好的启蒙老师，他们影响了小聿铭，也创设了优美的育人环境，培养了小聿铭从事建筑事业的兴趣。在大上海，随着国际饭店大楼的拔地而起，小聿铭的理想种子生根发芽了。因此，父母只要能够读懂孩子，创建孩子成长的优良环境，就可以焕发出孩子的兴趣，进而以兴趣催生理想，在理想的实现中，坚持奋斗，收获成功。那么，在环境建设中，怎样培养孩子的兴趣呢？

一、在生活赏析中，培养兴趣，共创良好成长环境。利用寒、暑假期，父母带着孩子假期旅游，游览名川大山、城镇乡村，深入基层，参观访问，欣赏生活，享受生活，在生活环境中，发现孩子的兴趣，加以培养，良好孩子心理环境。

二、在艺体活动中，培养兴趣，共创良好成长环境。带着孩子观看文艺表演、诗歌朗诵、节目主持与体育比赛……走近艺术，走近比赛，欣赏艺术，欣赏比赛，在鉴赏文学艺术与体育比赛环境中，发现孩子的兴趣，加以积极培养，优化孩子感情环境。

三、在家居建设中，培养兴趣，共创良好成长环境。家居环境，本身就是培养孩子的最好殿堂，鼓励孩子参与美化家居环境，发现孩子的兴趣，加以积极培养，收获孩子析美环境。

第一，因人而异，设置家居室内色彩。在营造家居环境的时候，根据不同的孩子选用不同的色彩的特点，科学设置居室色彩。对于内向型孩子的卧室色彩宜选粉红、嫩黄为宜，对于好动型孩子的卧室应该避免暖热色，不宜浓烈色彩。否则，既会给孩子带来不良的心理暗示，又会激活孩子不良的性格特征，更直接影响到孩子的身心健康。

第二，结合实际，选用花草点缀居室。根据孩子的性格特征和兴趣爱好以及所住的自然环境，结合家具样式、墙壁色彩、光线明暗及居室功能……与孩子一起选用自然花草点缀居室。初春以花为主，配以黄绿；盛夏以芳香为主，配以树桩盆景；金秋以果为主，配以叶花；严冬以看青为主，配以花果。春节可以水仙、盆栽、柑橘点缀居室，使之赏心悦目，相得益彰。

第三，利用自然，创设艺术家居特色。春天，带领孩子美化居室、在插花种花养花的同时，指导孩子养成仔细观察、书写日记、辛勤劳动的习惯，增加生活情趣，体验生活的快乐。秋日，指导教育孩子在落叶缤纷的季节，采集各种树叶和花瓣，做成各种书签，提高审美能力。同时，根据居室整体风格和个人喜好及其兴趣，配置花樽、花架、工艺花瓶……组合搭配、追求整体优美的效果，创设出高雅、和谐的艺术美感，让家居生活体现出温馨幸福，富有品位。

在生活中，父母只要读懂孩子，根据孩子的兴趣，共同创建适合孩子成长的最佳环境，就会产生无可估量的环境育人效益。今天，父母以优美的心灵、言行、形象在孩子身上播下晓之以理、动之以情、耐心说服、温馨关怀的种子，明天，就会从孩子身上收获侍奉父母、体贴入微、周到细致、虔诚孝敬、情系他人、献身百姓、热爱民族、忠诚国家的硕果。

第五章　追求生活美

生活，五彩缤纷；世界，多姿多彩。在家庭、学校和社会的教育中，鼓励孩子，艺术修身，教育孩子，优美素养，感受生活中的甘甜苦涩，享受真善美世界给青少年带来的幸福与欢乐。

鼓励孩子艺术修身优美素养。根据不同的家庭条件，让孩子感受艺术，欣赏艺术，热爱艺术，具有现代人不可缺少的艺术素养。在现代生活中，谁扼住了命运的咽喉，谁就能够享受生活本身的艺术美，谁就能够掌握珍贵生命的主动权。

1770年，贝多芬出生在德国波恩的一个乐师家庭，在父亲的影响下，小时候的贝多芬表现出极强的音乐天赋。他4岁的时候，父亲就教他钢琴和小提琴，无论严寒还是酷暑，贝多芬从来没有停止过练习。后来，贝多芬到维也纳学习作曲。正当他准备在这个音乐之都施展抱负的时候，他发现自己的听力出现了问题，到后来，几乎什么声音都听不见了。贝多芬消沉过，但他对音乐的向往与追求，给了他与命运抗争的勇气。

1824年，他在维也纳举行了《合唱交响曲》的首演，他慷慨激昂地在台上打着节拍，进行指挥，直到演出结束，全场响起热烈的掌声，他还没有停下来。一位女歌唱家拉了拉他的衣角，他才知道演出结束了。尽管他听不见自己创作的曲子，但是，在他的作品里洋溢着他对生命的理解和感悟。正像他说的那样：“我要扼住命运的咽喉，决不向它屈服。”

在家庭教育中，父母怎样教育孩子，艺术修身，优美素养，把握自己的命运，享受生活中无穷无尽的艺术美呢？

一、广闻博采，扩大知识领域。生活在中小学时期的青少年，一般来说，缺乏深刻的生活感受。因此，鼓励孩子多读书、多了解社会，就会开阔眼界，胸怀大志，奋发努力，有所作为。

百里奚是春秋时期著名的政治家。他还是平民的时候，就胸怀大志，想到外面去闯荡一番，可是，他舍不得妻子与孩子，所以，徘徊不定。妻子看出了他的心思，就说："好男儿志在四方，年轻人江湖闯荡。你这样舍不得家，怎么能成就一番事业?"百里奚听后很惭愧，于是下定决心出门闯荡一番。第二天，妻子把家中唯一的一只老母鸡杀了为他送行。柴房里没有柴了，妻子就把门闩拆下来烧了，为老公壮别。百里奚到过很多地方，尽管他满腹经纶，由于没人举荐，一直没有机会施展自己的才华。转眼，十年过去了，还是没有什么成就，可他毫不灰心丧气，始终坚持不懈。不久，秦穆公听说他很有才干，同他在交谈中了解到百里奚的确是一个很有作为的人，便封他为相，此时的百里奚已经70多岁了。可是他尽心辅佐秦穆公，为秦国的强大作出了贡献。

在生活中，鼓励孩子多读古今中外有益的文艺作品和科普读物，让他们从书本中了解人类社会的生活。鼓励孩子走出家门，广闻博采，开阔眼界，扩大知识接触面，加深对生活的认识和理解，提高孩子对文化艺术的鉴赏力。让孩子在"读万卷书、行万里路"中，体验到生活里的美好与幸福，既可渊博学识，又可提高社会生存与发展能力，志存高远，坚持不懈，实现自己理想的目标。

二、参与活动，接受艺术教育。鼓励孩子参加学校里的合唱团、小乐队、诗歌组、戏剧组、美术组、文学组、工艺制作组……培养孩子的艺术兴趣，让他们树立自己的梦想，在人生的舞台上翩翩起舞。

邓肯是美国的著名舞蹈家。她小时候非常喜欢跳舞，爸爸妈妈就送她到一个著名的舞蹈教师那里学习舞蹈，她非常聪明，也非常刻苦，她觉得穿着紧身衣服，不便于舒展自己的动作，就不顾别人的批评与反对，毅然把传统服装改变成了可以自由摆动的宽松裙袍，认真练好每一个动作。功夫不负有心人，她的舞蹈慢慢被大多数人所接受，成为时尚，她被誉为"一代舞后"，她成功了。

在家庭教育中，带孩子去参加展览会、音乐会，陶冶艺术情操。带孩子去参观艺术学校、少年宫、博物馆、群众艺术馆……开阔孩子艺术视野，提高艺术实践能力，让孩子在人生的舞台上努力展现自己的才华。

三、学会欣赏，进入艺术殿堂。父母应该善于利用身边的艺术媒体，同孩子一起体味艺术的魅力，刻苦练好基本功，达到得心应手的境界，不仅可以丰富孩子的艺术生活，而且可以把孩子领上成功之路。

达·芬奇小时候十分热爱大自然，他常常爬上悬崖，俯视山下美丽的风光，欣赏着大自然的美丽。6岁半那年，他上学了。父亲发现他在绘画方面很有天赋，便着意在这方面培养他。

一天，父亲让他为邻居画一副木制的盾牌。他搜集了许多标本，观察了很久，花了一个月时间画了一个两眼冒火、鼻孔生烟，让人一看不寒而栗的妖女。他把窗户关上，让一缕光线照在妖女脸上，请父亲来看。父亲没有准备，刚一进屋，就看见一个面目狰狞的妖女向他狂笑，顿时吓了一跳，拉着达·芬奇扭头就跑。经过达·芬奇解释，才又稳定了父亲的情绪。10岁那年，父亲送他到大画家维罗奇奥那里去学画画。一连几周，老师都让他画鸡蛋，达·芬奇忍不住问老师："为什么老让我画鸡蛋呢？"老师严肃地对他说："孩子，你别小看这鸡蛋，要想画好它并不简单啊！在1000个鸡蛋中，没有两个是完全相同的。即使同一个鸡蛋，因为角度不同，它的形状也有所不同。画鸡蛋可以让你练好基本功，基本功练到得心应手时，再画任何东西都能应用自如了。"达·芬奇觉得老师说得很有道理，就照老师指导的方法去做。

几年以后，完全掌握了老师传授的绘画与雕塑知识，取得了很大的进步。达·芬奇一直坚持刻苦练习，终于成功地创作出《最后的晚餐》和《蒙娜丽莎》等伟大的作品。

作为父母，应当欣赏是孩子的天赋。只要在生活中善于发现，并且认真培养孩子的这种兴趣，就会通过欣赏获得收获。例如，一部优秀的动画片，就是一部优秀的艺术作品。爱看动画片是孩子的天性，父母应该尽量创造条件让孩子欣赏。看完之后，可以问孩子："故事主要讲了些什么？你最喜欢谁？为什么？你受到了什么启发？"通过看动画片，让孩子在欣赏优美画面和动人故事时，产生艺术想象，接受艺术熏陶，识别是与非，辨别美与丑，学会处事，学会共事，学会做人。当然，具有艺术专长的父母，发挥自身优势，把孩子直接带入艺术殿堂，更是人间最为幸福的大事情啊。

四、玩中有乐，感悟艺术之美。一向贪玩好耍的孩子，因为家庭的某种变故，使他一旦醒悟到只有依靠自己的力量才能立身社会的时候，他身上就会开发出蓄势已久的潜能。无论命运多么艰涩，只要积极乐观地面对生活，定能收获到幸福与成功。

亚里士多德的父亲是马其顿国王的御医，因为他的医术高明，深得国王的信任和大家的尊敬。少年的亚里士多德常和贵族王子们一起贪玩好耍，不思学习。母亲对他非常担心。

天有不测风云，亚里士多德的父亲病逝后不久，母亲也病倒了。然而，亚里士多德是个非常孝顺的孩子，在母亲生病期间，他一直守候在病床边侍候母亲。母亲在临终前对儿子说："做人一定要知道自己的位置。我们不是贵族，不要把自己打扮成贵族的样子，那样会害了自己。"她停了一会儿，接着又说，"你父亲留下了一些遗产，但你不能靠这些。你应该学会做点儿事情，要像你父亲那样，靠自己的知识和本领赢得别人的尊敬……"

母亲去世后，他认识到该走的路，燃起了对知识学习的热情之火。迷途知返的亚里士多德，带着强烈的求知欲回到了读书学习中。在各科知识的学习中，他最感兴趣的就是哲学。他熟读前辈苏格拉底、赫拉克利特的著作，他师从当时著名的哲学家柏拉图，常常和老师讨论甚至争辩问题，柏拉图给予他很高的评价，他的学术成果，影响着一代又一代人。

其实，贪玩好耍是孩子的本性，只要能够科学指导，就能变弊为利，让孩子在玩耍中享受到快乐，感悟生活艺术的优美。在家庭教育中，根据孩子的兴趣，安排活动，并且进行正确引导，让孩子的欣赏力、想象力和创造力在玩耍中不断提高，在拓展知识、提高能力的同时，受到艺术熏陶。例如，孩子喜欢玩泥，父母可以买来橡皮泥，带他看一些泥塑制品，让他模仿制作，在玩耍游戏中，培养出孩子对泥塑艺术的兴趣，让孩子从热爱游戏发展到热爱艺术。再如，孩子喜欢孙悟空，羡慕他拿着金箍棒能够腾云驾雾，一个跟头，飞翔十万八千里。父母不妨讲一讲航天英雄杨利伟的故事，启迪孩子懂得：想要升天，遨游太空，必须从小学好文化知识，锻炼好体质，只有具有丰富的科学知识和非凡的强健身体，才能把理想变为现实。

五、走进自然，感受艺术魅力。在生活中，父母应该教育孩子注意周围的事物，学会观察，提出质疑，大胆设想，提高辨析力、识别力，为解释自己的设问，感悟生活艺术赋予你神奇的魅力。

在意大利文艺复兴时期，哥伦布从小热爱大自然，总是和他的小伙伴一起在大自然中寻找“为什么?”“地球是圆的，还是方的?”“地球有边，还是没有边?”“地球有多宽，大海有多深，天空有多高?”……

哥伦布十二岁的时候，一心要当海员，父亲只好把他送到一条船上当学徒。船上的海员告诉他，《马可·波罗游记》中说：在遥远的东方，有一个地方叫中国，那里非常富饶，地里种植着香料，山中埋藏着黄金，皇帝住在金碧辉煌的宫殿里，坐的椅子和睡觉的床都是金的。小小哥伦布听得入了迷，做梦都想去那个地方。他把梦想化为了学习动力，开始学习航海知识、地理知识和天文知识，并且收集这方面资料，学习各种语言。

十几年后，几经周折，他的船队终于从西班牙出发了。他们一直向西航行，成为第一个发现美洲大陆的人。因为，地球是圆的，他们不变航向，径直到达了东方。他们历尽艰险，把梦想变成了现实。

这个故事启迪我们，利用包括假期在内的时间，父母带领孩子走进大自然，接触花草树木，接触泥土，接触河流，接触动物……让孩子把一年四季自然界中生命的动态、形象、色彩和美好事物，用作文、唱歌、跳舞、绘画、泥塑、摄影等形式表现出来，让艺术有机地融入孩子的学习、生活甚至游戏中，感受生活带来的甜美，享受生活赋予的快乐。

教育孩子感受生活中真善美。在人类的生活之中，到处存在着美，要想发现它，找到它，欣赏它，只要拥有一颗热爱祖国、热爱民族、热爱他人、热爱生活的心，无论经历多么艰难，都能找寻到生活中的真善美，把自己打造成为生活的主人。

姜子牙是我国商周时代的军事家，他在辅佐西伯侯之前，是个穷困潦倒的人。起初，为了维持生计，姜子牙编了些笊（Zhào）篱（li）到集市上去卖，卖了一天，一个也没卖掉。过了些日子，又去酿酒，他酿的酒在市场上没有销路。后来，他又去贩卖牲口，因为违反了当时的法令，连牲口也被没收了。他不是没有干好这些事情的能力，而是他确实受到了世事的限制。

然而，他笑看天下，对生活充满了信心，只希望有一天能够施展自己的才华，报效自己的国家。他索性拿着直钩到渭水河边垂钓，等待贤明君王的出现。一天，西伯侯带着队伍行进到渭水边，他看见河边有一老翁正用直钩钓鱼，感到十分惊讶，便走上前去询问："你怎么用直钩钓鱼呢？"姜子牙说："是否能够钓到鱼无所谓，愿者上钩！"西伯侯觉得很新鲜，便和姜子牙畅谈起来。在谈话中，西伯侯知道姜子牙是个很有学识的人，便在渭水河边拜姜子牙为太师。这时，姜子牙已经年届八十。从此，就有了"姜子牙八十遇文王"的故事。

后来，姜子牙辅佐西伯侯父子，推翻了商朝，建立了西周，成为我国古代一位有名的政治家，不愧为一位主宰命运的主人。

人世之间，生活无限美丽，只要我们志存高远，认真读书，坚持不懈，拥有知识，就能练就一双审美的眼睛，就会觉得，世界之美无与伦比、生活之美美不胜收！

一、追求美，家庭生活充满美。当代家庭，父母长辈之爱，兄弟姐妹之情，血浓于水的亲情，温馨和谐的氛围，都是培养孩子认识美、理解美的重要条件。现在，美丽别致的乡村农舍、宽敞明亮的城市家宅，漂亮华丽的家庭汽车，整齐美观的家庭摆设，令孩子们喜爱的家庭宠物，都可以培养孩子对美的认识与理解。然而，过去呢？

曾巩是北宋著名的文学家，是唐宋八大家之一。父母在世时，他有一个和美的家。但是，父母很早就去世了，他的家境十分贫寒，曾巩与弟弟妹妹相依为命。贫困生活使他们认识到生活充满绚丽，自信前程美好，便立志通过科举考试的方式改变自己和家庭的命运。曾巩是家中的老大，深知"长兄如父"的责任，家里的一切事务都需要他这个当大哥的料理，因此，学习的时间少得可怜。但是，他只要一有时间就拿起书本，专心致志地学习起来，他的好学精神为兄弟们树立了榜样，曾家几弟兄学习都很用功。可是，他们参加了几次科举考试，都失败了。天性乐观的曾巩充满信心，不气馁，不埋怨，正确面对一贫如洗的家境现实，感悟到生活前景的美丽，更加热爱生活，带着弟弟们继续努力，每天天不亮就起床看书，夜很深了才上床休息。他们抓紧一切时间学习，除非是非办不可的事情，他们才出门去办。正因为这种顽强的毅力，在下一次科举中，曾巩和三个兄弟、两个妹夫都榜上有名了。

其实，"寒门出高士"啊！家境贫寒的孩子一般都知道学习的重要，都会抓紧时间努力学习。现在的青少年生活条件非常优越，与曾巩相比，简直是天壤之别。有这么好的条件，我们是不是应该体会到生活中的真善美，更应该加倍热爱生活、珍惜现在、好好读书、天天向上呢？

*二、追求美，校园生活充满美。*现代学校，小学—初中实行九年义务教育，适龄孩子人人都有享受教育的权利，大家有书读。师生的心灵美、言行美、形象美，校内的风气美、环境美、布局美，丰富多彩的校园学习、生活、课外活动等等，都是孩子们耳濡目染的审美内容。那么，从前呢？

聂耳，云南玉溪人，他出生于一个贫穷的中医家庭，父亲过早地去世了，家境十分困难。聂耳要上小学三年级了，新学期就要开学了，还没钱交上学期的学费，家庭困难得连书也买不起，妈妈非常伤心。然而，聂耳身上有一种刻苦努力、坚毅不屈的精神，他更看到了读书展现在自己面前的美景。他读完小学，进入了联中，于1927年考入了云南省立师范。在校园里，聂耳学会了演奏笛子、二胡、三弦、月琴、风琴，他成了学校学生音乐团的组织者和指挥，不仅学到了知识，而且感受到音乐所带来的快乐，校园生活充满美。

1931年，聂耳正式开始了他的艺术生涯。1933年年初，聂耳由田汉介绍加入中国共产党。从此，聂耳不仅获得了新的政治生命，艺术才华也得到了进一步的发挥，成为中国新音乐的开路先锋和反法西斯的勇士。在此后两年中，聂耳为歌剧、话剧和电影谱写了《新女性》、《开路先锋》、《大路歌》、《前进歌》、《毕业歌》、《铁蹄下的歌女》等主题歌和插曲30多首，在全国广为传唱，对激发民众的抗日救亡运动起了积极作用。1935年1月，上海电通影业公司拍摄抗日影片《风云儿女》，田汉为影片写了主题歌词《义勇军进行曲》，聂耳承担了为之谱曲的任务。这首歌以其高昂激越、铿锵有力的旋律，鼓舞人心的歌词，反映了在民族危亡时，中华民族万众一心、团结御侮、奋勇抗争、一往无前的伟大的爱国主义精神，激发了中国人民与日本侵略者血战到底的英勇气概。无数中华民族的优秀儿女，高唱着、呼喊着“把我们的血肉，筑成我们新的长城”，冒着日本侵略者的炮火，不惧流血牺牲，英勇冲锋陷阵，为挽救祖国和民族的危亡，与日本侵略者血战到底！

1949年9月，中国人民政治协商会议第一届全体会议确定《义勇军进行曲》为代国歌。1982年12月，中华人民共和国第五届全国人民代表大会第五次全体会议确定《义勇军进行曲》为中华人民共和国国歌。现在，这首歌作为《中华人民共和国国歌》享誉全球，鼓舞着一代又一代人前仆后继、奋勇向前。

其实，“文以载道，诗以言志，乐乃心声”。人民音乐家聂耳就是在艰难的学校环境中，用知识武装了自己，找到了让生活充满阳光的音乐，并且创作出代表人民意志和心声的曲谱，唤醒千百万人拿起武器，流血牺牲，战胜敌人，取得了民族独立、自由与解放的胜利。他的光辉事迹永远传唱在他所创作的曲谱里，他的革命精神永远生活在人民的心坎上。

*三、追求美，读书生活充满美。*今天，书籍、报刊、杂志、广播、影视、网络……不仅能使孩子开阔视野、陶冶情操，还能不断美化他们的生活，提高孩

子的审美能力。回顾过去，不少事业成功的先辈都是从书本中看到生活的美丽、享受到生活的乐趣的，是为现代青少年学习的榜样。

郭沫若5岁入家塾读书。自古以来，家塾的教育目的就是做“官”，教育方法只有一个字：“打”。郭沫若虽然比较聪明，但是性格顽皮，常常惹祸，所以经常挨打。但在严师与严母的教育下，郭沫若的学业大有长进，开始读《三字经》，然后，读四书五经、唐诗、宋词、元曲等。

小孩子始终是贪玩的。一天，他和小伙伴悄悄溜到寺院里偷桃子吃，吃完后就跑掉了。寺里的和尚发现后气冲冲地找到先生，向他告状。第二天，先生询问孩子们：“你们谁偷吃了桃子？”孩子们都低着头，默不作声。先生郑重宣布：“你们以为自己学习不错，就可以出去偷桃子吃了？今天我就考考你们，我出个上联，谁要是对出下联就免罚，要是对不出，我就重重地罚。”同学们看了先生写的上联，一个个手托着下巴愁眉苦脸，不知如何对答。上联是：“昨日偷桃钻狗洞，不知是谁？”郭沫若想了一会儿站起来对道：“他年攀桂步蟾宫，必定有我。”古人把考中状元比作“步蟾宫”，形容大有作为。郭沫若这副对联就是说：昨日偷桃吃的人有我，但将来能够有所作为的人也是我。先生非常惊奇，他小小年纪，不仅对得工整，而且表现出了远大的志向。

郭沫若在家塾养成了博览群书的习惯，为他后来的成功奠定了坚实的基础。

聪明而又淘气的郭沫若之所以能把对联对得那么好，与他多读书是分不开的。多读书能够提高我们的文学修养，体会到读书的乐趣，享受到没有穷尽的快乐，让我们在生活中健康地成长，帮助我们实现自己的人生理想。

四、追求美，自然生活充满美。春夏秋冬四季景色，山川田野美丽风光，日月星辰、风雨雷电、花草树木、鸟兽虫鱼……大自然中充满的美，无一不给天真烂漫的青少年展现出一幅幅美丽的图画。

唐玄宗在位时，诗人李白来到长安，做了一个为皇帝草拟文件的小官。入宫后，李白很想为国家做一番事业，可是他生性高傲，对当时官场的腐朽风气非常不满，而且他蔑视权贵，从不把有权有势的人放在眼里。因此，他生不逢时，壮志未酬。

有一天，唐玄宗和杨贵妃在沉香亭饮酒赏花。唐玄宗想让李白写几首歌词助兴，就派人把在酒店喝得烂醉如泥的李白召进宫来。李白的酒意稍解，便提起笔来，一下子就写了《清平乐词》三首，颂扬杨贵妃和牡丹花，诗句优美清新。唐玄宗又让李白以“宫中行乐”为题写十首五言律诗。李白扭头对坐在皇帝身旁的杨国忠说道：“给我捧墨！”然后，他又对旁边的宦官高力士说：“给我脱掉靴子！”杨国忠是杨贵妃的哥哥，高力士是皇帝身边最得宠的宦官，平时有谁敢这样对他们无礼？唐玄宗想看看李白如何在醉意中写出完美的词句，就让杨国忠和高力士去伺候李白。李白坐在席上，高力士给他脱了靴子，杨国忠捧过研好的墨。李白提笔略一沉思，便写出了十首《宫中行乐词》。唐玄宗看了大为赞赏，这件事却让杨国忠和高力士恼羞成怒。从此，每当唐玄宗要重用李白时，他们总是千方百计对李白进行谗害。李白依然以奔放的笔调表达自己的独立自由、不向任何人低头。李白大胆揭露腐败的政治现象，遭到朝廷权势人物的嫉恨，很快就被放逐回乡。

离开长安后，李白云游四方，一路上，他吸纳天地之灵气，攫取日月之精华，感慨山川之雄伟，激情江河之奔腾，完全被大自然的美丽所陶醉，找到了生活中的真善美，写下了许多优秀的诗篇。他的诗篇充满了澎湃的激情和神奇的想象，既有气势浩荡、变幻莫测的壮观奇景，又有自然天成的明丽意境，美不胜收，韵味无穷，体现了他高超的创作天赋，因此被誉为“诗仙”。

李白成为“诗仙”，固然有他非凡的天赋和超常的意志，更重要的是他感悟到了大自然的真正美，有感而发，立善言，做善事，诗以言志，所以写下了许多千古不朽的诗篇。

五、追求美，现实生活充满美。新中国成立60多年，特别是改革开放30多年来，我们的祖国发生了翻天覆地的变化，人民生活步步提高，人均寿命由解放前的30多岁，提高到现在的73.5岁，今天的社会现实充满了生活的优美，鼓舞着青少年高歌猛进、奔向前方。

祖国的三峡电站、青藏铁路、南水北调、西气东输、西部开发、各地高铁、汶川地震的三年重建、各省对西藏、新疆的对口援建、东北老工业基地的振兴与发展、太空空间站的建立、蛟龙号的大海下潜等伟大建设和科学成就，家乡的喜人变化，各地的风土人情，人际之间的友好交往……都能让我们获得社会生活美的感受，这些都是我们教育青少年的最佳教材。

在青少年成长中，家庭生活、校园生活、读书生活、自然生活、现实生活充满了美，真善美渗透在生活的方方面面，假恶丑融入到生活的里里外外。我们的感官所到之处，美与丑同时并存。成长中的孩子每时每刻渴望着父母帮助他们辨别各式各样的真与假、善与恶、美与丑，让他们远离假恶丑，亲近真善美，找到充满快乐、充满希望的源泉。

在社会生活中，社会经验赋予我们练达和机智，生活阅历赋予我们成熟和沉着，文化知识赋予我们修养和聪慧……但是，在孩子教育中，真诚只能用真诚来唤起，善良只能用善良来培育，美丽只能用美丽来滋润，品德只能用品德来影响。教育孩子探究世界的真，拥有灵魂的善，发现生活的美，进而形成高尚的品德和完美的人格，才是我们留给孩子真正宝贵的财富。

第五篇　教育孩子勤劳

在人类活动中，劳动创造了世界，劳动创造了人，劳动创造了一切，劳动是伟大的、光荣的、艰辛的。人类总是在创造性的劳动中，艰苦奋斗，锲而不舍，百折不挠，与贫困、与厄运、与灾难、与死神勇敢地抗争，用自己的智慧，用自己的双手，创造出光明的未来。

一位神仙，有点石成金的本事。一天，他在人间碰到一个穷孩子。他可怜这个孩子，当即点石成金，给了穷孩子许多金子。可是，穷孩子不要，他只要那个神仙能够点石成金的指头。因为，金子给得再多也有用完的时候，用完不又受穷了吗？看到穷孩子不为钱财所动，神仙很受感动。神仙告诉孩子：那点石成金的指头就是劳动。一个既会动脑、又会动手的人，勤劳可以发家，勤劳可以致富，勤劳可以创造一切！

家庭、学校和社会应该从小对青少年进行劳动教育，体现劳动育人的意义：热爱劳动，懂得生活，追寻答案，培养能力，重视孝道文化的传承与发扬、中西先进文化的交融、民主与科学为主线的教育文化的发展与创新，培养出手脑并用、不畏艰险、开拓进取、创新未来的现代化建设人才。

第一章　热爱劳动　懂得生活

劳动是人类赖以生存、发展的第一个基本条件。人类要生存，就要吃饭、穿衣、住房，就要从事生产劳动；人类要发展，就要开发各种资源，向征服大自然的广度和深度进军，生产更多的物质财富，创造丰富的精神文明。劳动创造了人类世界，劳动创造了美好生活，劳动创造了物质文明与精神文明，劳动促进了社会发展和进步。我们应当教育青少年热爱劳动，具有劳动的美德，增强生活的能力，提高生活的质量，乐做生活的主人。

培养孩子热爱劳动的美德。劳动使人类从刀耕火种、茹毛饮血的蒙昧状态，演变成为高度发达的文明社会。人类以外的一切动物，都只能适应自然环境，唯独人类能够依靠自己的劳动改造自然，改造世界。所以，勤劳的品质和行为是人类特有的美德。勤奋劳动的品质要求我们自觉积极参加各种必要的体力和脑力劳动，在自我服务性劳动、家务劳动、公益性劳动与生产性劳动中，不怕脏，不怕累，吃苦耐劳，努力拼搏，养成劳动的习惯，提高劳动的能力。同时要求，珍惜自己与他人的劳动成果，不铺张浪费，不追求奢侈享受，养成节俭朴实的生活作风和行为习惯，传承文化，创新未来。因此，勤劳俭朴是人类的美德。在这个世界上，任何人要成为一个讲美德、有作为的人，要创造理想的物质财富与精神财富，服务百姓，奉献社会，都必须付出艰辛的劳动。

司马迁写《史记》用了15年，李时珍写《本草纲目》用了27年，达尔文写《物种起源》用了20年，马克思写《资本论》用了40年，歌德写歌剧《浮士德》用了60年。由此可见，先驱者为了创造这些财富，付出了多么艰苦卓绝的劳动。

现代青少年要立身社会，必须自觉在参加劳动锻炼中，勤奋刻苦，忠于职守，敢于奉献，勇于创造，积极提高劳动的效率与质量。然而，教育孩子认识劳动的意义、培养劳动的能力、养成劳动的习惯、形成勤劳俭朴的品质必须从小进行，这对于一个人的成长至关重要，家庭、学校和社会应当高度重视。

一、立足现实，让孩子懂得劳动意义。通过劳动教育，树立青少年正确的劳动观点和劳动态度，热爱劳动和劳动人民，养成劳动习惯，大力发扬艰苦奋斗精神。只有树立勤劳俭朴、刻苦耐劳的作风，才能成为现代化建设需要的人才。

我国著名水稻专家袁隆平从20世纪60年代起就研究强优势杂交水稻。每逢水稻扬花季节，他头顶烈日，脚踏烂泥，白天在稻田检查数以万计的稻花，夜晚还要埋头在各种数据、资料中进行分析研究探索，前后用了十年时间，终于取得了成功。

劳动教育是道德教育中的重要内容，对青少年进行劳动教育，家庭、学校与社区应当认真落实，不得有丝毫的懈怠与疏忽。

第一，树立学生正确的劳动观点，使他们懂得劳动的伟大意义。了解人类的历史首先是生产发展的历史，是劳动人民创造的历史；懂得辛勤的劳动是建设国家、富强民族的根本保证；劳动是公民的神圣义务和权利；懂得轻视体力劳动和体力劳动者，是数千年来剥削阶级思想残余；懂得把脑力劳动同体力劳动相结合的重要意义；懂得孝道文化的传承，往往必须通过劳动教育，养成劳动习惯开始。

第二，培养青少年热爱劳动和劳动人民的情感，养成劳动的习惯。通过劳动教育，培养以劳动为荣、以懒惰为耻的品质，抵制好逸恶劳、贪图享受、不劳而获、奢侈浪费等恶习的影响。

第三，读书学习是青少年的主要劳动。教育孩子从小勤奋学习，努力读书，接受劳动教育，正确对待升学、就业和分配，具有正确的生活态度，立身社会，担负起艰巨的建设任务。

劳动教育，需要通过家庭劳动、生产劳动和公益劳动等来实施。青少年在家期间，父母要安排力所能及的劳动，在校期间，要按照教学计划的规定，参加劳动。在劳动中，培养青少年艰苦奋斗、勤劳俭朴的作风，一方面教育青少年以主人翁的态度，立身社会，勤奋工作，积极劳动，提高劳动生产率，为国家创造更多的物质财富和精神财富。另一方面教育青少年懂得创造财富的不易，任何时候都要厉行节约，反对铺张浪费，今天勤俭持家，明日勤俭建国，把有限的财力使用到家庭建设和现代化建设最需要的地方去。

二、立身社会，培养孩子劳动的能力。随着经济的发展，城乡人民的生活水平有很大的提高。但是不少青少年轻视劳动，不珍惜劳动成果，自我服务能力较差。这些问题的存在，直接影响到新世纪合格建设者和接班人的培养。因此，在青少年中开展劳动教育势在必行。2000年2月4日，《人民日报》报道杨村镇第一小学的劳动教育情况，已经为我们提供了很好的经验：

该校现有857名学生，独生子女占全校人数的85.4%。深入调查时发现存在下列问题：第一，自己的事情不会做，自理能力差。一年级54人中，有81.6%的学生每天要大人帮助穿衣服、系鞋带，一半以上的学生由家长洗脸、洗手、洗脚。中高年级学生中，有的衣服扣子掉了不会钉。第二，家务劳动不想干。低年级学生在家里基本上不干活，三年级156人中不参加家务劳动的占69.1%。第三，集体劳动不爱干。全校有20%的学生不愿意参加学校组织的各种集体劳动或公益劳动，干活偷懒，边干边玩，怕脏怕累，挑轻避重。第四，浪费现象严重。现在学生手中也有了钱。仅三年级三班的调查，5名同学有钱1000余元，有500元以上的有13名同学。有的利用手中的钱随便买零食、玩具等，有的甚至用钱交朋友。30%的学生穿戴讲究名牌。春游外出，学生手上的钱少则几十元，多则几百元，走到哪儿，买到哪儿，吃到哪儿……

劳动教育是素质教育的重要组成部分。学校和家长、社区教育委员会以及其他社会力量，都应采取有效措施，造成全社会重视学生劳动教育的氛围。为了加强青少年的劳动教育，学校成立了“劳动教育领导小组”，由学校校长担任组长，社区委员、家长代表、教师代表任组员，由学校、家庭、社会各自提供劳动教育场所。学校还开设劳动课，每周每班设一节劳动技能活动课，有专任教师。通过教学和劳动实践，培养学生热爱劳动的优良品质，养成劳动习惯，学会一定的劳动知识、技能和技巧。他们又利用校园内闲散土地，开辟了“小太阳”劳动试验田，作为校园劳动基地，并组建了“红薯苗苗”、“花生博士”等17个劳动兴趣小组，达到了班班有基地，每个学生都能够定期参加基地劳动。

通过以上措施，杨村镇第一小学的劳动教育效果很明显。原来饭来张口、衣来伸手的娇“宝贝”如今都在争当“劳动小能手”。全校自己的事情能自己做的学生已达99.8%。

一个国家培养出来的接班人和建设者不热爱劳动，那么这个国家就没有希望。十多年前，杨村镇第一小学的劳动教育课上得真好。通过劳动教育，让学生不仅克服了孩子身上的不良习气，养成了劳动习惯，而且培养出劳动兴趣，学到了劳动技能，更为当年的孩子们今天立身社会，奠定了劳动基础。

三、传承文明，培养勤劳俭朴的品质。当前，历史在发展，社会在进步，文明在传承，生活更富裕，物质更丰富，我们在科教兴国、人才强国的号角声中，兴办教育，成就瞩目。但在世界各国，对青少年进行勤劳俭朴的教育已经形成了气候，并且形成了自己的特点。大家心里十分清楚，人才的较量实际就是科技与教育的较量，更是父母、学校与社会教育的较量。

中国青少年研究中心、中国青少年发展基金会发布了一项调查，表明现代孩子每人每天参加家务劳动的时间：美国为1.2小时，泰国为1.1小时，韩国为0.7小时，英国为0.6小时，法国为0.5小时，中国孩子的劳动时间最少，不足0.2小时。

当今，世界各国都十分重视对青少年进行勤劳节俭的教育。世界各国对青少年的劳动教育，已经形成了特点，归纳有三：

第一，安排家务劳动。在家庭生活中，除了分担的日常家务活儿外，还应干点别的活儿，父母常常鼓励孩子外出做一些力所能及的工作。例如，在家，让孩子整理自己的床铺、收拾好玩具以及干一些洗涤、清扫等杂活。还鼓励孩子到外面干计时工。比如，为街心栏杆刷油漆，到餐馆干活以及卖圣诞树等。即使是那些自身的经济状况很好的父母亲，也常常鼓励孩子用自己的劳动去挣钱，从小培养他们独立的人格，养成劳动习惯。

第二，配合学校进行教育。在澳大利亚的中、小学校里多有家长委员会，要求家长支持学校的多项劳动课程及活动。日本的家长很注意同学校一致起来，在家中进行勤劳、艰苦等教育，不少母亲甚至特意外出，多给孩子一些学习独立干家务的机会。在美国，家长们还鼓励大、中学生当义务工。例如，到孤儿院、安老院去劳动服务，当义务工的记录越多越好，有利于他申请大学的奖学金。

第三，榜样与示范教育。许多外国人重视父母亲良好榜样示范的特殊意义。不少家长还经常把孩子带到自己的工作单位、工厂和农村去，让他们亲眼目睹父母、工人和农民工作的艰辛，学习父母和长辈热爱劳动的品质，培育自觉劳动的美德。

四、勤奋学习，融合中西文化全方位。在科学技术发展的今天，父母要教育孩子审时度势，勤奋学习文化知识，掌握先进科学技术，融会古今，贯通中西，提高本领，创新未来。

明朝大学士、礼部尚书徐光启既是学习传统东方文化的榜样，又是敢于学习西方文化的楷模。他广泛学习西方文化，涉及天文、历法、经济、数学、兵器、农业、水利等。他与利玛窦合译的《几何原本》，几何、三角形、平行线、直角、对角线等概念都是他确定下来的，至今运用。他还兴办农场，做农业试验，取得了一定的成果。他融汇中西文化于一身，并且取得了辉煌的成就，积极影响着子孙后代的发展。他的十六代孙的外孙女倪桂珍，也像徐光启一样，信奉基督教，擅长数学，她同徐氏家族精神气质血脉相通，养育了鼎鼎大名、中西合璧的宋氏三姐妹，是为中国现代史上的风云人物。徐氏家族学习精神的传承，一直影响着上海文明的形成与发展。

这个故事启迪我们，传统与现代精神怎么结合、中西方科学文化怎样交融、旧知识与新文化如何联系、旧答案在新问题中如何运用……成为了父母教育孩子应当把握的热点。

五、陶冶情操，传承孝道文化精神。在家庭教育中，父母用爱陶冶孩子的情操，让他们养成善于劳动、善于思考的好习惯，用孝道文化牵引孩子的灵魂，奠定他们成功的未来。

侯仁之的母亲虽然出身平凡，但知书达理，善良温和，性格贤淑，教子有方。在她的培养下，小仁之逐渐养成了勤俭节约、爱思考、爱劳动的好习惯。

一天，母亲看见院子里有许多纸屑，便喊来仁之和弟弟硕之，说："这些纸屑是怎么一回事？"弟弟低头不吭气，小仁之只好说："是我和弟弟玩剪纸游戏时落在地上的碎纸。"母亲说："玩游戏可以，但是弄脏了院子就要打扫干净，一个小小的院子都不扫，以后怎么能'扫天下'呢？仁之，你要为弟弟做出榜样才对。"母亲拿来两把扫帚，对兄弟俩说："这个院子有两条路，东边一条是仁之的，西边一条是硕之的，以后你们兄弟俩就管好各自的路，哪条路干净就说明谁管得好，劳动得认真。从今天起，你们就比试比试！"从此之后，两小兄弟对自己分管的"马路"打扫得干干净净，母亲看了总是笑容满面。母亲让他们既明白了劳动的必要，又懂得了劳动的乐趣，也让他们养成了讲究卫生、爱护环境的好习惯，并且培养了他们的责任意识。

在学习上，母亲十分注重对他们的早期教育，很早就教他们识字，给他们讲中外名人的故事，教育他们对每个人都要有爱心。在母亲的教育下，等到仁之正式上学时，识字、算术样样都行，他的学习基础已经超出了别人很多。母亲是仁之的启蒙老师，更是思想上的明灯，他时刻牢记母亲的教导，懂得父母养育自己的艰辛，学习上刻苦自励，劳动上踏实认真，做人上自立自强。后来，侯仁之毕业于燕京大学，1946年赴英国留学，专攻历史地理学，1949年学成回国，凭借着丰富的学识和坚忍正直善良的品性，在历史地理学的理论探讨等方面开辟了新的领域，被誉为"北京史巨擘（bò）"，成为了我国学问和品格一流的杰出学者。

母爱是一盏明灯，指引着孩子前进的方向，母爱是一束阳光照亮孩子前进的道路，在母爱的照耀下，孩子就能学会劳动，学会思索，学会动脑，学会生活，学会孝敬，学会做人。今天，父母能够教育孩子扫小院，明天，你的孩子就能"扫天下"，家庭教育就能获得真正意义上的成功。

提高孩子独立生活的能力。生活是一门艺术，需要我们认真学习。每个人的生存需要生活能力支撑，孩子拥有了自主生活的能力，就为自己平安、健康、快乐牢固了基础。与之相反，缺乏了生活能力，就会处处犯难，处境异常尴尬。然而，生活能力的拥有，往往就孕育在简单的劳动中。

一家三口人，爸爸、妈妈和儿子，一个多么幸福的家庭。一天，妈妈接到上级的通知，需要到外地出差一周。上班的爸爸和上学的儿子都不会做饭，只有在家吃一周的方便面。有一次，妈妈正忙着往儿子的饭盒装午饭，突然，接到一个电话，必须立即赶到单位，处理一件急事，一向忙于工作的爸爸往饭盒里装了一个鸡蛋，正巧碰上往孩子学校送饭的一位邻居，便托他给自己孩子捎了一盒饭。孩子收到这盒饭，只见盒内除了带来的饭菜以外，还有一个鸡蛋。以往的鸡蛋都是由父母负责剥净蛋壳，装进饭盒的。这一次，装入饭盒的是没有剥去蛋壳的鸡蛋，孩子犯难了，他左看右看，鸡蛋没有缝，无从下手，只好不吃，带回家去。父亲问他，他的回答是："没有缝，我怎么吃呢?"

在现实生活中，通过这个真实的故事，说明生活能力的培养，多么的重要。这种培养，要求父母优化家庭教育的理念和行为，使孩子从小热爱劳动，懂得生活，刻苦自励，奋发努力，在成长中，勇于独立面对生活，长大后敢于创造美好生活。孩子的生活能力不是"看"出来的，也不是"等"出来的。它不仅需要父母认真培养，而且需要孩子通过劳动认真锻炼。一个国家的发达，一个民族的兴旺，不是仅靠少数劳动者就能实现的，而是需要亿万有高素质文化技术的劳动者，去把梦想变为现实。

在发达国家中，日本得诺贝尔奖金的人比英国少得多。但是，日本具有为数众多、受过相当教育、素质良好的劳动者，以致日本的经济比英国发展迅速得多。

那么，在教育活动中，通过怎样的劳动学习与锻炼才能提高孩子的生活能力，养成劳动习惯，提高综合素质，成长成才?

*一、在家务性劳动中，积蓄生活能力。*在家庭生活中，让孩子自小参加自我服务劳动。早上起床，第一件事是折叠好铺被，接着便是梳洗、刷牙，开始一天的生活；睡觉以前一定要洗脚，上床休息，养成良好的生活习惯。同时，教育孩子通过洗脸、洗脚、刷牙、梳头、穿衣、铺床、叠被、穿鞋、穿袜、系鞋带、剪指甲、洗手帕、搓袜子、钉纽扣、整理书包、削铅笔、包书皮、打扫清洁卫生等简单的动手活动，协调手脑，促进健康成长。通过自我服务性劳动与家务劳动，培养孩子独立自主的生活能力和勤劳俭朴的生活习惯。

瓦特出生在一个造船工人家庭。很小就认识了许多机械工具，常用父亲废弃的零件做一些有趣的玩具，父亲见他这么喜欢机械，一有空就给他讲些机械方面的知识。瓦特很懂事，总是抽时间干点家务，减轻父母的劳累。有一次，母亲吩咐他烧一壶开水。水烧开的时候，瓦特突然发现一个奇妙的现象：壶盖被水蒸气一下子顶翻在地上。瓦特开动脑筋想：如果再把火加大或者换成一把大水壶，水蒸气的力量是否会更大？从此，瓦特在这一奇思妙想的鞭策下，通过长期不懈的努力，终于在1865年发明了世界上第一台蒸汽机。后来，斯蒂芬逊根据蒸汽机的原理发明了世界上第一台火车。

陶行知说:“人有两件宝,双手和大脑。”从小让孩子参加力所能及的家务劳动,让孩子在劳动中有了动手操作能力,就有了动手动脑的智慧,就有了茁壮成长的阳光、雨露和土壤,就有了创造发明的基础。

在家务劳动中,多活动手脚,能刺激大脑中有关区域的生理活动,使思维更加活跃。大脑接受刺激后,又反过来使手脚的动作性和灵活性得到发展与提高。因此,“手巧”促进“心灵”,“心灵”促进“手巧”。通过实践,提高效率,让孩子动脑筋,想办法,出主意,把动手活动中的创新能力,迁移到学习上来,不仅会提高孩子的学习质量,而且会让他们变得越来越聪明。动手做事既是孩子做事的基础,又是孩子手脑结合、身心发展的过程。

在家务劳动中,父母孩子一起劳动练习,提高生活能力。根据孩子性别、年龄特点,有目的地教育他们开展手工劳作活动,培养孩子参与动手活动的兴趣。女孩子心细,可以让她们学习剪纸、折纸,用毛线编织小手套、小围巾等小物件,利用一些布头,设计小娃娃、缝制小衣服……男孩子活跃,喜欢模型,可以利用榔头、钉子和一些小木料、木板,重新设计一下家中的什物,并可改变、增加其功能……根据孩子的年龄特点,结合学校劳动技能教材的学习内容,同孩子一起制订练习计划,设计练习记录表,约定好评价办法,征求孩子的意见,与孩子一起练习,给孩子一个安全的心理环境,给孩子一位学习与竞争的朋友和对手,在相互督促和共同操作中,磨炼出孩子的意志,提高其生活本领和水平。

在家务劳动中,让孩子体会到劳动的艰辛,懂得父母养育自己的不易,主动承担家务,积极减轻父母的劳累,增加孩子对父母的敬意,更加热爱父母、孝敬父母。因此,孝道文化的传承等道德教育往往是从家务劳动开始的。同时,通过家务劳动的训练,激发孩子学习父母的劳动品质,继承父母的劳动精神,挖掘自身的劳动潜能,增强自身的劳动智慧,积蓄自身的生活能力,提高自身的劳动本领,时刻准备着:立身社会,生存起来,发展起来。所以,孩子今天在家庭奠定的劳动基础,决定孩子明日走向社会创新辉煌的未来。

二、在公益性劳动中,储备生活能力。教育孩子参加校内校外为公共利益服务的志愿劳动,树立为他人服务的思想。通过打扫卫生,整理图书,环境绿化,为孤寡老人、“五保户”、残疾人服务等活动,教育孩子善言善行,履行公民应尽的义务。

曼德拉一生是多灾多难的。9岁时,父亲离开人世,他被父亲的好友荣欣塔巴酋长收养,幸免成为孤儿。曼德拉从小知恩图报,对任何事物都有一颗包容、善良的心,对待动物也是这样。他在荣欣塔巴部落放牛,对牛同对亲人一样好:赶牛的时候,他从不用皮鞭抽打牛背;见牛受不了炎热,就把它们带到河边,帮它们洗澡;牛吃草的时候,他为它们割草;牛休息的时候,一边抚摸牛的脖子,一边为它们唱歌。有一次,曼德拉病了。这群牛叫个不停,仿佛为曼德拉祈祷,祝愿他早日康复。曼德拉是南非著名的政治家,他一生都在为争取黑人的民主权利而斗争，1993年获得诺贝尔和平奖。

在社会生活中，一个人通过公益性劳动，处处善言善行，他的心中常有他人，总是为他人着想，不仅能够得到他人的尊重和热爱，而且能够让自己距离成功也就不太遥远了。

三、在生产性劳动中，培养生活能力。教育孩子深入自己工作单位、工厂、农村参加志愿劳动，树立现代生产观念，了解生产过程，学到一些生产知识和劳动技能，为日后走向社会奠定基础。

巴甫洛夫7岁的时候，同母亲一块儿去地里收麦子。突然，母亲叫了一声“不好，要下雨了”，巴甫洛夫跑过去一看，才知道一群蚂蚁在搬家。不大一会儿，万里无云的晴空突然下起了大雨。为了弄清蚂蚁搬家与预知下雨的关系，巴甫洛夫学会了思考、学习和工作，成为了一名科学家，1904年获得诺贝尔生物奖。

成功者的睿智聪敏，往往得益于劳动锻炼。劳动升华了劳动者的思想，提高了劳动者的认识世界的水平，增强了改造世界的能力，创造出无穷无尽的财富。劳动是伟大的，也是光荣的，同时也是艰辛的。

四、在树立责任感中，提高生活能力。通过计划动脑动手锻炼，做好学习准备，克服丢三落四的行为，改变给学习生活带来的不便，纠正影响正常上课和学习的不良习惯，树立孩子的责任意识。

一位妈妈总是喜欢帮助孩子整理书包，前一天晚上，就把第二天孩子上课所需要的学习用具一一准备好。

有一次，上课时，孩子发现妈妈竟然没有在书包里装上自己上英语课一定要用的卡片。放学回到家里，孩子对妈妈又哭又闹，埋怨妈妈没有尽责。妈妈在孩子的哭闹中突然警醒：准备孩子的学习用具难道永远是我的责任和义务吗？如果每天，孩子应该做的事都由父母事无巨细地包揽，让孩子在我们的呵护下忘记了自己的责任，那么，他们长大了怎么去面对社会学习、工作和生活？于是妈妈告诉孩子：“你该自己管理自己了。每天晚上睡觉前，你应该准备好第二天的学习用具，不要丢这忘那啊！”一连三天，妈妈总是提醒孩子做好这样的准备，到了第四天，妈妈不再提醒，让孩子自己为自己准备好学习用具。

有一次，孩子上了床才记起学习用具没有准备。孩子隔着墙问妈妈：“怎么办？”妈妈回答：“你自己决定吧！”可是，到了第二天早上，孩子却忘记了带齐学习用具上学去了，妈妈强忍着耐性没有提醒自己的孩子。孩子到了学校，才想起应该带齐的学习用具还在家里，只好回家去拿。从此，孩子便养成了睡前准备好第二天学习用具的好习惯。

通过这个故事说明，孩子丢三落四的行为习惯的养成，原因产生自父母的身上，要改变孩子的这种不良习惯，必须从改变父母的亲子习惯开始。对孩子早期习惯的培养就像一粒有生命的种子，绝对不能等到收获的季节才想到播种，必须赶在生命的季节里有意识、有目的、有计划地播种在泥土中，并且坚持适时施肥、灌溉，这样才能使它及早地生根发芽，茁壮成长。父母应当把对孩子的早期教育有机融入日常的劳动生活中，让良好的习惯计划统筹在孩子身上，早发芽，早生根。例如，每次同孩子出门玩，可以让孩子先动脑想想今天要到什么地方玩，需带什么东西。父母只做提示性的建议，不能大包大揽。中途出现了什么问题，要求孩子负责到底，想办法解决，不能怨天尤人、推卸责任，让孩子逐渐担负起家庭主人翁的责任。通过对孩子的锻炼，慢慢就会具有责任意识，丢三落四的习惯不会再有。通过对孩子的动脑动手锻炼，让他们逐渐懂得：做任何事情必须有计划、有准备、有条理，一切成功都是属于有责任感、有准备的人的。

五、假期生活实践中，升华生活能力。假期，是根据学生的学习规律和身心发展特点设置的实践生活。学生经过较长时间的学习后，安排一段假期生活，可以让他们的身心得到放松，让孩子接触、了解、认识、读懂社会，为迎接新学年做好一切准备，这对孩子无疑是十分必要的。但在当前，孩子们是如何评论自己的假期生活呢?

暑假快要过去了，一位爷爷听到一个小孙子埋怨的声音：“终于熬到头了，这个假期过得真是郁闷！暑假开始，爸爸妈妈就给我报了很多补习班：数学班、语文班、英语班、钢琴特色班，每天一个一个赶场，比平时还忙。这个暑假过得真没意思，还不如平时呢，平时我还有玩的时间。没有时间玩的假期，还不如不过呢!”

试想，如果父母把假期单纯变成孩子的补习机会，这不但不能起到促进孩子健康成长的作用，还会增强孩子的逆反心理、厌恶情绪，既扭曲了孩子心灵，又变异了孩子的人格，还牺牲了孩子的天性，既丧失了孩子的快乐，又剥夺了孩子的幻想，还泯灭了孩子的创造力。最终以孩子的巨大损失作为代价，打造出一座“考试机器”，这不能不是父母的悲哀，也是今天教育的伤痛！其实，孩子的假期生活内容非常丰富，如何安排，需要父母把自己的家庭条件和孩子的兴趣以及劳动实践结合起来考虑。那么，如何安排孩子度过一个健康、快乐而有意义的假期生活呢?

第一，参与筹划，乐做主人。让孩子参与设计、安排假期生活，做欢度假期生活的主人。给孩子自己做主、自己独立的机会，并不意味着完全放任自流。让他们根据自己的兴趣和爱好以及家长的主导方向相结合，妥善安排好假期的学习与休息时间，拟定出劳逸结合的假期生活日程安排表，既尊重了孩子的自由选择，又保证了父母的指导地位，既预防了孩子的抵触心理，又避免了父母的一味强迫，这对于孩子自主意识和自主能力的形成、提高和增强，很有好处。

第二，与书为伴，满足愿望。平常，孩子总与教材课本为伍，假期，孩子应与课外读物为伴。父母陪孩子去书城买书，携孩子到图书馆看书，满足孩子的愿望，一定会有所收获。

第三，出门旅游，增长见识。利用假期，带孩子出去走走，长长见识，逐步实现“读万卷书，行万里路”的理想。但在此前，一定要让孩子做好准备工作。通过书本、上网等方式，了解将要到达之地的地理位置、交通运输、历史文化、风土人情……在旅游中，适当购买一些纪念物品，回家之后，写出所见所闻所感。通过旅游，投身大自然的伟大怀抱，走进五彩缤纷的社会大课堂，品味假日的轻松、愉快和深刻的意义。

第四，生活换位，体验情趣。城里的孩子可下乡体验生活，乡下的孩子可进城长长见识。通过生活大换位，体验各自不同的生活情趣，不仅可以丰富孩子的阅历，而且可以促进孩子思想早日成熟。

第五，体育运动，强身健体。生命在于运动，教育孩子珍惜生命，强身健体，鼓励他们热爱运动。如果孩子已经有了自己喜欢的运动项目，就应该鼓励他们利用假期，继续学下去。例如，篮球、排球、网球、乒乓球、游泳、滑冰等等。如果孩子尚无目标，可与孩子一起确定一个。通过运动，让孩子假期充实而又舒心，智力得到发展，一生健康快乐！

第六，体验辛苦，奉献爱心。在假期中，安排一定的时间，让孩子同父母“交换一下位置”，体验一下生活，担当起父母的责任。例如，让孩子交水、电、燃气费，买菜，做饭，洗衣服……为忙碌一天的父母准备好饭菜，感受一下父母平时的劳累与辛苦。有条件的话，让孩子与其他小伙伴一起，打扫楼道或庭院卫生，为邻居老人或社区做一些力所能及的事情。

第七，增添责任，强化自制。通过假期生活，培养孩子的责任感和自制力。让孩子享有自由的同时，要求他们对自己的自由负责。让孩子享有快乐活动的同时，要求他们必须遵守必要的规则，让孩子纵情欢歌美好人生的同时，必须为了自己的成长和家庭的发展，抑制自己的惰性和奢欲，力求节俭朴素，力戒奢侈浪费。充满自信，信守承诺，富有自制力，增强责任心。

第八，加强沟通，交流思想。在假期生活中，父母应同孩子加强沟通和交流。平时，孩子上学，与父母交流和沟通的机会不多，假期里孩子在家的时间多了，充分利用这一大好时机，加强同孩子沟通和交流，深入孩子的内心世界，找到切合实际的良好方法，加强对孩子的教育，十分重要，十分必要。

第九，珍惜生命，安全第一。一个安全的假期才是一个满意的假期。教育孩子度过一个快乐假期的同时，父母首先应要求孩子珍惜自己的生命，把安全放在第一位。

第十，调养身心，蓄势待发。假期是孩子调养身心、歇脚冲刺的好机会，应该好好度过。假期生活安排得科学合理、轻松自由，可以增进孩子的智慧和能量；紧张不歇、沉重负担，只能给孩子带来厌倦和疲劳。假期之中，一定要让孩子在活动中，玩有所得，学有所乐。每一个假期都是孩子再上台阶的中转站，这个前进中的中休应该是孩子休养生息、添加能量、见识劳动、增进技能、体验生活、获取知识、重振雄风、再展宏图的美好时光。

一个人通过劳动的锻炼，才会认识劳动的伟大，体会到父母养育自己的艰辛，进而孝敬父母。一个孝敬父母的人，才会懂事理，知冷暖，明是非，识好歹，珍惜今天幸福生活的来之不易，进而感恩时代，热爱社会，忠于国家。当前，家庭注重劳动习惯的养成，学校强化劳动教学的要求，社区（村）提供劳动锻炼的条件，已经势在必行，刻不容缓，应当引起高度重视。

让孩子快乐做生活的主人。在家庭教育中，当孩子有自己动手的意愿时，父母应该赏识孩子的主动性，并且尊重他们的意愿，让孩子自己动手，让他们养成自己做事的习惯，逐渐增强他们的独立性和自理能力，快乐做生活的主人。但是，今天父母教育孩子的现实确实令人担忧，孩子在父母的过分约束和管理下，生活难以自立。

某大学一位即将毕业的物理系高才生，因为成绩出类拔萃，被学校选送到美国某名牌大学深造。哪知该大学生一口回绝，说什么也不愿出国。拒绝的原因让人难以置信：他不会洗衣服、不会买东西、不会烧饭、不懂得与别人交往，他根本无法独立生活。大学四年中，他的衣服铺盖都是妈妈定期到学校来取回去清洗。他的生活不能自理，也失去了健全的人格。

十分显然，这位大学生是在父母的包办下成长起来的。这样的孩子怎么自立于社会，怎么做生活的主人？父母要想解放孩子，培养其独立自主的能力，形成健全的人格，才能让孩子做自己的主人。这就要求父母更新观念，解开束缚孩子的绳索，从小就给孩子一片自由、广阔、开放的天空。那么，如何培养孩子独立自主的生活能力呢？

一、不会生活，危害损失惨重。生活自主是孩子成才的基本因素，生活能力是孩子成才的基本条件。一个生活不能自理、缺乏生活能力的孩子，很难具备自尊自立自信自强的素质，没有这些基本素质，怎么能够立身社会、成功立业呢？

四川有个考生1999年以高考名列全省理科第三名的成绩被北京大学计算机系录取。可是，因为他生活不能自理，不会洗衣服，不知道怎样与同学相处，不能适应没有爸爸妈妈照顾的大学生活，只好休学一年。在这一年中，父母依然没有意识到事情的严重性，没有做正确的引导，对孩子的一切仍然包办代替，害怕孩子受苦受累，不去培养孩子独立生活的能力。休学一年即将结束，面临复学的苦恼和对独立生活的恐惧，竟然导致这名学生精神崩溃，跳楼自杀。

这个用鲜血浸染的事例警示我们：孩子自生下来的那一刻起，就是一个独立个体，从小不对他进行生活独立自主的培养，不让孩子具有生活的能力，是要付出沉重代价的。正如苏联教育家马卡连柯所说："过分的溺爱虽然是一种伟大的感情，却会使子女遭到毁灭。"人世之间，还有比丧子之痛所付出的代价更为惨重的吗？

二、追寻失败，家长应负责任。父母对孩子如果过度保护，就等于剥夺了孩子锻炼的机会，这样培养出来的孩子既不会学习，也不会生活。孩子不能支配自己，生活不能自理，他们自然也就变成了自己的奴隶。正如北京市门头沟区教科调查所述及的情况那样：

全区小学四年级1200名学生中，家长给孩子整理书包的有468人，占39%；家长给孩子洗手绢的有792人，占66%；家长给孩子洗脚的有628人，占52.3%；家长给孩子穿衣服的有708人，占59%；家长不陪读、孩子就不做作业的有572人，占47.7%；孩子不会做作业、由家长代替孩子做作业的有463人，占38.6%；由家长启发才会做作业的有132人，占11%。

当今社会，随着人民群众生活水平的提高，不少父母"心太慈"、"手太软"，对孩子十二个不放心，对孩子"一条龙"、"全方位"、"系列化"服务，让孩子饭来张口，衣来伸手，父母白天接送，晚上陪读，从幼儿园—小学—中学—高考填报大学志愿—送进大学校门，天天操劳不息，从来没有怨言。这样培养出来的孩子正如温室里的花朵，没有经过风雨，也没有见过世面，以致造成了不少揪心的悲剧。因此，培养孩子立身社会独立自主的生活能力是父母义不容辞的责任。

三、培养能力，在劳动中拥有。在家庭教育中，培养孩子独立自主的生活能力，必须从劳动教育开始。陶行知说："让孩子出自己的力、流自己的汗、吃自己的饭才是英雄汉。"在社会生活中，只有在生活上独立自主的孩子才会生活快乐，有所作为。

北京交通大学录取了一位双目失明的女学生，很多人都担心她的生活自理能力。然而，她父母从小就训练她独立自主的生活能力，因而在生活上她完全能够自理，最后以优异的成绩毕业，还被学校保送出国留学。

什么样的父母，培养出什么样的孩子。自尊自立的父母即使遇到残疾盲人孩子，也能把她培养为能够独立生活的人。

四、吸取教训，跨越教子误区。父母给孩子一个安全的环境而进行的适当管理，是可行的。但是，父母过度干涉，有很多坏处，不利于孩子的成长。

第一，过度干涉，让孩子失去自由。孩子失去的不仅是身体上的自由，更是思想上的自由。好奇之心人皆有之，孩子更是如此。这种好奇心能够驱使孩子去认识世界，探索世界，这是孩子成长的第一步。孩子好奇伴随危险，原本自然。然而，父母为了孩子的安全，怕孩子这样，怕孩子那样，这也干涉，那也限制，这也包办，那也代替，既限制了孩子心智的发展，又束缚了孩子个性的发展，更会扼杀孩子的好奇心与创造力。

第二，过度干涉，影响个性的形成。父母的过分干涉与包办，极易形成扭曲的个性，通常表现在两个方面：一是形成孩子胆怯心理。父母对孩子的处处担心，默无声息地传递给孩子，孩子就会变得胆小、怕事、神经过敏，在社会上，即使别人骑在头上，也可能一声不吭，忍气吞声，很难立身充满竞争的当今社会。二是形成孩子逆反心理。父母的过度干涉，孩子是被束缚了，但却失去了很多锻炼的机会，很难形成必要的自立能力与生存能力，一旦走入社会，就会感到困难重重，无所适从，心头产生怨恨。等到孩子自己独立时，突然挣脱父母的束缚，十分容易走向极端，这时的孩子脾气刚烈暴躁，在家称王称霸，很有可能从反抗父母开始，形成反社会人格，以自食苦果而告终。

第三，过度干涉的另一种表现是过度保护。一些父母生怕孩子吃不好，穿不好，想吃什么给什么，想穿什么给什么，恨不得要星星摘星星，要月亮摘月亮。父母过多过分的保护，让孩子的潜能一个个消失，天才的孩子变成傻子，孩子与社会之间无形竖立了一道防护墙，让孩子难以穿越，从而远离社会，没有能力立身社会、适应社会。

因此，过度干涉、过分保护，都不是成功培养孩子的科学方法。只能让孩子丢弃自立、失去自信，带来难以弥补的危害，有百害而无一利，为人父母千万注意。

一位妈妈毕业于名牌大学，工作出色，人也漂亮，为人处世都不错，是个近乎完美的女人。当她的儿子还在襁褓中，就给他读唐诗，孩子刚说话，就天天用汉语和英语与他说话，她儿子的确很聪明，上幼儿园后，被认为是“全园第一”，她决心把儿子培养为神童。她把所有心思都投入到对孩子的教育中，大到如何发音标准，小到如何拿筷子玩耍，都事无巨细地一一指导。只要孩子稍有不足，就立即指出来，告诉孩子应该如何如何做。如果孩子的一个缺点重复犯三次以上，就要打一下孩子的手背。孩子每天总有打手背的时候，比如，打翻了饭碗，牛奶没喝完就玩去了，见了阿姨没问好，昨天的单词有一半没记住……有朋友去她家，她虽然在接待客人，心里却总是想着儿子，不时提醒孩子：“到写作业的时间了”、“手上的水没有擦干净，再去擦一下”、“别穿那双鞋，这双和你的衣服搭配好看”……当妈的能够这样关怀孩子，可谓无微不至了。她的儿子上小学一年级还是第三名，上小学六年级却是倒数第三名，上初中的各个方面毫无起色，不仅没有出现高智商，各方面还显得很窝囊。妈妈自己呕心沥血的教育让孩子走进了差生行列，这能怨谁呢?

父母对孩子的干涉和保护不能过分，家庭教育的沉重教训必须吸取。科学合理、恰如其分地关心孩子，让青少年在劳动实践中自尊自立自信自强，才是父母培养孩子拥有生活能力、乐做生活主人之道。

*五、名人教子，大家学习榜样。*许多名人之所以有名，他们不仅有事业上的成功，而且有教育子女上的实绩，是为榜样，值得我们学习。

新加坡内阁资政、前总理李光耀不仅是一位受人尊敬的新加坡国家的缔造者，也是一位令人尊敬的父亲。在教育子女方面，李光耀认为，如果子女做错了事，适当地斥责是必要的，但最重要的是思想上的沟通。斥责，是让孩子记住：

前车之鉴，不能再犯这样的错误。沟通，则是让孩子明白自己错在哪里，父母为什么要斥责自己，进一步融洽亲子关系。

李光耀公务繁忙，仍抽出时间和孩子们在一起。每天，同孩子们共进晚餐，每年，至少带孩子们旅游一次，时间两周。他去打高尔夫球，一定带上孩子们。李光耀尤其重视春节的团聚，在这种场合，让孩子们认识家族里的新成员，包括新生的婴儿，同时，也让亲友认识自己的孩子。李光耀认为："亲戚应该互相联系，彼此应该相互帮助。"

新加坡的生活越来越富裕，李光耀却主张孩子应养成勤劳俭朴的生活习惯，懂得创造与奋斗的意义，自立自强起来。看到孙子辈有时髦的衣服，有漂亮的鞋子，有现代化的玩具，有优裕生活，想要什么，就有"圣诞老人"式的父母提供给他们。可是，一旦出身社会，就必须依靠自己的劳动自食其力。因此，李光耀从来不送礼物给孩子，不纵容他们的依赖性。

新加坡的电视业相当发达，李光耀却支持小儿子李显扬家不安电视。李光耀认为，要解决电视机对孩子影响这一问题的关键在于父母的行为和对孩子的正确引导。一方面，父母不要一到晚上就坐在电视机前一个频道接着一个频道地看节目，另一方面，父母应耐心告诉孩子，与其这么消磨时间，不如多读点书、读好书更有好处。

从孩子懂事开始，李光耀便教育孩子不要依赖父母，走自己的路。当长子李显龙从内阁部长升任副总理时，人们都认为李显龙是李光耀的接班人，但李光耀不这么认为。他说："总理不是私人财产，不能传给儿子。"果然，李光耀卸任后，吴作栋担任了总理职务，李显龙对父亲的安排毫无怨言，并且真心诚意地拥护。

因此，培养孩子的独立生活能力、乐做生活的主人是父母的重要责任，但是，这种独立生活能力、乐做生活主人的基础要在幼儿时期奠定，要在青少年时期加以巩固和发展。

第二章　动手动脑　培养能力

孩子必须既有书本知识，又有动脑动手做事的本领，才能适应社会发展的要求，立身社会。我国著名教育家陶行知主张："一、解放儿童的头脑，使他们能想。二、解放儿童的双手，使他们能干，父母不要包办。三、解放儿童的眼睛，使他们能看事实。四、解放儿童的嘴，使他们能谈，特别要有问的自由。五、解放儿童的空间，不要把他们关在家中，让他们到大自然、到社会上去扩大视野。六、解放儿童的时间，不要用功课填满他们的时间表，给他们一点空闲时间消化学问，并学一点他们感兴趣的东西，干点他们高兴干的事。"陶行知还说："生活即教育，社会即学校，一言以蔽之：实践出真知。”然而，孩子的实践能力：观察兴趣、观察能力、寻找事物的“为什么”确实需要父母耐心从小培养，让孩子从小就有较强的生活能力，才能把握自己的命运，做生活的真正主人。

提高孩子的观察兴趣和观察能力。孩子天生好奇，总是喜欢看看这，问问那，如果父母加以鼓励，正确引导，就会培养出孩子对事物追寻起“为什么”的兴趣来，长大之后，一定有所作为。

哥白尼从小总是缠着父亲讲古老的故事，讲外面的新闻。然而，最令他特别感兴趣的还是头顶上那片遥远而神秘的夜空。深蓝色的天幕上，有时悬挂着一轮皎洁的明月，月光倾泻大地，万物像是披上一层薄薄的白纱，静谧、安详。还有那些可爱的星星，在没有月光的夜晚，不知道从什么地方纷纷冒了出来，它们或明或暗，顽皮地眨着眼睛，洒满了星空。哥白尼常常躺在父亲温暖的怀抱里，伸出小手，一颗一颗地数着星星，只听他的声音越来越低，渐渐沉入甜蜜的梦乡。

哥白尼的脑海里，老是想着一个问题：怎么我动月亮也动，我走月亮也走，我跑月亮也跑呢？难道月亮长了眼睛看见了我吗？一天晚上，按照惯例，该熄灯休息了，父亲走到哥白尼的房间，却不见人影。父亲唤醒哥哥姐姐，大家找遍了每一个房间，都不见哥白尼的踪影。他们跑出房间，来到花园，才声声呼唤出躲在花丛里的哥白尼。原来，他正同天上的月亮捉迷藏呢！他想知道：我能看见月亮，月亮是不是也能看见我呢？

哥白尼从小就喜欢看夜空、看星星、看月亮，这是一种自发的兴趣，这种兴趣得到了家长的保护。长大以后，他创立了关于宇宙结构的新体系、新学说——日心说。哥白尼认为：地球不是宇宙中心，太阳才是太阳系的中心，地球及其他行星都围绕着太阳运行。他的学说，否定了统治欧洲1000多年的“地心说”。他的《天体运行论》公开出版后，立即震惊全世界，被誉为“自然科学的独立宣言”。

一切科学研究都发源于兴趣，作为父母应当会同学校老师，保护好孩子的好奇心，保护好他们对于自然的兴趣。孩子自小总会向我们问这问那，如果父母回答：“等你们长大就知道了。”那么孩子逐渐便会不再发问，慢慢丢失探索究竟的喜好，他们的成长和发展就会受到极大的影响。如果父母重视孩子的提问，同孩子一起走进图书馆、天文馆、生态园、展览馆、文化宫……共同去找寻答案，释疑解惑，孩子探索“为什么”的兴趣自会油然而生，他们不仅会拥有受益终身的观察兴趣，而且会拥有一对特别珍贵的会观察的眼睛。那么，怎样才能让孩子拥有这种兴趣和眼睛呢？

一、观察兴趣的培养。小小孩童生长在这个世界，总是怀揣好奇、睁大眼睛，在东张西望、东问西问、不知不觉中，认识这个神秘而又美丽的大千世界！

一位孩子告诉他的妈妈：“你知道吗？妈妈，蚂蚁的味道是酸的。”妈妈有点儿吃惊："你怎么知道的？"孩子得意地一笑，说："我用嘴尝过的，刚尝到是酸的，便吐掉了。"妈妈虽为孩子担心，但没有责怪孩子，捧起孩子的脸亲了一口，对儿子说："你真能干！你有一对会观察的眼睛，还用嘴尝的方式，去认识蚂蚁。但有点儿冒险，万一蚂蚁有毒怎么办？你想过没有，还可以用哪些更安全的办法来观察蚂蚁？"于是，受到表扬的孩子，便和妈妈兴致勃勃地讨论起来。

在生活中，成人认为是微不足道的事，对孩子来说，却可能是非常有价值的探索。当你看到孩子玩沙子的时候，千万不要以为他会弄脏衣服而予以呵斥；当你看到孩子爬在地上看蜗牛的时候，千万不要以为他会不讲卫生而遭到打骂。衣服脏了可以换，皮肤不净可以洗，孩子的好奇心受到损害，却很难重新恢复。因此，好学不如乐学，兴趣才是最好的老师。身为父母应当从孩子的爱好和兴趣中挖掘智慧，鼓励他们多观察、多研究、多探索，从爱好和兴趣中，找寻有利孩子成长的丰富营养，收获到培养孩子的丰硕果实。

二、观察信心的树立。一个人只要对周围的事物留心观察，潜心研究，就有可能获得意想不到的收获。父母经常会同学校老师鼓励孩子自信、仔细观察周围的事物，表扬孩子积极认真、准确清楚观察的态度，是培养孩子观察兴趣、坚持观察不可或缺的力量之源。一个人有了观察、分析与判断方面的自信、耐心和毅力，就有了科学的探索、科学的劳动，就有了事业的成功。

美国贝尔电话公司的物理学家彭齐亚斯和威尔逊在寻找干扰卫星通信系统的噪音源时，发现总有一种消除不掉的噪声辐射。他们充满自信改进实验装置，最终证明了这就是宇宙微波背景辐射，为宇宙膨胀学说提供了有力的证据，并因此获得了1978年度诺贝尔奖。在他俩之前拉弗逊也听到了同样的噪声，可他认为这是由于天线上鸟粪的干扰所致，从而与唾手可得的国际重奖失之交臂。

成功有时就在离我们很近的地方。但它只奖给那些潜心观察、不懈探索的人，而对那些不愿观察或者缺乏仔细观察的人来说，成功距他们却有千山万水之遥。爱迪生说："在发明的路途上，1毫米与1公里同样遥远。"说的就是这个道理。其实，探索与成功之间只有一纸之隔，捅破了这张纸，你的探索就成功了。

三、观察方法的传承。在生活中，教育孩子学会观察。在观察中，学会思索，学会总结，学会反思，学会实践，学会立身社会，学会做生活的主人。

三国时期，我国有一位著名的医生，名叫华佗。他擅长治疗内科、外科、儿科等各种疾病。当时，群雄割据，战争频繁，士兵和老百姓中受伤生病的人很多。那时，没有麻醉药，外伤病人在治疗过程中，往往痛得死去活来。为此，华佗很想在医疗实践中找到一种减轻病人痛苦的药剂。有一天，华佗遇到一个奇怪的病人。这人牙关紧闭，口吐白沫，躺在地上不能动弹。华佗给他检查后，发觉他一切正常。病人家属说他什么疾病都没有，今天误吃了几朵臭麻子花就变成这样子了。华佗让人找来一些臭麻子花，拿起一朵放在嘴里尝了尝，顿时觉得头昏目眩，满嘴发麻。从此，华佗就对臭麻子花进行仔细观察、研究，发现它有很好的麻醉效果。此后，他走访了很多医生，收集了其他有用的麻醉药物，在医疗工作中找到了“为什么”的答案，调配成药剂。经过一次又一次地配方炮制，一次又一次地试验，一次又一次地总结，终于在实践中研制出了麻醉药。后来，他把麻醉药与热酒配制在一起使用，使麻醉效果变得更好。从此，就诞生了流传千古的麻沸散。

在家庭教育中，将观察方法传授给孩子，既是父母义不容辞的责任，又是父母任重如山的使命。薪火递送，代代相传。

第一，教育孩子有目的有重点的观察事物的方法。在生活中，父母应该教育孩子抓住一些细微的机会，让孩子经历有目的、有重点的观察活动。例如，教孩子对蚂蚁的观察时，应向孩子提示：“你看看蚂蚁有几只脚?”经过孩子的重点观察，发现有三对脚时，家长再次提示：“你看这三对脚生长在中间的哪一节?”……通过认真的观察，孩子不仅会逐渐养成细心观察周围事物的习惯，而且会发现许多未知秘密，感受到生命的神奇和可贵。

第二，教育孩子集中注意力认真细致观察的方法。父母应该告诉孩子观察事物要集中精力，赞美孩子观察事物要细心，父母可和孩子一起观察，同时展开比赛，增强孩子观察事物的竞争意识，培养孩子观察事物的兴趣。

第三，教育孩子调动多种感官去观察事物的特点。在孩子感受观察事物的活动中，尽可能发挥各个感官的作用，这比单用眼睛观察，效率高，收获大。例如，孩子在观察春天盛开的花朵时，可以让他们用眼睛观察花的形状、颜色、大小、种类以外，可以用手感触到花瓣的质地、花蕊的柔软，用鼻子闻一闻花的芬芳……通过观察让孩子发现花卉的特征，触及到生物多样性的神奇与奥秘。

第四，教育孩子从不同视角去观察事物的好方法。平常，我们往往习惯于竖切苹果，分享它的美味。然而，一个孩子在无意识中却把苹果横切两半，发现中间的核儿竟是一个美丽的星星图案。因此，从不同位置、角度、顺序去观察事物，往往会突破思维定势，发现常人所没有发现的东西，让孩子逐渐养成从多种角度观察事物和认识问题的好习惯，思维更活跃，头脑更灵活。孩子观察越深入，发现的新鲜东西越多，产生的新问题也越有价值、越有意义。

第五，教育孩子量化观察和写好《观察记录》的方法。在观察中，可以借助一些工具进行量化，使观察更仔细、更准确。例如，用尺子量长短，用天平称重量，用跑表测速度，用显微镜观察叶片，用望远镜观察星空……让孩子体验用工具测量带来的惊喜和快乐。同时，要求孩子用文字或图画做好记录，要求准确无误、细致透彻，一定要体现观察的时间、地点、步骤、内容、特征……只要有了正确的观察和记录，就可以从观察中积累知识，探索世界的奥秘。

同孩子一起寻找事物的“为什么”。大千世界神奇而又美丽、多姿而又陌生，孩子们面对它常常会不断地产生疑问："太阳为什么在冬天使人感到暖和、夏天让人热得心烦?""月亮为什么晚上会发光?""桃花为什么会在春天开?""绿色香皂搓出来的泡沫为什么是白色的?""玻璃为什么在冬天会出汗?""糖为什么是甜的?"……这样的问题大人看似稀奇古怪，但在孩子的心目中却是未知的，更是神秘的。孩子们提出的"为什么"是求知欲强烈的反映，更是智力活跃的表现，孩子总是在探索"为什么"的奥秘中长大的。

杨振宁、李政道的物理老师美籍意大利人费来，是世界第一位核反应堆成功的开创者，这项发明把人类带进了原子时代。但费来在童年就酷爱思考。他在抽陀螺时，总是琢磨陀螺的轴为什么始终保持竖直向上，即使起先不是那么竖直，为什么后来也一定会竖直向上。陀螺运转慢下来时，它的轴便开始倾斜与地面形成夹角，这时陀螺的顶部也画出一个圆，这是为什么……为了探求究竟，他到处翻阅书籍，反复思考。因此，费来在寻找"为什么"的答案中锻炼出了超人的智慧。

对于孩子们提出的"为什么"，父母应当感到高兴，既不能不耐烦地简单应付，又不能粗枝大叶地草率回答，更不能气盛如火地粗暴拒绝。应当晓之以理，动之以情，送给微笑，热忱鼓励，及时同孩子一道去观察、探索、寻找、发现事物的"为什么"，并且找到它的答案。

*一、欢迎孩子提出的问题，倾听孩子发出的心声。*在家庭教育中，父母欢迎孩子质疑和倾听孩子心声的态度，对于孩子的成长，必将发挥十分积极的作用。有位明智的妈妈是这样说的："即使我在会客、做饭，只要孩子提出问题，我总是赶快放下手中的事，和孩子交谈。孩子发问是不容易的，也是父母的骄傲。我的态度是——孩子提问，一切优先。"然而，有些父母往往不是因为有事、就是嫌麻烦而不理睬孩子，或者说出："我很忙，以后再说"、"走开，就你多事"、"问什么哇，问，问个没完，玩去吧"、"真讨厌，笨蛋，自己想去吧"……父母的这些回答不仅挫伤了孩子的自尊心，而且带给孩子的是永远的伤痛。只有父母珍惜与爱护鼓励孩子的提问、高兴与耐心倾听孩子的提问、重视与支持赞美孩子的提问，让孩子感到舒心和愉悦，才有利于引导他们继续提问，保护他们的积极性。在满足孩子好奇心的同时，更有利于亲子间的融洽与交流。

*二、回答孩子提出的问题，讲究解惑的表达艺术。*在家庭教育中，解答孩子提问的方式是多种多样的，父母可以直接回答，也可以在孩子已经掌握知识的基础上，进行启发，或者让孩子从书上寻找答案，或者与孩子一同去请教学有专长的老师，或者与孩子一起去科技馆、图书室、档案馆、书店……一同追寻答案。父母回答孩子的疑问，一定要把握五点：

第一，答案必须正确、真实，不能编造，以免以讹传讹。如果父母不懂，可以诚实告诉孩子，父母也不知道，待查到答案以后，再告诉你。这样做，不但不会损害父母的威信，而且会激发孩子的学习兴趣。还可以让孩子明确，世界上还有很多事物，不被人们所认识，等待着人们去探索、去发现。孩子相信父母，不容置疑，倘若不是这样，不仅迷惑不解，最终还会对父母产生不信任。

第二，答案需要简单明了，过于复杂，容易影响孩子消化，难以掌握学习知识，造成不必要的时间和人力的浪费。

第三，答案切忌原则抽象，应该尽量用比喻、拟人、故事、童话结合方式进行讲解，尽可能让孩子得到满意答案，留下终生难忘的印象。

第四，因人而异，根据孩子年龄、性别、生活经验、知识结构、智力水平等特点，应用简洁语言，解难释疑。

第五，可以使用承上启下的回答方式，点拨、引导孩子从上一个问题联想下一个问题，举一反三，掌握一般知识。

三、让孩子在不断探索中，力求找到问题的答案。在家庭教育中，正确引导和教育，积极启发与鼓励孩子不断提出问题，力求找到问题的答案，有益于孩子的茁壮成长。我们的先辈告诉我们："大疑则大悟，小疑则小悟，不疑则不悟。"善待孩子的"为什么"，父母不可不悟，不能不去探求找寻科学教育孩子的方法。

第一，根据问题进行指点，严防说教。例如，同孩子一起玩用塑料袋装空气的游戏，让他们感受到空气的存在；带孩子放飞风筝，体验空气托着物体升空的浮力；烧一壶开水，在冰箱里冻一块冰，就可以让孩子了解到水的三态变化……以这种简单的演示与实验，激励孩子对未知世界产生兴趣，在解难释疑中，让孩子学到知识。

第二，鼓励孩子正确回答自己的质疑。例如，让孩子回忆或观看院子里水冻成冰的道理，并且回答问题："冬天，我们为什么能看见自己呼出的空气？夏天，为什么却看不到这样的现象？"……有意识引导孩子把对事物的好奇心与兴趣变成学习的动力。同时，讲一些科学家不畏困难、勇攀高峰的故事，乘机进行道德和知识教育，让孩子在学习科学家解决"为什么"中，既提高道德素质，又学到科学知识。

第三，创造条件让孩子解决自己的问题。例如，让孩子观察空气有什么颜色，闻闻空气有没有气味，闭上嘴，捏紧鼻子有什么感觉。然后，捉一只小虫密封在小瓶子里，几天后，看看小虫有什么反应。用这种直观、生动的方式，回答：空气是什么颜色，什么味道，有什么用途，培养孩子的探求"为什么"的兴趣，满足好奇心和求知欲，学习到真正的本领。

第四，因人而异，查找原因，解决问题。对于提问多、对新鲜事物敏感的孩子要多赞美、多鼓励，保持积极性，再上新台阶。但对于提问少、对新鲜事物缺乏敏感性的孩子，父母应该找到其中的原因，是父母无意中刺伤了孩子的积极性，或是孩子因为年龄增大产生了"爱面子"的心理？父母应该讲一些勤学好问的故事，让他们懂得"好问无须脸红、无知才应羞耻"的道理，诱发孩子提出问题。同时，带孩子逛大街、上公园、观山看景、出门旅游……适时提出启发性的问题，激发孩子观察事物、探索世界的兴趣，培养孩子天真活泼、勤学好问的性格，健康成长起来。

第五，平等交流，发展个性，敢于提问。父母应多同孩子平等交流、互相沟通，创造一个民主、和谐、友好的家庭环境，让孩子敢于说话，乐于说话，培养孩子逐渐具有乐观、豁达、愉悦的性格，对事物敢于提问、乐于提问，通过提问，探索世界，认识世界。

第三章　开拓进取　创新未来

创新是一个民族进步的灵魂，是国家兴旺发达的不竭动力。21世纪人才的显著标志是创新品质和创新能力，这个显著标志就是21世纪家庭教育、学校教育和社会教育的重要任务。在家庭教育中，每个家长都希望自己孩子具有这种品质和能力，但须通过科学的教育和指导，让孩子从小手脑并用、拥有创新能力，运用科学方法肯定、欣赏、赞美孩子的创新，让孩子的梦想翱翔在奇思妙想中，只要着重对青少年进行这种创新品质和创新能力的培养，就能积极造就出现代化建设的一流人才。

让孩子手脑并用拥有创新能力。古往今来，素以刻苦耐劳著称于世界的中华民族，曾经以勤劳的双手创造了灿烂的华夏文明。我们的祖先在几千年前就有了素称发达的农业、进步的天文历法、领先的古代数学、杰出的医学成就、辉煌的文学艺术以及震惊世界的工程建筑……在这些文明建设中，涌现出千千万万既善于动脑、又勤于动手的劳动者，他们热爱劳动、开拓创新的品质和行为，创造了领先世界的璀璨文化。

春秋末期，著名的木匠师傅鲁班，人称公输般，他发明了多种工具器械，对于减轻人们的劳动强度，推动生产力的发展，起到了巨大的作用。

他的技术高超，手中的斧头劈砍几下，就能把木料打造成需要的形状。但是，每当遇到需要把木料砍得非常光滑的时候，鲁班就犯愁了。无论他怎么挥动斧头，木料表面总是凹凸不平。为了解决这个问题，鲁班日思夜想。他先做了一把薄一些的斧头，斧刃磨得快快的。这样砍起来比以前好多了，可还是不太理想。于是，鲁班又磨了一把更小更薄的斧头，然后在上面盖了块铁片，只让斧刃露出窄窄的一条。这次他不用它砍木料了，而是把它放在木料上推。鲁班使劲一推，木料表面就被推下来薄薄的一层木片。推了十几次，木料的表面就变得又平整又光滑，比用斧头砍强多了。鲁班非常开心，他又给这个小工具做了一个木座，把它装在里面。这样推起来又稳当又省力，刨子就这样诞生了。

有一次，鲁班为了给国王修造一座大宫殿，在森林中砍树。突然，他觉得手被什么东西划了一下，划出了一道口子，鲜血直流。他仔细一看，原来是丝茅草伤了自己的手。鲁班十分惊奇，摘了一片草叶，发现草叶边缘长着许多锋利的细齿。回到家里，他用毛竹做了一条竹片，上面刻了许多锯齿。用它锯树，树皮破了，再一用力，树干拉出一道深沟。后来，他用带有锯齿的铁片替换了竹片，再去锯树，真是又快又好。这个工具就是后来的锯子。

两千多年来，鲁班超群出众的手艺一直被那些能工巧匠视为“祖师”，受到人们的赞赏、尊敬和崇拜。

在竞争激烈的现代社会，多么需要我们青少年既善于动脑，又勤于动手，拥有创新的能力。而手脑并用的能力，又应从小得到科学的训练，并且必须从家庭教育开始。父母应当指导孩子做家庭小实验。心理学家皮亚杰告诉我们：“思维是从动作开始的，切断了动作与思维之间的联系，思维就得不到发展。”动手操作能够激发孩子的学习兴趣，有了兴趣，就会主动参与，勇于实践。通过孩子的亲身体验和探索，在提出问题、研究问题、解决问题中，提高手脑并用的实践与创新能力。

一、在家务劳动中，体会手脑并用的意义。通过家庭的小制作、小实践，发现孩子的兴趣，让孩子体会手脑并用的意义。在青少年时期，多让孩子动手，多让孩子动脑，不仅能够培养孩子的劳动习惯，而且能让孩子的学习成绩优秀，为孩子走向成功奠定良好的基础。

美籍华人朱棣文从小天资聪慧，善于思考，爱好手工劳动。两三岁的时候，小棣文经常把家里的肥皂用水泡软，把它当作橡皮泥，捏成各种各样的东西，然后，把这些“作品”摆在桌上让爸爸妈妈看。父母看了非常高兴，直夸小棣文聪明。

有一次，他找来爸爸的工具箱，把家里打家具没用完的木头，雕成一辆小汽车，等到爸爸一下班，就拿给爸爸看。爸爸拿起小汽车，端详了一会儿，对棣文说：“刻得不错，但是你不觉得车身缺了点什么吗？”小棣文拿起小汽车看了又看，突然发现汽车少了轮子。小棣文不好意思了，哪辆汽车没有轮子呢？

渐渐地，小棣文迷上了“机器组装”。他找来螺丝钉、螺丝帽之类的东西，堆得家里到处都是。他创作的方式是，先静静地思索一会儿，想好怎么改造、组装，在心里勾画出图样，然后动手把那些乱七八糟的零件组装起来。有的左看像装甲车，右看又不像；有的从前面看上去像机器人，从后面看上去又不是，反正是奇形怪状的东西。小棣文自得其乐，总是心满意足地坐在地上，欣赏着自己的大作。他的大作摆放在桌子上、地板上、客厅里、楼梯口、厨房里，他希望所有的客人都能欣赏和赞美他的劳动成果。

小棣文具有爱动手、爱动脑、爱劳动的品质和本领，他以优异的成绩毕业于美国罗彻斯特大学，从事目前世界上最尖端的激光制冷捕捉技术的研究，发明了“光学黏胶”，1997年获得诺贝尔物理学奖。

在家庭教育中，父母如果根据孩子的年龄特点，创造机会，提供条件，积极开展小制作实验活动，培养孩子的动手能力，就会让孩子获得意想不到的收获。那么，在家庭教育中，如何开展这种实践活动呢？

第一，身体力行，同孩子一道选择小实验内容。在家庭教育中，父母可以结合课本内容进行小实验，可以根据孩子的兴趣进行小实验，可以从生活中的问题进行小实验……父母善于激发孩子参与小实验的兴趣，不可强求，通过小实验，欣赏孩子小发明、小创造的智慧，借以深化小实验的意义。

（一）父母应欣赏孩子的小制作成果。美国一位心理学家告诉我们："人性最深刻的原则就是希望别人对自己赏识。"一个尚未受过激励的人仅能发挥其能力的20%～30%，当他受过激励之后，其能力是其受到激励前的3～4倍。家庭生活告诉我们，孩子的最大渴望就是得到父母的赏识。如果父母能够善于欣赏孩子的劳动成果，就一定能够增强孩子的自信心和自尊心，使孩子心情愉悦，生活开心，学习来劲，积极参与实践活动，并且从中获得成就感，坚定不移，走向成功。

（二）父母要用宽容的态度对待孩子。一个孩子通过自己的努力，使今天与昨天发生了变化，这就是成长。父母的责任就是教育、指导、帮助孩子发挥优势，弥补短缺。面对孩子的劳动成果，父母应该善于发现孩子在思维方面的独到之处，在动手能力方面的优势之举，给予充分肯定。如果孩子的作品确实表现平平、缺乏创造意境、很幼稚、很粗糙、很难看……父母既不能横向比较，也不能评头品足，更不能呵斥指责，只能拥有一颗平常心，以自己宽容的态度，给孩子以创造发明的空间，才能够让孩子健健康康成长起来。

（三）父母要用赏识的目光看待孩子。教育必须讲究科学规律，不同的教育方式，必然带来不同的教育效果。孩子的小制作不可能巧夺天工、完美无瑕，我们应当发现其内在的闪光点，对成功之处，予以赞赏。充分运用自己语言、微笑点头、热情鼓掌、拍拍肩膀等方式，对孩子进行肯定。即使对于不成功的作品，也应该尽量寻找积极因素，既看到优点，又看到不足，适当帮助、引导和教育，让孩子在创造活动中所表现出来的探索精神，既得到父母肯定，又得到父母的鼓励，还得到全家的赞美。在欣赏孩子劳动成果的时候，父母可以这样告诉孩子："你这个作品很有创意，如果在材料选择上多动动脑筋就更好了。"或者说："这个作品比上一次好多了，如果，再多下些工夫，就可能会有更大的进步。"这样，就能夸奖出孩子的真知，赏识出孩子的智慧，赞美出孩子的天才。

第二，想出办法，解决实验用品提高实践能力。为让小实验活动正常开展，必须先要在日常生活中寻找到小实验活动的代用品。例如，用普通玻璃杯、搪瓷杯、易拉罐代替实验室的烧杯，用筷子代替玻璃棒，用饮料吸管代替导管，用脸盆代替水槽，用药瓶代替集气瓶，用蜡烛或其他热源代替酒精灯，用稍长一点的口服瓶代替小试管……所需小实验活动的药品、试剂，可在身边找到，也可自己配制。例如，石灰水可以用石灰加水配制，木炭可以用木柴烧成，食用醋可以代替一些酸，精盐可以代替氯化钠，苏打粉可以代替碳酸钠……在收集过程中，通过想象，想办法，出主意，锻炼孩子的发散思维能力。

第三，手脑并用，在操作中开发出孩子的智慧。在完成小实验的过程中，父母应鼓励孩子既动脑，又动手，运用已经掌握了的科学知识。在简陋的条件下，利用“代用品”替代完整的仪器装置和实验药品、试剂，通过小实验，思考和解决遇到的疑难问题。培养孩子“试一试”的精神，让孩子从小敢于尝试，乐于尝试，善于尝试。在操作中，发现问题，研究问题，分析问题，解决问题。这些疑难问题的提出和解决的过程，就是孩子实践和创新能力的培养过程。因此，动手实践、自主探索、科学实践不仅是孩子学习的重要方式，而且是孩子勇于创新、敢于胜利的智慧源泉。

二、*在学校学习中，养成手脑并用的习惯*。学校学习虽是长期艰苦的脑力劳动，但必须在每门功课的学习中养成既勤于动手、又善于动脑的习惯。通过从无知到有知的学习过程，掌握知识，增长才干，认识世界，改造世界。在这个过程中，教师起着指导和组织的作用，而学生则是这个认识活动的主体：学习的主人。

文学家老舍先生是学习的主人，他为自己定下了一个规矩，每天至少写出1000字的文稿。他呕心沥血，孜孜不倦，写出了大量散文、戏剧、小说和曲艺作品。著名画家徐悲鸿是学习的主人，他为了画马，画过成千幅素描，研究过马的解剖。他画的马，千姿百态，奕奕有神。音乐家贝多芬是学习的主人，他在小楼上弹钢琴，手指在键盘上摩擦发热，就在琴房放一盆冷水，把手指泡凉再弹。

成功者之所以成功，在于他们在学校学习中，养成了手脑并用的习惯，成为了学习的主人。

第一，勤奋刻苦，持之以恒。一个人的奋发努力，刻苦学习，坚持不懈，肯于付出艰巨的劳动，表现了他的坚强意志和决心。勤奋努力反映了一种自强不息的精神，是一切事业成功的基本要素。

勤于工作是勤奋，勤于思考是勤奋。勤奋学习表现在学习过程中的每一个环节：按时到校读书，勤于课前预习，勤于写课堂笔记，勤于课后复习，勤于独立完成作业，勤于思考问题，勤于训练技能，勤于实验实习等等，都是勤奋学习与读书的要求。

第二，循序渐进，打好基础。青少年时期，学习正处于打基础阶段。古今中外，科学文化名人都是先打好基础，才登上文化高峰的。我们攀登科学高峰，赶超世界先进水平，一定要打好基础。要打好基础，必须由简到繁，由易到难，由浅入深，循序渐进。这就要求我们认真对待每一节课、每一道作业、学习中的每一个问题、工作中的每一个现象，寻求到“为什么”的答案。日积月累，长期坚持，不懈努力，功到自然成。循序渐进是我们学习的最好方法。

第三，珍惜时间，提高效率。时间是宝贵的，对任何人都是有限的。时间是公平的，一天24小时，对任何人也不多给一分钟，也不少给一分钟。时间就是生命，就是胜利，就是财富。提高学习效率，抓住现在，把握今天，合理安排学习时间，正确处理劳和逸、忙和闲、学习与休息的关系，提高效率，拥有这样的学习美德，我们的青少年就会攀上高峰迎胜利。

三、*在社会劳动中，热爱劳动人民的创造精神*。在征服自然、改造自然的社会劳动中，我们的父母既勤于动手、又善于动脑，创造了生育我们、养育我们的生命摇篮，我们的祖先既勤于动手、又善于动脑，创造了伟大的中华文化。

举世闻名的万里长城是2100年前劳动人民的杰出成就，被称为世界建筑史上的奇迹。我国劳动人民开凿的京杭大运河，是世界上最长的人工运河。公元前6世纪，中国人已经使用了"分行栽培和精耕细作"的农田耕作方法，比欧洲人早2200多年：公元5世纪中国人就发明了"共熔炼铜法"，早于西方的"平炉炼钢法"1400年；中国人在公元3世纪发明了瓷器，早于欧洲1700多年；中国人用硫黄制作火柴，早于欧洲1000多年……所有这些都是中华民族勤劳智慧的结晶。

古往今来，勤劳勇敢是中华民族的优良品德。我们的青少年应该勇于参加社会劳动，并且在实践中养成手脑并用的习惯。在劳动中，深刻体会：辛苦之后是快乐，付出之后是幸福——学到了知识，拥有了能力，进而升华劳动品质，珍惜劳动成果，热爱与传承我们的祖先与我国劳动人民的创造精神，提高自己的劳动本领，创新自己的辉煌事业。

肯定、欣赏、赞美孩子的创新。在家庭教育中，父母应以我们祖先古往今来发明创造的故事，教育青少年以实际行动，继承他们的优良传统，学习他们的创造精神，在劳动活动中，解放思想，开拓创新，肯定、欣赏、赞美孩子的创造力，把孩子培养成为创新型人才。

在汉和帝时，蔡伦很有才学，办事尽心谨慎，认真负责，他在皇宫里担任宦官，成为后人效仿的依据。

在蔡伦之前，纸已出现，但是这种纸又脆又粗糙，颜色黑黄，根本不能用来写字。人们把字写在竹片或木片做成的简、牍上。蔡伦喜爱读书，那些笨重的简、牍让他深感不便，于是就设法改进造纸工艺。他广泛选取造纸的原料：树皮、麻头、破布、旧鱼网……然后，对以前的造纸工艺流程进行改革。经过无数次的试验，蔡伦终于探索出一套造纸新方法。他在前人切割纸料、沤煮、舂捣等制纸浆的工艺基础上，增加了一道用石灰液蒸煮的工序。这样就加快了造纸原料的分解速度，分解的原料纤维分布得更加均匀，造出的纸光滑细致，书写起来非常方便。因为造纸原料多为树皮、麻头等，造纸成本大大降低。

公元105年，蔡伦把纸献给皇帝，受到了皇帝的称赞，并赐名为"纸"。汉和帝死后，人们把蔡伦造的纸称为"蔡侯纸"。蔡伦的造纸术不仅成本低廉，而且原料易得，方法简便，易于推广，深受欢迎。从此，造纸技术普及开来，极大地方便了古代文化典籍的传播与保存。造纸术与指南针、火药、活字印刷术一样被列入中国古代四大发明，是中国劳动人民对世界文明的巨大贡献。蔡伦的名字也被人们世代铭记下来。

其实，一切造福人民的成就都离不开辛勤的劳动。在劳动活动中，千千万万劳动人民在不断开拓创新、不断发明创造中，推动着人类历史的发展与社会的进步。

毕昇家境贫寒，从十几岁开始，就在一家印刷书坊当学徒。在工作过程中，他逐渐认识到雕版印刷有很多弊病，不仅耗时较长，而且在雕刻过程中如果刻错一个字，就得从头再刻。为此，毕昇一直希望找到一种能够改进雕版印刷的方法。

有一次，毕昇在书坊里工作了整整一天，眼看一整块书版就要刻成了，可是一不留心，刻坏了一个字。他觉得把整块版扔掉太可惜了，就想："能不能刻一个字补上去呢？"毕昇抱着试一试的心理，先把刻坏的字用刀削去，在原处挖出一个浅浅的小方孔，再做一个与小方孔大小吻合的小木片，上面刻好需要的那个字，然后用胶粘在小方孔里。这样，那块书版又可以用了。这件事对毕昇启发很大，他开始着手制造单个活字。这项工作花了八九年时间。因为制造活字是一项前无古人的工作，没有现成的办法可以借鉴或参考。但毕昇不怕困难，开动脑筋，认真琢磨。开始试验时，毕昇选用木材作为制造活字的材料，费了很大劲，总算做成了一个又一个木活字。接着，他把这些活字拼在一块铁板上，再用一个铁框把它们框起来。可是，稍稍一动，这些字就变得歪七扭八了，根本无法上墨印刷。

后来，毕昇又接连试验了好几种材料，最终选用胶泥做原料。他在胶泥上刻好字后，放到火里一烧，就成了坚硬、不吸水的胶泥活字。然后，毕昇照着要印的书稿，拣出需要的泥活字，按顺序把它们粘在一块铁板上，再上墨印刷，就得到印刷效果非常好的书籍了。这些胶泥活字可以重复使用，大大提高了印刷质量。

很快，毕昇发明的胶泥活字就流传开来，甚至传到了阿拉伯、欧洲、非洲、美洲等地。它的出现，极大地推动了世界文明的发展，为社会文化的发展和传播作出了不可磨灭的贡献。

古往今来，先驱者为了创造物质和精神财富付出了多么艰苦卓绝的劳动。他们坚持艰苦奋斗，锲而不舍，百折不挠，用自己的智慧，用自己的双手，创造出人类美好的未来。

在知识信息化、经济全球化、科技高速发展的今天，开拓创新是历史发展的永恒主题，不断改革创新，社会才会充满生机与活力。创新人才的拥有，决定着一个民族和国家的未来。我们多么需要具有创新意识、创新思维、创新能力的人才。那么，如何培养我们时代的创新人才呢？

一、肯定孩子的渴望，发现孩子的创新能力。创新人才的培养必须从小开始，父母应当从小肯定孩子的创造渴望。在创造教育活动中，父母应以平等态度参与活动和研究。父母的以身作则、言传身教不仅能够增强孩子的自信心，而且能够让孩子保持对事物的浓厚兴趣，更能挖掘孩子的潜能，激发孩子的创造欲望。

爱迪生小时候非常喜欢提出“为什么”，他的妈妈充分肯定了他的敢想敢问精神，并且与孩子进行有意义的交流，一起做实验，来表达对孩子的肯定与欣赏。可以说，没有爱迪生的母亲，就没有爱迪生的成功，是她发现了儿子与众不同之处，发现了儿子的才能，也保护了儿子的珍贵好奇心。妈妈的积极支持、科学的抚育和培养，让爱迪生手脑并用和开拓创新能力越来越强，最终成为了举世闻名的大发明家。

每个孩子都有与众不同之处，这个不同点也许就是他最出色的地方。在创造教育活动中，孩子表现出来的主动探索精神，父母应给予及时肯定和鼓励。即使孩子把事做得很糟，甚至惹出了麻烦，父母也应肯定孩子的渴望，夸奖孩子的探索精神。

二、欣赏孩子的创意，拓展孩子的创新能力。在创造教育活动中，有意培养孩子的求异思维，鼓励孩子提出与众不同的意见，父母用自己的言行对孩子进行欣赏和夸奖。欣赏和夸奖是一根魔法棒，能够让孩子绽放灵感和生命火花！

一位中学生觉得使用地球仪不如拿着地图方便，便向妈妈提出了这样一个问题。妈妈说：“虽然不方便，但是，地球仪不是更直观、更好懂吗？”孩子接过妈妈的话思索起来：“能不能让它既‘好懂’又‘方便’呢？”爸爸和妈妈十分欣赏孩子的创意，在他们的支持和帮助下，广寻途径，冥思苦想，终于在孩子充气塑料玩具那里找到了解决问题的方法，制成了充气地球仪。用时充气，不用时放气，携带方便，使用直观，效果很好。

在创造教育活动中，父母应该给足时间，让孩子进行创造思维，不要急于预示解决问题的方法。在实践中，深刻感悟：“自己烧的饭更香，自己摘的果更甜。”只有让孩子在足够的时间里进行思考与探索，才能促进创造性思维十分理想地发展。

三、赞美孩子的创造，提高孩子的创新能力。在创造教育活动中，鼓励和赞美孩子站在不同的立场上发现、分析、解决问题。让孩子在这样的陶冶中，提高观察能力，锻炼创新能力。

一天，一位孩子和父亲划船到邻近的城市买东西。由于逆流而上，所以划得非常吃力。当小船到了河口的时候，水流十分湍急，要不是父亲让船及时靠岸，他们恐怕就会和船一起被河水冲走了。上岸后，这位孩子对父亲说：“如果船能像马车一样行驶就好了。”父亲听了，笑着对他说：“想法真好。用脑子好好想想，怎么样才能够让船像马车一样行驶呢？”孩子听了父亲的赞扬，暗自许下一个心愿：将来一定要建造一艘不用风帆和船桨就能行驶的大轮船。长大后，通过他的努力，终于把他的心愿变成了现实。

1807年的一天，随着汽笛声的响起，世界上第一艘轮船“克努蒙特”号挣脱缆绳，驶向大海。这标志着人类从此告别了依靠风帆和划桨前行的航海时代。这艘轮船的建造者就是美国的发明家富尔顿。

在创造教育活动中，父母应据年龄特征、性别特点、学历水平祝福孩子创意的成功。对于积极的部分，应该充分肯定、表扬，对于不足的部分适当引导、延缓评价，以多表扬、少批评的方法，促进青少年健康成长。肯定孩子的渴望、欣赏孩子的创意、赞美孩子的创新，是培养孩子走向成功的便捷通道。但在现实的家庭教育中，往往存在若干误区：

误区之一：打分定等。父母应当教育孩子懂得：做什么事，老是期望着别人的裁判评估，就会扼杀自己的创意。因为，评判之后，无论受到怎样的赞美也是徒劳的，我们的孩子只会把注意力集中在“别人会怎样说”上，而不是“我该怎么做”啊！

误区之二：奖为目的。一些父母往往认为奖励孩子的某种行为必然获得效果。其实，创意之事需要思考，奖励为目的，作用恰恰相反，与其奖励不如把创意变为孩子的乐趣，更能调动天真烂漫的儿童和青少年的主观能动性。

误区之三：竞争压力。老是把自家的孩子和别人一起比较，创意翅膀加上了厚厚的冰霜，孩子的创新能量自然偃旗息鼓了。

误区之四：缺乏民主。父母集权于一身，孩子只能依据父母意愿读书，周一至周五被送往学校接受正规教育，双休两天必须接受父母安排，让种类繁多的兴趣特长、补习科目填满孩子的日程，孩子哪里还有民主创意的机会呢？

误区之五：听命父母。父母严格规定孩子应该学什么，应该怎么去学，字字牢记，句句照办，通过考试，当上优秀生。孩子选择的权利被父母剥夺，不能按自己兴趣独立自主决定自己专修方向，只能听命父母，孩子极其珍贵的创意春苗，便被泯灭在萌芽状态之中。

在生活中，作为父母一定要善于抓捕有利时机，对孩子进行成功的家庭教育，让孩子大胆思维，勇敢说话，坚强质疑，千万不要让孩子的创造性思维、敢于表达的勇气丧失在自己的平庸与虚假的做法中。尹建莉在《好妈妈胜过好老师》中讲了这样一个故事：

一位小男孩在上二年级时，新换了一位语文老师。一年级时的语文老师是个男的，这次换来的是个女的。女老师给孩子们上第一节课时，说要“启发学生的观察力”，就让孩子们说出自己和前任男老师的不同。

孩子们七嘴八舌找出了好多不同：头发不同，眼皮不同，戴没戴眼镜，脸上有没有痣……这位想发言的小男孩，手一直举得很高，老师没有点到他，急得要命。同学们把他要说的都说了，沸腾的教室开始平静下来，这位小男孩突然想到一点不同，立刻举起手来。老师叫他起来说，男孩子说："您是女的，没长小鸡鸡，以前的老师长了小鸡鸡。"全班哄堂大笑，老师非常不高兴。下课后，老师把他叫到办公室严肃地批评，说他意识不好，思想不健康。

孩子觉得很委屈，回家问他妈妈什么叫"意识不好"。妈妈一听，心里倒没觉得孩子有什么错，嘴上却说："你这个臭小子，脑袋里怎么尽是歪歪念头，你这样说老师能不生气吗？活该老师批评你，以后不能对老师这么没礼貌!"

这个故事启发我们：在家庭教育中，父母必须用心了解自己的孩子，学会观察孩子的表现，发现孩子的聪明才智，欣赏孩子的创意春笋，给孩子一个自由生长的广阔空间，让他们茁壮成长起来——思想没有迷信，喜欢向权威提出挑战；喜欢寻根问底，搜寻所有的可能性；对事物有强烈的好奇心，习惯寻找事物的"为什么"；不怕困难，不怕挫折，喜欢用实验手段求证未知；有独立见解，喜欢自己决定学习和研究的问题。在肯定孩子的渴望、欣赏孩子的创意、赞美孩子的创新中，培养孩子走向胜利，走向成功。

让我们在肯定、欣赏、赞美孩子的欢歌笑语中，鼓励孩子们了解我国的航天技术，激发他们探索蓝天的创新信心与热情。

天宫一号是中国第一个目标飞行器，于2011年9月29日21时16分3秒在酒泉卫星发射中心发射。它的发射标志着中国迈入中国航天"三步走"战略的第二步第二阶段。按照计划，神舟八号于2011年11月1日5时58分07秒升空，于11月3日01时35分58秒与天宫一号进行成功对接。中国成为世界上第三个掌握空间交会对接技术的国家。2012年6月16日18时37分，中国航天员景海鹏、刘旺与我国第一位女航天员刘洋乘坐神舟九号飞船升空，完成了与天宫一号的手控对接，于6月29日返回地面。不需多久，神舟十号飞船将要上天，成功建立中国人自己的空间站。

让我们在肯定、欣赏、赞美孩子的欢歌笑语中，鼓励孩子们了解我国的潜海技术，激发他们探索海洋创新的信心与热情。

2011年7月28日，蛟龙一号潜水器顺利下潜至5188米水深，2012年6月30日，中国蛟龙号载人潜水器以7035米的深度完成中国海底深潜的任务。至此，中国人能够征服世界95%以上的海域。

让孩子的梦想翱翔在奇思妙想中。古希腊哲学家亚里士多德告诉我们："想象力是发明、发现及其创造活动的源泉。"爱因斯坦说，想象力比知识更重要。时代呼唤父母鼓励孩子展开翅膀，翱翔在充满欢乐、充满理想中。

每一个孩子童年时代都有最难忘的事，对于科罗廖夫来说是看飞行表演。这一天，男女老少成群结队，倾城而出，大家伸长脖子往天上观看罕见的奇迹。表演开始了，只见飞机在天空中悠闲地盘旋着。忽然，一个俯冲，越来越低，眼看就要触地了，“啊，啊!”在人们的惊叫声中，飞机又昂起头来，腾空而起，在空中划出一道美丽的弧线。4岁的科罗廖夫骑在外祖父的肩上，看得如醉如痴，一颗心随着飞机在天空中翱翔。

科罗廖夫的脑海里终日盘旋着飞机的影子，张开双臂，在房间里绕着奔跑，学着飞机飞翔。他还向妈妈要两床床单做翅膀，试图从这个屋顶飞到那个屋顶。他对妈妈说：“小鸟有翅膀能飞，飞机有翅膀也能飞，我要是装个翅膀，不就能飞了吗?”妈妈告诉他：“开飞机要有专门训练的驾驶员，造飞机靠有学问的工程师。谁都离不开科学知识的学习啊!”科罗廖夫默默望着天空，他想：我要成为一个有学问的人，将来造出大飞机。

有了奋斗目标，科罗廖夫更加用心学习。15岁时，他加入了飞行协会，成为滑翔运动组的骨干。24岁时，他设计生产出“CK—4”飞机，开始了人类征服宇宙的伟大历程。后来，他主持发射世界上第一颗人造地球卫星，主持发射系列月球探测器，第一次拍摄到月球背面的照片，主持发射世界上第一只载人航天飞船“东方号”等，被誉为世界航天技术的奠基人、载人航天的开创者。

当前，在激烈竞争的知识经济时代里，需要当代青少年拥有丰富的想象能力，抓住机遇，迎接挑战，勤奋努力，开拓创新。那么，怎样培养孩子良好的想象力呢?

一、利用后续悬念，培养孩子的想象力。从古至今，多少年来，多少仁人志士的成长，都得益于这种科学的教育方法。当年，歌德母亲的教子故事启迪着我们。

当歌德2岁的时候，他成天缠着妈妈讲故事。妈妈绘声绘色的讲述，往往令歌德完全沉浸在精彩的故事情节之中。可在这时，妈妈总会来一个“且听来日分解”，并且要求小歌德思考故事以后发展的趋势或结果。小歌德不得不去思考。第二天，妈妈讲故事之前，总是让她的孩子先讲讲自己思考的结果，再让孩子听她继续讲昨天还没有讲完的故事。每当歌德猜中了故事情节或结果时，简直高兴得又蹦又跳……妈妈就是这样培养出歌德超人的想象力，这为他后来的写作带来了极大的好处。

歌德母亲的做法就是巧妙运用了后续悬念。当一个人迫切想知道某一结果却又不得而知时，他会充分发挥自己的想象力，去揣测各种可能出现的结果。长期坚持这样的思考，包括人的想象力在内的各方面潜能就会得到充分的开发。讲故事如此，阅读书籍也一样。父母在教孩子阅读一种书籍时，在某一地方骤然停止，让孩子独立想象后续发展的情节，再与书籍对照，这样不仅可以深化阅读内容的记忆，而且可以培养孩子的思考力和想象力。

二、利用身边事物，引发孩子的想象力。在生活中，可供孩子想象的事物随处可见，天上的彩云、地上的花草等简单东西，在孩子们丰富的想象力前，都会变得奇妙无穷。

莱特兄弟从小就是一对好搭档，他们总是在一起想一些稀奇古怪的问题，做一些让人意想不到的事情。

有一次，为参加一年一度的冬季爬犁比赛，兄弟俩带着精心设计的小爬犁来到山顶。大家一见都大笑不止，说他们的爬犁太古怪了。在比赛过程中，为了减少风的阻力，莱特兄弟采取了卧在爬犁上的姿势。大家看到兄弟俩奇异的姿势，都觉得不可思议。可是比赛结果出人意料，莱特兄弟居然获得了冠军。

有一天，父亲从外地出差回来，送给他们俩一人一件"飞蜻蜓"玩具。"飞蜻蜓"的构造十分简单。它由一根棍子和三片扇叶组成，下面绑着一根橡皮筋，只要拧紧橡皮筋，向上一松手，"飞蜻蜓"就能升上天去。"到底是什么力量把'飞蜻蜓'送上天去的呢?"这个问题成了兄弟俩争论不休的话题。也正是这些争论让他们碰出了灵感的火花，使他们最终研制出世界上第一架飞机。

在家庭教育中，父母只要善于开发孩子对身边事物引起联想的潜能，就会培养出思考与想象能力丰富的孩子。

*三、鼓励孩子假设，描绘孩子的想象力。*一位教授给他的学生出了一道题目：一个奇妙的行星上居住着长有三只眼睛、每只手只有三个手指头的太空人，他们呼吸着沼气，生活在异常强的引力场中，要求学生为他们设计住房、家具、生活用品、交通工具……这类看似荒诞的作业，却勾画、描绘出思考力和想象力的价值与意义。在创新教育活动中，亦可在若干假设中，挖掘出孩子奇思妙想的潜能。"假如世界上没有了太阳"、"假如冰山上的雪全部融化"、"假如人长出了翅膀"……通过一个又一个的"假如"，产生出一个又一个的"可能"，父母与孩子就会在高无可比的亲情交流中，为孩子搭建起通往创造天堂的金桥。

在2003年的世界少年儿童绘画大赛中，重庆市巴蜀小学学生陆林涵以《运动场上的音符》为题画了一幅画。在图画中，她把运动场想成五线谱，把运动员想成一个个奔腾跳跃的音符，这些奇特的想象，使互不相关的"五线谱"、"运动场"、"音符"、"运动员"珠联璧合地结合在一起，给人以超凡脱俗、新奇美好的艺术魅力。这幅画一举夺得了金奖，陆林涵获得了观看第二十六届奥运会的门票。

在家庭教育中，父母与孩子如果经常用这样近似的问题做一做模仿，就会让孩子在奇妙的思考中张开想象的翅膀。

四、在浪漫的情怀中，让思维和天真共同跳动起来。身为父母的要有一颗童心，并以这颗童心亲吻着孩子活泼灿烂的天真，就会把孩子领往创造革新的金光大道。

一个外国人在一张白纸上画了三个小黑点，让数以千计的接受考试的研究生和一般成年人看，大家都是同一个答案："三个小黑点。"可是，让幼儿园的小朋友看时，大家争先恐后地回答："那是一顶墨西哥草帽。""不，那是一块烤焦的牛肉饼。""不不，那是被压扁的臭虫"……种种回答，生动无比。

在浪漫的情怀中，父母与孩子的思维和孩子的童心应该一起跳跃。当孩子口中说出违背常规的天真话语时，家庭教育就应因势利导，不断鼓励和赞美着孩子的创造思维在“不成熟”的“幼稚”、“轻浮”、“荒唐”、“想入非非”的表现中得到发展，这种以鼓励和赞美代替斥责与禁锢的教育方式，就会在陶冶我们的情操中，培养出孩子们那原本奇特丰富的思考力和想象力。

在生活中，随着年龄的增大和教育程度的提高，人们往往偏重事实而墨守陈规，把必要的浪漫视为“不成熟”，或是“幼稚”、“轻浮”、“荒唐”、“想入非非”的表现，因而禁锢了自己的思维，也妨碍了青少年的成长。作为父母应该在青少年浪漫的情怀中，让自己的思维和青少年天真幼稚的心灵共同振动，谱写出人生最优美、最动听的梦幻乐章。

*五、在激烈的竞争中，让孩子敢于竞争、敢于胜利。*随着社会竞争的日益激烈，在孩子的生活、学习与工作中，培养竞争意识，提高竞争能力，已经成为家庭教育极其重要的任务。

布劳恩小时候，最心爱的玩具是天文望远镜。一天夜里，他来到楼顶，用望远镜对着星空望啊望啊。妈妈第三次催促他了：“都几点了，还不快去睡觉！”他将望远镜放到妈妈的眼睛上：“你看，北斗星多像一把勺子啊，我想走到上面去。”妈妈被逗笑了：“孩子，你知道星星离我们多远吗？用光年来计算，你要走，走上几百年也走不到呢。”布劳恩挠挠头：“我要发明一种‘飞车’，跑得像风一样快，一下子就能飞到星星上去了。”“你的‘飞车’什么时候能造出来？”“等着瞧吧！”

布劳恩有辆滑坡车，可他不满意，要对他进行改进，让它跑起来像风一样快。他买来八个特大焰火，绑在车尾上。上车后，他用火柴点燃了那些焰火。“哧！哧！”空中响起了一声声尖厉的呼啸，车子完全失去了控制，拖着彗星尾巴似的火焰，一头冲了出去，在街上横冲直撞，行人大呼小叫、左躲右闪。直到焰火燃尽了，车子才缓缓停了下来。布劳恩跳下车，擦着脸上的冷汗，有点害怕，但更多的是得意。正在这时，警察来了。万幸的是，布劳恩的飞车没有伤到人，警察还是没收了他的滑坡车。

布劳恩不服输，敢于竞争，敢于试验。总因为焰火、爆竹配料比例不当，飞出的爆竹不是落在水果摊上，就是落在面包房里，三天两头有人告状，父母只有赔礼道歉，对儿子严加斥责。布劳恩一心研制“飞车”，学习成绩一落千丈。父母忧心忡忡，这孩子怎么办呢？布劳恩13岁那年，购买了一本火箭专家奥波的著作《通向星际空间之路》。他被书中眼花缭乱的数学公式所困惑，便去请教学校老师。老师教导他：“我知道你想造‘飞车’，到太空去，可是没有数学和物理知识基础，别说‘飞车’，你连一辆轿车都造不出来。”一席语重心长的话，像一把金钥匙开启了布劳恩的智慧之门。他从此洗心革面，用功读书，成绩出类拔萃，长大后真的造出“飞车”，它就是飞向太空的“土星5号”运载火箭。他将第一艘载人飞船“阿波罗11号”送上月球，实现了人类登月的伟大梦想，被誉为“现代航天之父”。

一个小时候经常闯祸的孩子，却是个聪明顽皮、天真烂漫的少年。一本书让他幡然悔悟，一位老师的因势利导，使他洗心革面，发奋读书，迈步成功。这个故事启迪我们，对于聪明智慧、淘气顽劣、胸怀梦想的孩子，不仅离不开家庭父母和学校老师的教育，而且必须着力用科学方法精心培养，让他们茁壮地成长起来。

（一）培养正确竞争意识。在家庭教育中，培养竞争意识首先必须让孩子具有自我意识，竞争意识与自我意识紧密关联。鼓励孩子自觉与他人比较，展示自己独立的人格魅力。竞争意识的萌芽，正是孩子自我意识发展的重要表现。父母及时支持与正确引导，就会让孩子拥有与别人竞争的意识。

（二）鼓励孩子相信自己。父母要鼓励孩子用自己的价值观去判断是非，相信自己有信心、有能力去实现所追求的目标，而不是只能通过竞争来体现自我价值。父母应让孩子明白，自己在尽了最大努力之后，应当做一个继续努力的赢家或是毫不气馁的输家，不要过于在乎竞争的本身。帮助孩子客观正确对待自己和别人，适当分析自己与别人的特点，扬长避短，阔步前进。对于自己的优势充满自信，对于别人的长处欣赏学习，切忌妒忌与斗气，在恰当合理的比较与学习中，提高自己的竞争实力。

（三）建立良好家庭环境。家庭成员之间，团结友爱，彼此信任，互相尊重，谦逊礼让，氛围民主、关系和谐，摒弃自私与嫉妒，增长宽容与大度，培养孩子成大事、立大业的品质。即使孩子因为试验而顽劣、闯祸，作为父母亦应勇于承担责任，保护孩子创造意识与设计。

（四）培养孩子创造思维。在家庭教育中，父母不能拘泥于传统教育方式与习俗框套来限制孩子，束缚孩子。而应积极激发孩子的求知欲望和求知兴趣，鼓励孩子善于动脑、勤于动手、动眼、动口，不唯书，不唯上，敢于发现问题，分析问题，解决问题。当孩子有了“新思想”，有了“新发明”，父母应当及时表扬，科学鼓励孩子坚持探索。一个有创造性思维的人，才是一个有竞争意识和竞争能力的人。

（五）培养发展孩子个性。在塑造孩子的个性品质中，注重培养性格、气质、意志、能力以及需要、动机、兴趣、爱好、信念、情感等因素，既能反映人的能动作用和主体意识，又能反映人的创造力、竞争力。发展孩子个性应从孩子本身兴趣和需要出发，让孩子不但有广阔的知识背景，更要有一种或多种特殊才能和本领，具有较为完美的人格，才能在激烈的社会竞争中脱颖而出，迈步成功。

因此，教育是事业，事业的意义在于奉献；教育是科学，科学的价值在于求真；教育是艺术，艺术的生命在于创新。教育不仅要传授知识，更重要的是启发思维、引发联想，培养学生联系实际、独立思考、求真务实、解决问题的能力。父母、学校与社会教育的老师要鼓励学生求异思维，自由表达，放飞梦想，展示个性，开拓进取，创造发明，保护和激发他们的想象力、创造力，增强他们的自信心、成就感，进而获得家庭、学校和社会教育的全面丰收。

建立中国特色的社会主义教育体系 让青少年茁壮成长在同一片蓝天下

当今世界，一个国家和民族的竞争不仅是家庭教育的竞争，也是学校教育的竞争，更是社会教育的竞争，一个国家和民族的较量不仅是家庭教育的较量，也是学校教育的较量，更是社会教育的较量。青少年是社会的未来，祖国的希望。家庭教育、学校教育和社会教育是造就现代化人才的三大支柱，家庭教育是根本，学校教育是灵魂，社会教育是命脉，家庭、学校和社会是青少年成长的圣地，是青少年成才的天地，它关系到国家的发展，民族的前途，人民的幸福，时代的命运。我们应当重视青少年的教育工作，把家庭教育、学校教育、社会教育工作正式列入“民心工程”，让家庭、学校和以社区（村）为代表的社会教育有机结合起来，在教育方针的指引下，在科教兴国、人才强国的伟大战略工程中，形成中国特色社会主义教育体系，打造优质的现代化教育，培养出一流的知识经济建设人才。

一、教育从家庭开始，家庭教育是整个教育的根本。父母给了孩子生命，孩子生活在家庭，家庭是孩子进入人生的第一所学校，父母是孩子的第一任老师。父母教育孩子成才，责任无可代替，父母培育孩子做人，引领应当正确，训练应当得当，方法应当科学。可是，通过我们的观察与了解，无论在城市或是在乡镇，家庭教育的现状竟然是：

早上7点左右，一些年轻的父母与一些年老的爷爷奶奶总是匆匆忙忙在送小孙子上学读书，下午5点左右还是这些父母与爷爷奶奶把这些孩子从学校接出，接着，又把他们送进了家教补习班去完成学校老师布置的作业。双休日仍然是这些父母与爷爷奶奶把这些孩子从这个特长班接出，又送进了另外一个特长班学习……不少家长的主观意愿竟然让这些孩子一周七天疲于奔命！天长日久，孩子的潜能怎能得到很好的开发？孩子的兴趣怎能得到很好的培养？孩子的学业成绩怎能达到理想的境地？家长忧虑，孩子苦恼，百姓担心，社会关注，如何面对这样的现实问题呢？

每个家庭，是培育、指导、训练子女行为习惯的摇篮，父母是子女天然的榜样。家长的一言一行对孩子随时产生着潜移默化的影响，渗透着孝道文化的传承、中西文化的交融、民主与科学为主线的教育文化的创新与发扬，这是一条客观存在的规律。在家庭教育中，父母对子女须要加深明理，因材施教，晓之以理，动之以情，持之以恒，导之以行。按照“其身正，不令而行；其身不正，虽令不从”的“身教胜于言教”原则，切实提高自身修养，认真传承孔孟文化，遵循教育方针，融会中西先进文化，把握科学教育方法，落实科学育人目标，就能把家庭教育提高到一个全新的水平。家长的“齐家”与领袖的“治国”一样，“得人心者得天下”，因此赢得了我们中华的政通人和，举国欢欣，国富民强，盛世太平。建设家庭，需要父母也能像老百姓“心目中的领袖”深入群众那样，真正走进孩子心田，与孩子打成一片，共同修心正念以树德，养性良习以修身，明理正己以做人。只有这样，父母才能变为孩子心目中的知己，成为孩子“心目中的领袖”，得到孩子的真心，孩子便会言听计从，听命家长，父母便会一呼百应，家庭教育的效益便会成倍增长。这样的家庭，变为和谐民主的集体，互相信任，彼此尊重，哪有教不好的孩子？在家庭教育中，我们“望子成龙、望女成凤”的家长只要结合孩子的实际情况，抓住0～12岁培育孩子的黄金时期，让孩子养成良好的学习、生活与劳动习惯，就会得到意想不到的收获。倘若错过了机会，只要不灰心、不丧气，以身作则，科学育人，仍能取得事半功倍的效果。在家庭教育中，只要牢牢把握培育孩子成才的根本：教育孩子树德、益智、健体、审美、勤劳，坚定不移贯彻我们的教育方针，就能会同学校和社区把孩子培养成德、智、体、美、劳全面发展的建设人才。

二、青少年成长在学校，学校教育是整个教育的灵魂。建国60年来，我们的国家由落后变为先进，由弱小变为强大，始终体现在我们的学校自20世纪50年代起就坚定不移地贯彻执行我们的教育方针，培养了大批德才兼备的建设人才，才迎来了今天政治、经济、文化的大发展、大繁荣。但是今天，聚焦我们的学校教育，还存在着不容忽视的现状。

现状之一：一位小孙子问一位退休多年的中学校长：“爷爷，我考上大学那天，学校门口立刻出现一条横幅大标语‘热烈祝贺××同学以××分考入了国家重点××大学’！可是，你退休多年，每几年总要出版一本教育专著，实现你忠诚教育事业的人生。特别是你拾得巨额资金，足能在成都或重庆买一套新房。可是你在第一时间，通过警察，物归原主，为什么在你服务过的学校门口，没有祝贺你的标语？”爷爷捋须笑了：“教师的职业本质就是为他人服务，做了好事是不讲回报的。”小孙子说：“我们这一代人不同了，非常现实，大家十分注重享受生活带来的和美，像你那样永远心系他人、忠诚事业的年轻人也有，但不是大多数！”老爷爷陷入了沉思……

现状之二：一位从高中退休回家的教师，每天上午陪着小孙子上学，下午接小孙子回家，晚上陪小孙子写作业，一直到深夜十一二点……作业写错一个字，往往被学校老师罚写5遍、10遍……这让每年抓惯了高考的爷爷想：一个在小学一年级读书的孩子，担当如此重负，有多少自由空间，将来孩子参加高考还有多少生机活力？他能在“以及格率、升学率决定学校、教师、学生命运”的决战中获胜吗？

现状之三：一些落后村级小学每学年为了迎接县上的统考，随意取舍体育、音乐、美术课，不上或少上劳动必修课，怎能不让大家为了这种教育现状而担忧呢？

以上现状虽然算不上学校教育的主流，但却影响到整个教育事业的健康发展。今天，学校教育的现状要求学校坚持以人为本、全面实施素质教育，全面贯彻执行中国教育智慧的结晶：教育方针。

第一，全面贯彻执行教育方针，必须传承与发扬中华孝道文化。当前，世界各国瞩目中国，纷纷学习孔孟文化，在国外建立了孔子学院380多所，中华文化不仅影响着中国，而且影响着世界。在国内我们的学校应当将孔子的思想、言行、事迹列入教材，教育青少年懂得做人的意义。孝道文化是中华传统文化精髓，我们必须传承与发扬。古往今来，无数事实表明：

一个人能够孝敬父母，才能够热爱民族，忠于祖国；一个人能够团结兄妹，才能够携手乡亲，服务百姓；一个人能够重视培育子孙，才能够尊老爱幼，真正做到老吾老以及人之老，幼吾幼以及人之幼，把自己的爱心献给自己的国家与自己的民族。

因此，坚持以人为本、德育为先，是学校教育永恒的主题。德是做人的根本，只有让青少年把握孝道文化的真谛，明确学习目的，懂得为谁学习，树立崇高理想和远大志向，从小打牢思想道德基础，学习才有动力，前进才有方向，成才才有保障。

第二，全面贯彻执行教育方针，必须交融中外先进的文化。赵健、邹舟在《解放父母解放孩子》一书中告诉我们，中国留学生高钢将10岁儿子带到美国读小学的情况：

不知不觉一年过去了，儿子放学之后也不回家了，而是常去图书馆，不时就背回一大包书。高钢问他借这么多书干吗，儿子打着电脑，头也不抬说：“作业。”

这叫作业吗？一看儿子在计算机屏幕上的标题，高钢哭笑不得——《中国的昨天和今天》，这样大的题目，即使是博士，敢去做吗？高钢厉声问儿子是谁的主意，儿子坦然相告：老师说美国是移民国家，让每个同学写一篇介绍自己祖先生活国度的文章。要求概括这个国家的历史、地理、文化，分析它与美国的不同，说明自己的看法。高钢听了，连叹息的力气也没有，他真不知道让一个10岁的孩子去运作这样一个连成人也未必能干的工程，会是一种什么结果？

过了几天，儿子完成了这篇作业。没想到，打印出的是一本20多页的小册子。从九曲黄河到象形文字，从丝绸之路到五星红旗……热热闹闹。高钢没有赞扬，也没有评判，因为连他自己也有点发蒙，一是看到儿子把这篇文章分出了章节，二是在文章最后列出了参考书目。高钢想，这是我读研究生之后才运用的写作方法，那时，我已30岁。

同样是做作业，中国一些人教育孩子死记硬背标准答案，练习题多量大，负荷往往超过量力性原则，知识积累虽多，时间却被作业挤满，孩子的健康不仅受到影响，创造能力与实践能力还被抑制，这样训练的结果，大部分孩子通过考试被淘汰了，少部分孩子特长考试，进入了重点学校。美国人教育孩子做作业，查资料，想问题，在思考探索的学习过程中，从“做”字中“学”到一套解决问题的思路与方法，训练的结果，美国学生勇于创新。这一点，正是值得我们学习与借鉴的地方。因此，全面贯彻执行教育方针，需要融合中西先进文化，科学发展。20世纪80年代，中美曾互派考察团考察初级教育，均有报告。

中方报告的是：美国孩子无论品德优劣、能力高低，无不趾高气扬、踌躇满志，大有“我因我之为我而不同凡响”的意味；小学二年级的孩子，大字不识一斗，加减乘除还在掰手指头，就整天奢谈发明创造，在他的手里，让地球掉个头，好像都易如反掌似的；音、体、美活动如火如荼，数、理、化乏人问津；课堂几乎处于失控状态。

美方报告的是：中国孩子规矩，中国的小学生上课喜欢把手端在胸前，幼儿园的孩子则喜欢把手背在背后，老师发问才举起右手；勤奋，起得早睡得晚，早7点以前，大街上见到最多的是孩子，边走路边用早点；用功，天天有一种作业叫家庭作业，老师说家庭作业是学校的延续；期末时考分最高的学生会得到证书，其他学生则没有。

以上两份报告，道出了中美两国基础教育的差异。正如《养育模式决定未来》的作者余波长所说：“美国人的素质教育是以每个人的过去、现在、未来进行纵向比较而评价的，人人都在进步提高，人人都很快乐自信，人人都在挖掘潜力。我国的应试教育是以人与人的横向比较而评价的，是少数人胜出多数人淘汰，少数人自负多数人自卑，少数人开发潜力多数人抑制能力的。所以，素质教育是大众的、全面的、创新的、实践性强的教育，应试教育是精英的、偏科的、传承的、死记硬背的教育。”考试成绩是个人素质与能力的体现，学习能力本身就是最重要的素质，但它需要正确的思想认识、良好的对待心态以及科学的操作方法，去展示它的地位与作用。在当今的考试管理上，一些人总是喜欢对学校、教师与学生以考试成绩排名次、定等级，总是习惯对学生“以一考定终身”，长期如是坚持，实际就是以“考分为先”代替了“德育第一”，确实挤掉了学校教育的神圣使命。以致不少优秀人才被拒之大学校门之外，从而产生了钱学森之问：“为什么我们的学校总是培养不出杰出人才？”现在，我们的学生因为成天为了迎接考试，学习任务很重很重，身体素质在这种沉重学习负荷的影响下，实在令人忐忑不安，异常担忧：没有青少年今天的健康成长，哪有明天的民富国强？然而，回顾过去，正视现在，展望未来，无须自卑，不必埋怨，毋庸置疑，我们相信这个教育现实随着教育体制改革的深化和发展，我们的学生、家长和社会一定会得到一份满意的答案，中华民族的阳光教育工程一定会合民心，得民意，受到老百姓的拥护。

从古至今，有教就有考，有考就有学，考试与教育并存，考试制度本身何罪之有？考试只不过是一把双刃剑。一方面让孩子们希望通过考试看到自身的价值，看到父母辛辛苦苦供自己上学的成就，看到老师呕心沥血、勤奋劳动的结果，以感恩的态度读书，学业有成，立身社会，服务民族，报效国家。但是，考试也能让一部分孩子厌学弃学，满不在乎，消极对待，甚至放弃考试，不愿读书，另外找寻路径成才。无论你走什么样的成才道路，都必须先有艰苦卓绝的付出，然后，才能成功。因为，有耕耘，才有收获。现代化建设需要用科学知识武装起来的人才去实现，一个缺少科学知识的人怎么能够接受现实生活的考试检阅、立身于社会、建设国家呢？古往今来，教考密不可分，考试是教育的重要环节，也是一种教育检测。学校考试，既是对教师“教”的检验，又是对学生“学”的测评，实际是对教学质量与水平的检阅。学校考试，旨在总结教学经验与教训，找到打开知识宝库的金钥匙，提高学生的知识水平，增强孩子的生活能力，用知识把学生武装起来。今天，青少年在学校学习考试，正是为了明天接受社会考试，在未来的人生中，适应千变万化的社会考试，成为真正意义上的社会生活主人。当今社会，充满竞争，处处布设考场，人人必须通过各种各样的社会考试，立身社会，建功立业。我们既希望通过劳动实践考试，铸就公输般、蔡伦、毕昇、许振超式的科技英杰，我们更希望通过科学知识考试，造就钱学森、邓稼先、钱三强、钱伟长式的划时代科学家和教育家，进而步入科教强国和人才强国的殿堂，为复兴中华作出伟大的贡献。

因此，推动教育事业的科学发展，必须坚持以人为本，全面贯彻执行教育方针，全面实施素质教育，全面提高国民素质。培养高、精、尖人才的教育重要，培养普通劳动者的教育同样重要，两者应当统筹兼顾，协调发展。我们的学校必须根据因材管理、因材施教、因材服务的原则，切实做好管理育人、教书育人、服务育人工作，发挥学校无小事、无处不育人的作用，既要培养出左右知识经济时代发展的将帅之才，又要培养出知识经济时代高素质的劳动者。

第三，全面贯彻执行教育方针，必须创新与发展民主、科学为主线的教育文化。在学校的民主管理、科学育人的改革创新中，教育我们的青少年根据兴趣，学好知识，发挥优势，凸显特长，提高能力，展示个性，愉悦舒心，弦歌雅化，塑造出青少年的中国魂。同时，在学校建立家长指导委员会，定期召开家长会，举办家长培训班……积极探索学校、家庭和社区（村）共同贯彻执行教育方针的规律，优化教育方法，提高教育质量，促进青少年以德为先，全面发展，让学生成才，让家长放心，让百姓拥护，让社会满意。

三、青少年生活在社区（村），以社区（村）为代表的社会教育是提高整个教育的命脉。建国60多年来，我们国家在宏观上十分重视社会教育工作的开展，在人才强国的战略中，发挥时势造英雄的作用，体现社会是人才成长广阔天地的重大意义。但在当前，根据调查了解表明：

不少社区（村）为代表的社会教育单位，对于生活在辖区的青少年如何教育问题，一无管理机构，二无专人操作，更无切实可行的举措贯彻执行教育方针！因此，以社区（村）为代表的社会教育亟待加强，它对于优化社会管理，建立和谐稳定的社会秩序起着至关重要的作用，应当引起全社会的高度重视。

第一，各个社区（村）应当成立家庭教育委员会，由社区教育代表、学校代表、家长代表、或包括志愿者在内的其他代表人物组成。社区（村）要全面了解辖区学生在学前教育、小学教育、中学教育乃至高等教育受教育的情况及其校外表现，切实加强对青少年的教育指导与管理工作。同时，熟悉每一个学生及其家长的基本情况，负责对辖区学生家长的指导和培训工作，切实安排好校外孩子丰富多彩的社会教育活动，对各级各类学生的校外生活送去关爱和温暖，培养孩子的兴趣，发挥孩子的特长，彰显孩子的个性，配合家庭与学校做好问题学生的转化工作，让青少年一步入辖区就受到良好的社会教育。通过社会教育活动，让我们的教育方针深入人心，家喻户晓，人人皆知，个个参与，并且变为社会育人的自觉行动。

第二，各个社区（村）应当定期召开家长会，促进教师与家长互访，聘请校外兼职辅导，组织热心的志愿者投身社会教育工作，充分开发社区（村）的优质教育资源，在办好幼儿教育的同时，重视对青少年实行联合家庭教育。根据孩子的兴趣、特点和家长的优势，牵头动员组织家长，发挥各自的特长，对孩子进行卓有成效的素质教育。以特长语文的家长辅导孩子的语文，以特长数理化的家长辅导孩子的数理化，以特长外语的家长辅导孩子的外语，以特长计算机的家长辅导计算机，以特长文艺体育的家长辅导孩子的文体活动，以特长科技活动的家长辅导科技活动，辅导的目的是开发孩子学习潜能，培养孩子的兴趣和特长。同时，让老红军、老战士、老干部、老教师、老年知识分子给青少年进行传统教育与科技知识教育。并且积极举办业余军校，开设法制课堂，学习军事知识，严肃组织纪律，强化爱国主义教育……同时，让军体与法制教育走进社区的每一个家庭，这不仅会增长法制知识，增强法律意识，树立法律观念，而且会发现孩子的好奇心，更会培养孩子的学习兴趣，展示孩子的个性，取得良好的教育效益。通过这样的教育活动，让家长横向看到别人家教的长处，纵向看到自身家教的进步，优势互补，扬长避短，形成自身家教的民主风格，让孩子在互相了解中学会互相关心、互相帮助，学会体谅与宽容，学会与人和谐共处、与人团结共事的本领，懂得怎样做人的知识，促进青少年健康成长，让青少年德育为先、科学发展，赢在人生竞赛场上。

第三，各个社区（村）应当办好社区（村）青少年宫，做好家庭教师培训和学生社会实践的组织领导工作，切实肩负起对青少年的培养责任。在青少年宫中，组织青少年参加“创新兴趣”活动，学习声、光、电化、生物、天文、地理等科学知识，观察和领略大自然的博大无穷，激发勇于探索自然奥秘的创造心理，成为发明创造的外在动力。通过小制作、小发明、小创造、小探索、小学术争鸣等活动，在校外实践活动中，让孩子接受特长教育，培养孩子热爱科学的兴趣。同时，大力弘扬孔子文化精神，协同社会教育机构、社会团体、宣传、出版、文化、体育、工商、广播、公安、环保与企业等有关部门加强环境育人的监管力度，开展国防与法制教育，净化社区青少年的成长环境，创建无黄色网吧、无毒品侵害、无非法传销活动的社区（村），培养青少年的自我教育能力，为青少年的健康成长，夯实社会基础，让每一个青少年，无论走进哪个社区（村），都能感受到社会给予的关怀和爱戴，让青少年继承传统精神，开创辉煌未来，永远生活在幸福和谐的乐园之中。

综上所述，家庭教育是整个教育的根本，学校教育是整个教育的灵魂，以社区（村）为代表的社会教育是整个教育的命脉，教育方针是中国教育智慧的结晶。无论将来社会怎样发展，家庭、学校、社会要教育孩子成才，均须依据各自的特点，教育孩子树德，教育孩子益智，教育孩子健体，教育孩子审美，教育孩子勤劳，重视孝道文化的传承与发扬、中西先进文化的交融、民主与科学为主线的教育文化的发展与创新，遵循科学育人的规律，真正发挥“教育是心灵与心灵的沟通、灵魂与灵魂的交融、人格与人格的对话”的作用，把青少年培养成为“站得高、看得远、前瞻未来、能开风气之先、引领新潮流”的时代先锋。因此，我们的教育方针是富民强国最为珍贵的传家宝，对于它的贯彻执行是家庭、学校、社会世代繁荣昌盛的坚强保证。

当前，国家已经制订了2010-2020年中长期教育改革和发展规划纲要，深化教育体制改革，倡导教育家办学，全面推进素质教育，振兴教育事业。同时，决定每年以国民经济总产值的4%投入教育事业，提高教师的工资待遇，国家选派万名优秀中小学校长出国学习取经，扩大教育对外开放。我们相信，随着家庭、学校和以社区（村）为代表的社会教育列入“民生工程”，举国上下必将形成全民兴教的自觉行动，迎来社会主义教育事业的大发展、大繁荣。通过全面贯彻执行教育方针，培养出德、智、体、美、劳全面发展的现代化建设人才，让中华民族的青少年成长在同一片蓝天下，让21世纪划时代的教育家、科学家和高素质劳动能手从太平盛世中阔步走来。

后记

二十世纪五十年代，当我走进教师队伍的第一天，校长杨成章对我说："一个优秀的教师，必须永远忠诚于人民教育事业。"自那一天起，这句话引领我从乡下走到了县城，从县城走上了省城，从省城走进了首都，完整了我从学前教育教师——小学教师——中学教师——大学教师的教育人生。二00六年五月，我完成了中国高等教育学会自考分会的科研立项项目《中国民办高校发展的战略研究》的写作任务，同年六月，由新华出版社出版，这是我一生从事学校教育工作，并且在不断学习、反思、总结和感悟中，写出的心得体会。二00九年五月，五十多年的学校教育生涯结束后，已经年逾古稀的我，从北京回到了我的故乡——四川南江。这时，我才正式从辛勤耕耘、教书育人的春夏，走进了舒心愉悦、收获果实的金秋。每天，除了体育锻炼之外，仍以"生命不息、奋斗不止"的精神，探索着怎样教育孩子、怎样养生、怎样做人的规律，希望有一天能够将我在收获时节的成果，总结成文，传承子孙，奉献社会，让"永远忠诚于人民教育事业"的理想，伴随我的一生。

多少年来，在教育工作中，我总以为，我们的孩子洁白无暇、纯净无染，可以描绘最新、最美的图画，不愧为祖国的希望、人类的未来，我深深地热爱着他们。我不懈探索着怎样启迪、引导、鼓励、帮助、教育他们茁壮成长起来的科学方法。《中国青少年教育方法》就是我二〇〇九年春天离开首都学校、赋闲巴山蜀水后得到的一分收获。我经常想，身为人子，我的父母怎样教育我？身为人父，我怎样教育自己的孩子？长期从事课堂传授知识和学校班主任工作，身为先生，我怎样教育学生？身为人师，我怎样自己教育自己？这些育人的问题，我有特别的感慨，也有值得总结的经验与教训。当前，社会发展形势要求父母、学校教师和社会教育工作者，积极履行自己的神圣使命：先当学生，后当先生。教育好我们的下一代，必须首先教育好自己。因以提出教育青少年常见的81个实际问题，意在与一切关心青少年教育的父母、学校老师与社会教育工作者共同勉励：根据青少年的实际情况，以其榜样的力量，科学教育，成功育才。

本书既是一位老年父亲修心自省、教育子女、立身社会、处世做人的心得体会，又是一个老年教师在教书育人中对家庭、学校、社会教育青少年的切身感悟。但我深知，本书的实际水平与我良好的愿望差距甚远，对于它的写作，能力与健康所限，时间仓促，行文粗糙，缺点和错误在所难免，我多么希望关心青少年成长的中老年朋友与青少年朋友指出我的不足，纠正我的谬误，完美我的表述，科学育人，收获丰硕，帮助我走完终身接受教育的晚霞路，特在此致以诚挚的谢意。

在蕴酿和写作《中国青少年教育方法》的过程中，承蒙许多领导、同志、亲友、乡邻和学生的激励和鞭策，使本书今天终于得以问世。中国地质大学原副校长赵克让、北京外国语大学原副校长穆大英、北京工商管理专修学院原院长何福泉、原教学院长金建国、北京农业干部管理学院原院长刘立伦、该院原高级政工师乔秀英、首师大教授张清利、北京科技大学原教授吳继庚、北京工商管理专修学院原财经系主任张东海、北京工商管理专修学院教务处原副处长陈国纲、张广武、教务处原工作骨干李鹏、彭继贤、杨波、赵鹏、薛明明、郦艳娟、郭博娜、教授刘祖政、章克林、四川省考古研究院研究员黄剑华、副研究员何国涛、四川教育学院教授朱国宝、四川省委直属机关党校原教授熊光政、四川自修大学龙泉校区原副校长陆文霞、冉祯平不因山川遥远，电话问候，亲切交流，真诚祝福，催人奋进。四川省汶川县委书记（原南江县委书记）青理东、南江县委书记刘凯、南江县委副书记、县长李善君、南江县人大常委会主任郭治中、南江县常务副县长符大纲亲切指示，励人创新。南江县科协主席赵湛、南江县老科协会长王道先、常务副会长赵子爵、毛盛纪、秘书长李兆庭关心出版，高度重视。南江县委办公室原主任董绍达、南江中学原校长马政文、南江县建设委员会原主任张昌让、南江县教育局原局长潘广钦、牟宗太、黄显岳、南江县科委原主任肖南根、南江县教育工会主席周德义、南江中学校长康华、南江三中校长何其容、南江四中校长韩万奎、南江县教师进修校原高级讲师蒲守易、南江县中小学教研室原主任杨光泉、南江县实验小学校长杜健、南江镇二完小校长杨新跃诚挚慰勉、支持帮助。南江县进修校原讲师何特殊热情赋诗、情真意切。南江县小河职中第一任校长、南江县成人中专校原优秀班主任陈正荣、南江县人民医院原医生潘忠良、南江县沙河乡原党委书记何碧中、原党委副书记冯学义、刘德兴、南江县沙河镇中学原校长赵明书、罗高轩、侯家乡小学原校长熊维乾、南江镇二完小原教导主任杨秀莲、原小学教师熊登题、潘永鼎、罗运锋、苗雄、张崇烈、原洛坪铁工厂老师熊启贵、亲戚朋友杨华、张培禄、梅泰山、岳崇兴、赵东元、农民安子秀、熊朝国、杨绍康、辜德明、张德成热忱企盼、美好祝愿。曾患癌症的妻子杨建莲倾心支持、照顾生活。弟弟熊湘潮、妹妹熊俊潮、熊玉潮多方关照，鼓励鞭策。长子熊努、女儿熊力、次子熊军、三子熊壮、儿媳程德利、胡雪琴、赵丽丽、女婿赵文、义子伍平、义媳杨永兰、学生李林果都以搞好自己的本职工作、不让我为他们操心为支持，从吃、穿、住、行到环境卫生关心无微不至，给了我许多精神和物质上的安慰和照料，才让我享有更多的时间，实现既定的写作目标。

当年，我作家长，就以这样的理念鞭策我的孩子：一个家长的真正价值在于培养出类拔萃的子孙，超越他们前辈所无法超越的境界。当年，我作教师，就以这样的理念激励我的学生：一个教师的真正价值在于教育自己的学生到达他们师长所不能到达的目标。当年，我作学校校长，就以这样的理念鼓励我的员工：一个领导的真正价值在于引领自己的下级在政治经济上超越自己，迈步他们上级可望而不可及的殿堂。做人一生，我总是以这样的理念自己教育自己：人生的价值在于希望和帮助别人生活得比自己更美好。多少年来，我同大家一起，在一个阶梯攀登上另一个阶梯的长足赛中，实现自己的理想，完美自己的人生。二〇〇九年十一月二十三日，我和杨建莲在街上拾得一个金利莱皮包，内装现金和银行卡共计60余万元人民币，当即交给了南江县公安局，并于第一时间找到了失主，如数归还给遗拾者——四川新立富民建筑工程有限公司董事长、总经理岳顶聪。现在，我的这种为人师表、以身作则的教育思想和行 为仍然感染 拾金不昧着我们的子女、学生、亲友和同事。我的子女和当年在故乡的学生都已做了孩子的父母，他们企盼我早日成书，帮助他们教育好自己的子孙。我亦认为，父母教育子女的天职是不能包办代替的，越俎代庖的教育方式是不科学的（当然，特殊因素例外），而应坚持"授之以鱼，不如授拾金不昧之以 渔"的原则，将如何教育青少年孩子的科学方法，传授给"望子成龙、望女成凤"的年轻父母，让他们做好

拾金不昧

青少年的家长，获得良好的教育效益。因此，我仍像以前在学校工作那样，每天不少于10小时的超负荷工作，希望早日写成《怎样做家长》，把我育人的心得体会告诉给我的晚辈、亲友和一切关心孩子成长的人们。但是，岁月不饶人，年龄不允许，当我拟出写作提纲，全面拉开写作序幕的时候，便为病疾所折磨，并于二〇一〇年暮春，被迫停笔养息。正因为大家知道我有这样的写作愿望和企盼，我的妹妹熊玉潮、三子熊壮安排了专项资金为我治病、疗养。学生李林果、毛明海为了让我能够有充沛的精力完成本书写作任务，想方设法，调节我的心情，让我能够保持最佳的精神状态，全身心投入写作工作。最近两年，李林果安排我三

赴成都、都江堰、青城山、汶川、绵阳、江油、平武等地旅游，毛明海安排我观光了人间仙境九寨沟，女儿熊力、学生李林果分别安排我去四季如春的云南昆明旅游。每次，他们都包干了我和家人旅途之中的一切支付。侄儿熊政华、侄媳廖雪琴、侄女李清文为我寻医问药，联系四川大学华西医院著名医生王曾礼教授给我治病。亲戚朋友宋正鼎、吴琼英、吴理才、熊永朝、黄远义、李晓、李琼、李九思、何军、吴林璞与当年学生何大雨、何大俊、张世仁、赵北平、赵显峰、熊政伍、熊竹梅、熊虹、熊正强、吴品元、刘尧、曾勇、康军等人或亲临看望、或热忱宴请、激励鞭策、诚恳祝福，对我鼓舞确实不小。正因为有了这么好的领导关怀、同志鼓励、亲友照料、学生慰勉，才使我的身体得以迅速康复。特别是故乡四川南江又是5.12汶川大地震中的重灾县，灾后重建的精神时时激励与鞭策着我，以极大的热情战胜疾病，站立起来，重新投入写作工作。二〇一〇年岁末，我终于提起笔来，重新命选书名，拟定写作计划，疗养与写作结合，每天不少于8小时伏案工作，多次挑战生命的极限，拼命完成了《中国青少年教育方法》的写作任务。现在，本书的审定倾注了作家出版社的领导与同志们

的大量心血，使之得以问世。谨在此向上述领导、同志、亲友和当年学生一并致以深切谢意！

今年，时值我的父亲熊登甲诞辰110周年、母亲潘永珍诞辰100周年，为此，谨以本书献给抚育我成长、教我学会做人的父亲、母亲和我们伟大的祖国与人民，迎接小康社会的到来与中华民族的伟大复兴，祝愿我们祖先的教育思想、方法和精神，得到传承和发扬，让我们的子孙世世代代，与时俱进，开拓创新，繁荣昌盛，未来辉煌。

熊捍朝

二〇一二年八月 第三次修改于四川南江沙河诸葛寨

主要参考文献

《中共中央关于制定国民经济和社会发展第十二个五年规划的建议》　人民出版社　2010年10月

《全国教育工作会议文件选编》　人民出版社　2010年9月

《小学生日常行为规范》　国家教育委员会　1991年8月20日

《中学生日常行为指导》　国家教育委员会中学教育司主编　北京出版社　1988年9月

《高等学校学生行为准则》　教育部教学［2005］5号

《怎样做父母》　中央教育科学研究所德育研究中心编　中国妇女出版社　2005年3月

《中国家长的误区》　白廷贤　刘淑琴等编著　中国华侨出版社　2005年6月

《三字经故事》　浙江少年儿童出版社　2010年7月

《养育模式决定未来》　余波长著 语文出版社　2010年11月

《弟子规故事》　浙江少年儿童出版社　2010年7月

《父母改变孩子改变》　张文质著　北京师范大学出版社　2009年

《美德故事》　黑龙江美术出版社　2007年4月

《好妈妈胜过好老师》　尹建莉著　作家出版社　2009年1月

《杰出人物童年故事》　四川民族出版社　2008年1月

《告诉孩子　我能行》　卢勤著　中国少年儿童出版社　2005年5月

《小故事大道理大全集》　翟文明编著　华文出版社　2010年1月

《给知心妈妈》　卢勤著　中国少年儿童出版社　2005年5月

《知名人士35条教子经》　俞丽编著　吉林时代文艺出版社　2010年9月

《好心态　好性格　好习惯》　宿春礼　胡宝林著　华文出版社　2009年11月

《影响几代人的上进故事大王》　吉林美术出版社　2007年4月

《好思路　好方法　好经验》　宿春礼　王婧著　华文出版社　2009年11月

《成才故事中国科学家卷》　廖莹莹编著　安徽少年儿童出版社　2010年9月

《会说话　会办事　会做人》　胡宝林著　华文出版社　2010年1月

《成才故事外国科学家卷》　严韧编著　安徽少年儿童出版社　2010年9月

《解放父母　解放孩子》　赵建　邹舟著　内蒙古人民出版社　2008年

《吃亏是福》　王志强主编　现代出版社　2010年11月

《名人成才故事》　崔钟雷主编　吉林美术出版社　2010年3月

《低调为人　强势做事》　马跃然编著　中国纺织出版社　2008年6月

《让学生受益一生的名人成才故事》　龚勋主编　安徽科学技术出版社　2011年1月

《父母的行为决定孩子一生》　于秀著　中国妇女出版社　2010年5月

《这样教孩子才肯学　这样管孩子才肯听》　谢正斌编著　北京工业大学出版社　2009年9月

《你在为谁读书》　余闲著　武汉出版社　2010年1月

《学习改变命运》　李晓鹏著　新世纪出版社　2009年10月

图书在版编目（CIP）数据

中国青少年教育方法/熊捍朝著. -北京：作家出版社，2013.5

ISBN 978-7-5063-6850-6

Ⅰ.①中… Ⅱ.①熊… Ⅲ.①青少年教育-家庭教育-中国 Ⅳ.①G78

中国版本图书馆 CIP 数据核字（2013）第 043352 号

中国青少年教育方法

作　　者：熊捍朝
责任编辑：凡　丁
装帧设计：百丰设计
出版发行：作家出版社
社　　址：北京农展馆南里 10 号　　邮编：100125
电话传真：86-10-65930756（出版发行部）
　　　　　86-10-65004079（总编室）
　　　　　86-10-65015116（邮购部）
E-mail：zuojia@zuojia.net.cn
http://www.haozuojia.com（作家在线）
印　　刷：三河市紫恒印装有限公司
成品尺寸：170×240
字　　数：450 千
印　　张：23
版　　次：2013 年 5 月第 1 版
印　　次：2013 年 5 月第 1 次印刷
ISBN 978-7-5063-6850-6
定　　价：33.00 元